"रैपिडैक्स® डीटीपी कोर्स

DTP (DeskTop Publishing)

पेजमेकर, फोटोशॉप, कोरलड्रॉ तथा प्रयोगात्मक उदाहरण सहित

सम्पादक मंडल

विजय कुमार सिंघल (मुख्य सम्पादक)
एम.स्टेट., एम.फिल. (कम्प्यूटर साइंस)

अमित गुप्ता (बी.ई. इलैक्ट्रॉनिक्स)

डॉ. अशोक गुप्ता

यूनीकॉर्न बुक्स

प्रकाशक
यूनीकॉर्न बुक्स

F-2/16, अंसारी रोड, दरियागंज, नई दिल्ली-110002
☎ 23275434, 23262683, 23250704 • Fax: 011-23257790
ई-मेल: info@unicornbooks.in • वेबसाइट: www.unicornbooks.in

शाखा : मुम्बई
23-25, जाओबा वाड़ी, ठाकुरद्वार, मुम्बई-400002
☎ 022-22010941, 022-22053387
ई-मेल: rapidex@bom5.vsnl.net.in

शोरूम
➤ **पी.एम., पब्लिकेशन्स,** दिल्ली
- 10-बी, नेताजी सुभाष मार्ग, दरियागंज, नई दिल्ली-110002
- 6686, खारी बावली, दिल्ली-110006

मुख्य वितरक
➤ **पुस्तक महल,** नई दिल्ली
दिल्ली: ☎ 011-23276539
बेंगलुरु: ☎ 080-22234025
पटना: ☎ 0612-3294193

➤ **वी. एण्ड एस. पब्लिशर्स,** हैदराबाद
☎ 040-24737290

ISBN: 978-81-7806-275-4
रैपिडैक्स डी टी पी कोर्स (हिन्दी)
संस्करण : 2016

मुद्रकः यूनिक कलर कॉर्टन, मायापुरी, दिल्ली-110064

आमुख
(Preface)

रैपिडैक्स डीटीपी कोर्स पाठकों के हाथों में सौंपते हुए मुझे अपार प्रसन्नता हो रही है। डेस्कटॉप प्रकाशन कम्प्यूटर के अत्यंत महत्वपूर्ण और सार्थक उपयोगों में से एक है, लेकिन आश्चर्य है कि इस विषय पर स्तरीय पुस्तकों का घोर अभाव रहा है। तथाकथित विश्व भाषा अंग्रेजी में भी इस विषय की ऐसी पुस्तकें उपलब्ध नहीं हैं, जिनको पढ़कर कोई पाठक किसी अन्य की सहायता लिये बिना डेस्कटॉप प्रकाशन का कार्य कर सके। ऐसी स्थिति में हिन्दी में इस पुस्तक का प्रकाशन एक बड़े अभाव की पूर्ति कर सकेगा, इसकी आशा है।

यह पुस्तक पांच भागों में है। प्रथम भाग में डेस्कटॉप प्रकाशन के मूल सिद्धान्तों के बारे में बताया गया है और उसके लिए उपयोग किये जाने वाले मुख्य सॉफ्टवेयरों का संक्षिप्त परिचय दिया गया है। दूसरा भाग पेजमेकर पर केन्द्रित है, क्योंकि तमाम प्रकार के सॉफ्टवेयर उपलब्ध होने के बावजूद डेस्कटॉप प्रकाशन का अधिकांश कार्य अभी भी पेजमेकर में ही किया जाता है। प्रस्तुत पुस्तक भी मूल रूप में पेजमेकर में ही तैयार की गई है। हमने अपनी चर्चा में पेजमेकर की अधिकांश प्रमुख विशेषताओं को शामिल किया है, ताकि इसे पढ़ने के बाद किसी भी पाठक को अन्य किसी पुस्तक का सहारा न लेना पड़े।

तीसरे भाग में फोटोशॉप के उपयोगों को विस्तार से समझाया गया है और स्थान-स्थान पर उदाहरण देकर विषय को पूर्णतः स्पष्ट कर दिया गया है। चौथा भाग कोरलड्रॉ को समर्पित है। पेजमेकर के कार्यों में कई बार कोरलड्रॉ का उपयोग करना आवश्यक हो जाता है, हालांकि कोरलड्रॉ का उपयोग अधिकतर स्वतंत्र सॉफ्टवेयर की तरह किया जाता है। इन दोनों भागों को पुस्तक में विस्तार से शामिल करना इसलिए आवश्यक था कि डेस्कटॉप प्रकाशन के सभी अंगों का विवरण एक ही स्थान पर उपलब्ध हो जाए।

पाँचवे भाग में हमने पिछले सभी भागों में बताई गई विशेषताओं का उपयोग करके एक छोटी-सी पुस्तिका प्रयोगात्मक उदाहरण के रूप में तैयार की है और उसे तैयार करने की विधि भी विस्तार से बताई गई है।

मैं अपने कार्यालय के गुलशन कपूर का आभारी हूँ, जिन्होंने फोटोशॉप वाले भाग के लिए कई सुन्दर चित्र उपलब्ध कराके भरपूर सहयोग प्रदान किया तथा यहीं के अशोक सिंह का भी आभारी हूँ, जिन्होंने अपनी कविता का उपयोग करने की अनुमति प्रदान की। इसके साथ ही मैं उन सभी पत्रिकाओं के सम्पादकों और प्रकाशकों का भी आभार प्रकट करता हूँ, जिनमें से सामग्री का संकलन करके भाग 5 की लघु पुस्तिका तैयार की गयी है। उन पत्रिकाओं के नामों का उल्लेख सामग्री के साथ ही कर दिया गया है।

अगले संस्करणों में पुस्तक की उपयोगिता और अधिक बढ़ाने के लिए मैं पाठकों के सुझावों का हार्दिक स्वागत करूँगा।

- विजय कुमार सिंघल

1/75-ए, देहली गेट, आगरा - 282002, दूरभाष : 0562-2351448

111/37, अशोक नगर, कानपुर -208012, दूरभाष : 0512-2290189

विषय-क्रम

1

डीटीपी परिचय
(Introduction to DTP)

इंटरनेट के इस युग में इलेक्ट्रॉनिक मीडिया से भारी चुनौती के बावजूद छपी हुई सामग्री का महत्व लेशमात्र भी कम नहीं हुआ है। पुस्तकें और समाचारपत्र आज भी बौद्धिक संवाद का प्रमुख माध्यम बने हुए हैं। किसी संदेश या सामग्री को बड़ी संख्या में लोगों तक पहुंचाने के लिए उसे कागज पर छापना **प्रकाशन** या **पब्लिशिंग (Publishing)** कहा जाता है। प्रकाशन का उद्देश्य कोई सामग्री या सन्देश कम से कम समय में अधिक से अधिक व्यक्तियों तक पहुंचाना होता है।

यह आश्चर्य की ही बात है कि पन्द्रहवीं शताब्दी में पहली छपाई मशीन (प्रिंटिंग प्रेस) स्थापित होने से अभी कुछ दशक पहले तक प्रकाशन की प्रणाली में बहुत कम परिवर्तन आया है। परम्परागत प्रणाली में लेखक लिखता है, सम्पादक उसका सम्पादन करता है, कम्पोजर उसको अक्षर-अक्षर मिलाकर कम्पोज करता है, प्रूफ रीडर उसको जांचता है और छपाई की मशीन पर उसे छाप दिया जाता है। इस प्रक्रिया में लेखक के हाथों से पाठक के हाथों में पहुंचने तक काफी समय गुजर जाता है और कई बार तो वह सामग्री छपने के समय तक अपना महत्व खो देती है।

स्वाभाविक रूप से प्रकाशक हमेशा से ऐसी प्रणाली की खोज में रहे हैं, जिसमें छापने की सम्पूर्ण प्रक्रिया में कम से कम समय और धन खर्च हो तथा साथ ही वह देखने में भी बेहतर लगे। सौभाग्य से कम्प्यूटरों ने प्रकाशकों को वह सुविधा उपलब्ध करा दी है कि वे अपनी मेज पर बैठे हुए ही छापने के लिए सामग्री तैयार कर सकते हैं, छपाई की डिजायन बना सकते हैं और सीधे-सीधे शब्दों में कहा जाए तो, उस सामग्री को छापकर दे सकते हैं। आप अपनी मेज पर रखे कम्प्यूटर के पर्दे पर ही मिनटों में कोई न्यूजलैटर, रिपोर्ट, चार्ट, निमंत्रण पत्र, परिचय पत्र आदि तैयार कर सकते हैं और उससे जुड़े हुए लेज़र प्रिंटर पर सेकंडों में छाप कर निकाल सकते हैं। कम्प्यूटर आधारित इस प्रणाली में आप न केवल पाठ्य को सेट कर सकते हैं, बल्कि पृष्ठों पर पाठ्य, चित्र, शीर्षक, बॉक्स तथा अन्य सभी प्रकार की सामग्री चिपका या लगा सकते हैं।

प्रकाशन की इस प्रणाली को **डेस्कटॉप पब्लिशिंग (Desktop Publishing)** या **डीटीपी (DTP)** कहा जाता है। इस पुस्तक में आप डीटीपी की प्रमुख विधियों के बारे में पढ़ेंगे और विभिन्न प्रकार की सामग्री कम्प्यूटर पर तैयार करना सीखेंगे।

डीटीपी क्या है?
(What is DTP?)

डेस्कटॉप पब्लिशिंग (संक्षेप में डीटीपी) का शाब्दिक अर्थ छापी जाने वाली सामग्री को अपनी मेज पर ही तैयार करना होता है अर्थात् अपनी मेज पर रखे उपकरणों द्वारा ही प्रकाशन का कार्य करना। इसका व्यावहारिक अर्थ है - कम्प्यूटर और उससे जुड़े उपकरणों द्वारा प्रकाशन का कार्य करना। दूसरे शब्दों में, इस प्रणाली में पाठ्य कम्पोज करने, चित्र आदि बनाने से लेकर उन्हें विभिन्न पृष्ठों पर स्थान देने अर्थात् सेट करने तक का सारा कार्य अपनी मेज पर रखे कम्प्यूटर में

ही किया जाता है और अन्त में ऐसी मास्टर प्रति लेजर प्रिंटर पर छाप कर तैयार कर ली जाती है, जिसे आप किसी छपाई की विधि जैसे ऑफसेट विधि से सीधे कागज पर उतार सकते हैं और इच्छानुसार कितनी भी प्रतियां छाप सकते हैं। संक्षेप में, अपने डेस्कटॉप कम्प्यूटर की सहायता से पूरी तरह छापने योग्य दस्तावेज तैयार करना ही डेस्कटॉप पब्लिशिंग कहा जाता है। इसके लिए कई प्रकार के प्रोग्राम उपलब्ध हैं, जिनके द्वारा आप टुकड़ों में बंटी हुई सूचनाओं और सामग्री को आपस में जोड़कर एक सम्पूर्ण दस्तावेज बना सकते हैं।

डीटीपी की सुविधा व्यावसायिक प्रकाशन ही नहीं कार्यालय स्वचालन (Office Automation) के क्षेत्र में भी एक प्रमुख उपलब्धि है। सभी छोटी-बड़ी कम्पनियां अपने कार्य के बारे में अनेक प्रकार की सामग्री जैसे पैम्फलेट, पोस्टर, विज्ञापन, बैलेंस शीट, प्रगति पत्रिका, पुस्तिकाएं आदि प्रतिवर्ष छपवाती हैं। पहले यह कार्य हस्तचालित टाइप सेटिंग द्वारा किया जाता था, जिसमें प्रत्येक शब्द हाथ से कम्पोज करना पड़ता है और प्रत्येक चित्र या ग्राफ का ब्लॉक बनाना पड़ता है। कम्पोज हो जाने के बाद उसकी जांच करके उसे छापा जाता है। इस कार्य में कभी भी पूर्ण संतुष्टि नहीं मिलती, क्योंकि कार्य के बीच में दस्तावेज में कोई भी बड़ा परिवर्तन या सुधार करना सम्भव नहीं होता।

लेकिन डीटीपी की सुविधा उपलब्ध हो जाने से यह कार्य बहुत सरल, विविधतापूर्ण और रुचिकर हो गया है। इसमें छपाई की सामग्री पर हमारा पूर्ण नियंत्रण रहता है। हम अक्षरों को मनचाहे आकार और रूप में ढाल सकते हैं और पलक झपकते ही उनका टाइपफेस या फॉण्ट बदल सकते हैं। मनचाहे रंगों के चित्र बनाना, उनका आकार बदलना और दस्तावेज में कहीं भी स्थापित करना भी बहुत सरल हो गया है। यह सारा कार्य बिना किसी अतिरिक्त सामग्री के केवल अपने कम्प्यूटर पर घर बैठे भी किया जा सकता है और पूरी तरह संतुष्ट होने के बाद उसकी मास्टर प्रति छापकर आगे की छपाई हेतु दी जा सकती है। डीटीपी से प्रकाशन की सारी प्रक्रिया बहुत ही सरल और तेज हो गयी है, जिसके कारण मोटी-मोटी पुस्तकें भी कुछ ही दिनों में छापकर तैयार कर दी जाती हैं। आपके हाथों में जो पुस्तक है, वह भी डीटीपी प्रणाली द्वारा ही तैयार की गयी है।

डीटीपी के कार्य के लिए मुख्यत: तीन वस्तुओं की आवश्यकता होती है : एक पर्सनल कम्प्यूटर, एक लेजर प्रिंटर तथा डीटीपी का सॉफ्टवेयर। पर्सनल कम्प्यूटर में पर्याप्त क्षमता की रैम (RAM) तथा हार्ड डिस्क एवं माउस (Mouse) अवश्य होने चाहिए। अच्छी छपाई के लिए लेजर प्रिंटर भी आवश्यक है। वैसे प्रूफ आदि की छपाई साधारण डॉट मैट्रिक्स या इंकजैट प्रिंटरों पर भी की जा सकती है। डीटीपी का वास्तविक कार्य इसके लिए उपयोग किए जाने वाले विशेष सॉफ्टवेयर पैकेजों द्वारा किया जाता है, जिनके बारे में आप इस पुस्तक में विस्तार से पढ़ेंगे।

डेस्कटॉप पब्लिशिंग का मौलिक विचार बहुत साधारण है। इसमें आप किसी वर्ड प्रोसेसर (Word Processor) द्वारा पाठ्य सामग्री तैयार करते हैं, किसी चित्र (Graphics) बनाने वाले प्रोग्राम द्वारा चित्र बनाते हैं, स्कैनर (Scanner) द्वारा चित्रों को कम्प्यूटर में भरते हैं और किसी चित्र सम्पादित करने वाले प्रोग्राम द्वारा उसे सम्पादित करते हैं। अन्त में किसी डीटीपी सॉफ्टवेयर द्वारा इस समस्त सामग्री को फॉर्मेट और दस्तावेज के विभिन्न पृष्ठों पर स्थापित किया जाता है और उन्हें आवश्यकतानुसार फुटनोट, संदर्भों, अनुक्रमणिका, इंडेक्स आदि के साथ मिलाकर अन्तिम दस्तावेज तैयार कर लिया जाता है। इस अन्तिम दस्तावेज को किसी लेजर प्रिंटर पर छापा जाता है और उसकी अधिक प्रतियां निकालने के लिए किसी ऑफसेट प्रिंटिंग प्रेस को दे दिया जाता है। आप चाहें तो अपने अन्तिम दस्तावेज को किसी फ्लॉपी या सीडी पर कॉपी करके किसी अधिक अच्छे प्रिंटर पर छापने के लिए किसी कम्पनी को दे सकते हैं। इस समस्त प्रक्रिया को चित्र 1.1 में दिखाया गया है।

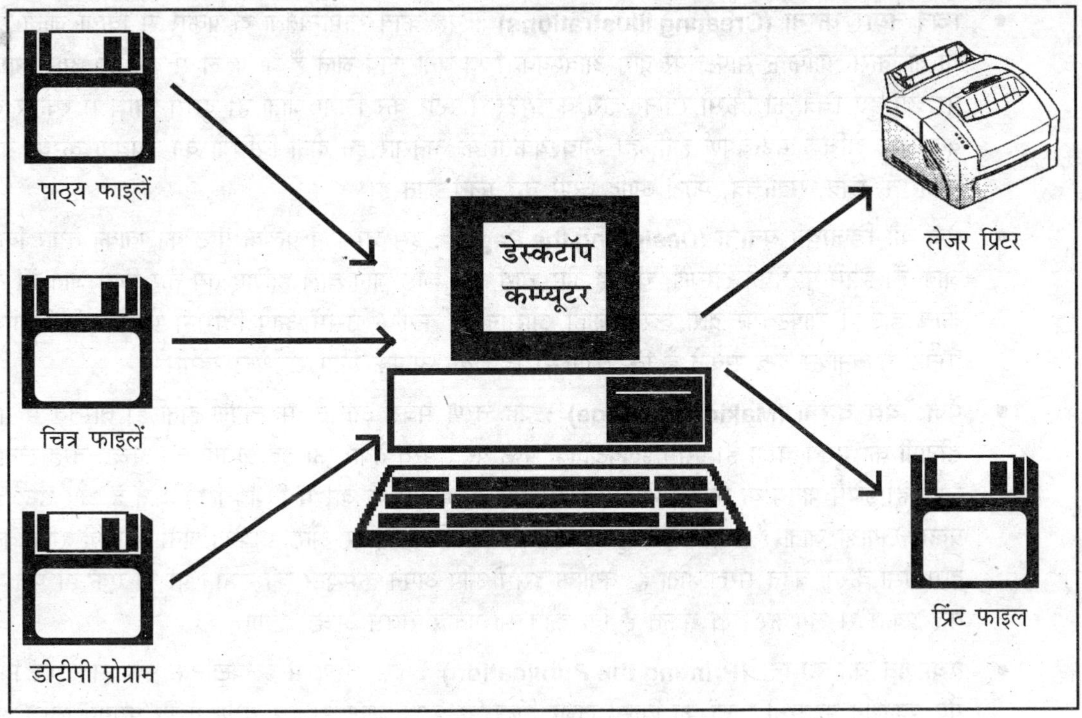

चित्र 1.1 : डेस्कटॉप प्रकाशन

वर्ड प्रोसेसिंग तथा डीटीपी में अन्तर
(Difference Between Word Processing and DTP)

यद्यपि डीटीपी भी एक प्रकार की वर्ड प्रोसेसिंग ही है और वर्ड प्रोसेसरों द्वारा भी छोटे-मोटे प्रकाशन तैयार किये जा सकते हैं, लेकिन फिर भी वर्ड प्रोसेसिंग और डीटीपी में एक मौलिक अन्तर यह है कि वर्ड प्रोसेसिंग का मुख्य जोर पाठ्य सामग्री पर होता है, उसमें ग्राफिक्स आदि की उतनी सुविधाएं नहीं होतीं, जबकि डीटीपी का मुख्य जोर पेज लेआउट तैयार करने पर होता है और उसमें ग्राफिक्स के मनचाहे उपयोग की कहीं अधिक सुविधाएं होती हैं। इस समय कई ऐसे वर्ड प्रोसेसर प्रोग्राम उपलब्ध हैं, जिनमें लम्बे-लम्बे दस्तावेज तैयार किए जा सकते हैं और जो अपनी विशेषताओं के कारण डीटीपी सॉफ्टवेयरों से टक्कर लेते हैं, फिर भी प्रकाशन के कार्य के लिए मुख्यत: डीटीपी सॉफ्टवेयर का ही उपयोग किया जाता है और वर्ड प्रोसेसरों का उपयोग पाठ्य तैयार करने के लिए एक सहायक प्रोग्राम के रूप में ही किया जाता है।

डेस्कटॉप प्रकाशन के चरण
(Steps of Desktop Publishing)

डेस्कटॉप प्रकाशन की विधि में सामान्यतया निम्नलिखित चरण होते हैं :

- **पाठ्य तैयार करना (Creating text)** : इस चरण में सामान्यतया किसी वर्ड प्रोसेसर द्वारा पाठ्य सामग्री तैयार की जाती है, जिसमें टाइप करना, प्रूफ देखना, वर्तनी (स्पेलिंग) की जांच करना, सम्पादन तथा संशोधन करना आदि शामिल होता है।

- **चित्र तैयार करना (Creating Illustrations)** : यह कार्य सामान्यतया दो प्रकार से किया जाता है : या तो किसी ग्राफिक सॉफ्टवेयर द्वारा आवश्यक चित्र बना लिये जाते हैं या पहले से बने हुए और कागज पर छपे हुए चित्र को किसी स्कैनर द्वारा कम्प्यूटर में स्टोर कर लिया जाता है। दूसरी विधि में स्कैनर की क्वालिटी अधिक महत्वपूर्ण होती है। आवश्यकता के अनुसार इन दोनों विधियों का उपयोग करके सभी प्रकार के चित्र, रेखाचित्र, फोटो आदि तैयार कर लिये जाते हैं।
- **पेज की डिजायन बनाना (Designing the Page)** : इस चरण में प्रत्येक पृष्ठ का खाका तैयार किया जाता है। इसमें पृष्ठ की लम्बाई, चौड़ाई और चारों ओर छोड़े जाने वाले हाशिए तय कर लिये जाते हैं। यह कार्य डीटीपी सॉफ्टवेयर द्वारा करना कहीं आसान है, क्योंकि उसमें आप विभिन्न प्रकार की डिजायनें मिनटों में बनाकर देख सकते हैं कि कौन सी डिजायन आपके लिए सर्वश्रेष्ठ रहेगी।
- **पेज तैयार करना (Making the Page)** : यह चरण सबसे अधिक महत्वपूर्ण होता है। वास्तव में यही डीटीपी का मुख्य चरण है। इसमें इलेक्ट्रॉनिक पृष्ठ पर समस्त तैयार की हुई सामग्री को अच्छी तरह लगाया जाता है। इसमें पाठ्य के फॉण्ट आकार तथा चित्रों के आकार के बारे में निर्णय लिये जाते हैं और उन्हें इस प्रकार लगाया जाता है कि प्रत्येक पृष्ठ अधिक से अधिक सुन्दर और उपयोगी बने। डीटीपी सॉफ्टवेयर द्वारा ऐसा करना बहुत सरल होता है, क्योंकि इसमें आप अपने कम्प्यूटर की स्क्रीन पर ही एक ही पेज को कई प्रकार से लगाकर देख सकते हैं कि कौन सा प्रकार सबसे अच्छा रहेगा।
- **प्रकाशन को छापना (Printing the Publication)** : इस चरण में इलेक्ट्रॉनिक रूप से तैयार किए गए प्रकाशन के सभी पृष्ठों को किसी लेजर प्रिंटर पर छापा जाता है। इस चरण में परम्परागत विधि और डीटीपी विधि में अन्तर साफ मालूम पड़ता है, क्योंकि परम्परागत प्रकाशन में सामग्री भौतिक रूप में पहले ही छपी हुई उपलब्ध होतीं है, जबकि डीटीपी में सामग्री सबसे बाद में छापी जाती है।
- **प्रकाशन को अन्तिम रूप देना (Finalising the Publication)** : इस चरण में प्रकाशित दस्तावेज को एक बार पुनः भली प्रकार देखकर उसके खाके और सामग्री में यत्र-तत्र संशोधन किए जाते हैं और अन्तिम बार छाप कर वह प्रति ऑफसेट छपाई के लिए दे दी जाती है।

डीटीपी का प्रयोग क्यों?
(Why Use DTP?)

परम्परागत प्रकाशन प्रणाली की तुलना में डीटीपी का उपयोग करना इसलिए सुविधाजनक है कि परम्परागत विधि में प्रकाशन की सामग्री तैयार करने का कार्य मुख्यतः बाहरी व्यक्तियों जैसे चित्रकारों, डिजायनरों, कम्पोजीटरों और प्रूफ रीडरों पर निर्भर करता है, जबकि डेस्कटॉप प्रकाशन प्रणाली में यह कार्य एक ही व्यक्ति के अपने हाथ में होता है। बाहरी व्यक्तियों पर निर्भरता के कारण परम्परागत विधि में कोई प्रकाशन अपने अन्तिम रूप में तैयार होने तक बहुत समय ले लेता है, जबकि डीटीपी में यह कार्य बहुत कम समय में सम्पन्न कर लिया जाता है। डेस्कटॉप प्रकाशन में समस्त कार्य एक ही स्थान पर किया जाता है, भले ही कई व्यक्तियों द्वारा किया जा रहा हो, इसलिए इसमें स्वाभाविक रूप से कम समय लगता है। इसलिए इससे कोई भी सामग्री अपना महत्व खो देने से पहले ही छापकर सम्बंधित व्यक्तियों तक पहुंचाई जा सकती है। इससे प्रकाशन का उद्देश्य भी सफल होता है। डीटीपी विधि से प्रकाशन करने में समय और साधनों की भारी बचत होती है, जिससे प्रकाशन का मूल्य कम होता है और उसको अधिक से अधिक व्यक्तियों तक पहुंचाया जा सकता है।

डीटीपी का एक विशेष लाभ यह भी है कि इसमें तैयार किए गए प्रकाशन को किसी भंडारण माध्यम जैसे हार्ड डिस्क, फ्लॉपी, सीडी, चुम्बकीय टेप आदि पर उतार कर दीर्घ काल तक सुरक्षित रखा जा सकता है और आवश्यकता पड़ने पर उसको पूर्ण रूप में या उसके किसी भाग को पुनः छापा जा सकता है अथवा अन्य प्रकाशन में उपयोग किया जा सकता है। परम्परागत विधि की तरह इसमें टाइप सेट किए हुए पेजों को भौतिक रूप में सुरक्षित नहीं रखना पड़ता। परम्परागत प्रणाली में किसी प्रकाशन को फिर से छापने के लिए प्रकाशन की समस्त प्रक्रिया पूरी तरह दोहरानी पड़ती है, जबकि नवीन प्रणाली में सारा कार्य अपने अंतिम रूप में तैयार रखा रहता है, उसे केवल प्रिंटिंग प्रेस तक पहुंचाना होता है।

कहने का तात्पर्य है कि डीटीपी से हमें वे सभी लाभ प्राप्त होते हैं, जो किसी भी कम्प्यूटरीकृत प्रणाली में प्राप्त किए जा सकते हैं। इसके अतिरिक्त भी इससे अनेक लाभ होते हैं, जिन्हें आप आगे समझेंगे।

अगले अध्यायों में आप डीटीपी प्रणाली के लिए आवश्यक हार्डवेयर और सॉफ्टवेयर के बारे में विस्तार से पढ़ेंगे।

2

हार्डवेयर की आवश्यकताएं
(Hardware Requirements)

आप पढ़ चुके हैं कि डीटीपी प्रणाली में मुख्य रूप से एक छोटे कम्प्यूटर तथा डीटीपी के पैकेज की आवश्यकता होती है। हम यह मानकर चल रहे हैं कि डीटीपी के कार्य में प्रवेश करने से पहले आप कम्प्यूटरों से परिचित हैं अर्थात् किसी डेस्कटॉप सिस्टम, जिसे सामान्यतया पर्सनल कम्प्यूटर कहा जाता है, के विभिन्न भागों अर्थात् हार्डवेयर तथा सॉफ्टवेयर के बारे में जानते हैं। फिर भी आपकी सुविधा के लिए और आपकी याददाश्त को ताजा करने के लिए इस अध्याय में हम डीटीपी के सन्दर्भ में कम्प्यूटर के विभिन्न भागों का विहंगावलोकन करेंगे। यह सामग्री नए उपयोगकर्ताओं के लिए तो विशेष उपयोगी है ही, कम्प्यूटर पर पहले कार्य कर चुके व्यक्तियों के लिए भी लाभदायक है।

पर्सनल कम्प्यूटर
(Personal Computer)

यह कम्प्यूटरों की एक विशेष श्रेणी है, जिसका प्रारम्भ कम्प्यूटर बनाने वाली विश्व की सबसे बड़ी कम्पनी आईबीएम (IBM) ने की थी। इन्हें पर्सनल कम्प्यूटर या पीसी इसलिए कहा जाता है कि इनका निर्माण किसी व्यक्ति की आवश्यकताओं को संतुष्ट करने वाले छोटे कम्प्यूटर के रूप में किया गया था, जो एक मेज पर भी आ सकता हो। इसलिए इन्हें डेस्कटॉप कम्प्यूटर भी कहा जाता है। अब क्योंकि डीटीपी प्रणाली का उद्देश्य एक मेज पर आ सकने वाले कम्प्यूटर द्वारा प्रकाशन का कार्य करना होता है, इसलिए पर्सनल कम्प्यूटर इस कार्य के लिए सबसे अधिक उपयुक्त पाए गए। वर्तमान में पर्सनल कम्प्यूटरों का उपयोग इतना अधिक बढ़ गया है कि साधारण व्यक्ति ही नहीं, बल्कि बड़ी-बड़ी कम्पनियों तक में इनका बड़े पैमाने पर उपयोग किया जा रहा है।

अपने आकार-प्रकार और क्षमता की दृष्टि से पर्सनल कम्प्यूटर कई प्रकार के होते हैं, लेकिन साधारण पीसी अब उपयोग से बाहर हो चुके हैं। डीटीपी के कार्य के लिए मुख्यतः पेंटियम-1 से लेकर पेंटियम-4 तक का उपयोग सुविधाजनक पाया गया है, क्योंकि इनमें डीटीपी सॉफ्टवेयर को सुचारु रूप से चलाने के लिए पर्याप्त मैमोरी और प्रकाशन को स्टोर करने के लिए पर्याप्त क्षमता की हार्ड डिस्क उपलब्ध होती है, जिसका होना आवश्यक है।

डीटीपी के लिए किसी पीसी में निम्नलिखित भागों का होना आवश्यक होता है -

(1) सिस्टम यूनिट (System Unit)
(2) वीडीयू या मॉनीटर (Monitor)
(3) की-बोर्ड (Keyboard)
(4) माउस (Mouse)
(5) प्रिंटर (Printer)
(6) हार्ड डिस्क ड्राइव (Hard Disk Drive)

इनके अलावा उसमें निम्नलिखित भाग भी होना सुविधाजनक है –

(1) फ्लापी ड्राइव (Floppy Drive)

(2) सीडी-रोम ड्राइव (CD-ROM Drive)

(3) स्कैनर (Scanner)

डीटीपी के सन्दर्भ में इन सभी भागों का संक्षिप्त परिचय नीचे दिया गया है।

सिस्टम यूनिट
(System Unit)

सिस्टम यूनिट ही वास्तव में असली कम्प्यूटर होता है। किसी कम्प्यूटर में होने वाले सभी काम इसी के द्वारा किए अथवा कराए जाते हैं। कम्प्यूटर के अन्य सभी भाग सिस्टम यूनिट के माध्यम से ही कार्य करते हैं। यह एक चौकोर बॉक्स होता है, जिसमें कम्प्यूटर के मदरबोर्ड (Mother Board) सहित सभी काम करने वाले भाग सुरक्षित रखे रहते हैं। सिस्टम यूनिट का आकार दो तरह का होता है – डेस्कटॉप टाइप (Desktop Type) तथा टॉवर टाइप (Tower Type)। दोनों तरह के सिस्टम यूनिट चित्र 2.1 में दिखाए गए हैं।

डेस्कटॉप टाइप   टॉवर टाइप

चित्र 2.1 : दो प्रकार के सिस्टम यूनिट

सिस्टम यूनिट का आकार कैसा भी हो, उसके सामने वाले भाग में प्रायः फ्लॉपी ड्राइव और सीडी-रोम ड्राइव अवश्य होती हैं। इसके पिछले भाग में सिस्टम यूनिट को कम्प्यूटर के अन्य भागों जैसे मॉनीटर, की-बोर्ड, माउस, प्रिंटर, स्कैनर आदि से जोड़ने के लिए पोर्ट (Ports) बने होते हैं। इनके अलावा उसमें बिजली का प्लग लगाने के लिए सॉकेट (Socket) भी लगा होता है।

सिस्टम यूनिट के अंदर हमारे सॉफ्टवेयर अर्थात् प्रोग्रामों का पालन करने वाले कई भाग लगे होते हैं, जैसे मदर बोर्ड (Mother Board), सेंट्रल प्रोसेसिंग यूनिट या सी.पी.यू. (Central Processing Unit or C.P.U.), रैम (RAM), हार्ड डिस्क ड्राइव (Hard Disk Drive), पावर सप्लाई यूनिट (Power Supply Unit), स्पीकर (Speaker) आदि।

मॉनीटर
(Monitor)

इसे विजुअल डिस्प्ले यूनिट (Visual Display Unit) या वी.डी.यू. (V.D.U.) भी कहा जाता है। इसका आकार किसी टेलीविजन जैसा होता है। इसके पर्दे पर पाठ्य, चित्र आदि दिखाए जाते हैं। पर्दे का आकार 8 इंच (203 मिमी) से लेकर

20 इंच (508 मिमी) तक का होता है। केवल पाठ्य को दिखाते समय इसमें सामान्यतया 25 पंक्तियां होती हैं और प्रत्येक पंक्ति में 80 अक्षर या चिह्न दिखाए जा सकते हैं। इस प्रकार स्क्रीन पर एक बार में 2000 चिह्न दिखाए जा सकते हैं। वी.डी.यू. पर दिखाई जाने वाली हर सूचना अथवा चित्र आदि बहुत छोटे-छोटे चमकीले बिन्दुओं से बने होते हैं। इन बिन्दुओं को **पिक्सेल (Pixels)** कहा जाता है।

वी.डी.यू. पर सूचनाएं एक रंग में या कई रंगों में दिखाई जाती हैं। इन दोनों तरह की वी.डी.यू. को कन्ट्रोल करने के लिए अलग-अलग कन्ट्रोलर कार्ड होते हैं। इन दोनों तरह के कन्ट्रोलर कार्डों का परिचय निम्नप्रकार है -

(क) **मोनोक्रोम ग्राफिक एडैप्टर (Monochrome Graphic Adapter या MGA)** - यह कार्ड इकरंगी (Mono-colour) वी.डी.यू. पर टैक्स्ट डाटा (Text Data) या ग्राफिक आउटपुट दिखाने की सुविधा देता है। स्क्रीन पर सूचना (या चित्र) दिखाने का रंग काला-सफेद, हरा-सफेद या आसमानी-सफेद हो सकता है। टैक्स्ट डाटा के समय यह स्क्रीन पर 80 चिह्नों की 25 लाइनें दिखा सकता है। इसमें चिह्नों के नीचे लाइन खींचने (Underlining), टिमटिमाने (Blinking), गहरा करने (Highlighting), उल्टे रंग में दिखाने (Reverse Video) आदि की भी सुविधा होती है।

ग्राफिक्स के समय यह स्क्रीन पर 720x348 चमकीले बिन्दुओं या पिक्सेलों (Pixels) को दिखा सकता है। इससे चित्र बहुत साफ दिखाई पड़ता है। किसी-किसी वी.डी.यू. में पिक्सेलों की संख्या 640x200 होती है। पिक्सेल स्क्रीन पर एक बहुत छोटा बिन्दु होता है। लगातार कई पिक्सेलों के चमकने से एक रेखा दिखाई पड़ती है।

(ख) **कलर ग्राफिक एडैप्टर (Colour Graphic Adapter या CGA)** - यह कार्ड बहुरंगी (Multi-colour) या इकरंगी (Mono-colour) वी.डी.यू. को कन्ट्रोल करने के लिए प्रयोग किया जाता है। एक रंग की वी.डी.यू. के मामले में यह एक ही रंग को अलग-अलग गहराई या हल्केपन के साथ दिखाता है, जबकि बहुरंगी वी.डी.यू. पर कई रंगों को एक साथ दिखा सकता है।

यह दो तरह से काम करता है: टैक्स्ट (Text) तथा ग्राफिक्स (चित्र)। टैक्स्ट दिखाते समय यह पीसी के सभी चिह्नों या करैक्टर सेट (Character Set), जिसमें 256 चिह्न होते हैं, को दिखा सकता है। यह स्क्रीन पर 40 या 80 चिह्नों वाली 25 लाइनें एक साथ दिखा सकता है। ग्राफिक्स के समय इसमें पिक्सेलों (Pixels) की सघनता (Resolution) या संख्या एक रंग की वी.डी.यू. पर 640x480 तथा कई रंगों की वी.डी.यू. पर 320x200 होती है। पिक्सेलों की संख्या ज्यादा होने से चित्र भी ज्यादा साफ नजर आता है।

आजकल कलर ग्राफिक एडैप्टर के कई नवीनतम और उन्नत रूप उपयोग में लाए जा रहे हैं, जिनमें रंगों की संख्या और सघनता भी अधिक होती है, जैसे एनहैंस्ड ग्राफिक एडैप्टर (Enhanced Graphic Adapter या EGA), वीडियो ग्राफिक ऐरे (Video Graphic Array या VGA) आदि। सामान्यतया डीटीपी के कार्य में प्रयोग किए जाने वाले मॉनीटरों में रंगों की अधिकतम संख्या 65526 (16 बिट वाले रंग) तथा सघनता 800x480 होती है। इस कार्य के लिए 15 इंच से 17 इंच तक के पर्दे वाले मॉनीटरों का उपयोग सुविधाजनक रहता है, यद्यपि ऐसा होना अनिवार्य नहीं है। आप अपने कम्प्यूटर के साधारण मॉनीटर पर भी डीटीपी का कार्य कर सकते हैं। वास्तव में डीटीपी का कार्य व्हिज़ीविग (WYSIWYG) अर्थात् 'जैसा आप देखते हैं, वैसा ही पाते हैं' (What You See Is What You Get) सिद्धान्त पर आधारित है। इसका अर्थ है कि आपके डीटीपी सॉफ्टवेयर में कोई चित्र या सामग्री आपके मॉनीटर के पर्दे पर जैसी दिखाई पड़ती है, वैसी ही प्रिंटर पर छापी जाती है। इसलिए आपके मॉनीटर की सघनता जितनी अधिक होती है, उतना ही अच्छा होता है।

सामान्यतया मॉनीटरों की चौड़ाई अधिक और ऊंचाई कम होती है। इन्हें लैंडस्केप (Landscape) मॉनीटर कहा जाता है। इन मॉनीटरों पर पोर्ट्रेट आकार का कोई पेज सामान्य रूप में पूरा नहीं देखा जा सकता, उसे छोटा करके देखना

पड़ता है। लेकिन आजकल डीटीपी के कार्य के लिए ही बनाए गए ऐसे मॉनीटर भी उपलब्ध हैं, जिनके पर्दों की चौड़ाई कम और ऊंचाई अधिक होती है। इन्हें पोर्ट्रेट (Portrait) मॉनीटर कहा जाता है।

इनपुट उपकरण
(Input Devices)

किसी सॉफ्टवेयर या प्रोग्राम द्वारा कोई कार्य कराने के लिए दिए जाने वाले डाटा और आदेशों को इनपुट कहा जाता है। अपना इनपुट देने और प्रोग्राम को नियंत्रित करने के लिए हमें किसी इनपुट उपकरण अथवा साधन की आवश्यकता होती है। सामान्यतया प्रयोग किए जाने वाले इनपुट साधन की-बोर्ड तथा माउस होते हैं। डीटीपी के कार्य में इन दोनों का ही अत्यधिक महत्व है। इनके बारे में नीचे विस्तार से बताया जा रहा है।

की-बोर्ड
(Keyboard)

यह इनपुट का एक सामान्य परन्तु अत्यन्त सुविधाजनक, लोकप्रिय और महत्वपूर्ण उपकरण है। इस पर अनेक बटन या कुंजियां (Keys) लगी होती हैं, जिन्हें दबाकर हम कोई आदेश या डाटा टाइप करते हैं, ठीक उसी तरह जिस प्रकार किसी टाइपराइटर पर टाइप किया जाता है। सामान्यतया हम जो कुछ टाइप करते हैं, वह कम्प्यूटर के मॉनीटर पर भी दिखाया जाता रहता है। जब सूचना तैयार हो जाती है, तो सामान्यतया हम एक विशेष कुंजी, जिसे रिटर्न (Return) या एण्टर (Enter) कहा जाता है, दबाकर उस सूचना को कम्प्यूटर में भेज देते हैं।

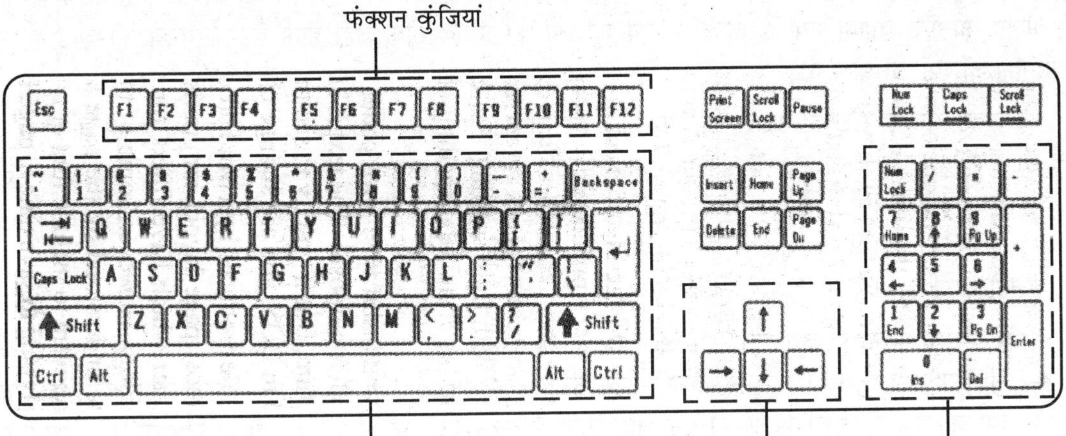

चित्र 2.2 : सामान्य की-बोर्ड और उसमें कुंजियों के विभिन्न समूह

अलग-अलग प्रकार के कम्प्यूटरों के लिए अलग-अलग प्रकार के की-बोर्ड उपलब्ध हैं, लेकिन डीटीपी के कार्य में सामान्यतः हम 104 कुंजियों वाले की-बोर्ड का उपयोग करते हैं, जो चित्र 2.2 में दिखाया गया है। इसके बटनों या कुंजियों को उनके कार्य अथवा उपयोग के अनुसार कई समूहों (Groups) में बांटा गया है। चित्र में ये समूह भी दिखाए गए हैं और उनकी ओर नाम से संकेत किया गया है। हर समूह तथा उसके मुख्य-मुख्य बटनों का परिचय आगे दिया गया है।

(क) **मुख्य की-बोर्ड (Main Keyboard)** - यह एक साधारण अंग्रेजी टाइपराइटर के की-बोर्ड जैसा होता है। इसमें रोमन लिपि या अंग्रेजी के सभी अक्षर, अंक, कुछ विशेष चिह्न (Special Characters), विराम चिह्न (Punctuation Marks) तथा दो शिफ्ट कुंजियां (Shift Keys) होती हैं। मुख्य की-बोर्ड लगभग सभी की-बोर्डों में एक जैसा ही होता है।

(ख) **फंक्शन कुंजियां (Function Keys)** - इन बटनों पर F1 से F12 तक नाम लिखे होते हैं। किसी-किसी बोर्ड में 20 फंक्शन कुंजियां भी होती हैं। ये बटन वास्तव में एक पूरे आदेश (Command) के बराबर होते हैं। इन सब में ऐसे आदेश भर दिए जाते हैं, जिनकी हमें बार-बार जरूरत पड़ती है। कई की-बोर्डों में ये आदेश पहले से भरे होते हैं, जिनको बदला नहीं जा सकता, लेकिन ज्यादातर की-बोर्डों में हम अपनी इच्छा से कोई भी आदेश भर सकते हैं और जब भी चाहें बदल भी सकते हैं। इन बटनों का प्रयोग करने से हमारा काफी समय बच जाता है, क्योंकि कोई काम बार-बार कराने के लिए हमें आदेश बार-बार टाइप नहीं करना पड़ता। हम केवल एक फंक्शन कुंजी दबाकर ही आदेश दे सकते हैं।

(ग) **संख्यात्मक की-पैड (Numeric Key Pad)** - की-बोर्ड के दाएं भाग में किसी कैलकुलेटर जैसा एक कुंजी समूह होता है। इसमें 0 से 9 तक सभी अंक, दशमलव बिन्दु, धन (+), ऋण (-), गुणा (*) तथा भाग (/) के बटन भी होते हैं। कुछ बटनों पर अंक के नीचे कुछ और भी छपा होता है, जैसे 1 वाले बटन पर 'End', 2 वाले बटन पर नीचे की ओर जाने वाले तीर का चिह्न (↓) आदि।

इस समूह के बटनों से संख्यात्मक डाटा भरने का कार्य किया जाता है। हम कम्प्यूटरों में सामान्यतया जो डाटा भरते हैं, उनमें अधिकतम डाटा संख्यात्मक होता है। अतः संख्यात्मक डाटा को जल्दी और अच्छी तरह टाइप करने के लिए अलग की-पैड बनाया गया है, हालांकि इन कुंजियों का प्रभाव ठीक वही होता है, जो मुख्य की-बोर्ड में लगी संख्यात्मक कुंजियों का होता है।

इस की-पैड से संख्याएं टाइप करने के लिए हमें संख्यात्मक लॉक (NUM LOCK) नामक बटन को दबा देना पड़ता है। जब यह बटन दबा रहता है, तो इस की-पैड की कुंजियों से उन पर ऊपर लिखे अंक या चिह्न टाइप होते हैं और यदि बटन उठा हुआ हो, तो उन बटनों पर नीचे लिखे हुए कार्य होते हैं। अधिकांश की-बोर्डों में NUM LOCK के दबे या उठे होने का ज्ञान उसके पास में लगी एक बत्ती (NUM LOCK KEY) से चलता है। यह बटन दबा होने पर वह बत्ती जलती रहती है, नहीं तो बुझी रहती है।

(घ) **कर्सर कन्ट्रोल कुंजियां (Cursor Control Keys)** - इन कुंजियों पर तीर के चिह्न बने रहते हैं, जैसे →, ←, ↑ तथा ↓। इनसे मॉनीटर पर कर्सर अथवा धसान बिन्दु (Insertion Point) को क्रमशः दाएं, बाएं, ऊपर तथा नीचे ले जाया जा सकता है। इन बटनों को एक बार दबाने से कर्सर या धसान बिन्दु एक स्थान दाएं या बाएं अथवा एक लाइन ऊपर या नीचे चला जाता है। डीटीपी में इन कुंजियों का बहुत उपयोग किया जाता है।

इनके अलावा कर्सर को कन्ट्रोल करने की चार कुंजियां और होती हैं, जिनपर Home, End, Page Up तथा Page Down लिखा रहता है। इनमें से होम (Home) बटन दबाने से कर्सर स्क्रीन के ऊपरी बाएं कोने पर या किसी दस्तावेज (या फाइल) के शुरू में चला जाता है। इसी तरह एण्ड (End) दबाने से कर्सर स्क्रीन के निचले दाएं कोने पर या किसी दस्तावेज के अन्त में पहुंच जाता है। पेज अप (Page Up) कुंजी कर्सर को किसी दस्तावेज (Document) या फाइल के पिछले पेज पर ले जाने का काम करती है। इसी तरह पेज डाउन (Page Down) कुंजी कर्सर को दस्तावेज के अगले पेज पर ले जाती है। अगर फाइल या दस्तावेज का कोई पिछला या अगला पेज नहीं है, तो क्रमशः पेज अप और पेज डाउन बटनों का कोई असर नहीं होता। इन चारों कुंजियों का डीटीपी के कार्य में भरपूर उपयोग होता है।

(ङ.) **शिफ्ट कुंजियां (Shift Keys)** - टाइपराइटरों की तरह कम्प्यूटर के की-बोर्ड में भी दो शिफ्ट कुंजियां होती हैं। अगर किसी शिफ्ट कुंजी को दबाए रखकर किसी अक्षर को टाइप किया जाता है, तो वह छापे के बड़े अक्षरों (Capitals) में आता है और बिना शिफ्ट कुंजी को दबाए किसी अक्षर को टाइप करने पर वह छापे के छोटे अक्षरों (Smalls) में टाइप होता है। इसी प्रकार जिन बटनों पर दो चिह्न लिखे होते हैं, उन्हें शिफ्ट के बिना दबाने पर नीचे लिखा चिह्न आता है और शिफ्ट के साथ दबाने पर ऊपर वाला चिह्न टाइप होता है।

(च) **कैपीटल लॉक कुंजी (Caps Lock Key)** - जब मुख्य की-बोर्ड पर हम किसी अंग्रेजी अक्षर वाले बटन को दबाते हैं, तो ज्यादातर की-बोर्डों में वह अक्षर छापे के छोटे अक्षरों में टाइप होता है, लेकिन यदि कैपीटल लॉक कुंजी को एक बार दबा दिया जाए तो सभी अक्षर छापे के बड़े अक्षरों (Capitals) में टाइप होंगे। इस कुंजी को दोबारा दबा देने पर यह प्रभाव खत्म हो जाता है, यानी अक्षर फिर से छापे के छोटे अक्षरों (Smalls) में आने लगते हैं। वास्तव में इस बटन का असर अक्षरों वाली कुंजियों पर उनके साथ शिफ्ट कुंजी को दबाए रखने के बराबर होता है, परन्तु दूसरे बटनों पर इसका कोई असर नहीं पड़ता।

यदि कैपीटल लॉक कुंजी दबी हुई है, तो अक्षरों वाली कुंजियों के लिए शिफ्ट कुंजी का असर उलट जाता है, अर्थात् शिफ्ट के साथ कोई अक्षर टाइप करने पर छापे के छोटे अक्षर आते हैं और उसके बिना बड़े।

(छ) **बैक स्पेस कुंजी (Back Space Key)** - इस बटन को दबाने से कर्सर के ठीक बायीं ओर वाला चिह्न गायब हो जाता है और कर्सर एक स्थान पीछे की ओर चला जाता है। इस कुंजी का उपयोग कोई पाठ्य टाइप करते समय स्पेलिंग आदि की गलतियां हो जाने पर किया जाता है।

(ज) **रिटर्न या एण्टर कुंजी (Return or Enter Key)** - यह कुंजी स्क्रीन पर तैयार किए गए डाटा या आदेश को कम्प्यूटर में भेजने का कार्य करती है। रिटर्न दबाने पर कम्प्यूटर को पता चल जाता है कि हमने टाइपिंग का काम पूरा कर लिया है और अब कम्प्यूटर अपना काम शुरु कर सकता है, यानि हमारे आदेश का पालन कर सकता है। डीटीपी तथा वर्ड प्रोसेसिंग प्रोग्रामों में रिटर्न या एण्टर दबाने से नई लाइन या पैराग्राफ प्रारम्भ हो जाता है।

(झ) **डिलीट कुंजी (Delete Key)** - यह बटन दबाने से वह चिह्न गायब हो जाता है, जिस पर उस समय कर्सर होता है। वर्ड प्रोसेसिंग तथा डीटीपी में इस कुंजी के दूसरे उपयोग भी हो सकते हैं।

इन मुख्य कुंजियों के अतिरिक्त कुंजीपटल (की-बोर्ड) में और भी कई विशिष्ट कुंजियां होती हैं, परन्तु उनका उपयोग डीटीपी में या तो बिल्कुल नहीं किया जाता या बहुत कम किया जाता है। आवश्यकता होने पर ऐसी कुंजियों के बारे में हम उसी स्थान पर बताएंगे।

हिन्दी कुंजीपटल
(Hindi Keyboard)

ऊपर की गई समस्त चर्चा कम्प्यूटरों के साथ पाए जाने वाले सामान्य कुंजीपटलों के बारे में है, जिन्हें अंग्रेजी की-बोर्ड भी कहते हैं। डीटीपी के कार्य में हमें अंग्रेजी के साथ-साथ हिन्दी में भी सामग्री भरने की आवश्यकता होती है। इसका मतलब यह नहीं है कि उसके लिए हमें अलग की-बोर्ड लाना पड़ेगा। वास्तव में की-बोर्ड तो हर भाषा के लिए एक ही होता है, परन्तु भाषा के अनुसार फॉण्ट बदल जाते हैं और फॉण्ट बदलने के साथ ही की-बोर्ड के मुख्य भाग की कुंजियों का अर्थ भी बदल जाता है। उदाहरण के लिए, जब हम किसी हिन्दी फॉण्ट जैसे चाणक्य या अर्जुन का उपयोग करते हैं, तो मुख्य की-बोर्ड की 'J' कुंजी को दबाने पर 'र' टाइप होता है। फॉण्टों के बारे में अध्याय 4 में विस्तारपूर्वक बताया गया है।

दुर्भाग्य से हिन्दी के सभी फॉण्टों द्वारा उपयोग किया जाने वाला कुंजीपटल समान नहीं है। अधिकांश फॉण्ट रेमिंगटन टाइपराइटर के की-बोर्ड का उपयोग करते हैं, जो चित्र 2.3(क) और 2.3(ख) में दिखाया गया है। हिन्दी की टाइप जानने वाले व्यक्ति इस तरह के फॉण्टों का उपयोग करके हिन्दी में डीटीपी के कार्य के लिए पाठ्य सरलता से तैयार कर लेते हैं। इसमें टाइप करने की गति भी अपेक्षाकृत अधिक होती है।

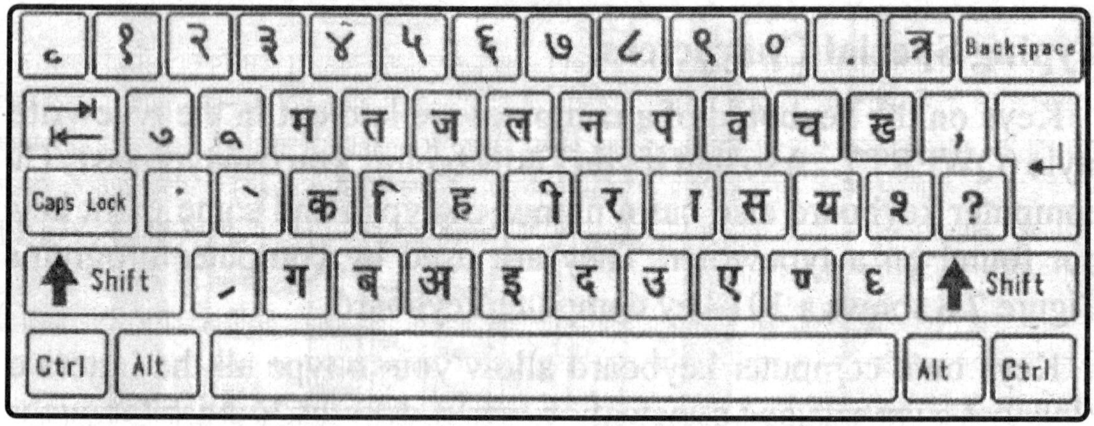

चित्र 2.3 (क) : रेमिंगटन हिन्दी की-बोर्ड चिह्न (शिफ्ट के बिना)

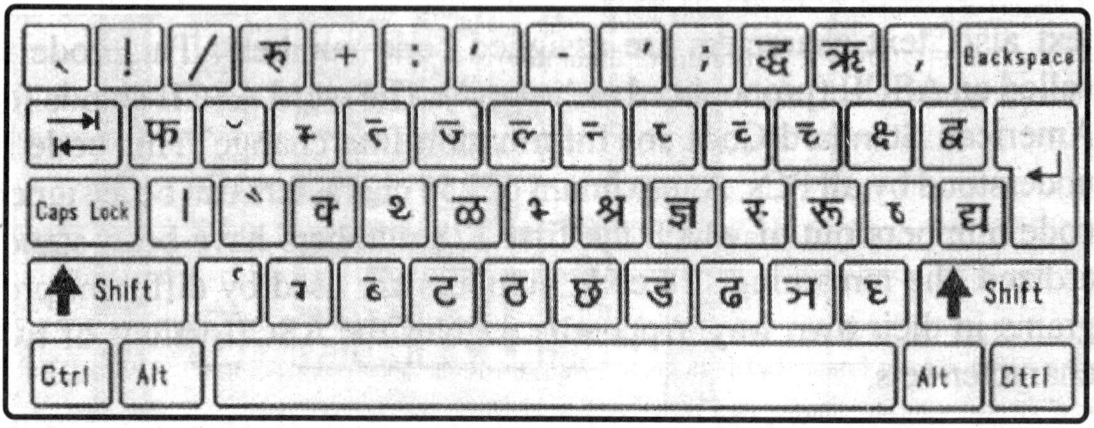

चित्र 2.3 (ख) : रेमिंगटन हिन्दी की-बोर्ड चिह्न (शिफ्ट के साथ)

अन्य बहुत से फॉण्ट सी-डैक (C-DAC) द्वारा विकसित किए गए भारतीय भाषाओं के की-बोर्ड का उपयोग करते हैं, जो चित्र 2.4(क) और 2.4(ख) में दिखाया गया है। इसे जिस्ट (GIST) की-बोर्ड भी कहा जाता है। इसमें सभी मात्राएं और स्वर एक तरफ तथा सभी व्यंजन दूसरी तरफ लगाए गए हैं। इसमें अक्षरों की बारम्बारता (Frequency) का कोई ध्यान नहीं रखा गया है, इसलिए इसमें कोई पाठ्य सामग्री टाइप करना बहुत समय खाने वाला कार्य है।

इनके अतिरिक्त बहुत से फॉण्ट इन दोनों की-बोर्डों की जगह ध्वन्यात्मक (Phonetic) की-बोर्ड का उपयोग करते हैं, जिसमें हिन्दी के शब्दों को रोमन लिपि में टाइप किया जाता है। उदाहरण के लिए 'राम' टाइप करने के लिए हमें अपने साधारण की-बोर्ड पर 'rAm' टाइप करना होगा। इसमें छापे के छोटे और बड़े दोनों प्रकार के अक्षरों का अर्थ भिन्न होता है। बहुत से लोगों को यही सुविधाजनक लगता है, क्योंकि उन्हें हिन्दी का की-बोर्ड याद नहीं रखना पड़ता।

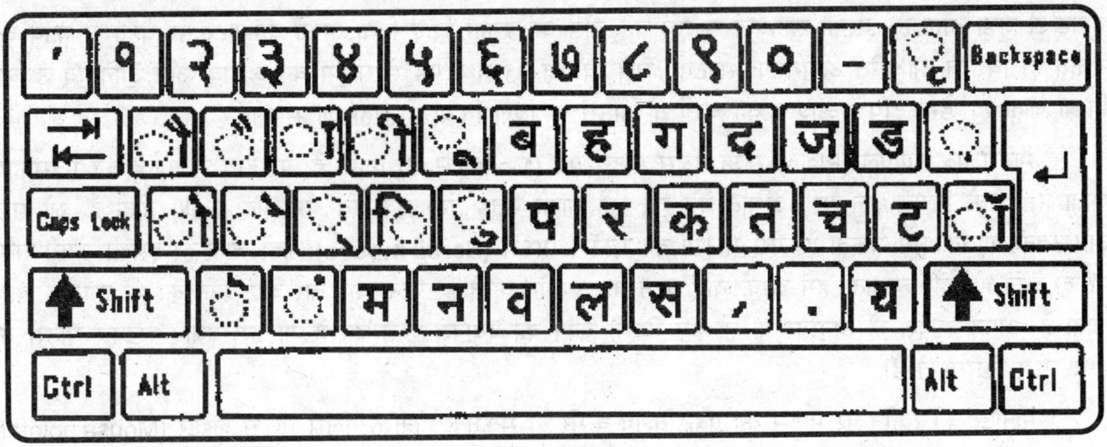

चित्र 2.4 (क) : सी-डैक हिन्दी की-बोर्ड चिह्न (शिफ्ट के बिना)

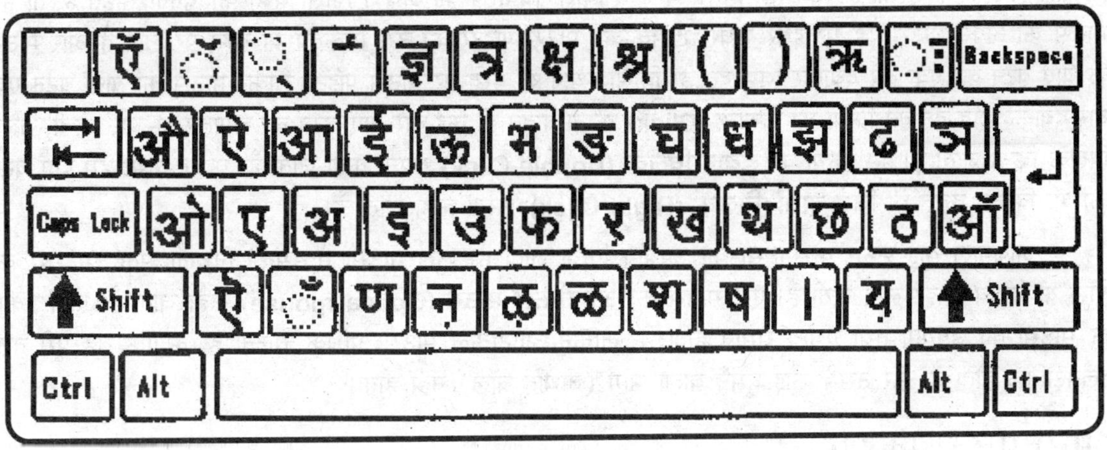

चित्र 2.4 (ख) : सी-डैक हिन्दी की-बोर्ड चिह्न (शिफ्ट के साथ)

लेकिन इस की-बोर्ड में टाइप करने की गति पहले दोनों की-बोर्डों की अपेक्षा बहुत ही कम होती है और गलतियां होने की सम्भावना अधिक होती है, क्योंकि इसमें शिफ्ट के उपयोग का विशेष ध्यान रखना पड़ता है।

आप हिन्दी पाठ्य टाइप करने के लिए जिस प्रकार के की-बोर्ड को सुविधाजनक समझते हों, उसका उपयोग करने वाले फॉण्ट का उपयोग कर सकते हैं। यदि की-बोर्ड याद रखने में कठिनाई आती है, तो अपने कुंजीपटल के बटनों पर ऐसे स्टिकर चिपका सकते हैं, जिन पर हिन्दी और अंग्रेजी दोनों के अक्षर छपे हों। आजकल ऐसे स्टिकर सरलता से उपलब्ध हैं।

माउस
(Mouse)

चित्र 2.5 : माउस

आजकल के अधिकांश पर्सनल कम्प्यूटरों में की-बोर्ड के साथ-साथ इनपुट का एक और साधन होता है, जिसे 'माउस' कहा जाता है। यह एक हाथ में पकड़ा जाने वाला एक छोटा सा डिब्बा होता है, जैसा कि चित्र 2.5 में दिखाया गया है। यह एक लम्बे तार (या केबिल) द्वारा सिस्टम

यूनिट से जुड़ा होता है। इसकी सहायता से हम की-बोर्ड का प्रयोग किए बिना अपने कम्प्यूटर पर बहुत से कार्य कर सकते हैं। विंडोज आधारित ऑपरेटिंग सिस्टमों, जैसे विंडोज 95 तथा 98 में माउस का व्यापक और अनिवार्य उपयोग किया जाता है। **डेस्कटॉप प्रकाशन** का कार्य तो माउस के बिना किया ही नहीं जा सकता।

माउस एक समतल (Plain) सतह, जिसे माउस पैड (Mouse Pad) कहते हैं, पर हाथ से पकड़ कर खिसकाया जाता है। इसके निचले तल पर (अर्थात् पैड को छूने वाली सतह पर) एक रबर की गेंद (Ball) होती है, जो सभी ओर स्वतंत्रतापूर्वक घूम सकती है। ऐसे माउसों को **स्क्रॉल माउस (Scroll mouse)** कहा जाता है। इसकी ऊपरी सतह पर दो बटन होते हैं। ज्यादातर हम इसके बाएं बटन का उपयोग करते हैं, परन्तु कई बार दाएं बटन का भी उपयोग किया जाता है। अपने आदेश के अनुसार या तो हम किसी बटन को दबाकर छोड़ देते हैं या उसे दबाए रखकर माउस को इधर-उधर खिसकाते हैं।

मॉनीटर की स्क्रीन पर माउस का एक विशेष कर्सर या संकेतक होता है, जिसे माउस पॉइंटर (Mouse pointer) कहा जाता है। यह बायीं ओर से ऊपर उठे हुए तिरछे तीर जैसा होता है। यह पॉइंटर माउस की हलचल (Movement) के अनुसार ही हिलता-डुलता है। जब हम किसी मेन्यू में किसी विकल्प को अथवा किसी वस्तु को चुनना चाहते हैं, तो हम माउस को अपने माउस पैड पर इधर-उधर खिसकाकर माउस पॉइंटर को उस विकल्प या वस्तु पर लाते हैं और माउस के बाएं बटन को एक बार दबाकर छोड़ देते हैं। किसी स्थान या वस्तु पर माउस पॉइंटर लाकर माउस का बायां बटन एक बार दबाकर छोड़ देने की क्रिया को **क्लिक (Click)** करना कहते हैं। कई बार बाएं बटन को लगातार दो-बार जल्दी-जल्दी क्लिक किया जाता है। इस क्रिया को **डबल क्लिक (Double-Click)** करना कहा जाता है। कभी-कभी हम दाएं बटन को भी क्लिक करते हैं, जिसे **दायां-क्लिक (Right-Click)** करना कहा जाता है।

आजकल कई प्रकार के माउसों का उपयोग किया जाता है। कुछ माउसों में इसकी निचली सतह पर रबर की बॉल के बजाय लाइट लगी होती है। ऐसे माउस को **ऑप्टीकल माउस (Optical mouse)** कहा जाता है। दोनों प्रकार के माउसों का उपयोग तथा प्रभाव समान होता है, लेकिन ऑप्टीकल माउस अधिक चलता है, क्योंकि वह पूरी तरह इलैक्ट्रॉनिक होता है और उसमें कोई घूमने वाला भाग (अर्थात् बॉल) नहीं होता।

आउटपुट उपकरण
(Output Devices)

किसी प्रोग्राम द्वारा किसी डाटा के आधार पर निकाले गए परिणामों को आउटपुट कहा जाता है। आउटपुट को प्राप्त करने, देखने या छापने के लिए हमें किसी आउटपुट के साधन की आवश्यकता होती है। डीटीपी का कार्य छपाई से संबंधित होने के कारण हमें आउटपुट छपवाने के लिए प्रिंटर की आवश्यकता होती है। वैसे प्रिंटर पर छपवाने से पहले हम अपने मॉनीटर की स्क्रीन पर आउटपुट को देख सकते हैं और पूरी तरह संतुष्ट होने के बाद उसे प्रिंटर पर छपवा सकते हैं।

यों तो अनेक प्रकार के प्रिंटर उपलब्ध हैं, लेकिन डीटीपी के कार्य में छपाई की क्वालिटी का अधिक महत्व होने के कारण साधारण प्रिंटर अधिक उपयोगी नहीं हैं। इसके लिए अच्छी क्वालिटी के इंकजेट या लेजर प्रिंटर की आवश्यकता होती है। डीटीपी के कार्य में प्रूफ आदि निकालने के लिए साधारण डॉट मैट्रिक्स प्रिंटर भी उपयोग किए जा सकते हैं। यहां इन सभी प्रकार के प्रिंटरों के बारे में संक्षेप में बताया जा रहा है।

डॉट मैट्रिक्स प्रिंटर
(Dot Matrix Printer)

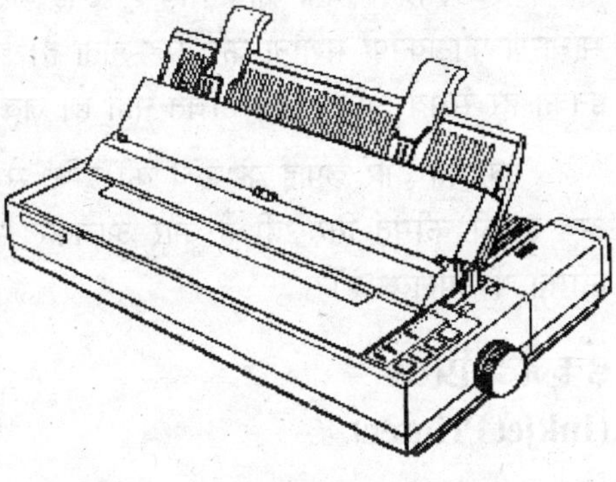

चित्र 2.6 : डॉट मैट्रिक्स प्रिंटर

ये प्रिंटर आजकल सबसे अधिक प्रचलित हैं। इनकी छपाई की गुणवत्ता बहुत अच्छी नहीं होती, किन्तु कीमत और छपाई का खर्च कम होने के कारण ये बहुत लोकप्रिय हैं। चित्र 2.6 में एक डॉट मैट्रिक्स प्रिंटर दिखाया गया है। इनमें हर चिह्न या चित्र छोटे-छोटे बिन्दुओं के रूप में छापा जाता है। ऐसे प्रिंटरों में सारी छपाई बिन्दुओं द्वारा होने के कारण इनसे किसी भी तरह के चित्र, ग्राफ आदि छापे जा सकते हैं। इतना ही नहीं, अंग्रेजी के अलावा अन्य सभी भाषाओं और लिपियों के अक्षर भी ऐसे प्रिंटरों पर सफलतापूर्वक छापे जा सकते हैं। सामान्य पाठ्य को इसमें अनेक प्रकार से छापा जा सकता है, जैसे सिमटी हुई (Condensed) छपाई (1 इंच में 17 चिह्न), फैली हुई (Enlarged) छपाई (1 इंच में 5 चिह्न) तथा साधारण (Normal) छपाई (1 इंच में 10 चिह्न) आदि। इनके अलावा पाठ्य को अनेक रूपों (Fonts) में भी छपवाया जा सकता है।

किसी डॉट मैट्रिक्स प्रिंटर के छपाई करने वाले यंत्र, जिसे प्रिंटिंग हैड (Printing head) कहते हैं, में कई छोटे-छोटे पिन होते हैं, जो एक सीधी रेखा में लगे होते हैं। प्रत्येक पिन द्वारा कागज पर एक बिन्दु छापा जा सकता है। जब कम्प्यूटर के नियंत्रण में एक हथौड़ा किसी पिन पर अन्दर से आघात करता है, तो वह पिन आगे निकलकर एक बिन्दु छाप देता है। जब प्रिंटिंग हैड पिनों से बिन्दु बनाता हुआ बाएं से दाएं चलता है, तो कागज पर चित्र या पाठ्य छप जाता है। इसी तरह वह दाएं से बाएं चलता हुआ भी छपाई करता है।

डॉट मैट्रिक्स प्रिंटरों में छपाई की क्वालिटी उनमें पिनों की संख्या पर निर्भर करती है। प्रारम्भिक प्रिंटरों में 9 पिनें हुआ करती थीं। लेकिन आधुनिक प्रिंटरों में 36 तक पिनें होती हैं, हालांकि आजकल 24 पिनों वाले डॉट मैट्रिक्स प्रिंटर अधिक प्रचलन में हैं। उनकी छपाई की क्वालिटी भी सन्तोषजनक सीमा तक अच्छी होती है, यद्यपि वे लेज़र प्रिंटरों की बराबरी नहीं कर सकते।

लेज़र प्रिंटर
(Laser Printer)

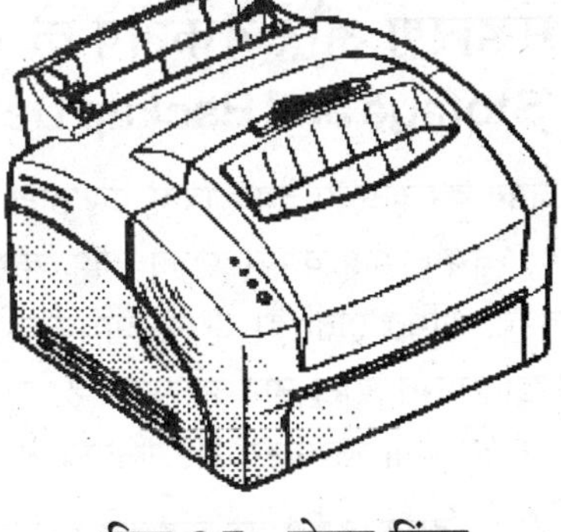

चित्र 2.7 : लेज़र प्रिंटर

कम्प्यूटर से संबंधित जिस उपकरण ने डीटीपी के क्षेत्र में क्रान्ति कर दी है, वह लेज़र प्रिंटर है। ये पाठ्य और चित्रों को अत्यन्त उच्च कोटि की गुणवत्ता और सुन्दरता के साथ साधारण कागज पर और पारदर्शी प्लास्टिक शीट पर छाप सकते हैं। इन छपे हुए पन्नों का उपयोग मास्टर प्रति के रूप में ऑफसेट छपाई के कार्य में किया जाता है। चित्र 2.7 में एक साधारण लेज़र प्रिंटर दिखाया गया है।

लेज़र प्रिंटरों द्वारा भी अक्षरों और चित्रों की छपाई छोटे-छोटे बिन्दुओं द्वारा की जाती है। लेकिन इनमें से बिन्दु बहुत छोटे होते हैं। दूसरे शब्दों में, इनमें बिन्दुओं की सघनता बहुत अधिक होती है। आजकल साधारण लेज़र प्रिंटर भी प्रत्येक दिशा में प्रति इंच 600 बिन्दु छाप सकते हैं। अच्छे लेज़र प्रिंटर तो 1200 डॉट प्रति इंच की सघनता देते हैं। लेज़र प्रिंटर सामान्यतया एक मिनट में 10 से 20 पृष्ठ छाप सकते हैं।

लेज़र प्रिंटर बिना आघात किए छपाई करते हैं, इसलिए बिल्कुल आवाज नहीं करते। इनका कार्य करने का तरीका साधारण फोटोकॉपी मशीनों की तरह होता है। इसलिए ये बहुत बिजली खर्च करते हैं और गर्मी पैदा करते हैं, इसलिए इनको हर समय ऑन रखना उचित नहीं है। जब आप छपाई कर रहे हों, तभी इन्हें ऑन करना चाहिए।

कीमत और छपाई के खर्च की दृष्टि से लेज़र प्रिंटर बहुत महंगे होते हैं। लेकिन तकनीकी विकास के साथ ही अब इनकी कीमत गिर रही है और आजकल सामान्य श्रेणी के लेज़र प्रिंटर साधारण डॉट मैट्रिक्स प्रिंटर से भी कम कीमत में उपलब्ध हैं।

इंकजेट प्रिंटर
(Inkjet Printer)

इन्हें बबल जेट (Bubble Jet) प्रिंटर भी कहा जाता है। ये प्रिंटर ठीक उसी सिद्धान्त पर कार्य करते हैं, जिस पर डॉट मैट्रिक्स प्रिंटर करते हैं। अन्तर केवल यह है कि इनमें पिनों के स्थान पर छोटे-छोटे फव्वारे होते हैं, जिनसे कागज पर स्याही फेंक कर बिन्दु बनाए जाते हैं। इस प्रकार बनाए गए बिन्दुओं द्वारा अक्षर और चित्र छापे जाते हैं। इसके लिए किसी रिबन या कार्बन की आवश्यकता नहीं होती। इनसे अलग-अलग रंगों के बिन्दुओं द्वारा बहुरंगी छपाई भी की जा सकती है। चित्र 2.8 में एक बहुरंगी इंकजेट प्रिंटर दिखाया गया है।

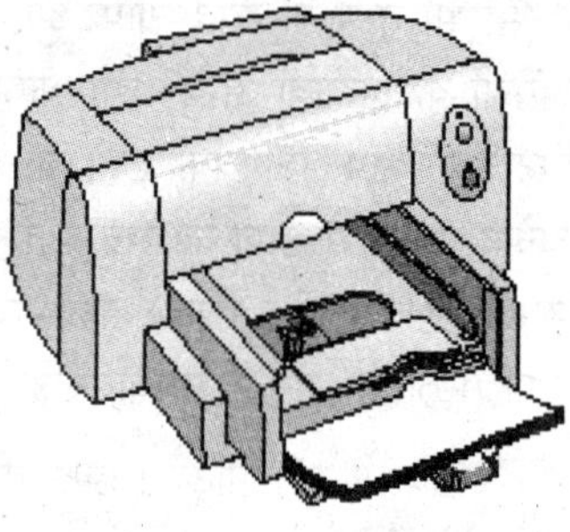

चित्र 2.8 : इंकजेट प्रिंटर

अलग-अलग प्रिंटरों में फव्वारों द्वारा स्याही फेंकने की विधि अलग-अलग होती है। लेकिन सबकी छपाई की क्वालिटी लगभग समान होती है। ये पाठ्य की छपाई उच्च कोटि की कर लेते हैं, लेकिन चित्रों की छपाई की क्वालिटी उतनी अच्छी नहीं होती। इनकी कीमत लेज़र प्रिंटरों की तुलना में कम होती है तथा इनके द्वारा की जाने वाली छपाई में खर्च भी अधिक आता है। फिर भी कम संख्या में सुन्दर पत्र और रंगीन चित्र छापने के लिए इंकजेट प्रिंटर उपयुक्त माने जाते हैं। ये कई सघनताओं (Resolutions) में प्राप्त होते हैं। डीटीपी के कार्य के लिए सामान्यतया 600 डॉट प्रति इंच से 1200 डॉट प्रति इंच तक की सघनता पर्याप्त मानी जाती है। वैसे केवल पाठ्य की छपाई के लिए 300 डॉट प्रति इंच तक की सघनता से भी कार्य चल सकता है।

भंडारण और बैकअप के साधन
(Storage and Backup Devices)

अपने कम्प्यूटर में तैयार किए गए डाटा को सुरक्षित रखने के लिए हमें किसी ऐसे भंडारण माध्यम की आवश्यकता होती है, जिसमें डाटा कम्प्यूटर को ऑफ कर देने के बाद भी लम्बे समय तक सुरक्षित रह सके, क्योंकि कम्प्यूटर की मैमोरी बहुत सीमित होती है। उसमें अधिक डाटा नहीं आ सकता और कम्प्यूटर ऑफ कर दिए जाने के बाद उसकी मैमोरी में रखा समस्त डाटा नष्ट हो जाता है। सुरक्षित भंडारण के माध्यम के रूप में हम हार्ड डिस्क का उपयोग करते हैं, जो लगभग सभी कम्प्यूटरों में अनिवार्य रूप से लगी होती है।

इसके अतिरिक्त कई बार हमें डाटा एक कम्प्यूटर से दूसरे कम्प्यूटर पर ले जाना होता है अथवा उसे कम्प्यूटर से बाहर भी भविष्य के उपयोग के लिए सुरक्षित रखना होता है। इस कार्य के लिए बैकअप साधनों की आवश्यकता होती है। आजकल बैकअप साधन के रूप में फ्लॉपी, सीडी अथवा टेप का उपयोग किया जाता है। इन माध्यमों पर डाटा लिखने तथा इनसे पढ़ने के लिए विशेष प्रकार के ड्राइवों की आवश्यकता होती है। डीटीपी के कार्य में इनका काफी महत्व होता है। इन साधनों के बारे में यहां संक्षेप में बताया गया है।

फ्लॉपी डिस्क
(Floppy Disk)

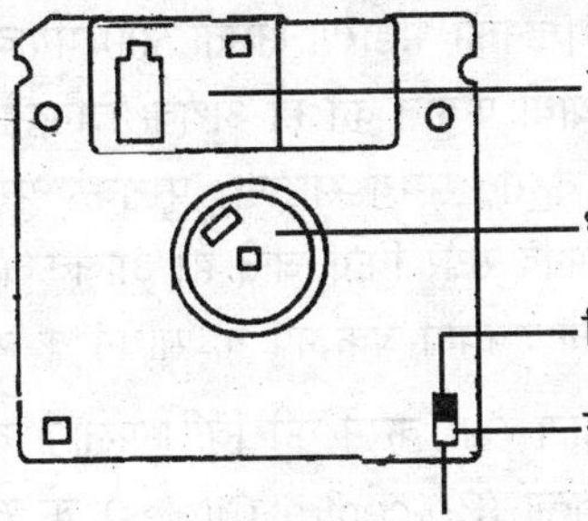

चित्र 2.9 : फ्लॉपी डिस्क

यह ग्रामोफोन के छोटे रिकार्ड की तरह प्लास्टिक की 3½" व्यास की एक वृत्ताकार (Circular) प्लेट होती है, जिस पर बने हुए वृत्ताकार पथों, जिन्हें ट्रैक (Track) कहते हैं, पर चुम्बकीय चिह्नों द्वारा डाटा लिखा जाता है। यह प्लेट प्लास्टिक के एक चौकोर खोल में सुरक्षित रहती है। इस खोल के बीच में धातु की एक धुरी (Hub) होती है, जिसके द्वारा फ्लॉपी घूम सकती है। इसके खोल के ऊपरी किनारे पर एक खिसकने वाला ढक्कन (Sliding cover) होता है, जो फ्लॉपी पर लिखने-पढ़ने के लिए खुले हुए स्थान को ढक लेता है। इसके निचले दाएं कोने पर लिखने की सुरक्षा के लिए एक आयताकार छिद्र होता है, जिसमें एक प्लास्टिक का छोटा सा टुकड़ा लगा होता है, जिसे टैब कहते हैं। इस टैब को दो स्थितियों में रखा जा सकता है। एक स्थिति में रहने पर फ्लॉपी पर कुछ भी लिखा जा सकता है, परन्तु दूसरी स्थिति में रहने पर उससे केवल डाटा पढ़ा जा सकता है। चित्र 2.9 में एक फ्लॉपी डिस्क दिखाई गई है।

इस फ्लॉपी पर लिखने-पढ़ने का कार्य करने के लिए एक विशेष उपकरण की आवश्यकता होती है, जिसे फ्लॉपी ड्राइव कहते हैं। इस ड्राइव में फ्लॉपी को उसी प्रकार लगा दिया जाता है, जिस प्रकार किसी कैसेट प्लेयर में कैसेट लगाए जाते हैं। ड्राइव में लगाते ही फ्लॉपी अपनी धुरी पर घूमना प्रारम्भ कर देती है और ड्राइव में लगा हुआ एक रीड-राइट हैड (Read-Write Head) कवर खिसकने से खुलने वाले स्थान से होकर इस पर कुछ भी लिख सकता है या पढ़ सकता है। इस फ्लॉपी की भण्डारण क्षमता 1.44 मेगाबाइट होती है।

हार्ड डिस्क
(Hard Disk)

हार्ड डिस्क पर भी किसी फ्लॉपी डिस्क की तरह डाटा स्टोर किया जाता है, परन्तु आकार में यह फ्लॉपी डिस्क से बड़ी और भंडारण क्षमता में उससे हजारों गुना बड़ी होती है। इसमें डाटा लिखने और पढ़ने की गति भी बहुत होती है। एक हार्ड डिस्क में 40 मेगाबाइट से लेकर 40 गीगाबाइट तक डाटा स्टोर किया जा सकता है। हार्ड डिस्क बहुत कीमती और नाजुक होती है। धूल का एक कण भी इसकी सतह को बुरी तरह खराब कर सकता है। इसलिए इसको धूल से बचाने और ठंडा रखने के लिए एक बन्द डिब्बे के भीतर रखा जाता है।

आधुनिक पर्सनल कम्प्यूटरों में कम्प्यूटर को चालू (Start) अथवा बूट (Boot) करने वाले मुख्य प्रोग्राम तथा सभी सॉफ्टवेयर पैकेज हार्ड डिस्क पर ही रखे जाते हैं। कम्प्यूटर की बत्ती जलाते ही उसको बूट करने वाला प्रोग्राम स्वतः प्रारम्भ हो जाता है। अपनी क्षमता और विश्वसनीयता के कारण हार्ड डिस्क हमारे लिए बहुत बड़ी सुविधा है। डीटीपी के कार्य के लिए उच्च क्षमता की हार्ड डिस्क होना एक अनिवार्यता है।

कॉम्पैक्ट डिस्क
(Compact Disk)

इसे संक्षेप में सीडी (CD) कहा जाता है। यह एक विशेष प्रकार की डिस्क होती है, जिस पर डाटा प्रायः एक बार ही लिखा जाता है और फिर उसे चाहे जितनी बार पढ़ा जा सकता है। यह एक प्रकार की केवल पढ़ने योग्य मैमोरी (Read

Only Memory) है। इनकी भंडारण क्षमता 500 मेगाबाइट से 800 मेगाबाइट तक होती है। इनमें प्रायः ऐसी सूचनाएं स्टोर की जाती हैं, जो स्थायी प्रकृति की हों अथवा जिनको पढ़ने की आवश्यकता बार-बार पड़ती हो। उदाहरण के लिए, इन पर टेलीफोन डायरेक्टरी, समय सारणी, पुस्तकें, पुस्तकों की सूची, कानूनी सूचनाएं, वीडियो फिल्म, गीत-संगीत, एन्साइक्लोपीडिया आदि स्टोर किए जाते हैं। आजकल प्रायः सभी प्रकार के सॉफ्टवेयर पैकेज भी सीडी पर ही उपलब्ध कराए जाते हैं। इनका उपयोग बैकअप के साधन के रूप में भी किया जाता है।

सीडी पर डाटा स्टोर करने की विधि फ्लॉपी तथा हार्ड डिस्क से कुछ अलग होता है। फ्लॉपी और हार्ड डिस्कों पर ट्रैक संकेन्द्रीय वृत्तों (Co-central Circles) के रूप में होते हैं और उन पर चुम्बकीय चिह्न बनाए जाते हैं, जबकि सीडी पर ट्रैक सर्पिलाकार (Spiral) होते हैं और उन पर लेसर (LASER) तकनीक से लिखा जाता है। इसलिए इन्हें ऑप्टिकल डिस्क (Optical Disk) भी कहा जाता है।

सीडी पर कुछ भी लिखने का कार्य करने के लिए एक विशेष प्रकार के उपकरण की आवश्यकता होती है, जिसे सीडी राइटर (CD Writer) कहा जाता है, जिसकी कीमत अधिक होती है। इस उपकरण की सहायता से एक विशेष प्रकार की सीडी पर किसी साधारण फ्लॉपी की तरह डाटा लिखा और पढ़ा जा सकता है। यह काफी मंहगी होने के कारण इसका प्रयोग अभी सीमित है।

सीडी पर से डाटा पढ़ने के लिए एक साधारण उपकरण का उपयोग किया जाता है, जिसे सीडी-रोम ड्राइव (CD-ROM Drive) कहते हैं। यह साधारण फ्लॉपी ड्राइव की तरह होता है और इसकी कीमत भी कम होती है। आजकल अधिकांश पर्सनल कम्प्यूटरों में प्रायः सीडी-रोम ड्राइव अनिवार्य रूप से लगा रहता है, क्योंकि इसका उपयोग कम्प्यूटर पर सॉफ्टवेयर लोड करने में किया जाता है।

स्कैनर
(Scanner)

यह इनपुट का एक ऐसा साधन है, जो किसी कागज या ऐसी ही किसी समतल सतह पर बनी या छपी सूचनाओं या चित्र को अंकीय डाटा (Digital Data) में बदल कर कम्प्यूटर में भेज सकता है। कम्प्यूटर में उस डाटा पर विभिन्न प्रकार की क्रियाएं की जा सकती हैं। आजकल चार प्रकार के स्कैनर उपलब्ध होते हैं - हाथ से पकड़ा जाने वाला (Hand-hold), समतलीय (Flatbed), त्रि-आयामी (3-Dimensional) तथा फिल्म स्कैनर (Film Scanner)। चित्र 2.10 में हाथ से पकड़ा जाने वाला या हस्तचालित स्कैनर दिखाया गया है। इसे ऊपर से पकड़ कर उस दस्तावेज के ऊपर धीरे से खिसकाया जाता है, जिसे कम्प्यूटर में भरना हो। समतलीय स्कैनर फोटो कॉपियर के आकार के होते हैं। जिस तरह किसी दस्तावेज की फोटोकापी निकाली जाती है, उसी तरह ऐसे स्कैनर में दस्तावेज को रखकर उसकी अंकीय छायाचित्र (Digital Image) कम्प्यूटर में भेजा जाता है।

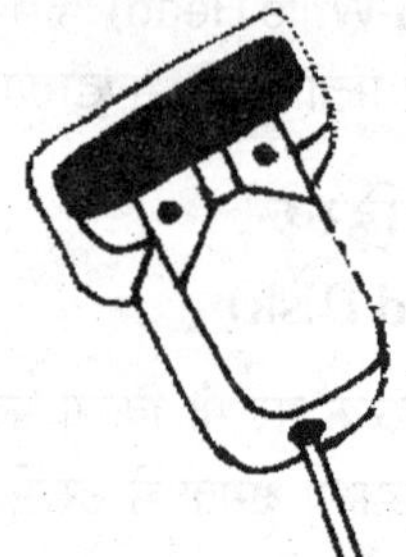

चित्र 2.10 : हस्तचालित स्कैनर

किसी स्कैनर की क्षमता बिन्दु प्रति इंच (Dots per inch) में मापी जाती है। अच्छी श्रेणी के स्कैनर 600 बिन्दु प्रति इंच (600 DPI) तक की सघनता के रंगीन चित्र अंकीय डाटा में बदलकर भेज सकते हैं। डीटीपी के कार्य में अच्छी क्षमता का स्कैनर होना आवश्यक होता है, क्योंकि इसके द्वारा हम सभी प्रकार के चित्रों को अंकीय डाटा में बदलकर अपने दस्तावेज में उपयोग करके छाप सकते हैं। इनका मूल्य भी बहुत अधिक नहीं होता।

3

सॉफ्टवेयर की आवश्यकताएं
(Software Requirements)

कम्प्यूटर के हार्डवेयर से कोई काम कराने के लिए जो प्रोग्राम लिखे जाते हैं या उस पर चलाए जाते हैं, उन्हें सॉफ्टवेयर कहा जाता है। आप जानते हैं कि सॉफ्टवेयर के बिना हार्डवेयर ऐसा ही है, जैसे बिजली के बिना टेलीविजन या डायलटोन के बिना टेलीफोन। डेस्कटॉप प्रकाशन के मामले में यह बात कहीं ज्यादा सत्य है। डीटीपी के लिए न केवल अच्छी क्षमता के कम्प्यूटर और सहायक उपकरणों की आवश्यकता होती है, बल्कि उसके लिए विशेष प्रकार के सॉफ्टवेयर पैकेज की भी व्यवस्था करनी पड़ती है।

मुख्य रूप से हमें पाठ्य डाटा तैयार करने, रेखाचित्र तथा रंगीन चित्र बनाने, चित्रों तथा फोटो आदि को प्रोसेस करके उनमें विशेष प्रभाव डालने तथा इन सबको एक में संयोजित करके अन्तिम दस्तावेज तैयार करने के लिए विशेष सॉफ्टवेयर की आवश्यकता पड़ती है। आजकल उपलब्ध प्रायः प्रत्येक डीटीपी सॉफ्टवेयर पैकेज में ये सभी क्षमताएं कुछ मात्रा में उपलब्ध होती हैं, जिनके द्वारा आप किसी सीमा तक सन्तोषजनक प्रकाशन तैयार कर सकते हैं। लेकिन उच्च श्रेणी के प्रकाशन के लिए यह आवश्यक होता है कि आप किसी कार्य को करने के लिए उस सॉफ्टवेयर का उपयोग करें, जो विशेष रूप से उसी प्रकार के कार्यों को करने के लिए लिखा गया है। इसलिए हम डीटीपी में पाठ्य, चित्रों, फोटो आदि के कार्यों के लिए अलग-अलग सॉफ्टवेयर का उपयोग करते हैं और फिर उनके तैयार कार्य को डीटीपी के मुख्य सॉफ्टवेयर में आयात करके और संयोजित करके अपना दस्तावेज तैयार कर लेते हैं।

यहां इन सभी प्रकार के सॉफ्टवेयरों और उनकी क्षमताओं के बारे में बताया जा रहा है।

वर्ड प्रोसेसर
(Word Processors)

इनका उपयोग लेखकों, रिपोर्टरों तथा व्यापारिक पेशेवरों द्वारा किया जाता है। इनमें पाठ्य को मनचाहे ढंग से फॉर्मेट करने और प्रस्तुत करने की क्षमता होती है, लेकिन ग्राफिक वस्तुओं के साथ केवल सीमित कार्य ही किए जा सकते हैं। मुख्य रूप से वर्ड प्रोसेसरों का उपयोग निम्नलिखित कार्यों के लिए किया जा सकता है :

- पाठ्य तैयार करना और उसमें सुधार करना।
- पाठ्य डाटा को प्रविष्ट करना और उसकी प्रोसेसिंग करना।
- एक पंक्ति से दूसरी पंक्ति, एक पैराग्राफ से दूसरे पैराग्राफ, एक कॉलम से दूसरे कॉलम तथा एक पृष्ठ से दूसरे पृष्ठ में पाठ्य का प्रवाह सुनिश्चित करना।
- पाठ्य सम्बंधी सुविधाओं, जैसे पाठ्य को खोजना, खोजकर बदलना, स्पेलिंग तथा व्याकरण की जांच करना, रूपरेखा, अनुक्रमणिका तथा इंडेक्स बनाना, एक ही दस्तावेज को बदली हुई सूचनाओं के साथ अनेक व्यक्तियों को भेजने के लिए तैयार करना (मेल-मर्ज सुविधा) आदि कार्यों को सम्भव बनाना।

- विविध प्रकार के सॉफ्टवेयरों जैसे अन्य वर्ड प्रोसेसरों, स्प्रैडशीट पैकेजों, प्रस्तुतीकरण पैकेजों, ई-मेल आदि के साथ समन्वय बनाना।

उपरोक्त सुविधाएं सामान्यतया हर आधुनिक वर्ड प्रोसेसर में पायी जाती हैं। लेकिन हमें अपने ऑपरेटिंग सिस्टम के अनुसार उचित वर्ड प्रोसेसर का ही उपयोग करना चाहिए, ताकि डाटा के स्थानान्तरण अथवा आयात-निर्यात में सरलता हो। विंडोज 95 या 98 अथवा उसके बाद के संस्करणों में एमएस-ऑफिस के अन्तर्गत एमएस-वर्ड एक लोकप्रिय और शक्तिशाली वर्ड प्रोसेसर है, जिसका उपयोग डीटीपी पैकेजों के लिए डाटा तैयार करने में किया जा सकता है। इस पैकेज के उपयोग के बारे में विस्तार से जानने के लिए आपको लेखक की 'रैपिडैक्स कम्प्यूटर कोर्स' अथवा 'वर्ड 2000 इन इज़ी स्टेप्स' पुस्तक का अध्ययन करना चाहिए।

ड्रॉइंग प्रोग्राम
(Drawing Programs)

इस प्रकार के प्रोग्रामों का उपयोग मुख्य रूप से चित्र बनाने वाले कलाकारों द्वारा किया जाता है। इनकी सहायता से विभिन्न प्रकार की नियमित तथा अनियमित ज्यामितीय आकृतियों की सहायता से रंग बिरंगे चित्र अथवा रेखा चित्र बनाए जा सकते हैं। ये प्रोग्राम मुख्य रूप से निम्नलिखित कार्यों को करने में उपयोग किए जाते हैं :

- जटिल चित्र बनाना और उनमें सुधार करना।
- अनेक प्रकार के फॉर्मेटों में चित्र-फाइलों का आयात-निर्यात करना।
- पेंट तथा फोटो चित्रों को तैयार करने वाले प्रोग्रामों के साथ समन्वय करना।
- पाठ्य को चित्रों के रूप में संभालना और उपयोग करना।
- चित्रों पर विविध प्रकार के विशेष प्रभाव उत्पन्न करना और रंगों आदि का उपयोग करके उनमें सुधार करना।

इन कार्यों को करने वाले प्रोग्रामों अथवा पैकेजों की एक बड़ी संख्या प्रचलन में है। लेकिन मुख्य रूप से फोटोशॉप (PhotoShop) तथा कोरलड्रॉ (CorelDraw) का उपयोग इनके लिए किया जाता है। इस पुस्तक के तीसरे भाग में फोटोशॉप पर कार्य करने के बारे में विस्तार से बताया गया है। इसी प्रकार इसके चौथे भाग में कोरलड्रॉ पर कार्य करने के बारे में विस्तार से बताया गया है।

डीटीपी पैकेज
(DTP Package)

इस प्रकार के पैकेजों का उपयोग किसी प्रकाशन के पृष्ठों को तैयार करने और छापने के लिए किया जाता है। किसी डीटीपी सॉफ्टवेयर के मुख्य-मुख्य कार्य निम्नलिखित होते हैं :

- बाहरी वर्ड प्रोसेसरों तथा ड्रॉइंग प्रोग्रामों द्वारा तैयार की गई सामग्री को आयात करके उसको अपने उपयोग में लाने योग्य रूप में परिवर्तित करना।
- पाठ्य तथा चित्रों का स्क्रीन पर खाका तैयार करना और उन्हें फॉर्मेट करना।
- पाठ्य तथा चित्रों को पृष्ठों पर उचित स्थान पर सेट करना।
- सामग्री के आकार, फॉण्ट, स्टाइल आदि पर नियंत्रण करना।

- लम्बे दस्तावेजों, जैसे पुस्तकों, डायरेक्टरियों, शब्दकोषों, रिपोर्टों आदि को व्यवस्थित करना और उनके लिए विविध आवश्यक सूचनाएं जैसे अनुक्रमणिका या सामग्री सूची (Table of Contents), इंडेक्स आदि तैयार करना, पृष्ठ संख्याएं डालना आदि।
- लम्बे दस्तावेजों में विभिन्न भागों के फॉर्मेट, स्टाइल, फॉण्ट आदि में एकरूपता सुनिश्चित करना।

इन प्रमुख और विशेष कार्यों के अतिरिक्त लगभग प्रत्येक डीटीपी सॉफ्टवेयर में पाठ्य प्रविष्ट करने और चित्र आदि तैयार करने की सीमित सुविधाएं उपलब्ध होती हैं, ताकि ऐसे साधारण कार्यों के लिए भी आपको अन्य सॉफ्टवेयरों पर निर्भर न रहना पड़े।

वर्तमान समय में डेस्कटॉप प्रकाशन के लिए अनेक सॉफ्टवेयर पैकेज प्रचलित हैं। उनमें से मुख्य पैकेजों के बारे में यहां विस्तार से बताया गया है।

पेजमेकर
(PageMaker)

एल्डस (Aldus) कम्पनी के प्रेसीडेंट पॉल ब्रेनर्ड ने सबसे पहले 'डेस्कटॉप प्रकाशन' शब्द का उपयोग किया था। उन्होंने मैकिन्तोष कम्प्यूटर के लिए सन् 1985 में पहली बार पेजमेकर जारी किया था। पर्सनल कम्प्यूटरों के लिए इसका संस्करण सन् 1987 में जारी किया गया। तब से पेजमेकर डेस्कटॉप प्रकाशन पैकेजों का अगुआ बना हुआ है। वर्तमान समय में यह सबसे अधिक उपयोग किया जाने वाला डीटीपी सॉफ्टवेयर है। इसके कई संस्करण बाजार में आ चुके हैं। उनमें से पेजमेकर 5 सबसे अधिक प्रचलन में रहा। आजकल पेजमेकर 6.5 का उपयोग अधिकतर कम्प्यूटरों पर किया जा रहा है। पेजमेकर छोटे-छोटे प्रकाशनों जैसे न्यूजलैटरों और पत्रिकाओं के लिए सबसे अधिक उपयुक्त है। यद्यपि इसमें लम्बी-लम्बी पुस्तकें भी तैयार की जा सकती हैं। प्रस्तुत पुस्तक भी पेजमेकर में ही तैयार की गई है।

पेजमेकर में एक ही फाइल में फोटो, आर्ट, कार्टून, ग्राफ, नक्शे, पाठ्य तथा अन्य सभी प्रकार की सूचनाओं को रखा जाता है। इसलिए किसी प्रकाशन को एक स्थान से दूसरे स्थान पर ले जाने के लिए आपको अन्य किसी फाइल की आवश्यकता नहीं पड़ती। केवल एक मुख्य फाइल, जिसके नाम का विस्तार भाग .PM6 या .P65 होता है, में समस्त सामग्री आ जाती है। चित्र 3.1 में इसको दिखाया गया है। इस विधि के कारण पेजमेकर की फाइल का आकार बहुत बड़ा हो जाता है। यदि पुस्तक सैकड़ों पृष्ठों की है, तो उसे एक ही फाइल में रख पाना लगभग असम्भव ही है। इसलिए उसे कई भागों में बांट कर हर भाग को अलग फाइल में रखा जाता है। यद्यपि इसमें ऐसी सुविधाएं उपलब्ध हैं कि अलग-अलग फाइलों में रखे गए भागों को एक ही प्रकाशन के रूप में व्यवस्थित किया जा सके।

इसमें हर प्रकार की सामग्री को एक चित्र की तरह हैंडिल किया जाता है। इसलिए इसमें किसी भी सामग्री को कहीं भी रखा जा सकता है और उसे इच्छानुसार घुमाया और पलटा जा सकता है। वास्तव में पेजमेकर उसी विधि को अपनाता है, जिससे कोई न्यूजलैटर परम्परागत प्रणाली से तैयार किया जाता है। इसमें एक बड़ा पेस्टबोर्ड दिया जाता है। आप कोई भी सामग्री इस पेस्टबोर्ड पर कहीं भी रख सकते हैं। लेकिन केवल वही सामग्री या उसका भाग छापा जाता है, जो आपके परिभाषित किए हुए पेज के फ्रेम के भीतर आता है।

पेजमेकर में किसी प्रकाशन की स्टाइल में एकरूपता बनाए रखने की पूरी व्यवस्था की गई है। सबसे पहले आप अपने प्रकाशन के एक पेज का आकार, पेज का प्रकार (लम्बा या चौड़ा), हाशिए, एकतरफा या दोतरफा फॉर्मेट, पृष्ठों की संख्या आदि निश्चित करते हैं। पेजमेकर में सभी प्रचलित मानक आकार जैसे लैटर, लैगल, A4 आदि उपलब्ध हैं। आपके द्वारा निश्चित किए गए पेज की सीमाएं न छापी जाने वाली रेखाओं द्वारा दिखाई पड़ती हैं।

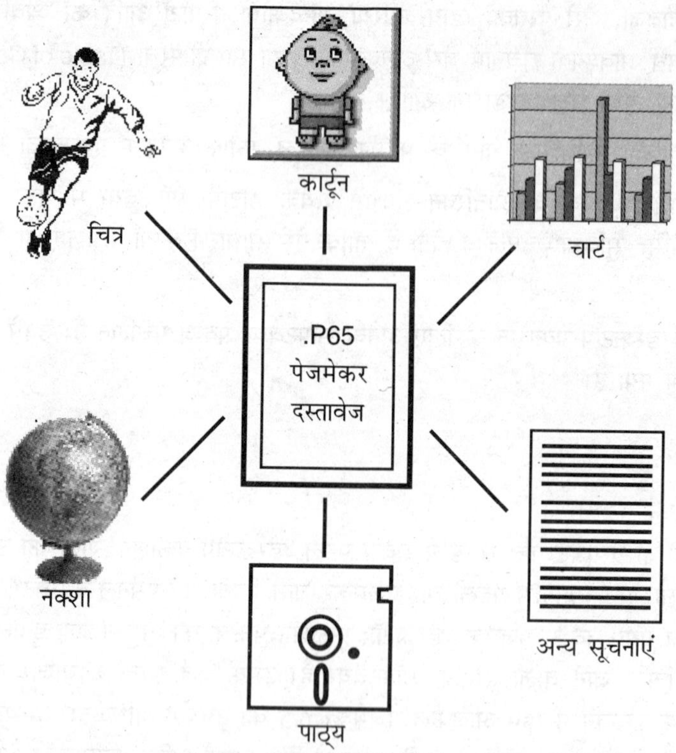

चित्र 3.1 : किसी पेजमेकर दस्तावेज का संगठन

पेजमेकर में लम्बाइयों और दूरियों को कई मापन प्रणालियों में मापने की सुविधा उपलब्ध है। आप इसमें अपनी पसन्द के अनुसार इंचों, मिलीमीटरों, पिकों या पॉइंटों में कार्य कर सकते हैं। पेज पर किसी सामग्री का स्थान सही-सही निर्धारित करने के लिए आप रूलरों का उपयोग कर सकते हैं, जिससे डिजायन की एकरूपता बनी रहती है। आप अपने पेज पर सामग्री को ठीक-ठीक स्थापित करने के लिए रूलर गाइडों का भी उपयोग कर सकते हैं और चाहे जितनी रूलर गाइडें लगा सकते हैं। ये गाइडें हल्की और रंगीन रेखाओं द्वारा दिखाई पड़ती हैं, लेकिन छापी नहीं जातीं।

पेजमेकर में किसी दस्तावेज को कई आकारों में देखा जा सकता है, जैसे वास्तविक आकार का 25, 50, 75, समान, 200 और 400 प्रतिशत, जिसे आप एक ड्रॉप डाउन मेन्यू से चुन सकते हैं। वास्तविक आकार में देखने पर वह ठीक वैसा ही दिखाई पड़ता है, जैसा वह छापा जाएगा। हालांकि स्क्रीन की सघनता लेज़र प्रिंटर की तुलना में बहुत कम होने के कारण कुछ अन्तर होना स्वाभाविक है। यदि आपको किसी विशेष वस्तु या सामग्री के बारे में कोई भ्रम हो, तो आप उसे 200 अथवा 400 प्रतिशत आकार में देखकर सुनिश्चित कर सकते हैं कि सामग्री ठीक वैसी ही छपेगी, जैसी आप चाहते हैं। इतना ही नहीं आप आमने-सामने के दोनों पृष्ठों को छोटे आकार में एक साथ देखकर अपने दस्तावेज का वास्तविक स्वरूप देख सकते हैं।

पेजमेकर में पाठ्य को इच्छानुसार सम्पादित या स्थापित किया जा सकता है। इसके लिए आपको केवल उसकी सीमाओं को माउस पॉइंटर से पकड़कर ऊपर या नीचे खींचने की आवश्यकता होती है। आप किसी टैक्स्ट ब्लॉक का आकार भी मनचाहा निश्चित कर सकते हैं और एक टैक्स्ट ब्लॉक को अगले कॉलमों या पृष्ठों पर जारी रख सकते हैं। पेजमेकर में पाठ्य को प्रविष्ट करने, सुधारने, खोजने और खोजकर बदलने की सुविधाएं भी उपलब्ध हैं। इसके साथ ही

आप कुछ विशेष प्रकार की ज्यामितीय आकृतियों द्वारा अनेक प्रकार के चित्र आदि भी बना सकते हैं। इतना ही नहीं आप किसी चित्र के चारों ओर निर्धारित स्थान छोड़कर किसी पाठ्य को लपेट सकते हैं।

पेजमेकर में समस्त कार्य सामान्यतया मेन्युओं द्वारा किया जाता है, जिनकी कार्य प्रणाली विंडोज से बहुत मिलती-जुलती है। लेकिन की-बोर्ड का उपयोग करने के अभ्यस्त लोगों के लिए लगभग प्रत्येक आदेश का की-बोर्ड शॉर्टकट भी उपलब्ध है। पेजमेकर की कार्य प्रणाली साधारण होने के कारण इसको सीखना बहुत सरल है।

आप इस पुस्तक के भाग दो में पेजमेकर 6.5 का विस्तृत अध्ययन करेंगे।

वेंचुरा पब्लिशर (Ventura Publisher)

यह डीटीपी का एक विशिष्ट सॉफ्टवेयर है। इसकी कार्य प्रणाली पेजमेकर से बहुत भिन्न है। कई पेशेवर डेस्कटॉप प्रकाशक वेंचुरा को पेजमेकर की तुलना में अधिक पसन्द करते हैं। इसकी सबसे बड़ी विशेषता यह है कि यह छोटे कम्प्यूटरों पर भी आसानी से चल जाता है और इसीलिए इसकी गति तेज होती है। हालांकि इसमें सबसे बड़ी कमी यह है कि इसकी कार्य प्रणाली थोड़ी जटिल होने के कारण इसको सीखने में कहीं अधिक समय लगता है। फिर भी एक बार कार्य प्रणाली समझ में आ जाने पर इसमें कार्य करना बहुत आसान हो जाता है।

पेजमेकर के विपरीत वेंचुरा हर प्रकार की सामग्री को एक करने वाला नहीं, बल्कि अलग-अलग प्रकार की सामग्री को व्यवस्थित करने वाला प्रोग्राम है। इसमें हर प्रकार की टैक्स्ट और हर प्रकार की ग्राफिक फाइलों को उनके मूल रूप में अलग रखा जाता है। इनके साथ ही दस्तावेज का फॉर्मेट बताने वाली स्टाइल शीट भी एक अलग फाइल के रूप में रखी जाती है, जिसका विस्तार भाग .STY होता है। वेंचुरा द्वारा उन सभी फाइलों के लिंकों और उनका उपयोग करने के बारे में सूचनाओं को एक विशेष फाइल में रखा जाता है, जिसे चैप्टर फाइल कहते हैं। इन फाइलों का विस्तार भाग .CHP होता है। यह प्रक्रिया चित्र 3.2 में दिखाई गई है।

वेंचुरा लम्बे-लम्बे प्रकाशनों तथा तकनीकी दस्तावेजों को तैयार करने के लिए बहुत ही उपयुक्त है। किसी प्रकाशन में एक से अधिक चैप्टर हो सकते हैं। सभी चैप्टर फाइलों को एक लगातार दस्तावेज के रूप में तैयार करने के लिए वेंचुरा में एक प्रकाशन फाइल बनाई जाती है, जिसका विस्तार भाग .PUB होता है। इस फाइल में सभी चैप्टर फाइलों के लिंक दिए जाते हैं तथा प्रकाशन के बारे में अन्य आवश्यक सूचनाएं जैसे चैप्टर शीर्षक, पृष्ठ संख्याएं, सामग्री सूची, इंडेक्स आदि भी दी जाती हैं। यह प्रक्रिया भी चित्र 3.2 में दिखाई गई है।

पेजमेकर की तरह वेंचुरा पब्लिशर में भी पुल-डाउन मेन्युओं द्वारा आदेश दिए जाते हैं। बहुत से कार्यों के लिए की-बोर्ड आदेश भी उपलब्ध हैं, लेकिन ये वास्तव में केवल माउस का उपयोग बढ़ाने के लिए हैं, उसके बदले में नहीं। यदि आपका माउस खराब हो जाता है, तो आप कर्सर कुंजियों द्वारा स्क्रीन पर कहीं भी पहुंच सकते हैं। लेकिन आपको माउस की आवश्यकता सभी कार्यों में पड़ेगी ही।

वेंचुरा में पाठ्य और चित्र अर्थात् सभी चीजें फ्रेमों में रखी जाती हैं। फ्रेम किसी बॉक्स की तरह हैं, जिनकी सीमा रेखाएं दृश्य अथवा अदृश्य हो सकती हैं। हर पेज स्वयं एक फ्रेम होता है और इस फ्रेम के अन्तर्गत पाठ्य तथा चित्रों की सामग्री को रखने वाले अन्य फ्रेम बनाए जा सकते हैं। फ्रेमों के कारण आपको वेंचुरा दस्तावेज में मनचाहे परिवर्तन करने की स्वतंत्रता मिलती है। आप माउस पॉइंटर द्वारा किसी फ्रेम को सरकाकर मनचाहे स्थान पर लगा सकते हैं। ऐसा करने पर पाठ्य नए फ्रेम के अनुसार अपने आप एडजस्ट हो जाता है। प्रारम्भ में फ्रेमों का उपयोग करना भ्रमपूर्ण हो सकता है, लेकिन कुछ अभ्यास के बाद किसी भी कार्य के लिए सही फ्रेम का चुनाव स्वत: ही होने लगता है।

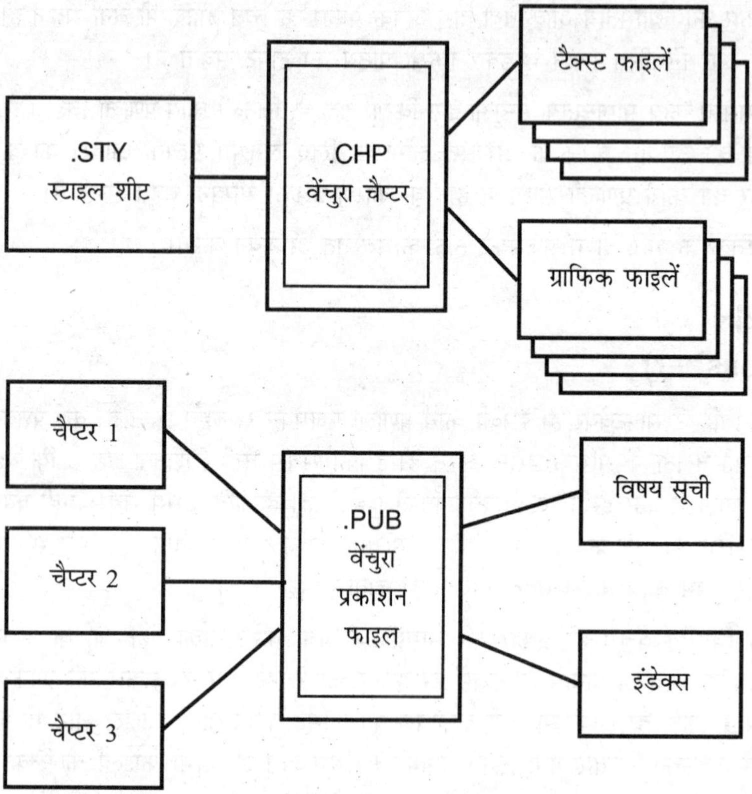

चित्र 3.2 : किसी वेंचुरा प्रकाशन का संगठन

फ्रेमों की सभी क्रियाएं माउस द्वारा ही नहीं की जातीं। उदाहरण के लिए, यदि आपने किसी फ्रेम को नए स्थान पर लगाने के लिए खींचा है, परन्तु उसकी स्थिति से आप संतुष्ट नहीं हैं, तो आप फ्रेम के मेन्यू में उसकी सही स्थिति बताने वाले निर्देशांक (Co-ordinates) भर सकते हैं। इसी प्रकार उस मेन्यू में आप फ्रेम की बॉर्डर, बैकग्राउंड का रंग, हाशियों की चौड़ाई आदि सूचनाएं भी सेट कर सकते हैं।

फ्रेम अर्थात् स्वयं पेज के पैरामीटर सेट करने के बाद आप उसमें पाठ्य और चित्र जोड़ना प्रारम्भ कर सकते हैं। यद्यपि आप सीधे वेंचुरा में भी पाठ्य टाइप कर सकते हैं, लेकिन अधिकांश उपयोगकर्ता अपनी पसन्द के वर्ड प्रोसेसर में पाठ्य तैयार करना और फिर उसे वेंचुरा में लोड करना ज्यादा अच्छा समझते हैं। वेंचुरा प्रायः सभी मुख्य वर्ड प्रोसेसिंग पैकेजों, जैसे एमएस-वर्ड, वर्ड परफैक्ट, वर्ड स्टार, जीरोक्स राइटर आदि की फाइलों तथा सादा पाठ्य फाइलों को भी स्वीकार कर लेता है। वेंचुरा प्रायः मूल वर्ड प्रोसेसर की सभी फॉर्मेटों जैसे बोल्ड, इटैलिक, अंडरलाइन, फॉण्ट, आकार आदि को ज्यों का त्यों स्वीकार कर लेता है, लेकिन कभी-कभी टैब समस्या खड़ी कर सकते हैं। एक ही वेंचुरा दस्तावेज में अनेक वर्ड प्रोसेसरों की फाइलों को शामिल किया जा सकता है।

ग्राफिक प्रोग्रामों द्वारा तैयार किए गए चित्रों तथा स्कैनरों द्वारा दी गई फाइलों को वेंचुरा प्रकाशन में लोड किया जा सकता है। वेंचुरा दो प्रकार के चित्रों को पहचानता है – बिटमैप फाइल तथा ड्रॉइंग फाइल। बिटमैप फाइलों को वेंचुरा में इमेज (Image) कहा जाता है और ड्रॉइंग फाइलों को लाइन आर्ट (Line Art) कहा जाता है। वेंचुरा प्रायः सभी ग्राफिक प्रोग्रामों की फाइलों को स्वीकार कर लेता है, लेकिन इससे पहले वह उन्हें वेंचुरा के अपने फॉर्मेट में बदल लेता है। पेंट

फाइलों को इमेज (.img) फाइलों में और ड्राइंग फाइलों को ज्यामितीय (.gem) फाइलों में बदला जाता है। इतना ही नहीं, आप ऑटोकैड द्वारा बनायी गई DXF फॉर्मेट की फाइलों को वेंचुरा के ही एक प्रोग्राम द्वारा GEM फॉर्मेट में बदलकर उसे वेंचुरा में लोड कर सकते हैं। किसी फ्रेम में लोड करने के बाद किसी चित्र को सरलता से काटा-छांटा जा सकता है और छोटा-बड़ा किया जा सकता है।

वेंचुरा की एक विशेषता यह है कि आप ग्राफिक वस्तुओं अर्थात् चित्रों को पाठ्य के साथ नत्थी (Attach) कर सकते हैं, जिससे दस्तावेज में सुधार होने तथा पृष्ठों का फॉर्मेट बदल जाने के बाद भी वह चित्र उसी पाठ्य के साथ उसी स्थिति में रहेगा, जिसके साथ उसे बांधा गया है।

माइक्रोसॉफ्ट विंडोज के उपयोग में वृद्धि के साथ-साथ वेंचुरा के नए संस्करण प्रकाश में आ रहे हैं, जो विंडोज की सभी विशेषताओं का भी लाभ लेते हैं। यद्यपि विंडोज वातावरण में बनाई हुई फाइलों का आदान-प्रदान पुराने डॉस संस्करण के साथ स्वतंत्रतापूर्वक नहीं किया जा सकता। विंडोज के उपयोग से एक लाभ यह भी है कि उसमें स्थापित सभी फॉण्ट वेंचुरा में भी उपलब्ध हो जाते हैं।

वेंचुरा पब्लिशर के साथ कोरलड्रॉ का पैकेज भी आता है। दोनों मिलकर डेस्कटॉप प्रकाशन के लिए एक सम्पूर्ण पैकेज बनाते हैं। वेंचुरा पब्लिशर का विस्तृत अध्ययन इस पुस्तक की विषयवस्तु से बाहर है। उसके लिए आपको किसी अच्छी पुस्तक की सहायता लेनी चाहिए।

क्वार्क एक्सप्रेस
(Quark Express)

यह एक ग्रिड आधारित और पेज-ओरियंटेड पैकेज है। यह पेजमेकर और वेंचुरा की तुलना में कहीं अधिक कठिन है, लेकिन एक बार इसे सीख लेने के बाद यह डेस्कटॉप प्रकाशन के क्षेत्र में आपको विशिष्ट स्थान दिला सकता है। यद्यपि यह एक ग्रिड आधारित पैकेज है, लेकिन ग्रिडों का उपयोग केवल कॉलम बनाने में किया जाता है। इनका उपयोग आप टैक्स्ट बॉक्स बनाने में गाइड की तरह कर सकते हैं। किसी टैक्स्ट बॉक्स में एक से अधिक कॉलम हो सकते हैं और किसी बॉक्स के भीतर भी बॉक्स हो सकते हैं।

एक बार किसी स्थान पर टैक्स्ट लगाने के बाद आप इस पर पूरी तरह नियंत्रण कर सकते हैं। आप इसमें पंक्तियों, शब्दों और अक्षरों के बीच के अन्तर को भी नियंत्रित कर सकते हैं। इस प्रकार नियंत्रण करने पर आपका काफी समय नष्ट हो सकता है, लेकिन क्वार्क एक्सप्रेस स्टाइल शीटों के द्वारा इसका समाधान करता है। आप स्टाइल शीटों में फॉण्ट, आकार, लीडिंग स्पेस आदि के पैरामीटर सेट कर सकते हैं। आप किसी स्टाइल शीट को किसी अन्य टैक्स्ट ब्लॉक पर सीधे लागू कर सकते हैं।

सभी डीटीपी पैकेजों की तरह क्वार्क एक्सप्रेस में भी ग्राफिक्स की सीमित सुविधाएं उपलब्ध हैं। लेकिन ये सुविधाएं अन्य ऐसे पैकेजों की तुलना में कहीं अधिक ही हैं। इसमें आप रंगों का भी भरपूर उपयोग कर सकते हैं। रंगीन चित्रों को स्कैन करके आप पाठ्य के ऊपर चिपका सकते हैं। ऐसा करने पर क्वार्क एक्सप्रेस या तो पूरे रंगों में अथवा चार अलग-अलग रंगों में आपकी सामग्री छाप सकता है। इसमें कमी केवल यह है कि ऐसा करने के लिए आपके पास अत्यन्त शक्तिशाली कम्प्यूटर होना चाहिए।

क्वार्क एक्सप्रेस एक महंगा पैकेज है। वास्तव में यह किसी ग्राफिक पेशेवर अर्थात् चित्रकार का उपकरण है। यदि आप इसकी विशेषताओं का भरपूर उपयोग नहीं कर सकते, तो इसके स्थान पर किसी साधारण डेस्कटॉप प्रकाशन सॉफ्टवेयर का उपयोग करना अधिक उचित होगा।

माइक्रोसॉफ्ट पब्लिशर
(Microsoft Publisher)

जैसा कि इसके नाम से स्पष्ट है, यह माइक्रोसॉफ्ट कॉर्पोरेशन द्वारा विकसित किया गया डीटीपी सॉफ्टवेयर है। वास्तव में यह एमएस-ऑफिस का एक भाग है। इसका नवीनतम संस्करण एमएस-पब्लिशर 2000 है, जो एमएस-ऑफिस 2000 प्रोफेशनल के एक भाग के रूप में उपलब्ध होता है। इसके अधिकांश मेन्यू और टूलबार एमएस-ऑफिस के अन्य भागों से बहुत मिलते-जुलते हैं, जो कि एमएस-ऑफिस की विशेषता है। एमएस-ऑफिस में उपलब्ध सभी मुख्य सुविधाएं इसमें भी उपलब्ध हैं।

पब्लिशर की विशेषता यह है कि इसमें पहले से डिजायन किए हुए अनेक प्रकार के प्रकाशन उपलब्ध हैं, जैसे न्यूजलैटर, ब्रोशर, निमंत्रण पत्र, बधाई कार्ड, मेलिंग लेबल, बैनर, वेब पेज आदि। ये सभी वस्तुएं आप एक विज़ार्ड की सहायता से मिनटों में तैयार कर सकते हैं। इसमें अनेक कलर स्कीमें भी उपलब्ध हैं, जिन्हें आप अपने किसी भी प्रकाशन पर लागू कर सकते हैं। इतना ही नहीं आप अपनी कलर स्कीम भी बना सकते हैं।

यदि आप विज़ार्ड का उपयोग न करना चाहें, तो सीधे खाली दस्तावेज से अपना प्रकाशन बना सकते हैं। इसमें भी सभी सामग्री पाठ्य, चित्र आदि को फ्रेमों में रखा जाता है। इसकी विशेषता है – टेबिल फ्रेम, जो शायद अन्य किसी डीटीपी सॉफ्टवेयर में उपलब्ध नहीं है।

पब्लिशर में चित्रों को डिजायन करने की असीमित सुविधाएं इसके ड्रॉइंग टूलबार में उपलब्ध हैं। यहां तक कि आप इसमें तीर भी बना सकते हैं, जिसकी सुविधा पेजमेकर में भी उपलब्ध नहीं है।

पब्लिशर में आप पाठ्य को सीधे टैक्स्ट फ्रेम में प्रविष्ट कर सकते हैं या किसी वर्ड प्रोसेसर द्वारा तैयार किए गए पाठ्य को ज्यों का त्यों समस्त फॉर्मेटिंग के साथ आयात कर सकते हैं। द्विभाषी प्रकाशन तैयार करना इसमें कहीं आसान है, क्योंकि इसमें फॉर्मेट पेंटर की सुविधा उपलब्ध है, जो एमएस-ऑफिस की विशेषता है और अन्य किसी डीटीपी पैकेज में उपलब्ध नहीं है। इसमें विंडोज़ में स्थापित सभी फॉण्ट अपने आप उपलब्ध हो जाते हैं।

वर्तमान में एमएस-पब्लिशर का उपयोग सीमित है, लेकिन धीरे-धीरे यह बढ़ता जा रहा है, क्योंकि एमएस-ऑफिस का भाग होने के कारण यह अलग से नहीं खरीदना पड़ता। इसके साथ ही इसे सीखना बहुत ही सरल है, क्योंकि इसकी अधिकांश क्रियाएं और आदेश एमएस-ऑफिस के अन्य भागों विशेषतया एमएस-वर्ड से बहुत मिलते-जुलते हैं। जो लोग एमएस-वर्ड पर कार्य करते रहे हैं, वे तत्काल ही एमएस-पब्लिशर पर कार्य प्रारम्भ कर सकते हैं।

एमएस-पब्लिशर का विस्तृत अध्ययन करना इस पुस्तक के कोर्स से बाहर है। इसके लिए आपको इस विषय पर किसी अन्य पुस्तक का अध्ययन करना चाहिए अथवा एमएस-पब्लिशर की हेल्प सुविधा का लाभ लेना चाहिए। हेल्प सुविधा में एक ट्यूटोरियल भी उपलब्ध है, जिसकी सहायता से आप थोड़े ही समय में एमएस-पब्लिशर का अच्छा ज्ञान प्राप्त कर सकते हैं, बशर्ते आप एमएस-वर्ड में कार्य करने के अभ्यस्त हों। बिल्कुल नए लोग भी कुछ ही समय में एमएस-पब्लिशर पर कार्य करना प्रारम्भ कर सकते हैं।

इन प्रमुख पैकेजों के अलावा भी अनेक डीटीपी पैकेज प्रचलित हैं। प्रत्येक की अपनी-अपनी विशेषताएं और कमियां होती हैं। यहां हमने मुख्य-मुख्य डीटीपी पैकेजों का ही परिचय दिया है। इनकी सूची बहुत लम्बी है। उन सबका परिचय देना यहां सम्भव नहीं है।

4

पाठ्य का प्रस्तुतीकरण
(Presentation of Text)

डेस्कटॉप प्रकाशन में सबसे बड़ा और महत्वपूर्ण कार्य पाठ्य को प्रस्तुत करना होता है। इस कार्य में ही हमारा सबसे अधिक समय खर्च होता है और इसी की सफलता पर प्रकाशन की सफलता निर्भर करती है। प्रकाशन की डिजायन पर सबसे अधिक प्रभाव पाठ्य सामग्री के प्रस्तुतीकरण की स्टाइल का पड़ता है। शब्दों के विशेष प्रस्तुतीकरण से वे अपने अर्थ से कहीं अधिक सूचना प्रदान करते हैं और यही किसी डिजायन की विशेषता होती है। इस अध्याय में आप पाठ्य के प्रस्तुतीकरण पर प्रभाव डालने वाले अनेक तत्वों के बारे में विस्तार से पढ़ेंगे। इनका प्रायोगिक उपयोग आगे के भागों में किया जाएगा।

पेज लेआउट
(Page Layout)

प्रकाशक अपने प्रकाशन को अधिक से अधिक आकर्षक और पठनीय बनाने का पूरा प्रयास करते हैं। वे ऐसे पेज लेआउट का उपयोग करते हैं, जो सम्भावित पाठक को आकर्षित करता हो और पठनीयता में बाधक न होता हो। किसी प्रकाशन के किसी पेज के परस्पर सम्बंधित अवयवों का संयोजन पेज लेआउट कहा जाता है। उदाहरण के लिए इस पुस्तक के एक सामान्य पेज में पृष्ठ का आकार, पृष्ठ संख्या, पुस्तक या भाग का नाम, चित्रों तथा सारणियों के परिचय (Caption), विभिन्न प्रकार के हाशिए, ग्राफिक तत्व जैसे रेखाएं, आकृतियां, चित्र आदि शामिल हैं। ये सभी आपस में सम्बंधित होने के कारण यदि हम किसी एक अवयव में परिवर्तन करते हैं, तो उसका प्रभाव दूसरे तत्वों पर भी पड़ता है।

अच्छे लेआउट के लिए पेज लेआउट के सिद्धान्तों का ज्ञान होना आवश्यक है। यहां हम पेज लेआउट के मुख्य-मुख्य तत्वों के बारे में बताएंगे, ताकि उनकी सहायता से आप अपने प्रकाशन के लिए सर्वश्रेष्ठ पेज लेआउट चुन सकें।

पेज ओरियंटेशन
(Page Orientation)

किसी पेज का उपयोग करने की विधि को पेज ओरियंटेशन कहा जाता है। जब पेज को इस प्रकार उपयोग किया जाता है कि उसकी चौड़ाई कम और ऊंचाई अधिक हो, तो उसे पोर्ट्रेट (Portrait) मोड कहा जाता है, जैसा कि इस पुस्तक में किया गया है। कभी कभी हम पेज को 90 अंश घुमाकर इस प्रकार उपयोग में लाते हैं कि उसकी चौड़ाई अधिक और ऊंचाई कम होती है। इस प्रकार के पेज ओरियंटेशन को लैंडस्केप (Landscape) कहा जाता है। दोनों प्रकार के पेज ओरियंटेशन चित्र 4.1 में दिखाए गए हैं।

आजकल के प्राय: सभी डेस्कटॉप पब्लिशिंग पैकेजों में दोनों ही प्रकार के पेज ओरियंटेशनों में दस्तावेज तैयार करने की सुविधा उपलब्ध होती है। आप अपनी सुविधा के अनुसार कोई भी मोड चुन सकते हैं।

चित्र 4.1 : दो प्रकार के पेज ओरियंटेशन : पोर्ट्रेट तथा लैंडस्केप

पृष्ठ आकार
(Page Size)

डेस्कटॉप पब्लिशिंग में किसी प्रकाशन के पेज लेआउट का प्रारम्भ पृष्ठ का आकार चुनने से होता है। यद्यपि पृष्ठ का आकार मुख्यत: आपके द्वारा बनाए जा रहे दस्तावेज के आकार और उसके उपयोग पर निर्भर करता है, लेकिन यह इस बात पर भी निर्भर करता है कि आपके प्रिंटर में किस-किस आकार के पृष्ठ लगाए या छापे जा सकते हैं।

सामान्यतया डॉट मैट्रिक्स प्रिंटरों पर सभी आकारों के कटे हुए कागज (Cut sheets) तथा लम्बी स्टेशनरी (Continuous stationery) लगायी जा सकती है, लेकिन लेज़र प्रिंटर केवल कटे हुए कागजों को ही स्वीकार कर सकते हैं। व्यापारिक रूप से मानक आकार के कटे हुए कागजों की सूची निम्नप्रकार है :

A1	594 x 841 मिमी	(23.4 x 33.1 इंच)
A2	420 x 594 मिमी	(16.5 x 23.4 इंच)
A3	297 x 420 मिमी	(11.7 x 16.5 इंच)
A4	210 x 297 मिमी	(8.3 x 11.7 इंच)
A5	148 x 210 मिमी	(5.8 x 8.3 इंच)
B5	176 x 250 मिमी	(6.93 x 9.84 इंच)
आधा (Half)	5.5 x 8.5 इंच	(139.7 x 215.9 मिमी)
लैटर (Letter)	8.5 x 11 इंच	(215.9 x 279.4 मिमी)
लैगल (Legal)	8.5 x 14 इंच	(215.9 x 355.6 मिमी)
डबल (Double)	11 x 17 इंच	(279.4 x 431.8 मिमी)
ब्रोड (Broad)	18 x 24 इंच	(457.2 x 609.6 मिमी)

अधिकांश लेजर प्रिंटर A4 या लैटर आकार से बड़े कागजों को स्वीकार नहीं करते। इसलिए जहां तक सम्भव हो हमें अपने दस्तावेज का पृष्ठ आकार इन्हीं में से कोई तय करना चाहिए। कुछ डीटीपी सॉफ्टवेयरों में आप किसी भी आकार का पृष्ठ सेट कर सकते हैं और आवश्यकता होने पर उसे चार भागों (Tiles) में बांटकर छाप सकते हैं। इस प्रकार छपे हुए भागों को काटकर और ठीक प्रकार से चिपकाकर आप पूरा पेज तैयार कर सकते हैं।

सामान्यतया हम पूरे पृष्ठ की चौड़ाई में पाठ्य की एक पंक्ति बनाते हैं, जैसा कि इस पुस्तक में किया गया है। यदि पंक्तियों के बीच पर्याप्त स्थान हो, तो ऐसे प्रस्तुतीकरण की पठनीयता बनी रहती है। लेकिन यदि अक्षरों का आकार बहुत छोटा है और पंक्तियों के बीच भौतिक स्थान कम है, तो पाठ्य की पठनीयता में बाधा पड़ती है। पठनीयता बढ़ाने के लिए हम पृष्ठ की चौड़ाई को आवश्यकता के अनुसार दो या अधिक कॉलमों में बांट सकते हैं, जैसा कि समाचार पत्रों में किया जाता है।

हाशिए
(Margins)

किसी दस्तावेज के पेज लेआउट पर हाशियों का सबसे अधिक प्रभाव पड़ता है। किसी पृष्ठ के चारों ओर पर्याप्त चौड़ाई का खाली स्थान छोड़ा जाता है, जिन्हें हाशिए कहा जाता है। चित्र 4.2 में सभी हाशियों को दिखाया गया है। सामान्यतया भीतरी हाशिया बाहरी हाशिए से कुछ अधिक रखा जाता है, क्योंकि वहां प्रकाशन (पुस्तक आदि) की बाईंडिंग की जाती है। इसी प्रकार निचला हाशिया ऊपरी हाशिए से अधिक रखा जाता है। यद्यपि ऐसा करना पूर्णतः आपकी इच्छा पर निर्भर करता है। दोनों पृष्ठों के हाशियों में समरूपता (Symmetry) होना अच्छा होता है।

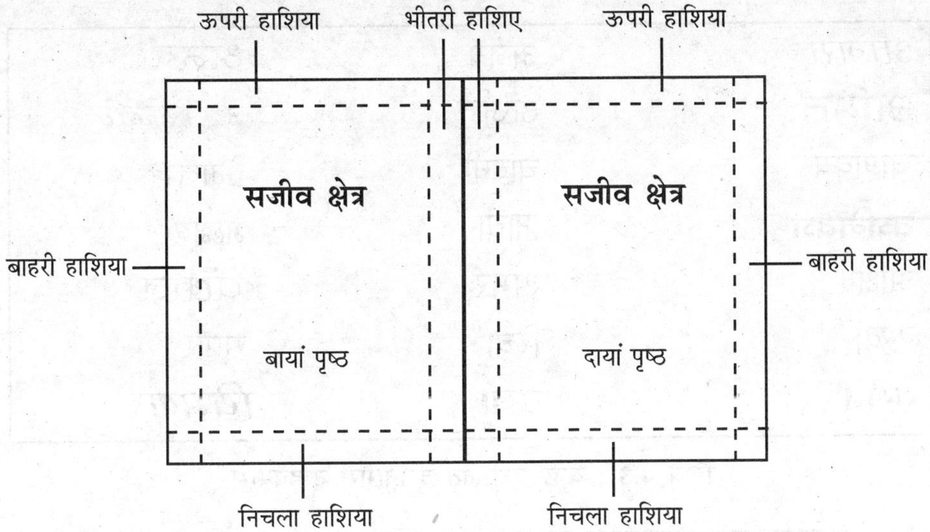

चित्र 4.2 : विभिन्न हाशिए और सजीव क्षेत्र

सभी हाशियों से घिरे हुए बीच के क्षेत्र को सजीव क्षेत्र (Live Area) कहा जाता है। इसी क्षेत्र में समस्त सामग्री पाठ्य, चित्र आदि स्थापित की जाती है। आवश्यकता पड़ने पर इस क्षेत्र से बाहर भी पाठ्य, चित्र आदि छापे जा सकते हैं। पृष्ठ संख्याएं तथा पुस्तक और अध्याय का शीर्षक प्रायः ऊपरी या निचले हाशियों में छापे जाते हैं।

फॉण्ट और टाइपफेस
(Fonts and Typefaces)

कोई टाइपफेस किसी भाषा की वर्णमाला के अक्षरों, अंकों तथा विशेष चिह्नों को दिखाने की विशेष विधि होती है। प्रत्येक दस्तावेज या प्रकाशन में फॉण्टों और टाइपफेसों का भरपूर उपयोग किया जाता है, भले ही उसको पढ़ते समय

हमारा ध्यान उस पर न जाए। किसी प्रकाशन की सफलता प्रायः उसमें पाठ्य के प्रस्तुतीकरण पर निर्भर करती है और इसमें फॉण्ट या टाइपफेस महत्वपूर्ण भूमिका निभाते हैं। डेस्कटॉप प्रकाशन में अच्छे से अच्छा प्रकाशन तैयार करने के लिए इनका पर्याप्त ज्ञान होना आवश्यक है। यहां हम इनके बारे में कुछ विस्तार से बताएंगे।

सामान्यतया फॉण्ट और टाइपफेस (Typeface) शब्दों का उपयोग समानार्थी शब्दों के रूप में किया जाता है। वास्तव में इनमें थोड़ा सा बारीक अन्तर होता है। कोई टाइपफेस अक्षरों की डिजायन की एक ऐसी प्रणाली है, जिसके मुख्य तत्व सभी अक्षरों के लिए समान रहते हैं। दूसरे शब्दों में, किसी टाइपफेस में बनाए गए अक्षर डिजायन के रूप में एक जैसे दिखाई देते हैं। अक्षरों का आकार घटाने या बढ़ाने पर भी उनके रूप में कोई अन्तर नहीं होता। वर्तमान में सैकड़ों-हजारों टाइपफेस प्रचलन में हैं। रोमन या अंग्रेजी अक्षरों के लिए प्रायः रोमन, एरियल, हेलवेटिका, बुकमैन, स्क्रिप्ट आदि और देवनागरी अक्षरों के लिए चाणक्य, गणेश, ध्रुव, नारद आदि टाइपफेस प्रचलन में हैं। प्रत्येक टाइपफेस के मामूली अन्तर वाले कई संस्करण भी हो सकते हैं और एक ही टाइपफेस कई नामों से भी प्रचलित होता है। इस प्रकार टाइपफेसों की संख्या हजारों में पहुंच गई है। चित्र 4.3 में हिन्दी या देवनागरी लिपि के और चित्र 4.4 में अंग्रेजी या रोमन लिपि के कुछ प्रचलित टाइपफेस दिखाए गए हैं। अंग्रेजी और हिन्दी ही नहीं बल्कि दुनिया की प्रत्येक भाषा के टाइपफेस आजकल उपलब्ध हैं, जिनसे सभी भाषाओं में डेस्कटॉप प्रकाशन का कार्य किया जा रहा है।

आगरा	अजय	अमन
अमित	अर्जुन	*असरानी*
चाणक्य	चांदनी	हेमन्त
कनिका	माया	महमूद
अक्षित	अमर	पंकज
रेखा	रिचा	सागर
सरोज	**वर्षा**	*विमल*

चित्र 4.3 : कुछ प्रचलित देवनागरी टाइपफेस

Arial	Bookman
Century Gothic	Courier
Elephant	*Freestyle Script*
ALGERIAN	***Garamond***
Monotype Corsiva	**Rockwell**
Times New Roman	Verdana
Georgia	***Brush Script***

चित्र 4.4 : कुछ प्रचलित रोमन टाइपफेस

आजकल 'टाइपफेस' की जगह 'फॉण्ट' शब्द अधिक प्रचलित है। किसी टाइपफेस में बनाए गए वर्णमाला के अक्षरों तथा अन्य चिह्नों के समुच्चय (Set) को फॉण्ट (Font) कहा जाता है। सामान्यतया फॉण्ट का नाम उसके टाइपफेस के ही नाम पर रखा जाता है। इसलिए दोनों को एक ही समझ लिया जाता है। आपको भ्रम में पड़ने से बचाने के लिए हम भी दोनों के लिए फॉण्ट शब्द का उपयोग करेंगे। टाइपफेसों की तरह फॉण्टों की संख्या भी हजारों में है। परन्तु किसी भी व्यक्ति के लिए सभी फॉण्टों का उपयोग करना न तो सम्भव है और न आवश्यक ही। आपको अपने प्रकाशन के लिए अपनी पसन्द के अनुसार दो-तीन अच्छे फॉण्टों का चुनाव कर लेना चाहिए। उदाहरण के लिए, यह पुस्तक हमने मुख्यतः हिन्दी के 'वॉकमैन-चाणक्य' और अंग्रेजी के एरियल (Arial) फॉण्टों का उपयोग करके तैयार की है। एक ही फॉण्ट को विभिन्न आकारों में उपयोग करके आप दस्तावेज में कई फॉण्टों का आभास पैदा कर सकते हैं। चित्र 4.5 में विभिन्न पॉइंट आकारों में वॉकमैन-चाणक्य फॉण्ट दिखाया गया है। आप देख सकते हैं कि आकार बदलने पर भी किसी फॉण्ट के मूल चरित्र या स्वरूप में कोई अन्तर नहीं पड़ता।

8 पॉइंट वॉकमैन-चाणक्य

9 पॉइंट वॉकमैन-चाणक्य

10 पॉइंट वॉकमैन-चाणक्य

11 पॉइंट वॉकमैन-चाणक्य

12 पॉइंट वॉकमैन-चाणक्य

13 पॉइंट वॉकमैन-चाणक्य

14 पॉइंट वॉकमैन-चाणक्य

16 पॉइंट वॉकमैन-चाणक्य

18 पॉइंट वॉकमैन-चाणक्य

24 पॉइंट वॉकमैन-चाणक्य

30 पॉइंट वॉकमैन-चाणक्य

36 पॉइंट वॉकमैन-चाणक्य

48 पॉइंट वॉकमैन-चाणक्य

60 पॉइंट वॉकमैन-चाणक्य

चित्र 4.5 : विभिन्न फॉण्ट आकारों में वॉकमैन-चाणक्य फॉण्ट

आकार के साथ ही किसी फॉण्ट के ऊपर विभिन्न प्रकार के प्रभाव डालकर उसे अनेक रूपों में बदला जा सकता है। उदाहरण के लिए हम किसी फॉण्ट को गहरा या बोल्ड करके, तिरछा करके, रेखांकित करके, उलटे रंग में बदलकर और इन क्रियाओं के विभिन्न संयोगों से एक ही फॉण्ट पर अनेक प्रभाव उत्पन्न कर सकते हैं। चित्र 4.6 में वॉकमैन-चाणक्य फॉण्ट पर इन प्रभावों के कई संयोगों को दिखाया गया है।

वॉकमैन-चाणक्य सामान्य

वॉकमैन-चाणक्य बोल्ड

वॉकमैन-चाणक्य इटैलिक

वॉकमैन-चाणक्य बोल्ड इटैलिक

वॉकमैन-चाणक्य रेखांकित

वॉकमैन-चाणक्य बोल्ड इटैलिक रेखांकित

वॉकमैन-चाणक्य बोल्ड रिवर्स

चित्र 4.6 : विभिन्न प्रभावों के साथ वॉकमैन-चाणक्य फॉण्ट

यहां यह बता देना आवश्यक है कि फॉण्ट मुख्यत: दो प्रकार के होते हैं : टू-टाइप (True Type) तथा एटीएम (ATM)। टू-टाइप फॉण्टों की विशेषता यह है कि वे अपने आप में पूर्ण और स्वतंत्र होते हैं अर्थात् उनका उपयोग करने अथवा उन्हें नियंत्रित करने के लिए किसी बाहरी फाइल या प्रोग्राम की आवश्यकता नहीं होती। विंडोज़ में स्थापित अधिकांश फॉण्ट इसी प्रकार के होते हैं। टू-टाइप फॉण्टों के कारण अनेकानेक भाषाओं में विंडोज वातावरण में कार्य करना सम्भव हुआ है। अंग्रेजी का टाइम्स न्यू रोमन फॉण्ट ऐसा ही एक फॉण्ट है। ऐसे फॉण्ट प्राय: विंडोज के साथ ही उपलब्ध हो जाते हैं।

इसके विपरीत एटीएम फॉण्टों का उपयोग करने के लिए आपको एक मैनेजर प्रोग्राम की आवश्यकता होती है। इस प्रोग्राम को एडोब टाइप मैनेजर (Adobe Type Manager) कहा जाता है। टू-टाइप फॉण्टों के आने से पहले इसी प्रकार के फॉण्ट प्रचलन में थे। इस तरह के फॉण्टों का उपयोग करने से पहले उन्हें कम्प्यूटर में विशेष रूप से स्थापित करना पड़ता है। वॉकमैन-चाणक्य ऐसा ही एक फॉण्ट है।

विशेष बात यह है कि जहां अंग्रेजी में प्राय: सभी फॉण्टों के लिए की-बोर्ड मानक रूप का होता है, जो कि साधारण अंग्रेजी टाइपराइटरों की तरह होता है, वहीं हिन्दी के फॉण्टों का की-बोर्ड सबके लिए एक जैसा नहीं होता। अधिकांश देवनागरी फॉण्ट जहां गोदरेज के मानक हिन्दी टाइपराइटर के की-बोर्ड पर आधारित होते हैं, वहीं बहुत से फॉण्ट फोनेटिक की-बोर्ड का उपयोग करते हैं और कई तो सी-डैक के जिस्ट की-बोर्ड का पालन करते हैं। इन सभी प्रकार के की-बोर्डों के बारे में आप इस भाग के अध्याय 2 में विस्तार से पढ़ चुके हैं। कई बार कुछ समाचार पत्र तथा पत्रिकाएं अपना अलग फॉण्ट और उसके लिए विशेष की-बोर्ड बना लेती हैं। इसलिए किसी फॉण्ट का उपयोग करने से पहले आपको पता लगा लेना चाहिए कि उसका की-बोर्ड क्या है।

पाठ्य के प्रवाह को नियंत्रित करना (Controlling Flow of Text)

किसी प्रकाशन में पाठ्य को प्रस्तुत करने के लिए मात्र फॉण्ट का उपयोग कर लेना ही पर्याप्त नहीं होता। इसके लिए यह भी आवश्यक है कि उसका प्रवाह बना रहे, ताकि सामग्री व्यवस्थित हो, पाठ्य पठनीय हो तथा उसमें उपलब्ध स्थान का अच्छे से अच्छा उपयोग किया गया हो। इसके लिए कई प्रकार की सूक्ष्म तकनीकों को अपनाया जाता है, जैसे शीर्षकों और उप-शीर्षकों का उपयोग करना, अक्षरों, शब्दों और पंक्तियों के बीच के स्थान को नियंत्रित करना, पाठ्य को सीध में लगाना आदि-आदि। डीटीपी के कार्य के लिए इनका ज्ञान होना आवश्यक है। यहां हम इनके बारे में संक्षेप में बताएंगे।

शीर्षक तथा उप-शीर्षक (Headings and Sub-Headings)

मुख्य पाठ्य सामग्री को उसमें निहित सूचनाओं और उनकी प्रकृति के अनुसार भागों (Sections) और उप-भागों (Sub-sections) में बांटा जाता है। इनको पहचानने के लिए हम प्रत्येक भाग या उप-भाग के पहले कोई सूचनापरक पाठ्य देते हैं, जिससे पता चलता है कि उस भाग में क्या सामग्री है अथवा उसका विषय क्या है। इन पाठ्यों को शीर्षक या उपशीर्षक कहा जाता है। इनको प्राय: गहरे या बोल्ड अक्षरों में छापा जाता है। इन शीर्षकों से पाठ्य सामग्री के स्तरों का भी पता चलता है। सामान्यतया तीन या चार स्तरों वाली सामग्री पठनीय मानी जाती है। सामग्री के इन स्तरों का ज्ञान प्राय: उसके शीर्षक की मोटाई से होता है।

आप चाहें तो प्रत्येक स्तर के शीर्षक के लिए भिन्न फॉण्ट का भी प्रयोग कर सकते हैं। चित्र 4.7 में ऐसे शीर्षकों और उपशीर्षकों का नमूना दिखाया गया है। इसमें शीर्षकों और उप-शीर्षकों के लिए सामान्य पाठ्य से भिन्न फॉण्टों के उपयोग के साथ ही उनको बड़े आकार के अक्षरों में लगाकर साथ में बोल्ड भी किया गया है।

शीर्षक

उप-शीर्षक

द्वितीय-स्तरीय उप-शीर्षक

सामान्य पाठ्य सामान्य पाठ्य।

चित्र 4.7 : अलग-अलग फॉण्टों द्वारा बनाए गए शीर्षक तथा उपशीर्षक

यदि आप एक या दो से अधिक फॉण्टों का उपयोग नहीं करना चाहते, तो एक ही फॉण्ट को विभिन्न आकारों या मोटाइयों में उपयोग करके शीर्षकों तथा उपशीर्षकों का प्रभाव उत्पन्न कर सकते हैं, जैसा कि चित्र 4.8 में दिखाया गया है।

शीर्षक

उप-शीर्षक

द्वितीय-स्तरीय उप-शीर्षक

सामान्य पाठ्य सामान्य पाठ्य।

चित्र 4.8 : एक ही फॉण्ट द्वारा बनाए गए शीर्षक तथा उपशीर्षक

वर्णों के बीच स्थान
(Character Spacing)

सामान्य पाठ्य में विभिन्न वर्ण या अक्षर एक दूसरे से इतनी दूरी पर रखे या छापे जाते हैं कि उस पाठ्य को पढ़ना सुविध ाजनक हो। यदि अक्षरों को आवश्यकता से अधिक या कम दूरी पर रखा जाएगा, तो उसके सामान्य रूप से पढ़ने में बाधा आएगी। लेकिन विशेष परिस्थितियों में हम पाठ्य के अक्षरों को ढीला करके बिखरा सकते हैं अथवा कड़ा करके सिकोड़ सकते हैं, जैसा कि चित्र 4.9 में दिखाया गया है।

इस पंक्ति में अक्षरों के बीच सामान्य से अधिक स्थान छोड़ा गया है।
इस पंक्ति में अक्षरों के बीच सामान्य स्थान छोड़ा गया है।
इस पंक्ति में अक्षरों के बीच सामान्य से कम स्थान छोड़ा गया है।

चित्र 4.9 : अक्षरों के बीच स्थान छोड़ने के विभिन्न रूप

सामान्यतया प्रत्येक फॉण्ट में अक्षरों के बीच का स्थान पहले से निर्धारित होता है। लेकिन आप आवश्यकता पड़ने पर कुछ डीटीपी सॉफ्टवेयरों जैसे पेजमेकर में इनके स्थान को नियंत्रित कर सकते हैं। इसी प्रकार दो शब्दों के बीच के स्थान को भी नियंत्रित किया जा सकता है। इनमें परिवर्तन करने की आवश्यकता प्राय: तब पड़ती है, जब किसी पाठ्य को लगाने के लिए स्थान कम हो और वहीं पूरा पाठ्य लगाना आवश्यक हो।

पाठ्य को सीध में लगाना
(Justifying Text)

किसी कॉलम या पृष्ठ की उपलब्ध चौड़ाई में आप किसी पाठ्य को कई प्रकार से लगा सकते हैं। आप इसे बायीं ओर से सटाकर (Left justified) लगा सकते हैं, दायीं ओर से भी सटाकर (Right justified) लगा सकते हैं, बीचों-बीच (Centre justified) भी लगा सकते हैं और चाहें तो ऐसे भी लगा सकते हैं कि वह बायीं और दायीं दोनों ओर से एक सीध में (Fully justified) हो। इस प्रकार पाठ्य को एक सीध में लगाने से पाठ्य का सौन्दर्य बढ़ जाता है। यदि ऐसा न किया जाए, तो पाठ्य बिखरा-बिखरा सा लगता है, जिससे पाठक को पढ़ने में बाधा और अरुचि उत्पन्न होती है।

प्रत्येक गुण मनुष्य को आत्मिक आनन्द प्राप्त कराता है। सत्य और ईमानदारी से मनुष्य अपने
सम्बन्ध में अच्छे समाचार सुनता है। न्याय और दया से उसकी कीर्ति फैलती है। बुद्धिमत्ता से
उसका आदर बढ़ता है। शिष्टता और उदारता से लोगों का प्रेम और आकर्षण प्राप्त होता है। धैर्य
से मस्तिष्क शान्त रहता है। मस्तिष्क को सत्ज्ञान से और हृदय को ईश्वर की ज्योति से प्रकाशित
करके जीवन व्यतीत करने से मनुष्य समाज का बड़ा उपयोगी अंग सिद्ध होता है और उसकी
प्रगति में मूल्यवान योग देता है। हमारा जीवन छोटा होता है, लेकिन गुण उसे बड़ा कर देते हैं।

(क) बायीं ओर से सीध में लगाया हुआ पाठ्य

प्रत्येक गुण मनुष्य को आत्मिक आनन्द प्राप्त कराता है। सत्य और ईमानदारी से मनुष्य अपने
सम्बन्ध में अच्छे समाचार सुनता है। न्याय और दया से उसकी कीर्ति फैलती है। बुद्धिमत्ता से
उसका आदर बढ़ता है। शिष्टता और उदारता से लोगों का प्रेम और आकर्षण प्राप्त होता है। धैर्य
से मस्तिष्क शान्त रहता है। मस्तिष्क को सत्ज्ञान से और हृदय को ईश्वर की ज्योति से प्रकाशित
करके जीवन व्यतीत करने से मनुष्य समाज का बड़ा उपयोगी अंग सिद्ध होता है और उसकी
प्रगति में मूल्यवान योग देता है। हमारा जीवन छोटा होता है, लेकिन गुण उसे बड़ा कर देते हैं।

(ख) बीच में लगाया हुआ पाठ्य

प्रत्येक गुण मनुष्य को आत्मिक आनन्द प्राप्त कराता है। सत्य और ईमानदारी से मनुष्य अपने
सम्बन्ध में अच्छे समाचार सुनता है। न्याय और दया से उसकी कीर्ति फैलती है। बुद्धिमत्ता से
उसका आदर बढ़ता है। शिष्टता और उदारता से लोगों का प्रेम और आकर्षण प्राप्त होता है। धैर्य
से मस्तिष्क शान्त रहता है। मस्तिष्क को सत्ज्ञान से और हृदय को ईश्वर की ज्योति से प्रकाशित
करके जीवन व्यतीत करने से मनुष्य समाज का बड़ा उपयोगी अंग सिद्ध होता है और उराकी
प्रगति में मूल्यवान योग देता है। हमारा जीवन छोटा होता है, लेकिन गुण उसे बड़ा कर देते हैं।

(ग) दायीं ओर से सीध में लगाया हुआ पाठ्य

प्रत्येक गुण मनुष्य को आत्मिक आनन्द प्राप्त कराता है। सत्य और ईमानदारी से मनुष्य अपने सम्बन्ध
में अच्छे समाचार सुनता है। न्याय और दया से उसकी कीर्ति फैलती है। बुद्धिमत्ता से उसका आदर
बढ़ता है। शिष्टता और उदारता से लोगों का प्रेम और आकर्षण प्राप्त होता है। धैर्य से मस्तिष्क शान्त
रहता है। मस्तिष्क को सत्ज्ञान से और हृदय को ईश्वर की ज्योति से प्रकाशित करके जीवन व्यतीत
करने से मनुष्य समाज का बड़ा उपयोगी अंग सिद्ध होता है और उसकी प्रगति में मूल्यवान योग देता
है। हमारा जीवन छोटा होता है, लेकिन गुण उसे बड़ा कर देते हैं।

(घ) दोनों ओर से सीध में लगाया हुआ पाठ्य

चित्र 4.10 : पाठ्य को विभिन्न प्रकार से सीध में लगाना

चित्र 4.10 में उपरोक्त वर्णित चारों प्रकार से पाठ्य को सीध में लगाकर दिखाया गया है। इसमें आप देख सकते हैं कि प्रत्येक विधि का क्या प्रभाव होता है।

यों तो किसी पाठ्य को किसी भी प्रकार से सीध में लगाना पूरी तरह आपकी इच्छा पर निर्भर करता है। लेकिन कुछ सामान्य परम्पराएं हैं, जिनका पालन करना अच्छा रहता है। ये परम्पराएं निम्नलिखित हैं :

- सामान्य पाठ्य सामग्री को दोनों ओर से सीध में लगाने से पाठ्य का सौन्दर्य बढ़ जाता है और कुछ मात्रा में स्थान की भी बचत होती है। इस पुस्तक में हमने इसी विधि का पालन किया है। वैसे कई प्रकाशक पाठ्य को बायीं ओर से सटाकर लगाना अच्छा समझते हैं।
- शीर्षकों और उप-शीर्षकों को सामान्यतया बायीं ओर से सटाकर लगाया जाता है। वैसे आवश्यकता पड़ने पर आप उन्हें बीच में भी लगा सकते हैं।
- किसी सारणी या कॉलम में यदि संख्याओं को दिखाया गया है, तो उन्हें दायीं ओर से सटाकर लगाना अच्छा रहता है, ताकि इकाई के नीचे इकाई, दहाई के नीचे दहाई आदि आएं। यदि संख्याओं में दशमलव बिन्दु का भी उपयोग किया गया है, तो सभी के दशमलव बिन्दु एक सीध में आने चाहिए।
- चित्रों, सारणी आदि के परिचय (Caption) को सामान्यतया बीच में सेट किया जाता है। वैसे आप चाहें तो इन्हें बायीं ओर से भी सीध में लगा सकते हैं।

यहां यह बता देना आवश्यक है कि यदि किसी कॉलम की चौड़ाई कम है, तो उसमें पाठ्य को दोनों ओर से सीध में लगाने पर शब्दों के बीच बहुत सा खाली स्थान बन जाने की समस्या उत्पन्न हो सकती है, जिससे पाठ्य को पढ़ने में बाधा होती है। इसलिए इस विधि का प्रयोग करते समय कॉलम की चौड़ाई पर्याप्त रखनी चाहिए।

पंक्तियों के बीच स्थान
(Line Spacing)

दो पंक्तियों के बीच का स्थान भी पाठ्य के सौन्दर्य और उसकी पठनीयता पर प्रभाव डालता है। इस स्पेस को लैडिंग (Leading) कहा जाता है। इसे पॉइंटों में मापा जाता है। किन्हीं दो पंक्तियों के बीच में कुछ पॉइंटों का खाली स्थान छोड़ा जाता है, ताकि उनके अक्षर एक दूसरे से थोड़ा अलग रहें। लाइनों के बीच स्थान न छोड़ने पर पाठ्य को पढ़ना कठिन होता है।

सामान्यतया प्रत्येक फॉण्ट के साथ उसके आकार के अनुपात में पंक्ति की वास्तविक मोटाई का 15 से 20 प्रतिशत स्थान हर पंक्ति के बाद छोड़ा जाता है। आप चाहें तो इस स्थान को कम या अधिक भी कर सकते हैं। यह सुविधा अधिकांश डीटीपी सॉफ्टवेयरों में उपलब्ध होती है। पंक्तियों के बीच कम स्थान छोड़ने पर आप एक पृष्ठ पर अधिक पंक्तियों का पाठ्य लगा सकते हैं, लेकिन इससे पाठ्य की पठनीयता प्रभावित होती है। वैसे यदि अक्षरों का आकार बड़ा है, तो आप इस स्थान को 8 या 10 प्रतिशत भी रख सकते हैं। इससे कम स्थान छोड़ना उचित नहीं होता। चित्र 4.11 में विभिन्न लैडिंग के साथ एक ही आकार का पाठ्य दिखाया गया है। आप देख सकते हैं कि इसका पाठ्य की पठनीयता पर क्या प्रभाव पड़ता है।

पंक्तियों के बीच सामान्य स्थान के अलावा हमें पैराग्राफों के बीच भी अतिरिक्त स्थान छोड़ना पड़ता है, जिससे कि प्रत्येक पैराग्राफ के प्रारम्भ और अन्त को पहचाना जा सके। भारतीय पद्धति में तो प्रत्येक पैराग्राफ का प्रारम्भ उसकी पहली पंक्ति में कुछ स्थान खाली छोड़कर किया जाता है, जैसा कि इस पुस्तक में किया गया है। इससे पैराग्राफ के प्रारम्भ को पहचानना सरल है। लेकिन अमरीकी पद्धति में पैराग्राफ की पहली पंक्ति में ऐसा स्थान नहीं छोड़ा जाता, अतः

विश्व का आदिग्रन्थ 'ऋग्वेद' हमारे ऋषियों की देन है। संसार की जिस अनादिकालीन व्यवस्था को आज के बुद्धिहीन लोग सम्प्रदाय की दृष्टि से देखते हैं, उसी व्यवस्था से अध्यात्म का उदय हुआ है। विशुद्ध अध्यात्म विद्या के द्वारा भगवद्प्राप्ति का मार्ग इसी ने बताया, जबकि यूरोप और अरब में धर्म के नाम पर हिंसा, लूट, बलात्कार जैसे पाशविक कृत्यों को ही बढ़ावा मिला। उनके इतिहास और धर्मग्रन्थों से यह बात स्पष्ट हो जाती है।

(क) सामान्य से कम लैडिंग

विश्व का आदिग्रन्थ 'ऋग्वेद' हमारे ऋषियों की देन है। संसार की जिस अनादिकालीन व्यवस्था को आज के बुद्धिहीन लोग सम्प्रदाय की दृष्टि से देखते हैं, उसी व्यवस्था से अध्यात्म का उदय हुआ है। विशुद्ध अध्यात्म विद्या के द्वारा भगवद्प्राप्ति का मार्ग इसी ने बताया, जबकि यूरोप और अरब में धर्म के नाम पर हिंसा, लूट, बलात्कार जैसे पाशविक कृत्यों को ही बढ़ावा मिला। उनके इतिहास और धर्मग्रन्थों से यह बात स्पष्ट हो जाती है।

(ख) सामान्य लैडिंग

विश्व का आदिग्रन्थ 'ऋग्वेद' हमारे ऋषियों की देन है। संसार की जिस अनादिकालीन व्यवस्था को आज के बुद्धिहीन लोग सम्प्रदाय की दृष्टि से देखते हैं, उसी व्यवस्था से अध्यात्म का उदय हुआ है। विशुद्ध अध्यात्म विद्या के द्वारा भगवद्प्राप्ति का मार्ग इसी ने बताया, जबकि यूरोप और अरब में धर्म के नाम पर हिंसा, लूट, बलात्कार जैसे पाशविक कृत्यों को ही बढ़ावा मिला। उनके इतिहास और धर्मग्रन्थों से यह बात स्पष्ट हो जाती है।

(ग) सामान्य से अधिक लैडिंग

चित्र 4.11 : विभिन्न प्रकार की लैडिंग का पाठ्य पर प्रभाव

यह पहचानना कठिन होता है कि कहां से नया पैराग्राफ प्रारम्भ हुआ है। इस समस्या से बचने के लिए प्रत्येक पैराग्राफ के बाद कुछ पॉइंट का स्थान छोड़ दिया जाता है। इसको पैराग्राफ स्पेसिंग (Paragraph Spacing) कहा जाता है। अधिकांश वर्ड प्रोसेसिंग और डीटीपी सॉफ्टवेयरों में इसको नियंत्रित करने की सुविधा उपलब्ध होती है।

बुलेट लिस्ट
(Bullet Lists)

बुलेट एक विशेष चिह्न होता है, जो किसी पैराग्राफ से पहले लगाया जाता है। इसका उद्देश्य पाठक का ध्यान आकर्षित करना होता है। सामान्यतया एक बड़े काले बिन्दु (Dot) का उपयोग बुलेट चिह्न के रूप में किया जाता है। अधिकतर हम एक ही प्रकृति की कई वस्तुओं या वाक्यों को एक सूची के रूप में अलग से दिखाने के लिए बुलेट चिह्नों का उपयोग करते हैं। इसलिए ऐसी सामग्री को बुलेट लिस्ट कहा जाता है। सामान्यतया बुलेट चिह्न वाले पैराग्राफों को साधारण पैराग्राफों से थोड़ा दायीं ओर हटाकर सेट किया जाता है।

बहुत से लोग बुलेट चिह्न के रूप में बिन्दु के बजाय किसी अन्य विशेष चिह्न का उपयोग करते हैं, जो उस बुलेट लिस्ट की प्रकृति से भी सम्बंधित हो। आप अपनी पसन्द के किसी भी विशेष चिह्न को बुलेट के रूप में उपयोग कर सकते हैं। सामान्यतया किसी बुलेट लिस्ट में सभी पैराग्राफों के लिए एक ही बुलेट चिह्न का उपयोग किया जाता है,

लेकिन विशेष परिस्थितियों में आप हर पैराग्राफ के लिए अलग बुलेट चिह्न का भी उपयोग कर सकते हैं अथवा ऐसे बुलेट चिह्नों का उपयोग कर सकते हैं, जिन पर क्रम संख्याएं पड़ी हों। नीचे विभिन्न प्रकार के चिह्नों का उपयोग करके एक बुलेट लिस्ट दिखाई गई है -

- ● इसमें बिन्दु का उपयोग बुलेट चिह्न के रूप में किया गया है।
- ☑ इसमें सही के चिह्न के साथ एक छोटे वर्ग का उपयोग बुलेट चिह्न के रूप में किया गया है।
- ➢ इसमें विशेष प्रकार के तीर के चिह्न का उपयोग बुलेट चिह्न के रूप में किया गया है।
- ❑ इसमें एक छोटे बॉक्स का उपयोग बुलेट चिह्न के रूप में किया गया है।
- ☞ इसमें संकेत करते हुए हाथ के चिह्न का उपयोग बुलेट चिह्न के रूप में किया गया है।
- ✍ इसमें लिखते हुए हाथ के चिह्न का उपयोग बुलेट चिह्न के रूप में किया गया है।
- ✪ इसमें एक तारे के चिह्न का उपयोग बुलेट चिह्न के रूप में किया गया है।
- ❽ इसमें एक क्रम संख्या अथवा अंक के साथ एक वृत्त का उपयोग बुलेट चिह्न के रूप में किया गया है।

वास्तव में बुलेट चिह्नों के उपयोग की कोई सीमा नहीं है। अनगिनत चिह्नों का उपयोग बुलेट चिह्न के रूप में किया जाता है। विंडोज वातावरण में उपलब्ध 'Wingdings' फॉण्ट में ढेर सारे ऐसे चिह्न उपलब्ध होते हैं, जिन्हें आप बुलेट की जगह लगा सकते हैं। इसके अतिरिक्त आप स्वयं अपना बुलेट चिह्न भी बना सकते हैं, जिसकी सुविधा कई वर्ड प्रोसेसरों और डीटीपी सॉफ्टवेयरों में उपलब्ध होती है।

ऊपर बताए गए प्रमुख तत्वों के अलावा डीटीपी में पाठ्य को प्रस्तुत करते समय अनेक छोटी-छोटी बातों का ध्यान रखना पड़ता है, जैसे रेखाएं, बॉर्डर, कॉलमों के बीच का स्थान, अनाथ (Orphan) एवं विधवा (Widow) पंक्तियां, ड्रॉप कैप (Drop Cap) आदि। इनका अध्ययन इस पुस्तक के कोर्स से बाहर है। यदि आप इनके बारे में विस्तार से जानना चाहते हैं, तो आपको किसी डीटीपी सॉफ्टवेयर की हेल्प सुविधा की सहायता लेनी चाहिए।

5

डीटीपी में ग्राफिक्स
(Graphics in DTP)

कहावत है कि एक चित्र हजार शब्दों के बराबर होता है। कलाकृतियां, फोटोग्राफ, रेखाचित्र तथा अन्य प्रकार के चित्रों का उपयोग आपकी छपी हुई पाठ्य सामग्री को और अधिक स्पष्ट करने के लिए किया जाता है। डेस्कटॉप प्रकाशन में इन सबको 'ग्राफिक्स' शब्द से व्यक्त किया जाता है। संक्षेप में कहा जाए तो वह सब कुछ, जो पढ़ने योग्य (पाठ्य) नहीं है, ग्राफिक्स है। कभी-कभी तो पाठ्य को भी डीटीपी में ग्राफिक्स की तरह संभाला जाता है।

डीटीपी की दृष्टि से रेखाएं, बॉक्स, सीमाएं, छायाएं आदि भी ग्राफिक्स ही हैं। इनका उद्देश्य किसी वस्तु या पाठ्य विशेष की ओर पाठक का ध्यान खींचना होता है। हम यहां इनके साथ ही अन्य ग्राफिक वस्तुओं के उपयोग के बारे में चर्चा करेंगे।

ग्राफिक्स क्या हैं?
(What are Graphics?)

ग्राफिक्स ऐसे तत्व या वस्तुएं हैं, जो आपके प्रकाशन में रोचकता या आकर्षण बढ़ाते हैं अथवा पाठ्य को स्पष्ट करते हैं। एक ग्राफिक तत्व कोई फोटोग्राफ, कलाकृति, चार्ट, चित्र, रेखाचित्र, सजावटी सीमारेखा अथवा विशेष रूप से डिजायन किया गया कोई अक्षर भी हो सकता है। यहां तक कि पंक्तियों के बीच अथवा पैराग्राफों के पहले और बाद में, बाएं और दाएं छोड़ा गया खाली स्थान भी ग्राफिक कहा जा सकता है।

यह आवश्यक नहीं है कि आप अपने दस्तावेज में इन सभी ग्राफिक तत्वों को शामिल करें ही। यह पूरी तरह आपकी आवश्यकता पर निर्भर करता है। यह अवश्य है कि ग्राफिक्स का अभाव और उनकी भरमार दोनों ही अच्छे दस्तावेज की दृष्टि से उचित नहीं हैं। अतः आपको पाठ्य और ग्राफिक्स के बीच उचित सन्तुलन बैठाना चाहिए।

वास्तव में किसी दस्तावेज में ग्राफिक्स का उपयोग कई कारकों (Factors) पर निर्भर करता है, जैसे सामग्री का प्रकार, चित्रों की उपलब्धता, छापने की विधि, कागज का प्रकार तथा सबसे अधिक दस्तावेज का आकार और मूल्य। उदाहरण के लिए, वयस्कों के लिए लिखी गयी पुस्तकें जैसे उपन्यास आदि में चित्रों की कोई आवश्यकता नहीं होती, केवल आवरण पृष्ठ पर कोई चित्र या कलाकृति छापना पर्याप्त होता है। इसके विपरीत बच्चों के लिए लिखी गई कहानियों की पुस्तक में चित्रों का भरपूर उपयोग किया जाना आवश्यक होता है। इस सम्बंध में एक सीधा और मोटा-सा नियम यह हो सकता है कि यदि चित्रों के उपयोग से आपके प्रकाशन की उपयोगिता बढ़ जाती है, तो आपको उनका उपयोग करना चाहिए। यह उपयोगिता कई रूपों में बढ़ सकती है, जैसे रोचकता उत्पन्न होना, अधिक सूचनाप्रद होना, सामग्री का परिचय या पहचान बनाना, वास्तविकता स्पष्ट होना, भावनाएं जागृत करना आदि।

किसी दस्तावेज में कितने ग्राफिक्स हों, यह कई बातों पर निर्भर होता है। यदि आप किसी बड़े दस्तावेज को छोटे-छोटे भागों में तोड़ने के लिए चित्रों का उपयोग करना चाहते हैं, तो लगभग प्रत्येक पृष्ठ पर चित्र देना होगा। इसके

विपरीत यदि आप चित्रों के माध्यम से अतिरिक्त सूचनाएं प्रदान करना चाहते हैं, तो चित्रों की संख्या सीमित होगी। प्रकाशन का मूल्य उसमें चित्रों की संख्या तय करने का सबसे महत्वपूर्ण कारक होता है। चित्रों के अधिक उपयोग के कारण प्रकाशन का व्यय बढ़ जाता है। इसलिए आपको अपने बजट और आवश्यकता के अनुसार ही दस्तावेज में चित्रों की संख्या तय करनी चाहिए।

चित्रों में क्या दिखाएं?
(What to Show in Graphics?)

यह तय कर लेने के बाद कि आपके दस्तावेज में चित्र होने चाहिए और इतने होने चाहिए, प्रश्न उठता है कि उनमें क्या दिखाना चाहिए? इस सम्बंध में कुछ मार्गदर्शक सिद्धान्त निम्नलिखित हैं –

- **व्यक्ति** : यदि कोई व्यक्ति आपकी चर्चा या दस्तावेज का केन्द्र बिन्दु है, तो उसका चित्र देना अच्छा रहता है, यदि आपके पास उसका कोई चित्र पहले से उपलब्ध हो अथवा उसे प्राप्त किया जा सकता हो। कोई फोटोग्राफ दस्तावेज में छापने से पहले यह सुनिश्चित कर लेना चाहिए कि आपका प्रिंटर उसे अच्छी तरह छाप सकता है, क्योंकि खराब छपा हुआ फोटो दस्तावेज की सुन्दरता नष्ट कर देता है।
- **वस्तुएं और स्थान** : यदि सामग्री की मांग हो, तो वस्तुओं और स्थानों का चित्र छापना अधिक सुरक्षित रहता है। इससे दस्तावेज अधिक प्रभावशाली बनता है। ऐसे चित्रों को किसी पुस्तकालय से सरलता से प्राप्त किया जा सकता है।
- **कार्टून** : इनके द्वारा आप बहुत-सी ऐसी बातों को व्यक्त कर सकते हैं, जो शब्दों में व्यक्त नहीं की जा सकतीं। किसी कहानी अथवा क्रिया विधि को चरणबद्ध रूप से समझाने में कार्टून चित्र अधिक प्रभावशाली होते हैं। लेकिन यदि उनका उपयोग अच्छे उद्देश्य से नहीं किया जा रहा है, तो वे प्रकाशन को बदनाम भी कर दे सकते हैं।
- **नक्शे** : किसी स्थान, डिजायन आदि को अच्छी तरह स्पष्ट करने के लिए नक्शों का प्रयोग किया जा सकता है। कई प्रकार के नक्शों को छापने से पहले उसके स्वत्वाधिकारी से अनुमति लेनी पड़ती है।
- **तकनीकी चित्र** : पाई चार्ट, डायग्राम, आयत चित्र, ग्राफ आदि तकनीकी चित्रों की आवश्यकता कई प्रकार के दस्तावेजों में पड़ती है। ऐसे चित्रों को अधिक कलात्मक बनाने से बचना चाहिए, क्योंकि इससे उनका वास्तविक उद्देश्य छिप सकता है।
- **लोगो** : यदि आप दस्तावेज को किसी कम्पनी या व्यक्ति की पहचान स्थापित करने के लिए तैयार कर रहे हैं, तो आपको उसका लोगो अवश्य छापना चाहिए। यह बात सभी प्रकार की स्टेशनरी जैसे लैटरहैड, ग्रीटिंग कार्ड, बिल, चालान, आदेश, विजिटिंग कार्ड आदि पर भी लागू होती है।

चित्रों का आकार
(Size of Graphics)

किसी चित्र के साथ उसका आकार भी महत्वपूर्ण होता है। कोई चित्र किस आकार में छापा जाए, यह कई बातों पर निर्भर करता है, जैसे उसे कितनी दूरी से देखा जाएगा, वह किस सीमा तक स्पष्ट होना चाहिए, उस पेज पर चित्र के अलावा और क्या-क्या होगा, उस चित्र तथा आगे के चित्रों में क्या सम्बंध है, आपके पृष्ठ या कॉलम का आकार क्या है आदि-आदि। इन सभी बातों पर विचार करने के बाद ही चित्र का आकार तय करना चाहिए। अधिक बड़ा और अधिक छोटा चित्र दस्तावेज का सौन्दर्य बिगाड़ देता है।

सामान्यतया चित्र काले-सफेद होते हैं, लेकिन यदि आपके पास रंगीन चित्र छापने की सुविधा और उसके लिए पर्याप्त बजट उपलब्ध है, तो आप रंगीन चित्र भी लगा सकते हैं। वैसे यदि आपने अपने दस्तावेज में रंगीन चित्र लगाए हैं और आप उसे किसी ऐसे प्रिंटर पर छाप रहे हैं, जो केवल श्वेत-श्याम चित्र ही छाप सकता है, तो रंगीन चित्रों को विभिन्न छायाओं वाले श्वेत-श्याम चित्रों में बदलकर छाप दिया जाता है।

ग्राफिक्स तैयार करना (Preparing Graphics)

कैमरे के आविष्कार से पहले सभी प्रकार के चित्र आदि कलाकारों द्वारा हाथ से बनाए जाते थे। वे व्यक्तियों, चेहरों तथा उनकी क्रियाओं को भी चित्रित करते थे। इसके अतिरिक्त वे पाठ्य को भी कलात्मक अक्षरों में लिखते थे। कैमरे का आविष्कार होने के बाद व्यक्तियों आदि के फोटोग्राफ आसानी से तैयार होने लगे और उनमें वास्तविकता भी अधिक झलकने लगी।

कैमरों का उपयोग आजकल भी किया जा रहा है और उसके साथ ही कलाकारों द्वारा विभिन्न प्रकार के चित्रों का निर्माण किया जाना भी जारी है। कई बार हम फोटोग्राफ की जगह रेखाचित्रों को अपने प्रकाशन या दस्तावेज में शामिल करने को प्राथमिकता देते हैं, क्योंकि फोटोग्राफ को सही-सही छापना कठिन होता है और खराब छपे हुए फोटोग्राफ दस्तावेज को कुरूप बना देते हैं।

आजकल फोटोग्राफ और कई प्रकार के रेखाचित्र आदि कम्प्यूटर में सीधे बनाए जा सकते हैं। इसके उपयोग के लिए आपका कलाकार होना आवश्यक नहीं है। कोई अनुभवी कलाकार और नया व्यक्ति दोनों ही एक समान विशेषताओं वाले ग्राफिक्स कम्प्यूटर पर बना सकते हैं। इसके लिए उचित सॉफ्टवेयर का उपयोग किया जाता है, जिनके बारे में हम आगे बताएंगे।

साधारण चित्रकारी के स्थान पर कम्प्यूटर द्वारा ग्राफिक्स तैयार करने के कई लाभ हैं। सबसे बड़ा लाभ तो यह है कि इसके लिए आपको केवल कम्प्यूटर और सॉफ्टवेयर की आवश्यकता होती है, किसी कैनवास, कागज, रंग, कूंची, पेंसिल, रबर आदि वस्तु की कोई आवश्यकता नहीं है। दूसरा लाभ यह है कि यदि आप चित्र की किसी वस्तु या उसके किसी भाग से सन्तुष्ट नहीं हैं, तो केवल उस वस्तु या भाग को हटाकर चित्र फिर से बना सकते हैं। तीसरा लाभ यह है कि इसमें आप चित्र और पाठ्य दोनों को एक ही में डाल सकते हैं - चाहे अलग-अलग बनाकर और बाद में मिलाकर अथवा एक साथ ही बनाकर। इससे आपका बहुत सा समय बच जाता है। इसका एक लाभ यह है कि यह समस्त प्रक्रिया हाथ द्वारा चित्र बनाने की तुलना में कहीं अधिक सरलता से और कम समय में पूर्ण हो जाती है और इस प्रकार बनाए गए चित्र को आप अपने प्रकाशन में तत्काल ही शामिल कर सकते हैं।

कम्प्यूटर में बनाए गए ग्राफिक्स की अनेक प्रतियां निकालना और उनको एक स्थान से दूसरे स्थान पर ले जाना भी सरल होता है। इतना ही नहीं, आजकल इंटरनेट के माध्यम से उन्हें दूर-दूर स्थानों पर मिनटों में भेजना भी सम्भव और आसान हो गया है।

ग्राफिक्स बनाने वाले प्रोग्राम (Graphics Creation Programs)

ग्राफिक्स तैयार करने वाले कम्प्यूटर प्रोग्राम मुख्यत: दो प्रकार के होते हैं - ड्रॉ प्रोग्राम तथा पेण्ट प्रोग्राम। इन दोनों प्रकार के सॉफ्टवेयरों की कार्य प्रणाली में जमीन-आसमान का अन्तर है, यद्यपि आप दोनों ही प्रकार के सॉफ्टवेयरों से

एक जैसे परिणाम प्राप्त कर सकते हैं। यहां हम इन दोनों प्रकार के प्रोग्रामों और उनकी कार्यप्रणाली के बारे में संक्षेप में बता रहे हैं।

ड्रॉ प्रोग्राम
(Draw Programs)

इस श्रेणी के सॉफ्टवेयरों द्वारा बनाए गए चित्र सरल रेखाओं (Straight lines) और वक्र रेखाओं (Curves) द्वारा बनते हैं। इन्हें वेक्टर ड्रॉइंग प्रोग्राम (Vector Drawing Programs) भी कहा जाता है और ये वेक्टर आर्ट बनाते हैं। इस प्रकार बनाए गए चित्रों को वस्तु चित्र (Object graphics) भी कहा जाता है। कोरलड्रॉ (CorelDraw) और ऑटोकैड (AutoCAD) इसी प्रकार के चित्र बनाने वाले प्रोग्राम हैं।

किसी ड्रॉ प्रोग्राम में जब आप कोई वृत्त (Circle) बनाते हैं, तो वास्तव में वह प्रोग्राम उस वृत्त के केन्द्र के एक्स और वाई निर्देशांकों (x- and y-coordinates), त्रिज्या की लम्बाई, परिधि, एक खाका और उसमें भरा जाने वाला रंग ही जानता है। आप वृत्त की गुणवत्ता को प्रभावित किए बिना ही इनमें से कोई भी तत्व बदल सकते हैं और प्रोग्राम तब भी उसे एक वृत्त के रूप में ही याद रखेगा। चित्र को सुरक्षित करते समय वास्तव में ये सभी तत्व ही स्टोर किए जाते हैं। यह बात वृत्त के लिए ही नहीं किसी भी ग्राफिक आकृति जैसे रेखा, आयत, बहुभुज आदि के लिए भी सत्य है। इनकी विशेषता यह है कि इनमें से प्रत्येक आकृति स्वतंत्र रूप से बनाई जाती है और आप दूसरों को प्रभावित किए बिना किसी को भी बदल या सुधार सकते हैं। ये वस्तुएं अलग-अलग बनाई जाकर भी एक दूसरे के ऊपर लगाई जा सकती हैं।

वस्तु चित्रों की विशेषता यह है कि आप इन्हें इच्छानुसार और आवश्यकतानुसार कितना भी छोटा या बड़ा कर सकते हैं, सिकोड़ या फैला सकते हैं तथा किसी भी कोण पर घुमा भी सकते हैं। इन क्रियाओं से उसकी गुणवत्ता पर कोई प्रभाव नहीं पड़ता। चित्र 5.1 में एक ड्रा प्रोग्राम द्वारा बनाए गए अलग-अलग आकार के तीन वृत्त दिखाए गए हैं। आप देख सकते हैं कि उनकी गुणवत्ता उच्च कोटि की और लगभग एक समान है।

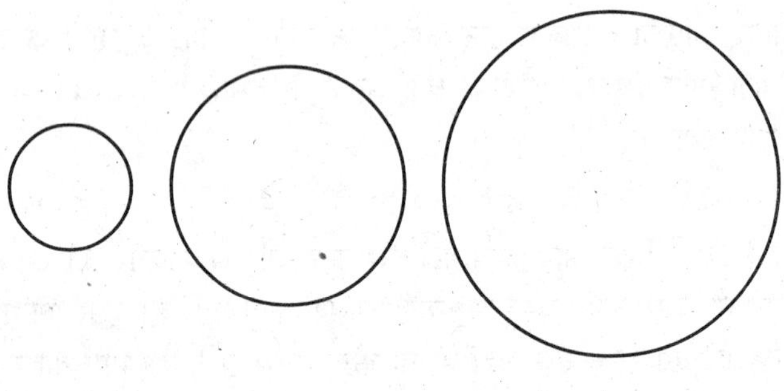

चित्र 5.1 : ड्रॉ प्रोग्राम द्वारा बनाए गए तीन वृत्त

वेक्टर ड्रॉइंग प्रोग्रामों की एक विशेषता यह भी है कि इन्हें प्रिंटर तथा स्क्रीन को कम समय में भेजा जा सकता है और तेजी से छापा या दिखाया जा सकता है। इनमें वास्तविकता का थोड़ा अभाव होता है, लेकिन जहां वास्तविकता के बजाय स्वच्छता का महत्व अधिक होता है, वहां ऐसे ही चित्र अधिक उपयोगी होते हैं।

वेक्टर ग्राफिक्स बनाने वाला सबसे अधिक प्रचलित प्रोग्राम कोरलड्रॉ है, जिसके बारे में आप इस पुस्तक के भाग 4 में विस्तार से पढ़ेंगे।

पेण्ट प्रोग्राम
(Paint Programs)

इस प्रकार के प्रोग्रामों द्वारा ऐसे चित्र तैयार किए जाते हैं, जो बिन्दुओं से बने होते हैं। इन्हें इमेज प्रोग्राम (Image Programs) भी कहा जाता है और जो चित्र ये बनाते हैं, उन्हें बिटमैप आर्ट (Bitmap Arts) कहते हैं। इन चित्रों को रखने वाली

फाइलों को बिटमैप फाइल कहा जाता है और इनके नाम में प्राय: .BMP विस्तार भाग जोड़ा जाता है। विंडोज पेण्ट या पेण्टब्रश, कोरल फोटोपेण्ट, इमेजिंग आदि ऐसे प्रोग्रामों के कुछ उदाहरण हैं।

पेण्ट प्रोग्रामों की कार्यप्रणाली ड्रॉ प्रोग्रामों की तुलना में एकदम भिन्न होती है। जब आप अपनी स्क्रीन के इलैक्ट्रॉनिक कैनवास पर कोई बिन्दु या बिन्दुओं की श्रृंखला लगाते हैं, तो वास्तव में आप उसमें रंग भर रहे होते हैं, ठीक वैसे ही जैसे आप ब्रश द्वारा किसी कागज पर रंग भरते हैं या लाइन खींचते हैं। पेण्ट प्रोग्राम में खींचा गया कोई वृत्त वास्तव में कुछ बिन्दुओं का एक समूह होता है। यह समूह एक साथ मिलकर वृत्त की परिधि का आभास दे सकता है, परन्तु उनमें आपस में कोई सम्बंध नहीं होता। उस वृत्त वाले भाग को छोटा या बड़ा करने पर उन बिन्दुओं का सन्तुलन बिगड़ जाता है, जिससे चित्र की गुणवत्ता प्रभावित होती है। चित्र 5.2 में पेण्ट प्रोग्राम द्वारा बनाए गए दो वृत्त दिखाए गए हैं। इनमें पहला वृत्त इसी आकार में सीधा खींचा गया वृत्त है और दूसरा वृत्त एक छोटे वृत्त को बड़ा करके बनाया गया है। आप देख सकते हैं कि दोनों वृत्तों की गुणवत्ता में कितना अन्तर आ गया है।

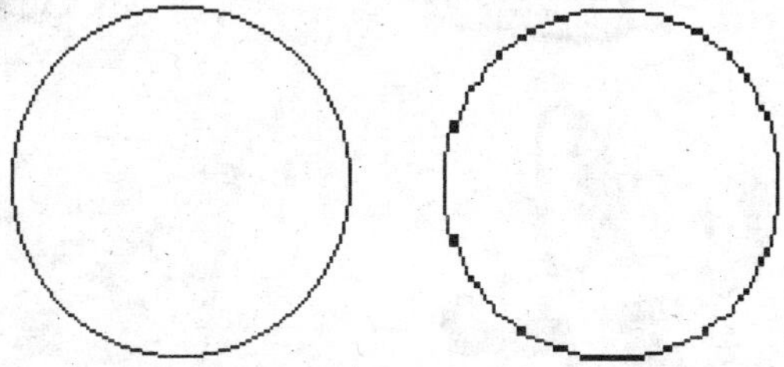

चित्र 5.2 : पेण्ट प्रोग्राम द्वारा बनाए गए दो वृत्त

इस उदाहरण से स्पष्ट है कि यदि आप किसी चित्र को ठीक उसी आकार में छापते हैं, जिसमें वह बनाया गया है, तो वह सही छप जाता है। लेकिन यदि आप उसे छोटा या बड़ा करके छापते हैं, तो उसकी गुणवत्ता बिगड़ जाती है। इसका कारण यही है कि इन प्रोग्रामों द्वारा सभी चित्र बिन्दुओं से बनाए जाते हैं, जिनमें आपस में कोई तार्किक सम्बंध नहीं होता।

इतना होने पर भी पेण्ट प्रोग्रामों की उपयोगिता से इंकार नहीं किया जा सकता। वे आपको वास्तविकता का आभास देते हैं। स्कैनरों द्वारा उतारे गए चित्रों को पहले हम किसी पेण्ट प्रोग्राम में ही लाते हैं, फिर उसे डिस्क पर स्टोर करके अपने दस्तावेज में उपयोग करते हैं।

यद्यपि सभी पेण्ट प्रोग्रामों की कार्य-प्रणाली लगभग एक-सी ही होती है, जैसा कि ऊपर बताया गया है। लेकिन उनमें फाइलों को स्टोर करने की विधि अलग-अलग होती है। अधिकांश पेण्ट प्रोग्राम अपने चित्रों को बिटमैप फाइलों के रूप में स्टोर करते हैं, जिसमें विस्तार भाग .BMP होता है। लेकिन बिटमैप फाइलों का आकार बहुत बड़ा होता है, इसलिए कुछ प्रोग्राम उन्हें अन्य प्रकार के फॉर्मेट में स्टोर करते हैं, जिनका विस्तार भाग .PCX या .TIF होता है।

पेण्ट प्रोग्रामों के बारे में विस्तार से बताना इस पुस्तक के कोर्स से बाहर है। विंडोज के पेण्ट या पेण्टब्रश प्रोग्राम में कार्य करना सीखने के लिए आपको लेखक की 'रैपिडैक्स कम्प्यूटर कोर्स' पुस्तक का अध्ययन करना चाहिए।

क्लिप आर्ट
(Clip Art)

सामान्यतया कॉपीराइट नियमों के कारण आप प्रत्येक प्रकार के चित्र को अपने दस्तावेज में शामिल नहीं कर सकते। लेकिन क्लिप आर्ट इस नियम के अपवाद हैं। ये ऐसे चित्र हैं, जो छपे हुए रूप में और कम्प्यूटर फाइलों के रूप में उपलब्ध हैं और आप उनका मनचाहा उपयोग कर सकते हैं। डीटीपी में हम प्राय: कम्प्यूटर फाइलों के रूप में उपलब्ध क्लिप आर्ट से ही सम्बंध रखते हैं। ये क्लिप आर्ट वैसे तो बिटमैप फाइलों के रूप में फ्लॉपी या सीडी पर उपलब्ध होते हैं, लेकिन इनका एक बड़ा भाग माइक्रोसॉफ्ट ऑफिस के एक भाग के रूप में उपलब्ध होता है। यदि आपके कम्प्यूटर

चित्र 5.3 : कुछ क्लिप आर्ट

में एमएस-ऑफिस स्थापित है, तो आप उसमें उपलब्ध क्लिप आर्ट को अपने डीटीपी सॉफ्टवेयर के दस्तावेज में सरलता से उपयोग कर सकते हैं। चित्र 5.3 में कुछ क्लिप आर्ट दिखाई गई हैं।

आजकल प्रचलित लगभग सभी डीटीपी सॉफ्टवेयर अधिकांश प्रकार की चित्र फाइलों को उसी रूप में स्वीकार कर लेते हैं। यदि किसी चित्र को आपका डीटीपी पैकेज स्वीकार नहीं करता, तो आप उसे पेण्ट प्रोग्राम की सहायता से बिटमैप फाइल के रूप में बदलकर उपयोग में ला सकते हैं। अन्य फॉर्मेट वाले किसी चित्र को बिटमैप में बदलने की विधि हम आगे बताएंगे।

फाइलों में उपलब्ध क्लिप आर्ट का उपयोग करने का एक बड़ा लाभ यह है कि आप उसे अपनी आवश्यकता के अनुसार सम्पादित भी कर सकते हैं, छोटा-बड़ा कर सकते हैं और दो या अधिक क्लिपों को मिलाकर भी उपयोग कर सकते हैं। कई बार बिटमैप फाइलों को बड़ा करने से उनका प्रभाव बिगड़ जाता है। अतः जहां तक सम्भव हो, बिटमैप फाइल को उसी आकार में उपयोग करना चाहिए, जिसमें वह उपलब्ध है।

ग्राफिक्स में पाठ्य
(Text in Graphics)

कई बार चित्रों में कुछ शब्द या पाठ्य जोड़ने की भी आवश्यकता होती है। ऐसे पाठ्य को इच्छित प्रभाव उत्पन्न करने के अनुसार दो प्रकार से संभाला या डाला जाता है। एक, सजावटी अक्षर या शब्द या वाक्य के रूप में और दो, चित्र के भागों का परिचय कराने के लिए लेबल के रूप में।

पहले प्रकार के पाठ्य का उपयोग विज्ञापकों और कलाकारों द्वारा किया जाता है। इसमें किसी ड्रॉ अथवा पेण्ट प्रोग्राम द्वारा अक्षरों को अनेक प्रकार से सजाकर तैयार किया जाता है। फिर उन्हें साधारण चित्र के रूप में पेज लेआउट प्रोग्राम में आयात कर लिया जाता है।

दूसरे प्रकार के पाठ्य का उपयोग चित्रों में संकेत डालने अथवा किसी भाग को पहचानने के लिए किया जाता है। ऐसा पाठ्य प्रायः साधारण पाठ्य होता है और उसे पाठ्य के रूप में ही संभाला जाता है। ऐसे पाठ्य को या तो चित्रात्मक वस्तु के रूप में ग्राफिक्स प्रोग्राम में शामिल किया जा सकता है अथवा पेज लेआउट प्रोग्राम में सीधे भी जोड़ा जा सकता है।

आगे के भागों में हम विभिन्न पेज लेआउट प्रोग्रामों में पाठ्य के उपयोग के बारे में विस्तार से बताएंगे।

इमेज उठाना
(Image Capturing)

स्कैनरों के बारे में आप अध्याय 2 में पढ़ चुके हैं। इनका उपयोग किसी ऐसे चित्र को कम्प्यूटरीकृत डाटा में बदलने में किया जाता है, जो कहीं छपा हुआ है। इसके अतिरिक्त आप विभिन्न प्रकार के डिजिटल अथवा वीडियो कैमरों द्वारा खींचे गए चित्रों को भी अपने प्रकाशन में शामिल कर सकते हैं। आवश्यकता केवल यह है कि वह चित्र किसी फाइल के रूप में उपलब्ध हो।

सामान्यतया किसी ग्राफिक प्रोग्राम द्वारा बनाए गए चित्र को आप सीधे ही अपने प्रकाशन में शामिल कर सकते हैं, क्योंकि उनका फॉर्मेट आपके डीटीपी पैकेज अर्थात् पेज लेआउट प्रोग्राम को स्वीकार्य होता है। लेकिन कई ग्राफिक प्रोग्राम अपनी फाइलों को ऐसे फॉर्मेट में स्टोर करते हैं, जिसे आपका पेज लेआउट प्रोग्राम स्वीकार नहीं करता। इस समस्या के समाधान के लिए आजकल कई रूपांतरण प्रोग्राम उपलब्ध हैं। ये प्रोग्राम किसी ग्राफिक फाइल के चित्र को आपके

पेज लेआउट प्रोग्राम द्वारा स्वीकार करने योग्य फॉर्मेट में बदल देते हैं। इस प्रकार फॉर्मेट बदलने के बाद आप उसको एक साधारण चित्र की तरह कहीं भी उपयोग कर सकते हैं।

विंडोज आधारित ऑपरेटिंग सिस्टमों में स्क्रीन की किसी भी इमेज को उठाकर साधारण ग्राफिक फाइल बनाने की सुविधा पहले से ही उपलब्ध होती है। इस कार्य में विंडोज की क्लिप बोर्ड सुविधा तथा की-बोर्ड के Print Screen बटन का उपयोग किया जाता है। इनके द्वारा आप पूरी स्क्रीन अथवा किसी सक्रिय विंडो को ज्यों का त्यों उतार सकते हैं और उसे किसी पेण्ट फाइल के रूप में स्टोर कर सकते हैं। इस पुस्तक में दिए गए अधिकांश चित्र इसी सुविधा का उपयोग करके तैयार किए गए हैं। इसकी विधियां नीचे बताई गई हैं।

सम्पूर्ण स्क्रीन को उठाना
(Capturing Full Screen)

यदि आप अपनी स्क्रीन पर दिखाई पड़ रहे किसी चित्र या वस्तु को वैसा ही चित्र फाइल के रूप में स्टोर करना चाहते हैं, तो स्क्रीन को अच्छी तरह सेट करके निम्नप्रकार क्रियाएं कीजिए :

1. अपने कुंजीपटल पर **Print Screen** बटन दबाइए। (कई की-बोर्डों में इस बटन पर **PrtScr** छपा रहता है।) इससे स्क्रीन की पूरी इमेज विंडोज के क्लिप बोर्ड में नकल कर दी जाएगी।
2. उस दस्तावेज को खोलिए, जिसमें आप उस चित्र को ले जाना चाहते हैं। यह दस्तावेज विंडोज वातावरण में किसी प्रकार का दस्तावेज बनाने वाले प्रोग्राम का भी हो सकता है और साधारण पेण्ट प्रोग्राम का भी। यह दस्तावेज पहले से खुला भी हो सकता है।
3. प्रोग्राम के मेन्यू बार में **Edit** मेन्यू को चुनकर उसमें **Paste** आदेश दीजिए अथवा कंट्रोल के साथ **C (Ctrl+C)** दबाइए। इससे क्लिप बोर्ड में रखी हुई इमेज आपके दस्तावेज में पेस्ट कर दी जाएगी। इस चित्र को आप अपने दस्तावेज में इच्छानुसार किसी भी स्थान पर लगा सकते हैं और उसे स्टोर कर सकते हैं। ऐसा करने पर वह चित्र दस्तावेज के साथ ही स्टोर हो जाता है। यदि आप उस चित्र को स्वतंत्र रूप से स्टोर करना चाहते हैं, तो आपको कोई पेण्ट प्रोग्राम ही खोलना चाहिए और उसमें खाली दस्तावेज में चित्र को पेस्ट करना चाहिए।

सक्रिय विंडो को उठाना
(Capturing Active Window)

यदि आप विंडोज वातावरण में अपनी स्क्रीन पर खुली हुई किसी विंडो को ठीक वैसा ही एक चित्र के रूप में उठाना चाहते हैं, तो सबसे पहले उस विंडो का आकार आदि अच्छी तरह सेट करके उसे सक्रिय कर लीजिए। अब निम्नप्रकार क्रियाएं कीजिए :

1. अपने कुंजीपटल पर **Alt** के साथ **Print Screen** बटन दबाइए। इससे सक्रिय विंडो की पूरी इमेज विंडोज के क्लिप बोर्ड में नकल कर दी जाएगी।

इसके बाद की शेष क्रियाएं ऊपर बताए गए अनुसार ही हैं।

विंडोज वातावरण में आप क्लिप बोर्ड को सीधे भी खोल सकते हैं और Print Screen बटन द्वारा उठाई गई इमेजों को किसी क्लिप फाइल के रूप में अलग से स्टोर कर सकते हैं, जिसका उपयोग आप कभी भी कहीं भी कर सकते हैं। इसकी विधि विस्तार से जानने के लिए लेखक की 'विंडोज 98 इन इज़ी स्टेप्स' पुस्तक पढ़नी चाहिए।

चित्रों पर पाठ्य लपेटना
(Text Wrapping on Graphics)

कई बार हम किसी फोटोग्राफ, चित्र, चार्ट या रेखाचित्र को किसी पाठ्य के बीच में डालते हैं, ताकि पाठ्य अधिक स्पष्ट हो जाए अथवा उसका महत्व बढ़ जाए। इसके साथ ही हम पाठ्य को इस प्रकार सेट करते हैं कि वह चित्र के चारों ओर आ जाए। इस कार्य को चित्रों पर पाठ्य लपेटना कहा जाता है।

किसी चित्र पर पाठ्य दो प्रकार से लपेटा जा सकता है। पहली विधि के अनुसार चित्र को पूरा घेरते हुए एक काल्पनिक आयताकार बॉक्स बना लिया जाता है और पाठ्य को उस बॉक्स के बाहर-बाहर जहां भी सम्भव हो लगा दिया जाता है। पाठ्य लपेटने की इस विधि को चित्र 5.4 में दिखाया गया है।

दूसरी विधि में चित्र के चारों ओर कोई अनियमित घेरा बना लिया जाता है और पाठ्य को उस काल्पनिक घेरे के बाहर-बाहर जहां भी सम्भव हो लगा दिया जाता है। पाठ्य लपेटने की इस विधि को चित्र 5.5 में दिखाया गया है। स्पष्ट है कि पहली विधि में दूसरी विधि की अपेक्षा अधिक स्थान की आवश्यकता होती है, लेकिन पहली विधि ही अधिक आकर्षक लगती है। इस पुस्तक में हमने सब जगह पहली विधि का ही उपयोग किया है।

आधुनिक डीटीपी सॉफ्टवेयरों में यह कार्य स्वतः ही किया जा सकता है। आपको केवल यह बताना होता है कि आप पाठ्य को किस विधि के अनुसार लपेटना चाहते हैं और चित्र के चारों ओर कितना-कितना स्थान खाली छोड़ना चाहते हैं। शेष कार्य वह स्वयं कर लेता है।

चित्रों पर पाठ्य लपेटना
(Text Wrapping on Graphics)

कई बार हम किसी फोटोग्राफ, चित्र, चार्ट या रेखाचित्र को किसी पाठ्य के बीच में डालते हैं, ताकि पात्य अधिक स्पष्ट हो जाए अथवा उसका महत्व बढ़ जाए। इसके साथ ही हम पाठ्य को इस प्रकार सेट करते हैं कि वह चित्र के चारों ओर आ जाए। इस कार्य को चित्रों पर पाठ्य लपेटना कहा जाता है।

किसी चित्र पर पाठ्य दो प्रकार से लपेटा जा सकता है। पहली विधि के अनुसार चित्र को पूरा घेरते हुए एक काल्पनिक आयताकार बॉक्स बना लिया जाता है और पाठ्य को उस बॉक्स के बाहर-बाहर जहां भी सम्भव हो लगा दिया जाता है। पाठ्य लपेटने की इस विधि को चित्र 5.4 में दिखाया गया है।

दूसरी विधि में चित्र के चारों ओर कोई अनियमित घेरा बना लिया जाता है और पाठ्य को उस काल्पनिक घेरे के बाहर-बाहर जहां भी सम्भव हो लगा दिया जाता है। पाठ्य लपेटने की इस विधि को चित्र 5.5 में दिखाया गया है। स्पष्ट है कि पहली विधि में दूसरी विधि की अपेक्षा अधिक स्थान की आवश्यकता होती है।

आधुनिक डीटीपी सॉफ्टवेयरों में यह कार्य स्वतः ही किया जा सकता है। आपको केवल यह बताना होता है कि आप पाठ्य को किस विधि के अनुसार लपेटना चाहते हैं और चित्र के चारों ओर कितना-कितना स्थान खाली छोड़ना चाहते हैं। शेष कार्य वह स्वयं कर लेता है।

चित्र 5.4 : चित्र पर पाठ्य लपेटने की पहली विधि

चित्रों पर पाठ्य लपेटना
(Text Wrapping on Graphics)

कई बार हम किसी फोटोग्राफ, चित्र, चार्ट या रेखाचित्र को किसी पाठ्य के बीच में डालते हैं, ताकि पाठ्य अधिक स्पष्ट हो जाए अथवा उसका महत्व बढ़ जाए। इसके साथ ही हम पाठ्य को इस प्रकार सेट करते हैं कि वह चित्र के चारों ओर आ जाए। इस कार्य को चित्रों पर पाठ्य लपेटना कहा जाता है।

किसी चित्र पर पाठ्य दो प्रकार से लपेटा जा सकता है। पहली विधि के अनुसार चित्र को पूरा घेरते हुए एक काल्पनिक आयताकार बॉक्स बना लिया जाता है और पाठ्य को उस बॉक्स के बाहर-बाहर जहां भी सम्भव हो लगा दिया जाता है। पाठ्य लपेटने की इस विधि को चित्र 5.4 में दिखाया गया है।

दूसरी विधि में चित्र के चारों ओर कोई अनियमित घेरा बना लिया जाता है और पाठ्य को उस काल्पनिक घेरे के बाहर-बाहर जहां भी सम्भव हो लगा दिया जाता है। पाठ्य लपेटने की इस विधि को चित्र 5.5 में दिखाया गया है। स्पष्ट है कि पहली विधि में दूसरी विधि की अपेक्षा अधिक स्थान की आवश्यकता होती है।

आधुनिक डीटीपी सॉफ्टवेयरों में यह कार्य स्वत: ही किया जा सकता है। आपको केवल यह बताना होता है कि आप पाठ्य को किस विधि के अनुसार लपेटना चाहते हैं और चित्र के चारों ओर कितना-कितना स्थान खाली छोड़ना चाहते हैं। शेष कार्य वह स्वयं कर लेता है।

चित्र 5.5 : चित्र पर पाठ्य लपेटने की दूसरी विधि

6

परिचय
(Introduction)

पिछले अध्याय में आप पढ़ चुके हैं कि पेजमेकर डेस्कटॉप प्रकाशन के कार्य में सबसे अधिक उपयोग किया जाने वाला सॉफ्टवेयर पैकेज है। इसके अनेक संस्करण आ चुके हैं, लेकिन सबसे अधिक प्रचलित संस्करण 6.5 है। इसमें पेजमेकर की लगभग सभी विशेषताएं उपलब्ध हैं। इस भाग में आप पेजमेकर में डीटीपी का कार्य करना सीखेंगे। इस भाग में दिए गए समस्त चित्र और आदेश पेजमेकर 6.5 के अनुसार हैं, परन्तु इसके अधिकांश आदेश इससे पूर्व के लगभग सभी संस्करणों पर लागू होते हैं। फिर भी कहीं-कहीं थोड़ा अन्तर हो सकता है, जिसे आपको स्वयं समझने और उसी के अनुसार कार्य करने का प्रयास करना चाहिए। हमने विंडोज 98 वातावरण में पेजमेकर 6.5 को इस भाग में अपनी चर्चा का आधार बनाया है। लेकिन हम उसे संक्षेप में पेजमेकर ही लिखेंगे।

पेजमेकर प्रारम्भ करना
(Starting PageMaker)

पेजमेकर पर कार्य करने के लिए यह आवश्यक है कि आपके पीसी या कम्प्यूटर में पेजमेकर स्थापित किया जा चुका हो। यदि ऐसा नहीं है, तो उसे स्थापित कर लेना चाहिए। विंडोज में पेजमेकर का नाम या शॉर्टकट सामान्यतया 'Adobe' के झरना मेन्यू में 'PageMaker 6.5' के झरना मेन्यू में रखा जाता है। आप चाहें तो पेजमेकर का एक शॉर्टकट अपने डेस्कटॉप पर बनाकर उसे डबल क्लिक करके भी पेजमेकर प्रारम्भ कर सकते हैं। सामान्यतया अग्रलिखित विधि से पेजमेकर चलाया जाता है :

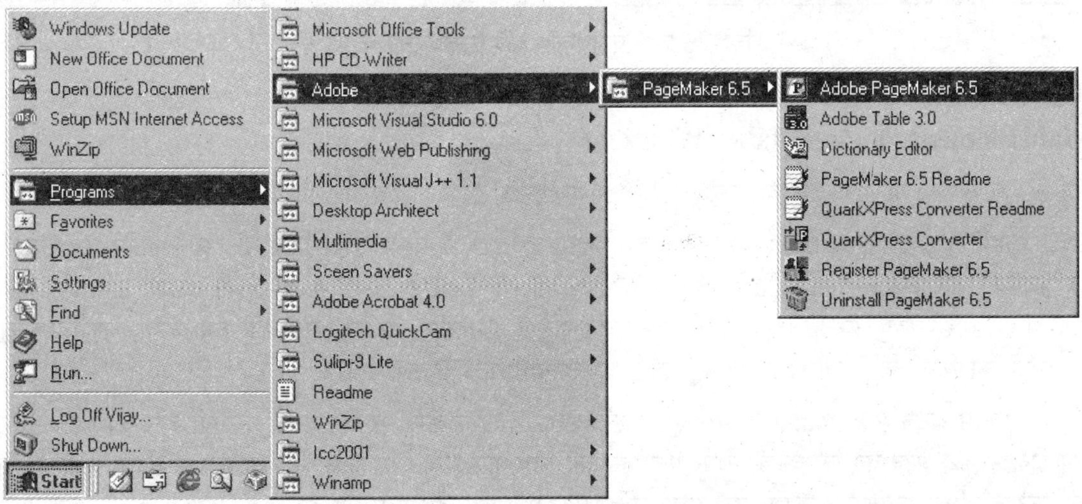

चित्र 6.1 : पेजमेकर प्रारम्भ करना

1. **Start** बटन को क्लिक कीजिए, जो आपके डेस्कटॉप के बाएं-निचले कोने पर बना होता है।
2. **Start** मेन्यू में **Programs** के झरना मेन्यू में **Adobe** के झरना मेन्यू में **PageMaker 6.5** के झरना मेन्यू में **Adobe PageMaker 6.5** विकल्प को क्लिक कीजिए, जैसा कि चित्र 6.1 में दिखाया गया है।

इससे पेजमेकर प्रारम्भ हो जाएगा और आपकी स्क्रीन पर उसकी मुख्य विंडो खुल जाएगी। चित्र 6.2 में पेजमेकर की मुख्य विंडो के प्रमुख भाग या तत्व दिखाए गए हैं और उनकी ओर नाम से संकेत किया गया है।

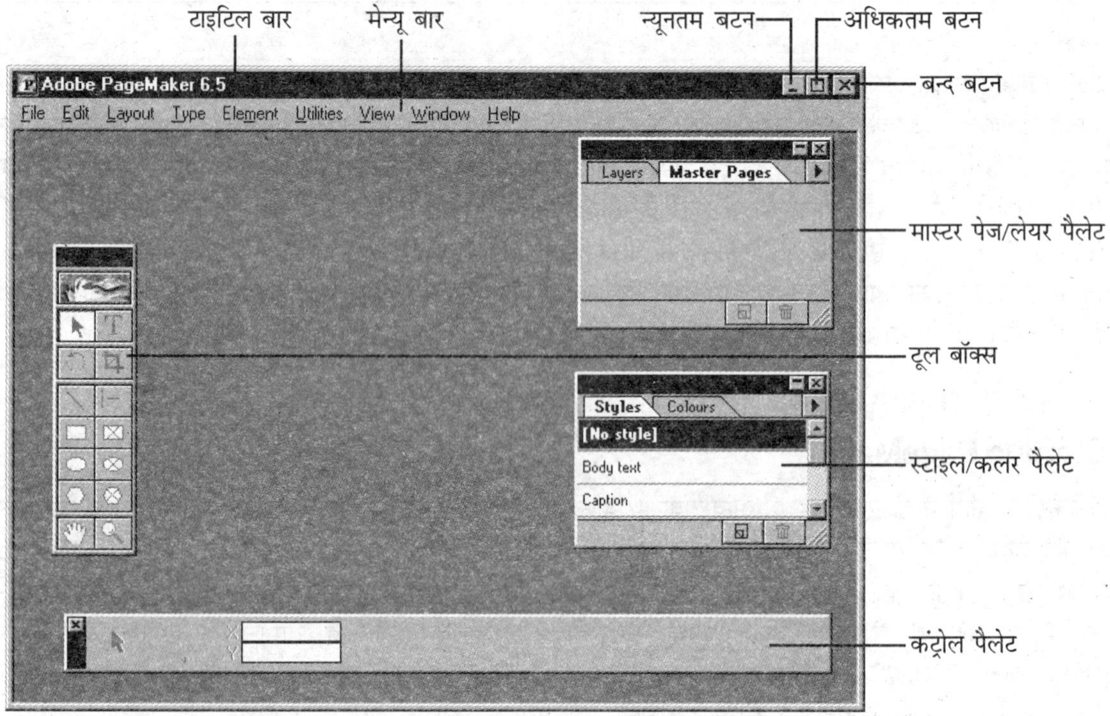

चित्र 6.2 : पेजमेकर की प्रारम्भिक विंडो

पेजमेकर विंडो के मुख्य भाग
(Main Elements of PageMaker Window)

चित्र 6.2 में दिखाई गई पेजमेकर की प्रारम्भिक विंडो के प्रमुख भागों का परिचय निम्नप्रकार है :

टाइटिल बार (Title Bar) : टाइटिल बार पेजमेकर विंडो में सबसे ऊपर होता है। इसमें प्रोग्राम का नाम और यदि पेजमेकर का कोई दस्तावेज, जिसे प्रकाशन (Publication) कहते हैं, खुला हुआ हो, तो उसका नाम भी दिखाया जाता है। इस बार के दाएं किनारे पर तीन छोटे बटन बने होते हैं : न्यूनतम, अधिकतम/रिस्टोर तथा बन्द, जिनसे इस विंडो के आकार को नियन्त्रित किया जाता है। इन बटनों का उपयोग नीचे बताया गया है।

न्यूनतम बटन (Minimize Button) : टाइटिल बार के दाएं कोने पर बने बटनों में बायीं ओर का बटन न्यूनतम बटन होता है, इस बटन को क्लिक करने पर पेजमेकर की विंडो टास्क बार पर एक बटन के रूप में बदल जाती है। आप उस बटन को फिर से क्लिक करके उस विंडो को उसके पूर्व रूप में वापस ला सकते हैं।

अधिकतम बटन (Maximize Button) : टाइटिल बार में न्यूनतम बटन के दायीं ओर का अर्थात् तीनों में से बीच का बटन अधिकतम बटन होता है। इस बटन को क्लिक करने से पेजमेकर की विंडो स्क्रीन पर अधिकतम आकार में आ जाती है और उसके साथ की यह बटन रिस्टोर बटन (Restore Button) के रूप में बदल जाता है, जिस पर दो छोटे वर्ग छपे रहते हैं। रिस्टोर बटन को क्लिक करने पर विंडो अपने पूर्व आकार में आ जाती है।

बन्द बटन (Close Button) : टाइटिल बार में सबसे दायीं ओर का बटन बन्द बटन होता है। इस बटन को क्लिक करने पर पेजमेकर की विंडो समाप्त कर दी जाती है। यदि कोई प्रकाशन खुला होता है और उसे सुरक्षित नहीं किया गया है, तो विंडो बन्द करने से पहले एक डायलॉग बॉक्स देकर उस प्रकाशन को सुरक्षित करने के लिए पूछा जाता है।

मेन्यू बार (Menu Bar) : टाइटिल बार से ठीक नीचे मेन्यू बार होता है, जिसमें पेजमेकर के विभिन्न मेन्युओं के नाम या शीर्षक दिए होते हैं। किसी मेन्यू के नाम को क्लिक करने पर वह मेन्यू नीचे की ओर खुल जाता है, जिसमें अनेक आदेश दिए होते हैं। किसी आदेश को क्लिक करने पर वह आदेश सक्रिय हो जाता है। यदि कोई मेन्यू खुला हुआ है, तो दाएं-बाएं तीर का बटन दबाने पर क्रमशः उससे दायीं ओर का और बायीं ओर का मेन्यू खुल जाता है। मेन्युओं के उपयोग के बारे में विस्तार से आगे बताया गया है।

फ्लोटिंग पैलेट (Floating Palettes) : पेजमेकर में आपके प्रकाशन के कार्य को प्रभावी रूप से करने में सहायता पहुंचाने के लिए कई पैलेट होते हैं। इनमें से प्रमुख पैलेटों को चित्र 6.2 में दिखाया गया है, यद्यपि इस समय ये पैलेट लगभग खाली हैं। इन पैलेटों के उपयोग के बारे में विस्तार से आगे बताया जाएगा।

मेन्युओं का उपयोग
(Using Menus)

पेजमेकर के आदेशों को समूहबद्ध करके मेन्युओं में रखा गया है। प्रत्येक मेन्यू में कुछ विशेष प्रकार के आदेश होते हैं। प्रत्येक मेन्यू का एक नाम या शीर्षक होता है, जो मेन्यू बार में दिखाई देता है। मेन्यू बार में किसी मेन्यू के नाम को क्लिक करने पर वह पुलडाउन मेन्यू नीचे की ओर खुल जाता है। खुले हुए मेन्यू में किसी आदेश को क्लिक करने पर वह आदेश प्रारम्भ हो जाता है। कभी-कभी मेन्यू में कुछ आदेशों के साथ कुछ चिह्न भी दिए होते हैं, जिनसे उस आदेश का पालन प्रभावित होता है। मेन्युओं में प्रायः पांच प्रकार के आदेश या चिह्न पाए जाते हैं, जो चित्र 6.3 में दिखाई दे रहे हैं। इनके बारे में नीचे बताया गया है :

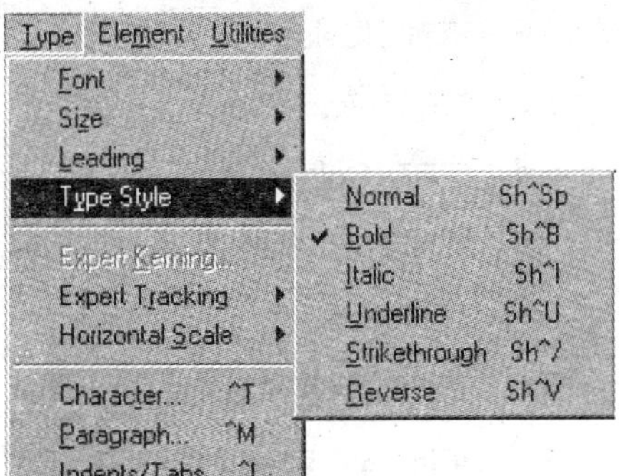

चित्र 6.3 : पुलडाउन मेन्यू और झरना मेन्यू

इलिप्सिस (Ellipsis) : तीन लगातार बिन्दुओं (...) को इलिप्सिस कहा जाता है। जिस आदेश के अन्त में इलिप्सिस होता है, उसे क्लिक करने पर पहले एक डायलॉग बॉक्स खुलता है, जिसमें उस आदेश का पालन करने के लिए आवश्यक कुछ सूचनाएं मांगी जाती हैं। वे सूचनाएं भरने पर आदेश का पालन प्रारम्भ हो जाता है।

तीर (Arrow) : किसी आदेश के सामने दायीं ओर इशारा करते हुए काले तीर के चिह्न का अर्थ है कि उस आदेश पर

माउस पॉइंटर लाने या उसे क्लिक करने पर उससे जुड़ा एक नया मेन्यू खुलेगा, जिसे उसे मेन्यू का सब-मेन्यू या झरना मेन्यू कहा जाता है। झरना मेन्यू में से कोई आदेश या विकल्प चुनने के लिए माउस पॉइंटर को दायीं ओर उस झरना मेन्यू में ले जाइए और साधारण मेन्यू की तरह क्लिक करके उसे चुन लीजिए।

चेक मार्क (Check Mark) : किसी-किसी आदेश के आगे सही का चिह्न (✓) लगा होता है। इसका अर्थ है कि वह आदेश इस समय ऑन (On) है। ऐसे आदेश को क्लिक करने पर वह ऑफ (Off) हो जाता है और सही का चिह्न गायब हो जाता है। पुनः क्लिक करने पर वह आदेश ऑन हो जाता है और सही का चिह्न दिखाई पड़ने लगता है। क्लिक करने पर बारी-बारी से ऑन-ऑफ होने वाले ऐसे आदेशों को टॉगिल आदेश (Toggle Command) कहा जाता है।

हलके किए हुए आदेश (Dimmed Commands) : किसी मेन्यू में किसी आदेश का हलके रंग में दिखाई पड़ने का अर्थ है कि वर्तमान में वह आदेश उपलब्ध नहीं है। इसका कारण यह हो सकता है कि वह आदेश जारी करने के लिए आवश्यक वस्तु का चुनाव आपने नहीं किया है। ऐसे आदेश को चुनने के लिए पहले उचित वस्तु जैसे पाठ्य का चुनाव कर लेना चाहिए, जिस पर वह आदेश लागू किया जाएगा।

कुंजीपटल शॉर्टकट (Keyboard Shortcuts) : कई आदेशों के सामने उनका कुंजीपटल का समतुल्य (Equivalent) आदेश दिया जाता है, जैसे चित्र 6.3 में **Character...** आदेश के सामने **^T** दिया हुआ है। इन समतुल्यों को शॉर्टकट आदेश कहा जाता है। कुंजीपटल से शॉर्टकट आदेश देना उस आदेश को क्लिक करने के बराबर होता है अर्थात् दोनों से समान परिणाम प्राप्त होता है।

सामान्यतया कोई आदेश दे देने के बाद खुला हुआ मेन्यू स्वयं बन्द हो जाता है। यदि आप बिना कोई आदेश दिए मेन्यू बन्द करना चाहते हैं, तो मेन्यू क्षेत्र से बाहर कहीं भी माउस पॉइंटर ले जाकर क्लिक कीजिए।

पैलेट
(Palettes)

आप पढ़ चुके हैं कि पेजमेकर में आपके प्रकाशन के कार्य को अच्छी तरह करने में सहायता पहुंचाने के लिए कई पैलेट उपलब्ध होते हैं। इनमें से प्रमुख पैलेटों के नाम निम्नलिखित हैं :

- टूल्स (Tools)
- कंट्रोल पैलेट (Control Palette)
- कलर (Colours)
- स्टाइल (Styles)
- लेयर (Layers)
- मास्टर पेजेज़ (Master Pages)

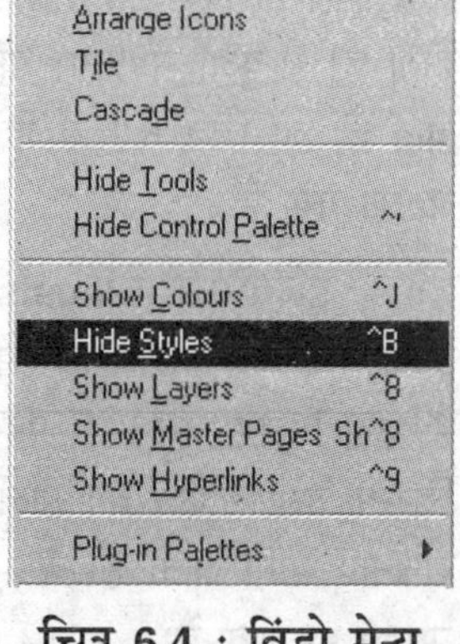

चित्र 6.4 : विंडो मेन्यू

आप आवश्यकता होने पर इनमें से किसी भी पैलेट को अपनी स्क्रीन पर खोल सकते हैं और आवश्यकता न होने पर बन्द कर सकते हैं। किसी पैलेट को खोलने या बन्द करने के लिए मेन्यू बार में **Window** मेन्यू को क्लिक कीजिए, जिससे यह मेन्यू चित्र 6.4 की तरह खुल जाएगा। जो पैलेट उस समय खुले होते हैं, उनके नाम इस मेन्यू में 'Hide' शब्द के साथ दिखाई देते हैं और जो पैलेट बन्द होते हैं, उनके नाम इस मेन्यू में 'Show' शब्द के साथ दिखाई देते हैं। आप उचित आदेश को क्लिक करके या शॉर्टकट आदेश देकर किसी पैलेट को खोल या बन्द कर सकते हैं। वैसे

किसी खुले हुए पैलेट को बन्द करने के लिए आप उसके दाएं ऊपरी कोने पर बने **X** बटन को क्लिक कर सकते हैं, जिससे वह पैलेट बन्द हो जाएगा।

विभिन्न पैलेटों के उपयोग के बारे में आगे बताया जा रहा है।

टूलबॉक्स
(Toolbox)

सामान्यतया टूलबॉक्स पैलेट पेजमेकर की विंडो में स्वतः ही दिखाई पड़ता है। यदि यह दिखाई न दे रहा हो, तो **Windows** मेन्यू में **Show Tools** आदेश देकर उसे देखा जा सकता है। टूलबॉक्स में आपके प्रकाशन के किसी पृष्ठ को तैयार करने के लिए सभी आवश्यक टूल दिए होते हैं। चित्र 6.5 में टूलबॉक्स के सभी टूल दिखाए गए हैं और उनकी ओर नाम से संकेत किया गया है।

जब आप किसी टूल को चुनने के लिए उस पर माउस पॉइंटर लाकर क्लिक करते हैं, तो माउस पॉइंटर अपना

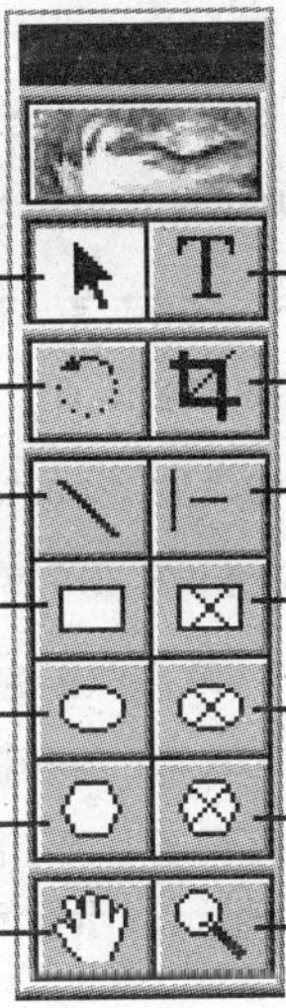

चित्र 6.5 : टूलबॉक्स के विभिन्न टूल

रूप बदल देता है और टूलबॉक्स से बाहर आने पर प्रायः उसी टूल के रूप का हो जाता है। इससे आपको पता चल जाता है कि आपने कौन-सा टूल चुना हुआ है।

टूलबॉक्स के टूलों के उपयोग के बारे में नीचे बताया जा रहा है :

पॉइंटर टूल (Pointer Tool) : किसी पृष्ठ पर लगी हुई किसी भी प्रकार की वस्तु, जैसे पाठ्य, लाइन, बॉक्स, वृत्त, चित्र आदि को चुनने के लिए पहले इस टूल को चुना जाता है। इसे चुनने के बाद किसी वस्तु को चुनने के लिए माउस पॉइंटर उस वस्तु के ठीक ऊपर लाकर क्लिक कीजिए। चुनी हुई वस्तु के चारों ओर हैंडिल दिखाई पड़ते हैं, जिनसे आपको पता चलता है कि वह वस्तु चुनी हुई है।

आप इस टूल का उपयोग करके एक से अधिक वस्तुएं भी एक साथ चुन सकते हैं। इसके लिए पहले एक वस्तु को क्लिक करके चुनिए और फिर अन्य वस्तुओं को बारी-बारी से क्लिक करते समय शिफ्ट कुंजी को दबाए रखिए। इससे वे सभी वस्तुएं चुन ली जाएंगी। यदि चुनी जाने वाली वस्तुएं पास-पास हैं, तो पॉइंटर टूल को चुनकर माउस पॉइंटर

से उनके चारों ओर एक काल्पनिक चौकोर घेरा बनाइए। इससे उस घेरे के अन्दर आने वाली सभी वस्तुएं चुन ली जाएंगी। किसी चुनी हुई वस्तु को चुनाव से निकालने के लिए शिफ्ट दबाकर उसे क्लिक कीजिए। सभी चुनावों को रद्द करने के लिए कहीं खाली स्थान पर क्लिक कीजिए। इस टूल को डबल क्लिक करने से 'Preferences' का डायलॉग बॉक्स खुल जाता है, जिसमें आप कई प्रकार की डिफॉल्ट सेटिंग कर सकते हैं। इसके बारे में इसी अध्याय में आगे विस्तारपूर्वक बताया गया है।

टैक्स्ट टूल (Text Tool) : इस टूल की सहायता से आप अपने प्रकाशन में टैक्स्ट टाइप कर सकते हैं या पहले से टाइप किए हुए टैक्स्ट को चुन सकते हैं। इसके उपयोग के बारे में अध्याय 9 में विस्तार से बताया गया है।

रोटेटिंग टूल (Rotating Tool) : किसी चुनी हुई वस्तु को 0.01° के अन्तर से 360° तक घुमाने के लिए इस टूल का उपयोग किया जाता है। इसके लिए पहले पॉइंटर टूल का उपयोग करके उस वस्तु को चुन लीजिए। फिर रोटेटिंग टूल को क्लिक कीजिए। इससे माउस पॉइंटर का रूप बदलकर एक चौकोर तारे जैसा रूप ले लेगा। अब माउस पॉइंटर को चुनी हुई वस्तु के उस बिन्दु पर ले जाइए, जिसको केन्द्र मानकर आप उसे घुमाना चाहते हैं। वहीं माउस बटन को दबाकर पकड़ लीजिए और जिस दिशा में आप उसे घुमाना चाहते हैं, उसी दिशा में माउस पॉइंटर को खींचते हुए उस बिन्दु से एक लाइन बनाइए। जब आप उस लाइन को घुमाएंगे, तो चुनी हुई वस्तु भी घूमती हुई दिखाई देगी। इच्छित अंश तक घुमाने के बाद माउस बटन को छोड़ दीजिए। इससे वह वस्तु उतनी ही घूम कर स्थिर हो जाएगी।

यदि आप वस्तु को 45° के अन्तरों में घुमाना चाहते हैं, तो माउस पॉइंटर को खींचते समय शिफ्ट कुंजी को दबाकर पकड़ लीजिए। इस टूल के उपयोग के बारे में अध्याय 12 में विस्तार से बताया गया है।

क्रॉपिंग टूल (Cropping Tool) : इस टूल के द्वारा आप किसी चित्र या फोटो के क्षेत्र को छोटा कर सकते हैं। इसके उपयोग के बारे में अध्याय 11 में विस्तारपूर्वक बताया गया है।

लाइन टूल (Line Tool) : इस टूल का उपयोग किसी भी अंश पर झुकी हुई सरल रेखाएं खींचने के लिए किया जाता है। कोई रेखा खींचने के लिए पहले इस टूल को क्लिक कीजिए, जिससे माउस पॉइंटर एक धन चिह्न '+' का रूप ले लेगा। अब माउस बटन दबाकर माउस पॉइंटर को किसी बिन्दु से प्रारम्भ करके किसी भी इच्छित दिशा में किसी दूसरे बिन्दु तक खींचिए, जिससे उन दोनों बिन्दुओं के बीच एक सरल रेखा बन जाएगी।

यदि आप रेखा को 45° के अन्तरों में झुकी हुई बनाना चाहते हैं, तो माउस पॉइंटर को खींचते समय शिफ्ट कुंजी को दबाकर पकड़ लीजिए। इस टूल के उपयोग के बारे में अध्याय 8 में विस्तार से बताया गया है।

कॉन्सट्रेण्ड लाइन टूल (Constrained Line Tool) : इस टूल का उपयोग क्षैतिज तथा ऊर्ध्वाधर सरल रेखाएं खींचने के लिए किया जाता है। कोई रेखा खींचने के लिए पहले इस टूल को क्लिक कीजिए, जिससे माउस पॉइंटर एक धन चिह्न '+' का रूप ले लेगा। अब माउस बटन दबाकर माउस पॉइंटर को किसी बिन्दु से प्रारम्भ करके दाएं-बाएं या ऊपर-नीचे किसी भी इच्छित दिशा में किसी दूसरे बिन्दु तक खींचिए, जिससे उन दोनों बिन्दुओं के बीच एक क्षैतिज अथवा ऊर्ध्वाधर सरल रेखा बन जाएगी। इस टूल के उपयोग के बारे में भी अध्याय 8 में विस्तार से बताया गया है।

रेक्टैंगल टूल (Rectangle Tool) : इस टूल का उपयोग आयताकार तथा वर्गाकार आकृतियां बनाने के लिए किया जाता है। कोई आयत बनाने के लिए पहले इस टूल को क्लिक कीजिए, जिससे माउस पॉइंटर एक धन चिह्न '+' का रूप ले लेगा। अब माउस बटन दबाकर माउस पॉइंटर को आयत के एक कोने से किसी भी इच्छित दिशा में उसके सामने के दूसरे कोने तक खींचिए, जिससे उन दोनों बिन्दुओं के बीच एक आयत बन जाएगा।

वर्ग बनाने के लिए ऊपर बताई गई क्रिया में माउस पॉइंटर को खींचते समय शिफ्ट कुंजी को दबा लिया जाता है। इस टूल के उपयोग के बारे में भी अध्याय 8 में विस्तार से बताया गया है।

रेक्टैंगल फ्रेम टूल (Rectangle Frame Tool) : इस टूल का उपयोग ऐसे आयताकार चौखटे बनाने के लिए किया जाता है, जिसमें आप पाठ्य टाइप कर सकते हैं तथा चित्र आदि भी डाल सकते हैं। इसके उपयोग के बारे में अध्याय 18 में विस्तारपूर्वक बताया गया है।

इलिप्स टूल (Ellipse Tool) : इस टूल का उपयोग दीर्घवृत्ताकार तथा वृत्ताकार आकृतियां बनाने के लिए किया जाता है। कोई दीर्घवृत्त या ओवल बनाने के लिए पहले इस टूल को क्लिक कीजिए, जिससे माउस पॉइंटर एक धन चिह्न '+' का रूप ले लेगा। अब माउस बटन दबाकर माउस पॉइंटर को आकृति के एक कोने से किसी भी इच्छित दिशा में उसके सामने के दूसरे कोने तक खींचिए, जिससे उन दोनों बिन्दुओं के बीच अधिकतम आकार का एक ओवल या दीर्घवृत्त बन जाएगा। पूर्ण वृत्त बनाने के लिए माउस पॉइंटर को खींचते समय शिफ्ट कुंजी को दबा लिया जाता है। इस टूल के उपयोग के बारे में भी अध्याय 8 में विस्तार से बताया गया है।

इलिप्स फ्रेम टूल (Ellipse Frame Tool) : इस टूल का उपयोग ऐसे दीर्घवृत्ताकार तथा वृत्ताकार घेरे बनाने के लिए किया जाता है, जिसमें आप पाठ्य टाइप कर सकते हैं तथा चित्र आदि भी डाल सकते हैं। इसके उपयोग के बारे में अध्याय 18 में विस्तारपूर्वक बताया गया है।

पॉलीगॉन टूल (Polygon Tool) : इस टूल का उपयोग बहुभुजाकार आकृतियां बनाने के लिए किया जाता है। कोई बहुभुज बनाने के लिए पहले इस टूल को क्लिक कीजिए, जिससे माउस पॉइंटर एक धन चिह्न '+' का रूप ले लेगा। अब माउस बटन दबाकर माउस पॉइंटर को आकृति के एक कोने से किसी भी इच्छित दिशा में उसके सामने के दूसरे कोने तक खींचिए, जिससे उन दोनों बिन्दुओं के बीच अधिकतम आकार का एक षड्भुज (छः भुजाओं वाला बहुभुज) बन जाएगा। यदि आप चाहते हैं कि बहुभुज की सभी भुजाएं बराबर हों, तो इसके लिए माउस पॉइंटर को खींचते समय शिफ्ट कुंजी को दबाकर पकड़ लीजिए। इस बहुभुज की भुजाओं की संख्या बदलकर सेट करने के लिए इसे चुनकर **Elements** मेन्यू में **Polygon Settings...** आदेश दिया जाता है, जिससे खुलने वाले डायलॉग बॉक्स में भुजाओं की संख्या सेट की जाती है। इस टूल के उपयोग के बारे में अध्याय 8 में विस्तार से बताया गया है।

पॉलीगॉन फ्रेम टूल (Polygon Frame Tool) : इस टूल का उपयोग ऐसे बहुभुजाकार घेरे बनाने के लिए किया जाता है, जिसमें आप पाठ्य टाइप कर सकते हैं तथा चित्र आदि भी डाल सकते हैं। इसके उपयोग के बारे में अध्याय 18 में विस्तारपूर्वक बताया गया है।

हैंड टूल (Hand Tool) : इस टूल का उपयोग प्रकाशन के किसी पृष्ठ को स्क्रीन पर इधर-उधर या ऊपर-नीचे सरकाने के लिए किया जाता है, ताकि आप उसका इच्छित भाग देख सकें। इस टूल के उपयोग के बारे में अध्याय 8 में विस्तार से बताया गया है।

ज़ूम टूल (Zoom Tool) : इस टूल का उपयोग प्रकाशन के किसी पृष्ठ को स्क्रीन पर छोटा या बड़ा करके देखने के लिए किया जाता है, ताकि आप उसे अच्छी तरह देख सकें। इस टूल के उपयोग के बारे में इसी अध्याय में आगे विस्तार से बताया गया है।

इन सभी टूलों के विशेष उपयोग के बारे में आगे के अध्यायों में आवश्यकतानुसार विस्तार से बताया जाएगा।

कंट्रोल पैलेट
(Control Palette)

जैसा कि इसके नाम से स्पष्ट है, यह पैलेट किसी वस्तु को नियंत्रित करने अर्थात् मनचाहे रूप और आकार में बदलने और सुधारने की सुविधा प्रदान करता है। जैसे ही आप किसी वस्तु या टैक्स्ट को चुनते हैं, कंट्रोल पैलेट का रूप उसी के अनुसार बदल जाता है और उसमें उस वस्तु से सम्बंधित अनेक पैरामीटर जैसे फॉण्ट, आकार, मोटाई, स्थिति, घूमने का कोण आदि दिखाई पड़ते हैं। किसी टैक्स्ट के लिए कंट्रोल पैलेट का रूप चित्र 6.6 में तथा किसी चित्र या आकृति के लिए कंट्रोल पैलेट का रूप चित्र 6.7 में दिखाया गया है।

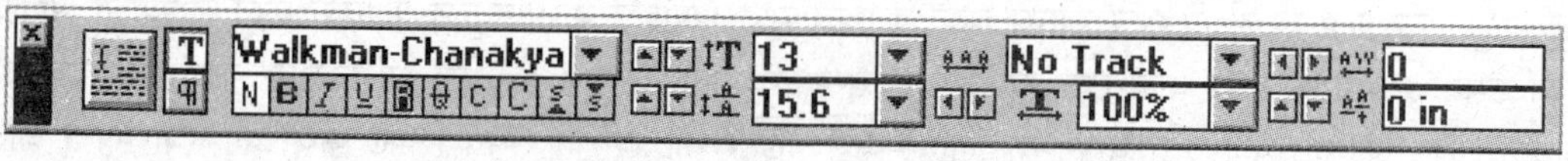

चित्र 6.6 : किसी टैक्स्ट का कंट्रोल पैलेट

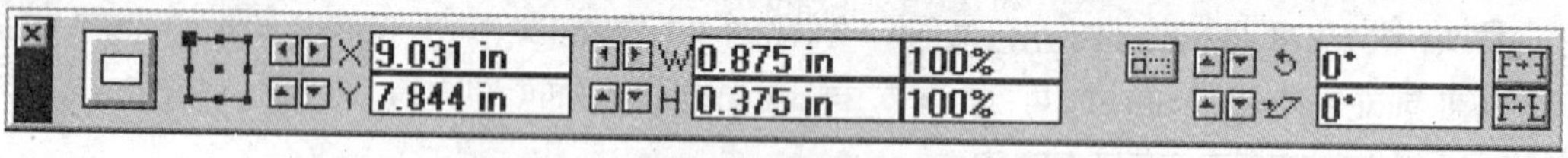

चित्र 6.7 : किसी चित्र का कंट्रोल पैलेट

यदि आप इनमें से किसी पैरामीटर को बदलना चाहते हैं, तो कंट्रोल पैलेट में उस पैरामीटर के बॉक्स में कर्सर ले जाइए और उसमें पैरामीटर का उचित मान सेट कीजिए अथवा कंट्रोल पैलेट में बने छोटे-छोटे बॉक्सों में से उचित बॉक्स को क्लिक कीजिए। अपनी सेटिंग का प्रभाव तत्काल ही आप सम्बंधित वस्तु पर देख सकते हैं। कंट्रोल पैलेट के उपयोगों के बारे में अध्याय 11 में विस्तार से बताया गया है।

कलर पैलेट
(Colours Palette)

इस पैलेट का उपयोग किसी चुने हुए पाठ्य या वस्तु का रंग बदलने अथवा उसके सेट किए हुए रंग का नाम देखने में किया जाता है। चित्र 6.8 में कलर पैलेट दिखाया गया है। यदि आपकी स्क्रीन पर यह पैलेट दिखाई न दे रहा हो, तो आप **Windows** मेन्यू में **Show Colours** आदेश देकर अथवा कंट्रोल के साथ **J** (**Ctrl+J**) बटन दबाकर उसे देख सकते हैं।

आप इसके दाएं कोने के निकट बने तीर के बटन को क्लिक करके रंगों से सम्बंधित अनेक क्रियाओं का मेन्यू, जिसे पैलेट मेन्यू कहते हैं, देख सकते हैं और उसमें उचित आदेश देकर कोई कार्य कर सकते हैं।

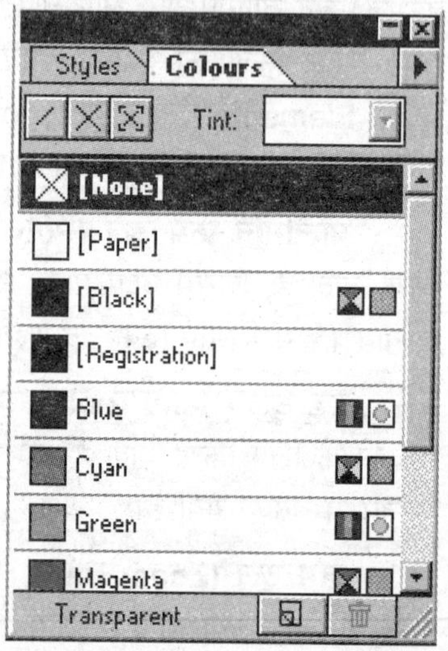

चित्र 6.8 : कलर पैलेट

स्टाइल पैलेट
(Styles Palette)

इस पैलेट का उपयोग टैक्स्ट टूल के साथ किसी पैराग्राफ के ऊपर कोई स्टाइल लागू करने अथवा लागू स्टाइल का नाम देखने के लिए किया जाता है। चित्र 6.9 में स्टाइल पैलेट दिखाया गया है। यदि आपकी स्क्रीन पर यह पैलेट दिखाई न

दे रहा हो, तो आप **Windows** मेन्यू में **Show Styles** आदेश देकर अथवा कंट्रोल के साथ **B** (**Ctrl+B**) बटन दबाकर उसे देख सकते हैं।

स्टाइलों से सम्बंधित विशेष कार्य इसके पैलेट मेन्यू में उपलब्ध हैं, जिसे आप इसके दाएं कोने के निकट बने तीर के बटन को क्लिक करके खोल सकते हैं। इसमें किसी स्टाइल को डुप्लीकेट करने, सुधारने आदि की क्रियाएं उपलब्ध हैं। आप अपनी नई स्टाइलें भी बना सकते हैं और उन्हें किसी भी पैराग्राफ पर लागू कर सकते हैं। स्टाइलों से सम्बंधित सभी क्रियाओं के बारे में अध्याय 12 में विस्तारपूर्वक बताया गया है।

वास्तव में कलर और स्टाइल पैलेट एक ही पैलेट की दो टैबशीट हैं। यदि एक पैलेट खुला हुआ है, तो आप दूसरे पैलेट के शीट टैब को क्लिक करके उसे खोल सकते हैं। यदि आप इनमें से किसी को भी नहीं देखना चाहते हैं, तो उसके दाएं कोने पर बने **X** बटन को क्लिक कर दीजिए।

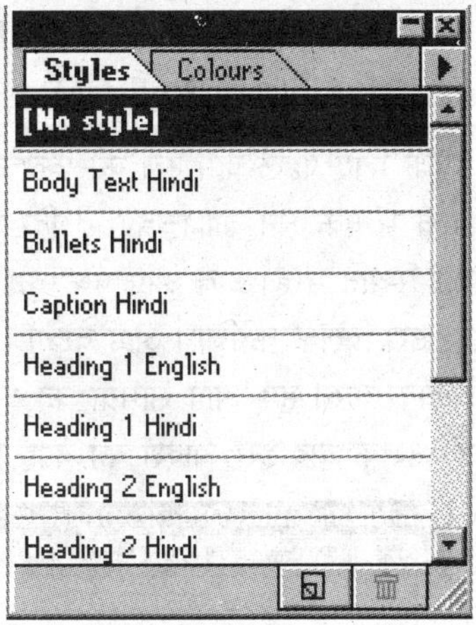

चित्र 6.9 : स्टाइल पैलेट

लेयर पैलेट
(Layers Palette)

इस पैलेट का उपयोग आपके प्रकाशन में विभिन्न लेयर या सतह बनाने, सुधारने, लॉक करने और हटाने के लिए किया जाता है। इस पैलेट का उपयोग करना इस पुस्तक की विषय वस्तु से बाहर है। इसके बारे में विस्तार से जानने के लिए आपको पेजमेकर की हेल्प सुविधा का लाभ उठाना चाहिए।

मास्टर पेजेज़ पैलेट
(Master Pages Palette)

इस पैलेट का उपयोग मास्टर पेज बनाने और प्रकाशन के किसी पृष्ठ पर उसे लागू करने के लिए किया जाता है। चित्र 6.10 में मास्टर पैलेट दिखाया गया है। यदि आपकी स्क्रीन पर यह पैलेट दिखाई न दे रहा हो, तो आप **'Windows'** मेन्यू में **Show Master Pages** आदेश देकर अथवा कंट्रोल तथा शिफ्ट के साथ **8** (**Ctrl+Shift+8**) बटन दबाकर उसे देख सकते हैं।

मास्टर पेजों के सम्बंध में विशेष क्रियाएं इसके पैलेट मेन्यू में उपलब्ध हैं, जिसे आप इसके दाएं कोने पर बने तीर के बटन को क्लिक करके देख सकते हैं। मास्टर पेजों के बारे में अध्याय 12 में विस्तार से बताया गया है।

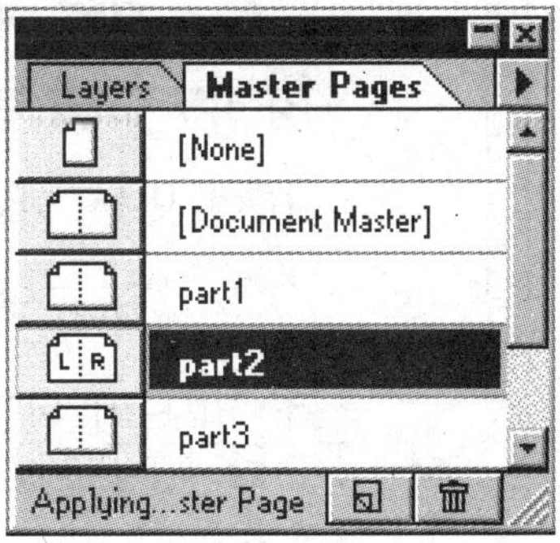

चित्र 6.10 : मास्टर पैलेट

जूम टूल का उपयोग
(Using the Zoom Tool)

जूम टूल की सहायता से आप अपने प्रकाशन के दिखाई पड़ रहे क्षेत्र को बड़ा या छोटा करके मनचाहे आकार में देख सकते हैं। इसके उपयोग करने की विधियां अग्र प्रकार हैं :

बड़ा या छोटा करके देखना
(To Magnify or Reduce)

इसके लिए पहले जूम टूल को क्लिक कीजिए। इससे माउस पॉइंटर एक आतिशी शीशे के रूप में बदल जाता है, जिसके बीच में एक धन का चिह्न '+' दिखाई पड़ता है। इस धन चिह्न से पता चलता है कि इस समय यह टूल आकार बढ़ाने की स्थिति में है। अब आप पृष्ठ के जिस स्थान या बिन्दु को केन्द्र मानकर सामग्री का आकार बड़ा करके देखना चाहते हैं, उसे क्लिक कीजिए। आप देखेंगे कि सामग्री का आकार बढ़ गया है, जैसा कि चित्र 6.11 में दिखाया गया है। बार-बार क्लिक करते हुए आप सामग्री का आकार उसकी अधिकतम सीमा (वास्तविक आकार का चार गुना) तक बढ़ा सकते हैं। उसके बाद इस आदेश का कोई प्रभाव नहीं होगा।

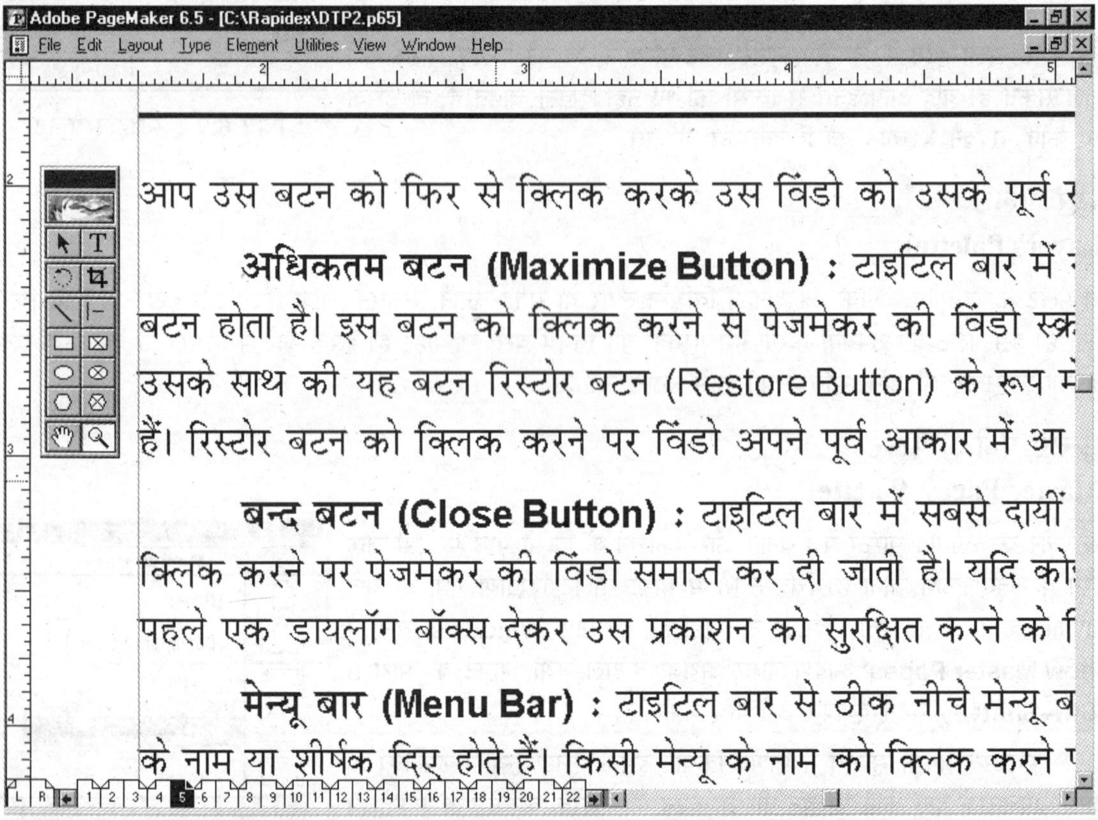

चित्र 6.11 : जूम टूल का उपयोग करके सामग्री को बड़े आकार में देखना

यदि आप आकार घटाना चाहते हैं, तो कंट्रोल कुंजी को दबा लीजिए। ऐसा करने पर माउस पॉइंटर के बीच का चिह्न ऋण चिह्न '–' में बदल जाएगा, जिससे पता चलता है कि अब यह टूल आकार घटाने की स्थिति में है। इस स्थिति में क्लिक करने पर सामग्री का आकार घटने लगेगा और बार-बार क्लिक करने पर उसके न्यूनतम आकार (वास्तविक आकार का एक चौथाई) में आकर रुक जाएगा। इस आकार में आने पर माउस पॉइंटर के आतिशी शीशे में बीच का भाग खाली दिखाई देगा, जिससे पता चलता है कि अब आकार और अधिक घटाना सम्भव नहीं है।

पृष्ठ के किसी भाग को बड़ा करना
(Magnifying Part of a Page)

आप अपने प्रकाशन के किसी पृष्ठ के किसी विशेष भाग को भी इच्छानुसार बड़ा करके देख सकते हैं। इसके लिए निम्नप्रकार क्रिया कीजिए :

पहले जूम टूल को क्लिक करके चुन लीजिए। इससे माउस पॉइंटर आतिशी शीशे में बदल जाएगा। अब माउस बटन को दबाए रखकर पृष्ठ के उस भाग के चारों ओर माउस पॉइंटर द्वारा टूटी हुई रेखाओं वाला आयताकार घेरा बनाइए, जिसे आप बड़ा करके देखना चाहते हैं, जैसा कि चित्र 6.12 में दिखाया गया है। इससे आपके द्वारा चुना हुआ भाग स्क्रीन की पूरी चौड़ाई में दिखाई पड़ेगा।

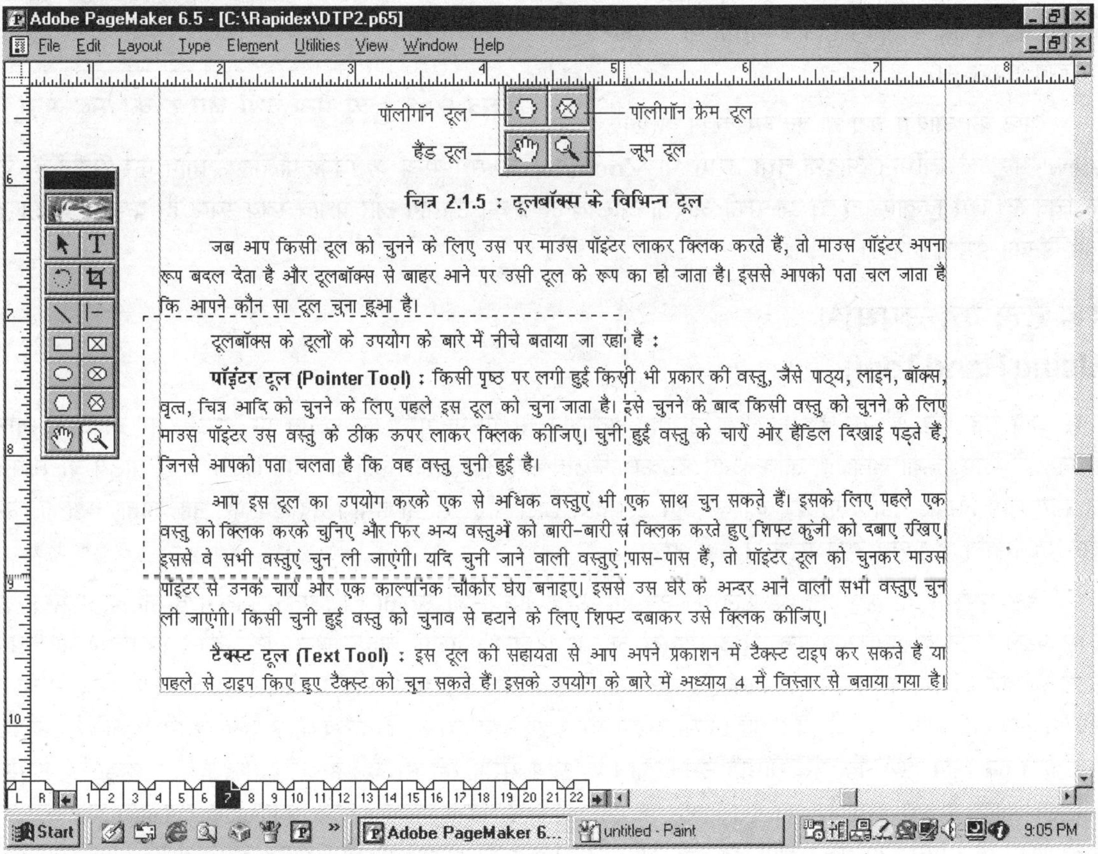

चित्र 6.12 : पृष्ठ के किसी भाग को बड़े आकार में देखने के लिए चुनना

अन्य उपयोग
(Other uses)

जूम टूल को डबल क्लिक करने पर पृष्ठ अपने वास्तविक आकार में आ जाता है। यदि आप जूम टूल को डबल क्लिक करते समय अल्ट कुंजी को दबा लेते हैं, तो एक पूरा पृष्ठ स्क्रीन के अधिकतम सम्भव भाग में दिखाई देगा।

किसी अन्य टूल में रहते हुए सामग्री का आकार बढ़ाकर देखने के लिए कंट्रोल के साथ स्पेसबार को दबाकर पकड़ लीजिए, इससे माउस पाइंटर धन चिह्न वाले आतिशी शीशे में बदल जाएगा। अब आप इनको दबाए रखकर ऊपर बताई गई विधियों के अनुसार या तो क्लिक कीजिए या माउस बटन दबाकर पृष्ठ का कोई भाग चुन लीजिए। इन क्रियाओं का ठीक वही प्रभाव होता है, जो जूम टूल चुनने पर होता है। इसी प्रकार कंट्रोल, अल्ट और स्पेसबार, तीनों को एक साथ दबाए रखने से माउस पॉइंटर ऋण चिह्न वाले आतिशी शीशे में बदल जाता है, जिससे आप सामग्री का आकार घटा कर देख सकते हैं।

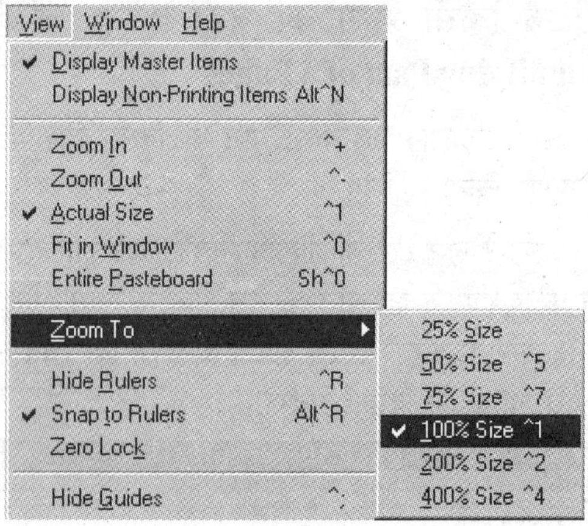

चित्र 6.13 : व्यू मेन्यू तथा जूम टू का सब-मेन्यू

पृष्ठ का आकार घटा या बढ़ाकर देखने के लिए आप **'View'** मेन्यू के विभिन्न आदेशों तथा उसमें भी **'Zoom to'** के सब-मेन्यू के विकल्पों का उपयोग कर सकते हैं, जो कि चित्र 6.13 में दिखाए गए हैं। इन सभी आदेशों और विकल्पों का उपयोग और प्रभाव स्वयं स्पष्ट है। क्रमशः ये आदेश देकर उनका प्रभाव देखिए।

हैंड टूल का उपयोग
(Using Hand Tool)

ऊपर आप पढ़ चुके हैं कि हैंड टूल का उपयोग प्रकाशन के किसी पृष्ठ को स्क्रीन पर इधर-उधर या ऊपर-नीचे सरकाने के लिए किया जाता है, ताकि आप उसका इच्छित भाग देख सकें। कई बार हमारी स्क्रीन पर पाठ्य या सामग्री का सारा भाग दिखाई नहीं देता। पेज व्यू को जूम टूल द्वारा छोटा करने से भी हमारा उद्देश्य पूरा नहीं होता, क्योंकि वैसा करने पर स्थिति में पाठ्य सही पढ़ने में नहीं आता।

इस समस्या का समाधान हैंड टूल का उपयोग करके किया जा सकता है। इसका उपयोग करना बहुत सरल है। सबसे पहले अपने दस्तावेज का पेज व्यू आवश्यक आकार में बना लीजिए, ताकि जिस पाठ्य को आप पढ़ना या देखना चाहते हैं, वह उचित आकार में हो। अब हैंड टूल को क्लिक कीजिए। इससे माउस पॉइंटर एक हाथ के चिह्न में बदल जाएगा। अब माउस पॉइंटर को विंडो के किसी स्थान पर रखकर माउस बटन को दबाकर उसे किसी दिशा में खींचिए। ऐसा करते हुए आप देखेंगे कि पूरी सामग्री उसके साथ ही साथ सरक रही है। जैसे ही आप माउस बटन छोड़ते हैं, सामग्री वहीं रुक जाती है और दस्तावेज का दूसरी ओर का भाग दिखाई पड़ने लगता है। इस प्रकार हैंड टूल द्वारा दस्तावेज को किसी दिशा के विपरीत खींचकर आप उधर का भाग देख सकते हैं। आवश्यक भाग सामने आ जाने पर आप अन्य टूलों द्वारा अपना इच्छित कार्य कर सकते हैं।

रूलरों का उपयोग
(Using Rulers)

रूलरों का उपयोग करने से हमें अपने प्रकाशन के किसी पृष्ठ का खाका बनाने और उस पर सामग्री को शुद्धता से किसी जगह स्थापित करने में सहायता मिलती है। रूलर दो होते हैं : ऊर्ध्वाधर (Vertical) तथा क्षैतिज (Horizontal)। ये दोनों रूलर चित्र 6.14 में दिखाए गए हैं। जब भी आप माउस पॉइंटर या किसी वस्तु को प्रकाशन के किसी पृष्ठ पर इधर-

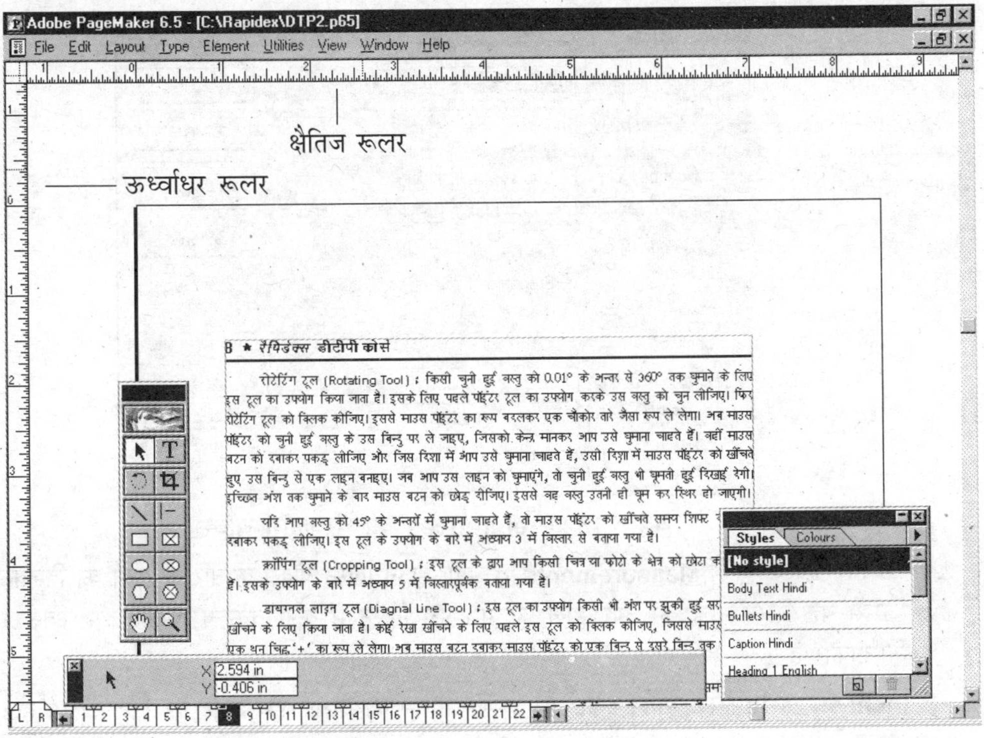

चित्र 6.14 : ऊर्ध्वाधर तथा क्षैतिज रूलर

उधर ले जाते हैं, तो उसकी स्थिति बताने वाली दो रेखाएं रूलरों पर चलती हैं, जिनसे पता चल जाता है कि उस समय आपका माउस पॉइंटर कहां पर है अथवा वह वस्तु किस स्थान या बिन्दु से प्रारम्भ करके लगी हुई है। यदि आप उसकी वर्तमान स्थिति से संतुष्ट नहीं हैं, तो उसे पुन: सरकाकर उचित स्थान पर सेट कर सकते हैं। इस क्रिया के बारे में अगले अध्याय में विस्तार से बताया जाएगा।

रूलरों को दिखाना
(Displaying the Rulers)

यदि रूलर दिखाई न पड़ रहे हों, तो आप **View** मेन्यू में **Show Rulers** आदेश देकर अथवा कंट्रोल के साथ **R (Ctrl+R)** बटन दबाकर उन्हें स्क्रीन पर देख सकते हैं। एक बार फिर **Ctrl+R** बटन दबाकर आप उन्हें छिपा सकते हैं। रूलरों पर सामान्यतया इंचों में निशान पड़े होते हैं। आप इन निशानों को अपनी सुविधा के अनुसार किसी भी अन्य मापन प्रणाली या इकाई में डालकर देख सकते हैं। इसकी विधि नीचे बताई गई है।

रूलरों पर माप की इकाई बदलना
(Changing Measuring Unit on Rulers)

इसके लिए अग्र प्रकार क्रियाएं कीजिए :

1. पॉइंटर टूल को डबल क्लिक कीजिए अथवा **File** मेन्यू में **Preferences...** विकल्प पर माउस पॉइंटर लाइए और उसके झरना मेन्यू में **General...** विकल्प को क्लिक कीजिए। इससे आपकी स्क्रीन पर चित्र 6.15 की तरह **Preferences** का डायलॉग बॉक्स खुल जाएगा।

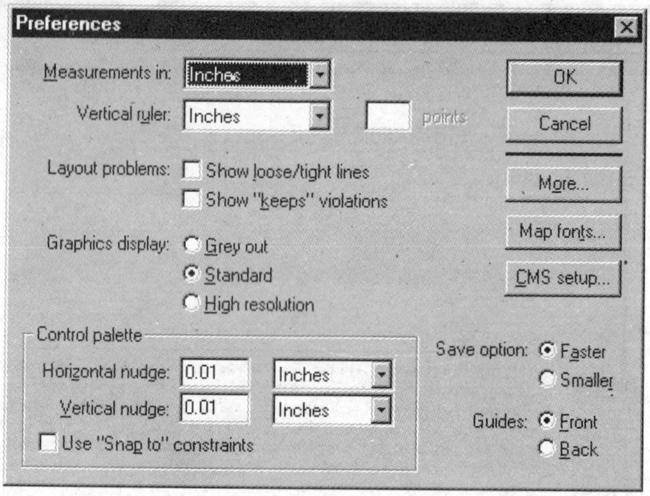

चित्र 6.15 : Preferences का डायलॉग बॉक्स

2. इस डायलॉग बॉक्स में **Measurements in** ड्रॉप-डाउन लिस्ट बॉक्स के तीर के बटन को क्लिक कीजिए, जिससे वह लिस्ट नीचे की ओर खुल जाएगी। इस लिस्ट में कई विकल्प दिखाई देंगे, जिनका परिचय निम्नप्रकार है :

   Inches: यह डिफॉल्ट मापन इकाई है। इसमें आधा इंच, चौथाई इंच आदि पर निशान लगे होते हैं।

   Inches decimal: इसमें भी मुख्य चिह्न इंचों में होते हैं, परन्तु प्रत्येक इंच को दस भागों में बाँटकर दिखाया जाता है। इसमें दूरियों की माप दशमलव संख्याओं में दी जाती है।

   Millimeters: इसमें सेंटीमीटर तथा मिलीमीटरों के अनुसार चिह्न पड़े होते हैं और दूरियों की माप मिलीमीटरों में दी जाती है। एक इंच में 25.4 मिलीमीटर होते हैं।

   Picas: एक इंच में 6 पिका होते हैं और एक पिका में 12 बिन्दु (Points) होते हैं। सामान्यतया किसी पाठ्य की पंक्ति की मोटाई पिकाओं में दी जाती है।

   Ciceros: यह पिका से थोड़ा बड़ा होता है। एक इंच में 5.58 सिसरो होते हैं।

3. आप जिस मापन विधि के अनुसार दूरियां मापना चाहते हैं, उसे क्लिक करके चुन लीजिए। आपकी पसन्द के अनुसार क्षैतिज रूलर पर चिह्न दिखाए जाएंगे और आगे के सभी डायलॉग बॉक्सों में उसी मापन विधि के अनुसार संख्याएं दिखाई जाएंगी और स्वीकार की जाएंगी।
4. इसी प्रकार **Vertical ruler** ड्रॉप-डाउन लिस्ट बॉक्स के तीर के बटन को क्लिक कीजिए, जिससे वह लिस्ट नीचे की ओर खुल जाएगी। इस लिस्ट में भी ऊपर से सभी विकल्प तथा एक अन्य विकल्प 'Custom' दिखाई देगा। इस लिस्ट में से भी अपनी पसन्द चुन लीजिए, जिसके अनुसार ऊर्ध्वाधर रूलर दिखाया जाएगा।
5. इस डायलॉग बॉक्स में आवश्यकतानुसार अन्य सेटिंग कीजिए।
6. अन्त में **OK** बटन को क्लिक कीजिए, जिससे आपके द्वारा की गई सेटिंग प्रभावी हो जाएगी और डायलॉग बॉक्स बन्द हो जाएगा।

यद्यपि पेजमेकर में कई मापन विधियों के उपयोग की अनुमति है, परन्तु सामान्यतया हम इंच तथा मिलीमीटर (या सेंटीमीटर) विधियों का प्रयोग करते हैं, जो सबसे अधिक प्रचलित तथा सुविधाजनक हैं।

शून्य बिन्दु का उपयोग
(Using Zero Point)

दोनों रूलरों के शून्य चिह्नों के मिलन बिन्दु को शून्य बिन्दु कहा जाता है। यदि 'Document Setup' में 'Facing Pages' विकल्प सेट नहीं है, तो यह बिन्दु सामान्यतया पृष्ठ के बाएं-ऊपरी कोने पर होता है, जैसा कि चित्र 6.16 में दिखाया गया है और यदि 'Facing Pages' विकल्प सेट है, तो यह बिन्दु दोनों पृष्ठों के बीच की रेखा पर ऊपरी किनारे पर होता है, जैसा कि चित्र 6.17 में दिखाया गया है।

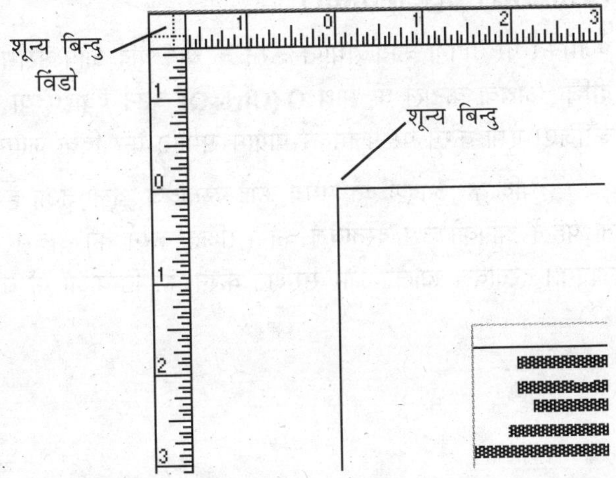

चित्र 6.16 : एक पृष्ठ वाली विंडो में शून्य बिन्दु की स्थिति

शून्य बिन्दु का उपयोग किसी पृष्ठ पर किसी वस्तु की किनारों से दूरी या उसकी लम्बाई-चौड़ाई नापने के लिए किया जाता है। आप इस बिन्दु को अपनी आवश्यकता के अनुसार दस्तावेज के पृष्ठ पर कहीं भी सेट कर सकते हैं। इस कार्य में शून्य बिन्दु विंडो (Zero Point Window) का उपयोग किया जाता है। यह विंडो दोनों रूलरों के मिलन स्थान पर एक वर्ग के रूप में होती है, जिसमें एक क्रास का चिह्न बना होता है। चित्रों 6.16 तथा 6.17 में यह विंडो दिखाई गई है और उसकी ओर नाम से संकेत किया गया है।

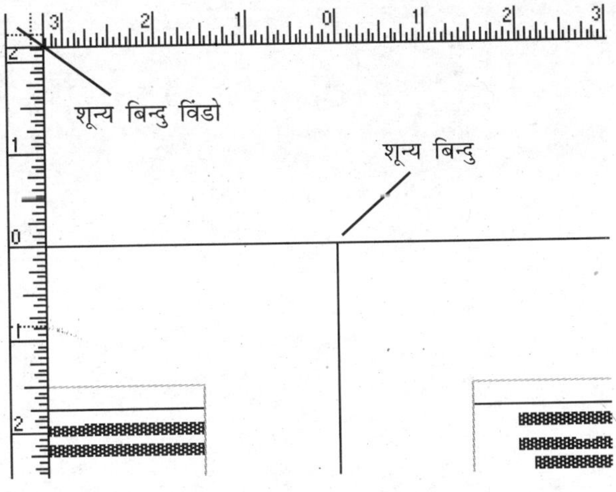

चित्र 6.17 : दो पृष्ठों वाली विंडो में शून्य बिन्दु की स्थिति

शून्य बिन्दु को किसी अन्य स्थान पर सेट करने के लिए निम्नलिखित क्रियाएं कीजिए :

1. माउस पॉइंटर को शून्य बिन्दु विंडो पर ले जाकर माउस बटन को दबाकर पकड़ लीजिए।
2. माउस बटन दबाए रखते हुए पॉइंटर को वर्क विंडो में खींचिए। ऐसा करते हुए आपको दोनों रूलरों में शून्य बिन्दु साथ-साथ चलते हुए दिखाई देंगे।
3. इच्छित स्थान पर शून्य बिन्दु ले जाकर माउस बटन को छोड़ दीजिए, जिससे वह वहीं स्थिर हो जाएगा।

यदि आप शून्य बिन्दु को उसके वर्तमान स्थान पर लॉक कर देना चाहते हैं, तो **View** मेन्यू में **Zero Lock** आदेश दीजिए। इससे मेन्यू में इस विकल्प के सामने एक सही का चिह्न लग जाएगा और शून्य बिन्दु विंडो का क्रास का

चिह्न गायब हो जाएगा, जिससे पता चलता है कि इस समय शून्य बिन्दु लॉक है। लॉक हटाने के लिए उक्त आदेश एक बार फिर दीजिए।

शून्य बिन्दु को उसके डिफॉल्ट स्थान पर रिसेट करने के लिए शून्य बिन्दु विंडो को डबल क्लिक कीजिए।

पेजमेकर से बाहर निकलना
(Exiting PageMaker)

पेजमेकर पर अपना कार्य समाप्त करने के बाद यदि आप उससे बाहर निकलना चाहते हैं, तो **File** मेन्यू में **Exit** आदेश दीजिए अथवा कंट्रोल के साथ **Q (Ctrl+Q)** बटन दबाइए या उसकी विंडो के टूलबार में बने हुए **X** बटन को क्लिक कीजिए। ऐसा करने पर पेजमेकर प्रोग्राम समाप्त कर दिया जाएगा।

यदि यह आदेश देते समय कोई दस्तावेज खुला हुआ है और उसमें किए गए परिवर्तन सुरक्षित नहीं किए गए हैं, तो पहले आपको उस दस्तावेज को सुरक्षित करने का अवसर दिया जाएगा और उसके बाद ही प्रोग्राम समाप्त किया जाएगा। दस्तावेज खोलने और सुरक्षित करने की क्रियाओं के बारे में अगले अध्याय में बताया गया है।

7

पेजमेकर पर कार्य का प्रारम्भ
(Getting Started with PageMaker)

पेजमेकर से परिचित होने के बाद आप उस पर कार्य करने अर्थात् उसका उपयोग करके कोई प्रकाशन (Publication), जिसे हम दस्तावेज (Document) भी कहते हैं, बनाने के लिए तैयार हैं। इसकी विधि यह है कि सबसे पहले हम एक नया खाली दस्तावेज खोल लेते हैं, फिर उसमें अपनी आवश्यकता क्रे अनुसार पाठ्य, चित्र, सारणी आदि सामग्री लगाते जाते हैं। इस प्रकार एक पूरा दस्तावेज तैयार हो जाता है, जिसे हम किसी प्रिंटर पर छपवा लेते हैं। इस अध्याय में हम नया दस्तावेज खोलने और सेट करने के बारे में विस्तार से बताएंगे। अन्य क्रियाओं के बारे में आगे के अध्यायों में बताया जाएगा।

प्रकाशन खोलना
(Opening a Publication)

किसी भी प्रकाशन पर कार्य करने से पहले उसे पेजमेकर में खोला जाता है। यदि दस्तावेज पहले से बना हुआ है और आप उसमें सुधार करना चाहते हैं, तो आप उसे खोल सकते हैं और यदि नया प्रकाशन बनाना चाहते हैं, तो एक खाली प्रकाशन खोल सकते हैं। दोनों की विधियां अलग-अलग हैं, जो नीचे बताई गई हैं।

नया प्रकाशन प्रारम्भ करना
(Starting a New Publication)

नया पेजमेकर दस्तावेज बनाने के लिए पहले पिछले अध्याय में बताई जा चुकी विधि से पेजमेकर प्रारम्भ कीजिए और **File** मेन्यू में **New...** आदेश दीजिए अथवा कंट्रोल के साथ **N (Ctrl+N)** बटन दबाइए, जिससे आपकी स्क्रीन पर चित्र 7.1 की तरह 'Document Setup' का डायलॉग बॉक्स खुल जाएगा। इस डायलॉग बॉक्स में आपके दस्तावेज के बारे में प्रारम्भिक विवरण सेट किया जाता है, जिसके अनुसार खाली दस्तावेज खोल दिया जाता है। वैसे यह डायलॉग बॉक्स आप **File** मेन्यू में **Document Setup...** आदेश देकर अथवा शिफ्ट और कंट्रोल के साथ **P (Shift+Ctrl+P)** बटन दबाकर कभी भी खोल सकते हैं।

इस डायलॉग बॉक्स में निम्नलिखित सूचनाएं दी जाती हैं :

पेज आकार (Page Size) : इसमें आपके प्रिंटर के अनुसार दस्तावेज के प्रत्येक पृष्ठ का मानक आकार दिया जाता है।

पेज आयाम (Page Dimensions) : इसमें आपके द्वारा चुने गए आकार के पेज की वास्तविक चौड़ाई तथा ऊंचाई दी जाती है। ये आयाम सामान्यतया इंचों में दिखाए जाते हैं, लेकिन आप पिछले अध्याय में बताई गई विधि के अनुसार कोई अन्य मापन विधि चुनकर उसमें भी देख सकते हैं। आप अपनी इच्छानुसार कोई अन्य आकार तय करने के लिए यहां पेज आयाम भर सकते हैं।

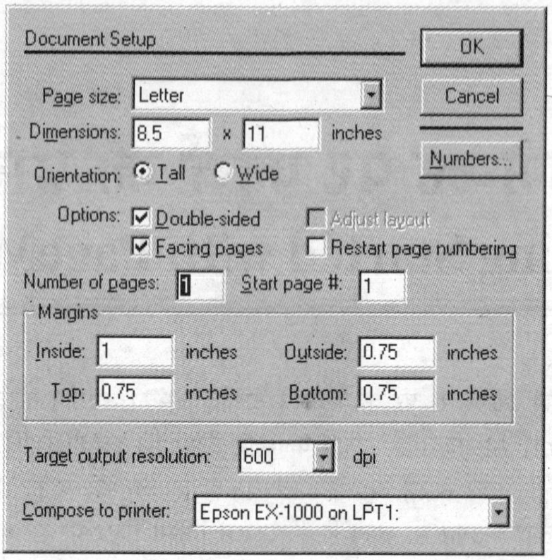

चित्र 7.1 : डॉक्यूमेंट सेटअप का डायलॉग बॉक्स

ओरियंटेशन (Orientation) : सामान्यतया दस्तावेज के पेजों का ओरियंटेशन 'Tall' होता है, जिसे पोर्ट्रेट (Portrait) भी कहते हैं। इसमें चौड़ाई कम और ऊंचाई अधिक होती है। 'Wide' चुनने से पेज 90° घूम जाता है, जिसे लैंडस्केप (Landscape) भी कहते हैं। इसमें चौड़ाई अधिक और ऊंचाई कम होती है। वैसे आपके द्वारा भरे गए पेज आयामों के अनुसार पेजमेकर इनमें से कोई ओरियंटेशन स्वतः ही चुन लेता है। आप चाहें तो उसे बदल सकते हैं।

पृष्ठों की संख्या (Number of Pages) : इसमें आप यह बताते हैं कि आपके दस्तावेज में कितने पृष्ठ होंगे। प्रारम्भ में उतने ही पृष्ठों का खाली दस्तावेज खोला जाता है। बाद में आवश्यकता होने पर आप पृष्ठों की संख्या बढ़ा सकते हैं अथवा घटा सकते हैं।

प्रारम्भिक पेज संख्या (Starting Page Number) : इसमें आप यह बताते हैं कि इस दस्तावेज में पृष्ठ संख्याएं किस संख्या से प्रारम्भ की जाएंगी। उदाहरण के लिए, यदि आप चाहते हैं कि दस्तावेज में पहले पेज की पृष्ठ संख्या 8, दूसरे पेज की 9 आदि हो, तो आपको इसके बॉक्स में 8 भरना चाहिए।

हाशिए (Margins) : सामान्यतया नए दस्तावेज में हाशिए चित्र 7.1 में दिखाए गए अनुसार होते हैं। यद्यपि आप चाहें तो इन्हें इच्छानुसार बदल सकते हैं।

विकल्प (Options) : इस भाग में दस्तावेज के बारे में अन्य विकल्प सेट किए जाते हैं, जैसे दस्तावेज कागज के दोनों ओर छापा जाएगा या एक ओर, बायीं ओर से पन्नों को बांधने के लिए हाशियों को ठीक किया जाएगा या नहीं आदि।

प्रिंटर (Printer) : इसमें आप उस प्रिंटर का नाम चुनते हैं, जिस पर आपका दस्तावेज छापा जाएगा। यह प्रिंटर आपके कम्प्यूटर में स्थापित होना चाहिए। यदि आपके पास कोई प्रिंटर नहीं है, तो इस बॉक्स में '?DISPLAY on None' शब्द दिखाई देंगे। आप दस्तावेज फिर भी तैयार कर सकते हैं।

डॉक्यूमेंट सेटअप के डायलॉग बॉक्स में की जाने वाली इन सेटिंगों के बारे में विस्तार से इसी अध्याय में आगे बताया गया है।

जब आप ऊपर बताई गई विधि से कोई नया दस्तावेज खोलते हैं और उसके लिए डॉक्यूमेंट सेटअप डायलॉग बॉक्स में आवश्यक सेटिंग कर देते हैं, तो नया खाली दस्तावेज बना दिया जाता है। प्रारम्भ में उसका कोई नाम नहीं होता, बल्कि उसे 'Untitled-1' नाम से मैमोरी में रखा जाता है। बाद में उसे डिस्क पर सुरक्षित करते समय उसका कोई विशेष नाम रखा जाता है। दस्तावेज सुरक्षित करने के बारे में इसी अध्याय में आगे बताया गया है।

पुराना प्रकाशन खोलना (Opening an Old Publication)

यदि आप पहले से बने हुए किसी प्रकाशन (या पेजमेकर दस्तावेज) में सुधार करना चाहते हैं, तो पहले उसे खोला जाता है। पेजमेकर में फाइलों को तीन प्रकार से खोला जा सकता है :

1. यदि वह दस्तावेज पेजमेकर 6.5 अथवा उससे पूर्व के किसी संस्करण में बनाया गया है, तो आप उसे **File** मेन्यू के **Open...** आदेश द्वारा खोल सकते हैं।
2. यदि दस्तावेज पेजमेकर के किसी पूर्व संस्करण जैसे 4.0 से लेकर 6.01 तक में बनाया गया है और आप उसे संस्करण 6.5 में बदलना चाहते हैं, तो आप उसे **Utilities** मेन्यू के **Plug-ins** सबमेन्यू के **Publication Convertor...** आदेश द्वारा खोल सकते हैं।
3. पेजमेकर उसमें खोले गए और सुरक्षित किए गए आखिरी 8 दस्तावेजों के नाम याद रखता है। आप जिस दस्तावेज को खोलना चाहते हैं, यदि वह उन आठ दस्तावेजों में से है, तो आप उसे **File** मेन्यू के **Recent Publications** के झरना मेन्यू में उसके नाम को क्लिक करके उसे खोल सकते हैं।

इन सभी विधियों के बारे में नीचे विस्तार से बताया गया है।

पुराना दस्तावेज खोलना (Opening an Old Document)

पेजमेकर के किसी सामान्य दस्तावेज को खोलने के लिए निम्नप्रकार क्रियाएं कीजिए :

1. **File** मेन्यू में **Open...** आदेश दीजिए। इससे आपकी स्क्रीन पर चित्र 7.2 की तरह 'Open Publication' का डायलॉग बॉक्स खुल जाएगा।
2. **Look in** बॉक्स में उस फोल्डर का नाम भरिए या उस लिस्ट बॉक्स को खोलकर चुनिए, जिसमें वह दस्तावेज स्टोर किया गया है, जिसे आप खोलना चाहते हैं।
3. आप जिस दस्तावेज को खोलना चाहते हैं, उसके नाम को क्लिक करके चुन लीजिए।
4. **Open as** भाग में से 'Original' या 'Copy' में से एक विकल्प को क्लिक करके चुनिए। यदि आप 'Original' को चुनते हैं, तो सभी परिवर्तन मूल फाइल में किए जाते हैं और यदि 'Copy' को चुनते हैं, तो उसकी एक अलग प्रति बना ली जाती है और उसे 'Untitled-1' नाम से खोला जाता है। सामान्यतया 6.5 संस्करण की फाइलों को 'Original' में और 4.0 से 6.01 संस्करणों की फाइलों को 'Copy' में खोला जाता है।
5. **Open** बटन को क्लिक कीजिए। इससे आपके द्वारा चुने गए दस्तावेज को खोलने की प्रक्रिया प्रारम्भ हो जाएगी और यदि कोई गलती नहीं हुई, तो उस दस्तावेज को खोल दिया जाएगा।

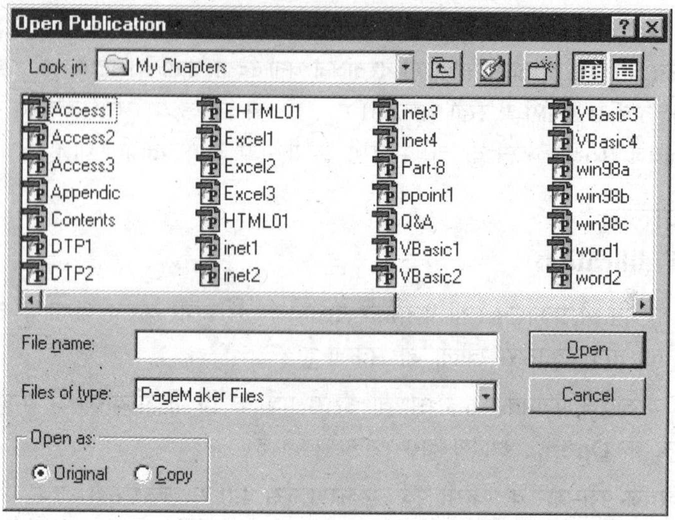

चित्र 7.2 : 'Open Publication' का डायलॉग बॉक्स

यदि आप किसी ऐसे प्रकाशन को खोल रहे हैं, जिसमें बाहरी पाठ्य या चित्र फाइलों के लिए लिंक दिए गए हैं और वे फाइलें उपलब्ध नहीं हैं, तो आपको एक डायलॉग बॉक्स देकर सूचित किया जाएगा कि उन फाइलों को नहीं पाया जा सकता। ऐसी स्थिति में या तो आप उन फाइलों के सही स्थान का पता बता सकते हैं या पेजमेकर से उन लिंकों को छोड़ देने के लिए कह सकते हैं।

जब आप किसी प्रकाशन को खोलते हैं, तो उसमें उपयोग किए गए फॉण्टों का मिलान आपके कम्प्यूटर में उपलब्ध फॉण्टों से किया जाता है। यदि उनमें से कोई फॉण्ट उपलब्ध नहीं होता तो आपको चित्र 7.3 की तरह 'PANOSE Font Matching Results' का डायलॉग बॉक्स दिया जाता है। ऐसी स्थिति में आप इस डायलॉग बॉक्स के 'Substituted Font' लिस्ट बॉक्स को खोलकर उसमें से किसी उपलब्ध फॉण्ट को खोए हुए फॉण्ट के बदले में प्रयोग करने के लिए चुन सकते हैं। फॉण्ट चुनकर **OK** बटन क्लिक करने से फाइल में पुराने फॉण्ट के बदले नया फॉण्ट उपयोग कर लिया जाता है। उस फाइल या दस्तावेज में यह परिवर्तन आप अस्थायी अथवा स्थायी रूप से कर सकते हैं। इसके लिए आपको **OK** बटन क्लिक करने से पहले उस डायलॉग बॉक्स में 'Temporary' अथवा 'Permanent' विकल्प को सेट कर देना चाहिए।

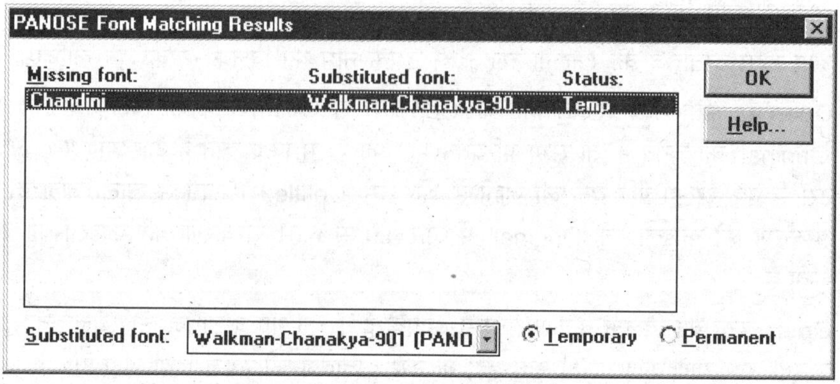

चित्र 7.3 : 'Font Matching Results' का डायलॉग बॉक्स

पुराने संस्करण के दस्तावेज को नए संस्करण में बदलकर खोलना (Opening an Older Version Document after Converting to Current Version)

इसके लिए सबसे पहले पेजमेकर में सभी खुले हुए प्रकाशनों को बन्द कर दीजिए और फिर निम्नप्रकार क्रियाएं कीजिए :

1. **Utilities** मेन्यू में **Plug-ins** को उभारिए और उसके झरना मेन्यू में **Publication Convertor...** आदेश दीजिए। इससे चित्र 7.4 की तरह 'Publication Convertor' का डायलॉग बॉक्स खुल जाएगा।

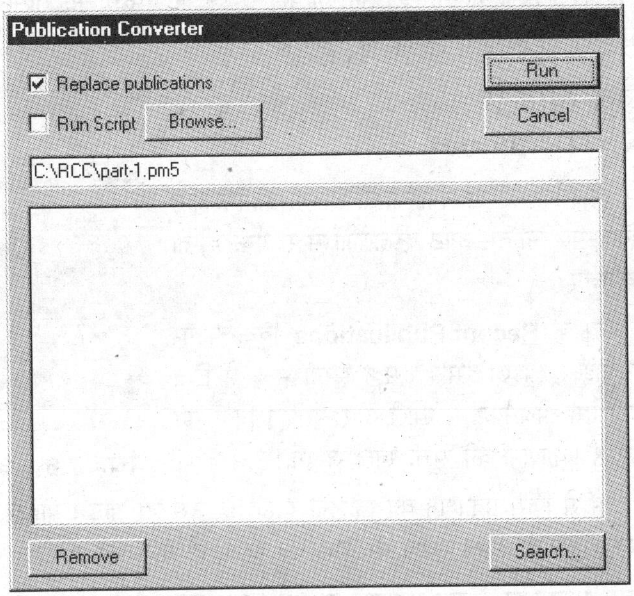

चित्र 7.4 : 'Publication Convertor' का डायलॉग बॉक्स

2. यदि आप पुराने संस्करण के दस्तावेज के ऊपर ही नए संस्करण के दस्तावेज को लिखना चाहते हैं, तो **Replace publications** चेक बॉक्स को सेट कर दीजिए।
3. पुराने संस्करण की फाइलों को खोजने के लिए **Search...** बटन को क्लिक कीजिए, जिससे आपको चित्र 7.5 की तरह 'Search for publications' का डायलॉग बॉक्स दिया जाएगा।

चित्र 7.5 : 'Search for publications' का डायलॉग बॉक्स

4. इस डायलॉग बॉक्स में **Start from** बॉक्स में ड्राइव और फोल्डर का नाम तथा **Search for** बॉक्स में उन फाइलों का एक्सटेंशन भरिए, जिन्हें आप खोलना चाहते हैं।

5. **OK** बटन को क्लिक कीजिए, जिससे पेजमेकर आपके द्वारा बताए गए टाइप की उन फाइलों को पिछले डायलॉग बॉक्स में लिस्ट कर देगा, जो बताए गए ड्राइव और डायरेक्टरी में उपलब्ध होंगी।
6. इनमें से जिस फाइल को आप नहीं खोलना चाहते, उसे चुनकर **Remove** बटन को क्लिक कीजिए। इस प्रकार सभी अनावश्यक फाइलों को हटा दीजिए। इस समय केवल उन फाइलों के नाम रह जाएंगे, जिन्हें आप नए संस्करण में बदलना चाहते हैं।
7. अन्त में **Run** बटन को क्लिक कीजिए, जिससे आपके द्वारा बताई गई प्रत्येक फाइल को नए संस्करण के अनुसार बदल दिया जाएगा। इन फाइलों को बाद में आप कभी भी सामान्य दस्तावेज की तरह खोल सकते हैं, जिसकी विधि ऊपर बताई जा चुकी है।

नवीनतम दस्तावेज खोलना
(Opening a Recent Document)

यदि आप किसी ऐसे दस्तावेज को खोलना चाहते हैं, जो आपके द्वारा खोले और सुरक्षित किए गए अन्तिम आठ दस्तावेजों में से एक है, तो निम्नप्रकार क्रियाएं कीजिए :

1. **File** मेन्यू के **Recent Publications** विकल्प पर माउस पॉइंटर लाइए। इससे उसके झरना मेन्यू में चित्र 7.6 की तरह पेजमेकर में खोले और सुरक्षित किए गए अन्तिम 8 प्रकाशनों की सूची खुल जाएगी।

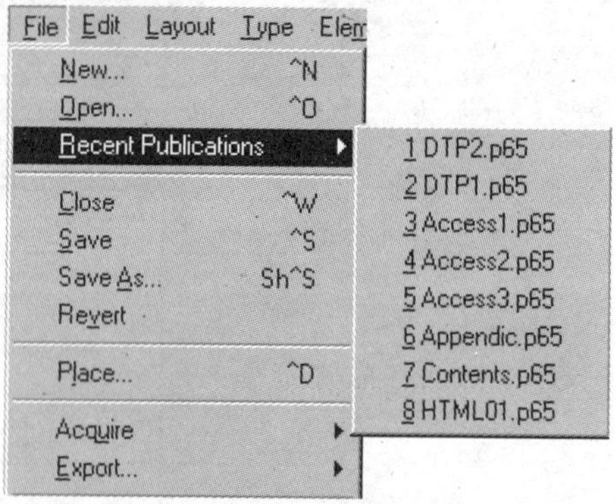

चित्र 7.6 : अन्तिम 8 प्रकाशनों की सूची

2. आप इनमें से जिस प्रकाशन को खोलना चाहते हैं, उस पर माउस पॉइंटर ले जाकर क्लिक कीजिए. इससे वह प्रकाशन यदि अपने स्थान पर उपस्थित होगा, तो पेजमेकर में खुल जाएगा।

सामान्यतया इस प्रकार खोले गए प्रकाशन की मूल फाइल को ही खोला जाता है। यदि आप मूल फाइल के स्थान पर उस प्रकाशन की एक नकल को खोलना चाहते हैं, तो उपरोक्त दोनों क्रियाएं करते समय शिफ्ट कुंजी को दबाए रखिए। इससे वह प्रकाशन 'Untitled' नाम से खोला जाएगा, जिसे बाद में आप किसी अन्य नाम से स्टोर कर सकते हैं।

पेज सेट करना
(Setting Up the Page)

आप पढ़ चुके हैं कि जब आप कोई नया दस्तावेज बनाने के लिए **File** मेन्यू में **New...** आदेश देते हैं, तो सबसे पहले आपको 'Document Setup' का डायलॉग बॉक्स दिया जाता है, जिसमें दस्तावेज से सम्बंधित अनेक प्रकार की सेटिंगें की जाती हैं। आप इस डायलॉग बॉक्स को किसी खुले हुए दस्तावेज के लिए किसी भी समय **File** मेन्यू में **Document Setup...** आदेश देकर या शिफ्ट और कंट्रोल के साथ **P (Shift+Ctrl+P)** बटन दबाकर खोल सकते हैं। इससे वह डायलॉग बॉक्स चित्र 7.7 की तरह खुल जाता है।

आप इस डायलॉग बॉक्स में विभिन्न प्रकार की सेटिंगें करके उन्हें अपने दस्तावेज के उन पृष्ठों पर लागू कर सकते हैं, जिन पर डॉक्यूमेंट मास्टर नामक मास्टर पेज लागू है। मास्टर पेजों के बारे में अध्याय 14 में बताया जाएगा। यहां हम दस्तावेजों के पेजों से सम्बंधित विभिन्न प्रकार की सेटिंगों के बारे में विस्तारपूर्वक बता रहे हैं।

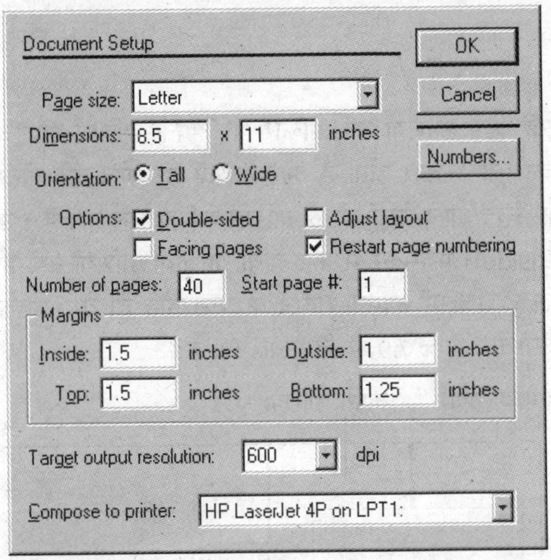

चित्र 7.7 : डॉक्यूमेंट सेटअप का डायलॉग बॉक्स

पेज आकार सेट करना
(Setting the Page Size)

पेजमेकर में आपके कम्प्यूटर से जुड़े हुए प्रिंटर के अनुसार सभी संभव और प्रचलित या मानक पृष्ठ आकार पहले से सेट किए हुए होते हैं। आप अपने प्रिंटर द्वारा संभाले जा सकने वाले अधिकतम भौतिक आकार के कागज से अधिक आकार का पेज सेट नहीं कर सकते, लेकिन उससे कम आकार का पेज कभी भी सेट कर सकते हैं। इसके लिए निम्नप्रकार क्रियाएं कीजिए :

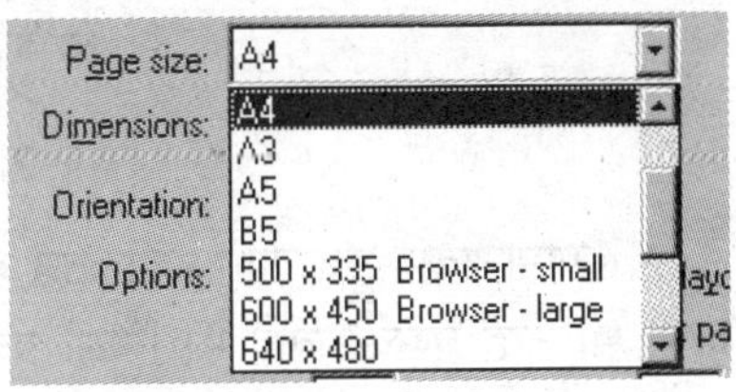

चित्र 7.8 : पृष्ठ आकार चुनना

1. पेजमेकर में पहले से उपलब्ध प्रचलित अथवा मानक आकारों में से किसी को चुनने के लिए **Page size** ड्रॉप डाउन लिस्ट बॉक्स के तीर के बटन को क्लिक कीजिए, जिससे वह लिस्ट चित्र 7.8 की तरह खुल जाएगी।
2. उपलब्ध आकारों में से किसी को क्लिक करके चुनिए। आवश्यक होने पर लिस्ट को स्क्रॉल करके आप अन्य उपलब्ध आकारों को देख सकते हैं।
3. यदि आप अपनी पसन्द का कोई अन्य आकार सेट करना चाहते हैं, तो **Dimensions** के पहले टैक्स्ट बॉक्स में क्लिक करके कर्सर उसमें ले जाइए और पृष्ठ की चौड़ाई चुनी हुई मापन प्रणाली (सामान्यतया इंच) में टाइप कीजिए।
4. टैब दबाकर अथवा माउस पॉइंटर से क्लिक करके कर्सर को दूसरे टैक्स्ट बॉक्स में ले जाइए और चुनी हुई मापन प्रणाली में पृष्ठ की ऊंचाई टाइप कीजिए।
5. यदि दस्तावेज के पृष्ठ में और कोई परिवर्तन नहीं करना है, तो **OK** बटन को क्लिक कीजिए अथवा एण्टर दबाइए, जिससे आपके द्वारा की गई सेटिंग लागू हो जाएगी।

हाशिए सेट करना
(Setting the Margins)

पेजमेकर में पृष्ठ आकार की तरह आप हाशियों का आकार भी अपनी सुविधा और आवश्यकता के अनुसार सेट कर सकते हैं। पृष्ठ आकार कागज का पूरा आकार होता है और हाशिए उस पेज की भीतरी सीमा रेखाएं होती हैं, जो यह बताती हैं कि प्रिंटर को सामग्री और चित्र आदि कहां छापने चाहिए। हाशिए चार होते हैं : ऊपरी (Top), निचला (Bottom), बाहरी (Outside) तथा भीतरी (Inside)। पेजमेकर में कोई दायां या बायां हाशिया नहीं होता, क्योंकि सामान्यतया प्रकाशन दो-तरफा (Double-sided) होता है, जिसमें आमने-सामने के पृष्ठ होते हैं। ऐसे जुड़वां पृष्ठों के संदर्भ में बाहरी तथा भीतरी हाशिए सार्थक होते हैं, जैसा कि चित्र 7.9 में दिखाया गया है।

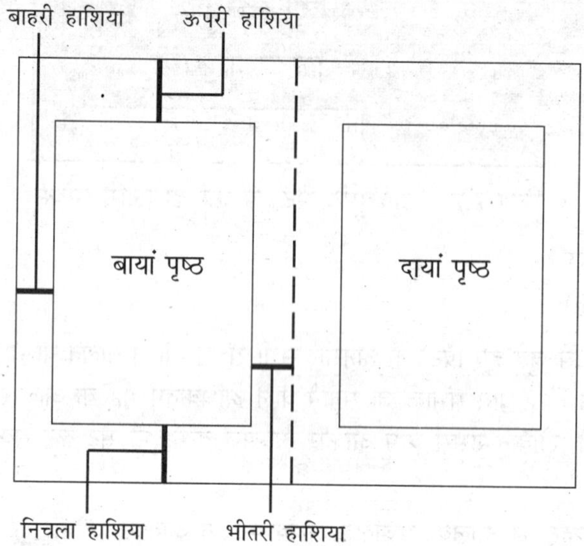

चित्र 7.9 : पेजमेकर प्रकाशन में विभिन्न हाशिए

सामान्यतया पेज का आकार तय करते ही पेजमेकर उसके अनुसार हाशिए भी स्वयं तय कर देता है। लेकिन आप कभी भी उन्हें बदल सकते हैं। किसी प्रकाशन के विभिन्न हाशियों को निम्नप्रकार सेट किया जाता है :

1. डॉक्यूमेंट सेटअप के डायलॉग बॉक्स में माउस पॉइंटर को उस हाशिए के सामने के टैक्स्ट बॉक्स में लाकर क्लिक कीजिए, जिसे आप बदलना या सेट करना चाहते हैं। इससे कर्सर उसमें आ जाएगा।
2. चुनी हुई मापन प्रणाली में उस हाशिए का नया मान टाइप कीजिए।
3. अगले हाशिए पर जाने के लिए टैब कुंजी या दाएं तीर के बटन को दबाइए।
4. सभी हाशिए सेट करने के बाद डायलॉग बॉक्स से बाहर निकलने के लिए या तो **OK** बटन को क्लिक कीजिए अथवा एण्टर दबाइए, जिससे आपके द्वारा सेट किए गए हाशिए लागू हो जाएंगे।

यदि आपने अपने प्रकाशन में कुछ पृष्ठों की सामग्री तैयार कर ली है और तब आप पृष्ठ हाशिए बदलते हैं, तो कुछ पेजों की सामग्री गड़बड़ हो सकती है। इसलिए सबसे अच्छा तो यह है कि दस्तावेज में कोई भी सामग्री भरने से पहले ही आप हाशिए आदि सेट कर लें। यदि कभी हाशिए बदलना आवश्यक ही हो, तो पहले दस्तावेज को सुरक्षित कर लेना चाहिए, ताकि कोई गड़बड़ी होने पर आप पुरानी स्थिति में वापस आ सकें।

पेज ओरियंटेशन सेट करना
(Setting Page Orientation)

सामान्यतया किसी प्रकाशन के पृष्ठ की चौड़ाई कम और ऊंचाई अधिक होती है। लेकिन आवश्यकता होने पर आप इसको इस प्रकार भी बदल सकते हैं कि चौड़ाई अधिक और ऊंचाई कम हो। इसके लिए आपको पृष्ठ आकार बदलने की आवश्यकता नहीं है, बल्कि केवल पेज ओरियंटेशन बदलकर ऐसा प्रभाव उत्पन्न कर सकते हैं। इसके लिए निम्नप्रकार क्रियाएं कीजिए :

1. डॉक्यूमेंट सेटअप के डायलॉग बॉक्स में पेज ओरियंटेशन के दो रेडियो बटनों **Tall** तथा **Wide** में से उसको क्लिक करके सेट कीजिए, जिसे आप चुनना चाहते हैं।
2. डायलॉग बॉक्स से बाहर निकलने के लिए या तो **OK** बटन को क्लिक कीजिए अथवा एण्टर दबाइए, जिससे आपके द्वारा सेट किया गया पेज ओरियंटेशन लागू हो जाएगा।

यहां यह ध्यान रखने की बात है कि पेज ओरियंटेशन बदलने पर आपके पाठ्य और चित्रों का स्थान बिगड़ सकता है। इसे आप आसानी से ठीक कर सकते हैं, लेकिन अतिरिक्त मेहनत हो जाएगी। इसलिए सबसे अच्छा यही है कि सामग्री भरने से पहले ही आप पृष्ठ आकार और हाशियों के साथ ही पेज ओरियंटेशन भी तय कर लें।

पृष्ठ संख्याएं सेट करना
(Setting Page Numbers)

जब आप कोई नया प्रकाशन प्रारम्भ करते हैं अर्थात् नया दस्तावेज बनाते हैं, तो पेजमेकर उसमें पृष्ठों की संख्या 1 तय करता है और पेज सेटअप के डायलॉग बॉक्स में सम्बंधित टैक्स्ट बॉक्स को उभारता है। आप उसमें पृष्ठों की संख्या 1 से लेकर 999 तक कुछ भी सेट कर सकते हैं। इतना ही नहीं आप उन पर पृष्ठ संख्याएं किसी भी संख्या से प्रारम्भ करके फिर से डाल सकते हैं। यह कार्य आप दस्तावेज को प्रारम्भ करते समय ही नहीं, बल्कि बाद में भी कभी भी कर सकते हैं। ऐसा करने के लिए निम्नप्रकार क्रियाएं कीजिए :

1. डॉक्यूमेंट सेटअप के डायलॉग बॉक्स में **Number of pages** के टैक्स्ट बॉक्स में माउस पॉइंटर ले जाकर क्लिक कीजिए, जिससे कर्सर उसमें आ जाएगा। अब इसमें पृष्ठों की संख्या टाइप कीजिए।
2. यदि आप पृष्ठ संख्याएं 1 के स्थान पर किसी अन्य संख्या से प्रारम्भ करके डालना चाहते हैं, तो **Start page #** के टैक्स्ट बॉक्स में माउस पॉइंटर ले जाकर क्लिक कीजिए या टैब दबाइए, जिससे कर्सर उसमें आ जाएगा। अब इसमें पहली पृष्ठ संख्या टाइप कीजिए, जिससे प्रारम्भ करके आप दस्तावेज में पृष्ठ संख्याएं डालना चाहते हैं।
3. यदि दस्तावेज में और कोई परिवर्तन नहीं करना है, तो **OK** बटन को क्लिक कीजिए अथवा एण्टर दबाइए, जिससे आपके द्वारा की गई सेटिंग लागू हो जाएगी।

गाइड लाइनों का उपयोग
(Using Guide Lines)

गाइड लाइनें (या गाइड) कुछ ऐसी रेखाएं हैं, जो दस्तावेज में वस्तुओं को स्थापित करने में आपकी सहायता करती हैं, परन्तु दस्तावेज में छापी नहीं जातीं। ये रेखाएं आपके दस्तावेज का ढांचा तैयार करती हैं। ये न छापी जाने वाली गाइड लाइनें तीन प्रकार की होती हैं : मार्जिन गाइड (Margin guides), कॉलम गाइड (Column guides) तथा रूलर गाइड (Ruler guides)। इनका संक्षिप्त परिचय नीचे दिया गया है :

मार्जिन गाइड
(Margin Guides)

ये पृष्ठ के चारों ओर छोड़े जाने वाले हाशिए बताते हैं। जब आप पहली बार दस्तावेज तैयार करते हैं, तब इनको 'Document Setup' के डायलॉग बॉक्स में सेट किया जाता है और ये 'Document Master' नामक मास्टर पेज पर लागू होते हैं। इसके बारे में आप पहले पढ़ चुके हैं। जब भी आप किसी पृष्ठ पर डॉक्यूमेंट मास्टर पेज लागू करते हैं, उस पर ये हाशिए लागू हो जाते हैं। दाएं-बाएं के हाशिए नीली रेखाओं द्वारा और ऊपर-नीचे के हाशिए लाल रेखाओं द्वारा दिखाए जाते हैं। आप **File** मेन्यू में **Document Setup...** आदेश देकर इस डायलॉग बॉक्स को खोल सकते हैं और इन डिफॉल्ट हाशियों को बदल भी सकते हैं।

आप अन्य मास्टर पेज बनाकर इनसे भिन्न हाशिए भी सेट कर सकते हैं। मास्टर पेज बनाने और उनके लिए हाशिए सेट करने के बारे में अध्याय 14 में विस्तारपूर्वक बताया गया है।

कॉलम गाइड
(Column Guides)

ये किसी पृष्ठ पर पाठ्य लगाने के लिए सीमा रेखाएं तय करते हैं। सामान्यतया प्रत्येक पृष्ठ पर एक कॉलम होता है, जिसमें आप पाठ्य लगाते हैं। यदि आप किसी पेज पर एक से अधिक कॉलम बनाना चाहते हैं, तो **Layout** मेन्यू में **Column Guides...** आदेश दीजिए, जिससे आपको चित्र 7.10 की तरह 'Column Guides' का डायलॉग बॉक्स दिया जाएगा।

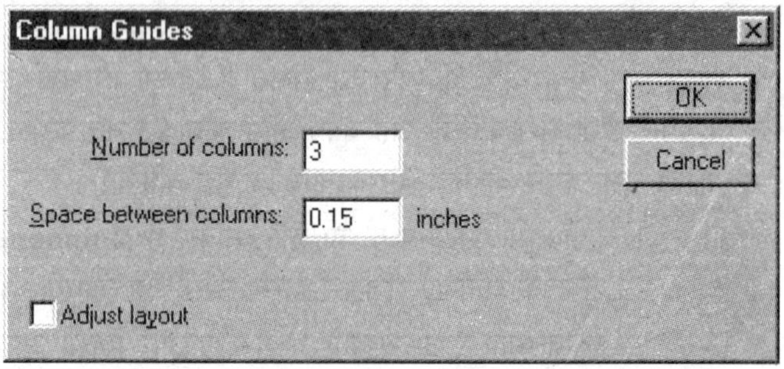

चित्र 7.10 : 'Column Guides' का डायलॉग बॉक्स

इस डायलॉग बॉक्स में **Number of columns** टैक्स्ट बॉक्स में कॉलमों की संख्या भरिए और **Space between columns** टैक्स्ट बॉक्स में कॉलमों के बीच छोड़े जाने वाले हाशियों की चौड़ाई भरकर **OK** बटन को क्लिक कीजिए। इससे उस पेज पर बराबर चौड़ाई के उतने ही कॉलम बना दिए जाएंगे। कॉलम गाइड लाइनें भी नीली रेखाओं द्वारा दिखाई जाती हैं, जो छापी नहीं जातीं। आप इन कॉलमों में अपना दस्तावेज ठीक उसी प्रकार सेट कर सकते हैं, जिस प्रकार समाचार-पत्रों में किया जाता है।

आप डॉक्यूमेंट मास्टर अथवा किसी मास्टर पेज को तैयार करते समय भी एक पेज पर एक से अधिक कॉलम बना सकते हैं। ऐसा करने के बारे में भी आप अध्याय 14 में विस्तार से पढ़ेंगे।

रूलर गाइड
(Ruler Guides)

कॉलम गाइड लाइनों की तरह ये भी ऐसी रेखाएं हैं, जो छापी नहीं जातीं। इनका उपयोग पाठ्य को सेट करने के लिए नहीं बल्कि किसी पृष्ठ पर अन्य वस्तुएं ठीक तरह लगाने के लिए किया जाता है। रूलर गाइड लाइनें खींचने के लिए माउस पॉइंटर को क्षैतिज या ऊर्ध्वाधर रूलर के किनारों पर ले जाकर माउस बटन दबाकर क्रमशः नीचे की ओर अथवा दायीं ओर खींचिए। इससे उस रूलर में से हलके नीचे रंग की रेखा निकलेगी। यही गाइड लाइन है। इसे खींचते हुए पृष्ठ

पर उचित स्थान पर ले जाकर सेट कर दीजिए। आप किसी पृष्ठ पर एक से अधिक गाइड लाइनें भी खींच सकते हैं। चित्र 7.11 में कुछ गाइड लाइनें दिखाई गई हैं।

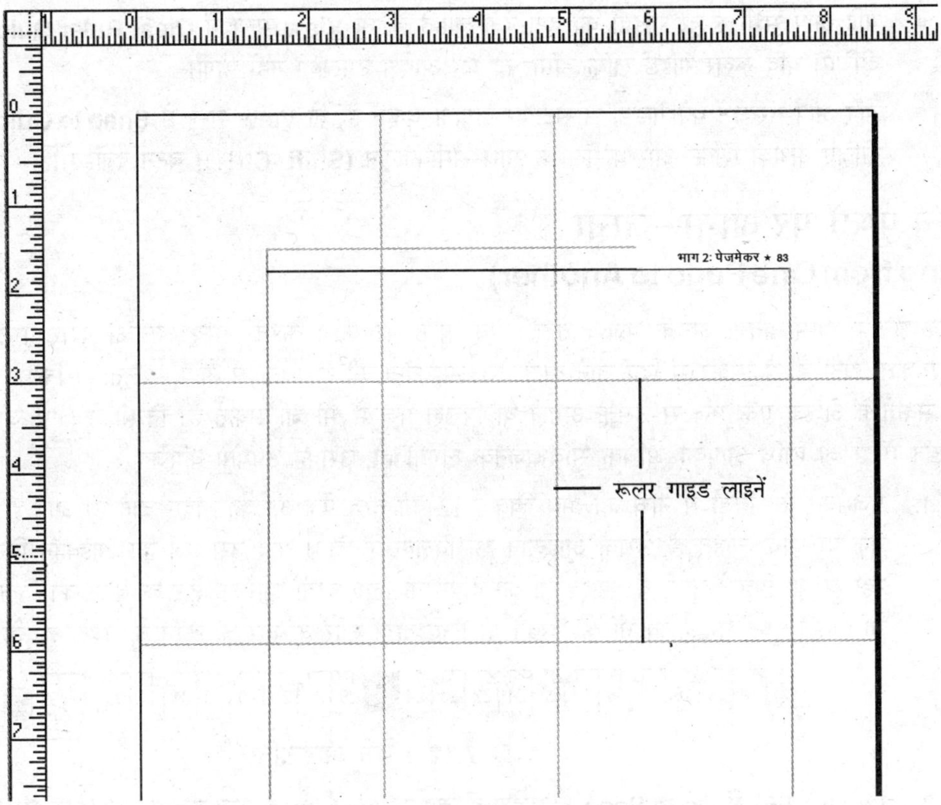

चित्र 7.11 : रूलर गाइड लाइनें

गाइड लाइनों पर क्रियाएं
(Working on Guide Lines)

विभिन्न प्रकार की गाइड लाइनों पर आप कई प्रकार की क्रियाएं कर सकते हैं। यहां कुछ क्रियाओं के बारे में बताया गया है :

- किसी गाइड लाइन को सरकाने के लिए पॉइंटर टूल चुनकर माउस पॉइंटर द्वारा उसे पकड़कर उचित स्थान पर सेट कर दीजिए। यदि आप रूलर गाइड लाइन को सरकाकर प्रकाशन के पेज से बाहर डाल देते हैं, तो वह लाइन गायब हो जाएगी।
- गाइड लाइनों को छिपाने के लिए **View** मेन्यू में **Hide Guides** आदेश दीजिए या कंट्रोल के साथ सेमीकोलोन **(Ctrl+;)** बटन दबाइए। छिपी हुई गाइड लाइनों को फिर से देखने के लिए फिर यही आदेश दीजिए। इस बार इसका नाम **Show Guides** होगा।

- यदि आप गाइड लाइनों को वस्तुओं के पीछे भेजना चाहते हैं, ताकि वस्तुओं को चुनने में कठिनाई न हो, तो **View** मेन्यू में **Send Guides to Back** आदेश दीजिए। उनको पुन: सामने लाने के लिए **View** मेन्यू में **Bring Guides to Front** आदेश दीजिए।
- यदि आप सभी रूलर गाइडों को हटा देना चाहते हैं, तो **View** मेन्यू में **Clear Ruler Guides** आदेश दीजिए। यदि रूलर गाइडें लॉक होंगी, तो यह आदेश उपलब्ध नहीं होगा।
- यदि आप वस्तुओं को गाइडों से सटाकर लगाना चाहते हैं, तो **View** मेन्यू में **Snap to Guides** आदेश दीजिए अथवा शिफ्ट और कंट्रोल के साथ सेमीकोलोन **(Shift+Ctrl+;)** बटन दबाइए।।

विभिन्न पृष्ठों पर आना–जाना
(Moving from One Page to Another)

किसी प्रकाशन में सामान्यतया अनेक पेज होते हैं। एक पृष्ठ पर कार्य करते समय आपको दूसरे पृष्ठों पर जाने की आवश्यकता होती है। पेजमेकर में दिए जाने वाले पेज आइकॉनों की सहायता से आप सरलता से किसी भी पेज पर सीधे जा सकते हैं अथवा एक पेज से उसके अगले या पिछले पेज में भी जा सकते हैं। किसी पेज पर जाने के लिए निम्नलिखित में से जो विधि आपको अधिक सुविधाजनक लगती हो, उसका उपयोग कीजिए :

1. पेजमेकर की विंडो में नीचे की ओर चित्र 7.12 की तरह पेज आइकॉन दिए जाते हैं। आप इनमें से जिस पेज पर जाना चाहते हैं, उसके आइकॉन को क्लिक कीजिए। यदि उस पेज का आइकॉन दिखाई न पड़ रहा हो, तो पिछले पृष्ठों के आइकॉनों को देखने के लिए बायीं ओर के तीर के बटन को क्लिक कीजिए या अगले पृष्ठों के आइकॉनों को देखने के लिए दायीं ओर के तीर के बटन को क्लिक कीजिए।

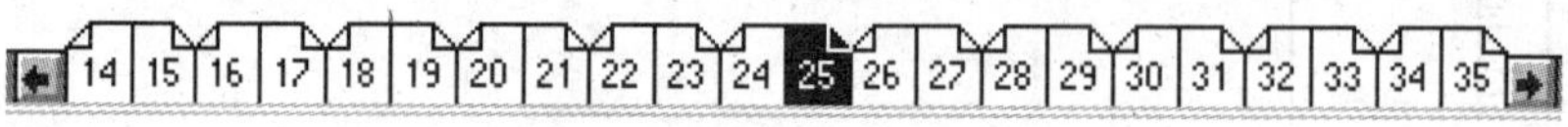

चित्र 7.12 : पेज आइकॉन

2. **Layout** मेन्यू में **Go to Page...** आदेश दीजिए या अल्ट और कंट्रोल के साथ **G (Alt+Ctrl+G)** बटन दबाइए, जिससे आपकी स्क्रीन पर चित्र 7.13 की तरह 'Go to Page' का डायलॉग बॉक्स खुल जाएगा। किसी पेज पर जाने के लिए **Page number** रेडियो बटन को सेट कीजिए और उसके सामने के टैक्स्ट बॉक्स में उस पेज की पृष्ठ संख्या टाइप कीजिए, जिस पर आप पहुंचना चाहते हैं। ऐसा करके **OK** बटन को क्लिक करने अथवा एण्टर दबाने से आप उसी पेज पर पहुंच जाएंगे।

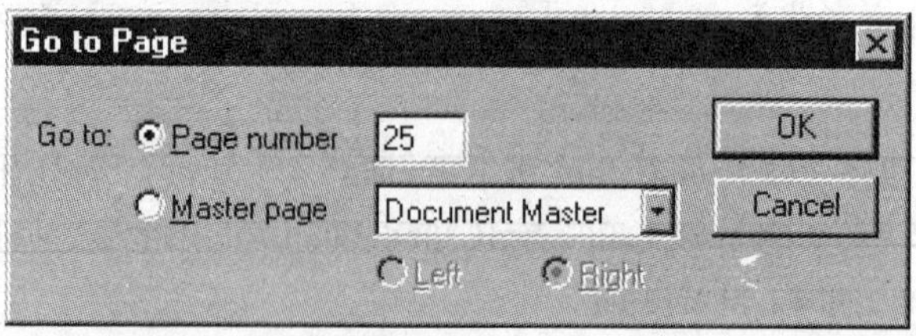

चित्र 7.13 : 'Go to Page' का डायलॉग बॉक्स

3. वर्तमान पेज से पिछले पेज पर जाने के लिए की–बोर्ड पर **Page Up** कुंजी को दबाइए और अगले पेज पर जाने के लिए **Page Down** कुंजी को दबाइए।

4. प्रकाशन के सभी पृष्ठों को क्रमशः देखने के लिए शिफ्ट कुंजी को दबाए रखकर **Layout** मेन्यू में **Go to Page...** आदेश दीजिए। इससे प्रकाशन के पहले पेज से आरम्भ करके क्रमशः सभी पेजों को दिखाना प्रारम्भ हो जाएगा और अन्तिम पेज तक चलता रहेगा। जब भी आप इसे बीच में ही रोकना चाहें, तो या तो माउस पॉइंटर द्वारा कहीं क्लिक कीजिए या की-बोर्ड पर कोई कुंजी दबाइए।

इन विधियों का प्रयोग करके आप सरलता से प्रकाशन के किसी भी पेज पर जा सकते हैं।

मास्टर पेज
(Master Pages)

पेजमेकर में प्रत्येक प्रकाशन का एक विशेष मास्टर पेज होता है, जिसे डॉक्यूमेंट मास्टर (Document Master) कहा जाता है। जब आप डॉक्यूमेंट सेटअप के डायलॉग बॉक्स द्वारा अपने प्रकाशन के पेजों का सेटअप कर रहे होते हैं, तब वास्तव में डॉक्यूमेंट मास्टर ही सेट किया जाता है। सामान्यतया किसी प्रकाशन के सभी पेज मूलतः इसी मास्टर पेज पर आधारित होते हैं। वैसे आप अपनी आवश्यकता के अनुसार एक से अधिक मास्टर पेज स्वयं बना सकते हैं और उन्हें किसी भी पेज पर लागू कर सकते हैं। आप डॉक्यूमेंट मास्टर सहित किसी भी मास्टर पेज को किसी सामान्य पेज की तरह पाठ्य, चित्र आदि डालकर तैयार कर सकते हैं। यदि किसी मास्टर पेज को आप किसी पेज पर लागू करते हैं, तो उस मास्टर पेज की समस्त सामग्री उस पेज पर भी स्वतः छप जाती है। मास्टर पेजों का उपयोग करने के बारे में अध्याय 14 में विस्तार से बताया गया है।

पेज जोड़ना और हटाना
(Inserting and Removing Pages)

पेजमेकर में आपको इस बात की पूरी स्वतंत्रता मिलती है कि आप प्रकाशन में कहीं भी और कभी भी नए पेज डाल सकते हैं या उसमें से हटा सकते हैं। ऐसा करने के लिए सबसे पहले आप उस पेज पर जाते हैं, जिसकी बगल में नए पेज डालना चाहते हैं या जिसे आप हटाना चाहते हैं। फिर लेआउट मेन्यू में उचित आदेश देकर या तो आवश्यक संख्या में नए पेज जोड़ देते हैं या पेजों को हटा देते हैं। इन दोनों क्रियाओं के बारे में नीचे विस्तारपूर्वक बताया गया है।

पेज जोड़ना
(Inserting Pages)

किसी पेज से पहले या बाद में नए खाली पेज जोड़ने के लिए पहले उस पेज पर जाइए और फिर निम्नप्रकार क्रियाएं कीजिए :

1. **Layout** मेन्यू में **Insert Pages...** आदेश दीजिए। इससे आपकी स्क्रीन पर चित्र 7.14 की तरह 'Insert Pages' का डायलॉग बॉक्स दिया जाएगा।
2. इस डायलॉग बॉक्स में कर्सर 'Insert page(s)' के टैक्स्ट बॉक्स में होगा, जिसमें प्रारम्भ में संख्या 1 या 2 दिखाई जाएगी। यह इस बात पर निर्भर करती है कि आप एक बार में एक ही पेज को देख रहे हैं या आमने-सामने के दो पेजों को एक साथ देख रहे हैं। आप जितनी संख्या में नए पेज जोड़ना चाहते हैं, वह संख्या यहां टाइप कीजिए।

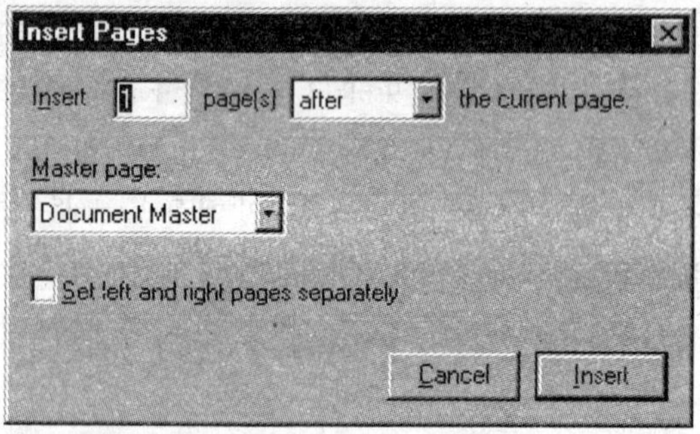

चित्र 7.14 : 'Insert Pages' का डायलॉग बॉक्स

3. यदि आप नए पेज वर्तमान पेज के बाद जोड़ना चाहते हैं, तो इस टैक्स्ट बॉक्स के आगे के लिस्ट बॉक्स को खोलकर उसमें से **after** विकल्प चुन लीजिए और यदि उससे पहले जोड़ना चाहते हैं, तो उस लिस्ट बॉक्स में से **before** विकल्प चुन लीजिए।
4. सामान्यतया नए जोड़े जाने वाले पेजों पर वर्तमान पेज का मास्टर पेज लागू होता है। यदि आप उन पर कोई अन्य मास्टर पेज लागू करना चाहते हैं, तो **Master Page** लिस्ट बॉक्स को खोलकर उसमें से उचित मास्टर पेज का चुनाव कर लीजिए, जो नए पेजों पर लागू किया जाएगा।
5. यदि आप बाएं तथा दाएं पेजों के लिए अलग-अलग मास्टर पेज लागू करना चाहते हैं, तो **Set left and right pages separately** चेक बॉक्स को क्लिक कीजिए, जिससे इस डायलॉग बॉक्स में बाएं और दाएं मास्टर पेज का नाम चुनने के लिए दो अलग-अलग लिस्ट बॉक्स दिखाई पड़ेंगे, जिनमें आप मास्टर पेजों के नाम सेट कर सकते हैं।
6. अन्त में **Insert** बटन को क्लिक कीजिए अथवा एण्टर दबाइए, जिससे आपकी सेटिंग के अनुसार पेज दस्तावेज में जोड़ दिए जाएंगे और इसके साथ ही सभी प्रभावित होने वाले पृष्ठों पर पृष्ठ संख्याएं फिर से डाल दी जाएंगी।

यदि आप नए पेज जोड़ने की क्रिया को उलटना चाहते हैं, तो तुरन्त ही **Edit** मेन्यू में **Undo** आदेश दीजिए अथवा कंट्रोल के साथ **Z (Ctrl+Z)** बटन दबाइए, जिससे प्रकाशन पूर्व स्थिति में आ जाएगा। वैसे आप इस डायलॉग बॉक्स में कभी भी **Cancel** बटन को क्लिक करके इस क्रिया को वहीं रद्द कर सकते हैं।

पेज हटाना
(Removing Pages)

आप दस्तावेज में किसी भी पेज पर रहते हुए किसी भी पेज को हटा सकते हैं। लेकिन यदि आप हटाए जाने वाले पेज पर पहुंचने के बाद यह आदेश देते हैं, तो अधिक अच्छा है, क्योंकि इससे यह सुनिश्चित हो जाता है कि आप सही पेज को ही हटा रहे हैं। पेज हटाने के लिए निम्नप्रकार क्रियाएं कीजिए :

1. **Layout** मेन्यू में **Remove Pages...** आदेश दीजिए। इससे आपकी स्क्रीन पर चित्र 7.15 की तरह 'Remove Pages' का डायलॉग बॉक्स दिया जाएगा।
2. इस डायलॉग बॉक्स में प्रारम्भ में कर्सर 'Remove page(s)' के टैक्स्ट बॉक्स में होगा। इस टैक्स्ट बॉक्स में वह पृष्ठ संख्या टाइप कीजिए, जिससे प्रारम्भ करके आप पेजों को हटाना चाहते हैं।

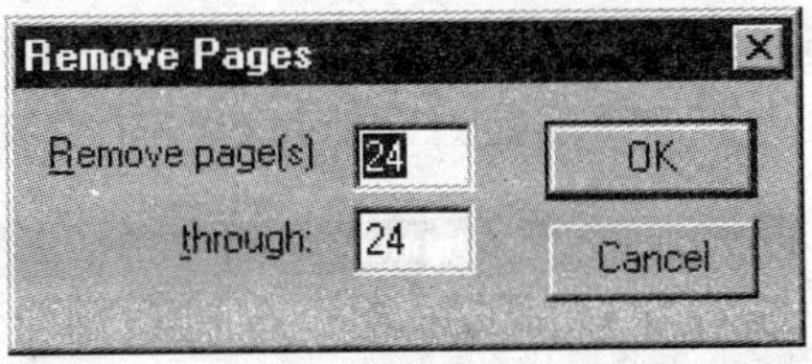

चित्र 7.15 : 'Remove Pages' का डायलॉग बॉक्स

3. टैब दबाकर नीचे 'through' के टैक्स्ट बॉक्स में आइए। यदि आप एक से अधिक पेज हटाना चाहते हैं, तो इसमें हटाए जाने वाले अंतिम पेज की पृष्ठ संख्या टाइप कीजिए और यदि एक ही पेज हटाना चाहते हैं, तो इसमें भी पहले टैक्स्ट बॉक्स वाली संख्या भर दीजिए।
4. **OK** बटन को क्लिक कीजिए। ऐसा करने पर पेजमेकर द्वारा पेज हटाने से पहले आपको चित्र 7.16 की तरह इस कार्य की पुष्टि का डायलॉग बॉक्स दिया जाएगा।

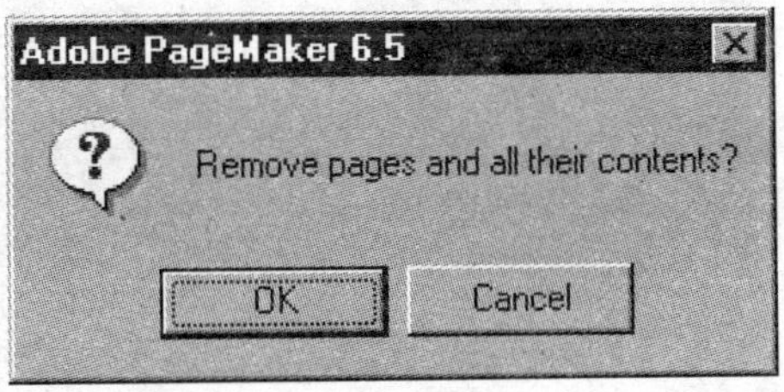

चित्र 7.16 : पेज हटाने की पुष्टि का डायलॉग बॉक्स

5. यदि आप बताए हुए पेजों को वास्तव में हटाना चाहते हैं, तो इस डायलॉग बॉक्स में **'OK'** बटन को क्लिक कीजिए। इससे पेजमेकर भरी हुई दोनों पृष्ठ संख्याओं और उनके बीच के सभी पेजों को दस्तावेज से हटा देगा और इस क्रिया से प्रभावित होने वाले सभी पृष्ठों पर पृष्ठ संख्याएं फिर से डाल देगा।

यदि आप पेज हटाने की क्रिया को उलटना चाहते हैं, तो तुरन्त ही **Edit** मेन्यू में **Undo** आदेश दीजिए अथवा कंट्रोल के साथ **Z (Ctrl+Z)** बटन दबाइए, जिससे प्रकाशन पूर्व स्थिति में आ जाएगा। वैसे आप इन दोनों डायलॉग बॉक्सों में कभी भी **Cancel** बटन को क्लिक करके इस क्रिया को वहीं रद्द कर सकते हैं।

दस्तावेजों को सुरक्षित करना (Saving a Document)

नया दस्तावेज तैयार कर लेने अथवा पुराने में सुधार कर लेने के बाद आपको वह डिस्क पर सुरक्षित कर देना चाहिए, ताकि बाद में उसे खोला जा सके। आप कार्य करते समय बीच-बीच में भी दस्तावेज को सुरक्षित करते रह सकते हैं, जिससे कि यदि कभी अचानक कम्प्यूटर बन्द हो जाने पर आपका अधिकांश कार्य सुरक्षित रह सके। नए और पुराने दस्तावेजों को सुरक्षित करने की विधियों में थोड़ा अन्तर होता है। यहां सभी विधियां विस्तार से बताई जा रही हैं।

नए दस्तावेज को सुरक्षित करना (Saving a New Document)

आप पढ़ चुके हैं कि जब आप कोई नया दस्तावेज बनाते हैं, तो प्रारम्भ में उसका नाम **'Untitled-1'** रखा जाता है और बाद में सुरक्षित करते समय उसको कोई नाम दिया जाता है। किसी नए दस्तावेज, जिसका अभी तक कोई नाम नहीं रखा गया है, को सुरक्षित करने के लिए निम्नप्रकार क्रियाएं कीजिए :

1. **File** मेन्यू में **Save** आदेश दीजिए अथवा कंट्रोल के साथ **S (Ctrl+S)** बटन दबाइए। ऐसा करते ही आपको चित्र 7.17 की तरह 'Save Publication' का डायलॉग बॉक्स दिया जाएगा।

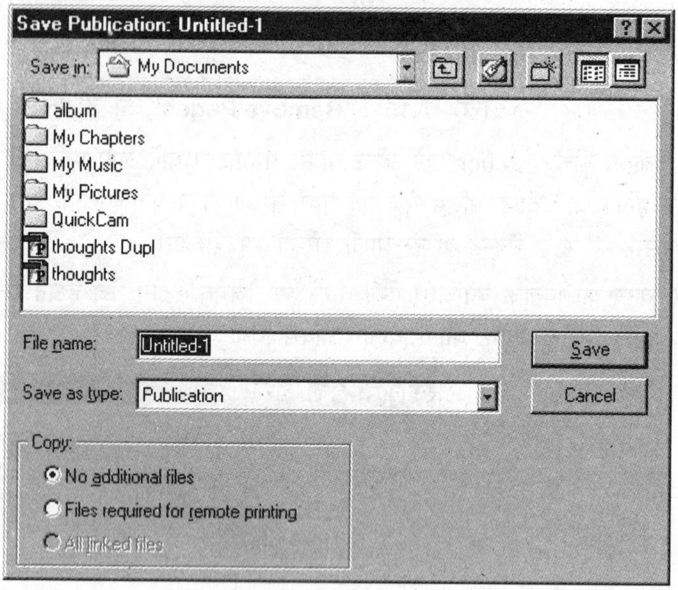

चित्र 7.17 : 'Save Publication' का डायलॉग बॉक्स

2. इस डायलॉग बॉक्स में 'File name' के टैक्स्ट बॉक्स में क्लिक करके कर्सर वहां लाइए और दस्तावेज के लिए कोई नाम टाइप कीजिए।
3. इस दस्तावेज को सुरक्षित करने का डिफॉल्ट फोल्डर 'Adobe PageMaker 6.5' होता है, जहां पेजमेकर के सभी प्रोग्राम भी रखे जाते हैं। यदि आप इसके अलावा किसी अन्य फोल्डर में दस्तावेज को रखना चाहते हैं, तो 'Save in' के लिस्ट बॉक्स में उसका नाम भर दीजिए अथवा चुन लीजिए।
4. इस समय 'Save as type' के लिस्ट बॉक्स में दस्तावेज का टाइप **Publication** चुना होना चाहिए। यदि ऐसा नहीं है, तो आपको सही टाइप चुन लेना चाहिए।
5. अन्त में **Save** बटन को क्लिक कीजिए अथवा एण्टर दबाइए, जिससे दस्तावेज सुरक्षित हो जाएगा और आप वापस अपने दस्तावेज में लौटकर कार्य जारी रख सकेंगे।

यहां यह बताना आवश्यक है कि आप किसी दस्तावेज का नाम केवल एक बार रखते हैं। अगली बार जब भी आप उस दस्तावेज को खोलते हैं, तो वास्तव में उस दस्तावेज की एक नकल पेजमेकर में खोली जाती है और सारे परिवर्तन उसी में किए जाते हैं। जब आप उसे अन्त में या बीच में सुरक्षित करते हैं, तो मूल दस्तावेज को उन परिवर्तनों के अनुसार सुधार दिया जाता है।

एक अन्य ध्यान देने योग्य बात यह है कि यदि आप किसी दस्तावेज का ऐसा नाम रखते हैं, जो उस फोल्डर में अपने एक्सटेंशन '.p65' सहित पहले से ही है, तो उसी नाम से कोई अन्य सामग्री सुरक्षित करने पर आपको चित्र 7.18 की तरह उस नाम की पुरानी फाइल को बदलने के कार्य की पुष्टि का डायलॉग बॉक्स दिया जाएगा।

चित्र 7.18 : फाइल बदलने के कार्य की पुष्टि का डायलॉग बॉक्स

यदि आप वास्तव में उसी नाम से नए दस्तावेज को सुरक्षित करना चाहते हैं, तो इस डायलॉग बॉक्स में **Yes** बटन को क्लिक कीजिए अथवा **Y** दबाइए। ऐसा करते ही फाइल सुरक्षित कर दी जाएगी। यह डायलॉग बॉक्स हर बार तब दिया जाता है, जब आप किसी फाइल के स्थान पर उसी नाम की दूसरी फाइल स्टोर करना चाहते हैं।

पुराने दस्तावेज को सुरक्षित करना (Saving an Existing Document)

किसी दस्तावेज पर कार्य करते समय आप उसमें बहुत से परिवर्तन करते हैं या नई सामग्री जोड़ते हैं। यह एक अच्छा विचार है कि उसे बीच-बीच में सुरक्षित करते रहा जाए, क्योंकि किसी अनपेक्षित कारण से कम्प्यूटर बन्द हो जाने या रुक जाने पर आपका सारा परिश्रम व्यर्थ हो सकता है। बीच में ही फाइल को सुरक्षित करने के लिए **File** मेन्यू में **Save** आदेश दीजिए अथवा कंट्रोल के साथ **S (Ctrl+S)** बटन दबाइए। यदि दस्तावेज का पहले ही कोई नाम रखा जा चुका है, तो कोई डायलॉग बॉक्स नहीं दिया जाएगा, बल्कि सुरक्षित करने का आदेश देने पर एक क्षण में ही आपके द्वारा किए गए परिवर्तन सुरक्षित हो जाएंगे और आप दस्तावेज में वापस आकर कार्य जारी रख सकेंगे।

दस्तावेज को दूसरे नाम से सुरक्षित करना (Saving a Document with Another Name)

कई बार हम किसी दस्तावेज में अस्थायी परिवर्तन करते हैं और चाहते हैं कि हमारा मूल दस्तावेज भी अपने पुराने रूप में सुरक्षित रहे। यह कार्य अस्थायी परिवर्तनों के बाद उस दस्तावेज को नए नाम से सुरक्षित करके सफलतापूर्वक किया जा सकता है। किसी खुले हुए दस्तावेज को दूसरे नाम से सुरक्षित करने के लिए अग्रलिखित क्रियाएं कीजिए :

1. **File** मेन्यू में **Save As...** आदेश दीजिए अथवा शिफ्ट और कंट्रोल के साथ **S (Shift+Ctrl+S)** बटन दबाइए। ऐसा करते ही आपको चित्र 7.19 की तरह 'Save Publication' का डायलॉग बॉक्स दिया जाएगा।
2. आवश्यक होने पर **Save in** के लिस्ट बॉक्स में किसी अन्य फोल्डर का नाम भरिए या चुनिए। ऐसा करने पर दस्तावेज उस फोल्डर में सुरक्षित किया जाएगा।
3. इस समय इस डायलॉग बॉक्स के **File name** टैक्स्ट बॉक्स में दस्तावेज का वर्तमान नाम उभरा हुआ होगा। आपको इसके स्थान पर नया नाम टाइप कर देना चाहिए। अगर आप उसे किसी अन्य फोल्डर में सुरक्षित करना चाहते हैं, तो यही नाम बना रह सकता है।
4. अन्त में **Save** बटन को क्लिक कीजिए अथवा एण्टर दबाइए, जिससे दस्तावेज बताए गए फोल्डर में बताए गए नाम से सुरक्षित हो जाएगा और आप उसी दस्तावेज में लौटकर कार्य जारी रख सकेंगे।

यहां यह बात विशेष रूप से उल्लेखनीय है कि पहले से खुले हुए दस्तावेज को किसी अन्य नाम से अथवा अन्य फोल्डर में सुरक्षित कर देने पर आपकी मूल फाइल अपने अंतिम बार सुरक्षित किए गए रूप में सुरक्षित रहती है। वास्तव

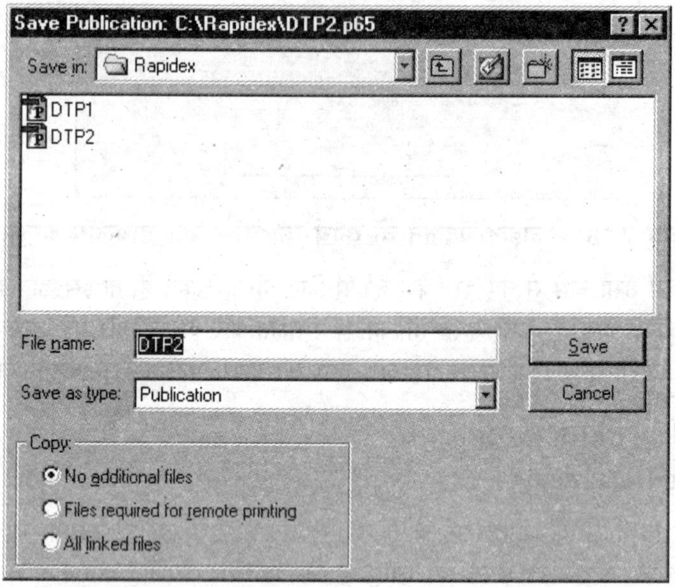

चित्र 7.19 : 'Save Publication' का डायलॉग बॉक्स

में केवल पेजमेकर विंडो में खुले हुए दस्तावेज को अन्य स्थान पर सुरक्षित कर दिया जाता है। इसके साथ ही विंडो के टाइटिल बार में नए दस्तावेज का नाम दिखाई पड़ने लगता है।

किसी दस्तावेज को दूसरे नाम से सुरक्षित करना तब भी उपयोगी रहता है, जब आप एक दस्तावेज की एक से अधिक प्रतियां अलग-अलग फोल्डरों में बनाना चाहते हों।

दस्तावेज को बन्द करना (Closing a Document)

आप जानते हैं कि पेजमेकर में यदि कोई दस्तावेज खुला हुआ है और आप उसे सुरक्षित कर देते हैं, तो वह सुरक्षित तो हो जाता है, लेकिन बन्द नहीं होता। यदि आप किसी खुले हुए दस्तावेज पर आगे कार्य नहीं करना चाहते और उसे बन्द करना चाहते हैं, तो **File** मेन्यू में **Close** आदेश दीजिए अथवा कंट्रोल के साथ **W (Ctrl+W)** बटन दबाइए। ऐसा करने पर उस दस्तावेज को बन्द कर दिया जाएगा।

यदि आपने उस दस्तावेज में पिछली बार सुरक्षित करने के बाद कोई परिवर्तन किया है, तो दस्तावेज को बन्द करने से पहले आपको चित्र 7.20 की तरह डायलॉग बॉक्स देकर उसे सुरक्षित करने के बारे में पूछा जाएगा।

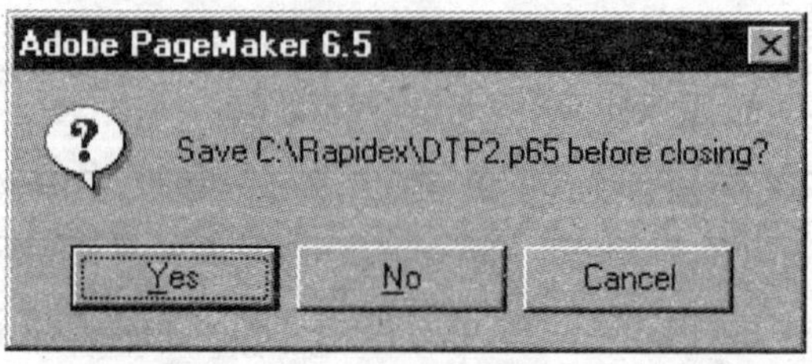

चित्र 7.20 : दस्तावेज सुरक्षित करने के लिए पूछने का डायलॉग बॉक्स

इस डायलॉग बॉक्स में **Yes** बटन को क्लिक करने अथवा **Y** दबाने पर दस्तावेज में किए गए परिवर्तनों को सुरक्षित करके उसे बन्द कर दिया जाएगा। यदि दस्तावेज का तब तक कोई नाम नहीं रखा गया होगा, तो पहले आपको 'Save Publication' का डायलॉग बॉक्स दिया जाएगा। यदि आप ऊपर के डायलॉग बॉक्स में **No** बटन को क्लिक करते हैं या **N** दबाते हैं, तो परिवर्तनों को सुरक्षित किए बिना दस्तावेज को बन्द कर दिया जाता है।

यदि पेजमेकर की विंडो में एक साथ कई दस्तावेज खुले हुए हैं और आप उन सभी को बन्द करना चाहते हैं, तो शिफ्ट दबाकर **File** मेन्यू में **Close All** आदेश दीजिए अथवा कंट्रोल के साथ **W (Ctrl+W)** बटन दबाइए। ऐसा करने पर सभी खुले हुए दस्तावेजों को बन्द कर दिया जाएगा। यदि कोई दस्तावेज सुरक्षित नहीं किया गया होगा, तो उसके लिए ऊपर की तरह सुरक्षित करने का अवसर दिया जाएगा।

यहां यह बात बताना आवश्यक है कि दस्तावेज बन्द कर दिए जाने के बाद भी पेजमेकर प्रोग्राम को समाप्त नहीं किया जाता, भले ही उसमें कोई दस्तावेज खुला हुआ न हो। पेजमेकर को बन्द करने के लिए आपको **File** मेन्यू में **Exit** आदेश देना होगा, जिसके बारे में पिछले अध्याय में विस्तार से बताया जा चुका है।

रिवर्ट सुविधा का उपयोग (Using the Revert Feature)

कई बार किसी दस्तावेज पर कार्य करते समय हमसे कोई ऐसी गलती हो जाती है कि उसको सुधार पाना सम्भव नहीं होता और हम चाहते हैं कि हमारा दस्तावेज अपने पिछली बार सुरक्षित किए गए रूप में वापस आ जाए। ऐसा करने का एक तरीका तो यह है कि आप उस दस्तावेज को बिना सुरक्षित किए बन्द कर दें और पुराना दस्तावेज फिर से खोल लें। लेकिन यह कार्य करने का सबसे सरल और सुरक्षित उपाय पेजमेकर की रिवर्ट सुविधा का उपयोग करना है। यह आदेश आपके खुले हुए दस्तावेज में किए गए सभी परिवर्तनों को रद्द करके उसको आखिरी बार सुरक्षित किए गए दस्तावेज की स्थिति में ला देता है।

चित्र 7.21 : रिवर्ट आदेश की पुष्टि का डायलॉग बॉक्स

रिवर्ट सुविधा का उपयोग करने के लिए **File** मेन्यू में **Revert** आदेश दीजिए, जिसके उत्तर में आपको चित्र 7.21 की तरह डायलॉग बॉक्स देकर इस आदेश की पुष्टि की जाएगी और आपके द्वारा **OK** बटन क्लिक करने पर इसका पालन कर दिया जाएगा।

8

ड्रॉइंग टूल
(Drawing Tools)

पिछले अध्याय में आप पेजमेकर के टूलबॉक्स के बारे में पढ़ चुके हैं। इसमें अन्य टूलों के साथ कई ड्रॉइंग टूल भी होते हैं, जिनकी सहायता से आप अनेक प्रकार की ज्यामितीय आकृतियां और उनके द्वारा रेखाचित्र आदि बना सकते हैं। पेजमेकर के ड्रॉइंग टूल निम्नलिखित हैं :

- **लाइन टूल (Line Tool)** : इस टूल का उपयोग सरल रेखाएं खींचने के लिए किया जाता है।
- **कॉन्सट्रेण्ड लाइन टूल (Constrained Line Tool)** : इस टूल का उपयोग क्षैतिज, ऊर्ध्वाधर तथा 45° के कोण पर सरल रेखाएं खींचने के लिए किया जाता है।
- **इलिप्स टूल (Ellipse Tool)** : इस टूल का उपयोग दीर्घवृत्त तथा वृत्त बनाने के लिए किया जाता है।
- **रेक्टेंगल टूल (Rectangle Tool)** : इस टूल का उपयोग आयत तथा वर्ग बनाने के लिए किया जाता है।
- **पॉलीगॉन टूल (Polygon Tool)** : इस टूल का उपयोग बहुभुज बनाने के लिए किया जाता है।

ये सभी टूल टूलबॉक्स में शामिल हैं, जिन्हें आप चित्र 6.5 में देख चुके हैं। यह टूलबॉक्स पेजमेकर की विंडो में सामान्यतया दिखाई पड़ता रहता है। यदि टूलबॉक्स दिखाई न पड़ रहा हो, तो आप **Window** मेन्यू में **Show Tools** आदेश देकर उसे देख सकते हैं।

ऊपर बताए गए ड्रॉइंग टूलों के उपयोग के बारे में नीचे विस्तार से बताया गया है।

लाइन टूल
(Line Tool)

इस टूल से आप अलग-अलग मोटाइयों और कोण वाली सरल रेखाएं खींच सकते हैं। इसके उपयोग की विधि निम्नप्रकार है :

1. टूल बॉक्स में लाइन टूल को क्लिक कीजिए। इससे माउस पॉइंटर एक छोटे धन चिह्न '+' में बदल जाएगा।
2. माउस पॉइंटर को उस बिन्दु पर ले जाइए जहां से आप रेखा को प्रारम्भ करना चाहते हैं।
3. माउस बटन को क्लिक करके दबा लीजिए और उसे दबाए रखकर माउस पॉइंटर को उस बिन्दु तक सरकाकर लाइए जहां आप रेखा को समाप्त करना चाहते हैं। इस प्रकार माउस पॉइंटर सरकाते समय रेखा बनती हुई दिखाई देगी।
4. इच्छित लम्बाई और कोण की सरल रेखा बन जाने के बाद माउस बटन को छोड़ दीजिए। इससे रेखा स्थिर हो जाएगी और उसके दोनों छोरों पर हैंडिल दिखाई देंगे, जैसा कि चित्र 8.1 में दिखाया गया है।

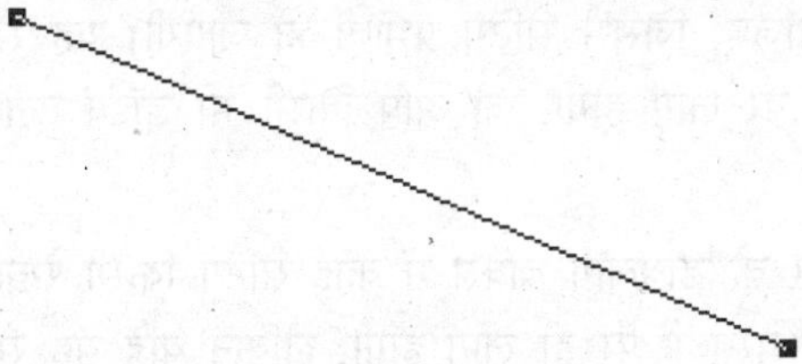

चित्र 8.1 : लाइन टूल द्वारा सरल रेखा खींचना

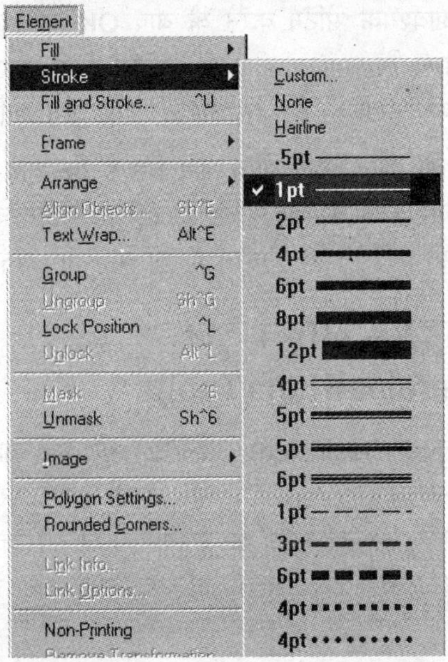

चित्र 8.2 : 'Element' मेन्यू में 'Stroke' का झरना मेन्यू

आप इस रेखा को बाद में छोटी-बड़ी तथा मोटी-पतली भी कर सकते हैं तथा इधर-उधर सरका भी सकते हैं। किसी रेखा की मोटाई बदलने के लिए उसको चुनकर **Element** मेन्यू को क्लिक कीजिए और उसके **Stroke** विकल्प के झरना मेन्यू, जो चित्र 8.2 में दिखाया गया है, में किसी मोटाई और स्टाइल को चुनिए। यदि आप इस झरना मेन्यू में दी गई मोटाइयों के अलावा कोई अन्य मोटाई सेट करना चाहते हैं, तो इस झरना मेन्यू में **Custom...** विकल्प को चुनिए, जिसके उत्तर में आपको चित्र 8.3 की तरह 'Custom Stroke' का डायलॉग बॉक्स दिया जाएगा। इस डायलॉग बॉक्स के उपयोग के बारे में नीचे बताया गया है।

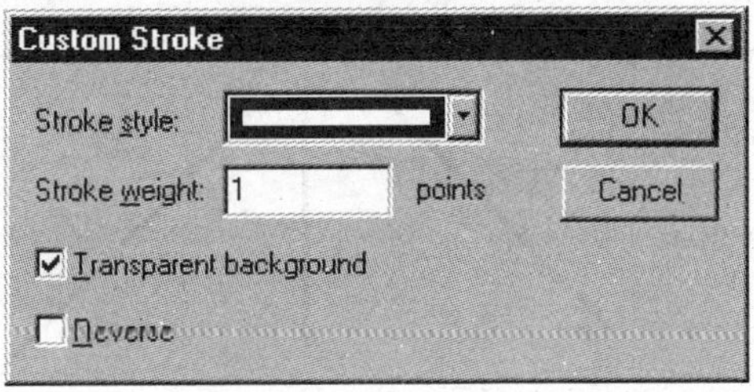

चित्र 8.3 : 'Custom Stroke' का डायलॉग बॉक्स

पेजमेकर में आप लाइनों की डिफॉल्ट स्टाइल तथा मोटाई भी निश्चित कर सकते हैं। इसके लिए या तो लाइन टूल को डबल क्लिक कीजिए अथवा **Element** मेन्यू में **Stroke** के झरना मेन्यू में **Custom** विकल्प को क्लिक कीजिए, जिससे आपकी स्क्रीन पर चित्र 8.3 की तरह ही 'Custom Stroke' का डायलॉग बॉक्स खुल जाएगा।

इस डायलॉग बॉक्स में निम्नप्रकार सेटिंग कीजिए :

- **Stroke Style:** इस ड्रॉप-डाउन लिस्ट में रेखाओं की कई स्टाइलें दी जाती हैं, जिनमें से आप किसी एक स्टाइल का चुनाव कर लीजिए।
- **Stroke Weight:** इस टैक्स्ट बॉक्स में रेखाओं की मोटाई पॉइंटों में दी जाती है। आप अपनी सुविधा के अनुसार कोई भी मोटाई भर सकते हैं।
- **Transparent Background:** इस चेक बॉक्स को सेट करने से रेखा का बैकग्राउण्ड दिखाई देता है।
- **Reverse Stroke:** इस चेक बॉक्स को सेट करने से रेखा कागज के रंग में अर्थात् सफेद रंग में बनती है।

आवश्यक सेटिंग करने के बाद **OK** बटन को क्लिक कीजिए, जिससे सेटिंग प्रभावी हो जाएगी। यह सेटिंग केवल सरल रेखाओं पर ही नहीं, बल्कि सभी प्रकार की रेखाओं पर लागू होगी, जो आप किसी भी ड्रॉइंग टूल का उपयोग करके खींचते हैं, जैसे आयत, वर्ग, वृत्त आदि।

यहां ध्यान रखने योग्य बात यह है कि यदि आप चित्र 8.3 के डायलॉग बॉक्स में कोई सेटिंग किसी रेखा या आकृति को चुनने के बाद करते हैं, तो वह सेटिंग केवल चुनी हुई वस्तुओं पर ही लागू होगी, लेकिन यदि यह सेटिंग किसी वस्तु को चुने बिना करते हैं, तो वह आगे बनायी जाने वाली सभी वस्तुओं पर लागू होगी।

कॉन्सट्रेण्ड लाइन टूल
(Constrained Line Tool)

इसे रेस्ट्रिक्टेड (Restricted) लाइन टूल भी कहा जाता है। इस टूल से भी आप केवल पड़ी या क्षैतिज (Horizontal), खड़ी या ऊर्ध्वाधर (Vertical) और तिरछी (45° पर झुकी हुई) सरल रेखाएं खींच सकते हैं। इसके उपयोग की विधि ठीक वही है, जो लाइन टूल का उपयोग करने की है। अन्तर केवल यह है कि जहां लाइन टूल को क्लिक करने के लिए कहा गया है, वहां इस टूल को क्लिक किया जाता है। इस टूल द्वारा खींची गईं कुछ सरल रेखाएं चित्र 8.4 में दिखाई गईं हैं।

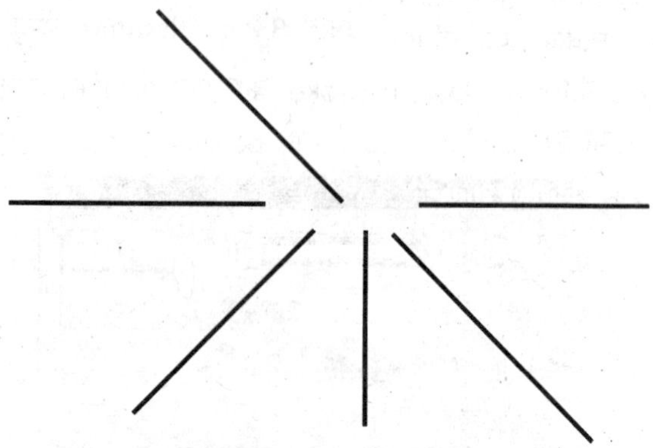

चित्र 8.4 : Constrained Line Tool द्वारा खींची गई रेखाएं

लाइन टूल द्वारा खींची गई रेखाओं की तरह इस टूल द्वारा खींची जाने वाली रेखाओं को भी आप मनचाहे रंग और मोटाई में बना सकते हैं। इसके लिए भी ऊपर की तरह कस्टम स्ट्रोक के डायलॉग बॉक्स में सेटिंग की जाती है।

इलिप्स टूल
(Ellipse Tool)

इसे ओवल (Oval) टूल भी कहा जाता है। इसके द्वारा आप मनचाहे आकार, रंग, स्टाइल और मोटाई के दीर्घवृत्त अथवा वृत्त (Circles) बना सकते हैं। इसके उपयोग की विधि निम्नप्रकार है :

1. टूल बॉक्स में इलिप्स टूल को क्लिक कीजिए। इससे माउस पॉइंटर एक छोटे धन चिह्न '+' में बदल जाएगा।
2. एक ऐसे आयत की कल्पना कीजिए, जिसके अन्दर अधिकतम आकार का दीर्घवृत्त आप बनाना चाहते हैं। माउस पॉइंटर को उस काल्पनिक आयत के एक कोने पर ले जाइए।

3. माउस बटन को क्लिक करके दबा लीजिए और उसे दबाए रखकर माउस पॉइंटर को उस काल्पनिक आयत के सामने वाले कोने तक सरकाकर लाइए। इस प्रकार माउस पॉइंटर सरकाते समय दीर्घवृत्त बनता हुआ दिखाई देगा।
4. इच्छित आकार का दीर्घवृत्त बन जाने के बाद माउस बटन को छोड़ दीजिए। इससे दीर्घवृत्त स्थिर हो जाएगा और उसके चारों ओर आठ हैंडिल बने हुए दिखाई देंगे, जैसा कि चित्र 8.5 में दिखाया गया है।

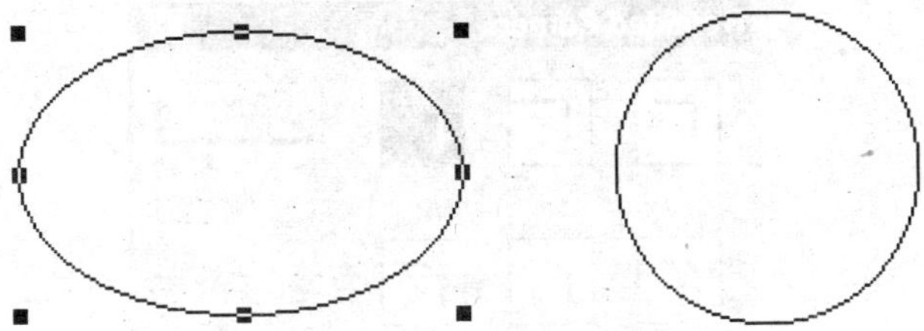

चित्र 8.5 : इलिप्स टूल द्वारा दीर्घवृत्त तथा वृत्त बनाना

इसी विधि के अनुसार वृत्त भी बनाए जाते हैं। अन्तर केवल यह है कि माउस पॉइंटर को खींचते समय शिफ्ट कुंजी को दबा लिया जाता है। वृत्त बनाने के लिए क्रिया 4 में माउस बटन को छोड़ते समय शिफ्ट कुंजी दबी हुई होनी चाहिए।

रैक्टैंगिल टूल
(Rectangle Tool)

इस टूल के द्वारा आप मनचाहे आकार, रंग, स्टाइल और मोटाई के आयत (Rectangle) अथवा वर्ग (Squares) बना सकते हैं। इसके उपयोग की विधि इलिप्स टूल से मिलती जुलती है, जो निम्नप्रकार है :

1. रैक्टैंगिल टूल को क्लिक कीजिए। इससे माउस पॉइंटर एक छोटे धन चिह्न '+' में बदल जाएगा।
2. कर्सर को बनाए जाने वाले आयत के एक कोने पर ले जाइए।
3. माउस बटन को क्लिक करके दबा लीजिए और उसे दबाए रखकर माउस पॉइंटर को उस आयत के सामने वाले कोने तक सरकाकर लाइए। इस प्रकार माउस पॉइंटर सरकाते समय आयत बनता हुआ दिखाई देगा।
4. इच्छित आयत बन जाने के बाद माउस बटन को छोड़ दीजिए। इससे आयत स्थिर हो जाएगा और उसके चारों ओर आठ हैंडिल बने हुए दिखाई देंगे, जैसा कि चित्र 8.6 में दिखाया गया है।

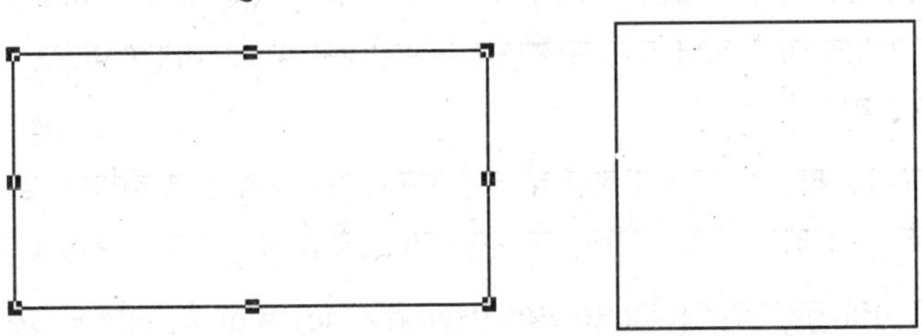

चित्र 8.6 : रैक्टैंगिल टूल द्वारा आयत तथा वर्ग बनाना

इसी विधि के अनुसार वर्ग भी बनाए जाते हैं। अन्तर केवल यह है कि माउस पॉइंटर को खींचते समय शिफ्ट कुंजी को दबा लिया जाता है। वर्ग बनाने के लिए क्रिया 4 में माउस बटन छोड़ते समय शिफ्ट कुंजी दबी होनी चाहिए।

आप इस प्रकार बनाए गए आयत अथवा वर्ग के कोनों को गोलाई भी दे सकते हैं। इसके लिए सम्बंधित आकृति या आकृतियों को चुनकर **Element** मेन्यू में **Rounded Corners...** विकल्प को क्लिक कीजिए, इससे आपकी स्क्रीन पर चित्र 8.7 की तरह 'Rounded Corners' का डायलॉग बॉक्स खुल जाएगा। इस डायलॉग बॉक्स में इच्छित गोलाई वाले कोने का चुनाव कीजिए और **OK** बटन को क्लिक कीजिए अथवा एण्टर दबाइए। इससे चुनी हुई आयताकार और वर्गाकार आकृतियों की गोलाई उसी प्रकार हो जाएगी।

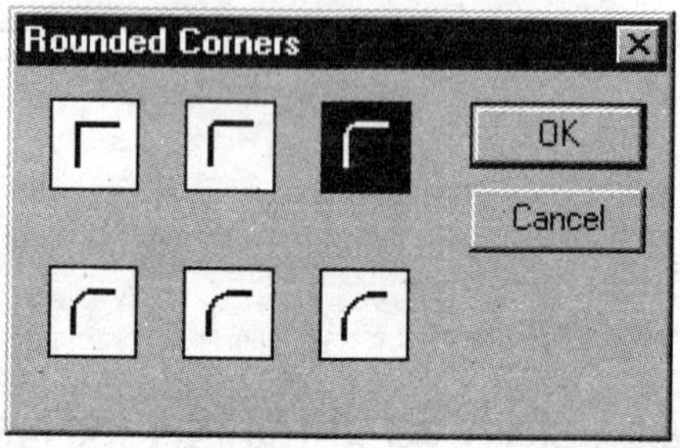

चित्र 8.7 : 'Rounded Corners' का डायलॉग बॉक्स

आप आयतों तथा वर्गों के कोनों की डिफॉल्ट गोलाई स्टाइल भी सेट कर सकते हैं। इसके लिए कोई आकृति चुने बिना ही रैक्टेंगिल टूल को डबल क्लिक कीजिए, जिससे ऊपर का डायलॉग बॉक्स खुलेगा। इसमें गोलाई की कोई स्टाइल सेट करने पर वह आगे बनने वाले सभी आयतों तथा वर्गों पर लागू होगी।

पॉलीगॉन टूल
(Polygon Tool)

यह पेजमेकर का सबसे अधिक प्रभावी टूल है। इसके द्वारा आप मनचाहे आकार, रंग, स्टाइल और मोटाई में अनेक प्रकार की जटिल आकृतियां या बहुभुज बना सकते हैं। इसके उपयोग की दो विधियां हैं, जिनमें से पहली विधि इलिप्स टूल से मिलती जुलती है, जो निम्नप्रकार है :

1. टूल बॉक्स में पॉलीगॉन टूल को क्लिक कीजिए। इससे माउस पॉइंटर एक छोटे धन चिह्न '+' में बदल जाएगा।

2. एक ऐसे आयत की कल्पना कीजिए, जिसके अन्दर अधिकतम आकार का बहुभुज आप बनाना चाहते हैं। कर्सर को उस काल्पनिक आयत के एक कोने पर ले जाइए।

3. माउस बटन को क्लिक करके दबा लीजिए और उसे दबाए रखकर माउस पॉइंटर को उस काल्पनिक आयत के सामने वाले कोने तक सरकाकर लाइए। इस प्रकार माउस पॉइंटर सरकाते समय बहुभुज बनता हुआ दिखाई देगा।

4. इच्छित आकार का बहुभुज बन जाने के बाद माउस बटन को छोड़ दीजिए। इससे बहुभुज स्थिर हो जाएगा और उसके चारों ओर आठ हैंडिल बने हुए दिखाई देंगे, जैसा कि चित्र 8.8 में दिखाया गया है।

इस प्रकार बनाया गया बहुभुज वैसे तो सममित (Symmetric) होता है, लेकिन उसकी सभी भुजाएं और कोण समान नहीं होते। इसी विधि से आप समान भुजाओं और कोणों वाले बहुभुज, जिन्हें नियमित बहुभुज (Regular polygon) कहते हैं, बना सकते हैं। उसके लिए केवल माउस पॉइंटर को खींचते समय शिफ्ट कुंजी को दबा लिया जाता है। ऐसे बहुभुज बनाने के लिए क्रिया 4 में माउस बटन छोड़ते समय शिफ्ट कुंजी दबी हुई होनी चाहिए।

चित्र 8.8 में दोनों प्रकार के बहुभुज बने दिखाए गए हैं, जिनमें भुजाओं की संख्या 6 है।

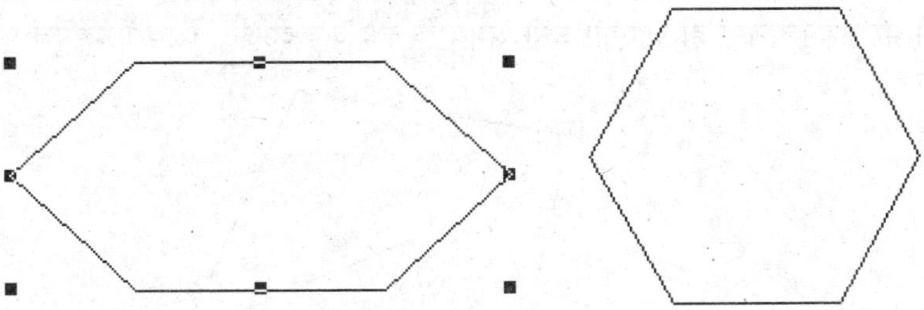

चित्र 8.8 : पॉलीगॉन टूल द्वारा बनाए गए सामान्य बहुभुज

नियमित बहुभुज की भुजाओं की संख्या बदलना (Changing Number of Sides of a Regular Polygon)

इस विधि द्वारा बहुभुज बनाने के बाद आप उनकी भुजाओं की संख्या बदल सकते हैं। इसके लिए बहुभुज (या बहुभुजों) को चुनकर **Element** मेन्यू में **Polygon Settings...** विकल्प को क्लिक कीजिए, इससे आपकी स्क्रीन पर चित्र 8.9 की तरह 'Polygon Settings' का डायलॉग बॉक्स खुल जाएगा। इस डायलॉग बॉक्स में **Number of sides** के टैक्स्ट बॉक्स में इच्छित भुजाओं की संख्या टाइप कीजिए और **OK** बटन को क्लिक कीजिए अथवा एण्टर दबाइए। इससे चुने हुए बहुभुज (या बहुभुजों) में भुजाओं की संख्या उतनी ही हो जाएगी।

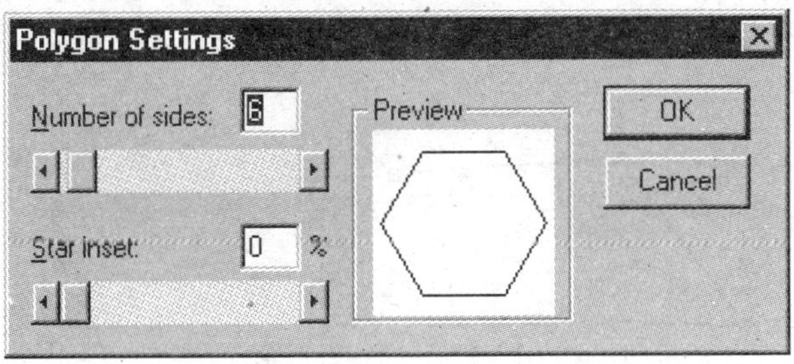

चित्र 8.9 : 'Polygon Settings' का डायलॉग बॉक्स

अनियमित बहुभुज बनाना (Creating Irregular Polygon)

बहुभुज बनाने की दूसरी विधि द्वारा ऐसे बहुभुज बनाए जाते हैं, जिसमें भुजाओं की लम्बाइयों और कोणों पर कोई प्रतिबन्ध नहीं होता। यह विधि निम्नप्रकार है :

1. पॉलीगॉन टूल को क्लिक कीजिए। इससे माउस पॉइंटर एक छोटे धन चिह्न '+' में बदल जाएगा।
2. माउस पॉइंटर को उस अनियमित बहुभुज के एक कोने पर क्लिक कीजिए।
3. अब बारी-बारी से उसके अन्य कोने बनाने के लिए क्लिक कीजिए। आप देखेंगे कि प्रत्येक बार क्लिक करने से एक भुजा बन जाती है।

4. जब अन्तिम भुजा बनानी हो, तो माउस पॉइंटर को सबसे पहले कोने पर लाइए। उस समय वहां एक छोटा सा वर्ग उभर आएगा, जैसा कि चित्र 8.10 में दिखाया गया है। इस वर्ग से पता चलता है कि यहां क्लिक करने पर बहुभुज बन्द हो जाएगा। उसी समय क्लिक कर दीजिए, जिससे बहुभुज पूर्ण हो जाएगा।

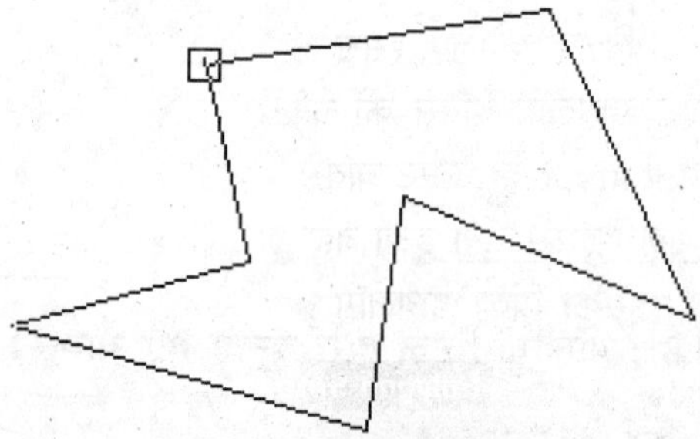

चित्र 8.10 : पॉलीगॉन टूल द्वारा बनाया गया एक अनियमित बहुभुज

कोई बहुभुज बनाने के बाद आप उसकी भुजाओं को बढ़ा सकते हैं, सरका सकते हैं और हटा भी सकते हैं। किसी नियमित बहुभुज की भुजाओं की संख्या घटाने-बढ़ाने की विधि पीछे बताई जा चुकी है। अनियमित बहुभुज को फिर से आकार देने की विधि निम्नलिखित है :

1. जिस बहुभुज को आप फिर से आकार देना चाहते हैं, उसे डबल क्लिक कीजिए। इससे वह चुन लिया जाएगा और उसके प्रत्येक नुक्कड़ या नोड (Node) पर एक हैंडिल बन जाएगा, जैसा कि चित्र 8.11 में दिखाया गया है।

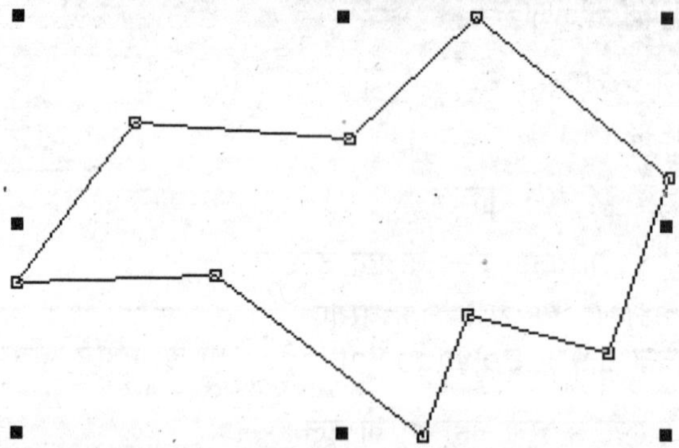

चित्र 8.11 : किसी बहुभुज का आकार बदलना

2. जिस भुजा पर आप नया नोड बनाना चाहते हैं, उसे क्लिक कीजिए। इससे वहां एक नया नोड बन जाएगा।
3. जिस नोड को आप समाप्त करना चाहते हैं, उसको क्लिक कीजिए। इससे वह नोड हट जाएगा और उस पर मिलने वाली दोनों भुजाएं मिलकर एक हो जाएंगी।
4. बहुभुज को नया आकार देने के लिए उसके किसी नोड को माउस पॉइंटर से पकड़कर उचित दिशा में खींचिए और इच्छित स्थान पर ले जाकर छोड़ दीजिए।

इस विधि द्वारा आप किसी भी बहुभुज को मनचाहा आकार दे सकते हैं।

सितारा बनाना
(Creating Star)

आप किसी नियमित बहुभुज को सितारे का आकार भी दे सकते हैं। इसके लिए उसे बहुभुज को चुनकर **Ele<u>m</u>ent** मेन्यू में **<u>P</u>olygon Settings...** विकल्प को क्लिक कीजिए, इससे आपकी स्क्रीन पर चित्र 8.12 की तरह 'Polygon Settings' का डायलॉग बॉक्स खुल जाएगा। इस डायलॉग बॉक्स को पॉलीगॉन टूल को डबल क्लिक करके भी प्राप्त किया जा सकता है। इस डायलॉग बॉक्स में **<u>S</u>tar inset** के टैक्स्ट बॉक्स में स्टार प्रभाव का प्रतिशत टाइप कीजिए और **OK** बटन को क्लिक कीजिए अथवा एण्टर दबाइए। इससे चुना हुआ बहुभुज स्टार में बदल जाएगा। चित्र 8.12 में 50 प्रतिशत स्टार प्रभाव वाला बहुभुज दिखाया गया है। इसका प्रिव्यू डायलॉग बॉक्स में ही दिखाया जाता है।

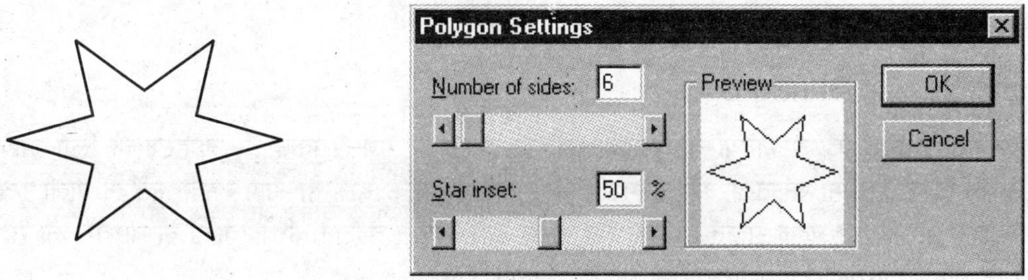

चित्र 8.12 : नियमित बहुभुज में सितारे का प्रभाव डालना

यहां यह स्मरणीय है कि यह आदेश केवल नियमित बहुभुजों पर लागू होता है। यदि आप उसके किसी कोने को मूल स्थान से हटाकर कहीं और लगा देते हैं, तो वह बहुभुज अनियमित हो जाता है और उसके लिए पॉलीगॉन सेटिंग का डायलॉग बॉक्स नहीं खोला जा सकता।

वस्तुओं को चुनना
(Selecting Objects)

किसी वस्तु या आकृति के गुणों में परिवर्तन करने अथवा उस पर कोई क्रिया करने के लिए सबसे पहले उसे चुनना पड़ता है। आप आवश्यकता के अनुसार एक से अधिक वस्तुएं भी चुन सकते हैं। इसकी विधि निम्नप्रकार है, जो प्रत्येक परिस्थिति में प्रत्येक वस्तु के लिए लागू होती है :

1. यदि पॉइंटर टूल पहले से चुना नहीं है, तो टूल बॉक्स में पॉइंटर टूल को क्लिक कीजिए। इससे माउस पॉइंटर एक तिरछे तीर का रूप ले लेगा। यदि कोई अन्य टूल चुना हुआ है, तो कंट्रोल के साथ स्पेस बार दबा देने से पॉइंटर टूल चुन लिया जाता है।
2. जिस वस्तु को आप चुनना चाहते हैं, उस पर माउस पॉइंटर ले जाकर क्लिक कीजिए। इससे उस वस्तु के चारों ओर हैंडिल बन जाएंगे, जिनसे पता चलता है कि वह वस्तु चुनी हुई है।
3. अन्य वस्तुओं को चुनने के लिए शिफ्ट कुंजी को दबाकर बारी-बारी से उन्हें क्लिक कीजिए। इससे वे वस्तुएं भी चुनी हुई दिखाई देंगी। बिना शिफ्ट दबाए किसी वस्तु को क्लिक करने से पहले के सभी चुनाव रद्द हो जाएंगे और केवल वही वस्तु चुनी जाएगी।
4. यदि अनेक वस्तुएं चुनी हुई हैं और आप उनमें से किसी वस्तु को चुनाव से अलग करना चाहते हैं, तो शिफ्ट कुंजी दबाकर उसे क्लिक कीजिए। इससे वह वस्तु चुनी हुई नहीं रहेगी।

5. चुनाव पूरी तरह रद्द करने के लिए या तो माउस पॉइंटर द्वारा किसी खाली स्थान पर क्लिक कीजिए या किसी अन्य वस्तु का चुनाव कीजिए।
6. पास-पास स्थित कई वस्तुओं को एक साथ चुनने के लिए माउस बटन को दबाकर माउस पॉइंटर से उनके चारों ओर एक आयताकार घेरा बनाइए। माउस बटन छोड़ते ही उस घेरे के अन्दर पूरी तरह आने वाली सभी वस्तुएं चुन ली जाएंगी। जो वस्तुएं उस घेरे में पूरी नहीं आतीं, केवल उनका कोई भाग आता है, उन्हें नहीं चुना जाएगा।

वस्तुओं का चुनाव करने की आवश्यकता हमें बार-बार पड़ती है। इसलिए इस विधि को अच्छी तरह समझ लेना चाहिए, ताकि कोई क्रिया करने के लिए सही वस्तु का ही चुनाव किया जाए।

फिल एंड स्ट्रोक डायलॉग बॉक्स
(Fill and Stroke Dialog Box)

आप पेजमेकर में बनाई गई आकृतियों या वस्तुओं को कई प्रकार से सुधार सकते हैं। उदाहरण के लिए आप उसका आकार बदल सकते हैं, घुमा सकते हैं और उनमें रंग भर सकते हैं। इनके साथ ही आप उनको खींचने वाली रेखाओं की मोटाई, स्टाइल और रंग भी बदल सकते हैं। यहां हम मोटाई और स्टाइल बदलने की क्रियाओं के बारे में बता रहे हैं, शेष क्रियाओं के बारे में अध्याय 12 में विस्तार से बताया जाएगा।

वस्तुओं के फिल एंड स्ट्रोक सम्बंधी गुणों को बदलने या सुधारने की विधि इस प्रकार है :

1. टूल बॉक्स में पॉइंटर टूल को क्लिक कीजिए।
2. इसकी सहायता से उन वस्तुओं को चुनिए, जिनके गुण आप बदलना चाहते हैं।
3. **Element** मेन्यू में **Fill and Stroke...** विकल्प को क्लिक कीजिए अथवा कंट्रोल के साथ **U** दबाइए। इससे आपकी स्क्रीन पर चित्र 8.13 की तरह 'Fill and Stroke' का डायलॉग बॉक्स खुल जाएगा। इस डायलॉग बॉक्स में अपनी इच्छानुसार उचित सेटिंग कीजिए।

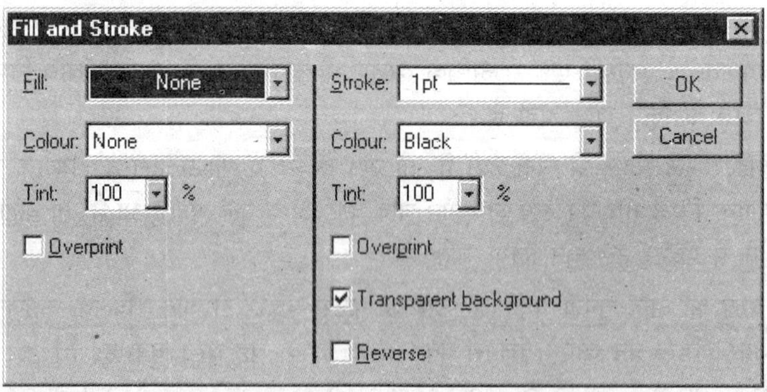

चित्र 8.13 : 'Fill and Stroke' का डायलॉग बॉक्स

4. **OK** बटन को क्लिक कीजिए अथवा एण्टर दबाइए, जिससे आपके द्वारा की गई सेटिंग चुनी हुई वस्तुओं पर लागू हो जाएगी।

इस डायलॉग बॉक्स में निम्नलिखित विकल्प होते हैं :

- **Fill:** इस ड्रॉप-डाउन लिस्ट को खोलकर उस पैटर्न को चुनिए, जिसे आप वस्तुओं में भरना चाहते हैं।
- **Colour:** इस ड्रॉप-डाउन लिस्ट को खोलकर उसमें से किसी रंग का चुनाव कीजिए। **None** विकल्प चुनने पर कोई रंग नहीं भरा जाता।
- **Tint:** इस टैक्स्ट बॉक्स में चुने हुए रंग की गहराई प्रतिशत में सेट की जाती है।
- **Stroke:** इस ड्रॉप-डाउन लिस्ट को खोलकर उसमें से सीमा रेखाओं की मोटाई और स्टाइल चुनिए। यदि आपकी इच्छित मोटाई की रेखा इस लिस्ट में उपलब्ध नहीं है, तो लिस्ट में से **Custom...** विकल्प को चुनिए। इससे चित्र 8.3 की तरह 'Custom Stroke' का डायलॉग बॉक्स खुल जाएगा। इस डायलॉग बॉक्स में आप .1 के अन्तर से 0 से 800 पॉइंट तक की मोटाई वाली सीमा रेखा की सेटिंग कर सकते हैं। इसके बारे में पीछे विस्तार से बताया जा चुका है।
- **Transparent Background:** इस चेक बॉक्स को सेट करने से उस वस्तु के पीछे वाली वस्तु खाली स्थान में से दिखाई पड़ती है।
- **Reverse:** इस चेक बॉक्स को सेट करने से वस्तु की सीमा रेखा कागज के रंग अथवा बैकग्राउंड के उलटे रंग में हो जाती है।

यहां यह बता देना आवश्यक है कि यह विकल्प कोई वस्तु चुनी हुई न होने पर भी उपलब्ध रहता है। यदि आप किसी वस्तु या वस्तुओं को चुनकर इसमें सेटिंग करते हैं, तो वह सेटिंग केवल चुनी हुई वस्तुओं पर लागू होगी और यदि कोई वस्तु चुने बिना सेटिंग करते हैं, तो वह सेटिंग डिफॉल्ट हो जाएगी और आगे बनने वाली सभी वस्तुओं पर लागू होगी।

यदि आप चुनी हुई वस्तुओं की केवल सीमा रेखा से सम्बंधित सेटिंग करना चाहते हैं, तो **Element** मेन्यू में **Stoke...** आदेश दीजिए और यदि केवल भरे जाने वाले पैटर्न से सम्बंधित सेटिंग करना चाहते हैं, तो **Element** मेन्यू में **Fill...** आदेश दीजिए, जिनसे केवल आवश्यक विकल्प ही खोले जाएंगे।

वस्तुओं पर की जाने वाली विविध क्रियाओं के बारे में आगे अध्याय 12 'वस्तुओं पर कार्य' में विस्तारपूर्वक बताया जाएगा।

9

टैक्स्ट टूल
(Text Tool)

पेजमेकर की शब्दावली में पाठ्य के किसी ब्लॉक को, जिसे आप एक स्वतंत्र पाठ्य इकाई के रूप में सेट करना चाहते हैं, स्टोरी (Story) कहा जाता है। कोई स्टोरी अनेक पृष्ठ लम्बी भी हो सकती है और केवल एक या दो शब्दों जितनी भी हो सकती है। सामान्यतया शीर्षकों को एक अलग स्टोरी के रूप में लगाया जाता है। इसी तरह चित्रों के परिचय (Caption) को भी अलग स्टोरी बनाया जाता है, जैसा कि इस पुस्तक में भी किया गया है।

अपने प्रकाशन या दस्तावेज में टैक्स्ट को या तो आप सीधे पेजमेकर में प्रविष्ट कर सकते हैं या किसी वर्ड प्रोसेसर जैसे एमएस-वर्ड में तैयार करके उसे पेजमेकर में आयात कर सकते हैं। अनुभवी उपयोगकर्ता सामान्य पाठ्य को वर्ड प्रोसेसर में ही तैयार करने की सलाह देते हैं।

टैक्स्ट टूल का उपयोग
(Using the Text Tool)

पेजमेकर में पाठ्य पर कोई कार्य करते समय आपको टैक्स्ट टूल का उपयोग करना होता है। यह टूल टूलबॉक्स में सबसे ऊपर दायीं ओर उपलब्ध होता है और इस पर एक बड़ी **'T'** छपी रहती है। जब आप इस टूल को क्लिक करते हैं, तो माउस पॉइंटर एक आई जैसे रूप में बदल जाता है, जिसे आई-बीम (I-Beam) कहा जाता है। आप कंट्रोल के साथ स्पेसबार दबा-दबाकर पॉइंटर टूल और टैक्स्ट टूल को बारी-बारी से चुन सकते हैं।

पेजमेकर के किसी दस्तावेज के किसी पेज पर पाठ्य लगाने की तीन प्रमुख विधियां हैं, जिनके बारे में यहां विस्तार से बताया जा रहा है।

टैक्स्ट टूल द्वारा पाठ्य तैयार करना
(Creating Text by Text Tool)

इस विधि का उपयोग तब किया जाता है जब आपको पेजमेकर में ही टैक्स्ट तैयार करना हो। इसके लिए निम्नलिखित क्रियाएं कीजिए :

1. टूलबॉक्स में टैक्स्ट टूल को क्लिक करके चुनिए।
2. दस्तावेज के किसी पृष्ठ पर माउस पॉइंटर ले जाकर माउस बटन को क्लिक करके दबा लीजिए और उसे खींचते हुए वहां एक आयताकार घेरा बनाइए जहां आप पाठ्य लगाना चाहते हैं, जैसा कि चित्र 9.1 में दिखाया गया है।
3. माउस बटन को छोड़ते ही कर्सर, जो एक लम्बी खड़ी रेखा के रूप में होता है, उस घेरे के बाएं ऊपरी कोने में पहुंच जाएगा। आप वहां कोई भी पाठ्य टाइप कर सकते हैं।

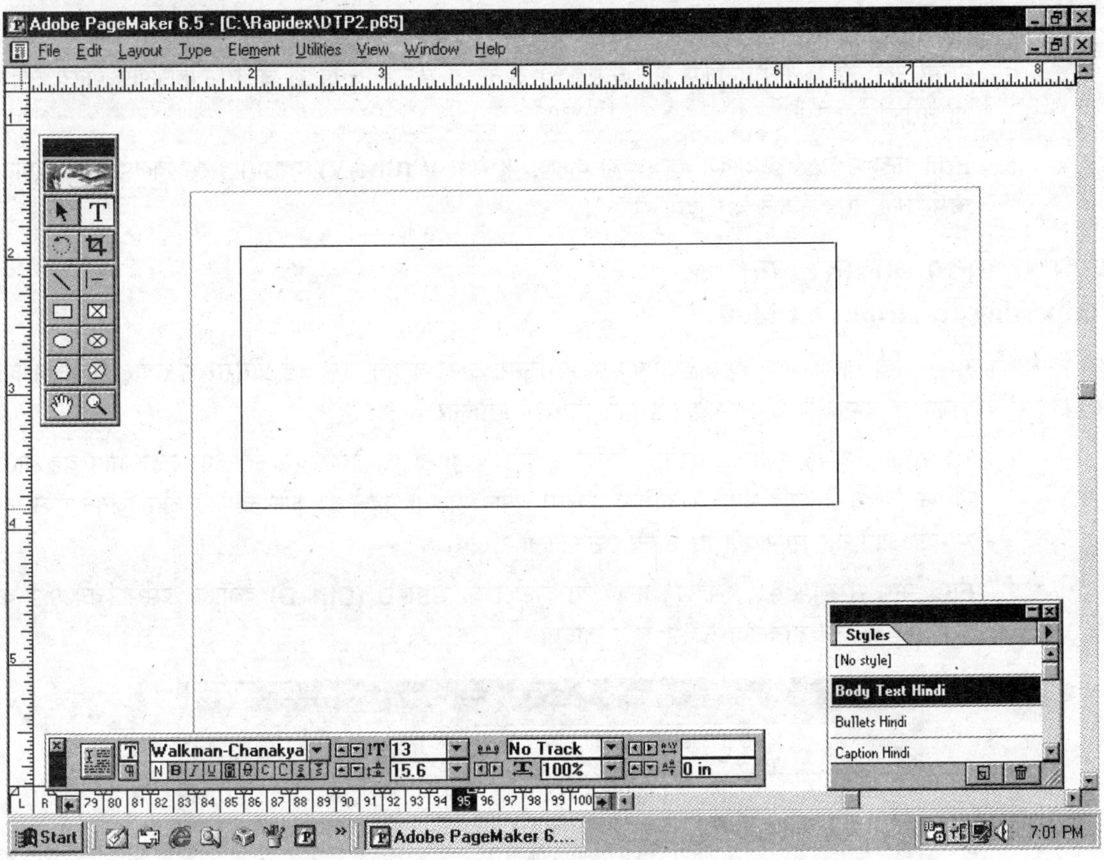

चित्र 9.1 : टैक्स्ट टूल द्वारा टैक्स्ट तैयार करना

4. यद्यपि आयताकार घेरा गायब हो जाता है, लेकिन जब आप पाठ्य टाइप करते हैं, तो उस अदृश्य घेरे के दाएं किनारे तक पहुंचने पर टैक्स्ट स्वयं ही अगली पंक्ति से प्रारम्भ हो जाता है। यह शीर्षक, परिचय आदि टाइप करने का सबसे सरल उपाय है।

वैसे आप आयताकार घेरा बनाए बिना भी केवल पृष्ठ पर कहीं क्लिक करके वहां कर्सर ले जाकर टाइप करना प्रारम्भ कर सकते हैं। इस स्थिति में एक पंक्ति की चौड़ाई पेज के सजीव क्षेत्र की अधिकतम चौड़ाई के बराबर होगी।

एक बार कहीं भी पाठ्य टाइप कर देने के बाद आप उसके गुण, जैसे फॉण्ट, आकार, रंग आदि तय कर सकते हैं और उसे मनचाहे स्थान पर लगा सकते हैं। इसके बारे में आगे बताया जाएगा।

क्लिपबोर्ड से पाठ्य नकल करना (Copying Text from Clipboard)

कभी-कभी हम किसी अन्य फाइल या दस्तावेज में उपलब्ध पाठ्य को पेजमेकर के किसी दस्तावेज में लाना चाहते हैं। इसका सरल उपाय विंडोज की क्लिपबोर्ड सुविधा का लाभ लेना है। इसकी विधि निम्नप्रकार है :

1. उस फाइल को खोलिए, जिसमें वह पाठ्य है, जिसे आप पेजमेकर में नकल करना चाहते हैं।
2. उस पाठ्य को चुनकर **Cut** या **Copy** आदेश दीजिए, जिससे वह पाठ्य क्लिपबोर्ड में आ जाएगा।

3. अब अपने पेजमेकर दस्तावेज को खोलिए, यदि वह पहले से ही खुला हुआ न हो।
4. टैक्स्ट टूल को क्लिक कीजिए और कर्सर को दस्तावेज में उस जगह ले जाइए, जहां आप पाठ्य लगाना या घुसाना चाहते हैं।
5. **Edit** मेन्यू में **Paste** आदेश दीजिए या कंट्रोल के साथ **V (Ctrl+V)** दबाइए। इससे क्लिपबोर्ड का पाठ्य कर्सर की जगह नकल कर दिया जाएगा।

बाहर से पाठ्य आयात करना
(Importing Text from Outside)

इस विधि का उपयोग तब किया जाता है, जब आपने पाठ्य किसी अन्य प्रोग्राम जैसे वर्ड प्रोसेसर में तैयार किया हो और उसको पूरा पेजमेकर के दस्तावेज में लाना हो। इसकी विधि निम्नप्रकार है :

1. सबसे पहले अपने पेजमेकर दस्तावेज में उस पृष्ठ या पृष्ठों को तैयार कर लीजिए, जहां आप वह पाठ्य लगाना चाहते हैं। यदि एक से अधिक कॉलम बनाने हों, तो पहले ही बना लीजिए और जितने पृष्ठों की सामग्री आने की सम्भावना है, उतने पृष्ठ खाली रखिए।
2. **File** मेन्यू में **Place...** आदेश दीजिए या कंट्रोल के साथ **D (Ctrl+D)** दबाइए। इससे चित्र 9.2 की तरह **Place** का डायलॉग बॉक्स खुल जाएगा।

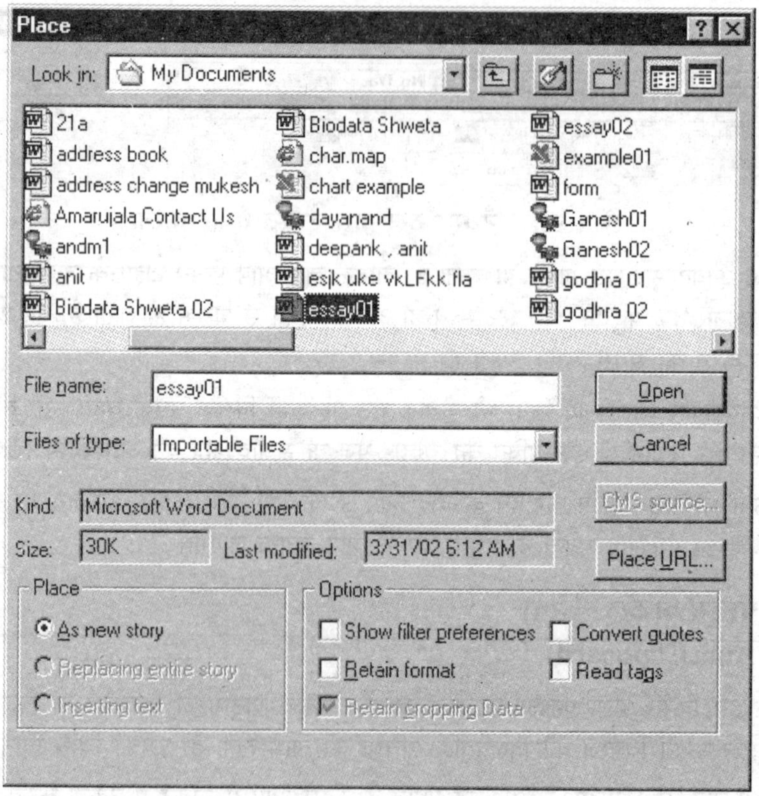

चित्र 9.2 : 'Place' का डायलॉग बॉक्स

3. इस डायलॉग बॉक्स के **Look in** ड्रॉप डाउन लिस्ट बॉक्स में उस फोल्डर का चुनाव कीजिए, जिसमें वह फाइल है, जिसकी पाठ्य सामग्री आप पेजमेकर में लाना चाहते हैं। ऐसा करने पर उस फोल्डर में उपलब्ध आयात करने योग्य फाइलों की सूची दिखाई पड़ेगी।
4. इस सूची में से उस फाइल के नाम को क्लिक करके चुन लीजिए। इससे उसका नाम **File name** टैक्स्ट बॉक्स में दिखाई देगा।
5. **Open** बटन को क्लिक कीजिए। इससे यदि सामग्री आयात करने योग्य होगी, तो माउस पॉइंटर एक छोटे पेज के रूप में बदल जाएगा।
6. इस माउस पॉइंटर को दस्तावेज में उचित स्थान पर लाकर क्लिक कीजिए। आपके द्वारा आयात की हुई सामग्री उसी स्थान पर लगा दी जाएगी। यदि आपने **Layout** मेन्यू में **Autoflow** विकल्प सेट कर रखा है, तो पेजमेकर उस सामग्री को एक कॉलम या पेज भर जाने के पश्चात् स्वत: ही अगले कॉलम या पेज पर लगा देता है।

टैक्स्ट ब्लॉक
(Text Blocks)

हम बता चुके हैं कि पेजमेकर टैक्स्ट के किसी भाग या ब्लॉक को एक वस्तु के रूप में संभालता है, शब्दों की किसी शृंखला के रूप में नहीं। हालांकि टैक्स्ट ब्लॉकों में पाठ्य भरा होता है, लेकिन आप उसे उसी तरह मनचाहा आकार दे सकते हैं और मनचाहे स्थान पर लगा सकते हैं, जैसे किसी चित्र के साथ किया जाता है। वास्तव में टैक्स्ट ब्लॉक आपके लिए एक पाठ्य के डिब्बे का काम करता है।

जब कई टैक्स्ट ब्लॉकों को आपस में जोड़ दिया जाता है, तो वे पेजमेकर की एक पूर्ण स्टोरी बनाते हैं। उन्हें प्रारम्भ से अन्त तक एक डोरी (Thread) के रूप में सम्बंधित कर दिया जाता है, जिससे एक से दूसरे ब्लॉक में पाठ्य का प्रवाह स्वतंत्रता से होता है।

पेजमेकर की एक स्टोरी में केवल एक टैक्स्ट ब्लॉक भी हो सकता है और सैकड़ों टैक्स्ट ब्लॉक भी हो सकते हैं। उदाहरण के लिए, किसी पुस्तक में कोई स्टोरी पहले पृष्ठ से प्रारम्भ करके अंतिम पृष्ठ तक चलती जाती है। किसी पत्रिका में यह थोड़ा जटिल होती है, क्योंकि उसमें कोई स्टोरी पहले पेज पर शुरू होकर बीच के पृष्ठों को छोड़ती हुई आगे के किसी पृष्ठ पर जारी रह सकती है। बीच के पृष्ठों पर अन्य स्टोरियां हो सकती हैं। भले ही किसी स्टोरी के टैक्स्ट ब्लॉक कई पेजों के अन्तर पर लगे हों, लेकिन एक पेज का ब्लॉक किसी अन्य पेज पर लगे हुए अगले ब्लॉक से किसी डोरी की तरह इस प्रकार सम्बंधित कर दिया जाता है कि उनमें पाठ्य का प्रवाह सामान्य रूप से होता है। जब तक आप उस डोरी को तोड़ न दें, यह कड़ी हमेशा बनी रहती है।

चित्र 9.3 में कई टैक्स्ट ब्लॉक दिखाए गए हैं। यहां हमने एक ही पेज पर तीन कॉलम बनाए हैं। इन कॉलमों में रखे हुए टैक्स्ट ब्लॉकों को डोरी की तरह जोड़ा गया है, जिससे पाठ्य का प्रवाह एक से दूसरे कॉलम में स्वतंत्रता से होता है। इस प्रकार सभी ब्लॉक मिलकर एक स्टोरी बनाते हैं। स्टोरी अन्तिम ब्लॉक से आगे भी जारी रह सकती है।

किसी टैक्स्ट ब्लॉक की ऊपरी और निचली सीमाओं पर खिंची हुई क्षैतिज रेखाओं को विंडोशेड (Windowshades) कहा जाता है। किसी विंडोशेड में दिखाई पड़ने वाले टैब को खींच कर ब्लॉक का आकार बदला जाता है और उस ब्लॉक में स्टोरी का भाग अर्थात् पाठ्य की मात्रा कम या अधिक की जा सकती है। जब ब्लॉक को इस प्रकार बढ़ाया या घटाया जाता है, तो उसके अन्दर का पाठ्य इस स्टोरी के अगले ब्लॉक में से आता-जाता रहता है।

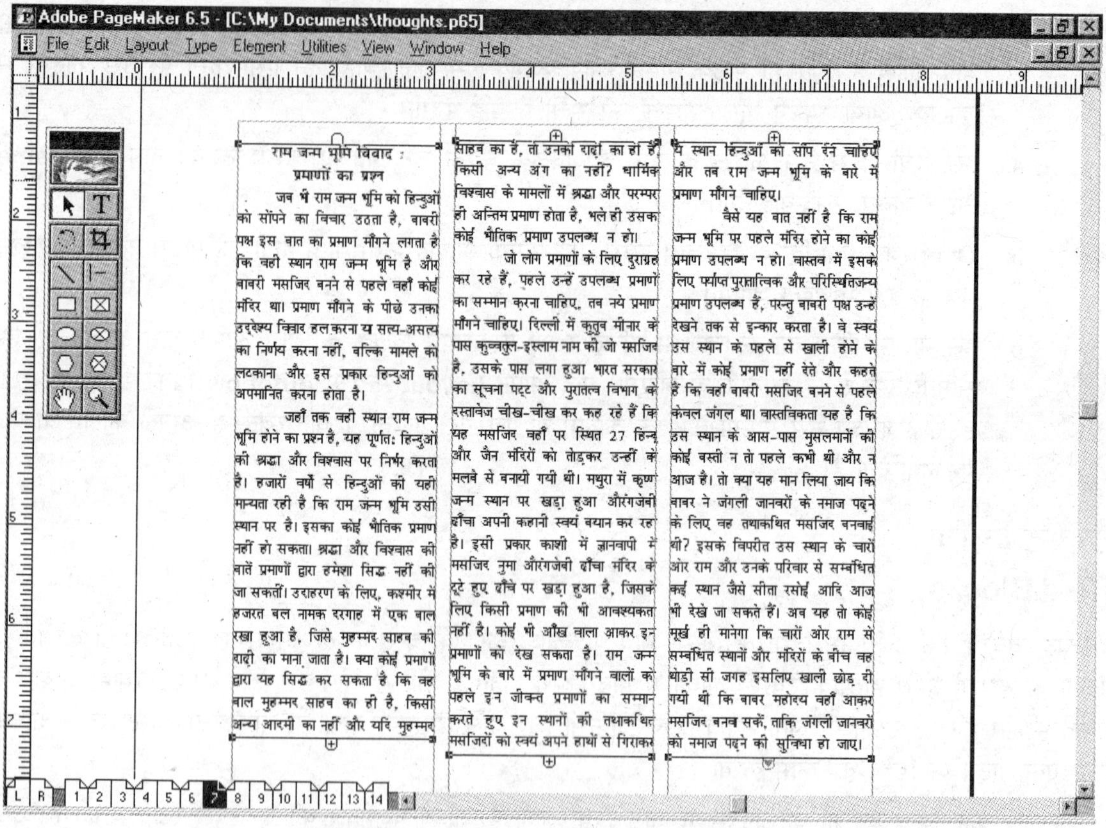

चित्र 9.3 : टैक्स्ट ब्लॉकों में एक पेजमेकर स्टोरी

कई विंडोशेडों के टैबों में विभिन्न प्रकार के चिह्न भी होते हैं, जिनका अर्थ निम्नप्रकार है :

1. किसी टैक्स्ट ब्लॉक के ऊपर अथवा नीचे के विंडोशेड में कोई खाली टैब यह दिखाता है कि क्रमश: उससे पहले अथवा बाद में उस स्टोरी का कोई पाठ्य बाकी नहीं है।
2. किसी टैक्स्ट ब्लॉक के ऊपर अथवा नीचे के विंडोशेड में टैब में लगा धन चिह्न (+) यह बताता है कि क्रमश: उससे पहले अथवा बाद में भी पाठ्य है, जो उस स्टोरी या शृंखला के पिछले या अगले टैक्स्ट ब्लॉक में रखा हुआ है।
3. किसी टैक्स्ट ब्लॉक के नीचे के विंडोशेड में टैब में लगा लाल तीर का चिह्न (▼) यह बताता है कि उस टैक्स्ट ब्लॉक के बाद में भी पाठ्य है, जो अभी तक किसी टैक्स्ट ब्लॉक में रखा नहीं गया है।

चित्र 9.3 में दिखाए गए टैक्स्ट ब्लॉकों में यदि हम बीच के ब्लॉक के नीचे के विंडोशेड के टैब को माउस पॉइंटर द्वारा पकड़कर ऊपर की ओर खींचते हैं, तो ब्लॉक में पाठ्य के लिए स्थान कम हो जाता है, जिससे नीचे का कटा हुआ पाठ्य स्वत: ही तीसरे ब्लॉक में चला जाता है। इसी प्रकार यदि उस ब्लॉक के नीचे के विंडोशेड के टैब को माउस पॉइंटर द्वारा नीचे की ओर खींचकर बढ़ाया जाता है, तो अगले ब्लॉक से उतना पाठ्य उसमें आ जाता है कि इस क्रिया से बना हुआ अतिरिक्त स्थान भर जाए। इस प्रकार आप किसी स्टोरी के ब्लॉकों का आकार अधिक या कम करके स्टोरी को उपलब्ध स्थान में अच्छी तरह सेट कर सकते हैं।

टैक्स्ट ब्लॉकों का आकार और स्थान बदलना (Changing Size and Position of Text Blocks)

टैक्स्ट ब्लॉक भी वस्तु होते हैं, इसलिए किसी भी अन्य वस्तु की तरह उनका भी आकार और स्थान बदला जा सकता है। टैक्स्ट ब्लॉक का आकार बदलने के लिए पहले उसे पॉइंटर टूल द्वारा क्लिक कीजिए, इससे उसके चारों कोनों पर अर्थात् ऊपर और नीचे के विंडोशेडों के दोनों किनारों पर हैंडिल बन जाएंगे। इन हैंडिलों में से किसी को भी माउस पॉइंटर से पकड़कर किसी भी दिशा में खींचा जा सकता है। ऐसा करते समय माउस पॉइंटर एक दो सिरों वाले तीर में बदल जाता है और टैक्स्ट ब्लॉक एक बॉक्स में बदल जाता है, जैसा कि चित्र 9.4 में दिखाया गया है। इस स्थिति में आप टैक्स्ट ब्लॉक को मनचाहा आकार और रूप दे सकते हैं।

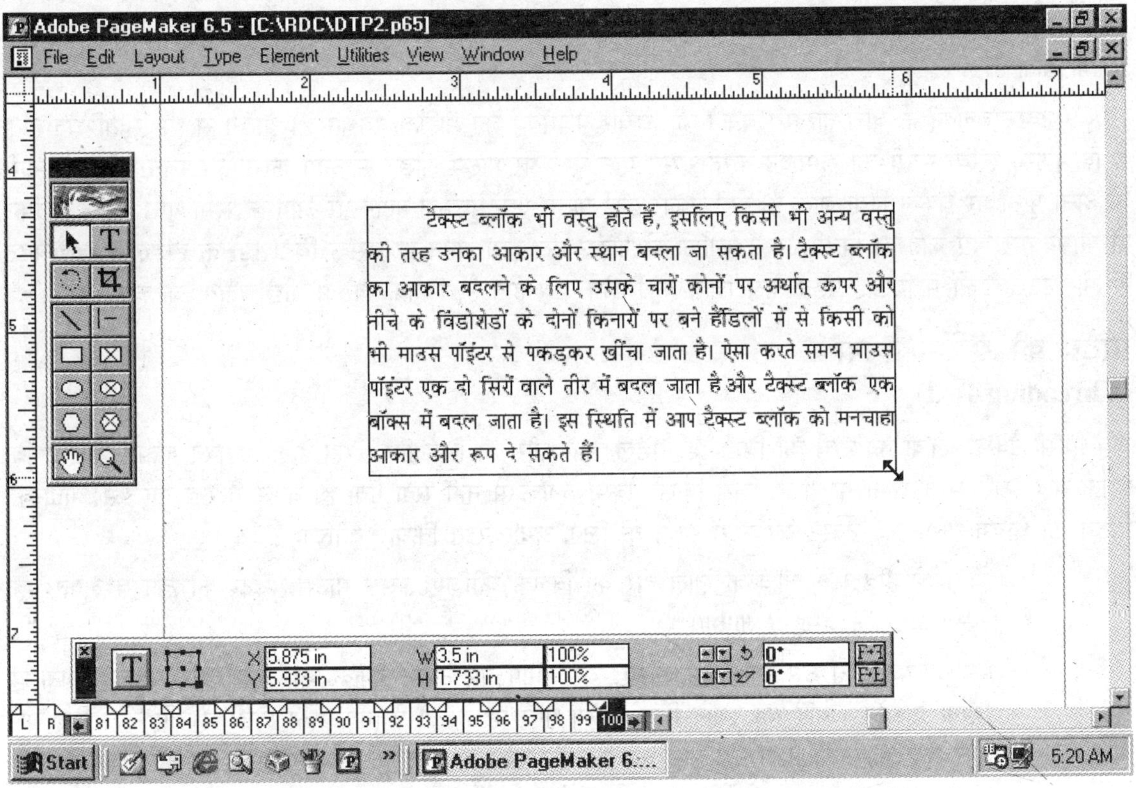

चित्र 9.4 : टैक्स्ट ब्लॉक का आकार बदलना

यदि आप टैक्स्ट ब्लॉक की चौड़ाई बदले बिना केवल ऊंचाई बदलना चाहते हैं, तो उसके विंडोशेडों के टैब को माउस पॉइंटर द्वारा पकड़कर ऊपर या नीचे खींचिए। इससे ब्लॉक की सामग्री को नियंत्रित करके आप पैराग्राफों को विभिन्न पृष्ठों और कॉलमों में बांट सकते हैं।

किसी टैक्स्ट ब्लॉक का आकार बदलने पर उसका स्थान भी कुछ न कुछ बदल जाता है। यदि आप आकार बदले बिना केवल स्थिति बदलना चाहते हैं, तो उस ब्लॉक को चुनकर माउस पॉइंटर द्वारा बीच में कहीं से भी पकड़कर किसी भी दिशा में खींचिए और उचित स्थान पर ले जाकर छोड़ दीजिए। इस तरह खींचते समय वह ब्लॉक बॉक्स के रूप में और माउस पॉइंटर तिकोने तीर में बदल जाता है तथा बॉक्स माउस पॉइंटर के साथ चलता दिखाई देता है।

पाठ्य का प्रवाह नियंत्रित करना
(Controlling Flow of Text)

आप इसी अध्याय में पढ़ चुके हैं कि पेजमेकर में कोई स्टोरी अनेक पृष्ठों जितनी लम्बी भी हो सकती है। उसको अनेक टैक्स्ट ब्लॉकों में रखा जाता है और उनके बीच पाठ्य का प्रवाह बनाए रखने के लिए उनमें सम्बंध बनाया जाता है। इस प्रकार सम्बंध बनाने की क्रिया को पेजमेकर में तारतम्य बनाना या **थ्रेडिंग (Threading)** कहा जाता है। उदाहरण के लिए, किसी समाचार पत्र में कोई समाचार दो या तीन कॉलमों में छपा होता है। पहले कॉलम के आगे की सामग्री दूसरे कॉलम में दी जाती है। वे दोनों टैक्स्ट ब्लॉक वास्तव में इस प्रकार सम्बंधित होते हैं कि उनका आकार बदलने पर अथवा पाठ्य की मात्रा कम या अधिक होने पर एक से दूसरे में पाठ्य का आवागमन आवश्यकतानुसार स्वतः ही होता रहता है। समाचार का कुछ भाग किसी अन्य पृष्ठ पर भी हो सकता है और उसके साथ भी पहले भागों को उसी प्रकार तारतम्य बनाया जाता है।

टैक्स्ट ब्लॉकों के बीच तारतम्य बनाने का विचार पेजमेकर का मौलिक विचार है। थ्रेडिंग से यह सुनिश्चित होता है कि किसी लम्बी स्टोरी का सम्पादन करते समय एक पृष्ठ पर पाठ्य जोड़ने से आगे का पाठ्य स्वतः ही उस स्टोरी के अन्य पृष्ठों पर धकेल दिया जाता है। इसी प्रकार कोई पाठ्य एक पृष्ठ से हटाने पर आगे के सभी पृष्ठ स्वतः ही फिर से फॉर्मेट कर दिए जाते हैं। किसी टैक्स्ट ब्लॉक को पॉइंटर टूल द्वारा चुनने पर उसके विंडोशेडों के हैंडिल दिखाई पड़ते हैं और उन हैंडिलों में दिखाई पड़ने वाले चिह्नों के विशेष अर्थ होते हैं, जिनके बारे में पीछे बताया जा चुका है।

पाठ्य की थ्रैडिंग करना
(Threading Text)

जब किसी टैक्स्ट ब्लॉक का नीचे का विंडोशेड हैंडिल लाल तीर का चिह्न दिखा रहा है, तो इसका तात्पर्य होता है कि इसके बाद स्टोरी में और भी पाठ्य है, जिसे किसी टैक्स्ट ब्लॉक में नहीं रखा गया है। बफर में रखे गए इस अतिरिक्त पाठ्य को थ्रैडिंग करके नए टैक्स्ट ब्लॉक में रखने के लिए अग्रलिखित क्रियाएं कीजिए :

1. विंडोशेड हैंडिल के नीचे के लाल तीर को क्लिक कीजिए। इससे माउस पॉइंटर का रूप बदलकर एक टैक्स्ट आइकॉन जैसा हो जाएगा।
2. इस आइकॉन को उस स्थान पर लाइए, जहां आप नए टैक्स्ट ब्लॉक का ऊपरी बायां कोना बनाना या रखना चाहते हैं। यदि यह स्थान किसी अन्य पृष्ठ पर है, तो पेजमेकर की विंडो में बाएं नीचे दिए जाने वाले पेज आइकॉनों में से उस पृष्ठ के आइकॉन को क्लिक करके आप उस पृष्ठ पर आ सकते हैं। ऐसा करने से माउस पॉइंटर, जो टैक्स्ट आइकॉन के रूप में होता है, पर कोई प्रभाव नहीं पड़ता। आप इसको प्रभावित किए बिना नए पेज भी डाल सकते हैं। किसी पेज पर जाने के लिए आप **Layout** मेन्यू में **Go to Page...** आदेश का भी उपयोग कर सकते हैं।
3. सही स्थान और पेज पर माउस पॉइंटर अथवा टैक्स्ट आइकॉन ले जाकर माउस बटन को क्लिक कीजिए। इससे उस स्थान से प्रारम्भ करके एक नया टैक्स्ट ब्लॉक बन जाएगा और अतिरिक्त पाठ्य बफर से उस टैक्स्ट ब्लॉक में जाना प्रारम्भ हो जाएगा। यदि आपने ऑटोफ्लो कंट्रोल को सक्रिय कर रखा है, तो एक पेज भर जाने पर आगे का पाठ्य अगले पृष्ठों पर उसी प्रकार लगा दिया जाएगा। यदि ऑटोफ्लो ऑफ है, तो आपको प्रत्येक पेज पर जाकर उक्त क्रिया करनी पड़ेगी और आवश्यकता के अनुसार नए पेज डालने पड़ेंगे।

इस प्रकार बनने वाले टैक्स्ट ब्लॉक का पाठ्य पहले के टैक्स्ट ब्लॉक से थ्रेड कर दिया जाता है। यह सम्बंध स्थायी रूप में तब तक बना रहता है, जब तक आप स्वयं इसको तोड़ न दें। दो टैक्स्ट ब्लॉकों के थ्रेड को तोड़ने अर्थात् अनथ्रेड करने की विधि आगे बताई गई है।

यदि आप टैक्स्ट आइकॉन को बिना नया टैक्स्ट ब्लॉक बनाए रद्द करना चाहते हैं, तो उस आइकॉन को टूलबॉक्स में कहीं भी लाकर क्लिक कीजिए।

टैक्स्ट ब्लॉकों को अनथ्रैड करना
(Unthreading Text Blocks)

कई बार आप किसी थ्रेड किए गए टैक्स्ट ब्लॉक की स्टोरी का कोई भाग एक अलग कहानी के रूप में उपयोग करने के लिए अनथ्रेड करना चाहते हैं। यह कार्य निम्नलिखित विधि से सरलता से किया जा सकता है :

1. टैक्स्ट टूल को क्लिक करके सक्रिय कीजिए और उस पाठ्य को चुन लीजिए, जिसे आप अनथ्रेड करना चाहते हैं।
2. **Edit** मेन्यू में **Cut** आदेश दीजिए अथवा कंट्रोल के साथ **X (Ctrl+X)** बटन दबाइए। इससे चुना हुआ पाठ्य उस ब्लॉक से काटकर क्लिपबोर्ड में रख दिया जाएगा (और ब्लॉक की खाली जगह आगे के पाठ्य को सरकाकर भर दी जाएगी)।
3. कर्सर या धसान बिन्दु को उस स्थान पर ले जाइए, जहां आप उस पाठ्य को लगाना चाहते हैं और **Edit** मेन्यू में **Paste** आदेश दीजिए अथवा कंट्रोल के साथ **V (Ctrl+V)** बटन दबाइए। इससे क्लिपबोर्ड में रखा हुआ पाठ्य वहां एक नया टैक्स्ट ब्लॉक बनाकर लगा दिया जाएगा।

यदि आप किसी सम्पूर्ण टैक्स्ट ब्लॉक को स्टोरी से अलग करना चाहते हैं, तो ऐसा निम्नलिखित विधि से किया जा सकता है :

1. पॉइंटर टूल को क्लिक करके सक्रिय कीजिए और उस टैक्स्ट ब्लॉक को चुन लीजिए, जिसे आप अनथ्रैड करना चाहते हैं।
2. **Edit** मेन्यू में **Cut** आदेश दीजिए अथवा कंट्रोल के साथ **X (Ctrl+X)** बटन दबाइए। इससे चुना हुआ ब्लॉक उस स्टोरी से काटकर क्लिपबोर्ड में रख दिया जाएगा।
3. पॉइंटर को उस पृष्ठ पर ले जाइए जहां आप उस ब्लॉक को लगाना चाहते हैं और **Edit** मेन्यू में **Paste** आदेश दीजिए अथवा कंट्रोल के साथ **V (Ctrl+V)** बटन दबाइए। इससे क्लिपबोर्ड में रखा हुआ टैक्स्ट ब्लॉक वहां लगा दिया जाएगा।

इस प्रकार किसी स्टोरी के बीच में से किसी टैक्स्ट ब्लॉक को अलग करके अनथ्रैड कर देने पर भी उस स्टोरी के शेष ब्लॉकों के बीच थ्रेड या तारतम्य बना रहता है।

आप किसी अलग किए हुए पाठ्य या ब्लॉक को काटकर किसी टैक्स्ट ब्लॉक के पाठ्य के अन्दर पेस्ट करके उसे फिर से थ्रेड कर सकते हैं। इसके लिए भी कट और पेस्ट आदेशों का उपयोग किया जाता है।

10

पाठ्य को सम्पादित तथा फॉर्मेट करना
(Editing and Formatting Text)

भले ही आपने सारा पाठ्य किसी वर्ड प्रोसेसर में तैयार किया हो, उसको पेजमेकर दस्तावेज में सेट करते समय उसमें सुधार करने की आवश्यकता पड़ती ही है। किसी टैक्स्ट ब्लॉक के पाठ्य में साधारण सुधार करने के लिए पहले टैक्स्ट टूल को क्लिक कीजिए और माउस पॉइंटर को टैक्स्ट ब्लॉक में उस जगह क्लिक कीजिए, जहां आप सुधार करना चाहते हैं। इससे उस स्थान पर कर्सर पहुंच जाएगा। अब आप साधारण पाठ्य की तरह उसमें इच्छित सुधार कर सकते हैं। कर्सर को तीर वाले बटनों की सहायता से किसी भी दिशा में ले जाया जा सकता है अथवा अधिक दूर ले जाने के लिए वहां क्लिक किया जा सकता है।

पाठ्य को चुनना
(Selecting Text)

टैक्स्ट टूल में रहते हुए पाठ्य पर कोई क्रिया करने के लिए हमें कई बार पाठ्य को चुनने की आवश्यकता होती है। यह कार्य आप निम्नलिखित विधियों में से किसी भी विधि से कर सकते हैं :

- किसी स्थान से प्रारम्भ करके पाठ्य चुनने के लिए उस स्थान पर क्लिक कीजिए, जिससे कर्सर वहां आ जाएगा। अब माउस बटन दबाकर कर्सर को खींचिए। आप ऊपर-नीचे-दाएं-बाएं जितनी दूर तक कर्सर ले जाएंगे, उतनी दूर तक का पाठ्य चुन लिया जाएगा और वह उलटे रंग में दिखाई देगा, जैसा कि चित्र 10.1 में दिखाया गया है।
- जहां से प्रारम्भ करके आप पाठ्य चुनना चाहते हैं, वहां क्लिक करके अथवा अन्य प्रकार से कर्सर ले जाइए। अब शिफ्ट कुंजी को दबाकर ऊपर-नीचे-दाएं-बाएं के तीर के बटनों तथा अन्य कर्सर कंट्रोल कुंजियों जैसे **Home, End, Page Up, Page Down** आदि का उपयोग करते हुए कर्सर को वहां ले जाइए जहां तक का पाठ्य आप चुनना चाहते हैं। आप जितनी दूर तक कर्सर ले जाएंगे, उतनी दूर तक का पाठ्य चुन लिया जाएगा और वह चुना हुआ पाठ्य चित्र 10.1 की तरह ही उलटे रंग में दिखाई पड़ेगा।
- यदि आप किसी टैक्स्ट ब्लॉक का सम्पूर्ण पाठ्य चुनना चाहते हैं, तो **Edit** मेन्यू में **Select All** आदेश दीजिए अथवा कंट्रोल के साथ **A (Ctrl+A)** दबाइए। इससे उस टैक्स्ट ब्लॉक का सारा पाठ्य चुन लिया जाएगा, चाहे वह कितने भी पृष्ठों पर लगा हुआ हो।

पाठ्य पर क्रियाएं
(Operations on Text)

किसी चुने हुए पाठ्य पर आप कई प्रकार की क्रियाएं कर सकते हैं, जैसे चुने हुए पाठ्य को दूसरी जगह नकल करना या ले जाना, पाठ्य को हटाना, उनका फॉण्ट, आकार, स्टाइल आदि बदलना। इनमें से कुछ क्रियाओं के बारे में

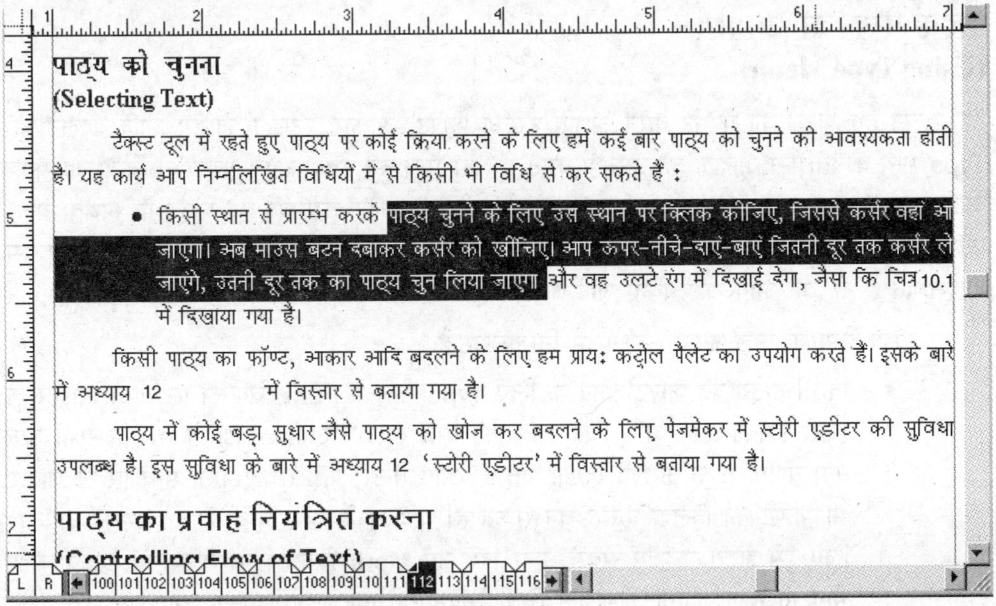
पाठ्य को चुनना
(Selecting Text)

टैक्स्ट टूल में रहते हुए पाठ्य पर कोई क्रिया करने के लिए हमें कई बार पाठ्य को चुनने की आवश्यकता होती है। यह कार्य आप निम्नलिखित विधियों में से किसी भी विधि से कर सकते हैं :

• किसी स्थान से प्रारम्भ करके पाठ्य चुनने के लिए उस स्थान पर क्लिक कीजिए, जिससे कर्सर वहां आ जाएगा। अब माउस बटन दबाकर कर्सर को खींचिए। आप ऊपर-नीचे-दाएं-बाएं जितनी दूर तक कर्सर ले जाएंगे, उतनी दूर तक का पाठ्य चुन लिया जाएगा और वह उलटे रंग में दिखाई देगा, जैसा कि चित्र 10.1 में दिखाया गया है।

किसी पाठ्य का फॉण्ट, आकार आदि बदलने के लिए हम प्रायः कंट्रोल पैलेट का उपयोग करते हैं। इसके बारे में अध्याय 12 में विस्तार से बताया गया है।

पाठ्य में कोई बड़ा सुधार जैसे पाठ्य को खोज कर बदलने के लिए पेजमेकर में स्टोरी एडीटर की सुविधा उपलब्ध है। इस सुविधा के बारे में अध्याय 12 'स्टोरी एडीटर' में विस्तार से बताया गया है।

पाठ्य का प्रवाह नियंत्रित करना
(Controlling Flow of Text)

चित्र 10.1 : टैक्स्ट को चुनना

नीचे बताया गया है :

- किसी पाठ्य को दूसरी जगह नकल करने के लिए उस पाठ्य को चुनकर पहले **Edit** मेन्यू में **Copy** आदेश दीजिए अथवा कंट्रोल के साथ **C (Ctrl+C)** बटन दबाइए। अब कर्सर को उसी टैक्स्ट ब्लॉक या किसी अन्य टैक्स्ट ब्लॉक में उस स्थान पर ले जाइए, जहां आप उस पाठ्य को नकल करना चाहते हैं। वहां कर्सर ले जाकर **Edit** मेन्यू में **Paste** आदेश दीजिए अथवा कंट्रोल के साथ **V (Ctrl+V)** बटन दबाइए। इससे पहले कॉपी किया गया पाठ्य अपने फॉण्ट सहित वहीं नकल हो जाएगा।
- किसी पाठ्य को एक जगह से दूसरी जगह ले जाने के लिए उस पाठ्य को चुनकर पहले **Edit** मेन्यू में **Cut** आदेश दीजिए अथवा कंट्रोल के साथ **X (Ctrl+X)** बटन दबाइए। अब कर्सर को उसी टैक्स्ट ब्लॉक या किसी अन्य टैक्स्ट ब्लॉक में उस स्थान पर लगाइए, जहां आप उस पाठ्य को ले जाना चाहते हैं। वहां कर्सर ले जाकर **Edit** मेन्यू में **Paste** आदेश दीजिए अथवा कंट्रोल के साथ **V (Ctrl+V)** बटन दबाइए। इससे पहले कट किया गया पाठ्य अपने फॉण्ट सहित वहीं पहुंच जाएगा।
- किसी पाठ्य को हटाने के लिए उस पाठ्य को चुनकर **Edit** मेन्यू में **Clear** आदेश दीजिए अथवा **Delete** या **Del** बटन दबाइए। इससे वह पाठ्य गायब हो जाएगा।
- पाठ्य पर की गई किसी क्रिया को तत्काल उलटने के लिए **Edit** मेन्यू में **Undo** आदेश दीजिए अथवा कंट्रोल के साथ **Z (Ctrl+Z)** बटन दबाइए।
- किसी चुने हुए पाठ्य का फॉण्ट, आकार, स्टाइल, लैडिंग आदि को बदलने के लिए **Type** मेन्यू के विभिन्न आदेशों का उपयोग किया जाता है। इसके बारे में आगे बताया गया है। वैसे किसी पाठ्य का फॉण्ट, आकार आदि बदलने के लिए हम प्रायः कंट्रोल पैलेट का भी उपयोग कर सकते हैं। इसके बारे में अध्याय 12 'वस्तुओं पर क्रियाएं' में विस्तार से बताया गया है।

टाइप मेन्यू का उपयोग
(Using Type Menu)

किसी चुने हुए पाठ्य को फॉर्मेट करने अर्थात् उसका फॉण्ट, आकार, स्टाइल, लैडिंग आदि बदलने के लिए हम प्राय: **Type** मेन्यू के विभिन्न आदेशों का उपयोग करते हैं। इस मेन्यू का उपयोग कई प्रकार से किया जा सकता है। यदि आप कोई पाठ्य चुनकर **Type** मेन्यू से कोई आदेश देते हैं, तो वह आदेश उस चुने हुए पाठ्य पर अथवा यदि वह पैराग्राफ के फॉर्मेट को प्रभावित करता है, तो उस पैराग्राफ पर ही लागू होगा। यदि आप कोई पाठ्य चुने बिना इस मेन्यू का कोई आदेश देते हैं, तो वह आगे टाइप किए जाने वाले पाठ्य पर लागू होता है।

टाइप मेन्यू के कुछ उपयोग संक्षेप में निम्नप्रकार हैं :

- किसी पाठ्य का फॉण्ट चुनने के लिए **Type** मेन्यू में **Font** विकल्प पर माउस पॉइंटर ले जाकर रोकिए, इससे उसका झरना मेन्यू चित्र 10.2 की तरह खुल जाएगा। इस झरना मेन्यू में सभी उपलब्ध फॉण्टों के नाम वर्णमाला के क्रम में दिखाई देते हैं। आप माउस पॉइंटर को झरना मेन्यू पर ले जाकर इनमें से किसी भी फॉण्ट को क्लिक करके चुन सकते हैं। यदि सूची बहुत लम्बी है, तो उसका अगला भाग खोलने के लिए इस झरना मेन्यू में सबसे ऊपर दिए गए **More** विकल्प पर माउस पॉइंटर ले जाइए। इससे अगला भाग भी खुल जाएगा, जैसा कि चित्र में दिखाया गया है। इसी प्रकार आप पूरी सूची को खोलकर अपना मनचाहा फॉण्ट क्लिक करके चुन सकते हैं।

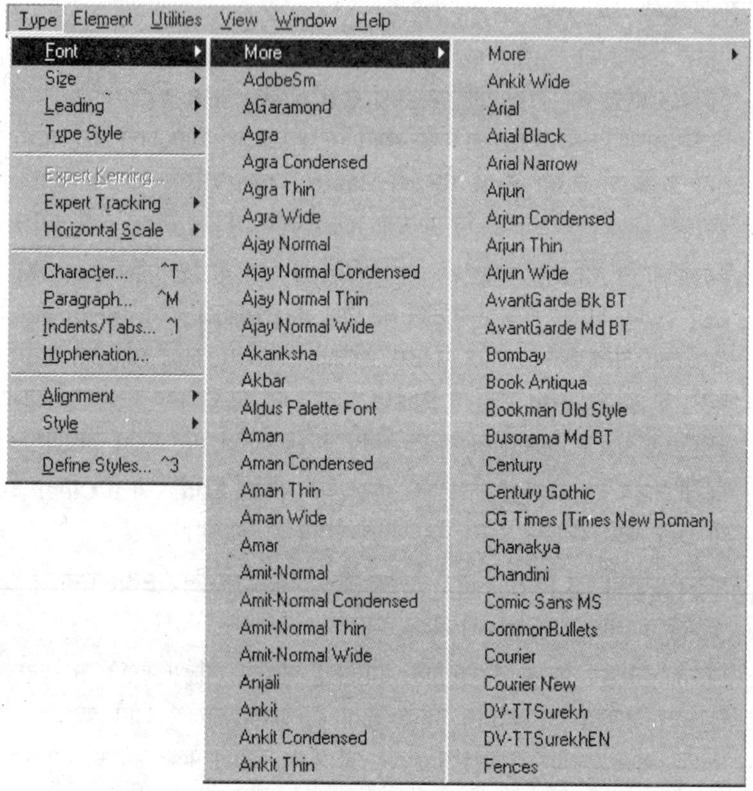

चित्र 10.2 : टाइप मेन्यू में Font का झरना मेन्यू

- किसी पाठ्य का आकार चुनने के लिए **Type** मेन्यू में **Size** विकल्प पर माउस पॉइंटर ले जाकर रोकिए, इससे उसका झरना मेन्यू खुल जाएगा, जिसमें अनेक आकार दिखाए गए होंगे। आप इनमें से अपनी आवश्यकता का आकार क्लिक करके चुन सकते हैं। यदि आपकी आवश्यकता का आकार इस झरना मेन्यू में उपलब्ध नहीं है, तो इसमें उपलब्ध **Other...** आदेश दीजिए, जिससे आपकी स्क्रीन पर चित्र 10.3 की तरह 'Other Point Size' का डायलॉग बॉक्स खुल जाएगा। इस डायलॉग बॉक्स के **Points** टैक्स्ट बॉक्स में अपना मनचाहा आकार भरकर **OK** बटन को क्लिक कीजिए, जिससे वह आकार चुन लिया जाएगा।

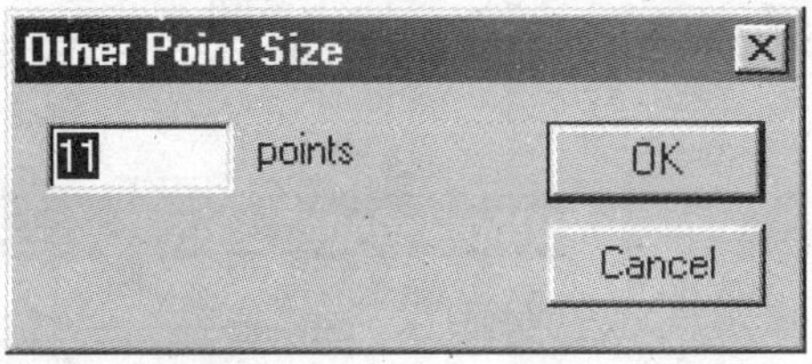

चित्र 10.3 : Other Point Size का डायलॉग बॉक्स

- किसी पाठ्य की टाइप स्टाइल सेट करने के लिए **Type** मेन्यू में **Type Style** विकल्प पर माउस पॉइंटर ले जाकर रोकिए, इससे उसका झरना मेन्यू चित्र 10.4 की तरह खुल जाएगा, जिसमें सभी उपलब्ध स्टाइल दिखाए जाते हैं। आप इनमें से अपनी आवश्यकता का स्टाइल क्लिक करके चुन सकते हैं।

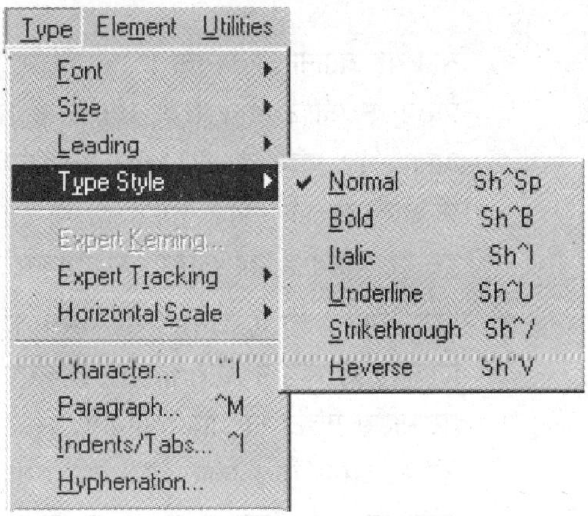

चित्र 10.4 : टाइप मेन्यू में Type Style का झरना मेन्यू

- वैसे आप पाठ्य का स्टाइल शॉर्टकट आदेशों द्वारा भी चुन या बदल सकते हैं। उदाहरण के लिए, किसी पाठ्य को बोल्ड करने के लिए शिफ्ट और कंट्रोल के साथ **B (Shift+Ctrl+B)** दबाइए। इसी प्रकार अन्य स्टाइलों के शॉर्टकट आदेश दिए जा सकते हैं। आप किसी पाठ्य पर एक साथ एक से अधिक स्टाइलें भी लागू कर सकते हैं और उनका अपना-अपना प्रभाव पाठ्य पर दिखाई देगा। जैसे आप किसी पाठ्य को बोल्ड भी कर सकते हैं और अंडरलाइन भी । लेकिन इनमें से उलटे रंग (Reverse) में पाठ्य सेट करने का आदेश देते समय विशेष सावधानी की आवश्यकता होती है, क्योंकि यह आदेश देने पर पाठ्य का रंग कागज के रंग जैसा हो जाएगा, अर्थात् वह पाठ्य दिखाई नहीं देगा। इसको देखने के लिए यह आवश्यक है कि बैकग्राउंड का रंग बदल दिया जाए। इसकी विशेष विधि होती है, जो आगे बताई गई है।

- यहां यह बताना आवश्यक है कि यदि किसी पाठ्य पर कोई टाइप स्टाइल पहले से लागू है, तो उस पर पुन: वही आदेश देने से उस स्टाइल का प्रभाव समाप्त हो जाता है। उदाहरण के लिए, यदि कोई पाठ्य पहले से बोल्ड है, तो पुन: बोल्ड करने का आदेश उस पर देने से वह पाठ्य बोल्ड नहीं रहेगा। हालांकि यदि उस पर अन्य स्टाइल भी लागू हैं, तो उनका प्रभाव बना रहेगा। यदि आप किसी पाठ्य पर लागू सभी

स्टाइलों के प्रभावों को समाप्त करके उसे सामान्य बनाना चाहते हैं, तो ऊपर के मेन्यू में **Normal** आदेश दीजिए अथवा शिफ्ट और कंट्रोल के साथ स्पेस बार दबाइए।

- किसी पाठ्य की लैडिंग सेट करने के लिए **Type** मेन्यू में **Leading** विकल्प पर माउस पॉइंटर ले जाकर रोकिए, इससे उसका झरना मेन्यू खुल जाएगा, जिसमें कई लैडिंग आकार दिखाए जाते हैं। आप इनमें से अपनी आवश्यकता की लैडिंग क्लिक करके चुन सकते हैं। यदि आपकी आवश्यकता की लैडिंग इस मेन्यू में उपलब्ध नहीं है, तो इसमें उपलब्ध **Other...** आदेश दीजिए, जिससे आपकी स्क्रीन पर चित्र 10.5 की तरह 'Other Leading' का डायलॉग बॉक्स खुल जाएगा। इस डायलॉग बॉक्स के **Points** टैक्स्ट बॉक्स में अपना मनचाहा आकार भरकर **OK** बटन को क्लिक कीजिए, जिससे वह आकार चुन लिया जाएगा।

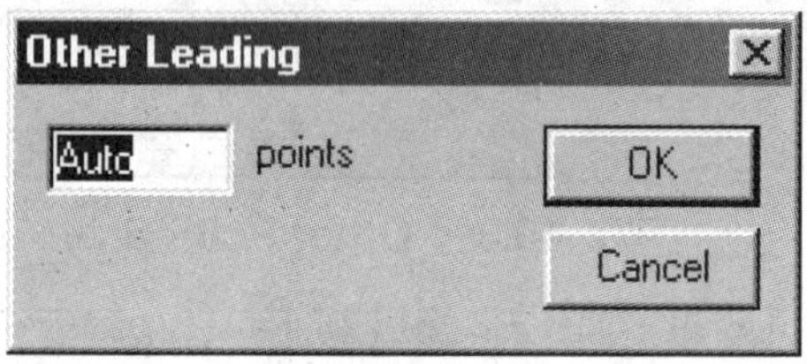

चित्र 10.5 : Other Leading का डायलॉग बॉक्स

- यहां यह बताना आवश्यक है कि लैडिंग के लिए हम सामान्यतया **Auto** विकल्प का चुनाव करते हैं, जो पाठ्य के फॉण्ट आकार के 120% के बराबर लैडिंग सेट कर देता है। उदाहरण के लिए यदि पाठ्य का आकार 12 पॉइंट है, तो **Auto** विकल्प चुनने से लैडिंग का आकार 14.4 पॉइंट हो जाएगा। यदि आप पंक्तियों को पास-पास चाहते हैं, तो लैडिंग का आकार इससे कम होना चाहिए और यदि पंक्तियों को दूर-दूर चाहते हैं, तो लैडिंग का आकार इससे अधिक होना चाहिए।

- किसी पाठ्य की एलाइनमेंट सेट करने के लिए **Type** मेन्यू में **Alignment** विकल्प पर माउस पॉइंटर ले जाकर रोकिए, इससे उसका झरना मेन्यू चित्र 10.6 की तरह खुल जाएगा, जिसमें सभी उपलब्ध एलाइनमेंट स्टाइल दिखाए जाते हैं। आप इनमें से अपनी आवश्यकता की ट्रैकिंग क्लिक करके चुन सकते हैं। वैसे आप यही कार्य उस स्टाइल का शॉर्टकट आदेश देकर भी कर सकते हैं। उदाहरण के लिए शिफ्ट और कंट्रोल के साथ **L (Shift+Ctrl+L)** बटन दबाकर आप उस पाठ्य को बायीं ओर से एलाइन करके लगा सकते हैं।

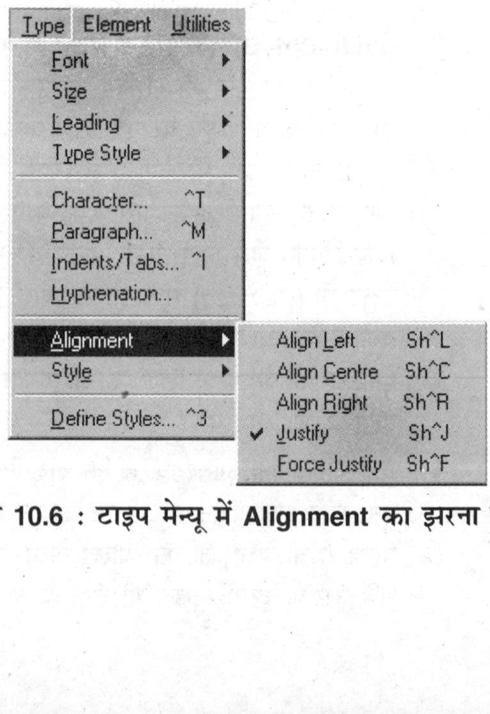

चित्र 10.6 : टाइप मेन्यू में Alignment का झरना मेन्यू

Type मेन्यू में पाठ्य को फॉर्मेट करने के लिए और भी कई आदेश या विकल्प उपलब्ध होते हैं, जैसे **Expert Kerning, Expert Tracking, Horizontal Scale, Style** आदि। आप इनका उपयोग करके अनेक प्रकार के प्रभाव उत्पन्न कर सकते हैं। इनमें से स्टाइलों के बारे में अध्याय 16 'स्टाइल शीटों का उपयोग' में विस्तार से बताया गया है। शेष के बारे में जानने के लिए आपको पेजमेकर की हेल्प सुविधा का उपयोग करना चाहिए।

आप किसी चुने हुए पाठ्य पर ऊपर बताए गए फार्मेटिंग के सभी प्रभाव एक साथ केवल एक डायलॉग बॉक्स में आवश्यक सेटिंग करके उत्पन्न कर सकते हैं। इसके लिए **Type** मेन्यू में **Character...** आदेश दीजिए अथवा कंट्रोल के साथ **T (Ctrl+T)** बटन दबाइए। इससे आपकी स्क्रीन पर चित्र 10.7 की तरह **Character Specifications** का डायलॉग बॉक्स खुल जाएगा।

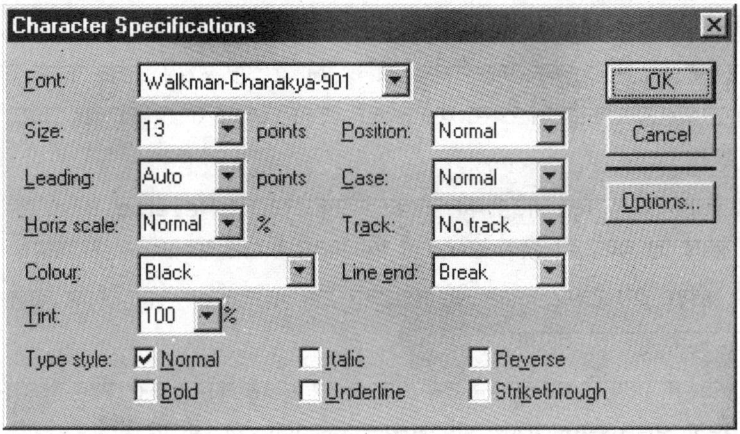

चित्र 10.7 : Character Specifications का डायलॉग बॉक्स

इस डायलॉग बॉक्स में किसी पाठ्य की फॉर्मेटिंग सुधारने या तय करने के लिए सभी आवश्यक पैरामीटर सेट करने के ड्रॉप-डाउन लिस्ट बॉक्स अथवा चेक बॉक्स उपलब्ध हैं। किसी पैरामीटर का मान बदलने या चुनने के लिए उसके ड्रॉप-डाउन लिस्ट बॉक्स को खोलकर उचित विकल्प चुनिए अथवा टाइप स्टाइल सेट करने के लिए उसके चेक बॉक्स को क्लिक करके सेट कीजिए। सभी सेटिंग करके **OK** बटन क्लिक कीजिए, जिससे वह सेटिंग चुने हुए पाठ्य पर लागू हो जाएगी। यदि आप कोई पाठ्य चुने बिना यह सेटिंग करते हैं, तो कर्सर के स्थान पर टाइप किए जाने वाले पाठ्य पर वह सेटिंग लागू होगी।

यहां यह बता देना आवश्यक है कि किसी पाठ्य की फॉर्मेटिंग आप कंट्रोल पैलेट द्वारा भी कर सकते हैं, जो कहीं अधिक सुविधाजनक होता है, क्योंकि यह पैलेट आपको हर समय उपलब्ध रहता है या रह सकता है। इसके बारे में आप अध्याय 12 'वस्तुओं पर क्रियाएं' में विस्तारपूर्वक पढ़ेंगे।

पाठ्य में कोई बड़ा सुधार जैसे पाठ्य को खोज कर बदलने के लिए पेजमेकर में स्टोरी एडीटर की सुविधा उपलब्ध है। इस सुविधा के बारे में अध्याय 15 'स्टोरी एडीटर' में विस्तार से बताया गया है।

उलटे रंग में पाठ्य सेट करना
(Setting Text in Reverse Style)

कई बार हमें कोई शीर्षक या पैराग्राफ उलटे रंग में छापने की आवश्यकता होती है। ऊपर आप पढ़ चुके हैं कि पाठ्य के फॉर्मेट में उसकी स्टाइल **'Reverse'** सेट कर देने से पाठ्य उलटे अर्थात् बैकग्राउंड के रंग में आ जाता है। परन्तु इसके

साथ ही वह पाठ्य दिखाई पड़ना बन्द हो जाता है, क्योंकि उसके बैकग्राउंड का रंग भी वही होता है। यदि आप बैकग्राउंड का रंग बदल देते हैं, तो पाठ्य दिखाई पड़ने लगता है।

सामान्यतया आप निम्नलिखित विधि से उलटे रंग का कोई पाठ्य तैयार कर सकते हैं :

1. किसी आकृति टूल, जैसे रैक्टैंगिल टूल (Rectangle tool), को चुनकर उतने आकार का एक घेरा, जैसे आयत, बनाइए, जितना पाठ्य आप उलटे रंग में दिखाना चाहते हैं।
2. यदि कलर पैलेट खुला न हो, तो **Windows** मेन्यू में **Show Colours** आदेश देकर अथवा कंट्रोल के साथ **J (Ctrl+J)** बटन दबाकर उसे खोल लीजिए।
3. स्टेप 1 में बनाई गई आकृति को पॉइंटर टूल द्वारा चुनकर कलर पैलेट में से कोई गहरा रंग, जैसे काला, क्लिक करके उस आकृति का रंग बदल दीजिए।
4. अब टैक्स्ट टूल को चुनकर एक टैक्स्ट ब्लॉक बनाइए और उसमें उचित फॉण्ट तथा आकार का पाठ्य टाइप करके तैयार कीजिए। टैक्स्ट ब्लॉक का आकार उतना रखिए कि वह ऊपर बनाई गई आकृति में समा जाए।
5. टैक्स्ट ब्लॉक के समस्त पाठ्य को चुनकर उसकी स्टाइल **Reverse** सेट कर दीजिए, जिसकी विधि ऊपर बताई जा चुकी है। इससे सम्भव है कि पाठ्य दिखाई पड़ना बन्द हो जाए।
6. माउस पॉइंटर द्वारा टैक्स्ट ब्लॉक को पकड़कर उसे खींचते हुए आकृति पर डाल दीजिए। इससे पाठ्य दिखाई पड़ना शुरू हो जाएगा।
7. आप चाहें, तो आकृति को चुनकर उसे अन्य प्रकार से भी फॉर्मेट कर सकते हैं, जैसे आयत के कोनों को गोल करना आदि। इसकी विधि आप अध्याय 8 'ड्रॉइंग टूल' में पढ़ चुके हैं। आप चाहें तो टैक्स्ट ब्लॉक और आकृति दोनों का एक समूह भी बना सकते हैं, ताकि दोनों हमेशा साथ ही रहें। समूह बनाने की विधि अध्याय 12 'वस्तुओं पर क्रियाएं' में बताई गई है।

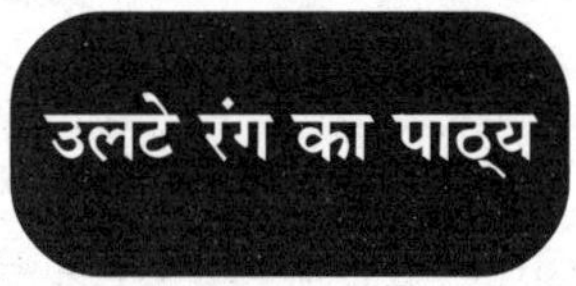

चित्र 10.8 : उलटे रंग का पाठ्य तैयार करना

चित्र 10.8 में एक छोटा सा आयत बनाकर उसमें उलटे रंग का पाठ्य लिखा गया है और आयत के कोनों को गोलाकार कर दिया गया है। आप इसी प्रकार मनचाहे आकार और आकृति का पाठ्य तैयार कर सकते हैं।

पैराग्राफ को फॉर्मेट करना (Formatting Paragraph)

पाठ्य की तरह किसी पैराग्राफ को भी फॉर्मेट करने की आवश्यकता पड़ती है। यह कार्य भी टाइप मेन्यू की सहायता से सरलता से किया जा सकता है। किसी पैराग्राफ को फॉर्मेट करने के लिए टैक्स्ट टूल को चुनकर पहले कर्सर को उस पैराग्राफ में स्थापित किया जाता है। आप जो भी फॉर्मेटिंग करते हैं, वह कर्सर वाले पैराग्राफ पर लागू होता है। यदि आप वही फॉर्मेट एक से अधिक पैराग्राफों पर लागू करना चाहते हैं, तो उन पैराग्राफों के पाठ्य के किसी न किसी भाग को चुन लेना चाहिए। पाठ्य चुनने की विधियां ऊपर बताई जा चुकी हैं।

किसी पैराग्राफ की फॉर्मेटिंग करने में कई पैरामीटरों की सेटिंग की जाती है, जैसे पैराग्राफ से पहले और बाद में छोड़ा जाने वाला स्थान, पैराग्राफ की पंक्तियों का बायीं ओर से अतिरिक्त हाशिया (Indent), पहली पंक्ति का विशेष

हाशिया, पंक्तियों के बीच की दूरी (Leading), अक्षरों के बीच की दूरी (Tracking), पंक्तियों को सीध में लगाना (Alignment) आदि। इसके साथ ही आप यह भी तय कर सकते हैं कि किसी पैराग्राफ के कटने पर अर्थात् एक पृष्ठ या कॉलम में पूरा न आने पर उसे किस प्रकार बांटा जाएगा।

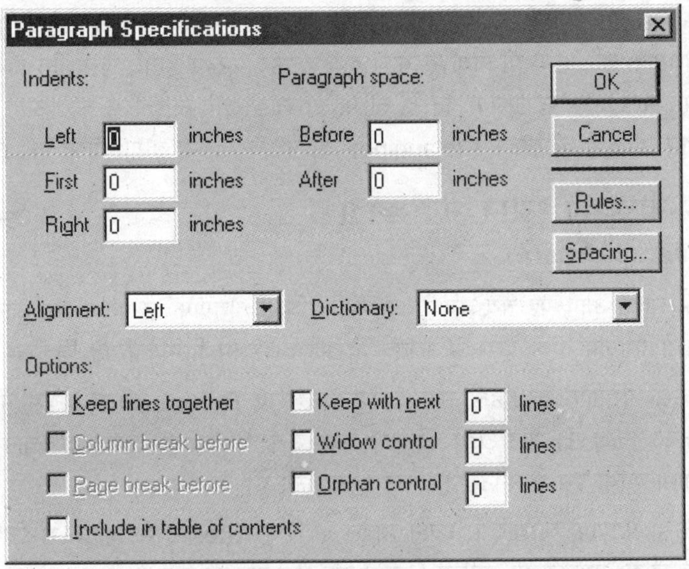

चित्र 10.9 : Paragraph Specifications का डायलॉग बॉक्स

किसी पैराग्राफ का फॉर्मेट या विवरण (Specifications) तय करने के लिए निम्नलिखित क्रियाएं कीजिए :

1. उस पैराग्राफ या पैराग्राफों को चुन लीजिए, जिनके विवरण आप बदलना चाहते हैं। यदि आप केवल एक पैराग्राफ के विवरण सुधारना चाहते हैं, तो चुनने की जगह कर्सर उस पैराग्राफ में लगा देना काफी रहेगा।
2. **Type** मेन्यू में **Paragraph...** आदेश दीजिए अथवा कंट्रोल के साथ **M (Ctrl+M)** बटन दबाइए। इससे आपकी स्क्रीन पर चित्र 10.9 की तरह 'Paragraph Specifications' का डायलॉग बॉक्स खुल जाएगा।
3. इस डायलॉग बॉक्स में किसी पैराग्राफ के अनेक पैरामीटरों का मान या विकल्प सेट करने के लिए आवश्यक टैक्स्ट बॉक्स, ड्रॉप-डाउन लिस्ट बॉक्स अथवा चेक बॉक्स उपलब्ध हैं। इन पैरामीटरों के बारे में नीचे विस्तार से बताया गया है।
4. उचित सेटिंग करके **OK** बटन को क्लिक कीजिए, जिससे आपके द्वारा की गई सेटिंग चुने हुए पैराग्राफ पर लागू हो जाएगी।

अतिरिक्त हाशिए बदलना
(Changing Indents)

इस भाग के विकल्पों से आप यह सेट करते हैं कि कोई पैराग्राफ दस्तावेज के सामान्य हाशियों के अलावा भी कुछ हाशिया छोड़कर लगाया जाएगा या नहीं। इसमें निम्नलिखित विकल्प उपलब्ध हैं :

- किसी पैराग्राफ के बायीं ओर या दायीं ओर अतिरिक्त हाशिया छोड़ने के लिए क्रमशः **Left** और **Right** टैक्स्ट बॉक्सों में इंचों में (या अपनी चुनी हुई मापन इकाई में) मान टाइप कीजिए। इससे उस पैराग्राफ को

उतना ही अधिक हाशिया छोड़कर सेट कर दिया जाएगा। सामान्यतया इन पैरामीटरों का मान शून्य सेट किया जाता है।

- किसी पैराग्राफ की पहली लाइन के प्रारम्भ में अतिरिक्त स्थान छोड़ने के लिए **First** टैक्स्ट बॉक्स में इंचों में (या अपनी चुनी हुई मापन इकाई में) मान टाइप कीजिए। इससे पहली पंक्ति भारतीय पद्धति के अनुसार पैराग्राफ की अन्य पंक्तियों से कुछ दायें हटकर प्रारम्भ होगी, जैसा कि इस पुस्तक में किया गया है। यदि यह मान आप ऋणात्मक देते हैं, तो पहली लाइन शेष लाइनों से कुछ आगे निकली हुई दिखाई देगी। इससे शेष पंक्तियों के लटकने (Hanging) का प्रभाव उत्पन्न होगा, जैसा कि इस पैराग्राफ में किया गया है।

पैराग्राफों के बीच का स्थान सेट करना
(Setting Paragraph Space)

इस भाग के विकल्पों से आप यह तय कर सकते हैं कि किसी पैराग्राफ से पहले और बाद में कितना स्थान खाली छोड़ा जाएगा, ताकि सभी पैराग्राफ एक दूसरे से स्वतंत्र दिखाई दें। इसमें निम्नलिखित विकल्प उपलब्ध हैं :

- किसी पैराग्राफ के पहले स्थान छोड़ने के लिए **Before** टैक्स्ट बॉक्स में इंचों में (या अपनी चुनी हुई मापन इकाई में) मान टाइप कीजिए। इससे उस पैराग्राफ को उतना ही स्थान छोड़कर सेट कर दिया जाएगा। सामान्यतया इस पैरामीटर का मान शून्य होता है।
- किसी पैराग्राफ के बाद में स्थान छोड़ने के लिए **After** टैक्स्ट बॉक्स में इंचों में (या अपनी चुनी हुई मापन इकाई में) मान टाइप कीजिए। इससे उस पैराग्राफ के बाद उतना ही स्थान छोड़कर आगे के पैराग्राफों को सेट किया जाएगा। सामान्यतया इस पैरामीटर का मान भी शून्य होता है।

इन दोनों पैरामीटरों का उपयोग स्थान बचाने के लिए किया जाता है, क्योंकि हम प्रायः दो पैराग्राफों के बीच में एक पंक्ति खाली छोड़ देते हैं, जिससे अधिक स्थान लगता है। इन पैरामीटरों को सेट करके आप इस स्थान को नियंत्रित कर सकते हैं।

पैराग्राफ में पंक्तियों की एलाइनमेंट सेट करना
(Setting Alignment of Lines in a Paragraph)

'Paragraph Specifications' डायलॉग बॉक्स के **Alignment** ड्रॉप-डाउन लिस्ट बॉक्स के विकल्पों में से उचित विकल्प चुनकर आप यह तय कर सकते हैं कि किसी पैराग्राफ की पंक्तियों को अर्थात् उसके पाठ्य को किस प्रकार एलाइन किया जाएगा। यह 'Type' मेन्यू के 'Alignment' सब-मेन्यू के विकल्पों के बराबर है, जिसके बारे में आप पीछे पढ़ चुके हैं। इसमें भी **Left, Center, Right, Justify** और **Force Justify**, ये पांच विकल्प उपलब्ध होते हैं, जिनमें से आप किसी एक को चुनकर सेट कर सकते हैं।

अन्य विकल्प सेट करना
(Setting Other Options)

'Paragraph Specifications' डायलॉग बॉक्स में अन्य अनेक विकल्प सेट करने के लिए चेक बॉक्स उपलब्ध होते हैं। प्रत्येक चेक बॉक्स को सेट करने पर उसका विशेष प्रभाव उत्पन्न होता है। ये विकल्प और उनके प्रभाव आगे बताए गए हैं:

- **Keep lines together :** इस चेक बॉक्स को सेट कर देने पर किसी पैराग्राफ की सभी पंक्तियों को एक साथ उसी पृष्ठ या उसी कॉलम में रखा जाता है। यदि उस पृष्ठ या कॉलम में उस पैराग्राफ की सभी पंक्तियों के आने के लिए पर्याप्त स्थान नहीं है, तो उस पैराग्राफ को नए पृष्ठ या कॉलम में लगा दिया जाता है। यदि इस बॉक्स को सेट नहीं किया गया है, तो आवश्यकता होने पर पैराग्राफ को तोड़ दिया जाता है।
- **Column break before :** इस चेक बॉक्स को सेट कर देने पर उस पैराग्राफ को अगले कॉलम के प्रारम्भ में रखा जाता है अर्थात् उस पैराग्राफ से पहले नया कॉलम शुरू कर दिया जाता है।
- **Page break before :** इस चेक बॉक्स को सेट कर देने पर उस पैराग्राफ को अगले पृष्ठ के प्रारम्भ में रखा जाता है अर्थात् उस पैराग्राफ से पंहले नया पृष्ठ शुरू कर दिया जाता है।
- **Keep with next :** यदि आप किसी विशेष पाठ्य जैसे शीर्षक को अगली कम से कम 1 या 2 या 3 पंक्तियों के साथ ही रखना चाहते हैं, तो इस चेक बॉक्स को सेट कर दीजिए और इसके साथ के टैक्स्ट बॉक्स में उन पंक्तियों की संख्या टाइप कीजिए। इससे वह पाठ्य हमेशा उतनी पंक्तियों के साथ ही रहेगा। आवश्यक होने पर नया पृष्ठ या कॉलम शुरू कर लिया जाएगा।
- **Widow control :** किसी पैराग्राफ की ऐसी आखिरी पंक्ति जो अन्य पंक्तियों से अलग किसी नए पृष्ठ या कॉलम में अकेली सेट की गई हो विधवा (Widow) कहलाती है। यदि आप ऐसी पंक्तियों को कम से कम 1 या 2 या 3 पंक्तियों के साथ ही रखना चाहते हैं, तो इस चेक बॉक्स को सेट कर दीजिए और इसके साथ के टैक्स्ट बॉक्स में उन पंक्तियों की संख्या टाइप कीजिए। इससे वह पैराग्राफ कटने पर अन्त की कम से कम उतनी पंक्तियों को साथ ही रखा जाएगा।
- **Orphan control :** अनाथ (Orphan) पंक्ति विधवा पंक्ति की विपरीत होती है अर्थात् यह किसी पैराग्राफ की ऐसी पहली पंक्ति जो अन्य पंक्तियों से अलग किसी पृष्ठ या कॉलम में अकेली सेट की गई हो। यदि आप ऐसी पंक्तियों को कम से कम 1 या 2 या 3 पंक्तियों के साथ ही रखना चाहते हैं, तो इस चेक बॉक्स को सेट कर दीजिए और इसके साथ के टैक्स्ट बॉक्स में उन पंक्तियों की संख्या टाइप कीजिए। इससे वह पैराग्राफ कटने पर प्रारम्भ की कम से कम उतनी पंक्तियों को साथ ही रखा जाएगा और यदि ऐसा करना सम्भव नहीं होगा, तो नया पृष्ठ या कॉलम प्रारम्भ कर लिया जाएगा।

पैराग्राफ के ऊपर या नीचे रेखाएं खींचना (Adding Lines Above or Below a Paragraph)

किसी पैराग्राफ को उभारने की एक विधि उसके ऊपर और नीचे सरल रेखाएं खींचना होता है। इन रेखाओं को रूल (Rules) कहा जाता है। सामान्यतया इनका उपयोग किसी पैराग्राफ को किसी विशेष स्टाइल में जैसे चेतावनी या नोट के रूप में दिखाने में किया जाता है। पेजमेकर में रूल खींचने की अच्छी सुविधा उपलब्ध है। इसके लिए पहले उस पैराग्राफ में कर्सर लगाइए और **Type** मेन्यू में **Paragraph...** आदेश दीजिए। इससे पैराग्राफ स्पेसीफिकेशंस का डायलॉग बॉक्स खुल जाएगा। इसमें **Rules...** आदेश बटन को क्लिक कीजिए, जिससे आपको चित्र 10.10 की तरह 'Paragraph Rules' का डायलॉग बॉक्स दिया जाएगा।

इस डायलॉग बॉक्स में एक जैसे दो भाग हैं, जिनमें क्रमशः पैराग्राफ से ऊपर और नीचे रेखाएं खींचने के लिए सेटिंग की जाती है। आप केवल ऊपर या केवल नीचे या दोनों ओर रेखाएं खींच सकते हैं। यदि आप पैराग्राफ के ऊपर रेखा खींचना चाहते हैं, तो 'Paragraph Rules' के डायलॉग बॉक्स में **Rule above paragraph** चेक बॉक्स को

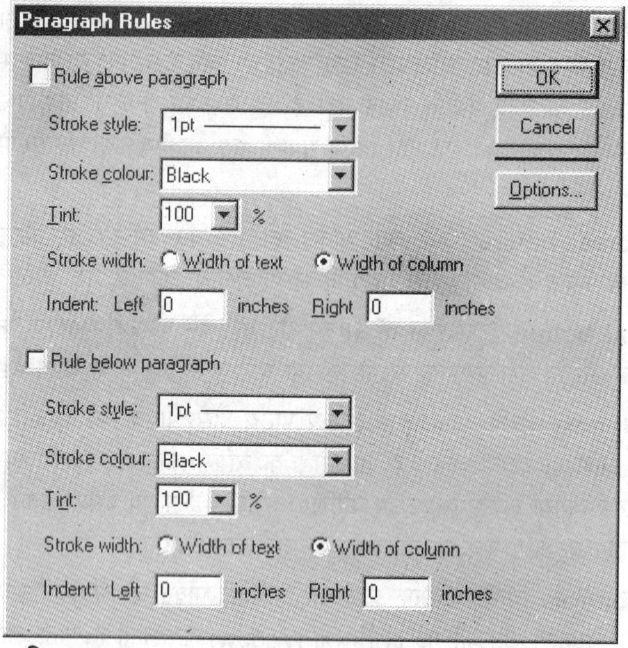

चित्र 10.10 : Paragraph Rules का डायलॉग बॉक्स

क्लिक करके सेट कीजिए और उसके भाग में दिए हुए बॉक्सों में उचित सेटिंग कीजिए। इसी प्रकार यदि आप पैराग्राफ के नीचे रेखा खींचना चाहते हैं, तो 'Paragraph Rules' के डायलॉग बॉक्स में **Rule below paragraph** चेक बॉक्स को क्लिक करके सेट कीजिए और उसके भाग में दिए हुए बॉक्सों में उचित सेटिंग कीजिए। दोनों भागों में सेटिंग करने की विधि समान है, जो निम्नप्रकार है :

- **Stroke style :** डिफॉल्ट के रूप में 1 पॉइंट मोटाई की सरल रेखा खींची जाती है। आप इस ड्रॉप-डाउन लिस्ट को खोलकर उसमें से मनचाही मोटाई और स्टाइल चुन सकते हैं।
- **Stroke color :** डिफॉल्ट के रूप में काले रंग की रेखा खींची जाती है। आप इस ड्रॉप-डाउन लिस्ट को खोलकर उसमें से मनचाहा रंग चुन सकते हैं।
- **Stroke width :** डिफॉल्ट के रूप में कॉलम या पृष्ठ की चौड़ाई की रेखा खींची जाती है। यदि आप पाठ्य की चौड़ाई के बराबर रेखा खींचना चाहते हैं, तो इस भाग में **Width of text** रेडियो बटन को सेट कीजिए अन्यथा **Width of column** रेडियो बटन को सेट रहने दीजिए।
- **Indent :** डिफॉल्ट रूप में कोई अन्य हाशिया नहीं छोड़ा जाता। यदि आप पहले से परिभाषित बाएं-दाएं हाशियों के अतिरिक्त हाशिया देना चाहते हैं, तो इस भाग में क्रमशः **Left** तथा **Right** टैक्स्ट बॉक्सों में इंचों में हाशिए की चौड़ाई टाइप कीजिए।
- **Options :** सामान्यतया पाठ्य और रूलों के बीच में कोई स्थान नहीं छोड़ा जाता। यदि आप कुछ स्थान छोड़ना चाहते हैं, तो **Options...** आदेश बटन को क्लिक कीजिए, जिससे आपकी स्क्रीन पर चित्र 10.11 की तरह 'Paragraph Rule Options' का डायलॉग बॉक्स खुल जाएगा। इस डायलॉग बॉक्स में इच्छानुसार सेटिंग करके **OK** बटन को क्लिक कीजिए, जिससे आप पिछले डायलॉग बॉक्स में आ जाएंगे।

'Paragraph Rules' के डायलॉग बॉक्स में सभी सेटिंग करने के बाद **OK** बटन को क्लिक करने से सेटिंग लागू हो जाती है और उस पैराग्राफ के ऊपर-नीचे (जैसी आपकी सेटिंग हो) रेखाएं खींच दी जाती हैं।

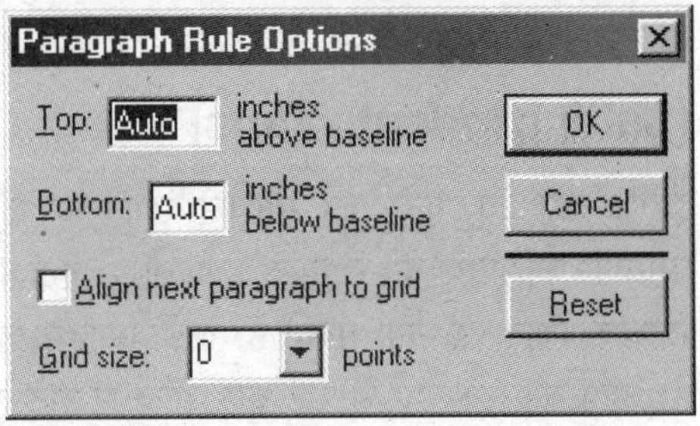

चित्र 10.11 : Paragraph Rule Options का डायलॉग बॉक्स

अक्षरों और शब्दों के बीच स्थान सेट करना (Setting Letter Spacing and Word Spacing)

सामान्यतया प्रत्येक फॉण्ट के लिए अक्षरों और शब्दों के बीच का अन्तर पहले से निर्धारित होता है, जो प्रायः पाठ्य के फॉण्ट आकार के अनुपात में होता है। लेकिन यदि आप किसी पाठ्य के अक्षरों या शब्दों के बीच के डिफॉल्ट अन्तर को कम या अधिक करना चाहते हैं, तो पेजमेकर में उसकी भी सुविधा उपलब्ध है। इसके लिए चित्र 10.9 के 'Paragraph Specifications' के डायलॉग बॉक्स में **Spacing...** आदेश बटन को क्लिक कीजिए, जिससे आपको चित्र 10.12 की तरह 'Spacing Attributes' का डायलॉग बॉक्स दिया जाएगा।

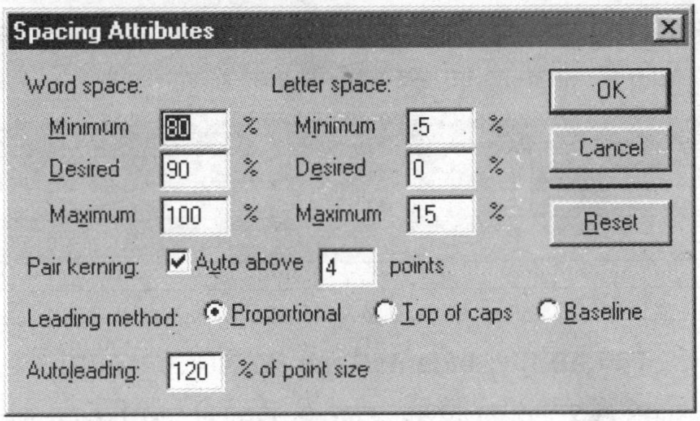

चित्र 10.12 : Spacing Attributes का डायलॉग बॉक्स

इस डायलॉग बॉक्स में शब्दों तथा अक्षरों के बीच क्रमशः न्यूनतम, वांछित और अधिकतम अन्तर के लिए पैरामीटर सेट किए जाते हैं। ये सभी पैरामीटर तभी लागू होते हैं, जब आपने टैक्स्ट एलाइनमेंट के लिए **Justify** या **Force Justify** विकल्प सेट किया हो। यदि कोई अन्य विकल्प सेट किया है, तो इन अन्तरों के लिए केवल वांछित (Desired) पैरामीटर लागू होता है। कम अन्तर सेट करके आप कम स्थान में अधिक पाठ्य लगा सकते हैं और अधिक अन्तर सेट करके कम पाठ्य को फैलाकर सेट कर सकते हैं।

इस डायलॉग बॉक्स में आप लैडिंग भी सेट कर सकते हैं, जो सामान्यतया पॉइंट आकार की 120% होती है।

सभी पैरामीटर सेट करके **OK** बटन को क्लिक करने से सेटिंग लागू हो जाती है।

यहां एक बात बताना आवश्यक है कि आप किसी भी पैराग्राफ पर स्वतंत्र रूप से कोई भी सेटिंग कर सकते हैं और वह सेटिंग अन्य पैराग्राफों को प्रभावित किए बिना लागू हो जाएगी। लेकिन यदि आप वैसी ही सेटिंग अन्य पैराग्राफों पर लागू करना चाहते हैं, तो आपको उस पर भी पूरी सेटिंग करनी होगी। इस अतिरिक्त परिश्रम से बचने का सबसे अच्छा उपाय यह है कि आप उस पैराग्राफ की सेटिंग की एक स्टाइल शीट बना लें और उस स्टाइल को किसी भी अन्य पैराग्राफ पर लागू कर दें। इसके बारे में आप अध्याय 16 'स्टाइल शीटों का उपयोग' में विस्तार से पढ़ेंगे।

इंडेण्ट/टैब सेट करना
(Setting Indents/Tabs)

इंडेण्ट तथा टैब पाठ्य को मनचाहे स्थान पर लगाने के लिए बहुत शक्तिशाली साधन हैं। इंडेण्ट के द्वारा आप किसी पैराग्राफ के पाठ्य को सामान्य हाशियों से हटाकर सेट कर सकते हैं और टैब के उपयोग द्वारा आप पाठ्य को बीच में मनचाहे स्थान पर लगा सकते हैं। कई बार हमें कोई साधारण सूची या सारणी बनाने के लिए टैबों की आवश्यकता पड़ती है। आप बाएं या दाएं से सटे हुए, बीच में सटे हुए या दशमलव बिन्दु से सटे हुए टैब बना सकते हैं।

की-बोर्ड पर टैब बटन दबाने पर कर्सर जहां पर पहुंचकर रुकता है, उसे टैब स्टॉप कहा जाता है। सामान्यतया पेजमेकर में टैब स्टॉप प्रत्येक आधा इंच बाद लगे होते हैं और वे सभी बायीं ओर से सटे हुए होते हैं। आप इनके स्थान पर मनचाहे टैब स्टॉप बना सकते हैं। इसकी विधि निम्नप्रकार है :

- **Type** मेन्यू में **Indents/Tabs...** आदेश दीजिए अथवा कंट्रोल के साथ **I (Ctrl+I)** बटन दबाइए, जिससे आपकी स्क्रीन पर चित्र 10.13 की तरह 'Indents/Tabs' का डायलॉग बॉक्स दिया जाएगा। यदि आप यह आदेश पॉइंटर टूल को चुनकर देते हैं, तो बनाए हुए टैब पूरे दस्तावेज के लिए होंगे और आगे बनाए जाने वाले पैराग्राफों में लागू होंगे। यदि यह आदेश टैक्स्ट टूल को चुनकर और कर्सर को किसी पैराग्राफ में लगाकर दिया जाता है, तो बनाए हुए टैब उसी पैराग्राफ में लागू होंगे।

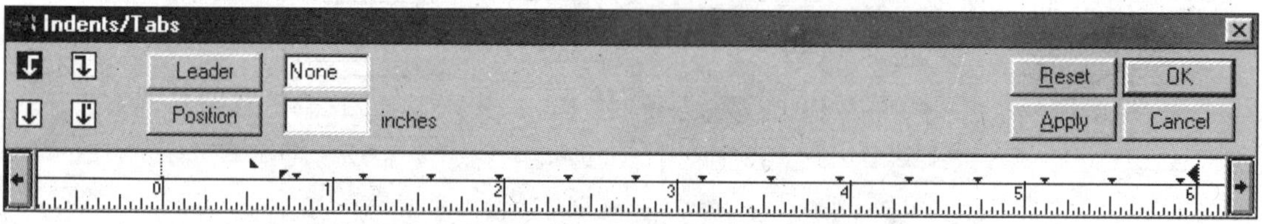

चित्र 10.13 : Indents/Tabs का डायलॉग बॉक्स

- इस डायलॉग बॉक्स में इंडेण्ट को विशेष प्रकार के त्रिकोणों द्वारा दिखाया जाता है। इनमें बाएं, दाएं तथा पहली पंक्ति के इंडेण्ट सम्मिलित होते हैं। आप इनको माउस पॉइंटर से पकड़कर और सरकाकर मनचाहे स्थान पर सेट कर सकते हैं।
- इस डायलॉग बॉक्स में पहले से कई टैब परिभाषित होते हैं, जो रूलर पर चिह्न के रूप में दिखाए जाते हैं। इनमें से किसी टैब स्टॉप को सरकाने के लिए माउस पॉइंटर द्वारा उसे पकड़कर खींचिए और इच्छित स्थान पर ले जाकर छोड़ दीजिए।
- किसी टैब स्टॉप को हटाने के लिए उसे खींचकर रूलर से बाहर छोड़ दीजिए।
- कोई नया टैब स्टॉप बनाने के लिए बाएं कोने पर दिए हुए टैब आइकॉनों में से किसी एक को क्लिक कीजिए, जिससे वह उभर आएगा। अब पॉइंटर द्वारा रूलर पर उस जगह क्लिक कीजिए, जहां आप वैसा टैब स्टॉप बनाना चाहते हैं।
- यदि आप सभी टैबों को उनकी डिफॉल्ट स्थिति में लाना चाहते हैं, तो **Reset** बटन को क्लिक कीजिए।
- सेट किए हुए टैबों को लागू करने के लिए **Apply** बटन को क्लिक कीजिए।
- इस डायलॉग बॉक्स से बाहर निकलने के लिए **OK** बटन को क्लिक कीजिए।

आप इंडेण्टों की सेटिंग और उपयोग पैराग्राफ विवरण के साथ कर सकते हैं, जिसके बारे में आप इसी अध्याय में पीछे पढ़ चुके हैं।

कॉलम बनाना
(Creating Columns)

कोई पुस्तक या बुकलेट तैयार करते समय हमें कई बार एक ही पृष्ठ पर कई कॉलम बनाने की आवश्यकता होती है, जिस प्रकार समाचार पत्रों में कॉलम बने हुए होते हैं। पेजमेकर में कॉलम बनाने की बहुत अच्छी सुविधा उपलब्ध है। इसके लिए हम कॉलम गाइडों का उपयोग करते हैं। रूलर गाइडों की तरह ही कॉलम गाइड भी न छापी जाने वाली लाइनें होती हैं, जिनकी सहायता से हम अपने पाठ्य को कॉलमों के रूप में सेट करते हैं।

किसी पृष्ठ पर कॉलम गाइड लगाने के लिए निम्नलिखित क्रियाएं कीजिए :

- **Layout** मेन्यू में **Column Guides...** आदेश दीजिए। इससे आपको चित्र 10.14 की तरह 'Column Guides' का डायलॉग बॉक्स दिया जाएगा।

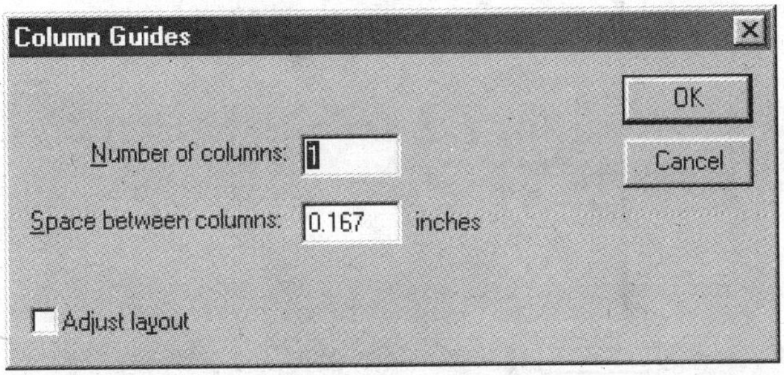

चित्र 10.14 : Column Guides का डायलॉग बॉक्स

- इस डायलॉग बॉक्स में **Number of columns** टैक्स्ट बॉक्स में कॉलमों की संख्या टाइप कीजिए।
- अब **Space between columns** टैक्स्ट बॉक्स में उन कॉलमों के बीच छोड़े जाने वाले स्थान की चौड़ाई इंचों में टाइप कीजिए।
- यदि आप उस पृष्ठ पर लगे हुए पाठ्य आदि को कॉलमों के अनुसार अपने आप सेट कराना चाहते हैं, तो इस डायलॉग बॉक्स में **Adjust layout** चेक बॉक्स को क्लिक करके सेट कर दीजिए नहीं तो इसे खाली ही रहने दीजिए।
- अन्त में **OK** बटन को क्लिक कीजिए, जिससे उस पृष्ठ पर कॉलम गाइड बना दिए जाएंगे। यदि पृष्ठ में कुछ पाठ्य सामग्री है और आपने **Adjust layout** चेक बॉक्स को सेट किया है, तो उसे कॉलमों में सेट कर दिया जाएगा।

चित्र 10.15 में ऊपर बताई गई विधि से एक पृष्ठ पर तीन कॉलम गाइड बनाए गए हैं और प्रत्येक कॉलम के बीच 0.1 इंच का स्थान छोड़ा गया है।

आप इस प्रकार बनाए गए कॉलमों में अपने पाठ्य को स्वयं भी सेट कर सकते हैं। जब आप किसी पाठ्य ब्लॉक के हैंडिल को चुनकर उसके प्रवाह को किसी कॉलम के प्रारम्भ में सेट करते हैं, तो पाठ्य केवल उस कॉलम की सीमाओं में सेट होता है और वह कॉलम समाप्त होने तक या पाठ्य समाप्त होने तक सेट होता जाता है। यदि आपने **Layout** मेन्यू में **Autoflow** को सेट कर रखा है तो आगे का पाठ्य आगे के कॉलमों में ठीक उसी प्रकार सेट हो जाता है, जिस प्रकार साधारण अर्थात् एक ही कॉलम वाले पृष्ठों पर सेट किया जाता है।

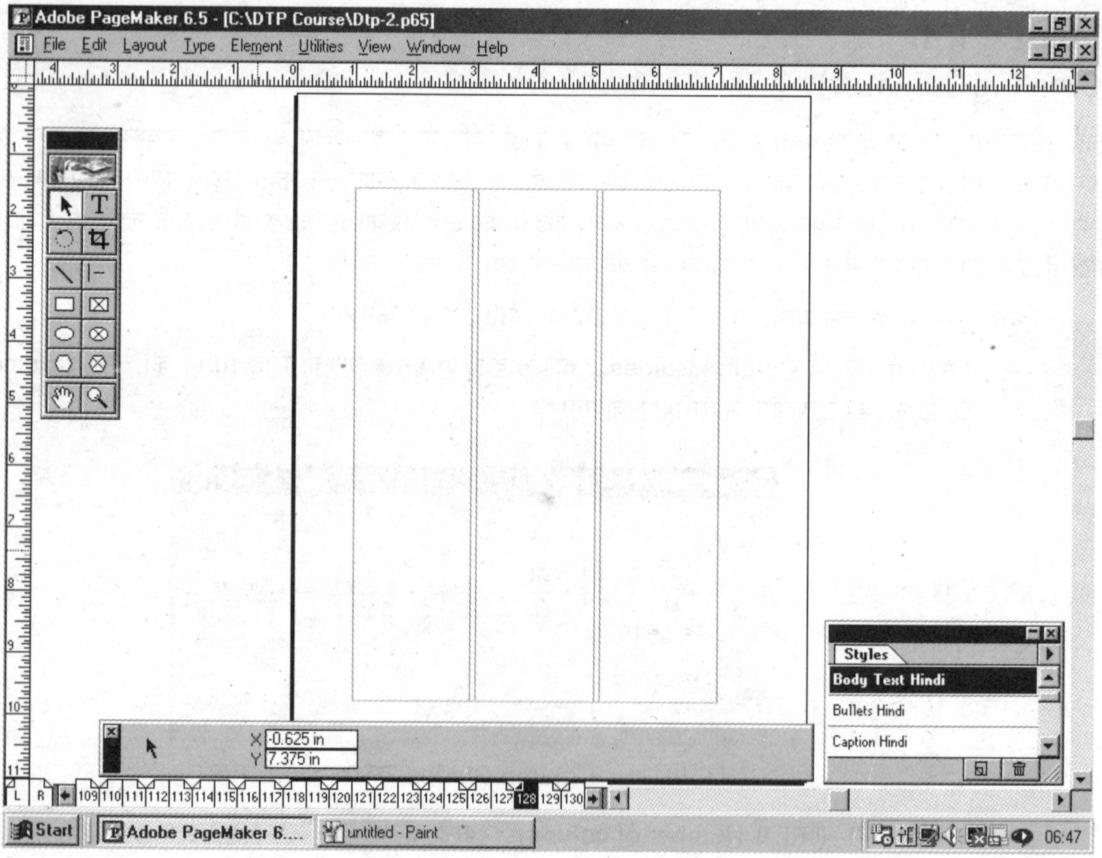

चित्र 10.15 : एक पेज पर बनाए गए तीन कॉलम गाइड

यहां यह बता देना आवश्यक है कि किसी पृष्ठ पर कॉलम बनाने का अर्थ यह नहीं है कि आप पाठ्य को उन कॉलमों की सीमाओं में ही सेट करने के लिए बाध्य हैं। ऐसा होना अनिवार्य नहीं है। आप आवश्यकता पड़ने पर कॉलमों की सीमाओं के आर-पार भी पाठ्य सेट कर सकते हैं। यह आपकी आवश्यकता के ऊपर निर्भर करता है।

यह भी आवश्यक नहीं है कि सभी कॉलम बराबर चौड़ाई के हों या उनमें बराबर दूरी हो। वास्तव में आप किसी कॉलम को एक साधारण टैक्स्ट ब्लॉक की तरह कहीं भी और कितनी भी लम्बाई-चौड़ाई में सेट कर सकते हैं। लेकिन यदि कॉलम सन्तुलित हों अर्थात् समान चौड़ाई के हों और बराबर दूरियों पर हों, तो दस्तावेज कहीं अधिक सुन्दर बनता है। कॉलमों को सन्तुलित करने के बारे में अध्याय 13 'यूटिलिटीज' में बताया गया है।

आप मास्टर पेज बनाते समय भी उसमें कॉलम गाइड सेट कर सकते हैं। इससे यह लाभ होता है कि आप जिस पृष्ठ पर भी वह मास्टर पेज लागू करेंगे, उसमें कॉलम गाइड भी अपने आप बन जाते हैं, जिनके अनुसार आप पाठ्य और अन्य सामग्री सेट कर सकते हैं। मास्टर पेजों के बारे में आप अध्याय 14 'मास्टर पेजों का उपयोग' में विस्तार से पढ़ेंगे।

11

ग्राफिक्स का आयात
(Importing Graphics)

आप पढ़ चुके हैं कि पेजमेकर में आप विभिन्न प्रकार के फॉर्मेट वाली ग्राफिक फाइलों को आयात कर सकते हैं। इन फॉर्मेटों में प्रमुख हैं – स्कैन की हुई अथवा स्क्रीन से उठाई हुई बिटमैप (.BMP) फाइलें, टैग्ड इमेज (.TIF) फाइलें, पिक्चर ग्राफिक (.PIC) फाइलें, विंडोज मेटा (.WMF) फाइलें, विंडोज कम्प्यूटर ग्राफिक मेटा (.CGM) फाइलें तथा विंडोज पेण्टब्रश (.PCX) फाइलें। ग्राफिक फाइलों के फॉर्मेटों को आपके द्वारा स्थापित किए गए आयात फिल्टरों द्वारा स्वीकार किया जाता है। पेजमेकर में आप अधिकांश मानक प्रकार की ग्राफिक फाइलों को आयात कर सकते हैं। इसके बारे में आप इस अध्याय में पढ़ेंगे।

ग्राफिक्स लगाना
(Placing Graphics)

पेजमेकर में आप Place आदेश द्वारा किसी बाहरी ग्राफिक फाइल को पेजमेकर में आयात कर सकते हैं। इस प्रकार आयात किए गए चित्र को आप दस्तावेज में दो प्रकार से लगा सकते हैं :

1. एक स्वतंत्र वस्तु (independent object) की तरह
2. पाठ्य के बीच में एक वस्तु (in-line object) की तरह

इन दोनों में अन्तर यह है कि स्वतंत्र वस्तु को आप दस्तावेज के किसी भी पृष्ठ पर किसी भी स्थान पर लगा सकते हैं, जबकि इन-लाइन वस्तु को आप केवल सम्बंधित पाठ्य के साथ उसके निर्धारित स्थान पर ही लगा सकते हैं। जब किसी चित्र को इन-लाइन ग्राफिक की तरह लगाया जाता है, तो वह टैक्स्ट ब्लॉक का स्थायी भाग बन जाता है। जब उस टैक्स्ट ब्लॉक को सरकाया जाता है, तो वह चित्र भी साथ ही सरकता है। यदि उस टैक्स्ट ब्लॉक में उस चित्र से पहले कोई नया पाठ्य जोड़ा जाता है, तो चित्र उसी के अनुसार आगे बढ़ जाता है और जब पाठ्य हटाया जाता है, तो चित्र उसी के अनुसार पीछे हट जाता है।

सामान्यतया पेजमेकर में किसी चित्र को स्वतंत्र वस्तु की तरह ही लगाया जाता है।

स्वतंत्र वस्तु के रूप में चित्र लगाना
(Placing Graphic as an Independent Object)

किसी चित्र को पेजमेकर के किसी दस्तावेज में स्वतंत्र वस्तु के रूप में लगाने की विधि निम्नप्रकार है :

1. टूलबॉक्स में से पॉइंटर टूल को क्लिक करके चुनिए।
2. **File** मेन्यू में **Place...** आदेश दीजिए अथवा कंट्रोल के साथ **D (Ctrl+D)** बटन दबाइए। इससे आपकी स्क्रीन पर चित्र 11.1 की तरह 'Place' का डायलॉग बॉक्स खुल जाएगा।

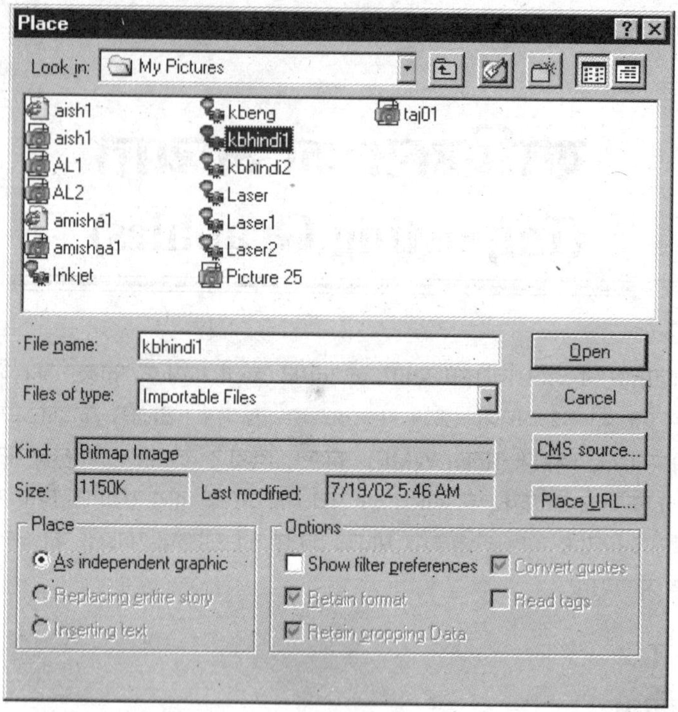

चित्र 11.1 : 'Place' द्वारा चित्र को स्वतंत्र वस्तु के रूप में लगाना

3. इस डायलॉग बॉक्स के **Look in** ड्रॉप-डाउन लिस्ट बॉक्स में उस ड्राइव और फोल्डर का नाम चुनिए या भरिए, जिसमें आयात किए जाने वाला चित्र उपलब्ध है।
4. फाइलों की सूची में से उस फाइल के नाम को क्लिक कीजिए, जिसे आप आयात करना चाहते हैं। आवश्यक होने पर इस सूची को स्क्रॉल कर लीजिए। फाइल का नाम चुनते ही उसका फॉर्मेट इस डायलॉग बॉक्स के **Kind** टैक्स्ट बॉक्स में दिखाई देगा।
5. **Open** बटन को क्लिक कीजिए। इससे चित्र आयात होना प्रारम्भ हो जाएगा और माउस पॉइंटर का रूप बदल जाएगा।
6. माउस पॉइंटर को दस्तावेज में उस स्थान पर ले जाइए जहां पर आप चित्र को लगाना चाहते हैं। उस स्थान पर चित्र का बायां ऊपरी कोना आएगा। बाद में आप चाहें तो चित्र को कहीं भी सरका सकते हैं।
7. माउस बटन को क्लिक कीजिए। इससे चित्र माउस पॉइंटर की जगह लगा दिया जाएगा।

इन-लाइन वस्तु के रूप में चित्र लगाना
(Placing Graphic as an In-Line Object)

किसी चित्र को आयात करके इन-लाइन ग्राफिक की तरह लगाने की विधि भी पिछली विधि से मिलती-जुलती है। मुख्य अन्तर यह है कि इसमें पॉइंटर टूल की जगह टैक्स्ट टूल को चुना जाता है। पूर्ण विधि निम्नप्रकार है :

1. टूलबॉक्स में से टैक्स्ट टूल को क्लिक करके चुनिए और कर्सर को पाठ्य के बीच में उस स्थान पर लगाइए, जहां आप चित्र को लगाना चाहते हैं।

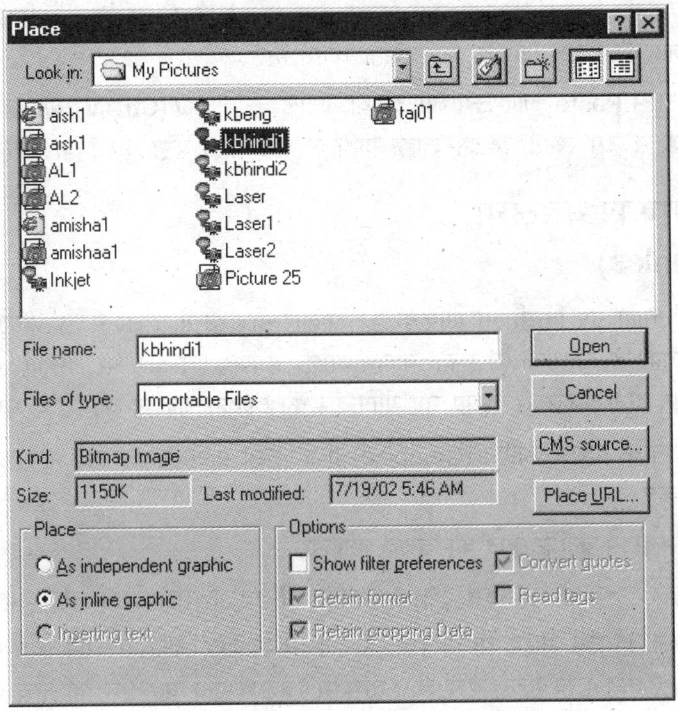

चित्र 11.2 : 'Place' द्वारा चित्र को इन-लाइन ग्राफिक के रूप में लगाना

2. **File** मेन्यू में **Place...** आदेश दीजिए अथवा कंट्रोल के साथ **D (Ctrl+D)** बटन दबाइए। इससे आपकी स्क्रीन पर चित्र 11.2 की तरह 'Place' का डायलॉग बॉक्स खुल जाएगा। ध्यान दीजिए कि इस बार डायलॉग बॉक्स में **As inline graphic** रेडियो बटन सेट है।
3. इस डायलॉग बॉक्स के **Look in** ड्रॉप-डाउन लिस्ट बॉक्स में उस ड्राइव और फोल्डर का नाम चुनिए या भरिए, जिसमें आयात किए जाने वाला चित्र उपलब्ध है।
4. फाइलों की सूची में से उस फाइल के नाम को क्लिक कीजिए, जिसे आप आयात करना चाहते हैं। आवश्यक होने पर इस सूची को स्क्रॉल कर लीजिए। फाइल का नाम चुनते ही उसका फॉर्मेट इस डायलॉग बॉक्स के **Kind** टैक्स्ट बॉक्स में दिखाई देगा।
5. **Open** बटन को क्लिक कीजिए अथवा एण्टर दबाइए। इससे चित्र कर्सर के स्थान पर लगा दिया जाएगा।

स्वंतत्र ग्राफिक को इन-लाइन ग्राफिक में बदलना (Converting Independent Graphic into In-Line Graphic)

यदि आपने अपने दस्तावेज में कोई स्वतंत्र ग्राफिक लगाया है और उसे इन-लाइन ग्राफिक में बदलना चाहते हैं, तो सरलता से वैसा किया जा सकता है। इसकी विधि निम्नप्रकार है :

1. पॉइंटर टूल द्वारा क्लिक करके उस ग्राफिक को चुन लीजिए।
2. **Edit** मेन्यू में **Cut** आदेश दीजिए अथवा कंट्रोल के साथ **X (Ctrl+X)** बटन दबाइए। इससे वह ग्राफिक उस स्थान से हटाकर क्लिपबोर्ड में रख दिया जाएगा।

3. टैक्स्ट टूल को क्लिक कीजिए और कर्सर (या धसान बिन्दु) को पाठ्य सामग्री में उस स्थान पर ले जाइए, जहां आप उस ग्राफिक को लगाना चाहते हैं।
4. **Edit** मेन्यू में **Paste** आदेश दीजिए अथवा कंट्रोल के साथ **V (Ctrl+V)** बटन दबाइए। इससे वह ग्राफिक क्लिपबोर्ड से उस स्थान पर इन-लाइन ग्राफिक के रूप में पेस्ट कर दिया जाएगा।

ग्राफिक्स का आकार बदलना
(Resizing Graphics)

आप अपने दस्तावेज में लगाए गए किसी भी ग्राफिक का आकार ठीक उसी प्रकार बदल सकते हैं. जिस प्रकार किसी आकृति या रेखा का आकार बदला जाता है। इसके बारे में अगले अध्याय 'वस्तुओं पर क्रियाएं' में विस्तार से बताया गया है। स्वतंत्र और इन-लाइन दोनों प्रकार से लगाए गए ग्राफिक्स का आकार बदलने की विधि समान होती है।

आप आकार घटाने के बजाय क्रॉपिंग (Cropping) द्वारा किसी ग्राफिक का कोई भाग काटकर भी निकाल सकते हैं। इसकी विधि निम्नप्रकार है :

1. टूल बॉक्स में से क्रॉपिंग टूल का चुनाव कीजिए।
2. ग्राफिक को चुनने के लिए इस टूल से क्लिक कीजिए, जिससे उसके चारों ओर हैंडिल दिखाई देंगे।
3. क्रॉपिंग टूल को उस साइड या कोने के हैंडिल पर लाइए, जिधर से आप चित्र को काटकर छोटा करना चाहते हैं। उदाहरण के लिए, यदि आप नीचे से चित्र काटना चाहते हैं, तो नीचे की साइड के हैंडिल को चुनिए, यदि दायीं ओर से काटना चाहते हैं, तो दायीं ओर की साइड का हैंडिल चुनिए और यदि नीचे तथा दाएं दोनों ओर से काटना चाहते हैं, तो दाएं-निचले कोने का हैंडिल चुनिए।
4. उचित हैंडिल को चुनकर माउस बटन को क्लिक करके दबा लीजिए। इससे माउस पॉइंटर एक डबल-तीर के चिह्न में बदल जाएगा।
5. माउस बटन दबाए रखकर उस हैंडिल को चित्र के केन्द्र की ओर खींचिए। इससे चित्र छोटा होता दिखाई देगा।
6. चित्र को आवश्यक आकार तक छोटा करके माउस बटन को छोड़ दीजिए।

इस विधि द्वारा आप किसी भी चित्र को किसी भी ओर से काट-छांटकर छोटा कर सकते हैं। यदि आपने कोई चित्र किसी ओर से जरूरत से ज्यादा छांट दिया है, तो ऊपर की विधि द्वारा सम्बंधित हैंडिल को बाहर की ओर खींचकर उसका आकार ठीक कर सकते हैं।

ऑब्जेक्ट लिंकिंग तथा एम्बैडिंग
(Object Linking and Embedding)

यह विंडोज की एक शक्तिशाली विशेषता है, जिसका लाभ पेजमेकर में उठाया जा सकता है। इसके द्वारा आप अन्य प्रोग्रामों द्वारा तैयार किए गए डाटा को मूल रूप में सीधे ही अपने पेजमेकर दस्तावेज में लिंक कर सकते हैं। उदाहरण के लिए, किसी एमएस-वर्ड दस्तावेज को पेजमेकर में आयात करने के स्थान पर आप उसे दस्तावेज में लिंक या एम्बैड कर सकते हैं। यदि आप ऐसा करते हैं, तो आप उसको दस्तावेज में डबल क्लिक करके उसे उसके मूल प्रोग्राम में खोल सकते हैं और इच्छानुसार सुधार या परिवर्तन कर सकते हैं।

किसी वस्तु को लिंक करने और एम्बैड करने में एक मौलिक अन्तर है। जब आप पेजमेकर दस्तावेज को किसी अन्य प्रोग्राम, जैसे एमएस-एक्सेल की वर्कशीट, वर्ड का पाठ्य दस्तावेज, किसी ग्राफिक प्रोग्राम के चित्र अथवा फोटोशॉप द्वारा बनाए गए फोटो आदि के साथ लिंक करते हैं, तो वास्तव में आप उस मूल दस्तावेज की एक नकल अपने पेजमेकर दस्तावेज में लगा रहें होते हैं। इस स्थिति में जब आप मूल दस्तावेज में कोई सुधार या परिवर्तन करते हैं, तो वह परिवर्तन पेजमेकर में लगी नकल में स्वतः ही हो जाता है और जब आप पेजमेकर में उसके लिंक को डबल क्लिक करके खोलते हैं, तो उसमें किए गए परिवर्तन मूल दस्तावेज में भी हो जाते हैं।

इसके विपरीत जब आप किसी बाहरी दस्तावेज या वस्तु को पेजमेकर में एम्बैड करते हैं, तो आप मूल वस्तु को ही जोड़ते हैं, उसकी नकल को नहीं। इसका तात्पर्य है कि यदि आप मूल दस्तावेज में कोई परिवर्तन करते हैं, तो वह पेजमेकर में नहीं दिखाई पड़ता। उसके लिए आपको पेजमेकर में ही उस वस्तु को क्लिक करके खोलना पड़ता है और उसमें किए गए परिवर्तन केवल पेजमेकर दस्तावेज तक ही सीमित रहते हैं।

आप अपनी सुविधा के अनुसार कोई भी रूप अपना सकते हैं।

किसी वस्तु को लिंक करना
(Linking an Object)

पेजमेकर दस्तावेज में कोई वस्तु लिंक करने की विधि निम्नप्रकार है :

1. मूल प्रोग्राम में कोई वस्तु या दस्तावेज तैयार कीजिए, जिसे आप पेजमेकर में लिंक करना चाहते हैं।
2. उस वस्तु या दस्तावेज को मूल प्रोग्राम में सुरक्षित कर दीजिए।
3. Copy आदेश देकर उस वस्तु को क्लिपबोर्ड में नकल कर लीजिए।
4. पेजमेकर दस्तावेज को खोलकर उसमें **Edit** मेन्यू में **Paste Special...** आदेश दीजिए। इससे आपकी स्क्रीन पर चित्र 11.3 की तरह 'Paste Special' का डायलॉग बॉक्स दिया जाएगा, जिसमें क्लिपबोर्ड में रखी हुई वस्तु के मूल प्रोग्राम का नाम चुना हुआ होगा।

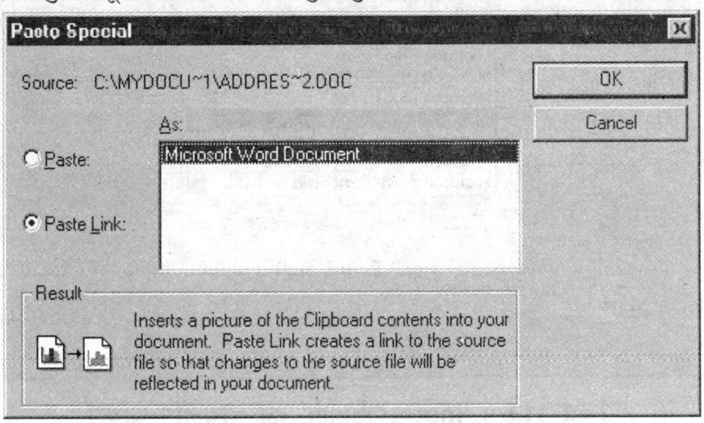

चित्र 11.3 : 'Paste Special' का डायलॉग बॉक्स

5. इस डायलॉग बॉक्स में **Paste Link** रेडियो बटन को क्लिक करके सेट कीजिए।
6. **OK** बटन को क्लिक कीजिए। इससे क्लिपबोर्ड में रखी गई वस्तु को पेजमेकर में लिंक के रूप में नकल कर दिया जाएगा।

यदि आप लिंक की हुई वस्तु में कोई परिवर्तन करना चाहते हैं, तो पेजमेकर में उसके लिंक को डबल क्लिक कीजिए। इससे सम्बंधित प्रोग्राम प्रारम्भ हो जाएगा और वह मूल फाइल खुल जाएगी। आप इस फाइल में जो भी परिवर्तन करके उसे सुरक्षित करते हैं, वे परिवर्तन तत्काल ही पेजमेकर दस्तावेज में दिखाई देते हैं।

यदि उपरोक्त क्रिया करने पर इच्छित परिवर्तन नहीं होता है, तो लिंक की हुई वस्तु को चुनकर **Element** मेन्यू में **Link Options...** आदेश दीजिए। इससे आपकी स्क्रीन पर चित्र 11.4 की तरह 'Link Options' का डायलॉग बॉक्स खुल जाएगा। इस डायलॉग बॉक्स में **Update Automatically** चेक बॉक्स को सेट कर दीजिए।

यदि आप उपरोक्त प्रभाव अपने दस्तावेज की सभी लिंक फाइलों पर लागू करना चाहते हैं, तो यह विकल्प डिफॉल्ट रूप में सेट रहना चाहिए। इसके लिए कोई वस्तु चुने बिना ऊपर बताया गया डायलॉग बॉक्स खोलिए और उसमें यह विकल्प सेट कर दीजिए।

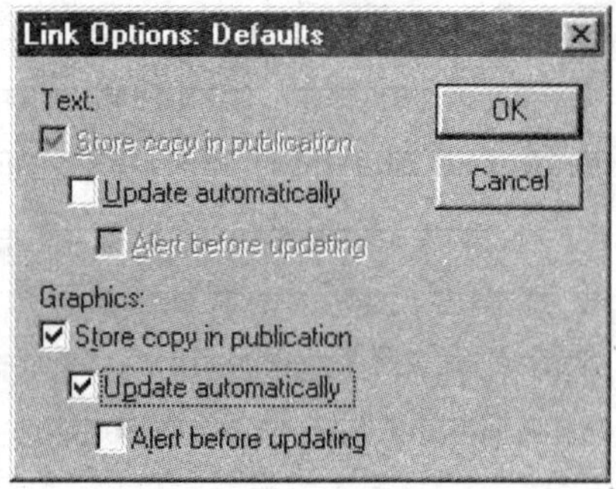

चित्र 11.4 : 'Link Options' का डायलॉग बॉक्स

किसी वस्तु को ऐम्बैड करना
(Embedding an Object)

पेजमेकर दस्तावेज में किसी अन्य प्रोग्राम में तैयार करके कोई वस्तु ऐम्बैड करने की विधि निम्नप्रकार है :

1. पेजमेकर दस्तावेज को खोलकर उसमें **Edit** मेन्यू में **Insert Object...** आदेश दीजिए। इससे आपकी स्क्रीन पर चित्र 11.5 की तरह 'Insert Object' का डायलॉग बॉक्स दिया जाएगा। इस डायलॉग बॉक्स में **Object Type** लिस्ट में उन सभी प्रोग्रामों के नाम उपलब्ध होते हैं, जिनमें सामग्री तैयार करके उसे पेजमेकर में शामिल किया जा सकता है।

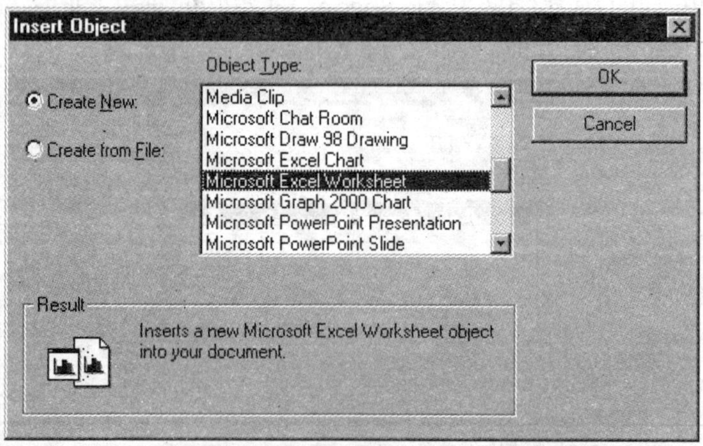

चित्र 11.5 : 'Insert Object' का डायलॉग बॉक्स

2. इस लिस्ट को स्क्रॉल करके उसमें से उस प्रोग्राम का नाम क्लिक कीजिए, जिसमें कोई वस्तु बनाकर आप पेजमेकर दस्तावेज में ऐम्बैड करना चाहते हैं।

3. आवश्यक होने पर **Create New** रेडियो बटन को सेट कीजिए।

4. **OK** बटन को क्लिक कीजिए, जिससे यह डायलॉग बॉक्स बन्द हो जाएगा और आपकी स्क्रीन पर वह प्रोग्राम प्रारम्भ होकर उसमें एक खाली वस्तु खुल जाएगी।
5. उस प्रोग्राम में इच्छित सामग्री तैयार कीजिए।
6. कार्य पूरा हो जाने के बाद उस प्रोग्राम को बन्द कर दीजिए। ऐसा करते ही आपके द्वारा तैयार सामग्री पेजमेकर के दस्तावेज में जोड़ दी जाएगी। इसको डबल क्लिक करके आप कभी भी उस प्रोग्राम को पुनः प्रारम्भ कर सकते हैं और सामग्री में परिवर्तन कर सकते हैं।

उदाहरण के लिए, यदि आप चित्र 11.5 के डायलॉग बॉक्स में **Microsoft Excel Worksheet** विकल्प को चुनते हैं, तो **OK** बटन को क्लिक करते ही एमएस-एक्सेल प्रोग्राम प्रारम्भ हो जाता है और आपकी स्क्रीन पर चित्र 11.6 की तरह उसकी एक खाली वर्कशीट दिखाई जाती है। आप इस वर्कशीट में मनचाही सामग्री भरकर उसे पेजमेकर में लगा सकते हैं। यदि कभी इस सामग्री में परिवर्तन करना चाहते हैं, तो इस सामग्री को डबल क्लिक करके उस वर्कशीट को पुनः खोल सकते हैं। वर्कशीट खोलकर उसमें इच्छित परिवर्तन करने के बाद प्रोग्राम को उसका **Close** बटन क्लिक करके बन्द कर दीजिए, जिससे आपके द्वारा किए गए परिवर्तन तुरन्त ही पेजमेकर में लगी हुई वर्कशीट में दिखाई पड़ने लगेंगे।

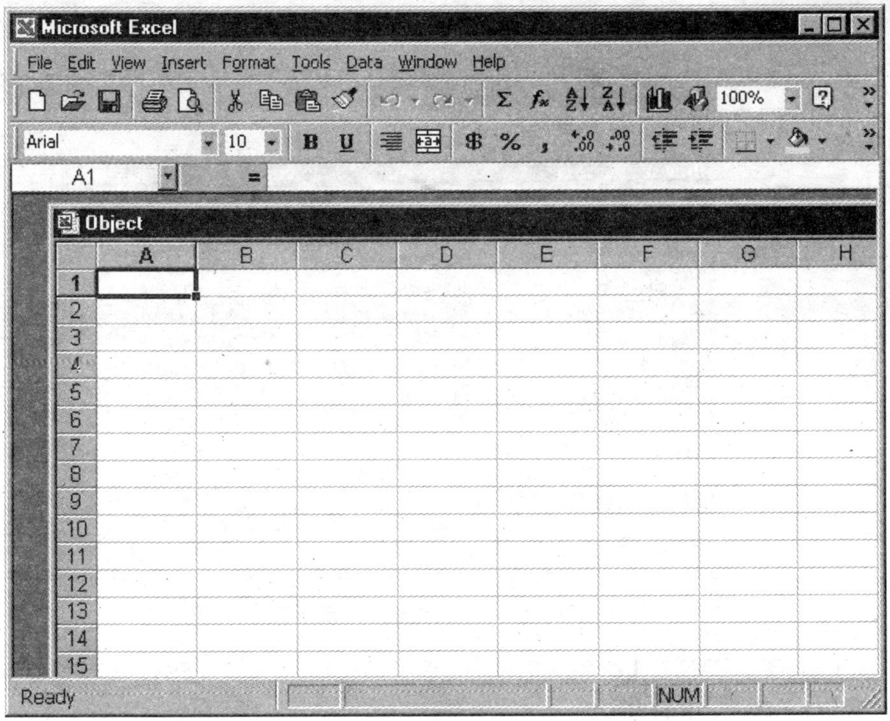

चित्र 11.6 : पेजमेकर दस्तावेज में वर्कशीट ऐम्बैड करना

प्रायः हम पेजमेकर में लगाने के लिए हर बार नई सामग्री तैयार नहीं करते, बल्कि पहले से तैयार सामग्री, जो किसी फोल्डर में किसी फाइल में स्टोर की गई है, को पेजमेकर में लगाना चाहते हैं। आप किसी बाहरी प्रोग्राम में पहले से तैयार सामग्री भी पेजमेकर में ऐम्बैड कर सकते हैं। इसकी विधि अग्र प्रकार है :

1. पेजमेकर दस्तावेज को खोलकर उसमें **Edit** मेन्यू में **Insert Object...** आदेश दीजिए। इससे आपकी स्क्रीन पर 'Insert Object' का डायलॉग बॉक्स दिया जाएगा। इस डायलॉग बॉक्स में **Create from File** रेडियो बटन को सेट कीजिए, जिससे डायलॉग बॉक्स का रूप चित्र 11.7 की तरह हो जाएगा।

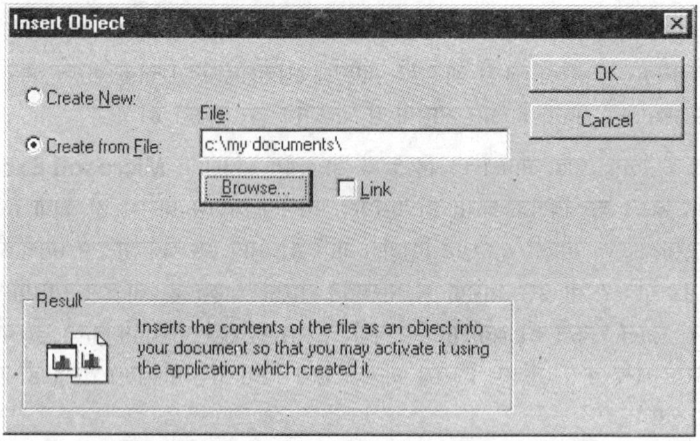

चित्र 11.7 : 'Insert Object' का डायलॉग बॉक्स

2. **Browse** बटन को क्लिक कीजिए, जिससे आपकी स्क्रीन पर चित्र 11.8 की तरह 'Browse' का डायलॉग बॉक्स खुल जाएगा।

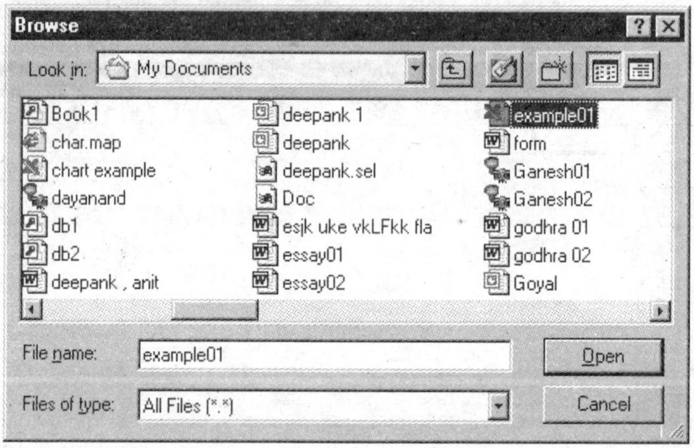

चित्र 11.8 : 'Browse' का डायलॉग बॉक्स

3. इस डायलॉग बॉक्स में **Look in** लिस्ट बॉक्स में उस ड्राइव और फोल्डर का नाम चुनिए, जिसमें वह सामग्री स्टोर की गई है।
4. 'Browse' के डायलॉग बॉक्स के बीच के भाग में से उस फाइल का नाम चुन लीजिए, जिसे आप पेजमेकर में ऐम्बैड करना चाहते हैं।
5. **OK** बटन को क्लिक कीजिए, जिससे आप वापस 'Insert Object' के डायलॉग बॉक्स में आ जाएंगे। इसमें आपके द्वारा चुनी हुई फाइल का नाम उसके पथ सहित भरा हुआ दिखाई देगा।

6. **OK** बटन को क्लिक कीजिए, जिससे 'Insert Object' का डायलॉग बॉक्स बन्द हो जाएगा और आप वापस पेजमेकर दस्तावेज में आ जाएंगे। शीघ्र ही पेजमेकर दस्तावेज में आपके द्वारा ऐम्बेड की हुई सामग्री दिखाई देगी।

उदाहरण के लिए, यदि आप 'Browse' के डायलॉग बॉक्स में किसी ऐक्सेल वर्कशीट का नाम चुनते हैं, तो वह वर्कशीट पेजमेकर के दस्तावेज में चित्र 11.9 की तरह जुड़ जाएगी। यदि कभी आप इस वर्कशीट में कोई परिवर्तन करना चाहते हैं, तो उसको डबल क्लिक कीजिए, जिससे माइक्रोसॉफ्ट प्रोग्राम प्रारम्भ हो जाएगा और उसमें वही वर्कशीट खुल जाएगी। आप इसमें इच्छानुसार परिवर्तन कर सकते हैं। ऐसा करके प्रोग्राम को बन्द कर दीजिए। इससे आपके द्वारा किए गए सुधार तत्काल ही पेजमेकर दस्तावेज में दिखाई पड़ने लगेंगे।

Emp_No	Name	Designation	Basic_Pay
4215	Shri A.L. Daultani	Asstt General Manager	15500
3542	Shri M.R. Kumar	Chief Manager	13650
4646	Shri R.A. Pal	Chief Manager	13540
6451	Shri K.S. Vajpai	Senior Manager	12850
7848	Shri P.K. Dixit	Senior Manager	12650

चित्र 11.9 : पेजमेकर में ऐम्बैड की हुई एक वर्कशीट

पेजमेकर के दस्तावेज में लगाई गई किसी भी सामग्री को आप किसी भी अन्य वस्तु या ग्राफिक की तरह छोटा-बड़ा करके इच्छित आकार दे सकते हैं, उसे सरकाकर कहीं भी सेट कर सकते हैं और उसके चारों ओर पाठ्य को लपेट सकते हैं। पाठ्य लपेटने की विधि इसी अध्याय में आगे बताई गई है। शेष क्रियाओं के बारे में अगले अध्याय में विस्तार से बताया जाएगा।

पाठ्य लपेटना
(Wrapping Text)

जब हम कोई स्वतंत्र वस्तु जैसे चित्र किसी दस्तावेज में लगाते हैं, तो सामान्यतया वह वस्तु पाठ्य के ऊपर दिखाई देती है अर्थात् बहुत सा पाठ्य उससे छिप जाता है। इसलिए हम चाहते हैं कि दस्तावेज का पाठ्य उस वस्तु से अलग ही अलग रहे अर्थात् दोनों एक दूसरे के ऊपर न आएं ताकि वे स्पष्ट दिखाई पड़ें। यह कार्य पाठ्य को उस वस्तु के चारों ओर लपेटने से किया जा सकता है।

पेजमेकर में किसी वस्तु के चारों ओर पाठ्य लपेटने की अच्छी सुविधाएं उपलब्ध हैं। इसमें आप कई प्रकार से पाठ्य लपेट सकते हैं और अपने दस्तावेज को आकर्षक बना सकते हैं। यह कार्य करने की विधि निम्नप्रकार है :

1. सबसे पहले पॉइंटर टूल द्वारा उस वस्तु को चुन लीजिए।
2. **Element** मेन्यू में **Text Wrap...** आदेश दीजिए अथवा अल्ट और कंट्रोल के साथ **E (Alt+Ctrl+E)** दबाइए। इससे आपको चित्र 11.10 की तरह 'Text Wrap' का डायलॉग बॉक्स दिया जाएगा।
3. इस डायलॉग बॉक्स के **Wrap option** भाग में तीन आइकॉन दिए हुए हैं। इनमें से आपको कोई एक आइकॉन क्लिक करके चुनना है। इन विकल्पों का प्रभाव निम्नप्रकार है :
   - पहले आइकॉन को चुनने से पाठ्य उस वस्तु के ऊपर होकर सामान्य तरीके से बहाता है अर्थात् इससे पाठ्य लपेटा नहीं जाता। यह डिफॉल्ट स्थिति है।

- दूसरा आइकॉन चुनने पर पाठ्य उस वस्तु की सीमा रेखाओं से बाहर-बाहर बहता है अर्थात् पाठ्य को लपेटा जाता है। इसमें वस्तु द्वारा घेरा जाने वाला स्थान आयताकार होता है।
- तीसरे आइकॉन का प्रभाव भी दूसरे आइकॉन की तरह है, लेकिन यह तब उपलब्ध होता है, जब आपने उस वस्तु की सीमा रेखाओं को सुधारकर वस्तु के आकार को मास्क किया हो। इसमें वस्तु द्वारा घेरा जाने वाला स्थान वस्तु के मास्क के अनुसार किसी भी आकृति का हो सकता है। इसका विस्तृत विवरण देना इस पुस्तक की विषय वस्तु से बाहर है।

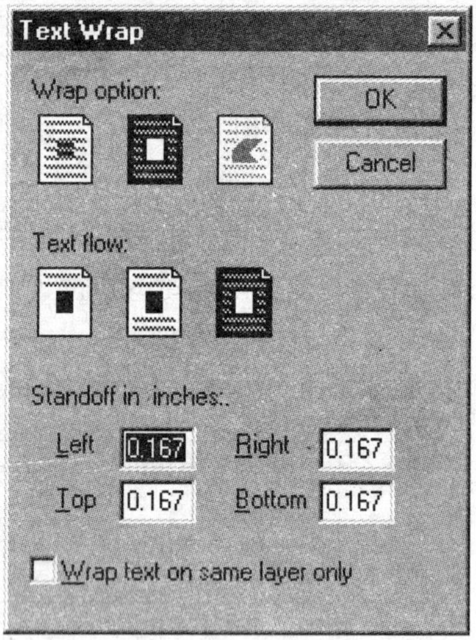

चित्र 11.10 : Text Wrap का डायलॉग बॉक्स

4. इस डायलॉग बॉक्स के **Text flow** भाग में तीन आइकॉन दिए हुए हैं। इनमें से आपको कोई एक आइकॉन क्लिक करके चुनना होता है। इन विकल्पों का प्रभाव निम्नप्रकार है :

- पहले आइकॉन को कॉलम ब्रेक (Column Break) आइकॉन कहा जाता है। इसे चुनने से पाठ्य उस स्थान पर रुक जाता है, जहां से वह वस्तु प्रारम्भ होती है। पाठ्य अगले पेज या कॉलम पर फिर से शुरू हो जाता है।
- दूसरे आइकॉन को जम्प-ओवर (Jump-Over) आइकॉन कहा जाता है। इसे चुनने से पाठ्य उस स्थान पर रुक जाता है, जहां से वह वस्तु प्रारम्भ होती है, परन्तु जैसे ही वह वस्तु समाप्त होती है पाठ्य फिर से शुरू हो जाता है। इस तरह पाठ्य लपेटने की क्रिया चित्र 11.11 में दिखाई गई है।

जम्प-ओवर विधि से पाठ्य लपेटने पर पाठ्य उस वस्तु को छोड़कर आगे से बहता रहता है। अर्थात् पहले वह उस स्थान पर रुक जाता है, जहां से वह वस्तु प्रारम्भ होती है, परन्तु जैसे ही वह वस्तु समाप्त होती है पाठ्य

फिर से शुरू हो जाता है। यह पाठ्य लपेटने की सबसे सरल विधि है। इसका उपयोग तब किया जाता है, जब आप किसी चित्र या वस्तु को उसके पाठ्य से स्वतंत्र दिखाना चाहते हों।

चित्र 11.11 : पाठ्य लपेटने की जम्प-ओवर विधि

- तीसरे आइकॉन को रैप-ऑल-साइड्स (Wrap-all-sides) आइकॉन कहा जाता है। इसे चुनने से पाठ्य अपनी सीमा में उस वस्तु के सभी ओर लिपट जाता है। इसमें वस्तु के कारण घिरने वाले स्थान की बचत होती है। इस तरह पाठ्य लपेटने की क्रिया चित्र 11.12 में दिखाई गई है।

रैप-ऑल-साइड्स विधि से पाठ्य लपेटने पर पाठ्य अपनी सीमा में उस वस्तु के चारों ओर लिपट जाता है। यह पाठ्य लपेटने की सबसे उपयोगी विधि है, क्योंकि इसमें आप अपने स्थान का अच्छे से अच्छा उपयोग कर सकते हैं। इसका उपयोग तब किया जाता है, जब आप किसी चित्र या वस्तु को उसके पाठ्य से जुड़ा दिखाना चाहते हों तथा स्थान सीमित हो। सामान्यतया पत्र-पत्रिकाओं में पाठ्य लपेटने की इसी विधि का उपयोग किया जाता है।

चित्र 11.12 : पाठ्य लपेटने की रैप-ऑल-साइड्स विधि

5. यदि आप वस्तु के चारों ओर कोई अतिरिक्त स्थान छोड़ना चाहते हैं, तो वह **Standoff in inches** भाग में दिए गए टैक्स्ट बॉक्सों में भरिए। ये मान शून्य भी हो सकते हैं। आप इनमें जो भी मान भरेंगे, उतना स्थान वस्तु के चारों ओर छोड़कर पाठ्य लगाया जाएगा। आप इन बॉक्सों में ऋणात्मक मान भी भर सकते हैं। ऐसी स्थिति में पाठ्य उस वस्तु की सीमा में उतने ही अन्दर तक लगाया जाएगा।
6. सभी विकल्प सेट करने के बाद **OK** बटन को क्लिक कीजिए। जिससे आपके द्वारा चुने हुए विकल्पों के अनुसार पाठ्य लपेट दिया जाएगा।

12

वस्तुओं पर क्रियाएं
(Working with Objects)

आप पढ़ चुके हैं कि पेजमेकर में प्रत्येक वस्तु, चाहे वह पाठ्य हो या कोई चित्र या अन्य वस्तु हो, को समान रूप से एक ग्राफिक वस्तु के रूप में संभाला जाता है। इसलिए उन पर प्रायः एक जैसी क्रियाएं एक ही विधि से की जाती हैं। इस अध्याय में इन क्रियाओं के बारे में विस्तार से बताया गया है।

वस्तुओं को चुनना
(Selecting Objects)

किसी भी वस्तु अथवा वस्तुओं के समूह पर कोई भी क्रिया करने से पहले उनको चुना जाता है। कोई क्रिया करने के लिए यदि आप कोई आदेश देते हैं, तो वह आदेश केवल चुनी हुई वस्तुओं पर ही लागू होता है। यदि उस समय कोई भी वस्तु चुनी हुई नहीं है, तो उस आदेश का कोई प्रभाव नहीं होगा।

वस्तुओं को चुनने के बारे में आप अध्याय 8 'ड्रॉइंग टूल' में पढ़ चुके हैं। यहां हम एक बार फिर वस्तुएं चुनने की विधि बता रहे हैं, क्योंकि वस्तुओं का चुनाव करना एक अत्यावश्यक और महत्वपूर्ण क्रिया है :

1. यदि पॉइंटर टूल पहले से चुना नहीं है, तो टूल बॉक्स में पॉइंटर टूल को क्लिक कीजिए। इससे माउस पॉइंटर एक तिरछे तीर का रूप ले लेगा। यदि कोई अन्य टूल चुना हुआ है, तो कंट्रोल के साथ स्पेस बार दबा देने से पॉइंटर टूल चुन लिया जाता है।
2. जिस वस्तु को आप चुनना चाहते हैं, उस पर माउस पॉइंटर ले जाकर क्लिक कीजिए। इससे उस वस्तु के चारों ओर आठ हैंडिल बन जाएंगे, जिनसे पता चलता है कि वह वस्तु चुनी हुई है।
3. अन्य वस्तुओं को चुनने के लिए शिफ्ट कुंजी को दबाकर बारी-बारी से उन्हें क्लिक कीजिए। इससे वे वस्तुएं भी चुनी हुई दिखाई देंगी। बिना शिफ्ट दबाए किसी वस्तु को क्लिक करने से पहले के सभी चुनाव रद्द हो जाएंगे और केवल अंतिम बार क्लिक की हुई वस्तु ही चुनी जाएगी।
4. यदि अनेक वस्तुएं चुनी हुई हैं और आप उनमें से किसी वस्तु को चुनाव से अलग करना चाहते हैं, तो शिफ्ट कुंजी दबाकर उसे क्लिक कीजिए। इससे वह वस्तु चुनाव से बाहर हो जाएगी।
5. चुनाव पूरी तरह रद्द करने के लिए या तो माउस पॉइंटर द्वारा किसी खाली स्थान पर क्लिक कीजिए या किसी अन्य वस्तु का चुनाव कीजिए।
6. पास-पास स्थित कई वस्तुओं को एक साथ चुनने के लिए माउस बटन को दबाकर माउस पॉइंटर से उनके चारों ओर एक आयताकार घेरा बनाइए। माउस बटन छोड़ते ही उस घेरे के अन्दर पूरी तरह आने वाली सभी वस्तुएं चुन ली जाएंगी। जो वस्तुएं उस घेरे में पूरी नहीं आतीं, केवल उनका कोई भाग आता है, उन्हें नहीं चुना जाएगा।

वस्तुओं का चुनाव करने की आवश्यकता हमें बार-बार पड़ती है। इसलिए इस विधि को अच्छी तरह समझ लेना चाहिए, ताकि कोई क्रिया करने के लिए सही वस्तु का ही चुनाव किया जाए।

वस्तु को हटाना
(Deleting an Object)

यदि आप किसी वस्तु या वस्तुओं के समूह को पेजमेकर दस्तावेज से हटा देना चाहते हैं, तो उसके लिए निम्नलिखित क्रियाएं कीजिए :

1. ऊपर बताई जा चुकी विधि से हटाई जाने वाली वस्तु या वस्तुओं को चुन लीजिए।
2. **Edit** मेन्यू में **Clear** आदेश दीजिए अथवा **Delete** या **BackSpace** कुंजी दबाइए।

किसी वस्तु को दस्तावेज से ऊपर के आदेश द्वारा हटा देने पर उसका पूरा सन्दर्भ समाप्त हो जाता है। यदि आप गलती से किसी वस्तु को हटा देते हैं और उसे वापस लाना चाहते हैं, तो तत्काल ही आपको **Edit** मेन्यू में **Undo** आदेश देना चाहिए।

वस्तु को नकल करना
(Copying an Object)

किसी वस्तु या वस्तुओं के समूह को उसी स्थान पर या किसी अन्य स्थान पर नकल करने का कार्य दो प्रकार से किया जा सकता है। इसकी पहली विधि निम्नप्रकार है :

1. ऊपर बताई जा चुकी विधि से नकल की जाने वाली वस्तु या वस्तुओं को चुन लीजिए।
2. **Edit** मेन्यू में **Copy** आदेश दीजिए अथवा कंट्रोल के साथ **C (Ctrl+C)** बटन दबाइए। इससे चुनी हुई वस्तु या वस्तुएं क्लिपबोर्ड में नकल कर दी जाएंगी।
3. क्लिपबोर्ड में नकल की हुई वस्तुओं को कहीं पेस्ट करने के लिए उस स्थान पर जाकर **Edit** मेन्यू में **Paste** आदेश दीजिए अथवा कंट्रोल के साथ **V (Ctrl+V)** बटन दबाइए। यदि आप उसी स्थान पर पेस्ट करते हैं, तो दूसरी वस्तु मूल वस्तु से थोड़ा हटकर पेस्ट की जाएगी। बाद में आप उसे सरकाकर इच्छित स्थान पर लगा सकते हैं।
4. नई वस्तु को ठीक मूल वस्तु के ऊपर पेस्ट करने के लिए कंट्रोल और अल्ट के साथ **V (Ctrl+Alt+V)** बटन दबाना चाहिए।

दूसरी विधि
(Second Method)

किसी वस्तु या वस्तुओं की नकल बनाने की ड्रैग एंड ड्रॉप (Drag and Drop) विधि निम्नप्रकार है :

1. ऊपर बताई जा चुकी विधि से नकल की जाने वाली वस्तु या वस्तुओं को चुन लीजिए।
2. कंट्रोल तथा अल्ट कुंजियों को दबाकर पकड़ लीजिए और चुनी हुई किसी वस्तु की सीमा रेखा को माउस पॉइंटर द्वारा पकड़कर इच्छित दिशा में सरकाइए और माउस बटन छोड़ दीजिए। माउस बटन छोड़ते ही उसकी नकल वहीं बन जाएगी।

3. यदि आप वस्तु को केवल उसकी ऊर्ध्वाधर या केवल क्षैतिज दिशा में नकल करना चाहते हैं, तो ऊपर की क्रिया करते समय शिफ्ट कुंजी को दबाकर पकड़ लीजिए। इससे नकल मूल वस्तु की सीध में ही बनेगी।

एक साथ कई प्रतियां बनाना
(Making Multiple Copies)

कई बार हम किसी वस्तु या वस्तुओं की एक जैसी कई प्रतियां एक साथ बनाना चाहते हैं। यह कार्य पेजमेकर में सरलता से किया जा सकता है। इसकी विधि निम्नप्रकार है :

1. ऊपर बताई जा चुकी विधि से नकल की जाने वाली वस्तु या वस्तुओं को चुन लीजिए।
2. **Edit** मेन्यू में **Copy** आदेश दीजिए अथवा कंट्रोल के साथ **C (Ctrl+C)** बटन दबाइए। इससे चुनी हुई वस्तु या वस्तुएं क्लिपबोर्ड में नकल कर दी जाएंगी।
3. क्लिपबोर्ड में नकल की हुई वस्तुओं की अनेक प्रतियां बनाने के लिए **Edit** मेन्यू में **Paste Multiple...** आदेश दीजिए। इससे आपकी स्क्रीन पर चित्र 12.1 की तरह 'Paste Multiple' का डायलॉग बॉक्स खुल जाएगा।

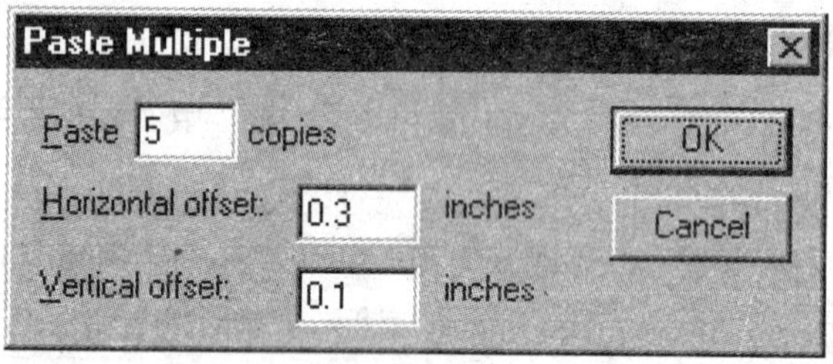

चित्र 12.1 : 'Paste Multiple' का डायलॉग बॉक्स

4. इस डायलॉग बॉक्स में निर्धारित टैक्स्ट बॉक्सों में प्रतियों की संख्या, क्षैतिज दूरी तथा ऊर्ध्वाधर दूरी भर दीजिए। यदि आप दूरी वाले बॉक्सों में धनात्मक संख्या भरते हैं, तो नई वस्तुएं दाएं और नीचे की ओर लगाई जाती हैं और यदि ऋणात्मक संख्या भरते हैं, तो वे बाएं और ऊपर की ओर लगाई जाती हैं।
5. **OK** बटन को क्लिक कीजिए, जिससे चुनी हुई वस्तु की उतनी ही प्रतियां उस स्थान पर बना दी जाएंगी, जैसा कि चित्र 12.2 में दिखाया गया है।

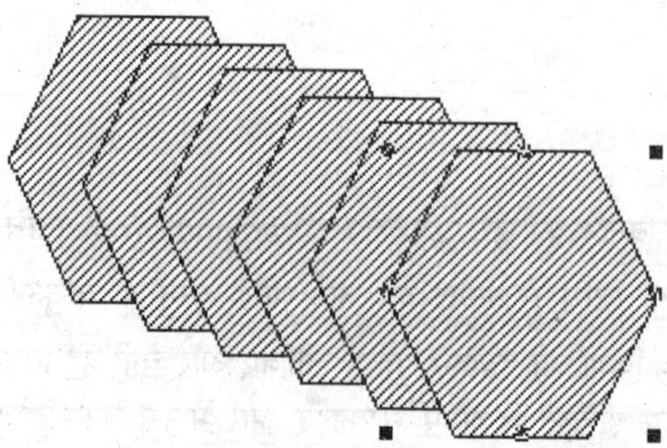

चित्र 12.2 : एक साथ कई प्रतियां बनाना

ध्यान रखें कि आप पेस्ट (Paste) आदेश के प्रभाव को समाप्त या अनडू (Undo) नहीं कर सकते। यदि किसी कारणवश इस क्रिया को उलटना आवश्यक लगता है, तो या तो उन नकलों को चुनकर पहले बताई जा चुकी विधि से हटा दीजिए या दस्तावेज को पिछली बार सुरक्षित की हुई स्थिति में लाने के लिए रिवर्ट सुविधा का उपयोग कीजिए, जिसके बारे में आप अध्याय 7 'पेजमेकर पर कार्य का प्रारम्भ' में पढ़ चुके हैं।

किसी वस्तु को सरकाना (Moving an Object)

कई बार हमें किसी चुनी हुई वस्तु या वस्तुओं को सरकाने या उनको वर्तमान स्थान से हटाकर दूसरी जगह लगाने की आवश्यकता होती है। पेजमेकर में यह कार्य बहुत सरलता से किया जा सकता है। इसकी दो विधियां हैं, जो नीचे बताई गई हैं :

पहली विधि (Method-1)

1. ऊपर बताई जा चुकी विधि से उस वस्तु (अथवा वस्तुओं) का चुनाव कीजिए।
2. माउस पॉइंटर द्वारा उस वस्तु की किसी सीमा रेखा को पकड़कर माउस बटन दबाए रखते हुए इच्छित दिशा में खींचिए। ऐसा करते हुए माउस पॉइंटर एक तीर की नोंक के रूप में बदल जाता है।
3. यदि आप वस्तु को केवल ऊर्ध्वाधर अथवा केवल क्षैतिज दिशा में सरकाना चाहते हैं, तो ऊपर की क्रिया करते समय शिफ्ट कुंजी को दबा लीजिए।
4. इच्छित स्थान पर ले जाकर माउस बटन को छोड़ दीजिए। इससे वह वस्तु वहीं स्थिर हो जाएगी।

दूसरी विधि (Method-2)

1. ऊपर बताई जा चुकी विधि से उस वस्तु (अथवा वस्तुओं) का चुनाव कीजिए।
2. जिस दिशा में आप उसे सरकाना चाहते हैं, उस दिशा के तीर के बटन को दबाइए। प्रत्येक बार तीर का बटन दबाने से वस्तु उसी दिशा में .01 इंच सरक जाती है। बार-बार तीर का बटन दबाकर आप इच्छित दूरी तक सरका सकते हैं।
3. यदि वस्तु को जल्दी-जल्दी सरकाना हो, तो तीर का बटन दबाते समय शिफ्ट कुंजी को दबाए रखिए। इससे प्रत्येक बार तीर का बटन दबाने पर वस्तु उसकी दिशा में .1 इंच सरक जाती है।

इन विधियों में यदि आपने एक से अधिक वस्तुएं चुनी हैं, तो सारी वस्तुएं एक साथ सरकाई जाती हैं अर्थात् उनकी पारस्परिक स्थिति पर कोई प्रभाव नहीं पड़ता।

वस्तु का आकार बदलना (Resizing an Object)

कई बार हमें किसी चुनी हुई वस्तु का आकार बदलने की आवश्यकता होती है। आप एक समय में केवल एक वस्तु का आकार बदल सकते हैं, भले ही आपने एक से अधिक वस्तुएं चुन रखी हों। पेजमेकर में यह कार्य माउस की सहायता से बहुत सरलता से किया जा सकता है। इसकी विधि नीचे बताई गई है :

1. ऊपर बताई जा चुकी विधि से उस वस्तु को चुन लीजिए, जिसका आकार आप बदलना चाहते हैं।

2. जिस दिशा में आप वस्तु का आकार बदलना चाहते हैं, उसी तरफ की सीमा रेखा के बीच वाले हैंडिल को माउस पॉइंटर द्वारा पकड़कर माउस बटन दबाए रखते हुए आकार बढ़ाने के लिए उस वस्तु के केन्द्र से बाहर की ओर तथा घटाने के लिए भीतर की ओर खींचिए। ऐसा करते हुए माउस पॉइंटर एक डबल-तीर के रूप में बदल जाता है।
3. यदि आप वस्तु की लम्बाई और चौड़ाई एक साथ बदलना चाहते हैं, तो ऊपर की क्रिया द्वारा किसी कोने के हैंडिल को खींचिए।
4. यदि आप वस्तु का आकार बदलते समय उसकी लम्बाई और चौड़ाई का अनुपात बनाए रखना चाहते हैं, तो ऊपर की क्रिया करते समय शिफ्ट कुंजी को दबा लीजिए।
5. इच्छित आकार हो जाने पर माउस बटन को छोड़ दीजिए। इससे उस वस्तु का वही आकार स्थिर हो जाएगा।

आप उपरोक्त क्रिया करते समय एक से अधिक वस्तुओं का चुनाव भी कर सकते हैं, लेकिन आकार केवल उस वस्तु का बदला जाएगा, जिसके हैंडिल को आप माउस पॉइंटर द्वारा खींचेंगे। यदि आप एक साथ अनेक वस्तुओं का आकार आनुपातिक रूप में बदलना चाहते हैं, तो यह क्रिया करने से पहले आपको उन सभी वस्तुओं का एक समूह बना लेना चाहिए। समूह बनाने की विधि इसी अध्याय में आगे बताई जाएगी। किसी समूह का आकार बदलने से उस समूह की सभी वस्तुओं का आकार उसी अनुपात में बदल जाता है।

आकार बदलते समय शिफ्ट कुंजी दबाने का विभिन्न आकार की वस्तुओं पर निम्नप्रकार प्रभाव पड़ता है :

सरल रेखा : 45 अंश के अन्तर की सरल रेखा

दीर्घवृत्त : वृत्त

आयत : वर्ग

नियमित बहुभुज : समान भुजाओं वाला बहुभुज

आयात किया हुआ चित्र : लम्बाई तथा चौड़ाई अनुपात सुरक्षित

समूह : समूह की वस्तुओं के आकार का अनुपात सुरक्षित

किसी वस्तु को घुमाना
(Rotating an Object)

पेजमेकर में आप किसी भी वस्तु को दोनों दिशाओं में 360 अंश तक .01 अंश के अन्तर से किसी भी इच्छित कोण पर और वस्तु के किसी भी बिन्दु के सापेक्ष घुमा सकते हैं, लेकिन उसमें भरे हुए पैटर्न को नहीं घुमाया जाता। यह कार्य रोटेटिंग टूल की सहायता से सरलता से किया जा सकता है, जिसकी विधि निम्नप्रकार है :

1. ऊपर बताई जा चुकी विधि से उस वस्तु को चुन लीजिए, जिसको आप घुमाना चाहते हैं।
2. टूल बॉक्स में रोटेटिंग टूल को क्लिक करके चुन लीजिए। इससे माउस पॉइंटर का रूप बदल जाएगा।
3. माउस पॉइंटर को उस बिन्दु पर ले जाइए, जिसके सापेक्ष आप वस्तु को घुमाना चाहते हैं। यह घुमाव बिन्दु वस्तु की सीमा से बाहर भी हो सकता है और अन्दर भी। यदि आप वस्तु के केन्द्र के सापेक्ष घुमाना चाहते हैं, तो कंट्रोल कुंजी को दबा लीजिए।

4. माउस बटन दबाए रखते हुए माउस पॉइंटर को घुमाव बिन्दु से दूर उस दिशा में ले जाइए, जिसमें आप वस्तु को घुमाना चाहते हैं। इससे चित्र 12.3 की तरह वस्तु घूमती हुई दिखाई देगी।
5. यदि आप वस्तु को 45 अंश के अन्तर से किसी कोण पर घुमाना चाहते हैं, तो ऊपर की क्रिया करते समय शिफ्ट कुंजी को दबा लीजिए।
6. इच्छित कोण पर घूम जाने पर माउस बटन को छोड़ दीजिए। इससे वस्तु उसी अंश पर स्थिर हो जाएगी।

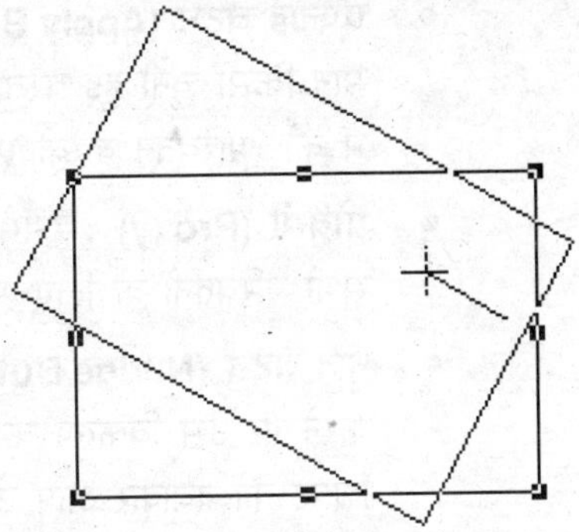

चित्र 12.3 : किसी वस्तु को घुमाना

कंट्रोल पैलेट का उपयोग
(Using the Control Palette)

कंट्रोल पैलेट के बारे में आप अध्याय 6 'परिचय' में संक्षेप में पढ़ चुके हैं। इसके द्वारा भी आप किसी ग्राफिक या पाठ्य वस्तु पर ऊपर बताई गई सभी क्रियाएं कर सकते हैं तथा इनके अलावा भी कई क्रियाएं की जा सकती हैं। वास्तव में आप कंट्रोल पैलेट में किसी वस्तु के आकार, स्थान, घुमाव, झुकाव आदि के बारे में सही-सही पैरामीटर भरकर उन्हें इच्छित रूप दे सकते हैं। दो क्रियाएं – वस्तु को झुकाना (Skewing) तथा पलटना (Reflecting) – केवल कंट्रोल पैलेट द्वारा ही की जा सकती हैं।

यदि आप किसी वस्तु पर कोई क्रिया ऊपर बताई गई विधि से भी कर रहे हों, तो भी कंट्रोल पैलेट उसके सही रूप के बारे में सूचनाएं देकर आपकी सहायता कर सकता है, यदि वह स्क्रीन पर दिखाई पड़ रहा हो।

यदि आपकी स्क्रीन पर कंट्रोल पैलेट दिखाई नहीं दे रहा है, तो आप **Windows** मेन्यू में **Show Control Palette** आदेश देकर अथवा कंट्रोल के साथ **' (Ctrl+')** बटन दबाकर उसे खोल सकते हैं। कंट्रोल पैलेट में दिखाए जाने वाले तत्वों का रूप आपके द्वारा चुनी गई वस्तु पर निर्भर करता है।

ग्राफिक कंट्रोल पैलेट
(Graphics Control Palette)

यदि आपने कोई ग्राफिक वस्तु चुनी है, तो कंट्रोल पैलेट चित्र 12.4 की तरह दिखाई देगा। चित्र में इस पैलेट के विभिन्न बटनों तथा विकल्पों की ओर नाम से संकेत किया गया है।

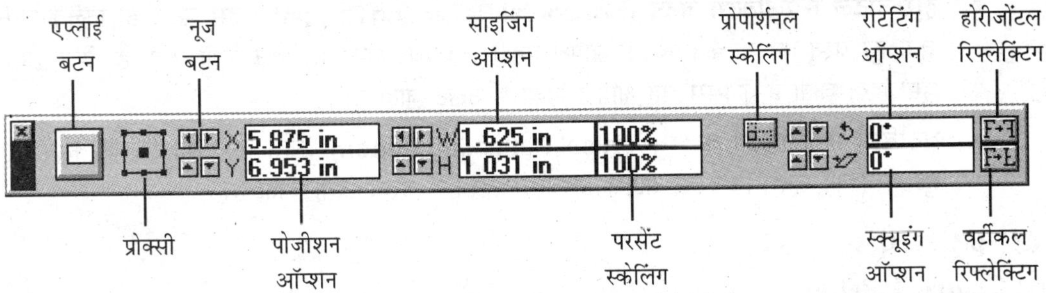

चित्र 12.4 : ग्राफिक वस्तु का कंट्रोल पैलेट

इनमें से मुख्य-मुख्य बटनों तथा विकल्पों का उपयोग संक्षेप में अग्र प्रकार है :

- **एप्लाई बटन (Apply Button) :** इस बटन को क्लिक करने से आपके द्वारा इस पैलेट में सेट किए गए मान किसी चुनी हुई वस्तु पर लागू हो जाते हैं। वैसे यदि आप कोई वस्तु चुनकर इस पैलेट के किसी मान में कोई परिवर्तन करके एण्टर दबाते हैं, तो उसका प्रभाव तत्काल दिखाई देता है।
- **प्रोक्सी (Proxy) :** इसमें कई बिन्दु बने हुए हैं। इनमें से जिस बिन्दु को आप क्लिक करते हैं, वह बिन्दु सभी परिवर्तनों के लिए संदर्भ का काम देता है अर्थात् सभी परिवर्तन उसी के सापेक्ष किए जाते हैं।
- **नूज बटन (Nudge Buttons) :** ये विभिन्न विकल्पों के साथ बने होते हैं। इनमें से किसी को क्लिक करने पर उस विकल्प का मान निश्चित अन्तर से घटता या बढ़ता है। इन बटनों को क्लिक करते समय शिफ्ट को दबाकर आप उस अन्तर को दस गुना कर सकते हैं।
- **पोजीशन ऑप्शन (Position Option) :** इनमें वर्तमान रूलर के सापेक्ष किसी चुनी हुई वस्तु के X और Y निर्देशांक दिखाए जाते हैं। आप इनमें क्लिक करके कर्सर ले जाकर नया मान टाइप कर सकते हैं या उनके साथ नूज बटनों को क्लिक करके मान घटा-बढ़ा सकते हैं।
- **साइजिंग ऑप्शन (Sizing Option) :** इनमें चुनी हुई वस्तु का आकार (चौड़ाई तथा ऊंचाई) इंचों में दिखाई जाती है। आप इनमें या तो नया मान टाइप कर सकते हैं या उनके साथ के नूज बटनों को क्लिक करके मान घटा-बढ़ा सकते हैं। इनमें नूज मात्रा 0.01 इंच होती है।
- **परसेंट स्केलिंग (Percent Scaling) :** इनमें चुनी हुई वस्तु के मूल आकार से वर्तमान आकार का प्रतिशत दिखाया जाता है। आप इनमें चौड़ाई तथा ऊंचाई प्रतिशत के नए मान टाइप कर सकते हैं।
- **प्रोपोर्शनल स्केलिंग ऑप्शन (Proportional Scaling Option) :** इससे पता चलता है कि आप वस्तु की चौड़ाई और ऊंचाई स्वतंत्र रूप से बदल रहे हैं या उनके मूल अनुपात को बनाए रखे हैं।
- **रोटेटिंग ऑप्शन (Rotating Option) :** इससे आप चुनी हुई वस्तु को चुने हुए संदर्भ बिन्दु के सापेक्ष किसी भी अंश पर घुमा सकते हैं। यदि अंशों का मान धनात्मक है, तो वस्तु को घड़ी की सुई की विपरीत दिशा में (Anti-clockwise) घुमाया जाता है और यदि ऋणात्मक है, तो वस्तु को घड़ी की सुई की दिशा में (Clockwise) घुमाया जाता है। इसमें नूज मात्रा 0.1 अंश होती है।
- **स्क्यूइंग ऑप्शन (Skewing Option) :** इससे आप चुनी हुई वस्तु को चुने हुए संदर्भ बिन्दु के सापेक्ष दायीं ओर अथवा बायीं ओर 85 अंशों तक झुका सकते हैं। धनात्मक अंश देने पर वस्तु दायीं ओर झुकाई जाती है और ऋणात्मक अंश देने पर बायीं ओर झुकाई जाती है। इसमें भी नूज मात्रा 0.1 अंश होती है।
- **होरीजोंटल रिफ्लेक्टिंग बटन (Horizontal Reflecting Button) :** इस बटन को क्लिक करने पर चुनी हुई वस्तु को संदर्भ बिन्दु के सापेक्ष पहले ऊर्ध्वाधर दिशा में उलट दिया जाता है, फिर 180 अंश घुमा दिया जाता है, जिससे वह क्षैतिज दिशा में उलट जाती है।
- **वर्टीकल रिफ्लेक्टिंग बटन (Vertical Reflecting Button) :** इस बटन को क्लिक करने पर चुनी हुई वस्तु को संदर्भ बिन्दु के सापेक्ष ऊर्ध्वाधर दिशा में उलट दिया जाता है।

टैक्स्ट कंट्रोल पैलेट
(Text Control Palette)

यदि आप पाठ्य टूल को चुनते हैं, तो कंट्रोल पैलेट का रूप बदलकर चित्र 12.5 की तरह हो जाता है। चित्र में इस पैलेट के विभिन्न बटनों तथा विकल्पों की ओर नाम से संकेत किया गया है।

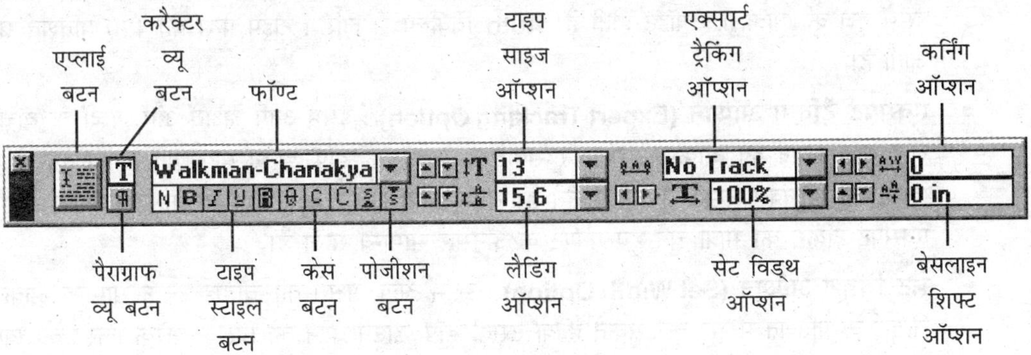

चित्र 12.5 : पाठ्य वस्तु का कंट्रोल पैलेट

इनमें से मुख्य-मुख्य बटनों तथा विकल्पों का उपयोग संक्षेप में निम्नप्रकार है :

- **एप्लाई बटन (Apply Button) :** इस बटन को क्लिक करने से आपके द्वारा इस पैलेट में सेट किए गए मान किसी चुने हुए पाठ्य पर लागू हो जाते हैं। वैसे यदि आप कोई पाठ्य चुनकर इस पैलेट के किसी मान में कोई परिवर्तन करके एण्टर दबाते हैं, तो उसका प्रभाव तत्काल दिखाई देता है।
- **करैक्टर व्यू तथा पैराग्राफ व्यू बटन (Character View and Paragraph View Buttons) :** ये परस्पर टॉगिल बटन हैं अर्थात् एक को चुनने से दूसरे का चुनाव रद्द हो जाता है। करैक्टर व्यू बटन को क्लिक करके आप किसी पाठ्य के अक्षरों की सेटिंग देख सकते हैं और पैराग्राफ व्यू बटन को क्लिक करके आप उसके पैराग्राफ की सेटिंग देख सकते हैं। चित्र में दिखाए गए बटन करैक्टर व्यू के अनुसार हैं।
- **फॉण्ट ऑप्शन (Font Option) :** इसमें आप पाठ्य के टाइप फेस का नाम टाइप कर सकते हैं या उसके ड्रॉप-डाउन बटन को क्लिक करके फॉण्ट लिस्ट को खोलकर उसमें से चुन सकते हैं।
- **टाइप स्टाइल बटन (Type Style Buttons) :** इन बटनों के द्वारा आप चुने हुए पाठ्य की स्टाइल बदल सकते हैं। इनमें नॉर्मल, बोल्ड, इटैलिक, अंडरलाइन, रिवर्स तथा स्ट्राइक आउट स्टाइल बटन शामिल होते हैं, जिनका प्रभाव उनके नाम के अनुसार होता है। किसी सेट किए हुए बटन को फिर से क्लिक करने पर उसका प्रभाव समाप्त हो जाता है।
- **केस बटन (Case Buttons) :** इनसे आप चुने हुए पाठ्य को छापे के छोटे या बड़े अक्षरों में बदल सकते हैं। ये आदेश केवल रोमन लिपि के पाठ्य पर ही ठीक से लागू होते हैं।
- **पोजीशन बटन (Position Buttons) :** इनसे आप चुने हुए पाठ्य को सुपरस्क्रिप्ट या सबस्क्रिप्ट में बदल सकते हैं।
- **टाइप साइज ऑप्शन (Type Size Option) :** इसमें आप पाठ्य के टाइप फेस का आकार पॉइंटों में सेट कर सकते हैं या उसके ड्रॉप-डाउन बटन को क्लिक करके आकार लिस्ट को खोलकर उसमें से चुन सकते हैं। टाइप का आकार सेट करने के लिए इस विकल्प के नूज बटनों का भी उपयोग किया जा सकता है। इसमें नूज की मात्रा 0.1 पॉइंट होती है।
- **लैडिंग ऑप्शन (Leading Option) :** इसमें आप पंक्तियों के बीच छोड़े जाने वाले स्थान का आकार टाइप कर सकते हैं या उसके ड्रॉप-डाउन बटन को क्लिक करके लैडिंग लिस्ट को खोलकर उसमें से चुन सकते हैं। लैडिंग सेट करने के लिए इस विकल्प के नूज बटनों का भी उपयोग किया जा सकता है।

इसमें नूज की मात्रा 0.1 पॉइंट होती है। **Auto** विकल्प से लैडिंग टाइप फेस की 120 प्रतिशत सेट की जाती है।

- **एक्सपर्ट ट्रैकिंग ऑप्शन (Expert Tracking Option) :** इसमें आप अक्षरों और शब्दों के बीच छोड़े जाने वाले स्थान का आकार टाइप कर सकते हैं या उसके ड्रॉप-डाउन बटन को क्लिक करके ट्रैकिंग लिस्ट को खोलकर उसमें से चुन सकते हैं। सामान्यतया **No Track** विकल्प को चुना जाता है, जिससे एक्सपर्ट ट्रैकिंग की मात्रा चुने हुए फॉण्ट के अनुसार सामान्य रहती है।
- **सेट विड्थ ऑप्शन (Set Width Option) :** इसमें आप अक्षरों की चौड़ाई उनके सामान्य आकार की चौड़ाई के प्रतिशत में सेट कर सकते हैं या उसके ड्रॉप-डाउन बटन को क्लिक करके लिस्ट को खोलकर उसमें से चुन सकते हैं। सामान्यतया **Normal** विकल्प को चुना जाता है, जिससे चौड़ाई सामान्य अथवा 100 प्रतिशत रहती है। वैसे आप अक्षरों की चौड़ाई सामान्य के 5 प्रतिशत से लेकर 250 प्रतिशत तक सेट कर सकते हैं। चौड़ाई सेट करने के लिए इस विकल्प के नूज बटनों का भी उपयोग किया जा सकता है। इसमें नूज की मात्रा 1 प्रतिशत होती है।
- **कर्निंग ऑप्शन (Kerning Option) :** इसमें आप दो अक्षरों के बीच के खाली स्थान को कम या अधिक कर सकते हैं। इसका प्रभाव एक्सपर्ट ट्रैकिंग के अतिरिक्त होता है। कर्निंग सेट करने के लिए आप इस विकल्प के नूज बटनों का भी उपयोग कर सकते हैं। इसमें नूज की मात्रा 0.01 पॉइंट होती है।
- **बेसलाइन शिफ्ट ऑप्शन (Baseline Shift Option) :** इसमें आप चुने हुए पाठ्य को शेष लाइन से कुछ ऊपर या नीचे सेट कर सकते हैं। इसका प्रभाव सुपरस्क्रिप्ट या सबस्क्रिप्ट से अलग होता है। बेसलाइन सेट करने के लिए आप इस विकल्प के नूज बटनों का भी उपयोग कर सकते हैं। इसमें नूज की मात्रा 0.01 इंच होती है।

टैक्स्ट कंट्रोल पैलेट के बटनों और विकल्पों के सम्बंध में यह बात जानना आवश्यक है कि किसी पाठ्य को चुनकर कोई सेटिंग करने पर उस सेटिंग का प्रभाव केवल चुने हुए पाठ्य पर ही होता है, लेकिन यदि आप कोई पाठ्य चुने बिना कोई सेटिंग करते हैं, तो उसका प्रभाव आगे टाइप किए जाने वाले पाठ्य पर दिखाई देगा। पाठ्य टूल छोड़ने या फिर से सेटिंग बदलने पर उसका प्रभाव समाप्त हो जाता है।

कंट्रोल पैलेट द्वारा वस्तुओं पर कार्य करना (Working on Objects using Control Palette)

इस अध्याय में पीछे बताई जा चुकी सभी तथा अन्य कई क्रियाएं आप कंट्रोल पैलेट द्वारा भी कर सकते हैं। यहां हम उनके बारे में संक्षेप में बताएंगे। इससे पहले कंट्रोल पैलेट के किसी कंट्रोल के मान को बदलने की विधि जानना आवश्यक है, जो निम्नप्रकार है :

1. ऊपर बताई जा चुकी विधियों से उस वस्तु को चुन लीजिए, जिस पर आप कोई क्रिया करना चाहते हैं।
2. वस्तु की प्रोक्सी में किसी संदर्भ बिन्दु को क्लिक या डबल क्लिक कीजिए।
3. अब इच्छित कंट्रोल के मान को निम्न में से किसी विधि द्वारा बदल लीजिए :
    - नया मान टाइप करने के लिए कंट्रोल पैलेट में उस मान को साधारण पाठ्य की तरह चुन लीजिए, जिसे आप बदलना चाहते हैं और नया मान टाइप कीजिए।

- पहले से भरे हुए मान पर गणना करके नया मान बनाने के लिए उस मान के बाद कोई गणितीय चिह्न जैसे धन (+), ऋण (-), गुणा (*) या भाग (/) लगाइए और उसके बाद कोई संख्या टाइप कीजिए।
- पहले से भरे हुए मान को क्रमशः बढ़ाने या घटाने के लिए उसके पास बने हुए तीर के बटनों, जिन्हें नूज बटन कहते हैं, को क्लिक कीजिए। प्रत्येक बार किसी नूज बटन को क्लिक करने पर मान एक निश्चित मात्रा में बढ़ या घट जाता है। इस मात्रा या राशि को नूज अन्तर (Nudge distance) कहा जाता है। यदि आप कंट्रोल को दबाए रखकर किसी नूज बटन को क्लिक करते हैं, तो प्रत्येक बार मान में नूज राशि के दस गुनी मात्रा का अन्तर आता है।
- यदि आपने नया मान टाइप किया है अथवा गणना की है, तो उसे लागू करने के लिए कंट्रोल पैलेट में एप्लाई बटन को क्लिक कीजिए अथवा एण्टर दबाइए। नूज बटनों को क्लिक करने पर परिवर्तन स्वतः लागू हो जाते हैं।

वस्तुओं को उलटना
(Reflecting Objects)

यदि आप किसी चित्र या पाठ्य वस्तु को उलटकर उसकी दर्पण छाया के रूप में बदलना चाहते हैं, तो निम्नलिखित विधि से ऐसा किया जा सकता है :

1. पॉइंटर टूल द्वारा उस वस्तु को चुन लीजिए।
2. यदि कंट्रोल पैलेट खुला हुआ नहीं है, तो **Windows** मेन्यू में **Show Control Palette** आदेश देकर अथवा कंट्रोल के साथ **'(Ctrl+')** बटन दबाकर उसे खोल लीजिए।
3. कंट्रोल पैलेट में प्रोक्सी बटन के उस बिन्दु को क्लिक कीजिए, जिसके सापेक्ष आप वस्तु को उलटना चाहते हैं। इससे वह बिन्दु शेष बिन्दुओं से बड़ा दिखाई देगा। यदि आप वस्तु को उसके केन्द्र के सापेक्ष पलटना चाहते हैं, तो केन्द्र के बिन्दु को क्लिक कीजिए।
4. यदि आप वस्तु को उसकी ऊर्ध्वाधर दर्पण छाया में बदलना चाहते हैं, तो कंट्रोल पैलेट में **Vertical Reflecting Button** को क्लिक कीजिए और यदि क्षैतिज दर्पण छाया में बदलना चाहते हैं, तो **Horizontal Reflecting Button** को क्लिक कीजिए। इससे वस्तु चुने हुए सन्दर्भ बिन्दु के सापेक्ष उसी रूप में बदल जाएगी।

चित्र 12.6 में एक पाठ्य और उसकी ऊर्ध्वाधर दर्पण छाया दिखाई गई है तथा चित्र 12.7 में वही पाठ्य और उसकी क्षैतिज दर्पण छाया दिखाई गई है। दोनों प्रकार की छायाओं की तुलना करके आप देख सकते हैं कि दोनों प्रकार से उलटने में क्या अन्तर है।

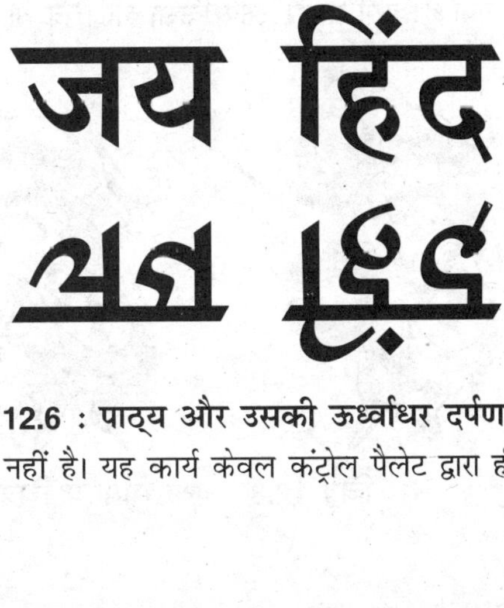

चित्र 12.6 : पाठ्य और उसकी ऊर्ध्वाधर दर्पण छाया

ध्यान रखें कि किसी वस्तु को उसकी दर्पण छाया में बदलने का कोई आदेश पेजमेकर के मेन्यू सिस्टम में उपलब्ध नहीं है। यह कार्य केवल कंट्रोल पैलेट द्वारा ही किया जा सकता है।

चित्र 12.7 : पाठ्य और उसकी क्षैतिज दर्पण छाया

वस्तुओं को झुकाना
(Skewing Objects)

यदि आप किसी चित्र या पाठ्य वस्तु को दाएं या बाएं झुकाना चाहते हैं, तो निम्नलिखित विधि से ऐसा किया जा सकता है :

1. पॉइंटर टूल द्वारा उस वस्तु को चुन लीजिए।
2. यदि कंट्रोल पैलेट खुला हुआ नहीं है, तो **Windows** मेन्यू में **Show Control Palette** आदेश देकर अथवा कंट्रोल के साथ **' (Ctrl+')** बटन दबाकर उसे खोल लीजिए।
3. कंट्रोल पैलेट में प्रोक्सी बटन के उस बिन्दु को क्लिक कीजिए, जिसके सापेक्ष आप वस्तु को झुकाना चाहते हैं। इससे वह बिन्दु शेष बिन्दुओं से बड़ा दिखाई देगा। यदि आप वस्तु को उसके केन्द्र के सापेक्ष झुकाना चाहते हैं, तो केन्द्र के बिन्दु को क्लिक कीजिए। आप जिस बिन्दु को संदर्भ बिन्दु के रूप में चुनते हैं, सम्बंधित वस्तु में उस बिन्दु का समतुल्य बिन्दु स्थिर रहता है और शेष वस्तु को झुकाया जाता है।
4. कंट्रोल पैलेट में स्क्यूइंग विकल्प में झुकाने का कोण भरिए। यदि आप दायीं ओर झुकाना चाहते हैं, तो कोण धनात्मक अर्थात् बिना चिह्न के भरिए और यदि बायीं ओर झुकाना चाहते हैं, तो कोण ऋणात्मक भरिए।
5. कंट्रोल पैलेट में एप्लाई बटन को क्लिक कीजिए अथवा एण्टर दबाइए। इससे चुनी हुई वस्तु को बताए गए कोण पर झुका दिया जाएगा।

चित्र 12.8 में एक वस्तु का सामान्य रूप तथा उसको 20 अंश के कोण पर क्रमशः दाएं और बाएं झुकाया हुआ दिखाया गया है। इसी प्रकार आप किसी भी चित्र या पाठ्य को झुका सकते हैं।

चित्र 12.8 : एक सामान्य चित्र और उसके दाएं और बाएं झुके हुए रूप

ध्यान रखें कि किसी वस्तु को झुकाने का आदेश भी पेजमेकर के मेन्यू सिस्टम में उपलब्ध नहीं है। यह कार्य भी केवल कंट्रोल पैलेट द्वारा ही किया जा सकता है।

वस्तुओं को घुमाना (Rotating Objects)

यदि आप किसी चित्र या पाठ्य वस्तु को किसी निश्चित कोण पर घुमाना चाहते हैं, तो निम्नलिखित विधि से ऐसा किया जा सकता है :

1. पॉइंटर टूल द्वारा उस वस्तु को चुन लीजिए।
2. यदि कंट्रोल पैलेट खुला हुआ नहीं है, तो **Windows** मेन्यू में **Show Control Palette** आदेश देकर अथवा कंट्रोल के साथ **' (Ctrl+')** बटन दबाकर उसे खोल लीजिए।
3. कंट्रोल पैलेट में प्रोक्सी बटन के उस बिन्दु को क्लिक कीजिए, जिसके सापेक्ष आप वस्तु को घुमाना चाहते हैं। इससे वह बिन्दु शेष बिन्दुओं से बड़ा दिखाई देगा। यदि आप वस्तु को उसके केन्द्र के सापेक्ष घुमाना चाहते हैं, तो केन्द्र के बिन्दु को क्लिक कीजिए। आप जिस बिन्दु को संदर्भ बिन्दु के रूप में चुनते हैं, सम्बंधित वस्तु में उस बिन्दु का समतुल्य बिन्दु स्थिर रहता है और उस बिन्दु को केन्द्र मानकर शेष वस्तु को घुमाया जाता है।
4. कंट्रोल पैलेट में रोटेटिंग विकल्प में घुमाने का कोण भरिए। यदि आप घड़ी की सुई की विपरीत दिशा में घुमाना चाहते हैं, तो कोण धनात्मक अर्थात् बिना चिह्न के भरिए और यदि घड़ी की सुई की दिशा में घुमाना चाहते हैं, तो कोण ऋणात्मक भरिए।
5. कंट्रोल पैलेट में एप्लाई बटन को क्लिक कीजिए अथवा एण्टर दबाइए। इससे चुनी हुई वस्तु को बताए गए कोण पर घुमा दिया जाएगा।

चित्र 12.9 में एक वस्तु का सामान्य रूप तथा उसको 30 अंश के कोण पर क्रमश: घड़ी की सुई की विपरीत दिशा में और घड़ी की सुई की दिशा में घुमाया हुआ दिखाया गया है। इसी प्रकार आप किसी भी चित्र या पाठ्य को मनचाहे कोण पर घुमा सकते हैं।

ध्यान रखें कि किसी वस्तु को घुमाने का आदेश भी पेजमेकर के मेन्यू सिस्टम में उपलब्ध नहीं है। यह कार्य केवल कंट्रोल पैलेट द्वारा अथवा रोटेटिंग टूल द्वारा ही किया जा सकता है।

चित्र 12.9 : एक सामान्य चित्र और उसके दोनों दिशाओं में घूमे हुए रूप

किसी रूपांतरित वस्तु को उसके मूल रूप में लाना
(Restoring any Transformed Object to its Original Form)

यदि आपने किसी वस्तु को किसी प्रकार से रूपांतरित कर दिया है अर्थात् घुमाया है, पलटा है या/और झुकाया है तथा अब उसे मूल रूप में लाना चाहते हैं, तो निम्नप्रकार ऐसा किया जा सकता है :

1. अन्त में की गई किसी क्रिया का प्रभाव समाप्त करने के लिए **Edit** मेन्यू में **Undo** आदेश दीजिए अथवा कंट्रोल के साथ **Z (Ctrl+Z)** बटन दबाइए। इससे अन्तिम क्रिया को तत्काल उलटा जा सकता है। लेकिन यदि आपने कुछ और क्रिया कर दी है या करना प्रारम्भ किया है, तो यह आदेश उपलब्ध नहीं होता।
2. रूपांतरित वस्तु को पॉइंटर टूल द्वारा क्लिक करके चुन लीजिए। अब उसका रूपांतरण समाप्त करने के लिए कंट्रोल पैलेट में रोटेटिंग तथा स्क्यूइंग विकल्प के बॉक्सों में 0 मान भरकर एप्लाई बटन को क्लिक कीजिए अथवा एण्टर दबाइए। इससे वस्तु अपने मूल रूप में आ जाएगी।
3. किसी रूपांतरित वस्तु को कभी भी उसके मूल रूप में लाने के लिए **Element** मेन्यू में **Remove Transformation** आदेश दीजिए। इससे वह वस्तु उसी समय अपने मूल रूप में आ जाएगी, भले ही आपने उस पर कितनी भी क्रियाएं की हों। ध्यान रखें कि इस आदेश द्वारा केवल घुमाने, पलटने और झुकाने के प्रभावों को ही समाप्त किया जा सकता है।

वस्तुओं को सीध में अथवा बराबर दूरी पर लगाना
(Aligning or Distributing Objects)

कई बार हमें कुछ वस्तुओं को विशेष प्रकार से एक सीध में अथवा उन्हें एक निश्चित सीमा में बराबर दूरी पर लगाने की आवश्यकता होती है। यह कार्य पेजमेकर में बहुत अच्छी तरह किया जा सकता है। आप वस्तुओं को उनके किसी किनारे या केन्द्र के आधार पर किसी भी इच्छित रूप में लगा सकते हैं। यह कार्य **Align Objects** डायलॉग बॉक्स द्वारा किया जा सकता है, जिसमें अनेक विकल्प उपलब्ध हैं। इस क्रिया को करने की विधि निम्नप्रकार है :

1. पॉइंटर टूल द्वारा पहले बताई जा चुकी विधि से उन सभी वस्तुओं को चुन लीजिए, जिन्हें आप एक सीध में या बराबर दूरी पर लगाना चाहते हैं।
2. **Element** मेन्यू में **Align Object...** आदेश दीजिए अथवा शिफ्ट और कंट्रोल के साथ **E (Shift+Ctrl+E)** बटन दबाइए। इससे आपको चित्र 12.10 की तरह 'Align Objects' का डायलॉग बॉक्स दिया जाएगा।
3. इस डायलॉग बॉक्स में क्षैतिज तथा ऊर्ध्वाधर दोनों के लिए अलग-अलग विकल्पों के आइकॉन दिए जाते हैं। प्रत्येक दिशा के लिए एक-एक आइकॉन चुन लीजिए। यदि आप किसी दिशा के लिए कोई विकल्प नहीं देना चाहते, तो उस दिशा के आइकॉनों में से ऊपरी बाएं कोने पर बने **No alignment** आइकॉन को चुन लीजिए। आपके द्वारा चुने हुए विकल्पों का प्रभाव डायलॉग बॉक्स में दिखाया जाता रहता है।
4. यदि आप वस्तुओं को बराबर दूरी पर रखना चाहते हैं, तो प्रत्येक दिशा (क्षैतिज तथा ऊर्ध्वाधर) के लिए निम्नलिखित में से कोई क्रिया कीजिए :
   - चुनी हुई वस्तुओं को उनकी सीमा में बराबर दूरी पर लगाने के लिए **Distribute within bounds** विकल्प को चुनिए। यह विकल्प सम्बंधित आइकॉनों में से किसी को चुनते ही दिखाई देता है। उदाहरण के लिए, यदि आप वस्तुओं को क्षैतिज दिशा में बराबर दूरी पर लगाना चाहते हैं, तो वे वस्तुएं सबसे

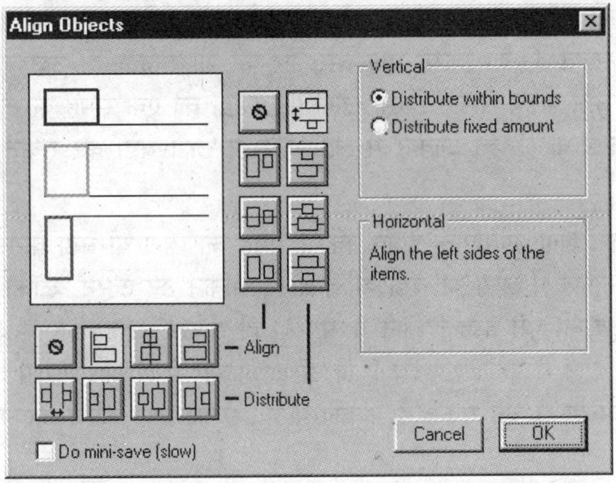

चित्र 12.10 : 'Align Objects' का डायलॉग बॉक्स

बायीं और सबसे दायीं वस्तुओं के बीच लगा दी जाएंगी। वे दोनों वस्तुएं अपने स्थान पर स्थिर बनी रहती हैं।

- वस्तुओं के बीच में अथवा उनके चुने हुए किनारों के बीच में निश्चित मात्रा में समान दूरी रखने के लिए **Distribute fixed amount** विकल्प को चुनिए और इससे दिखाई पड़ने वाले टैक्स्ट बॉक्स में वह दूरी इंचों में टाइप कीजिए। यदि आप वस्तुओं को एक दूसरे के ऊपर लगाना चाहते हैं, तो यह मान ऋणात्मक भी हो सकता है।

5. यदि आप इस क्रिया के बाद वस्तुओं को उनके मूल स्थान पर वापस लाने का विकल्प खुला रखना चाहते हैं, तो **Do mini-save (slow)** चेक बॉक्स को क्लिक करके सेट कर दीजिए। ऐसा करने पर वर्तमान स्थिति सुरक्षित कर दी जाएगी और यदि आप क्रिया से संतुष्ट न होने पर पुरानी स्थिति में लौटना चाहते हैं, तो **File** मेन्यू में **Revert** आदेश देकर वैसा कर सकते हैं। इस आदेश के बारे में आप अध्याय 7 'पेजमेकर पर कार्य का प्रारम्भ' में विस्तार से पढ़ चुके हैं।
6. सभी आवश्यक विकल्प सेट करने के बाद **OK** आदेश को क्लिक कीजिए अथवा एण्टर दबाइए। इससे आपके द्वारा दिए गए विकल्प प्रभावी हो जाएंगे और चुनी हुई वस्तुएं उनके अनुसार एक सीध में अथवा बराबर दूरी पर लगा दी जाएंगी।

चित्र 12.10 में दिखाए गए डायलॉग बॉक्स में चुनी हुई वस्तुओं को उनके बाएं किनारों को एक सीध में रखते हुए ऊर्ध्वाधर रूप से उनकी सीमा में बराबर दूरी पर लगाने के विकल्प सेट किए गए हैं। इन विकल्पों का प्रभाव इस डायलॉग बॉक्स के बाएं कोने पर बने खाली स्थान में दिखाया गया है और विकल्पों के पास भी शब्दों में दिया गया है। इसी प्रकार विभिन्न विकल्प सेट करके आप मनचाहे रूप में सभी वस्तुओं को लगा सकते हैं।

वस्तुओं का समूह बनाना और तोड़ना (Grouping and Ungrouping Objects)

कई बार हम चाहते हैं कि कुछ वस्तुएं हर हालत में एक साथ ही रहें तथा एक वस्तु के रूप में व्यवहार करें। यह प्रभाव आप उन वस्तुओं का एक समूह बनाकर उत्पन्न कर सकते हैं। पेजमेकर में आप कितनी भी अलग-अलग वस्तुओं का

एक समूह बना सकते हैं। प्रत्येक समूह एक अलग इकाई के रूप में व्यवहार करता है। इस कारण आप उस समूह पर वे सभी क्रियाएं कर सकते हैं, जो किसी एक वस्तु पर की जा सकती हैं। उदाहरण के लिए, आप विभिन्न ज्यामितीय आकृतियों, रेखाओं और पाठ्य से बने किसी लोगो (LOGO) को एक समूह के रूप में सेट कर सकते हैं और उसे उसी प्रकार सरका सकते हैं या इच्छित आकार में लाने के लिए छोटा-बड़ा कर सकते हैं, जिस प्रकार किसी एक वस्तु को किया जाता है।

यहां यह जान लेना आवश्यक है कि किसी समूह को छोटा या बड़ा करने पर उसमें शामिल टैक्स्ट ब्लॉकों का आकार भी उसी अनुपात में छोटा या बड़ा हो जाता है, लेकिन उन टैक्स्ट ब्लॉकों के फॉण्टों का आकार बिल्कुल नहीं बदलता। इससे पाठ्य को पूरी तरह दिखाने में समस्या हो सकती है। इसलिए सबसे अच्छा यह है कि समूह में टैक्स्ट ब्लॉकों को शामिल करने से पहले शेष चित्रों को उचित आकार में ले आइए। वैसे आप कभी भी किसी समूह में शामिल टैक्स्ट ब्लॉकों को अलग से चुन सकते हैं, उनका पाठ्य, फॉण्ट तथा फॉण्ट आकार भी बदल सकते हैं। इनकी विधियां आगे बताई गई हैं।

जब किसी समूह को पॉइंटर टूल द्वारा क्लिक करके चुना जाता है, तो उसके सभी अवयव (Elements) एक साथ चुने जाते हैं और केवल समूह के चारों ओर हैंडिल दिखाई पड़ते हैं। यद्यपि आप किसी समूह के किसी विशेष अवयव को अकेले भी चुन सकते हैं और उसे सुधार या सरका सकते हैं। उदाहरण के लिए, यदि किसी चित्र के साथ उसका परिचय समूह के रूप में दिया गया है, तो आप उस परिचय वाले टैक्स्ट ब्लॉक को अलग से चुन सकते हैं और उसे फिर से फॉर्मेट कर सकते हैं या पाठ्य को बदल सकते हैं।

वस्तुओं का समूह बनाने की विधि निम्नप्रकार है:

1. पॉइंटर टूल को चुनिए।
2. शिफ्ट को दबाए रखकर उन वस्तुओं को क्रमशः क्लिक कीजिए अथवा माउस बटन दबाकर माउस पॉइंटर से उन सभी वस्तुओं के चारों ओर चौकोर घेरा बनाइए, जिनका समूह आप बनाना चाहते हैं।
3. **Element** मेन्यू में **Group** आदेश दीजिए अथवा कंट्रोल के साथ **G (Ctrl+G)** बटन दबाइए। इससे सभी चुनी हुई वस्तुओं का समूह बन जाएगा और उनके चारों ओर हैंडिलों का एक ही सेट दिखाई देगा।

यहां यह जान लेना आवश्यक है कि यदि आप पहले से बने समूहों को भी नए समूह में शामिल करते हैं, तो पहले से बने हुए समूहों का स्वतंत्र अस्तित्व नहीं रहेगा, बल्कि उनके सभी अवयव उस बड़े समूह के अवयव बन जाएंगे। इसका कारण यह है कि पेजमेकर में समूह के अन्दर समूह नहीं हो सकता।

किसी समूह के किसी विशेष अवयव या पाठ्य को चुनने की विधि निम्नप्रकार है:

1. समूह की किसी वस्तु को चुनने के लिए पॉइंटर टूल को क्लिक कीजिए और कंट्रोल के साथ उस वस्तु को क्लिक कीजिए। इससे वह वस्तु चुन ली जाएगी। इस चुनी हुई वस्तु पर आप कोई भी क्रिया कर सकते हैं। उदाहरण के लिए, आप उस वस्तु को सरका सकते हैं, छोटा-बड़ा कर सकते हैं या हटा भी सकते हैं। समूह की कोई वस्तु हटाने, आकार बदलने या सरकाने पर समूह उसी के अनुसार फिर से अपने आप व्यवस्थित हो जाता है।
2. समूह के एक से अधिक अवयवों को एक साथ चुनने के लिए कंट्रोल के साथ शिफ्ट कुंजी को भी दबा लीजिए और उन वस्तुओं को एक-एक करके क्लिक कीजिए। आप इस प्रकार चुने हुए कई अवयवों पर कोई भी क्रिया करके समूह को सुधार सकते हैं।

3. समूह में शामिल किसी टैक्स्ट ब्लॉक के पाठ्य को चुनने या सुधारने के लिए पहले टैक्स्ट टूल को क्लिक कीजिए और उस पाठ्य में क्लिक करके धसान बिन्दु या कर्सर पहुंचाइए। अब आप उस पाठ्य पर कोई भी सामान्य क्रिया कर सकते हैं।

समूह के सभी अवयवों को अलग-अलग करने अर्थात् समूह को तोड़ने की विधि निम्नप्रकार है :

1. पॉइंटर टूल द्वारा क्लिक करके उस समूह को चुन लीजिए।
2. **Element** मेन्यू में **Ungroup** आदेश दीजिए अथवा शिफ्ट और कंट्रोल के साथ **G (Shift+Ctrl+G)** बटन दबाइए। इससे समूह की सभी वस्तुएं अलग हो जाएंगी और उन सबके चारों ओर अलग-अलग हैंडिल दिखाई देंगे।

वस्तुओं के समूह के नियम (Rules of Group of Objects)

यदि आपने पेजमेकर में विभिन्न वस्तुओं को मिलाकर एक समूह बनाया है, तो उस समूह पर निम्नलिखित नियम लागू होते हैं :

1. किसी समूह का आकार बदलने पर उसमें शामिल सभी वस्तुओं का आकार उसी अनुपात में बदल जाता है। इस क्रिया से उसमें शामिल किसी टैक्स्ट ब्लॉक का भी आकार बदल जाता है अथवा अलग से भी बदला जा सकता है। परन्तु इस प्रकार आकार बदलने पर उसके फॉण्ट आकार और पैराग्राफ के गुणों पर कोई प्रभाव नहीं पड़ता।
2. किसी समूह का आकार बदलते समय यदि आप शिफ्ट दबा लेते हैं अथवा यह क्रिया कंट्रोल पैलेट से करते हैं, तो उस समूह के सभी अवयवों के आकारों में लम्बाई-चौड़ाई का वर्तमान अनुपात बना रहता है अर्थात् उन सभी वस्तुओं के आकार चारों ओर से बराबर अनुपात में छोटे या बड़े किए जाते हैं।
3. आप किसी नए समूह में पहले से बने समूहों को शामिल कर सकते हैं, लेकिन ऐसा करते ही वे समूह अपना स्वतंत्र अस्तित्व खो देते हैं और सबका केवल एक समूह बन जाता है। इस नए समूह को तोड़ने पर उसके सभी अवयव बिल्कुल अलग-अलग हो जाते हैं।
4. नया समूह बनाने पर वह सभी वस्तुओं से ऊपर आ जाता है, लेकिन उसके अवयवों का पुराना क्रम बना रहता है, जब तक कि आप उस क्रम को बदल न दें। ऊपर-नीचे आने वाली वस्तुओं का क्रम बदलने की विधि आगे बताई गई है।

ऊपर-नीचे आने वाली वस्तुओं का क्रम बदलना (Changing Order of Stacking Objects)

जब आप ग्राफिक्स या अन्य वस्तुएं बनाते हैं या आयात करते हैं, तो पेजमेकर उनका एक ऐसा क्रम निर्धारित करता है कि एक-दूसरे के ऊपर आने पर किंस वस्तु को ऊपर और किसको नीचे दिखाया जाएगा। सामान्यतया बाद में आने या बनाई जाने वाली वस्तु को सबसे ऊपर रखा जाता है। यदि आप चाहें तो निम्नलिखित विधि से इस क्रम को बदल सकते हैं :

1. पॉइंटर टूल द्वारा उस वस्तु को चुन लीजिए।

2. **Element** मेन्यू में **Arrange** विकल्प पर माउस पॉइंटर लाइए। इससे उसका झरना मेन्यू चित्र 12.11 की तरह खुल जाएगा, जिसमें कई विकल्प हैं। चुनी हुई वस्तु का क्रम बदलने के लिए निम्न में से कोई क्रिया कीजिए :

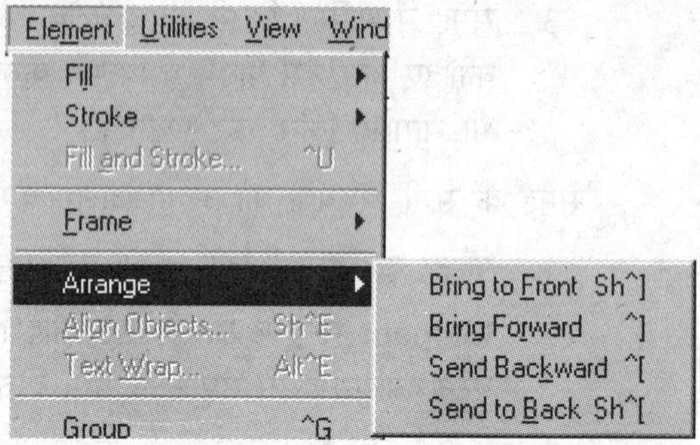

चित्र 12.11 : Arrange का झरना मेन्यू

- यदि आप चुनी हुई वस्तु को सभी वस्तुओं के ऊपर लाना चाहते हैं, तो इस झरना मेन्यू में **Bring to Front** आदेश दीजिए या शिफ्ट और कंट्रोल के साथ] **(Shift+Ctrl+])** बटन दबाइए।
- यदि आप चुनी हुई वस्तु को एक स्थिति ऊपर लाना चाहते हैं, तो इस झरना मेन्यू में **Bring Forward** आदेश दीजिए या कंट्रोल के साथ **] (Ctrl+])** बटन दबाइए।
- यदि आप चुनी हुई वस्तु को एक स्थिति नीचे ले जाना चाहते हैं, तो इस झरना मेन्यू में **Send Backward** आदेश दीजिए या कंट्रोल के साथ **[(Ctrl+[)** बटन दबाइए।
- यदि आप चुनी हुई वस्तु को सभी वस्तुओं के नीचे ले जाना चाहते हैं, तो इस झरना मेन्यू में **Send to Back** आदेश दीजिए या शिफ्ट और कंट्रोल के साथ **[(Shift+Ctrl+[)** बटन दबाइए।

इस प्रकार आप किसी समूह की सभी वस्तुओं को मनचाहे क्रम में लगा सकते हैं और अनेक वस्तुओं के ढेर में से किसी भी वस्तु को ऊपर या नीचे मनचाहे क्रम पर लगा सकते हैं।

वस्तुओं को लॉक करना (Locking Objects)

आप अपने दस्तावेज में किसी वस्तु जैसे चित्र या विशेष पाठ्य को उसके स्थान पर लॉक कर सकते हैं, ताकि दस्तावेज में कोई परिवर्तन होने पर भी उसकी डिजायन में कोई अन्तर न आए। आप किसी लॉक की हुई वस्तु के कुछ गुणों को भी बदल सकते हैं, यदि ऐसा करने से उसकी स्थिति और आकार में कोई प्रभाव न पड़ता हो। उदाहरण के लिए आप लॉक की हुई वस्तु का रंग और फिल पैटर्न बदल सकते हैं, लेकिन आप उसको घुमाने या झुकाने का कोण नहीं बदल सकते। वस्तुओं को लॉक करने से वह सुरक्षित भी हो जाती है, क्योंकि जब तक आप उसका लॉक न हटा दें अर्थात् अनलॉक न कर दें, तब तक आप न तो उसे सरका सकते हैं, न हटा या काट सकते हैं, लेकिन उसे नकल कर सकते हैं। उसकी नकल को एक सामान्य अर्थात् बिना लॉक की हुई वस्तु के रूप में बनाया जाएगा।

किसी वस्तु को लॉक करने की विधि निम्नप्रकार है :

1. पॉइंटर टूल द्वारा उस वस्तु को चुन लीजिए।
2. **Element** मेन्यू में **Lock Position** आदेश दीजिए अथवा कंट्रोल के साथ **L (Ctrl+L)** दबाइए। इससे वह वस्तु लॉक हो जाएगी।

जब आप किसी लॉक की हुई वस्तु को माउस पॉइंटर द्वारा चुनकर खींचने का प्रयास करते हैं, तो माउस पॉइंटर एक ताले के रूप में बदल जाता है, जिससे आपको पता चलता है कि वह वस्तु लॉक की हुई है।

आप किसी टैक्स्ट ब्लॉक को भी सामान्य वस्तु की तरह लॉक कर सकते हैं। ऐसा करने पर हालांकि उस टैक्स्ट ब्लॉक की स्थिति लॉक हो जाती है, लेकिन उसका निचला विंडोशेड चलायमान रहता है और आप उसे इच्छानुसार ऊपर-नीचे करके कहीं भी सेट कर सकते हैं। आप किसी लॉक किए हुए टैक्स्ट ब्लॉक के पाठ्य पर कोई भी क्रिया कर सकते हैं। यदि उस ब्लॉक में कोई पाठ्य जोड़ा जाता है, हटाया जाता है या उसका फॉण्ट और आकार बदला जाता है, तो उसका निचला विंडोशेड उसी के अनुसार अपनी स्थिति बदल देता है।

यदि कोई लॉक किया हुआ चित्र किसी पाठ्य में इन-लाइन ग्राफिक के रूप में लगाया गया है, तो पाठ्य का सामान्य प्रवाह बना रहता है अर्थात् वह ग्राफिक अपने उचित स्थान पर रहता है, परन्तु उसकी बेसलाइन और आकार लॉक होते हैं। किसी लॉक की हुई वस्तु को चुनने पर कंट्रोल पैलेट में **Apply** बटन हलका अर्थात् निष्क्रिय रहता है।

आप किसी लॉक की हुई वस्तु का लॉक हटा सकते हैं अर्थात् उसको अनलॉक भी कर सकते हैं। इसकी विधि निम्नप्रकार है :

1. पॉइंटर टूल द्वारा उस वस्तु को चुन लीजिए।
2. **Ele<u>m</u>ent** मेन्यू में **U<u>n</u>lock** आदेश दीजिए अथवा अल्ट और कंट्रोल के साथ **L (Alt+Ctrl+L)** दबाइए। इससे वह वस्तु अनलॉक हो जाएगी।

13

यूटिलिटीज
(Utilities)

पेजमेकर में बहुत सी ऐसी सुविधाएं हैं, जो अधिक महत्वपूर्ण नहीं हैं और जिनके बिना भी हमारा कार्य भली प्रकार चल सकता है, परन्तु यदि उनका उपयोग किया जाए, तो हमारे दस्तावेज की सुन्दरता और उपयोगिता बढ़ जाती है। इस अध्याय में हम ऐसे ही कुछ प्रमुख सुविधाओं के बारे में बताएंगे, जिन्हें यूटिलिटीज कहा जाता है। पेजमेकर में इनमें से अधिकांश सुविधाएं 'Utilities' मेन्यू के 'Plug-ins' झरना मेन्यू में रखी गई हैं, जो चित्र 13.1 में दिखाया गया है। इस अध्याय में हम कुछ प्रमुख यूटिलिटीज के बारे में बतायेंगे, जो अधिक महत्वपूर्ण हैं।

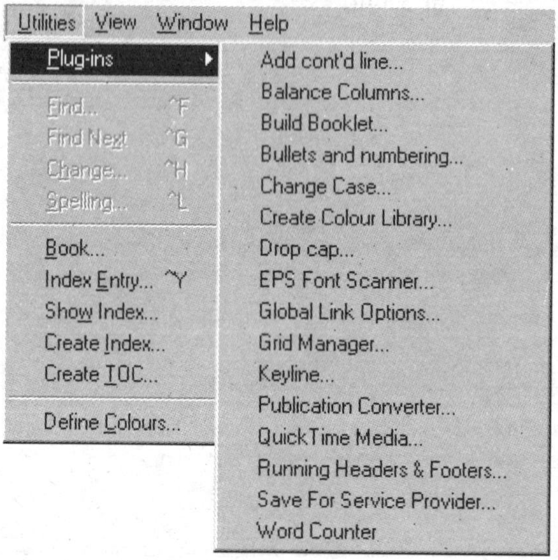

चित्र 13.1 : Utilities मेन्यू में Plug-ins का झरना मेन्यू

बुलेट तथा नम्बर लिस्ट बनाना
(Creating Bullet and Numbered Lists)

बुलेट लिस्ट कुछ ऐसे लगातार पैराग्राफ होते हैं, जो किसी चिह्न विशेष से प्रारम्भ होते हैं, जैसे कि पिछले पृष्ठ पर दिए गए हैं। जो चिह्न इन पैराग्राफों से पहले लगाया जाता है, उसे बुलेट चिह्न कहा जाता है। पेजमेकर में कुछ बुलेट चिह्न पहले से उपलब्ध होते हैं। आप चाहें तो इनका उपयोग कर सकते हैं या अपनी पसन्द के फॉण्ट में अपनी पसन्द का कोई अन्य चिह्न बुलेट के रूप में उपयोग कर सकते हैं।

नम्बर लिस्ट कुछ ऐसे लगातार पैराग्राफ होते हैं, जिनके पूर्व बुलेट के स्थान पर क्रम संख्याएं डाली जाती हैं। ये संख्याएं आप कई स्टाइलों में डाल सकते हैं।

बुलेट लिस्ट बनाने की विधि निम्नप्रकार है :

- या तो उन पैराग्राफों को चुन लीजिए, जिन्हें आप बुलेट लिस्ट बनाना चाहते हैं या उनमें से किसी पैराग्राफ में कर्सर ले जाइए।
- **Utilities** मेन्यू में **Plug-ins** के झरना मेन्यू में **Bullets and numbering...** आदेश दीजिए, जिससे आपको 'Bullets and numbering' का डायलॉग बॉक्स दिया जाएगा। बुलेट लिस्ट बनाने के लिए इसके **Bullets** आदेश बटन को क्लिक कीजिए, जिससे इसका रूप चित्र 13.2 की तरह हो जाएगा।

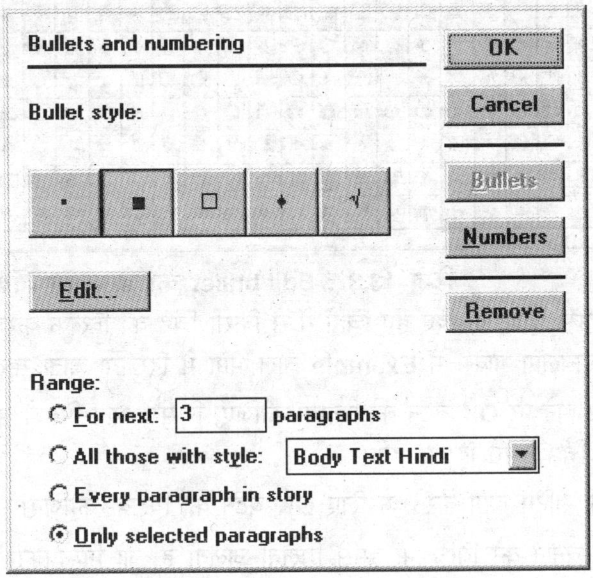

चित्र 13.2 : Bullets and numbering का डायलॉग बॉक्स (बुलेट रूप)

- **Range** भाग में बुलेट लिस्ट बनाने के लिए पैराग्रापों को बताया जाता है। यदि आप केवल चुने हुए पैराग्राफों की बुलेट लिस्ट बनाना चाहते हैं, तो **Only selected paragraphs** रेडियो बटन को सेट कीजिए। यदि आप उस स्टोरी के सभी पैराग्राफों की बुलेट लिस्ट बनाना चाहते हैं, तो **Every paragraph in story** रेडियो बटन को सेट कीजिए। यदि आप किसी विशेष स्टाइल वाले पैराग्राफों को ही बुलेट लिस्ट बनाना चाहते हैं, तो **All those with style...** रेडियो बटन को सेट करके उसके सामने की ड्रॉप डाउन लिस्ट में से उस स्टाइल का नाम चुन लीजिए। यदि आप अगले कुछ पैराग्राफों की बुलेट लिस्ट बनाना चाहते हैं, तो **For next...** रेडियो बटन को सेट करके उसके बीच के टैक्स्ट बॉक्स में संख्या टाइप कीजिए।
- इस डायलॉग बॉक्स में कुछ बुलेट चिह्न पहले से दिए होते हैं। आप चाहें तो उनमें से किसी को क्लिक करके चुन सकते हैं। यदि आप बुलेट चिह्न बदलना चाहते हैं, तो **Edit...** आदेश बटन को क्लिक कीजिए, जिससे आपकी स्क्रीन पर चित्र 13.3 की तरह **Edit bullet** का डायलॉग बॉक्स खुल जाएगा।
- इस डायलॉग बॉक्स में प्रारम्भ में एक फॉण्ट खुला होता है। आप या तो इसी का उपयोग कर सकते हैं या **Font** की ड्रॉप-डाउन लिस्ट को खोलकर उसमें से उचित फॉण्ट का चुनाव कर सकते हैं।
- इसी प्रकार **Size** की ड्रॉप-डाउन लिस्ट में से बुलेट चिह्न के लिए उचित आकार का चुनाव कीजिए या नया आकार टाइप कीजिए।

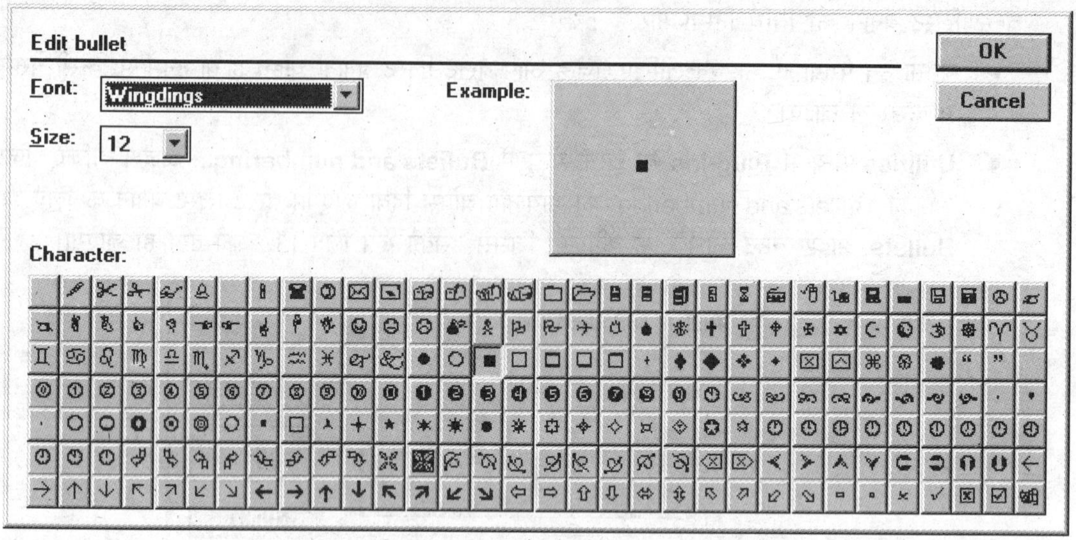

चित्र 13.3 : Edit bullet का डायलॉग बॉक्स

- अब उस फॉण्ट के दिए हुए चिह्नों में से किसी चिह्न को क्लिक करके चुनिए। आपके द्वारा चुना गया चिह्न इस डायलॉग बॉक्स में **Example** वाले भाग में दिखाया जाता रहता है।
- संतुष्ट होने पर **OK** बटन को क्लिक कीजिए, जिससे आप पिछले डायलॉग बॉक्स में आ जाएंगे और चुना हुआ चिह्न उसमें दिखाई देगा।
- अपनी सेटिंग लागू करने के लिए **OK** बटन को क्लिक कीजिए।

नम्बर लिस्ट बनाने की विधि भी इससे मिलती-जुलती है, जो निम्नप्रकार है:

- या तो उन पैराग्राफों को चुन लीजिए, जिन्हें आप नम्बर लिस्ट बनाना चाहते हैं या उनमें से किसी पैराग्राफ में कर्सर ले जाइए।
- **Utilities** मेन्यू में **Plug-ins** के झरना मेन्यू में **Bullets and numbering...** आदेश दीजिए, जिससे आपको 'Bullets and numbering' का डायलॉग बॉक्स दिया जाएगा। नम्बर लिस्ट बनाने के लिए इसके **Numbers** आदेश बटन को क्लिक कीजिए, जिससे इसका रूप चित्र 13.4 की तरह हो जाएगा।
- **Range** भाग में नम्बर लिस्ट बनाने के लिए पैराग्राफों को बताया जाता है। केवल चुने हुए पैराग्राफों की नम्बर लिस्ट बनाने के लिए **Only selected paragraphs** रेडियो बटन को सेट कीजिए। उस स्टोरी के सभी पैराग्राफों की नम्बर लिस्ट बनाने के लिए **Every paragraph in story** रेडियो बटन को सेट कीजिए। किसी विशेष स्टाइल वाले पैराग्राफों की ही नम्बर लिस्ट बनाने के लिए **All those with style...** रेडियो बटन को सेट करके उसके सामने की ड्रॉप डाउन लिस्ट में से उस स्टाइल का नाम चुन लीजिए। अगले कुछ पैराग्राफों की नम्बर लिस्ट बनाने के लिए **For next...** रेडियो बटन को सेट करके उसके बीच के टैक्स्ट बॉक्स में संख्या टाइप कीजिए।
- **Numbering style** भाग में से नम्बर डालने की उचित स्टाइल वाले रेडियो बटन को क्लिक कीजिए।
- सामान्यतया पैराग्राफों पर 1 से प्रारम्भ करके नम्बर डाले जाते हैं। यदि किसी अन्य संख्या से नम्बर डालना प्रारम्भ करना चाहते हैं, तो **Start at** टैक्स्ट बॉक्स में वह संख्या टाइप कीजिए।

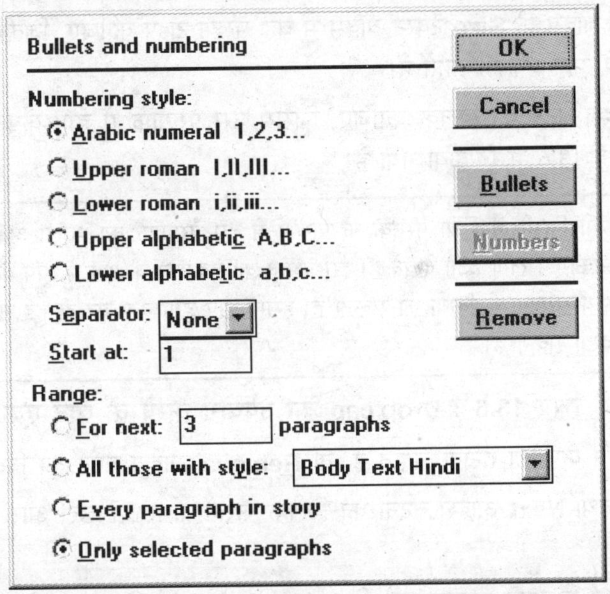

चित्र 13.4 : **Bullets and numbering** का डायलॉग बॉक्स (नम्बर रूप)

- अन्त में **OK** बटन को क्लिक कीजिए, जिससे आपके द्वारा चुनी हुई स्टाइल में चुने हुए पैराग्राफों की नम्बर लिस्ट बना दी जाएगी।

यहां यह बताना आवश्यक है कि बुलेट लिस्ट या नम्बर लिस्ट बनाने से उन पैराग्राफों के सामने केवल बुलेट चिह्न या संख्या जुड़ जाती है। उनकी सेटिंग पर और कोई प्रभाव नहीं पड़ता। यदि आप चाहते हैं कि बुलेट चिह्न या संख्या आगे की ओर निकली दिखाई दे तथा अन्य पंक्तियां दायीं ओर हटकर लगायी जाएं, तो आपको उन पैराग्राफों का विवरण सुधारकर विशेष हाशिया देना होगा, जिसके बारे में आप इसी अध्याय में पहले पढ़ चुके हैं।

ड्रॉप कैप का उपयोग
(Using Drop Cap)

कभी-कभी किसी लेख या पुस्तक के प्रारम्भ में हम पैराग्राफ का पहला अक्षर अन्य सामग्री से काफी बड़े आकार में लगा हुआ देखते हैं। इस प्रभाव को प्रकाशन के क्षेत्र में ड्रॉप कैप कहा जाता है। पेजमेकर में भी यह कार्य किया जा सकता है। इसकी विधि निम्नप्रकार है:

- कर्सर को उस पैराग्राफ में ले जाइए, जिसमें आप ड्रॉप कैप देना चाहते हैं।
- **Utilities** मेन्यू में **Plug-ins** के झरना मेन्यू में **Drop cap...** आदेश दीजिए, जिससे आपको चित्र 13.5 की तरह 'Drop cap' का डायलॉग बॉक्स दिया जाएगा।

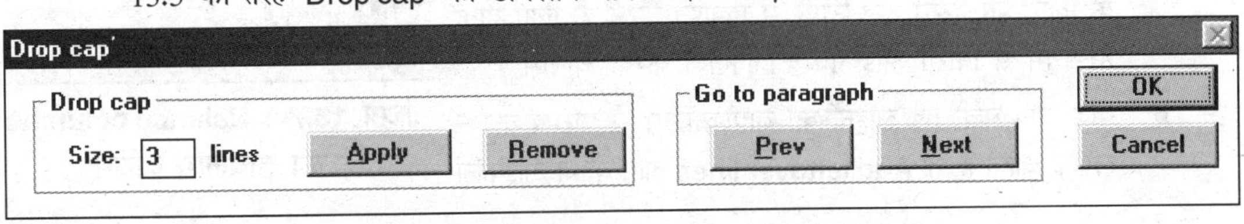

चित्र 13.5 : **Drop cap** का डायलॉग बॉक्स

- इस डायलॉग बॉक्स के **Size** टैक्स्ट बॉक्स में वह संख्या टाइप कीजिए, जितनी पंक्तियों के बराबर आकार का ड्रॉप कैप आप बनाना चाहते हैं।
- **Apply** आदेश बटन को क्लिक कीजिए, जिससे उस पैराग्राफ में ड्रॉप कैप का प्रभाव लागू हो जाएगा, जैसा कि चित्र 13.6 में दिखाया गया है।

> कभी-कभी किसी लेख या पुस्तक के प्रारम्भ में हम पैराग्राफ का पहला अक्षर अन्य सामग्री से काफी बड़े आकार में लगा हुआ देखते हैं। इस प्रभाव को प्रकाशन के क्षेत्र में ड्रॉप कैप कहा जाता है। पेजमेकर में भी यह कार्य सरलता से किया जा सकता है। इसमें आप ड्रॉप कैप को दी हुई संख्या में पंक्तियों के बराबर आकार में दिखा सकते हैं।

चित्र 13.6 : Drop cap का उपयोग करने के बाद एक पैराग्राफ

- यदि आप ड्रॉप कैप को हटाना चाहते हैं, तो **Remove** आदेश बटन को क्लिक कीजिए।
- आप **Prev** तथा **Next** आदेश बटनों को क्लिक करके क्रमशः पिछले और अगले पैराग्राफ में कर्सर ले जा सकते हैं।
- डायलॉग बॉक्स से बाहर निकलने के लिए **Close** बटन को क्लिक कीजिए।

कॉलमों को सन्तुलित करना
(Balancing Columns)

कई बार जब हम एक पृष्ठ पर दो या अधिक कॉलम बनाते हैं, तो उनके टैक्स्ट ब्लॉक छोटे-बड़े हो जाते हैं। इसलिए हम चाहते हैं कि सभी कॉलम समान आकार के हों, ताकि वे देखने में ठीक लगें। पेजमेकर में यह कार्य एक यूटिलिटी के द्वारा किया जा सकता है। इसके द्वारा पेजमेकर उन कॉलमों में लगाए गए पाठ्य की मात्रा के अनुसार उनकी औसत लम्बाई की गणना कर लेता है और सभी कॉलमों को उसी लम्बाई का बना देता है।

इस सुविधा का उपयोग निम्नप्रकार किया जा सकता है :

- पॉइंटर टूल द्वारा एक ही स्टोरी के उन दो या अधिक कॉलमों को चुन लीजिए, जिन्हें आप संतुलित करना चाहते हैं।
- **Utilities** मेन्यू में **Plug-ins** के झरना मेन्यू में **Balance Columns...** आदेश दीजिए, जिससे आपको चित्र 13.7 की तरह 'Balance columns' का डायलॉग बॉक्स दिया जाएगा।
- इस डायलॉग बॉक्स में **Alignment** के लिए दो आइकॉन दिए जाते हैं, जिनमें पहला कॉलमों को नीचे से एलाइन करने के लिए और दूसरा उन्हें ऊपर से एलाइन करने के लिए होता है। इनमें से किसी आइकॉन को क्लिक करके चुनिए।
- यदि आप बची हुई लाइनों को बाएं कॉलम से प्रारम्भ करके लगाना चाहते हैं, तो **Add leftover lines** भाग के दो आइकॉनों

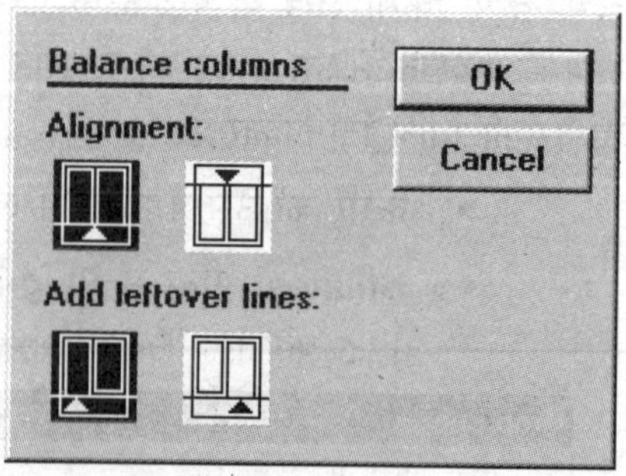

चित्र 13.7 : Balance columns का डायलॉग बॉक्स

में से पहले आइकॉन को क्लिक करके चुनिए और यदि दाएं कॉलम से प्रारम्भ करके लगाना चाहते हैं, तो दूसरे आइकॉन को क्लिक कीजिए।

- अन्त में **OK** बटन को क्लिक कीजिए, जिससे कॉलम आपकी सेटिंग के अनुसार व्यवस्थित कर दिए जाएंगे।

कीलाइन बनाना
(Creating Keyline)

पेजमेकर की की-लाइन सुविधा से हम किसी वस्तु के चारों ओर मनचाही मोटाई की सीमा रेखा खींच सकते हैं। इस सुविधा का उपयोग निम्नप्रकार किया जा सकता है :

- पॉइंटर टूल द्वारा उस वस्तु को चुन लीजिए, जिसके चारों ओर आप सीमा रेखा खींचना चाहते हैं।
- **Utilities** मेन्यू में **Plug-ins** के झरना मेन्यू में **Keyline...** आदेश दीजिए, जिससे आपको चित्र 13.8 की तरह 'Keyline' का डायलॉग बॉक्स दिया जाएगा।

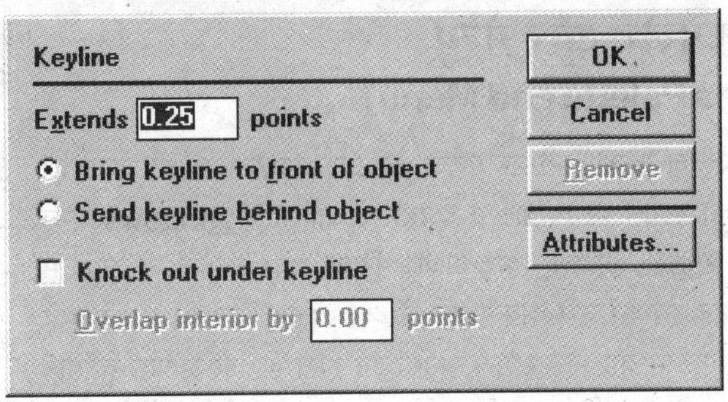

चित्र 13.8 : Keyline का डायलॉग बॉक्स

- इस डायलॉग बॉक्स में **Extends...points** के टैक्स्ट बॉक्स में वह मोटाई पॉइंटों में भरिए, जितना आप उस वस्तु के आकार को कीलाइन के लिए बढ़ाना चाहते हैं।
- यदि आप कीलाइन की मोटाई, रंग आदि सेट करना चाहते हैं, तो **Attributes...** बटन को क्लिक करके खुलने वाले डायलॉग बॉक्स में उचित सेटिंग कीजिए।
- ऊपर के डायलॉग बॉक्स में इसी प्रकार अन्य सेटिंग भी कीजिए।
- अन्त में **OK** बटन को क्लिक कीजिए, जिससे उस वस्तु के चारों ओर कीलाइन बना दी जाएगी, जैसा कि साथ के चित्र में दिखाया गया है।

14

मास्टर पेजों का उपयोग
(Using Master Pages)

मास्टर पेजों के बारे में आप अध्याय 7 'पेजमेकर पर कार्य का प्रारम्भ' में संक्षेप में पढ़ चुके हैं। आप अपने प्रकाशन में डिफॉल्ट डॉक्यूमेंट मास्टर के साथ ही नए मास्टर पेज भी बना सकते हैं या किसी पहले से बने हुए मास्टर पेज के आधार पर ही दूसरा मास्टर पेज बना सकते हैं। इस प्रकार आप अपने प्रकाशन की आवश्यकता के अनुसार कितनी भी संख्या में मास्टर पेज बना सकते हैं और उनको किसी भी पेज या पेजों पर लागू कर सकते हैं। इस अध्याय में मास्टर पेज बनाने की विभिन्न विधियों के बारे में बताया गया है।

मास्टर पेजेज पैलेट और मेन्यू
(Master Pages Palette and Menu)

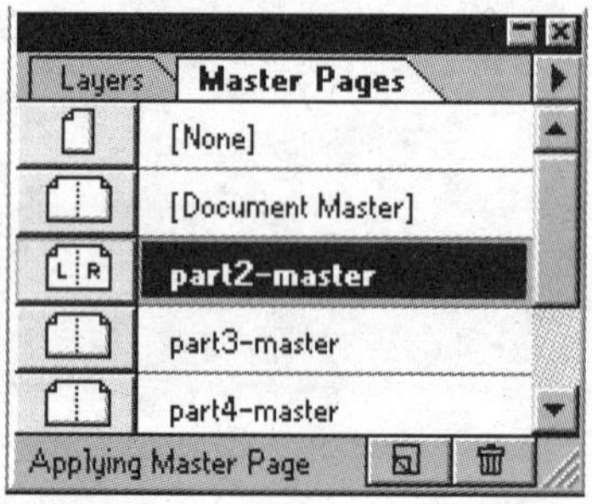

चित्र 14.1 : मास्टर पेजेज पैलेट

मास्टर पेजों पर अधिकांश क्रियाएं मास्टर पेजेज पैलेट के माध्यम से की जाती हैं। यदि यह पैलेट आपकी स्क्रीन पर दिखाई न दे रहा हो, तो आप **Windows** मेन्यू में **Show Master Pages** आदेश देकर अथवा शिफ्ट और कंट्रोल के साथ **8 (Shift+Ctrl+8)** बटन दबाकर उसे देख सकते हैं। यह पैलेट चित्र 14.1 की तरह दिखाई देता है। इस पैलेट में वह मास्टर पेज चुना हुआ होता है, जो आपके वर्तमान पेज पर लागू किया गया है। यदि आपकी स्क्रीन पर मास्टर पेजेज पैलेट दिखाई पड़ रहा है और आप उसे छिपाना चाहते हैं, तो **Windows** मेन्यू में **Hide Master Pages** आदेश देकर अथवा शिफ्ट और कंट्रोल के साथ **8 (Shift+Ctrl+8)** बटन दबाकर आप उसे छिपा सकते हैं।

मास्टर पेजेज पैलेट के दाएं ऊपरी कोने पर बन्द बटन के नीचे एक तीर का बटन होता है, जिसे पैलेट मेन्यू बटन कहा जाता है। इस बटन को क्लिक करने पर मास्टर पेजेज पैलेट मेन्यू चित्र 14.2 की तरह खुल जाता है। इस मेन्यू में मास्टर पेजों पर की जाने वाली अधिकांश क्रियाओं के विकल्प उपलब्ध होते हैं, जिन्हें आप अपनी आवश्यकता के अनुसार उपयोग कर सकते हैं। किसी समय इस मेन्यू का कोई आदेश देने पर वह आदेश चुने हुए अथवा वर्तमान मास्टर पेज पर लागू होगा। इस अध्याय में हम विभिन्न स्थानों पर इस मेन्यू का संदर्भ देंगे। इसलिए इसे ध्यान से समझ लेना चाहिए।

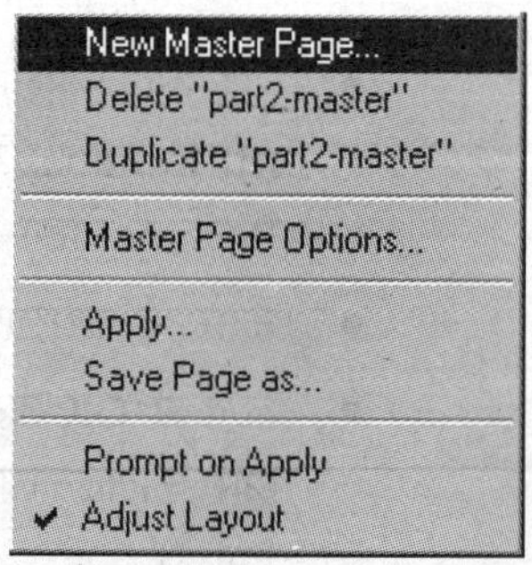

चित्र 14.2 : मास्टर पेजेज पैलेट मेन्यू

नया मास्टर पेज बनाना
(Making a New Master Page)

आप या तो बिल्कुल खाली पेज से एक नया मास्टर पेज बना सकते हैं या किसी पहले से बने हुए मास्टर पेज के आधार पर दूसरा नया मास्टर पेज बना सकते हैं। इनकी विधियां आगे बताई गई हैं।

ख़ाली पेज से नया मास्टर पेज बनाना
(Making a New Master Page from Scratch)

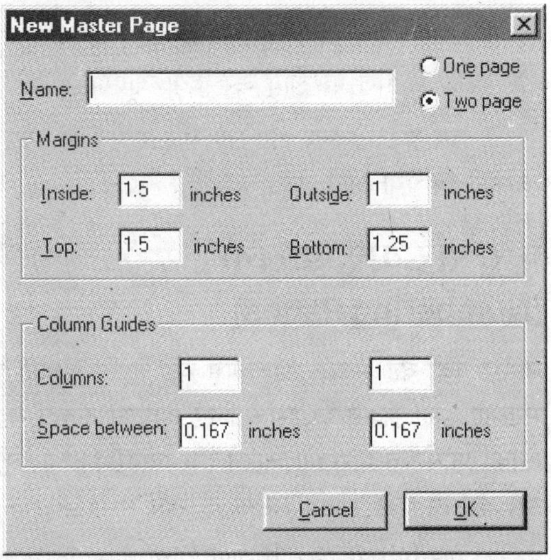

चित्र 14.3 : न्यू मास्टर पेज का डायलॉग बॉक्स

1. मास्टर पेजेज पैलेट में नीचे बने हुए **New Master** बटन को क्लिक कीजिए अथवा मास्टर पेजेज पैलेट मेन्यू में **New Master Page...** आदेश दीजिए। इससे चित्र 14.3 की तरह 'New Master Page' का डायलॉग बॉक्स खुल जाएगा।
2. इस डायलॉग बॉक्स के **Name** टैक्स्ट बॉक्स में नए मास्टर पेज के लिए कोई नाम टाइप कीजिए।
3. **One Page** और **Two Page** में से किसी एक रेडियो बटन को सेट कीजिए। यह विकल्प तभी दिखाई देता है, जब डॉक्यूमेंट सेटअप में Double Sided या Facing Pages विकल्प सेट किया गया हो।
4. विभिन्न हाशियों और कॉलमों की संख्या को सेट कीजिए।
5. अन्त में **OK** बटन को क्लिक कीजिए, जिससे नया मास्टर पेज बना दिया जाएगा और वह प्रकाशन की विंडो में दिखाई देगा।

इस प्रकार बनाए गए मास्टर पेज में आप अपने प्रकाशन की आवश्यकता के अनुसार विभिन्न वस्तुएं जोड़ सकते हैं, जिसकी विधियां आगे बताई जाएंगी।

पुराने मास्टर पेज से नया मास्टर पेज बनाना
(Making a New Master Page from an Existing Master Page)

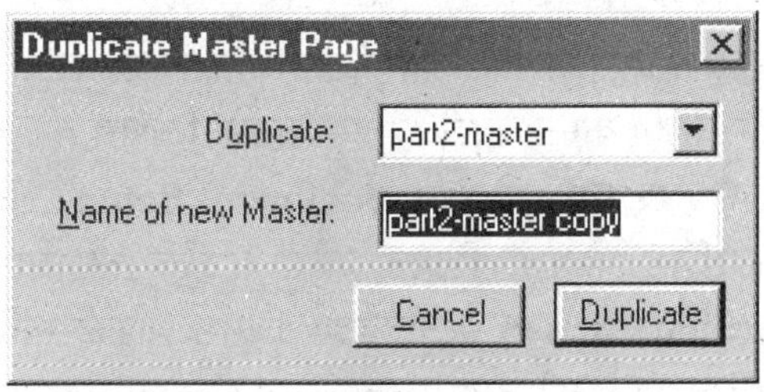

चित्र 14.4 : डुप्लीकेट मास्टर पेज का डायलॉग बॉक्स

1. यदि मास्टर पेजेज पैलेट दिखाई न दे रहा हो, तो ऊपर बताई जा चुकी विधि से उसे खोल लीजिए।
2. जिस मास्टर पेज को आप डुप्लीकेट करना चाहते हैं, उसके नाम को माउस पॉइंटर से पकड़कर इस पैलेट में नीचे बने **New Master** बटन पर खींच ले जाकर छोड़ दीजिए अथवा मास्टर पेजेज पैलेट मेन्यू में **Duplicate ... Master** आदेश दीजिए। इससे चित्र 14.4 की तरह 'Duplicate Master Page' का डायलॉग बॉक्स खुल जाएगा।
3. इस डायलॉग बॉक्स के **Duplicate** ड्रॉप-डाउन लिस्ट बॉक्स में उस मास्टर पेज का नाम दिखाई देता है, जिसे आपने डुप्लीकेट करने के लिए खींचा था अथवा उस समय खुले हुए पृष्ठ पर वह मास्टर पेज लागू था। यदि आप इसके अलावा किसी अन्य मास्टर पेज को डुप्लीकेट करना चाहते हैं, तो इस लिस्ट बॉक्स को खोलकर उसकी लिस्ट में से उस मास्टर पेज का नाम चुन सकते हैं।

4. **Name of new Master** टैक्स्ट बॉक्स में नए मास्टर पेज का कोई नाम टाइप कीजिए।
5. अन्त में **Duplicate** बटन को क्लिक कीजिए, जिससे नया मास्टर पेज बना दिया जाएगा और वर्तमान पेज पर लागू कर दिया जाएगा।

इस प्रकार बनाए गए नए मास्टर पेज में आप बाद में सुधार कर सकते हैं और मनचाही वस्तुएं जोड़ सकते हैं, जिसकी विधियां आगे बताई जाएंगी।

पृष्ठ संख्याएं डालना
(Numbering Pages)

मास्टर पेजों का सबसे बड़ा लाभ यह है कि इनका उपयोग करके आप अपने प्रकाशन के पृष्ठों पर ऑटोमेटिक पृष्ठ संख्याएं डाल सकते हैं। इसके लिए आपको केवल यह बताना होता है कि आप पृष्ठ संख्याएं कहां छापना चाहते हैं और उनका फॉर्मेट क्या रखना चाहते हैं। उदाहरण के लिए, आप पृष्ठ संख्या से पहले कोई चिह्न या शब्द जोड़ सकते हैं या उसे वैसे ही एक स्वतंत्र संख्या के रूप में दिखा सकते हैं अथवा रोमन अंकों में भी दिखा सकते हैं।

पेजमेकर में पृष्ठ संख्याएं सामान्यतया 1 से प्रारम्भ करके डाली जाती हैं। आप चाहें तो किसी अन्य संख्या से प्रारम्भ करके भी डाल सकते हैं। पेजमेकर एक प्रकाशन में 999 से अधिक पृष्ठ रखने की अनुमति नहीं देता, लेकिन पृष्ठ संख्याएं 9999 तक हो सकती हैं। आप अपने किसी बड़े प्रकाशन को कई भागों में बांटकर तैयार कर सकते हैं और बाद में उन पर एक लगातार प्रकाशन की तरह पृष्ठ संख्याएं डाल सकते हैं।

यद्यपि आप प्रकाशन के किसी भी पृष्ठ पर पृष्ठ संख्या डाल सकते हैं, लेकिन मास्टर पेजों में पृष्ठ संख्या जोड़ देना सबसे अच्छा रहता है, क्योंकि ऐसा करने से न केवल समय की बचत होती है, बल्कि प्रत्येक पृष्ठ पर पृष्ठ संख्या एक ही स्थान पर और एक ही फॉर्मेट में छपती है। प्रकाशन के लिए प्रारम्भिक पृष्ठ संख्या बताने, पृष्ठ संख्याओं की स्टाइल तय करने और मास्टर पेजों में पृष्ठ संख्या डालने की विधियां यहां विस्तारपूर्वक बताई गई हैं।

प्रारम्भिक पृष्ठ संख्या बताना
(Specifying Starting Page Number)

इसके लिए आपको डॉक्यूमेंट सेटअप के डायलॉग बॉक्स में सेटिंग करनी पड़ती है। इस डायलॉग बॉक्स को खोलने के लिए **File** मेन्यू में **Document Setup...** आदेश दीजिए अथवा शिफ्ट और कंट्रोल के साथ **P** **(Shift+Ctrl+P)** बटन दबाइए, जिससे आपकी स्क्रीन पर चित्र 14.5 की तरह 'Document Setup' का डायलॉग बॉक्स खुल जाएगा।

प्रारम्भिक पृष्ठ संख्या निर्धारित करने के लिए इसके **Start Page #** टैक्स्ट बॉक्स में उचित संख्या टाइप कीजिए और **Restart Page Numbering** चेक बॉक्स को क्लिक करके सेट कर दीजिए।

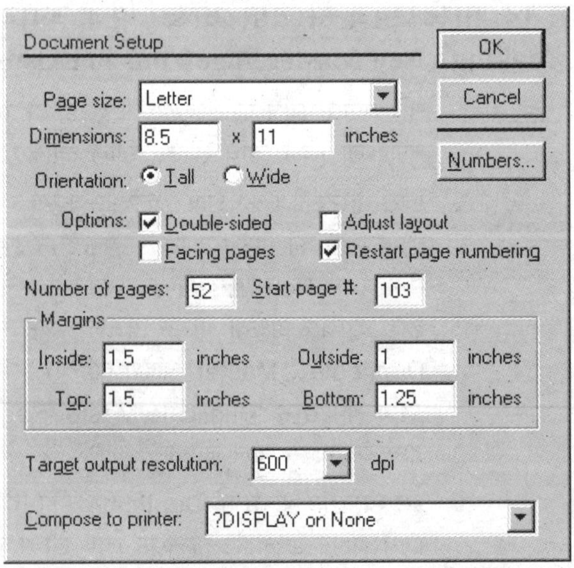

चित्र 14.5 : डॉक्यूमेंट सेटअप का डायलॉग बॉक्स

अन्त में **OK** बटन को क्लिक कीजिए, जिससे आपके द्वारा की गई सेटिंग प्रभावी हो जाएगी। यदि आप पृष्ठ संख्याओं को फॉर्मेट भी करना चाहते हैं, तो **OK** बटन को क्लिक करने से पहले नीचे बताई गई क्रियाएं कर लीजिए।

पृष्ठ संख्याओं की स्टाइल बदलना (Changing Style of Page Numbers)

पेजमेकर में सामान्यतया पृष्ठ संख्याएं सामान्य संख्याओं के रूप में अर्थात् 1, 2, 3, ... आदि डाली जाती हैं। यदि आप पृष्ठ संख्याएं इस स्टाइल के बदले किसी अन्य स्टाइल में डालना चाहते हैं, तो निम्नप्रकार कर सकते हैं :

1. डॉक्यूमेंट सेटअप के डायलॉग बॉक्स (चित्र 14.5) में **Numbers...** आदेश बटन को क्लिक कीजिए, जिससे आपकी स्क्रीन पर चित्र 14.6 की तरह 'Page Numbering' का डायलॉग बॉक्स खुल जाएगा।
2. इस डायलॉग बॉक्स में पृष्ठ संख्याओं की स्टाइल के पांच विकल्प दिए जाते हैं। आप इनमें से जिस स्टाइल को सेट करना चाहते हैं, उसके रेडियो बटन को क्लिक करके सेट कर दीजिए।

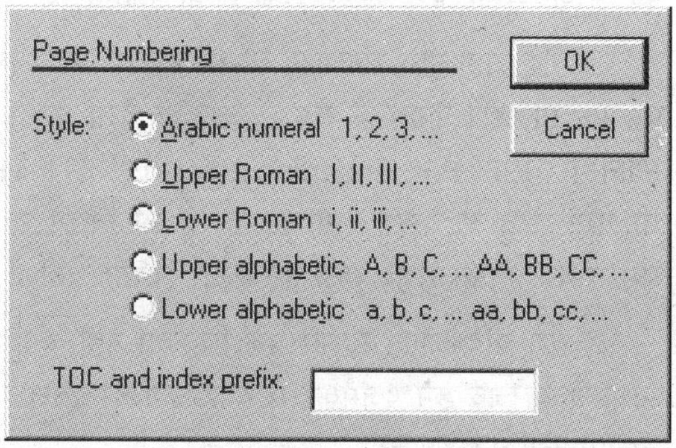

चित्र 14.6 : पृष्ठ संख्याओं की स्टाइल सेट करना

3. अन्त में **OK** बटन क्लिक कीजिए, जिससे आपके द्वारा की गई सेटिंग लागू हो जाएगी।

मास्टर पेजों में पृष्ठ-संख्या चिह्न जोड़ना (Adding Page-Number Marker to Master Pages)

अपने दस्तावेज में प्रत्येक पृष्ठ पर एक ही स्थान पर और समान फॉर्मेट में पृष्ठ संख्या छापने के लिए आपको उसके मास्टर पेजों में पृष्ठ-संख्या चिह्न सेट करना होता है, जिसकी विधि निम्नप्रकार है :

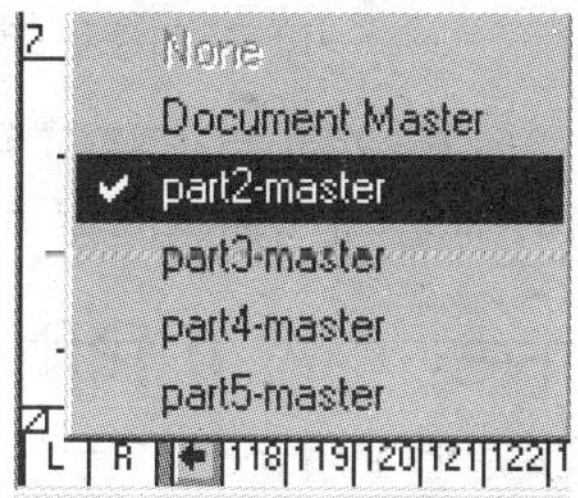

चित्र 14.7 : मास्टर पेज खोलना

1. पेजमेकर की विंडो में पेज आइकॉनों से पहले बने हुए **L** अथवा **R** आइकॉन को दायां-क्लिक कीजिए, इससे चित्र 14.7 की तरह एक छोटा सा मेन्यू खुल जाएगा, जिसमें सभी मास्टर पेजों के नाम दिए होंगे। आप जिस मास्टर पेज में पृष्ठ संख्या चिह्न जोड़ना चाहते हैं, इस मेन्यू में उसके नाम को क्लिक कीजिए, जिससे उस मास्टर पेज का दायां भाग खुल जाएगा। यदि आप वर्तमान मास्टर पेज को ही खोलना चाहते हैं, तो केवल **L** या **R** आइकॉन को क्लिक कीजिए, जिससे उसका बायां या दायां भाग खुलेगा।
2. टैक्स्ट टूल द्वारा क्लिक करके उस मास्टर पेज के दाएं या बाएं भाग पर वहां धसान बिन्दु लाइए, जहां आप पृष्ठ संख्या छापना चाहते हैं।
3. कंट्रोल और अल्ट के साथ **P (Ctrl+Alt+P)** दबाइए। इससे उस मास्टर पेज में पृष्ठ संख्या-चिह्न दाएं मास्टर पेज पर **RM** तथा बाएं मास्टर पेज पर **LM** के रूप में दिखाई देगा। वास्तविक पेज में इसके स्थान पर पृष्ठ संख्याएं छापी जाती हैं। यहां ध्यान देने की बात यह है कि आपको दाएं तथा बाएं मास्टर पेजों पर पृष्ठ-संख्या चिह्न अलग-अलग लगाना पड़ता है।

4. पृष्ठ संख्याओं को फॉर्मेट करने के लिए पृष्ठ-संख्या चिह्न को चुनकर साधारण पाठ्य की तरह फॉर्मेट कीजिए, जिसके बारे में आप पीछे पढ़ चुके हैं।
5. क्रिया 1 से 4 तक उन सभी मास्टर पेजों के लिए दोहराइए, जिन पर आप पृष्ठ संख्या चिह्न लगाना चाहते हैं।

ध्यान दीजिए कि यदि आपका प्रकाशन केवल एक ओर के पृष्ठों का है, तो मास्टर पेज में केवल एक पृष्ठ संख्या चिह्न लगाया जाएगा, जो **RM** के रूप में दिखाई देगा, लेकिन यदि प्रकाशन दोनों ओर के पृष्ठों का है, तो मास्टर पेज में दोनों ओर पृष्ठ संख्या चिह्न लगाए जाएंगे, जो **RM** तथा **LM** के रूप में दिखाई देंगे।

यदि आप पृष्ठ संख्याओं के साथ कोई प्रत्यय (Prefix), जैसे **'A-'** आदि जोड़ना चाहते हैं, तो उसको मास्टर पेज पर एक साधारण पाठ्य के रूप में जोड़कर वैसा कर सकते हैं। इसके लिए पृष्ठ-संख्या चिह्न से पहले या बाद में उचित स्थान पर धसान बिन्दु (Insertion point) ले जाइए और पाठ्य टाइप कर दीजिए। वास्तव में मास्टर पेजों पर आप कोई भी ऐसी वस्तु या पाठ्य लगा सकते हैं, जो किसी साधारण पृष्ठ पर लगाई जा सकती है। मास्टर पेजों पर लगाई गई समस्त वस्तुएं उन सभी पृष्ठों पर स्वत: दिखाई देती हैं, जिन पर वह मास्टर पेज लागू किया जाता है।

वैसे यदि आपने मास्टर पेज विकल्प नहीं चुना है, तो दस्तावेज में पृष्ठ संख्याएं डालना अधिक आसान होता है। साधारणतया जब हम पेजमेकर में कोई नया दस्तावेज बनाते हैं, तो डिफॉल्ट रूप में दो तरह के प्रकाशन सामने आते हैं, जो निम्नलिखित हैं :

1. यदि Document Setup डायलॉग बॉक्स में Double Sided या Facing Pages विकल्प चुना हुआ है, तो नए प्रकाशन में 1 खाली पेज तथा साथ में L तथा R आइकॉन दिखाई देते हैं।
2. यदि Document Setup डायलॉग बॉक्स में Double Sided और Facing Pages विकल्प नहीं चुने गए हैं, तो नए प्रकाशन में 1 खाली पेज तथा साथ में R आइकॉन दिखाई देता है।

इस प्रकार के साधारण दस्तावेज में पृष्ठ संख्या डालने के लिए आपको L और R आइकॉन को क्लिक करके ऊपर बताई जा चुकी विधियों से पृष्ठ संख्या तथा अन्य चिह्न आदि डाल लेने चाहिए।

मास्टर पेजों में विभिन्न सेटिंग करना
(Doing Various Settings in Master Pages)

सामान्यतया किसी प्रकाशन की सभी सेटिंगें डॉक्यूमेंट मास्टर में की जाती हैं। जब आप कोई नया मास्टर पेज बनाते हैं, तो डॉक्यूमेंट मास्टर की सभी सेटिंगें उस पर भी तब तक लागू रहती हैं, जब तक कि आप उन्हें बदल न दें। किसी मास्टर पेज की सेटिंग करने या बदलने का कार्य मास्टर पेजेज पैलेट मेन्यू द्वारा किया जाता है। इसके लिए निम्नलिखित क्रियाएं कीजिए :

1. मास्टर पेजेज पैलेट को खोल लीजिए, यदि वह पहले से खुला न हो।
2. आप जिस मास्टर पेज की सेटिंगें सुधारना चाहते हैं, उसके नाम को क्लिक कीजिए।
3. मास्टर पेजेज पैलेट मेन्यू में **Master Page Options...** विकल्प को क्लिक कीजिए, जिससे आपको चित्र 14.8 की तरह 'Master Page Options' का डायलॉग बॉक्स दिया जाएगा।
4. यदि आप मास्टर पेज का नाम बदलना चाहते हैं, तो इस डायलॉग बॉक्स के **Name** टैक्स्ट बॉक्स में नया नाम टाइप कीजिए।

5. यदि आप इस मास्टर पेज के लिए नए पेज हाशिए सेट करना चाहते हैं, तो इस डायलॉग बॉक्स के **Margins** भाग में दिए हुए टैक्स्ट बॉक्सों में हाशिए टाइप या सम्पादित कीजिए।
6. यदि आप इस मास्टर पेज के लिए कई कॉलम सेट करना चाहते हैं, तो इस डायलॉग बॉक्स के **Column Guides** भाग में दिए हुए टैक्स्ट बॉक्सों में कॉलमों की संख्या और उनके बीच उचित हाशिया टाइप या सेट कीजिए।
7. यदि आप चाहते हैं कि आपके द्वारा इस मास्टर पेज में की गई सेटिंगों का प्रभाव उन सभी पेजों पर तत्काल दिखाई पड़े, जिन पर यह मास्टर पेज लागू है, तो **Adjust layout** चेक बॉक्स को सेट कर दीजिए।

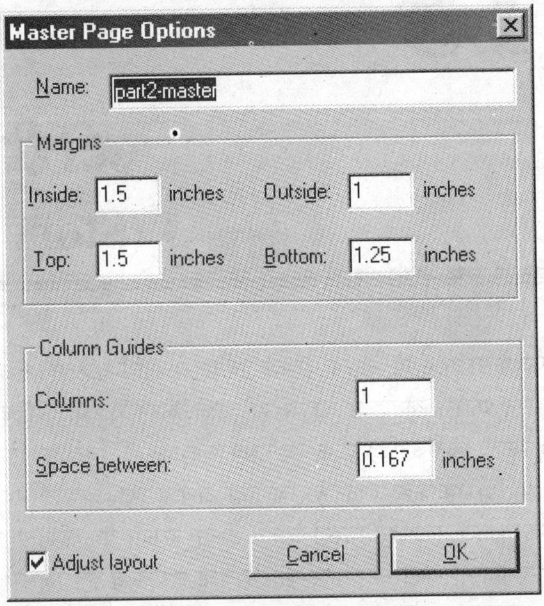

चित्र 14.8 : मास्टर पेज ऑप्शंस का डायलॉग बॉक्स

8. अन्त में **OK** बटन को क्लिक कीजिए, जिससे आपके द्वारा की गई सेटिंगें प्रभावी हो जाएंगी।

मास्टर पेज हटाना
(Deleting a Master Page)

यदि आप किसी मास्टर पेज को हटाना चाहते हैं, तो निम्नप्रकार क्रियाएं कीजिए :

1. मास्टर पेजेज पैलेट को खोल लीजिए, यदि वह पहले से खुला न हो।
2. मास्टर पेजेज पैलेट में उस मास्टर पेज के नाम को क्लिक कीजिए, जिसको आप हटाना चाहते हैं।
3. मास्टर पेजेज पैलेट में सबसे नीचे की पंक्ति में बने हुए **Trash** बटन को क्लिक कीजिए अथवा मास्टर पेजेज पैलेट मेन्यू में **Delete "master name"** आदेश दीजिए. इससे आपको चित्र 14.9 की तरह डायलॉग बॉक्स देकर उसे हटाने की पुष्टि की जाएगी।

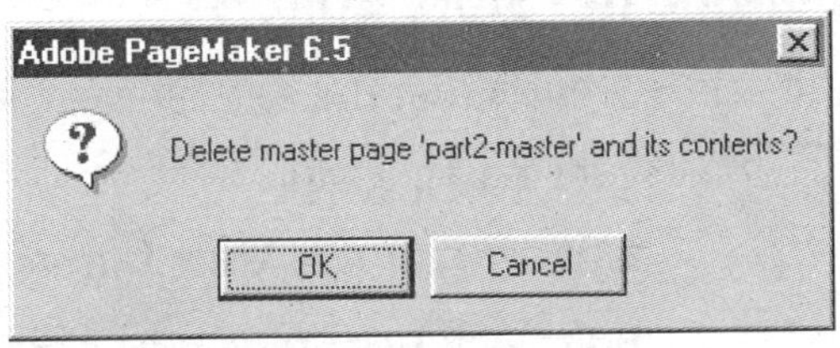

चित्र 14.9 : मास्टर पेज हटाने की पुष्टि करना

4. यदि आप वास्तव में उस मास्टर पेज को हटाना चाहते हैं, तो इस डायलॉग बॉक्स में **OK** बटन को क्लिक कीजिए। ऐसा करने पर वह मास्टर पेज अपनी समस्त सामग्री सहित हटा दिया जाएगा।

जब किसी मास्टर पेज को हटाया जाता है, तो पेजमेकर उन सभी पेजों पर **None** मास्टर पेज लागू कर देता है, जिन पर हटाया गया मास्टर पेज लागू था। यदि आप किसी विशेष पृष्ठ पर से किसी मास्टर पेज का प्रभाव समाप्त करना चाहते हैं, तो उस पेज पर **None** मास्टर पेज लागू कर दीजिए, जो सभी प्रकाशनों में डिफॉल्ट रूप से उपलब्ध रहता है। इससे उस पृष्ठ पर मास्टर पेज के कारण लगी हुई समस्त वस्तुएं गायब हो जाएंगी, परन्तु कॉलमों की संख्या, मार्जिन आदि पर कोई प्रभाव नहीं पड़ेगा।

15

स्टोरी एडीटर
(Story Editor)

पेजमेकर में आप पाठ्य पर दो प्रकार से कार्य कर सकते हैं : एक, लेआउट व्यू में और दूसरा, स्टोरी व्यू में। अभी तक हमने केवल लेआउट व्यू में ही कार्य करने के बारे में बताया है। इस व्यू में आप अपने प्रकाशन की समस्त सामग्री (पाठ्य, चित्र आदि) ठीक उसी प्रकार लगाते हैं, जिस प्रकार वह छपने पर दिखाई देगा। इसको विज़ीविग मोड (WYSIWYG mode) भी कहा जाता है, जिसका अर्थ है कि आप जैसा देख रहे हैं, वैसा ही मिलेगा या छपेगा। लेकिन जब आप अपने पाठ्य को सम्पादित करना चाहते हैं या उसका प्रूफ देखना चाहते हैं, तो यह मोड सुविधाजनक नहीं है। इन कार्यों के लिए पेजमेकर में स्टोरी एडीटर की सुविधा उपलब्ध है, जिससे स्टोरी व्यू में कार्य किया जाता है।

स्टोरी एडीटर एक प्रकार का वर्ड प्रोसेसर है, जो आपको अपने दस्तावेज के पाठ्य को तेजी से सुधारने की सुविधा देता है। इस व्यू में कार्य करते हुए आपको केवल पाठ्य दिखाई देता है, अन्य वस्तुएं तथा लेआउट नहीं। इसमें आप अपने पाठ्य को पढ़ सकते हैं, बदल सकते हैं तथा सम्पादित कर सकते हैं। ध्यान रखें कि स्टोरी एडीटर एक पूर्ण वर्ड प्रोसेसर नहीं है। इससे आप केवल पाठ्य तैयार कर सकते हैं और स्पेलिंग की जांच भी कर सकते हैं। उस पाठ्य को दस्तावेज में उचित स्थान पर लगाने का कार्य लेआउट व्यू में ही किया जाता है।

इस अध्याय में आप स्टोरी एडीटर का उपयोग करना सीखेंगे।

स्टोरी एडीटर प्रारम्भ करना
(Starting the Story Editor)

किसी स्टोरी को सम्पादित करने के लिए निम्नप्रकार क्रियाएं कीजिए :

1. टैक्स्ट टूल को चुनिए।
2. कर्सर उस स्टोरी में ले जाइए, जिस पर आप कार्य करना चाहते हैं।
3. **Edit** मेन्यू में **Edit Story** आदेश दीजिए अथवा कंट्रोल के साथ **E (Ctrl+E)** बटन दबाइए, जिससे आपकी स्क्रीन पर उस स्टोरी को चित्र 15.1 की तरह स्टोरी व्यू में दिखाया जाएगा।

स्टोरी व्यू में स्टाइलों के नाम दिखाए जा सकते हैं, जैसा कि चित्र 15.1 में दिखाए गए हैं। आप स्टोरी एडीटर में टैक्स्ट टूल, स्टाइल और कलर पैलेट का उपयोग कर सकते हैं, लेकिन अन्य पैलेटों का उपयोग नहीं कर सकते। स्टोरी एडीटर में अक्षरों के फॉण्ट तथा आकार नहीं दिखाए जाते अर्थात् सभी अक्षर समान आकार में और एक ही फॉण्ट में दिखाए जाते हैं, लेकिन उन पर बोल्ड तथा इटैलिक के प्रभाव दिखाई पड़ते हैं। स्टोरी एडीटर में उपयोग किए जाने वाले एकमात्र फॉण्ट तथा आकार की सेटिंग आप 'Preferences' के डायलॉग बॉक्स में कर सकते हैं, जिसके बारे में आगे बताया जाएगा। इसमें आपको पाठ्य टाइप करने के लिए पर्याप्त खाली स्थान दिया जाता है। इसमें धसान बिन्दु या कर्सर टैक्स्ट टूल जैसा ही होता है।

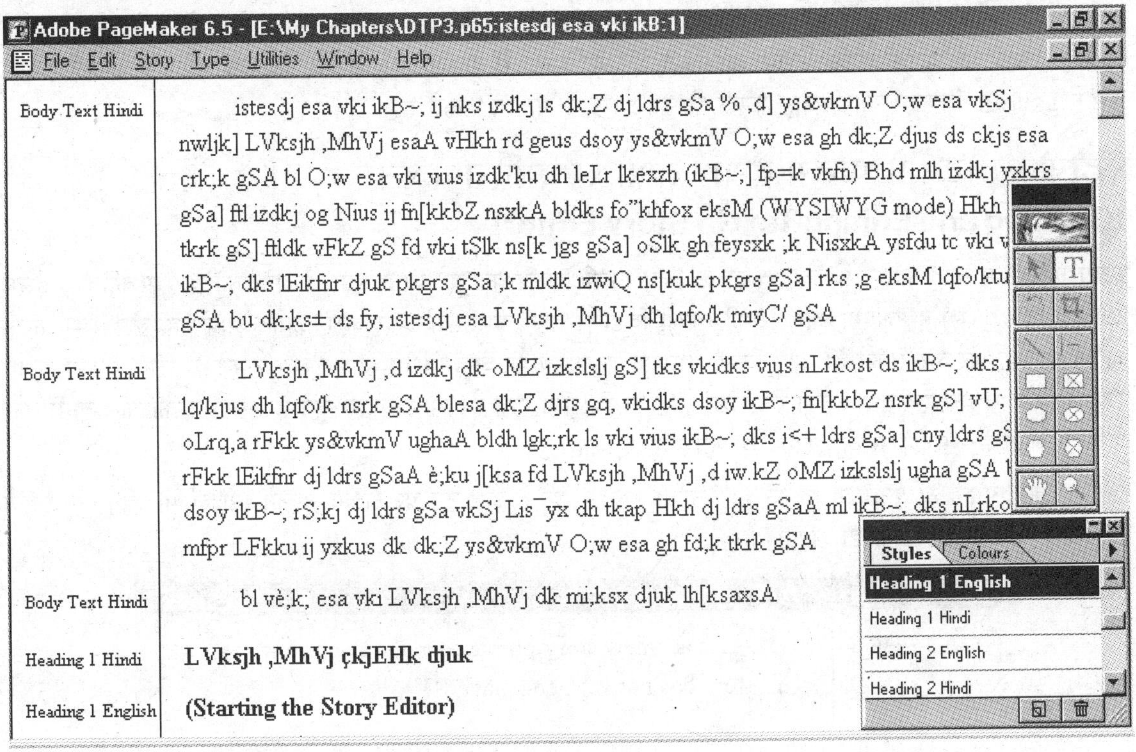

चित्र 15.1 : स्टोरी एडीटर की विंडो में (स्टोरी व्यू में) एक स्टोरी

स्टोरी व्यू से लेआउट व्यू में लौटना
(Returning to Layout View from Story View)

यदि आप स्टोरी व्यू में कार्य कर रहे हैं और वापस लेआउट व्यू में लौटना चाहते हैं, तो यह कार्य निम्नलिखित दो विधियों में से किसी से कर सकते हैं :

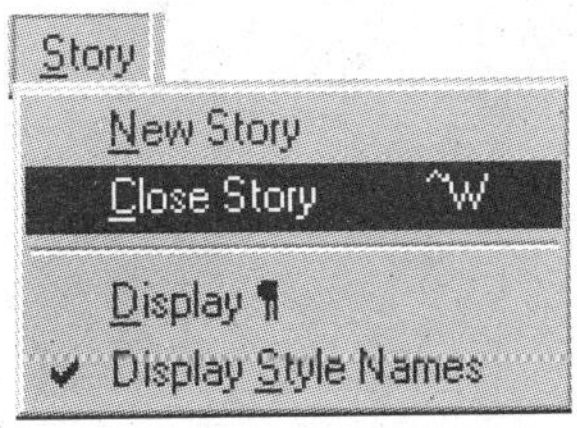

चित्र 15.2 : स्टोरी मेन्यू

1. **Story** मेन्यू (चित्र 15.2) में **Close Story** आदेश दीजिए अथवा कंट्रोल के साथ **W (Ctrl+W)** बटन दबाइए या स्टोरी विंडो के दाएं-ऊपरी कोने पर बने बन्द बटन **X** को क्लिक कीजिए। इससे स्टोरी विंडो बन्द हो जाएगी और आप लेआउट व्यू में आ जाएंगे।
2. **Edit** मेन्यू में **Edit Layout** आदेश दीजिए अथवा कंट्रोल के साथ **E (Ctrl+E)** बटन दबाइए। इससे आप वापस लेआउट व्यू में आ जाएंगे। इस विधि से लेआउट व्यू में आने पर स्टोरी विंडो बैकग्राउंड में खुली रहती है, जिसमें आप कभी भी आगे बताई गई विधि से जा सकते हैं।

पेजमेकर में आप एक साथ कई स्टोरी विंडो खोल सकते हैं और आवश्यकता पड़ने पर उनमें से किसी में भी तत्काल जा सकते हैं। लेआउट व्यू से किसी खुली हुई स्टोरी विंडो में जाने के लिए अथवा एक स्टोरी विंडो से किसी दूसरी स्टोरी विंडो या लेआउट विंडो में जाने के लिए **Windows** मेन्यू का उपयोग किया जाता है। इसमें खुले हुए पेजमेकर दस्तावेजों के नाम सबसे नीचे दिखाए जाते हैं और ऐसे प्रत्येक दस्तावेज के नाम के झरना मेन्यू में लेआउट विंडो

के साथ ही उसकी सभी खुली हुई स्टोरी विंडो के नाम भी दिखाए जाते हैं। आप इस झरना मेन्यू में से किसी भी स्टोरी विंडो के नाम को क्लिक करके उसमें जा सकते हैं। यह झरना मेन्यू स्टोरी व्यू में भी उपलब्ध रहता है, इसलिए आप उसके **Layout** विकल्प को क्लिक करके लेआउट व्यू में भी जा सकते हैं।

स्टोरी एडीटर में पाठ्य तैयार तथा सम्पादित करना (Creating and Editing Text in Story Editor)

स्टोरी एडीटर में कोई नई स्टोरी तैयार करने के लिए किसी पाठ्य को चुने बिना स्टोरी एडीटर को प्रारम्भ कीजिए। इससे स्टोरी एडीटर प्रारम्भ हो जाएगा और उसकी खाली विंडो में बाएं-ऊपरी कोने पर कर्सर होगा। आप यहां से प्रारम्भ करके अपना पाठ्य तैयार कर सकते हैं। आप किसी पैराग्राफ के पाठ्य पर कोई विशेष स्टाइल लागू करने के लिए उसका चुनाव स्टाइल पैलेट में कर सकते हैं, जैसा कि चित्र 15.3 में दिखाया गया है। आपके द्वारा चुने हुए स्टाइल का नाम बायीं ओर दिखाया जाता है, यद्यपि उसके पूरे प्रभाव नहीं दिखाए जाते।

आप अपनी नई स्टोरी में कितने भी पैराग्राफ बना सकते हैं और उन पर अलग-अलग स्टाइलें भी लागू कर सकते हैं। स्टोरी कितनी भी लम्बी हो सकती है।

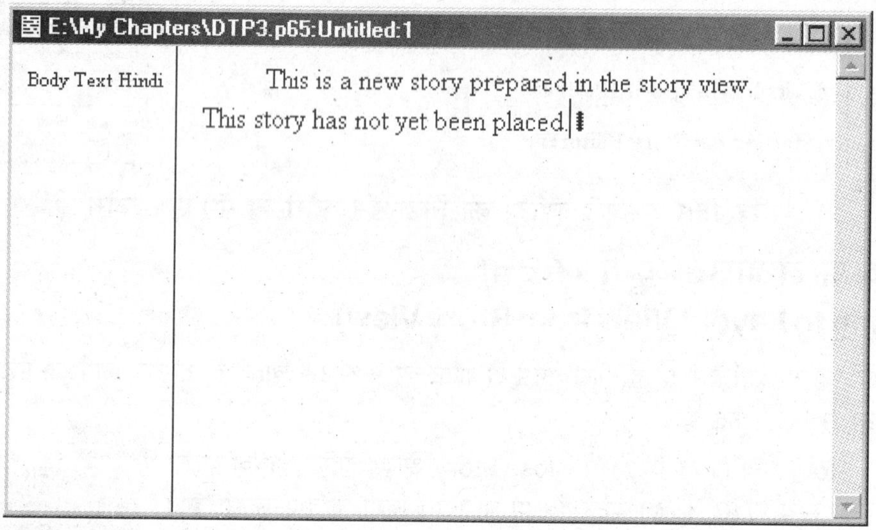

चित्र 15.3 : स्टोरी एडीटर में नई स्टोरी तैयार करना

स्टोरी एडीटर में कोई नई स्टोरी तैयार कर लेने के बाद उसको अपने पेजमेकर दस्तावेज में स्थापित करना आवश्यक होता है। बिना इसके उसका कोई उपयोग नहीं होगा। नई स्टोरी को दस्तावेज में लगाने की विधि निम्नप्रकार है :

1. **Story** मेन्यू में **Close Story** आदेश दीजिए अथवा कंट्रोल के साथ **W (Ctrl+W)** बटन दबाइए या स्टोरी विंडो के दाएं-ऊपरी कोने पर बने बन्द बटन **X** को क्लिक कीजिए। इससे आपको चित्र 15.4 की तरह एक डायलॉग बॉक्स देकर स्टोरी स्थापित करने के बारे में पूछा जाएगा।

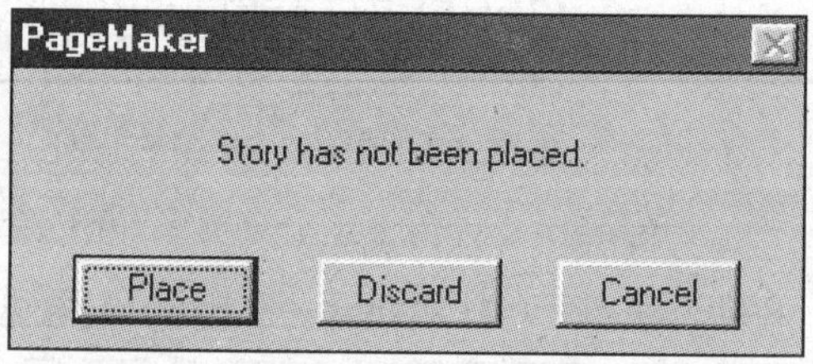

चित्र 15.4 : नई स्टोरी स्थापित करना

2. डायलॉग बॉक्स में **Place** बटन को क्लिक कीजिए। इससे स्टोरी एडीटर बन्द हो जाएगा और कर्सर एक लोड-टैक्स्ट आइकॉन में बदल जाएगा। इसके साथ ही आप लेआउट व्यू में आ जाएंगे।
3. दस्तावेज में उस पृष्ठ पर जाइए, जहां आप उस स्टोरी को लगाना चाहते हैं।
4. उचित स्थान पर कर्सर ले जाकर क्लिक कीजिए। इससे वह स्टोरी वहां स्थापित कर दी जाएगी।

स्टोरी एडीटर के लिए विकल्प सेट करना
(Setting Options for Story Editor)

स्टोरी एडीटर में भली प्रकार कार्य करने के लिए आप उसके कुछ विकल्पों को सेट कर सकते हैं, ताकि आप स्टोरी एडीटर का पूरा लाभ उठा सकें। इसके लिए निम्नप्रकार क्रियाएं कीजिए :

1. **File** मेन्यू में **Preferences...** विकल्प पर कर्सर लाइए, जिससे उसका झरना मेन्यू खुल जाएगा।
2. 'Preferences' के झरना मेन्यू में **General** आदेश दीजिए अथवा कंट्रोल के साथ **K (Ctrl+K)** बटन दबाइए, जिससे आपकी स्क्रीन पर 'Preferences' का डायलॉग बॉक्स खुल जाएगा।
3. 'Preferences' के डायलॉग बॉक्स में **More...** बटन को क्लिक कीजिए, जिससे आपको चित्र 15.5 की तरह 'More Preferences' का डायलॉग बॉक्स दिया जाएगा।
4. इस डायलॉग बॉक्स के **Story Editor** भाग में निम्नप्रकार सेटिंग कीजिए :

   क. **Font** ड्रॉप-डाउन लिस्ट में से उस फॉण्ट का चुनाव कीजिए, जिसमें आप स्टोरी एडीटर में पाठ्य को दिखाना चाहते हैं। यदि आप हिन्दी में पाठ्य तैयार कर रहे हैं, तो इसमें किसी हिन्दी फॉण्ट का चुनाव कर सकते हैं।

   ख. **Size** ड्रॉप-डाउन लिस्ट में से उस फॉण्ट के लिए उचित आकार को चुनिए या भरिए, ताकि आप पाठ्य को सरलता से पढ़ सकें।

   ग. यदि आप स्टाइलों के नाम दिखाना चाहते हैं, तो **Display style names** चेक बॉक्स को सेट कर दीजिए।

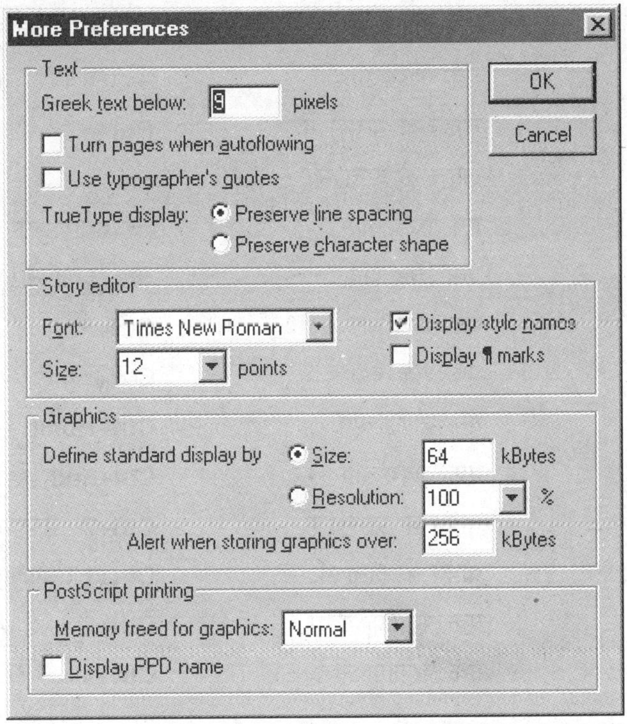

चित्र 15.5 : More Preferences का डायलॉग बॉक्स

   घ. यदि आप न छापे जाने वाले चिह्नों जैसे लाइन फीड, टैब, स्पेस आदि को देखना चाहते हैं, तो **Display Marks** चेक बॉक्स को सेट कर दीजिए।

5. सभी आवश्यक सेटिंग करने के बाद **OK** बटन को क्लिक कीजिए, जिससे आपके द्वारा की गई सेटिंगें प्रभावी हो जाएंगी।

स्टोरी एडीटर के 'Preferences' डायलॉग बॉक्स में आपके द्वारा चुने हुए फॉण्ट, आकार आदि विकल्पों का आपके दस्तावेज की स्टाइलों पर कोई प्रभाव नहीं पड़ता। ये केवल स्टोरी एडीटर में प्रभावी होते हैं।

स्टोरी एडीटर में पाठ्य पर कार्य
(Working on Text in Story Editor)

स्टोरी एडीटर में पाठ्य पर कार्य करने की सुविधाएं किसी वर्ड प्रोसेसर जैसे एमएस-वर्ड से काफी मिलती-जुलती हैं, यद्यपि इसमें सुविधाएं कम हैं और केवल पाठ्य तैयार करने तक ही सीमित हैं। इन सुविधाओं के बारे में यहां संक्षेप में बताया गया है।

कर्सर कुंजियों का उपयोग
(Using Cursor Keys)

आप पाठ्य को सम्पादित करने और इधर-उधर जाने में निम्नलिखित कर्सर कुंजियों और शॉर्टकटों का उपयोग कर सकते हैं :

एक लाइन ऊपर	↑ (ऊपर का तीर)
एक लाइन नीचे	↓ (नीचे का तीर)
लाइन के प्रारम्भ में	**Home**
लाइन के अन्त में	**End**
एक चिह्न बाएं	← (बायां तीर)
एक चिह्न दाएं	→ (दायां तीर)
एक शब्द बाएं	**Ctrl+←**
एक शब्द दाएं	**Ctrl+→**
एक वाक्य बाएं	**Ctrl+Home**
एक वाक्य दाएं	**Ctrl+End**
वाक्य के प्रारम्भ में	**Ctrl+7** (संख्यात्मक की-पैड पर, NumLock ऑफ हो)
वाक्य के अन्त में	**Ctrl+1** (संख्यात्मक की-पैड पर, NumLock ऑफ हो)
एक पैराग्राफ ऊपर	**Ctrl+↑**
एक पैराग्राफ नीचे	**Ctrl+↓**

पाठ्य का चुनाव
(Selecting Text)

पेजमेकर में स्टोरी एडीटर में (तथा लेआउट व्यू में भी) पाठ्य का चुनाव करने में विंडोज़ आधारित अन्य पैकेजों की परम्पराओं का पालन किया जाता है। किसी पाठ्य के चुनाव के लिए आपको ऊपर बताई गई कर्सर कुंजियों और शॉर्टकटों

का उपयोग करते समय शिफ्ट कुंजी को दबाकर पकड़ लेना चाहिए। ऐसा करने पर कर्सर उस कुंजी या शॉर्टकट के कारण जहां तक जाएगा, वहां तक का पाठ्य चुन लिया जाएगा।

इनके अलावा आप पाठ्य के चुनाव के लिए निम्नलिखित की-बोर्ड शॉर्टकटों का भी उपयोग कर सकते हैं :

एक शब्द	शब्द को टैक्स्ट टूल द्वारा डबल क्लिक कीजिए।
एक पैराग्राफ	पैराग्राफ को टैक्स्ट टूल द्वारा लगातार तीन बार क्लिक कीजिए।
कोई पाठ्य खंड	कर्सर को पाठ्य के प्रारम्भ में लगाइए और शिफ्ट कुंजी दबाए रखकर कर्सर-चालन कुंजियों तथा शॉर्टकटों का उपयोग करके कर्सर को पाठ्य के अन्त तक ले जाइए।

पाठ्य पर विभिन्न क्रियाएं
(Operations on Text)

अन्य सभी वर्ड प्रोसेसरों की तरह पेजमेकर में भी आप पाठ्य को काट, हटा, चिपका और नकल कर सकते हैं। इन क्रियाओं के लिए निम्नलिखित शॉर्टकटों का भी उपयोग किया जा सकता है या Edit मेन्यू में ये आदेश दिए जा सकते हैं :

Cut	Ctrl+X
Copy	Ctrl+C
Paste	Ctrl+V
Clear	Del

अधिकांश वर्ड प्रोसेसरों की तरह पेजमेकर में भी यदि आप किसी पाठ्य को चुनकर उस पर कुछ पेस्ट या टाइप करते हैं, तो नई सामग्री पुरानी सामग्री की जगह आ जाती है।

स्पेलिंग की जांच करना
(Checking the Spelling)

पेजमेकर में शब्दों की वर्तनी की जांच करने की सुविधा उपलब्ध है, जिसकी सहायता से आप प्रत्येक शब्द को एक मानक शब्दकोश (Dictionary) में खोज कर तुलना कर सकते हैं। वर्तनी में कोई अन्तर होने पर पेजमेकर उसकी ओर संकेत कर देता है, जिसे आप ठीक कर सकते हैं। परन्तु पेजमेकर में व्याकरण आदि की जांच करने की सुविधा नहीं होती, अत: यदि आपने किसी सही शब्द का गलत जगह उपयोग किया है, तो पेजमेकर स्पेलिंग जांचने के समय उस गलती को नहीं पकड़ सकता। स्पेलिंग चेकर किसी शब्द के दोहराव को भी पकड़ सकता है, परन्तु किसी वाक्यांश के दोहराव को नहीं पकड़ सकता।

स्पेलिंग चेकर प्रारम्भ करना
(Starting Spelling Checker)

स्पेलिंग चेकर का उपयोग आप केवल स्टोरी एडीटर में कर सकते हैं। यह एक बार में किसी एक स्टोरी की जांच कर सकता है अथवा प्रकाशन की सभी स्टोरियों की जांच कर सकता है। यदि आप केवल किसी विशेष पाठ्य की स्पेलिंग जांचना चाहते हैं, तो आपको पहले वह पाठ्य चुनकर स्पेलिंग जांच का आदेश देना चाहिए। यद्यपि इसके संबंधित डायलॉग बॉक्स में उचित विकल्प सेट करके आप पूरी स्टोरी या पूरे प्रकाशन की जांच भी कर सकते हैं।

स्पेलिंग चेकर प्रारम्भ करने की विधि निम्नप्रकार है :

1. पीछे बताई गई विधि से स्टोरी एडीटर प्रारम्भ कीजिए।
2. **Utilities** मेन्यू में **Spelling...** आदेश दीजिए अथवा कंट्रोल के साथ **L (Ctrl+L)** बटन दबाइए, जिससे आपकी स्क्रीन पर चित्र 15.6 की तरह 'Spelling' का डायलॉग बॉक्स खुल जाएगा।

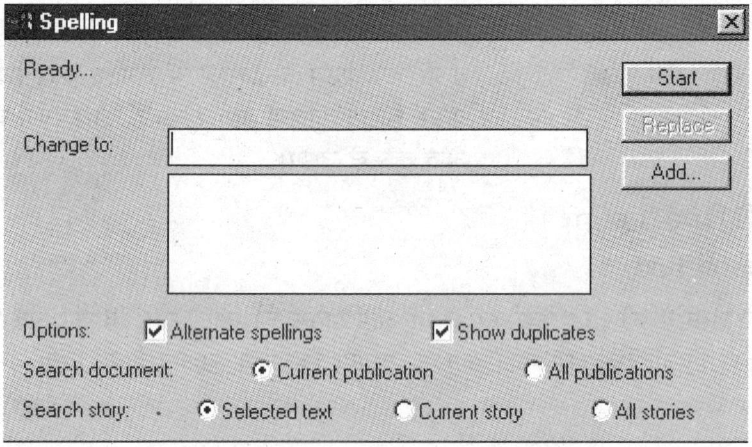

चित्र 15.6 : स्पेलिंग जांच का डायलॉग बॉक्स

3. इस डायलॉग बॉक्स के निचले भाग में दिए हुए विकल्पों में से उचित विकल्पों को सेट या रिसेट कीजिए, जिनका प्रभाव स्वयं स्पष्ट है।
4. स्पेलिंग की जांच प्रारम्भ करने के लिए **Start** बटन को क्लिक कीजिए। इससे बताए गए पाठ्य या स्टोरी में स्पेलिंग की जांच प्रारम्भ हो जाएगी और कोई गलती पाए ज़ाने पर उसको इस डायलॉग बॉक्स में दिखा दिया जाएगा।
5. यदि आपने **Alternate spellings** चेक बॉक्स को सेट किया है, तो पेजमेकर उस गलत शब्द के बदले सम्भव सही शब्द दिखाएगा। आप उनमें से किसी को भी चुनकर गलत शब्द के बदले रख सकते हैं।
6. यदि आप किसी शब्द को सही मानते हैं और पेजमेकर उसे गलत बताता है, क्योंकि वह उसके शब्दकोश में नहीं है, तो आप उसको शब्दकोश में जोड़ सकते हैं। इसके लिए ऊपर के डायलॉग बॉक्स में **Add...** बटन को क्लिक कीजिए, जिससे आपको चित्र 15.7 की तरह 'Add Word to User Dictionary' का डायलॉग बॉक्स दिया जाएगा। आप इसमें उचित विकल्प सेट करके **OK** बटन को क्लिक करके वह शब्द डिक्शनरी में जोड़ सकते हैं।

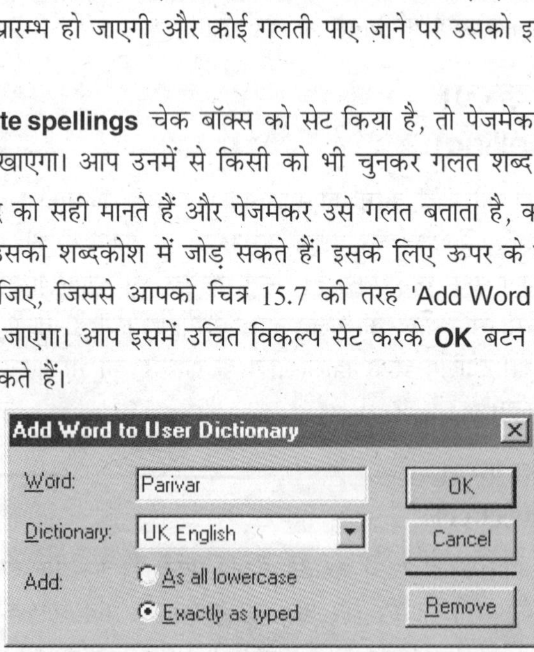

चित्र 15.7 : शब्दकोश में नया शब्द जोड़ना

7. स्पेलिंग की जांच जारी रखने के लिए **Continue** बटन को क्लिक कीजिए।
8. कभी भी **X** बटन को क्लिक करके आप स्पेलिंग जांच का कार्य समाप्त कर सकते हैं।

खोजना और बदलना
(Finding and Changing)

यदि आप पेजमेकर में किसी लम्बे दस्तावेज में कार्य कर रहे हैं, तो इसकी 'खोजो और बदलो' सुविधा आपके लिए बहुत उपयोगी है। इसके द्वारा आप किसी शब्द आदि को खोज सकते हैं और यदि आवश्यक हो, तो उसे किसी अन्य शब्द से बदल सकते हैं। बिना इस सुविधा के किसी शब्द को खोजना कठिन होता है। यह सुविधा केवल स्टोरी एडीटर में कार्य करती है, लेआउट व्यू में नहीं। यह सुविधा दो भागों में है। एक भाग में आप किसी पाठ्य को केवल खोज सकते हैं और दूसरे भाग में आप उसको खोजकर बदल भी सकते हैं। दोनों क्रियाओं में आप पाठ्य के गुणों (Properties) के आधार पर अपनी खोज को सीमित कर सकते हैं। यहां दोनों क्रियाओं के बारे में बताया गया है।

खोजो सुविधा
(Find Feature)

इस सुविधा के द्वारा आप अपनी वर्तमान स्टोरी अथवा प्रकाशन की सभी स्टोरियों में किसी पाठ्य को खोज सकते हैं। इसकी विधि निम्नप्रकार है :

1. स्टोरी एडीटर में उस स्टोरी को खोलिए, जिसमें आप पाठ्य को खोजना चाहते हैं।
2. कर्सर को स्टोरी में उस स्थान पर रखिए, जहां से आप खोजना शुरू करना चाहते हैं।
3. **Utilities** मेन्यू में **Find...** आदेश दीजिए अथवा कंट्रोल के साथ **F (Ctrl+F)** बटन दबाइए, इससे आपकी स्क्रीन पर चित्र 15.8 की तरह 'Find' का डायलॉग बॉक्स खुल जाएगा।

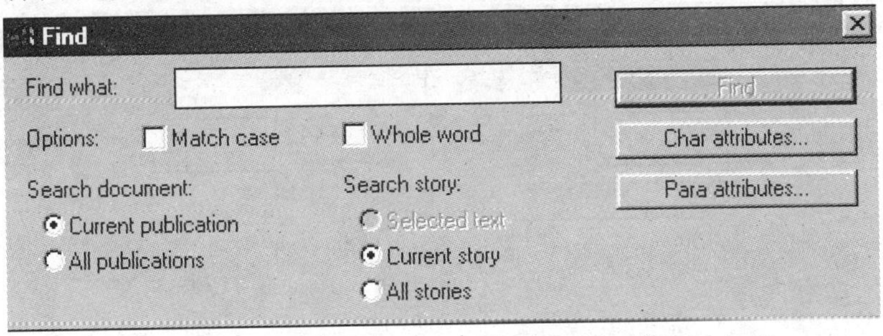

चित्र 15.8 : 'Find' का डायलॉग बॉक्स

4. इस डायलॉग बॉक्स के **Find what** टैक्स्ट बॉक्स में उस पाठ्य को टाइप कीजिए, जिसे आप खोजना चाहते हैं।
5. सामान्यतया इसमें छापे के छोटे और बड़े, दोनों प्रकार के अक्षरों को समान माना जाता है। यदि आप इनको अलग-अलग मानकर पाठ्य खोजना चाहते हैं, तो **Match case** चेक बॉक्स को सेट कर दीजिए।
6. पेजमेकर किसी दिए हुए पाठ्य को उसकी हर आवृत्ति (Occurrence) पर ढूंढ़ता है। यदि आप चाहते हैं कि उस पाठ्य को केवल पूर्ण शब्द के रूप में खोजा जाए, तो **Whole word** चेक बॉक्स को सेट कर दीजिए।

7. यदि आप खोजने की क्रिया सभी पेजमेकर दस्तावेजों में करना चाहते हैं, तो **All publications** रेडियो बटन को सेट कर दीजिए, नहीं तो **Current publication** रेडियो बटन को सेट रहने दीजिए।
8. यदि आप खोजने की क्रिया उस दस्तावेज की सभी स्टोरियों में करना चाहते हैं, तो **All stories** रेडियो बटन को सेट कर दीजिए, नहीं तो **Current story** रेडियो बटन को सेट रहने दीजिए।
9. खोजना प्रारम्भ करने के लिए **Find** बटन को क्लिक कीजिए। इससे यदि आपके द्वारा खोजा गया पाठ्य पाया जाएगा, तो कर्सर उस पाठ्य को उभारते हुए वहीं रुक जाएगा। आप चाहें तो पाठ्य को वहां सम्पादित कर सकते हैं।
11. उस पाठ्य की अगली आवृत्ति को खोजने के लिए **Find next** बटन को क्लिक कीजिए। इस बटन को क्लिक करते हुए आप अपनी खोज को जारी रख सकते हैं।
12. यदि आपने खोजने की क्रिया स्टोरी के बीच से प्रारम्भ की है और कर्सर उसके अन्त तक पहुंच जाता है, तो आपसे पूछा जाएगा कि खोज स्टोरी के प्रारम्भ से जारी रखना चाहते हैं या नहीं।
13. पूरी स्टोरी में खोज समाप्त हो जाने पर या उस पाठ्य की अन्य कोई आवृत्ति न पाए जाने पर आपको एक छोटा डायलॉग बॉक्स देकर खोज पूरी होने का सन्देश दिया जाएगा। इस डायलॉग बॉक्स से बाहर निकलने के लिए **OK** बटन को क्लिक कीजिए। वैसे आप कभी भी **Find** के डायलॉग बॉक्स के **X** बटन को क्लिक करके खोज समाप्त कर सकते हैं।

पेजमेकर की खोजो सुविधा से आप साधारण पाठ्य ही नहीं बल्कि उसके गुणों के आधार पर विशेष पाठ्य भी खोज सकते हैं। खोजे जाने वाले पाठ्य के गुण सेट करने के लिए आपको **Find** के डायलॉग बॉक्स में **Char attributes...** बटन को क्लिक करना चाहिए, जिसके उत्तर में आपको चित्र 15.9 की तरह 'Find Character Attributes' का डायलॉग बॉक्स दिया जाएगा।

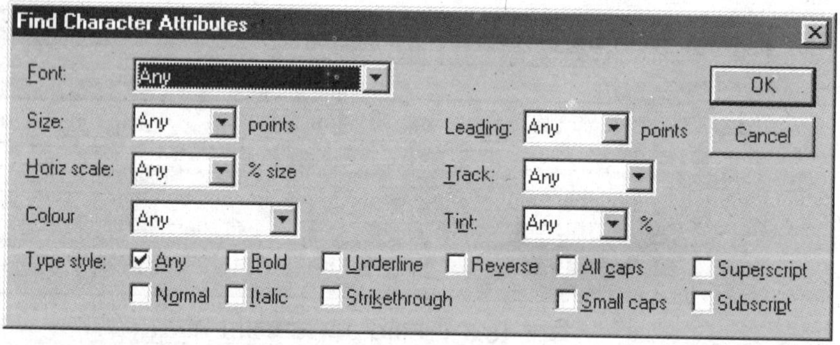

चित्र 15.9 : 'Find Character Attributes' का डायलॉग बॉक्स

इस डायलॉग बॉक्स में आप खोजे जाने वाले पाठ्य का फॉण्ट, आकार, स्टाइल आदि कई गुणों को सेट कर सकते हैं। इस प्रकार गुण सेट करने पर केवल वही पाठ्य खोजा जाएगा, जिसके गुण उन गुणों से मिलते हों। इस डायलॉग बॉक्स से बाहर निकलने के लिए **OK** बटन को क्लिक कीजिए।

इसी प्रकार आप किसी विशेष पैराग्राफ गुणों वाले पाठ्य को खोजने के लिए पैराग्राफ गुण सेट कर सकते हैं। इसके लिए आपको **Find** के डायलॉग बॉक्स में **Para attributes...** बटन को क्लिक करना चाहिए।

बदलो सुविधा
(Change Feature)

पेजमेकर की बदलो सुविधा खोजो सुविधा से मिलती-जुलती है। इसमें किसी दिए हुए पाठ्य को खोजा जाता है और उसको बताए गए पाठ्य से बदल दिया जाता है। इसकी विधि निम्नप्रकार है :

1. स्टोरी एडीटर में उस स्टोरी को खोलिए, जिसमें आप पाठ्य को खोजना और बदलना चाहते हैं।
2. कर्सर को स्टोरी में उस स्थान पर रखिए, जहां से आप खोजना शुरू करना चाहते हैं।
3. **Utilities** मेन्यू में **Change...** आदेश दीजिए अथवा कंट्रोल के साथ **H (Ctrl+H)** बटन दबाइए, इससे आपकी स्क्रीन पर चित्र 15.10 की तरह 'Change' का डायलॉग बॉक्स खुल जाएगा।

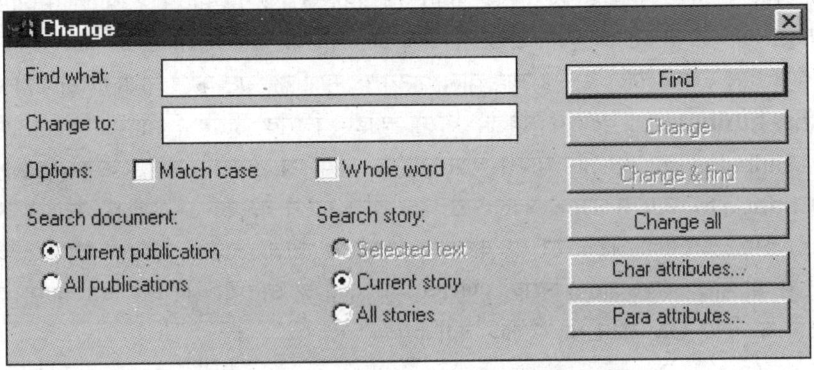

चित्र 15.10 : 'Change' का डायलॉग बॉक्स

4. इस डायलॉग बॉक्स के **Find what** टैक्स्ट बॉक्स में उस पाठ्य को टाइप कीजिए, जिसे आप खोजना चाहते हैं।
5. इसके **Change to** टैक्स्ट बॉक्स में उस पाठ्य को टाइप कीजिए, जिसे आप खोजे गए पाठ्य की जगह रखना चाहते हैं।
6. सामान्यतया इसमें छापे के छोटे और बड़े दोनों प्रकार के अक्षरों को समान माना जाता है। यदि आप इनको अलग-अलग मानकर पाठ्य खोजना चाहते हैं, तो **Match case** चेक बॉक्स को सेट कर दीजिए।
7. पेजमेकर किसी दिए हुए पाठ्य को उसकी हर आवृत्ति (Occurrence) पर ढूंढ़ता है। यदि आप चाहते हैं कि उस पाठ्य को केवल पूर्ण शब्द के रूप में खोजा जाए, तो **Whole word** चेक बॉक्स को सेट कीजिए।
8. यदि आप खोजने की क्रिया सभी पेजमेकर दस्तावेजों में करना चाहते हैं, तो **All publications** रेडियो बटन को सेट कर दीजिए, नहीं तो **Current publication** रेडियो बटन को सेट रहने दीजिए।
9. यदि आप खोजने की क्रिया उस दस्तावेज की सभी स्टोरियों में करना चाहते हैं, तो **All stories** रेडियो बटन को सेट कर दीजिए, नहीं तो **Current story** रेडियो बटन को सेट रहने दीजिए।

11. खोजना प्रारम्भ करने के लिए **Find** बटन को क्लिक कीजिए। इससे यदि आपके द्वारा खोजा गया पाठ्य पाया जाएगा, तो कर्सर उस पाठ्य को उभारते हुए वहीं रुक जाएगा।
12. खोजे गए पाठ्य के बदले में दूसरा पाठ्य रखने के लिए **Change** बटन को क्लिक कीजिए।

13. उस पाठ्य की अगली आवृत्ति को खोजने के लिए **Find next** बटन को क्लिक कीजिए। इस बटन को क्लिक करते हुए आप अपनी खोज को जारी रख सकते हैं।
15. यदि आप खोजने के साथ ही बदलना चाहते हैं, तो **Change & Find** बटन को क्लिक कीजिए। इस बटन को क्लिक करते हुए आप बदलने और फिर खोजने की क्रिया को जारी रख सकते हैं। इस बटन को क्लिक करना **Change** तथा **Find next** बटन को अलग-अलग क्लिक करने के बराबर है।
15. दिए हुए पाठ्य की सभी आवृत्तियों पर खोजने और अपने आप बदलने के लिए **Change all** बटन को क्लिक कीजिए।

इस सुविधा की सहायता से आप ऐसा पाठ्य भी खोज सकते हैं, जो किन्हीं दिए हुए गुणों की शर्तों को पूर्ण करता हो, जैसे कोई विशेष फॉण्ट या कोई आकार या दोनों। इस प्रकार खोजे गए पाठ्य के बदले में आप दूसरे गुणों वाला वही या दूसरा पाठ्य भी रख सकते हैं। दूसरे शब्दों में आप इस सुविधा द्वारा किसी पाठ्य के गुणों को भी बदल सकते हैं। खोजे जाने वाले और उसके बदले में रखे जाने वाले पाठ्य के गुणों को सेट करने के लिए आपको **Change** के डायलॉग बॉक्स में **Char attributes...** बटन को क्लिक करना चाहिए, जिसके उत्तर में आपको चित्र 15.11 की तरह 'Change Character Attributes' का डायलॉग बॉक्स दिया जाएगा। आप इस डायलॉग बॉक्स के **Find what** भाग में खोजे जाने वाले तथा **Change to** भाग में उसके बदले रखे जाने वाले पाठ्य के फॉण्ट, आकार, स्टाइल आदि कई गुणों को सेट कर सकते हैं। इस प्रकार गुण सेट करने पर केवल वही पाठ्य खोजा जाएगा, जिसके गुण उन गुणों से मिलते हों और उसके बदले में जो पाठ्य रखा जाएगा उसके गुण दिए हुए गुणों के अनुसार सेट कर दिए जाएंगे। इस डायलॉग बॉक्स से बाहर निकलने के लिए **OK** बटन को क्लिक कीजिए।

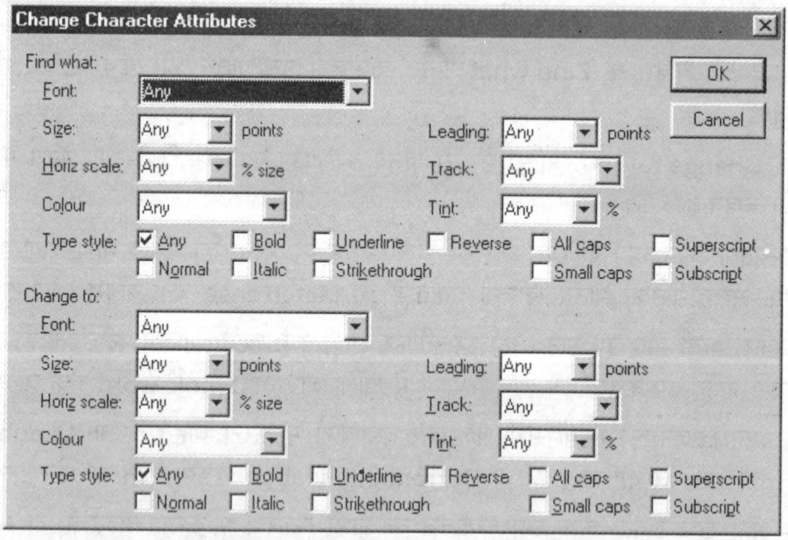

चित्र 15.11 : 'Change Character Attributes' का डायलॉग बॉक्स

इसी प्रकार आप किसी विशेष पैराग्राफ गुणों वाले पाठ्य को खोजने और बदलने के लिए दोनों के पैराग्राफ गुण भी सेट कर सकते हैं। इसके लिए आपको **Change** के डायलॉग बॉक्स में **Para attributes...** बटन को क्लिक करना चाहिए और उससे खुलने वाले डायलॉग बॉक्स में दोनों पाठ्यों के लिए उचित सेटिंग करनी चाहिए।

16

स्टाइल शीटों का उपयोग
(Using Style Sheets)

किसी दस्तावेज में किसी स्टाइल शीट का उपयोग करके आप अपने पाठ्य को स्वत: फॉर्मेट कर सकते हैं। यदि किसी कारणवश आप उस फॉर्मेट को बदलना चाहते हैं, तो आपको केवल उस पर लागू होने वाली स्टाइल शीट बदलनी होगी। उदाहरण के लिए, मान लीजिए कि आपको अपने दस्तावेज के उपशीर्षकों का फॉण्ट या आकार या स्टाइल बदलनी है। यदि आपने स्टाइल शीट का उपयोग नहीं किया है, तो आपको प्रत्येक उपशीर्षक का फॉर्मेट अलग-अलग बदलना होगा, जिसमें बहुत समय नष्ट होगा। इसके विपरीत यदि आपने उन शीर्षकों पर कोई स्टाइल शीट लागू की है, तो यह कार्य करना अधिक आसान है। इसके लिए आपको केवल उस स्टाइल शीट के गुण बदलने होंगे। ऐसा करते ही बदले हुए गुण उन सभी उपशीर्षकों या पैराग्राफों पर अपने आप लागू हो जाएंगे, जिन पर वह स्टाइल शीट लागू की गई होगी।

हमें अपनी सुविधा के लिए अपने सभी पाठ्यों पर कोई न कोई स्टाइल शीट लागू करनी चाहिए। यद्यपि आप किसी पाठ्य के लिए **[No style]** स्टाइल भी लागू कर सकते हैं। ऐसी स्थिति में उस पैराग्राफ या पाठ्य का फॉर्मेट आपको स्वयं करना होगा।

यहां यह बात उल्लेखनीय है कि कोई स्टाइल पूरे पैराग्राफ पर ही लागू होती है, उसके किसी भाग पर नहीं। इसलिए यदि किसी पैराग्राफ में एक से अधिक फॉण्टों का उपयोग किया गया है, तो कोई स्टाइल उसके ऊपर लागू करने पर पूरा पैराग्राफ एक ही फॉण्ट में बदल जाएगा। इस असुविधा से बचने के लिए आपको कोई पैराग्राफ तैयार करने से पहले ही उसके लिए स्टाइल चुन लेनी चाहिए। बाद में आप चाहें, तो उस पैराग्राफ के किसी भाग के पाठ्य का फॉर्मेट बदल भी सकते हैं।

स्टाइल परिभाषित करना
(Defining Styles)

पेजमेकर में स्टाइलें उस दस्तावेज का अभिन्न भाग होती हैं, जिसमें उन्हें बनाया गया है। इसका अर्थ है कि जब आप किसी दस्तावेज की नकल करते हैं, तो उसकी सभी स्टाइल शीटें भी अपने आप नकल हो जाती हैं।

पेजमेकर में छ: स्टाइलें पहले से परिभाषित होती हैं। जब भी आप कोई नया दस्तावेज बनाते हैं, ये स्टाइलें उपलब्ध हो जाती हैं। आप चाहें तो इन डिफॉल्ट स्टाइलों के गुणों को बदल सकते हैं और अपनी सुविधा के अनुसार नई स्टाइलें भी बना सकते हैं।

नई स्टाइल बनाने या पुरानी स्टाइल में सुधार करने की विधि निम्नप्रकार है :

1. **Type** मेन्यू में **Define Styles...** आदेश दीजिए अथवा कंट्रोल के साथ **3 (Ctrl+3)** बटन दबाइए, इससे आपकी स्क्रीन पर चित्र 16.1 की तरह 'Define Styles' का डायलॉग बॉक्स खुल जाएगा।

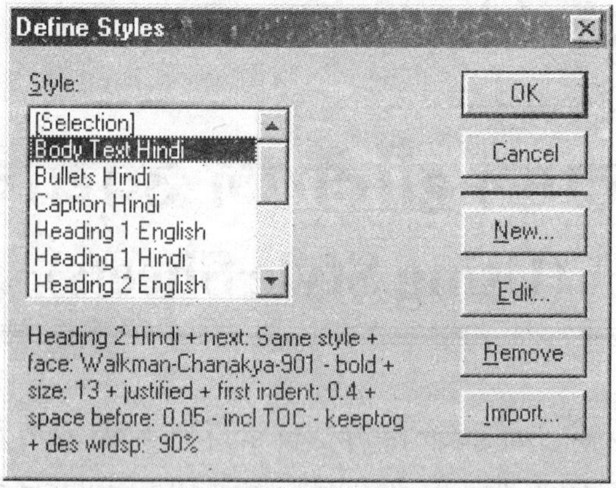

चित्र 16.1 : 'Define Styles' का डायलॉग बॉक्स

2. इस डायलॉग बॉक्स का उपयोग नई स्टाइल बनाने, पुरानी स्टाइलों को सुधारने या हटाने में कीजिए।
3. इस डायलॉग बॉक्स से बाहर निकलने के लिए **OK** बटन को क्लिक कीजिए।

नई स्टाइल बनाना
(Creating a New Style)

नई स्टाइल बनाने के लिए निम्नलिखित क्रियाएं कीजिए:

1. 'Define Styles' के डायलॉग बॉक्स (चित्र 16.1) में **New...** बटन को क्लिक कीजिए। इससे आपको चित्र 16.2 की तरह 'Style Options' का डायलॉग बॉक्स दिया जाएगा।
2. इस डायलॉग बॉक्स के **Name** टैक्स्ट बॉक्स में नई स्टाइल के लिए कोई नाम भरिए। यह नाम 17 चिह्नों तक का हो सकता है।

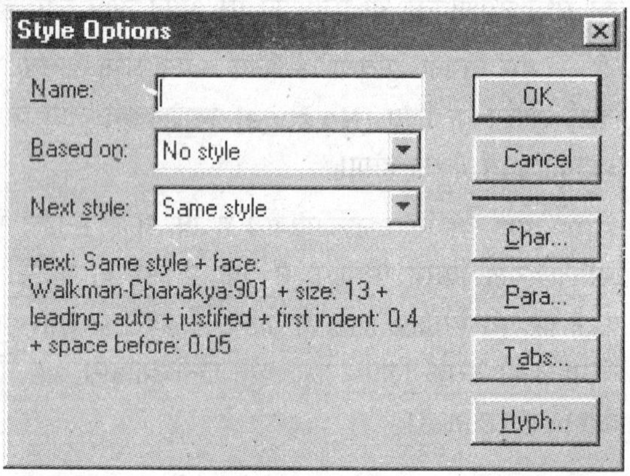

चित्र 16.2 : 'Style Options' का डायलॉग बॉक्स

3. यदि आप नई स्टाइल को किसी वर्तमान स्टाइल पर आधारित बनाना चाहते हैं, तो **Based on** ड्रॉप-डाउन लिस्ट बॉक्स को खोलकर उसमें से उस स्टाइल का नाम चुनिए, जिसके आधार पर आप नई स्टाइल बनाना चाहते हैं। ऐसी स्थिति में उस स्टाइल के सभी गुण नई स्टाइल में नकल कर दिए जाएंगे, जिन्हें आप सुधार या बदल सकते हैं। यदि आप इस लिस्ट बॉक्स मे **No style** चुनते हैं, तो इसका अर्थ है कि नई स्टाइल किसी पुरानी स्टाइल पर आधारित नहीं होगी।
4. इस स्टाइल वाले पैराग्राफ के बाद के पैराग्राफ पर लागू होने वाली स्टाइल का चुनाव करने के लिए **Next style** ड्रॉप-डाउन लिस्ट को खोलिए। इसमें आप तीन प्रकार की सेटिंग कर सकते हैं :

क. यदि आप चाहते हैं कि इस स्टाइल के तुरन्त बाद कोई विशेष स्टाइल अपने आप लागू हो जाए, तो इस लिस्ट में से उस स्टाइल का नाम चुन लीजिए। उदाहरण के लिए, आप चाह सकते हैं कि शीर्षक वाली स्टाइल के तुरन्त बाद सामान्य पाठ्य वाली स्टाइल लागू हो।

ख. यदि आप चाहते हैं कि इस स्टाइल के बाद वाले पैराग्राफ पर भी यही स्टाइल लागू रहे, तो इस ड्रॉप-डाउन लिस्ट में से **Same style** विकल्प को चुन लीजिए।

ग. यदि आप बाद वाले पैराग्राफ पर किसी विशेष स्टाइल को लागू नहीं कराना चाहते, तो इस ड्रॉप-डाउन लिस्ट में से **No style** विकल्प को चुनिए।

5. नई स्टाइल के पाठ्य का फॉर्मेट तय करने के लिए **Char...** बटन को क्लिक कीजिए, जिससे आपकी स्क्रीन पर चित्र 16.3 की तरह 'Character Specifications' का डायलॉग बॉक्स दिया जाएगा।

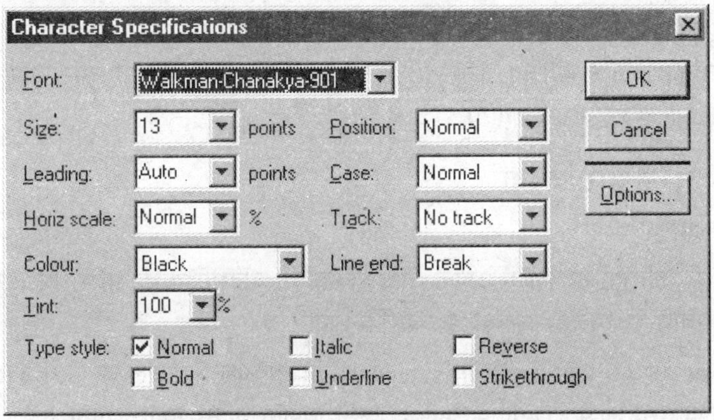

चित्र 16.3 : 'Character Specifications' का डायलॉग बॉक्स

6. इस डायलॉग बॉक्स में उस स्टाइल के पाठ्य के लिए विभिन्न बॉक्सों में उचित विकल्पों को चुनकर फॉण्ट, आकार, लैडिंग, रंग, टाइप स्टाइल आदि गुण सेट कीजिए।

7. सभी आवश्यक सेटिंग करके इस डायलॉग बॉक्स से बाहर निकलने के लिए **OK** बटन को क्लिक कीजिए, जिससे आप वापस 'Style Options' के डायलॉग बॉक्स में आ जाएंगे।

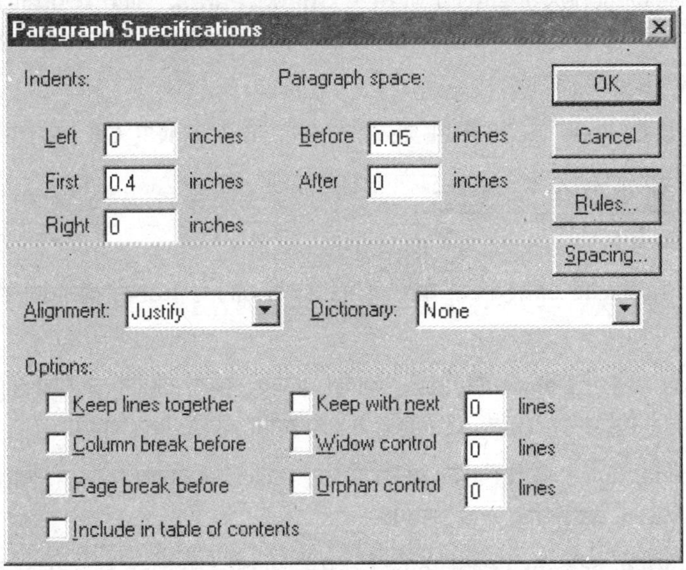

चित्र 16.4 : 'Paragraph Specifications' का डायलॉग बॉक्स

8. नई स्टाइल के पैराग्राफ का फॉर्मेट तय करने के लिए **Para...** बटन को क्लिक कीजिए, जिससे आपकी स्क्रीन पर चित्र 16.4 की तरह 'Paragraph Specifications' का डायलॉग बॉक्स दिया जाएगा।
9. इस डायलॉग बॉक्स में उस स्टाइल के पाठ्य के लिए विभिन्न बॉक्सों में उचित विकल्पों को चुनकर उस पैराग्राफ के लिए आगे-पीछे तथा ऊपर-नीचे छोड़े जाने वाले स्थान, एलाइनमेंट आदि गुण सेट कीजिए।
11. सभी आवश्यक सेटिंग करके इस डायलॉग बॉक्स से बाहर निकलने के लिए **OK** बटन को क्लिक कीजिए, जिससे आप वापस 'Style Options' के डायलॉग बॉक्स में आ जाएंगे।
12. इस प्रकार नई स्टाइल के लिए सभी आवश्यक सेटिंग करके इस स्टाइल को सुरक्षित करने के लिए **OK** बटन को क्लिक कीजिए, जिससे वह स्टाइल सुरक्षित हो जाएगी और आप वापस 'Define Styles' के डायलॉग बॉक्स में आ जाएंगे।

किसी स्टाइल में सुधार करना
(Modifying a Style)

आप किसी पहले से बनी हुई स्टाइल में अपनी आवश्यकता के अनुसार कभी भी सुधार कर सकते हैं। इसकी विधि नई स्टाइल बनाने की विधि से मिलती-जुलती है, जो निम्नप्रकार है :

1. **Type** मेन्यू में **Define Styles...** आदेश दीजिए अथवा कंट्रोल के साथ **3 (Ctrl+3)** बटन दबाइए, इससे आपकी स्क्रीन पर 'Define Styles' का डायलॉग बॉक्स खुल जाएगा।
2. 'Define Styles' के डायलॉग बॉक्स में उस स्टाइल का चुनाव कीजिए, जिसे आप सुधारना चाहते हैं। इससे **Edit...** बटन सक्रिय हो जाएगा।
3. **Edit...** बटन को क्लिक कीजिए। इससे आपको 'Style Options' का डायलॉग बॉक्स दिया जाएगा। इस डायलॉग बॉक्स में सभी बटन सक्रिय होंगे।
4. 'Style Options' के डायलॉग बॉक्स में **Char..., Para...** आदि बटनों को क्लिक करते हुए उनसे खुलने वाले डायलॉग बॉक्सों में सेटिंग में उचित परिवर्तन कीजिए और वापस 'Style Options' के डायलॉग बॉक्स में आ जाइए।
5. 'Style Options' के डायलॉग बॉक्स को बन्द करने के लिए **OK** बटन को क्लिक कीजिए।

किसी स्टाइल को हटाना
(Removing a Style)

यदि आपको किसी स्टाइल की आवश्यकता नहीं रह गई है, तो आप उसे अपने दस्तावेज से हटा सकते हैं। इसकी विधि निम्नप्रकार है :

1. **Type** मेन्यू में **Define Styles...** आदेश दीजिए अथवा कंट्रोल के साथ **3 (Ctrl+3)** बटन दबाइए, इससे आपकी स्क्रीन पर 'Define Styles' का डायलॉग बॉक्स खुल जाएगा।
2. 'Define Styles' के डायलॉग बॉक्स में उस स्टाइल का चुनाव कीजिए, जिसे आप हटाना चाहते हैं। इससे **Remove** बटन सक्रिय हो जाएगा।
3. **Remove** बटन को क्लिक कीजिए। इससे आपके द्वारा चुनी हुई स्टाइल को Style ड्राप-डाउन लिस्ट बॉक्स से हटा दिया जाएगा।

4. 'Style Options' के डायलॉग बॉक्स को बन्द करने के लिए **OK** बटन को क्लिक कीजिए।

यहां यह बात उल्लेखनीय है कि किसी स्टाइल को समाप्त करने से पहले पेजमेकर आपको कोई चेतावनी नहीं देता और इसकी पुष्टि कराए बिना हटा देता है। किसी स्टाइल को हटाने पर जिस पाठ्य पर वह स्टाइल लागू थी उस पर **No Style** लागू हो जाती है, हालांकि उस पाठ्य का जो भी फॉर्मेट है, वह बना रहता है।

पाठ्य पर स्टाइल लागू करना (Applying Styles to Text)

किसी पाठ्य पर कोई उपलब्ध या बनाई गई स्टाइल को आप दो प्रकार से लागू कर सकते हैं : स्टाइल पैलेट द्वारा अथवा स्टाइल सब-मेन्यू द्वारा। स्टाइल पैलेट का उपयोग करने की विधि निम्नप्रकार है :

1. यदि स्टाइल पैलेट पहले से खुली न हो, तो **Window** मेन्यू में **Show Styles** आदेश देकर अथवा कंट्रोल के साथ **B (Ctrl+B)** बटन दबाकर उसे खोल लीजिए। इससे वह चित्र 16.5 की तरह खुल जाएगी।
2. टैक्स्ट टूल को चुनकर कर्सर या धसान बिन्दु को पाठ्य में उस पैराग्राफ में कहीं भी लगाइए, जिसको आप किसी स्टाइल के अनुसार फॉर्मेट करना चाहते हैं।
3. स्टाइल पैलेट में उस स्टाइल को क्लिक कीजिए, जिसको आप धसान बिन्दु वाले पैराग्राफ पर लागू करना चाहते हैं। इससे उस पैराग्राफ का पुराना फॉर्मेट समाप्त हो जाएगा और क्लिक की गई स्टाइल के अनुसार फिर से फॉर्मेट कर दिया जाएगा।

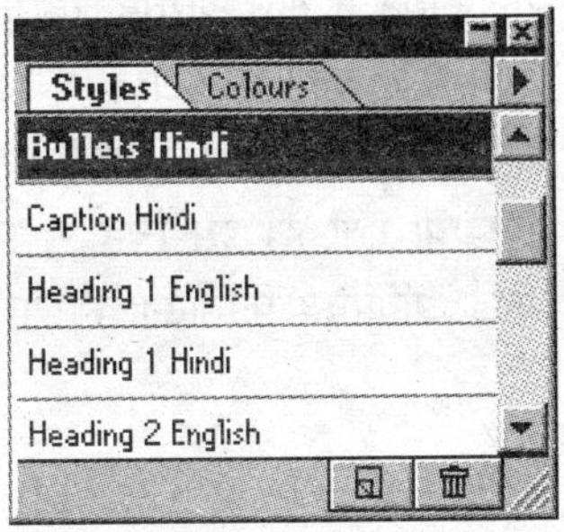

चित्र 16.5 : स्टाइल पैलेट

स्टाइल सब-मेन्यू का उपयोग करने की विधि निम्नप्रकार है :

1. टैक्स्ट टूल को चुनकर कर्सर या धसान बिन्दु को पाठ्य में उस पैराग्राफ में किसी भी स्थान पर लगाइए, जिसको आप किसी स्टाइल के अनुसार फॉर्मेट करना चाहते हैं।
2. **Type** मेन्यू में **Style** विकल्प पर माउस पॉइंटर ले जाइए। इससे इसका सब-मेन्यू चित्र 16.6 की तरह खुल जाएगा।
3. स्टाइल पैलेट में उस स्टाइल को क्लिक कीजिए, जिसको आप धसान बिन्दु वाले पैराग्राफ पर लागू करना चाहते हैं। इससे उस पैराग्राफ का पुराना फॉर्मेट समाप्त हो जाएगा और क्लिक की गई स्टाइल के अनुसार फिर से फॉर्मेट कर दिया जाएगा।

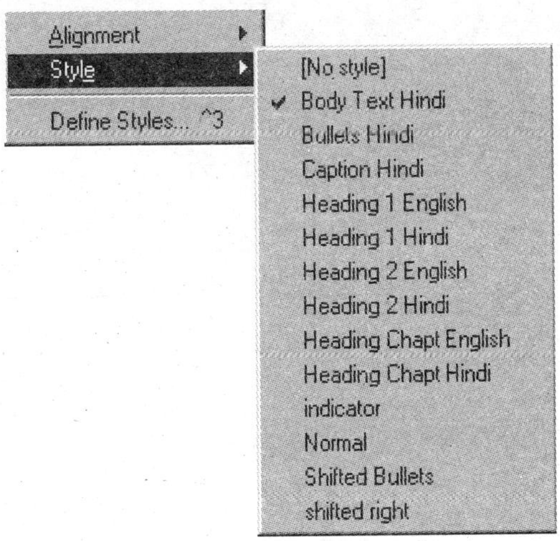

चित्र 16.6 : स्टाइल सब-मेन्यू

यदि आपने किसी पैराग्राफ पर पहले ही कोई स्टाइल लागू कर रखी है, तो भी आप उसकी स्टाइल बदल सकते हैं और कभी भी उस पर दूसरी स्टाइल लागू कर सकते हैं। इसकी विधियां भी वही हैं, जो ऊपर बताई गई हैं। किसी पाठ्य पर दूसरी स्टाइल लागू करने पर उस पर पहले की सभी फॉर्मेटिंग समाप्त हो जाती है।

यदि आप कोई नया पाठ्य टाइप करना चाहते हैं, तो उसके लिए पहले ही ऊपर बताई गई विधियों से कोई स्टाइल चुन सकते हैं। ऐसा करने पर नया पाठ्य उसी स्टाइल के अनुसार होगा। यदि आप टैक्स्ट टूल का चुनाव करने से पहले कोई स्टाइल चुन लेते हैं, तो नए पाठ्यों के लिए वह स्टाइल डिफॉल्ट बन जाती है। किसी पाठ्य पर जो स्टाइल लागू होती है, उस पर कर्सर लगाने से स्टाइल पैलेट में वही स्टाइल उभरी हुई दिखाई देती है।

किसी पाठ्य पर कोई स्टाइल लागू कर देने का अर्थ यह नहीं है कि आप उस पाठ्य का फॉर्मेट नहीं बदल सकते। वास्तव में आप किसी भी पाठ्य का फॉर्मेट अपनी इच्छानुसार कभी भी बदल सकते हैं, बिना इसकी चिन्ता किए कि उस पर कौन सी स्टाइल लागू है। जब आप किसी पैराग्राफ के पाठ्य के किसी भाग के फॉर्मेट में कोई परिवर्तन करते हैं, तो कर्सर को पाठ्य के उस भाग में ले जाने पर स्टाइल पैलेट में उस स्टाइल के नाम के साथ एक धन चिह्न (+) दिखाई पड़ता है, जैसा कि चित्र 16.7 में दिखाया गया है। इस चिह्न से पता चलता है कि उस पाठ्य पर कोई अतिरिक्त फॉर्मेटिंग की गई है।

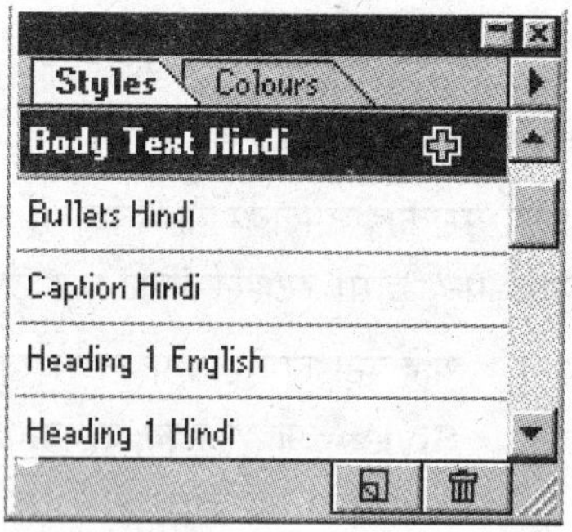

चित्र 16.7 : स्टाइल के नाम के साथ धन चिह्न

17

दस्तावेज को छापना (Printing a Document)

पेजमेकर में किसी दस्तावेज का तैयार करने का मुख्य उद्देश्य उसे छापने योग्य रूप में बनाना होता है। यद्यपि किसी दस्तावेज की सैकड़ों या हजारों प्रतियां तो किसी विशेष प्रिंटिंग साधन जैसे ऑफसेट मशीन या स्क्रीन प्रिंटिंग द्वारा की जा सकती है, लेकिन यदि आपके कम्प्यूटर के साथ कोई प्रिंटर जुड़ा हुआ है, तो आप अपने दस्तावेज की एक या अधिक प्रतियां उस पर निकाल सकते हैं। यदि आपके पास लेजर प्रिंटर है, तो उस दस्तावेज की मास्टर प्रति भी उस पर छापी जा सकती है। वैसे दस्तावेज के प्रूफ आदि की छपाई साधारण डॉट मैट्रिक्स प्रिंटर पर भी की जा सकती है। दोनों प्रकार की छपाई करने की विधि लगभग समान है, जो नीचे बताई गई है। इसके लिए पहले अपने प्रिंटर को अपने कम्प्यूटर में स्थापित कर लेना चाहिए।

किसी दस्तावेज को छापने की विधि निम्नप्रकार है :

1. सबसे पहले पेजमेकर में उस दस्तावेज को खोल लीजिए, जिसे आप छापना चाहते हैं।
2. अपने प्रिंटर को ऑन कर दीजिए और उस पर उचित प्रकार का कागज लगाकर उसे ऑन-लाइन कर लीजिए।
3. **File** मेन्यू में **Print...** आदेश दीजिए अथवा कंट्रोल के साथ **P (Ctrl+P)** बटन दबाइए, जिससे आपकी स्क्रीन पर चित्र 17.1 की तरह 'Print Document' का डायलॉग बॉक्स खुल जाएगा।

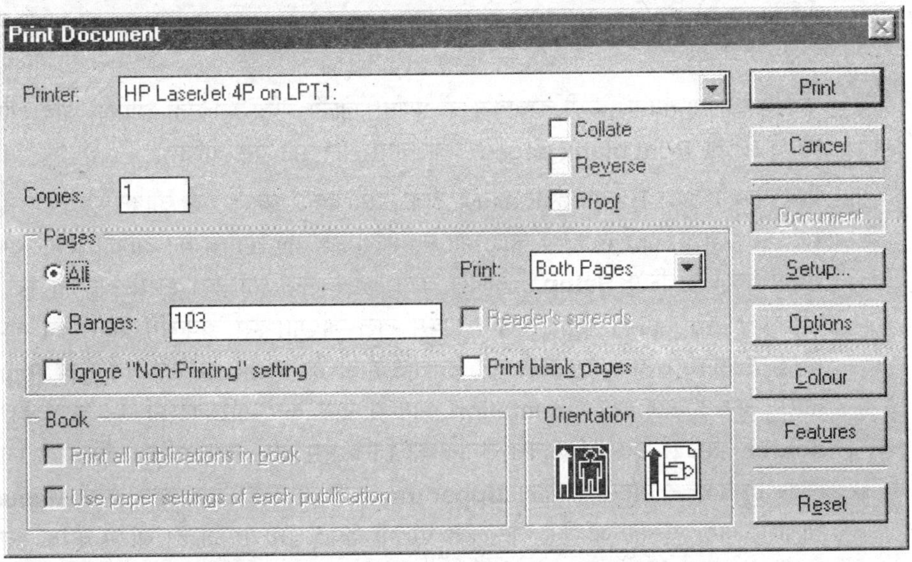

चित्र 17.1 : 'Print Document' का डायलॉग बॉक्स

4. इस डायलॉग बॉक्स में **Printer** लिस्ट बॉक्स में से अपने प्रिंटर का नाम चुनिए।
5. **Copies** टैक्स्ट बॉक्स में प्रतियों की संख्या टाइप कीजिए।
6. यदि आप दस्तावेज के सभी पृष्ठों को छापना चाहते हैं, तो **Pages** भाग में **All** रेडियो बटन को सेट कीजिए और यदि कुछ चुने हुए पृष्ठों को छापना चाहते हैं, तो **Ranges** रेडियो बटन को सेट करके उसके सामने के टैक्स्ट बॉक्स में उन पृष्ठों की रेंज टाइप कर दीजिए, जैसे 120-145 आदि।
7. छपाई प्रारम्भ करने के लिए **Print** बटन को क्लिक कीजिए। इससे पहले पेजमेकर बताए गए पृष्ठों को पढ़ता हुआ दिखाई देगा और शीघ्र ही छपाई प्रारम्भ हो जाएगी।

'Print Document' के डायलॉग बॉक्स में कई चेक बॉक्स और आदेश बॉक्स भी हैं, जिनका उपयोग और प्रभाव निम्नप्रकार है :

1. यदि आप एक से अधिक प्रतियां छाप रहे हैं, तो सामान्यतया पहले एक पेज की उतनी प्रतियां एक साथ छापी जाती हैं, तब दूसरे पेज की प्रतियां छापी जाती हैं। बाद में आपको दस्तावेज की प्रतियां बनाने के लिए उन्हें अलग-अलग करना पड़ता है और हाथ से व्यवस्थित करके दस्तावेज पूरा करना पड़ता है। यदि आप चाहते हैं कि दस्तावेज की एक पूरी प्रति पहले छपे, तब दूसरी प्रति छापी जाए, तो **Collate** चेक बॉक्स को सेट कर दीजिए। लेकिन इस तरह की छपाई में अधिक समय लग जाएगा, क्योंकि कम्प्यूटर को प्रत्येक पेज बार-बार पढ़ना होगा।
2. सामान्यतया सभी पृष्ठों को उनके सही क्रम में ही छापा जाता है। यदि आपका प्रिंटर ऐसा है कि उसमें छापे गए पृष्ठ उलटे क्रम में इकट्ठे हो जाते हैं, तो दस्तावेज को उलटे क्रम में छापने के लिए **Reverse** चेक बॉक्स को सेट कर दीजिए। इससे पृष्ठ अपने सही क्रम में एकत्र होंगे।
3. सामान्यतया दस्तावेज के सभी पृष्ठों पर लगी हुई प्रत्येक सामग्री को छापा जाता है, जिनमें चित्र आदि भी शामिल होते हैं। चित्रों को छापने में प्रिंटर का अधिक समय लग जाता है। यदि आप अपने दस्तावेज का केवल प्रूफ निकालना चाहते हैं, तो चित्रों को छपने से रोकने के लिए **Proof** चेक बॉक्स को सेट कर दीजिए। इससे चित्रों के स्थान पर केवल एक चौकोर फ्रेम छापा जाएगा। इसका पाठ्य की छपाई पर कोई प्रभाव नहीं पड़ता।
4. पेजमेकर सामान्यतया किसी दस्तावेज के पूर्णतः खाली पृष्ठों को नहीं छापता। यदि आप उन्हें भी छापना चाहते हैं, तो **Print blank pages** चेक बॉक्स को सेट कर दीजिए।
5. यदि आपके प्रिंटर में लगा हुआ कागज ठीक उसी प्रकार का है, जो आपने दस्तावेज में पेज सेटअप द्वारा सेट कर रखा है, तो चिन्ता की कोई बात नहीं। लेकिन यदि कागज का आकार प्रकार अलग है, तो उसकी सेटिंग करने के लिए **Setup...** आदेश बटन को क्लिक कीजिए। इससे आपकी स्क्रीन पर चित्र 17.2 की तरह 'Properties' का डायलॉग बॉक्स खुल जाएगा। इस डायलॉग बॉक्स का रूप आपके चुने हुए प्रिंटर के अनुसार होता है। इसमें कई टैबशीटें होती हैं। **Paper** टैबशीट में आप **Paper size** भाग में कागज का आकार तथा **Orientation** भाग में पेपर का ओरियण्टेशन सेट करते हैं। साथ ही **Paper source** भाग में प्रिंटर में कागज लगाने की विधि हम प्रायः डॉट मैट्रिक्स प्रिंटर के लिए **Tractor** तथा लेजर या इंकजेट प्रिंटरों के लिए **Upper tray** सेट करते हैं। वैसे आप इसमें **Manual Feed** चुनकर साधारण कटे हुए कागजों जैसे लैटर हैड पर भी छपाई करा सकते हैं। सेटिंग करके इससे बाहर निकलने के लिए **OK** बटन को क्लिक कीजिए, जिससे आप वापस पिछले डायलॉग बॉक्स में आ जाएंगे।

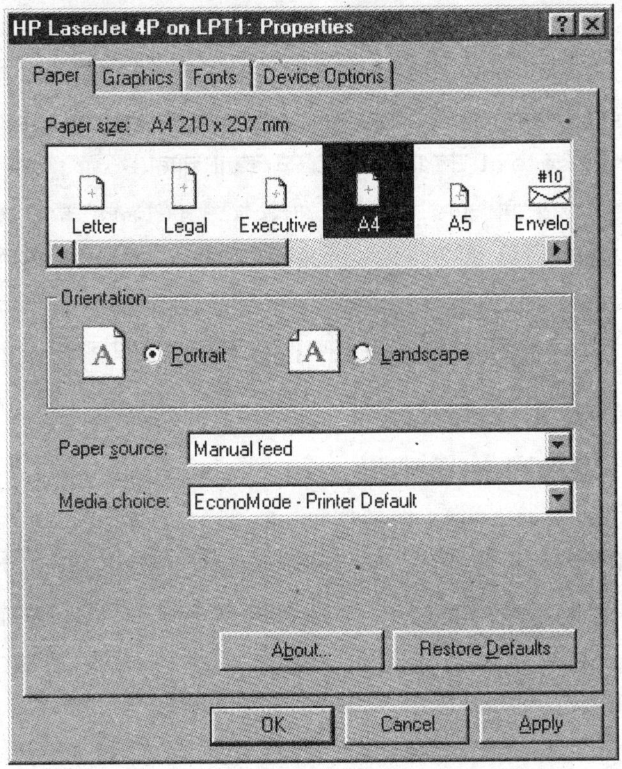

चित्र 17.2 : 'Properties' का डायलॉग बॉक्स

6. सामान्यतया दस्तावेज का प्रत्येक पृष्ठ उसके वास्तविक आकार में छापा जाता है। यदि आप प्रत्येक पृष्ठ को छोटा या बड़ा करके छपवाना चाहते हैं, तो **Options** आदेश बटन को क्लिक कीजिए। इससे 'Print Document' डायलॉग बॉक्स का रूप बदल जाएगा और चित्र 17.3 की तरह 'Print Options' डायलॉग

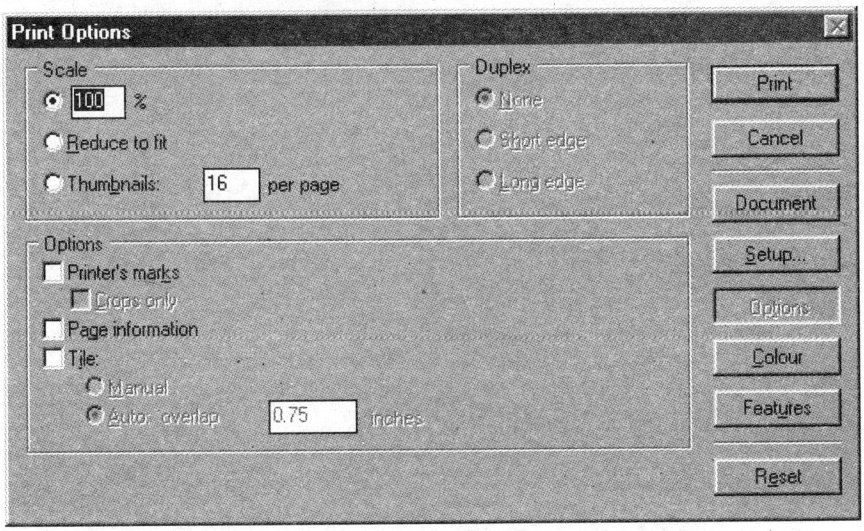

चित्र 17.3 : 'Print Options' का डायलॉग बॉक्स

बॉक्स हो जाएगा। इस डायलॉग बॉक्स के **Scale** भाग में पहले रेडियो बटन को सेट करके और प्रतिशत में आकार देकर आप दस्तावेज को उसके वास्तविक आकार से छोटा या बड़ा करके छपवा सकते हैं।

7. यदि आप दस्तावेज को अपने कागज के अनुसार सही आकार में अपने आप बदलकर छपवाना चाहते हैं, तो **Produce to fit** रेडियो बटन को सेट करना चाहिए।
8. आप इसी डायलॉग बॉक्स में **Print** आदेश बटन को क्लिक करके छपाई प्रारम्भ कर सकते हैं अथवा **Document** बटन को क्लिक करके वापस चित्र 17.1 के डायलॉग बॉक्स में जा सकते हैं।

इस डायलॉग बॉक्स में रंग आदि की छपाई के लिए भी विभिन्न प्रकार के विकल्प सेट किए जाते हैं, जिनके बारे में विस्तार से जानने के लिए पेजमेकर की हेल्प सुविधा की सहायता लेनी चाहिए।

वस्तुओं को छपने से रोकना (Setting Objects Non-Printing)

कई बार हम चाहते हैं कि किसी दस्तावेज में लगाई गई कोई वस्तु वहां बनी रहे, लेकिन वह छपाई में न आए। पेजमेकर में ऐसा उस वस्तु को 'छापने के लिए नहीं' सेट करके किया जा सकता है। इसकी विधि निम्नप्रकार है:

1. उस वस्तु को चुन लीजिए, जिसे आप 'छापने के लिए नहीं' सेट करना चाहते हैं।
2. **Element** मेन्यू में **Non-Printing** विकल्प को क्लिक कीजिए। इससे इस विकल्प के सामने एक सही का चिह्न लग जाएगा और वह वस्तु नहीं छापी जाएगी।

यदि आप किसी छापने के लिए नहीं सेट की गई वस्तु को छापना चाहते हैं, तो फिर उस वस्तु को चुनकर **Element** मेन्यू में **Non-Printing** विकल्प को क्लिक कीजिए। इससे इस विकल्प के सामने से सही का चिह्न हट जाएगा और वह वस्तु छापी जाएगी।

यदि आप 'छापने के लिए नहीं' सेट की गई वस्तुओं को छिपाना चाहते हैं, तो **View** मेन्यू में **Display Non-Printing Items** विकल्प को क्लिक करके उसके सामने से सही का चिह्न हटा दीजिए। यदि इस विकल्प के सामने सही का चिह्न लगा रहता है, तो 'छापने के लिए नहीं' सेट की गई वस्तुएं दिखाई पड़ती रहती हैं।

यहां यह उल्लेखनीय है कि किसी वस्तु को छापने या न छापने के लिए सेट करने का दूसरी वस्तुओं पर कोई प्रभाव नहीं पड़ता।

18

फ्रेमों पर कार्य
(Working with Frames)

फ्रेम टूलों के बारे में आप अध्याय 6 'परिचय' में संक्षेप में पढ़ चुके हैं। इस अध्याय में आप इनके उपयोग के बारे में विस्तारपूर्वक पढ़ेंगे। कोई फ्रेम आपके पीसी की स्क्रीन का वह क्षेत्र है, जो पाठ्य या चित्रों को रखने के लिए एक ढांचे या घेरे का कार्य करता है। फ्रेम की सीमा रेखा हो भी सकती है और नहीं भी।

पेजमेकर में आप तीन आकारों के फ्रेम बना सकते हैं :

1. आयताकार (Rectangular)
2. दीर्घवृत्त (Ellipse) या ओवल
3. बहुभुजाकार (Polygonal)

इन सभी आकारों के फ्रेमों में आप अपनी आवश्यकता और रुचि के अनुसार मनचाही सीमा रेखा (Border) खींच सकते हैं या उन्हें बिना सीमा रेखा के बना सकते हैं। किसी फ्रेम में लगाई गई सामग्री को उस फ्रेम के साथ इस प्रकार जोड़ा जाता है कि यदि आप फ्रेम में कोई परिवर्तन करते हैं, तो उसकी सामग्री में भी स्वत: परिवर्तन कर दिया जाता है।

टूल बॉक्स में उक्त तीनों आकारों के फ्रेम बनाने के लिए तीन टूल आइकॉन होते हैं, जो उनके बीच लगे हुए 'X' चिह्न से सरलता से अलग पहचाने जाते हैं, जैसा कि चित्र 18.1 में दिखाया गया है। जब आप फ्रेम बनाते हैं, तो शुरू में यह 'X' उनमें भी न छापी जाने वाली नीली रेखाओं के रूप में दिखाई पड़ता है, जिससे आप समझ सकते हैं कि यह साधारण आकृति न होकर फ्रेम है। इन टूलों का उपयोग करके टूल बनाने की विधियां आगे बताई गई हैं।

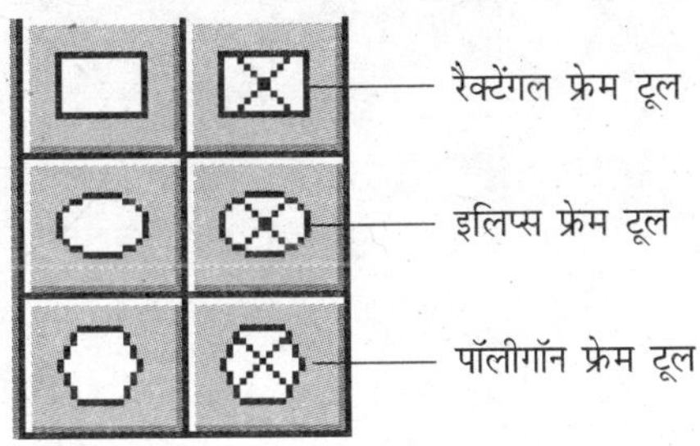

चित्र 18.1 : टूलबॉक्स के फ्रेम टूल

आयताकार या वर्गाकार फ्रेम बनाना
(Creating Rectangular or Square Frames)

इसके लिए निम्नलिखित क्रियाएं कीजिए :

1. टूल बॉक्स में रैक्टेंगल फ्रेम टूल को क्लिक कीजिए।
2. माउस पॉइंटर को वर्क एरिया में उस स्थान पर ले जाइए, जहां आप फ्रेम बनाना चाहते हैं।
3. पहले बिन्दु पर माउस बटन को दबाकर पकड़ लीजिए और उसे दबाए रखकर पॉइंटर को किसी भी दिशा में खींचिए। इससे आयत बनता हुआ दिखाई देगा। यदि आप वर्गाकार फ्रेम बनाना चाहते हैं, तो यह क्रिया करते हुए शिफ्ट कुंजी को दबाए रखिए।
4. पर्याप्त आकार हो जाने पर माउस बटन को छोड़ दीजिए। इससे उसी आकार का फ्रेम बन जाएगा, जैसा कि चित्र 18.2 में दिखाया गया है।

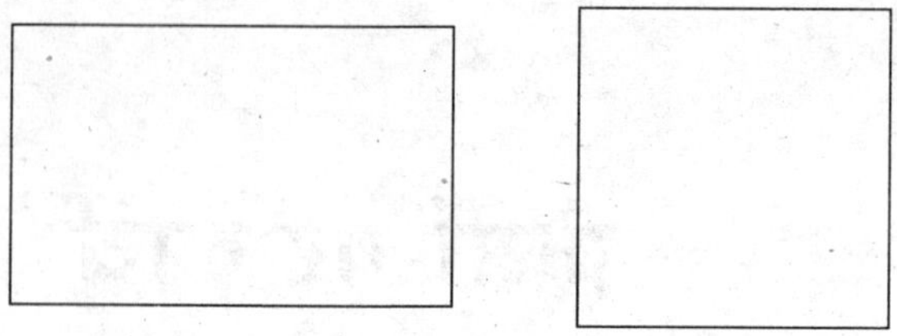

चित्र 18.2 : आयताकार और वर्गाकार फ्रेम

दीर्घवृत्ताकार या वृत्ताकार फ्रेम बनाना (Creating Elliptical or Circular Frames)

इसके लिए निम्नलिखित क्रियाएं कीजिए :

1. टूल बॉक्स में इलिप्स फ्रेम टूल को क्लिक कीजिए।
2. माउस पॉइंटर को वर्क एरिया में उस स्थान पर ले जाइए, जहां आप फ्रेम बनाना चाहते हैं।
3. पहले बिन्दु पर माउस बटन को दबाकर पकड़ लीजिए और उसे दबाए रखकर पॉइंटर को किसी भी दिशा में खींचिए। इससे दीर्घवृत्त बनता हुआ दिखाई देगा। यदि आप वृत्ताकार फ्रेम बनाना चाहते हैं, तो यह क्रिया करते हुए शिफ्ट कुंजी को दबाए रखिए।
4. पर्याप्त आकार हो जाने पर माउस बटन को छोड़ दीजिए। इससे उसी आकार का फ्रेम बन जाएगा, जैसा कि चित्र 18.3 में दिखाया गया है।

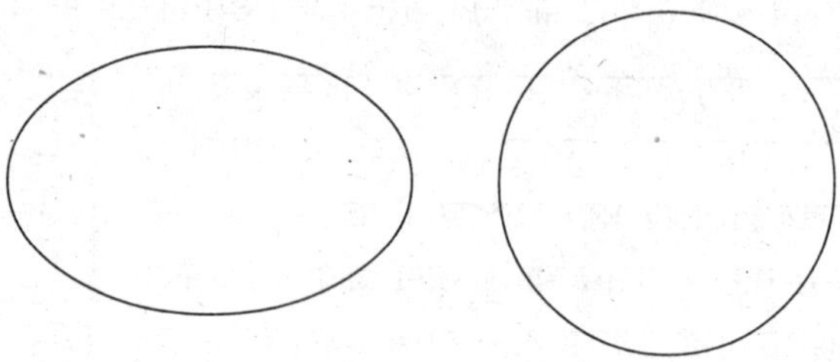

चित्र 18.3 : दीर्घवृत्ताकार और वृत्ताकार फ्रेम

बहुभुजाकार फ्रेम बनाना (Creating Polygonal Frames)

पेजमेकर में आप दो प्रकार से बहुभुजाकार फ्रेम बना सकते हैं। पहली विधि से आप नियमित बहुभुजाकार (Regular Polyginal) फ्रेम बना सकते हैं और दूसरी से अनियमित बहुभुजाकार। ये दोनों विधिया नीचे बताई गई हैं :

पहली विधि (Method-1)

1. टूल बॉक्स में पॉलीगॉन फ्रेम टूल को क्लिक कीजिए।
2. माउस पॉइंटर को वर्क एरिया में उस स्थान पर ले जाइए, जहां आप फ्रेम बनाना चाहते हैं।
3. पहले बिन्दु पर माउस बटन को दबाकर पकड़ लीजिए और उसे दबाए रखकर पॉइंटर को किसी भी दिशा

में खींचिए। इससे एक षट्भुज बनता हुआ दिखाई देगा। यदि आप बहुभुज की सभी भुजाओं को बराबर बनाना चाहते हैं, तो यह क्रिया करते हुए शिफ्ट कुंजी को दबाए रखिए।

4. पर्याप्त आकार हो जाने पर माउस बटन को छोड़ दीजिए। इससे उसी आकार का फ्रेम बन जाएगा, जैसा कि चित्र 18.4 में दिखाया गया है। आप बाद में इस फ्रेम की भुजाओं की संख्या को घटा या बढ़ा सकते हैं, जिसकी विधि आगे बताई जाएगी।

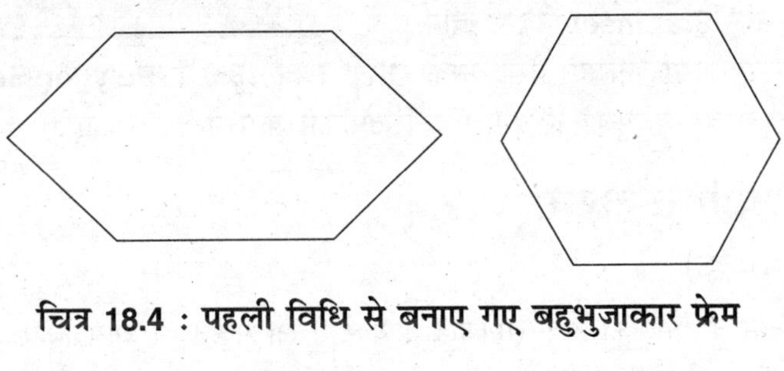

चित्र 18.4 : पहली विधि से बनाए गए बहुभुजाकार फ्रेम

दूसरी विधि (Method-2)

1. टूल बॉक्स में पॉलीगॉन फ्रेम टूल को क्लिक कीजिए।
2. माउस पॉइंटर को वर्क एरिया में उस स्थान पर क्लिक कीजिए, जहां आप फ्रेम का एक कोना बनाना चाहते हैं।
3. अब बारी-बारी से उसके अन्य कोने बनाने के लिए क्लिक कीजिए। हर बार क्लिक करने पर फ्रेम की एक भुजा बन जाती है।
4. अन्तिम भुजा बनाने के लिए माउस पॉइंटर को पहले कोने के पास लाकर क्लिक कीजिए। इससे बहुभुजाकार फ्रेम पूर्ण हो जाएगा, जैसा कि चित्र 18.5 में दिखाया गया है।

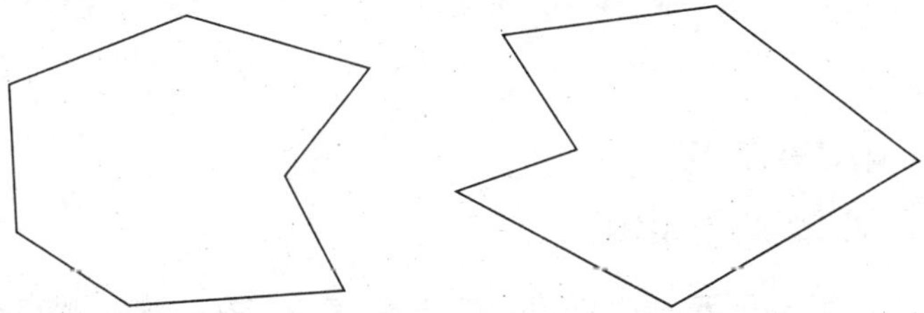

चित्र 18.5 : दूसरी विधि से बनाए गए बहुभुजाकार फ्रेम

नियमित बहुभुजाकार फ्रेम की भुजाओं की संख्या बदलना (Changing Number of Sides in a Regular Polygonal Frame)

यदि आप ऊपर बताई गई पहली विधि से बनाए गए किसी नियमित बहुभुजाकार फ्रेम की भुजाओं की संख्या बदलना चाहते हैं, तो पॉइंटर टूल द्वारा उस फ्रेम को चुनकर **Element** मेन्यू में **Polygon Settings...** आदेश दीजिए। इससे आपको चित्र 18.6 की तरह Polygon Settings का डायलॉग बॉक्स दिया जाएगा। इस डायलॉग बॉक्स के **Number**

of sodes टैक्स्ट बॉक्स में भुजाओं की नई संख्या भरकर **OK** बटन को क्लिक कीजिए, जिससे उस फ्रेम में उतनी ही भुजाएं बन जाएंगी।

यदि आप नियमित बहुभुजाकार फ्रेम को एक सितारे का रूप देना चाहते हैं, तो **OK** बटन को क्लिक करने से पहले इसके **Star inset** टैक्स्ट बॉक्स में प्रतिशत में स्टार प्रभाव टाइप कीजिए। ऐसा करके **OK** बटन क्लिक करते ही वह बहुभुजाकार फ्रेम एक सिताराकार फ्रेम में बदल जाएगा।

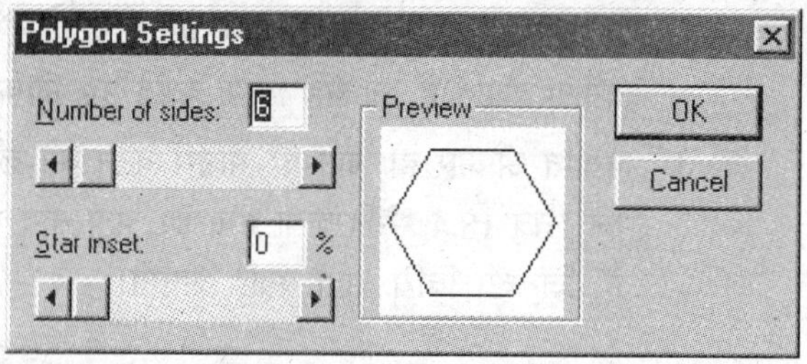

चित्र 18.6 : 'Polygon Settings' का डायलॉग बॉक्स

फ्रेमों को सम्पादित करना
(Editing Frames)

आप किसी भी प्रकार के फ्रेम को अपने मनचाहे आकार में ला सकते हैं। आयताकार और दीर्घवृत्ताकार फ्रेमों को छोटा या बड़ा करने पर वे अपने मौलिक गुणों को बनाए रखते हैं। केवल बहुभुजाकार फ्रेम ऐसे होते हैं, जिनकी भुजाओं को आप मनचाहे रूप में बदल सकते हैं। किसी बहुभुजाकार फ्रेम को सम्पादित करने के लिए उसे पॉइंटर टूल से डबल क्लिक कीजिए। इससे वह आकार बदलने के मोड (Reshaping mode) में आ जाएगा और उसके सभी कोनों पर एक-एक नोड बन जाएगा, जैसा कि चित्र 18.7 में दिखाया गया है।

अब आप इसके किसी भी नोड को माउस पॉइंटर से पकड़कर खींचते हुए मनचाहे स्थान पर सेट कर सकते हैं। बहुभुजाकार फ्रेम को आवश्यक आकार देने के बाद इस प्रक्रिया को समाप्त करने के लिए बाहर कहीं भी क्लिक कीजिए। इस विधि द्वारा आप नियमित बहुभुजाकार फ्रेमों को भी सम्पादित कर सकते हैं।

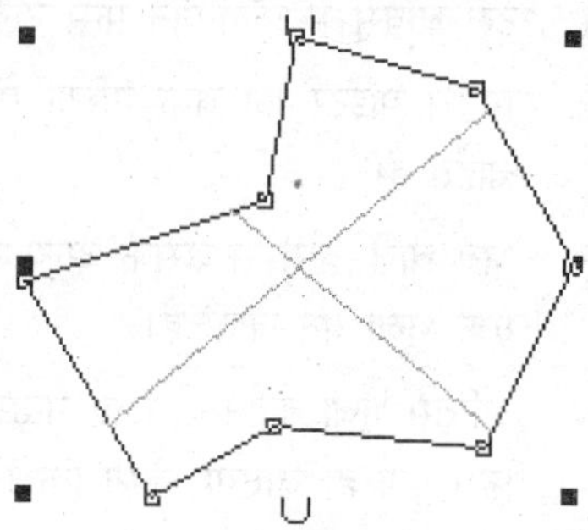

चित्र 18.7 : बहुभुजाकार फ्रेम को सम्पांदित करना

फ्रेम के साथ पाठ्य जोड़ना
(Attaching Text to a Frame)

आप किसी भी आकार के फ्रेम के साथ पाठ्य जोड़ सकते हैं या उसमें पाठ्य स्थापित कर सकते हैं। किसी फ्रेम में लगाए गए पाठ्य को आप बाद में भी सम्पादित कर सकते हैं या उसका आकार घटा या बढ़ा सकते हैं, लेकिन वह फ्रेम की सीमा से बाहर नहीं निकलना चाहिए। किसी फ्रेम में पाठ्य दो प्रकार से लगाया जा सकता है। ये दोनों विधियां नीचे बताई गई हैं :

पहली विधि (Method-1)

1. सबसे पहले ऊपर बताई जा चुकी विधियों में से किसी से एक फ्रेम बनाइए।
2. टैक्स्ट टूल को चुनकर पॉइंटर द्वारा फ्रेम के भीतर क्लिक कीजिए। इससे फ्रेम में कर्सर आ जाएगा।

3. मनचाहा पाठ्य टाइप कीजिए या कहीं से कॉपी किया हुआ पाठ्य पेस्ट कीजिए, जैसा कि चित्र 18.8 में दिखाया गया है।

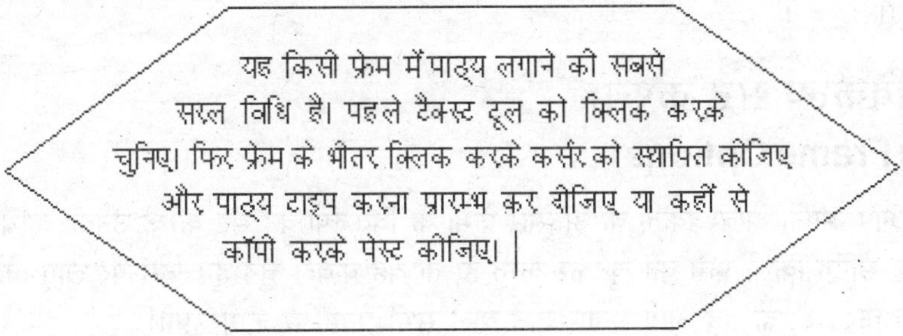

चित्र 18.8 : किसी फ्रेम में पाठ्य लगाने की पहली विधि

दूसरी विधि (Method-2)

1. सबसे पहले ऊपर बताई जा चुकी विधियों में से किसी से एक फ्रेम बनाइए।
2. अब अध्याय 9 'टैक्स्ट टूल' में बताई गई विधियों से कोई टैक्स्ट ब्लॉक तैयार कीजिए, यदि वह पहले से ही तैयार न हो।
3. अब पॉइंटर टूल द्वारा फ्रेम और टैक्स्ट ब्लॉक को एक साथ चुन लीजिए। (इसकी विधि यह है कि पहले एक वस्तु को क्लिक करके चुनिए, फिर शिफ्ट दबाकर दूसरी वस्तु को भी क्लिक कीजिए।)
4. अब **Element** मेन्यू में **Frame** के झरना मेन्यू (चित्र 18.9) में **Attach Content** विकल्प को क्लिक कीजिए अथवा कंट्रोल के साथ **F (Ctrl+F)** बटन दबाइए। इससे फ्रेम और टैक्स्ट ब्लॉक को आपस में जोड़ दिया जाएगा।

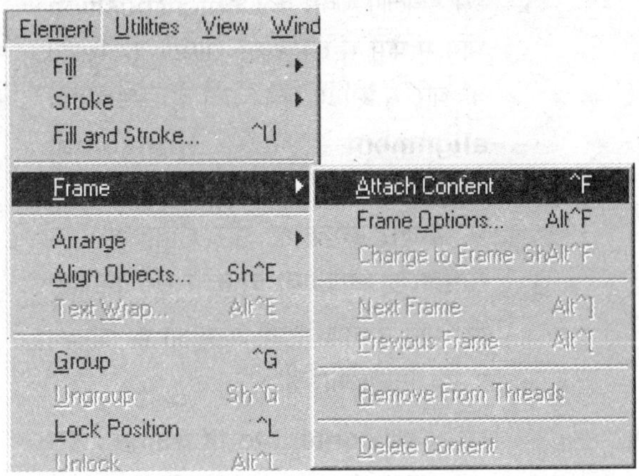

चित्र 18.9 : Element मेन्यू में Frame का झरना मेन्यू

आप किसी फ्रेम में लगाए गए पाठ्य को फ्रेम से अलग भी कर सकते हैं। ऐसा करने के लिए उस फ्रेम को चुनकर **Element** मेन्यू में **Frame** के झरना मेन्यू में **Separate Content** विकल्प को क्लिक कीजिए अथवा कंट्रोल के साथ **F (Ctrl+F)** बटन दबाइए। इससे फ्रेम और टैक्स्ट ब्लॉक अलग-अलग हो जाएंगे।

किसी फ्रेम में पाठ्य होने पर यदि फ्रेम का आकार और आकृति बदली जाती है, तो पाठ्य के फॉण्ट का आकार नहीं बदलता, लेकिन पाठ्य नई आकृति के अनुसार स्वयं को सुधार लेता है। यदि पाठ्य के लिए फ्रेम में पर्याप्त स्थान नहीं है, तो पाठ्य के नीचे लाल रंग का शेड दिखाई देता है और फ्रेम में केवल उतना ही पाठ्य दिखाई देता है, जितना उसमें आना सम्भव है।

आप पाठ्य की तरह चित्रों को भी किसी फ्रेम में लगा सकते हैं और फ्रेम की सीमा का उपयोग उस चित्र के चारों ओर पाठ्य को लपेटने में कर सकते हैं, जिसकी विधि अध्याय 11 'ग्राफिक्स का आयात' में बताई जा चुकी है।

आप किसी साधारण ज्यामितीय आकृति जैसे आयत, वर्ग, दीर्घवृत्त, वृत्त, बहुभुज आदि को भी फ्रेम में बदल सकते हैं। इसके लिए उस आकृति को चुनकर **Element** मेन्यू में **Frame** के झरना मेन्यू में **Change to Frame** आदेश दीजिए।

फ्रेम के विकल्प सेट करना
(Setting Frame Options)

पेजमेकर में आप अपनी आवश्यकता के अनुसार फ्रेमों के विकल्पों को सेट करके उनका अधिकतम लाभ उठा सकते हैं। यदि आप यह सेटिंग किसी फ्रेम को चुनकर करते हैं, तो वह केवल चुने हुए फ्रेम पर लागू होती है और यदि किसी फ्रेम को चुने बिना करते हैं, तो वह आगे बनाए जाने वाले सभी फ्रेमों पर लागू होगी।

फ्रेम के विकल्प सेट करने या बदलने की विधि निम्नप्रकार है :

1. यदि आवश्यक हो, तो फ्रेम को क्लिक करके चुन लीजिए।
2. **Element** मेन्यू में **Frame** के झरना मेन्यू में **Frame Options...** आदेश दीजिए अथवा अल्ट और कंट्रोल के साथ **F (Alt+Ctrl+F)** बटन दबाइए। इससे आपकी स्क्रीन पर चित्र 18.10 की तरह 'Frame Options' का डायलॉग बॉक्स खुल जाएगा।

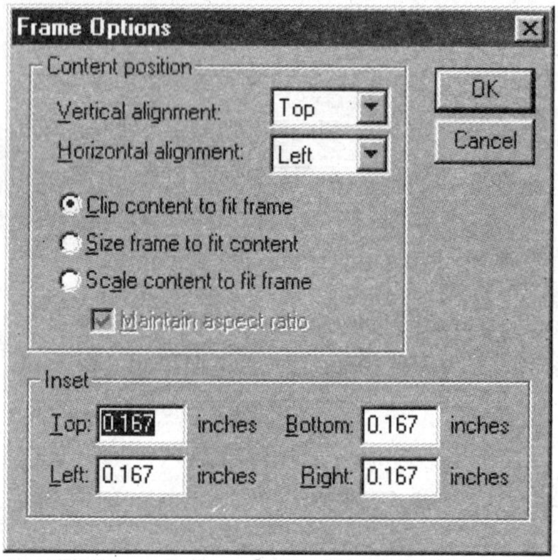

चित्र 18.10 : 'Frame Options' का डायलॉग बॉक्स

3. इस डायलॉग बॉक्स के **Content position** भाग में फ्रेम में लगाई गई सामग्री की स्थिति के बारे में सेटिंग की जाती हैं। **Vertical alignment** और **Horizontal alignment** की ड्रॉप-डाउन लिस्ट बॉक्सों में क्रमश: ऊर्ध्वाधर और क्षैतिज रूप में सामग्री को लगाने के विकल्प सेट कीजिए।
4. इस भाग में कुछ रेडियो बटन भी हैं, जिनका प्रभाव निम्नप्रकार है :

   Clip content to fit frame : इस रेडियो बटन को सेट करने पर चित्र या सामग्री को फ्रेम के आकार के अनुसार काट दिया जाता है और उनका केवल उतना ही भाग दिखाई पड़ता है, जितना उस फ्रेम में आ पाना सम्भव है। इसलिए आप फ्रेम को छोटा-बड़ा करके चित्र या सामग्री का आवश्यक भाग देख सकते हैं।

   Size frame to fit content : इस विकल्प को सेट करने पर फ्रेम को इस प्रकार बढ़ा दिया जाता है कि उसमें सामग्री पूरी दिखाई पड़ने लगे। यदि आप बाद में फ्रेम को बड़ा करते हैं, तो शेष भाग खाली दिखाई देगा और यदि छोटा करते हैं, तो सामग्री काट दी जाएगी।

   Scale content to fit frame : इस विकल्प को सेट करने पर चित्र को फ्रेम के आकार के अनुसार छोटा या बड़ा कर दिया जाता है। यदि आप इसके साथ ही **Maintain aspect ratio** चेक बॉक्स को भी सेट करते हैं, तो चित्र के लम्बाई-चौड़ाई अनुपात को बनाए रखा जाता है।

5. इस डायलॉग बॉक्स के **Inset** भाग में फ्रेम और उसमें लगाई गई सामग्री के बीच चारों ओर छोड़े जाने वाले स्थान को नियंत्रित करने के लिए टैक्स्ट बॉक्स दिए जाते हैं। इनमें आप इंचों में उचित मान भरकर फ्रेम और सामग्री के बीच स्थान सेट कर सकते हैं।
6. सभी आवश्यक सेटिंग करके **OK** बटन को क्लिक कीजिए, जिससे सेटिंग लागू हो जाएगी।

यहां यह बताना आवश्यक है कि ऊपर स्टेप 4 में बताए गए रेडियो बटनों को सेट करने का पाठ्य सामग्री पर बहुत कम या शून्य प्रभाव पड़ता है। ये विकल्प वास्तव में केवल चित्र सामग्री के लिए हैं।

टैक्स्ट फ्रेमों को थ्रैड करना
(Threading Text Frames)

जब आप कोई फ्रेम बनाते हैं और उसमें पाठ्य जोड़ते हैं या सम्बंधित करते हैं, तो वे सभी अलग-अलग होते हैं। कई बार आप चाहते हैं कि फ्रेमों में पाठ्य इस तरह लगाया जाए कि एक फ्रेम भर जाने पर वह स्वतः ही दूसरे फ्रेम में आगे चलता रहे। इसके लिए आपको उन फ्रेमों को आपस में थ्रैड करना होगा। यह कार्य आप फ्रेम बनाने के बाद परन्तु बाद के फ्रेमों में पाठ्य लगाने से पहले कर सकते हैं। पहले फ्रेम मे पाठ्य हो भी सकता है और नहीं भी।

टैक्स्ट फ्रेमों को थ्रैड करने की विधि निम्नप्रकार है :

1. सबसे पहले टैक्स्ट फ्रेम को क्लिक करके चुन लीजिए। इस फ्रेम में पाठ्य हो सकता है या यह खाली भी हो सकता है।
2. इस फ्रेम के नीचे के विंडोशेड हैंडिल को क्लिक कीजिए। इससे माउस पॉइंटर का रूप बदल जाएगा और उसमें एक जंजीर का टुकड़ा जुड़ जाएगा।
3. माउस पॉइंटर से अगले टैक्स्ट फ्रेम को क्लिक कीजिए। इससे उन दोनों फ्रेमों में एक कड़ी बन जाएगी। इसका पता उन हैंडिलों में एक धन का चिह्न दिखाई देने से चलता है, जैसा कि चित्र 18.11 में दिखाया गया है।
4. स्टेप 2 से 3 तक की क्रिया को इच्छानुसार कितने भी फ्रेमों के साथ क्रमशः दोहराइए।

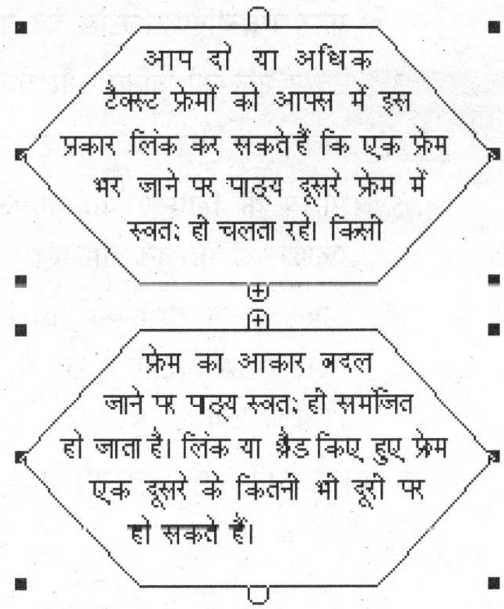

चित्र 18.11 : टैक्स्ट फ्रेमों को थ्रैड करना

थ्रैड किए हुए फ्रेम आपके दस्तावेज में एक दूसरे से कितनी भी दूरी पर और अन्य पेजों पर भी बिखरे हुए हो सकते हैं। पाठ्य सामग्री में कोई परिवर्तन होने पर पेजमेकर थ्रैड किए हुए फ्रेमों के पाठ्य को स्वतः ही एडजस्ट कर देता है।

थ्रैड तोड़ना
(Breaking the Thread)

यदि आप किसी कारणवश किसी टैक्स्ट फ्रेम को किसी स्थापित किए गए लिंक या थ्रैड से अलग करना चाहते हैं, तो उस टैक्स्ट फ्रेम को चुनकर **Element** मेन्यू में **Frame** के झरना मेन्यू में **Remove From Threads** आदेश दीजिए। इससे वह फ्रेम थ्रैड से अलग हो जाएगा और शेष फ्रेमों में थ्रैड बना रहेगा।

यहां यह बता देना आवश्यक है कि आप किसी थ्रैड से पहले और आखिरी फ्रेमों सहित किसी भी फ्रेम को अलग कर सकते हैं, लेकिन यदि आप नया फ्रेम थ्रैड में जोड़ना चाहते हैं, तो वह या तो थ्रैड के प्रारम्भ में या अन्त में ही हो सकता है। कहने का तात्पर्य है कि थ्रैड के बीच में कोई फ्रेम जोड़ना सम्भव नहीं है।

किसी थ्रैड किए हुए टैक्स्ट फ्रेम से उसके अगले या पिछले टैक्स्ट फ्रेम पर जाने के लिए पहले उस फ्रेम को चुन लीजिए और फिर **Element** मेन्यू में **Frame** के झरना मेन्यू में क्रमशः **Next Frame** या **Previous Frame** आदेश दीजिए। इस प्रकार आप पता लगा सकते हैं कि कौन सा फ्रेम किसी फ्रेम से किस क्रम में थ्रैड किया गया है।

यहां यह भी ध्यान रखने योग्य बात है कि आप एक ही फ्रेम में पाठ्य और चित्र एक साथ लगा सकते हैं। लेकिन पहले आपको पाठ्य लगाना होगा। बाद में चित्र लगा सकते हैं। यदि पहले केवल चित्र लगा हुआ है, तो बाद में आप उसमें पाठ्य नहीं लगा सकते। इसका उपाय यह है कि पहले फ्रेम से चित्र को अलग कर लीजिए, फिर उसमें पाठ्य लगाकर चित्र को फिर से लगा दीजिए।

फ्रेम द्वारा उलटे रंग का पाठ्य बनाना (Making Reverse Colour Text by Frame)

आप फ्रेमों का उपयोग करके उलटे रंग का पाठ्य भी बना सकते हैं। इसके लिए निम्नलिखित क्रियाएं कीजिए:

1. सबसे पहले कोई फ्रेम बनाइए।
2. अब पाइंटर टूल से उस फ्रेम को चुनकर कलर पैलेट को खोलिए और फ्रेम के लिए काला या अन्य कोई गहरा रंग चुनिए, जिससे वह उसी रंग का हो जाएगा।
3. टैक्स्ट टूल को चुनिए और फ्रेम के भीतर क्लिक करके कर्सर ले जाइए।
4. अब कलर पैलेट को चुनकर पाठ्य के लिए सफेद (या पेपर) अथवा कोई हलका रंग चुनिए।
5. पाठ्य के लिए उचित फॉण्ट, आकार, स्टाइल और एलाइनमेंट भी चुन लीजिए।
6. अपना पाठ्य टाइप कीजिए। आप देखेंगे कि वह पाठ्य उलटे रंग में दिखाई दे रहा है, जैसा कि चित्र 18.12 में दिखाया गया है।

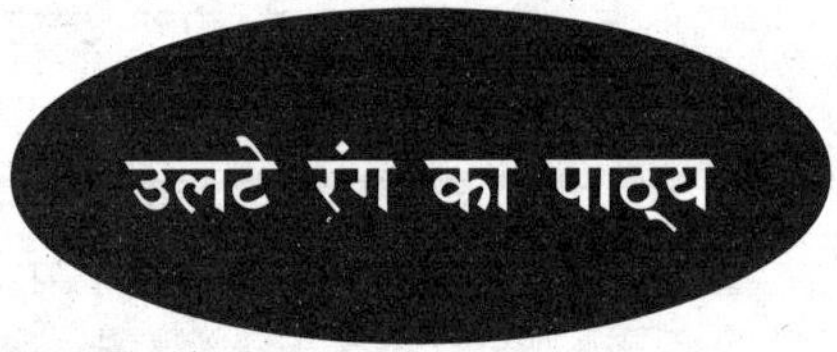

चित्र 18.12 : उलटे रंग का पाठ्य बनाना

इस प्रकार फ्रेमों का उचित उपयोग करके आप अपने दस्तावेज की उपयोगिता बढ़ा सकते हैं।

19

फोटोशॉप का परिचय
(Introduction to Photoshop)

फोटोशॉप चित्रों पर अनगिनत प्रकार की क्रियाएं करके उनको मनचाहे रूप में बदल देने वाला एक विलक्षण प्रोग्राम है, जो एडोब नामक कम्पनी द्वारा विकसित किया गया है। यह दुनिया में अपनी तरह का सर्वप्रथम और सबसे अधिक लोकप्रिय पैकेज है। इसके कई संस्करण प्रकाश में आ चुके हैं, लेकिन संस्करण 5.5 तथा 6.0 सबसे अधिक प्रचलित हैं। इसका नवीनतम संस्करण फोटोशॉप 7.0 है, जो धीरे-धीरे अन्य संस्करणों का स्थान लेता जा रहा है। इस संस्करण की अधिकांश सुविधाएं, टूल, पैलेट आदि संस्करण 6.0 से बहुत मिलते-जुलते हैं। इसलिए हम इस भाग में संस्करण 7.0 पर कार्य करने के बारे में विस्तार से बताएंगे। इस संस्करण पर कार्य करना सीख लेने पर अन्य संस्करणों पर कार्य करना बहुत सरल हो जाता है।

फोटोशॉप प्रारम्भ करना
(Starting Photoshop)

फोटोशॉप को प्रारम्भ करने से पहले उसे आपके कम्प्यूटर में स्थापित होना चाहिए। सामान्यतया उसे Adobe के झरना मेन्यू में स्थापित किया जाता है। यदि आपके कम्प्यूटर में फोटोशॉप स्थापित हो चुका है, तो आप निम्नप्रकार उसे प्रारम्भ कर सकते हैं :

1. **Start** बटन को क्लिक कीजिए। इससे स्टार्ट मेन्यू खुल जाएगा।

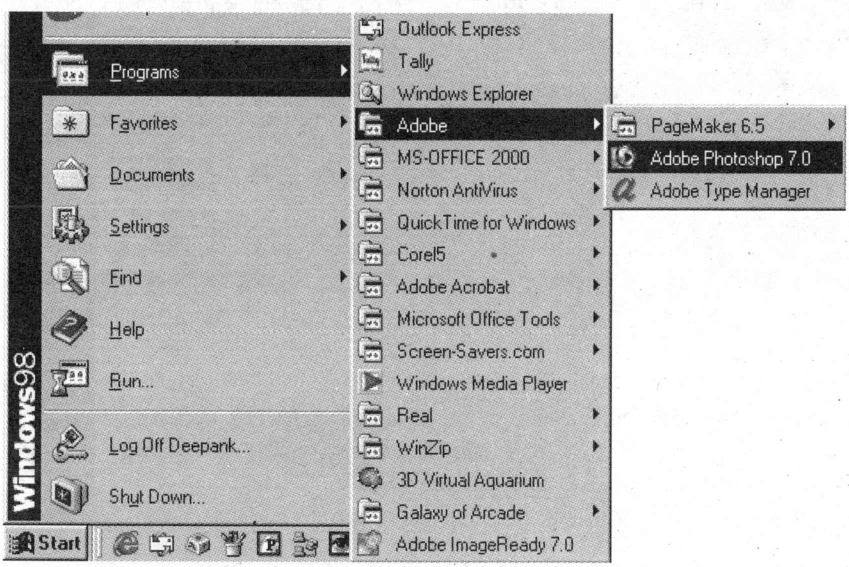

चित्र 19.1 : फोटोशॉप प्रारम्भ करना

2. स्टार्ट मेन्यू में **Programs** विकल्प पर माउस पॉइंटर लाइए। इससे उसका झरना मेन्यू खुल जाएगा।
3. Programs के झरना मेन्यू में **Adobe** विकल्प पर माउस पॉइंटर लाइए। इससे उसका झरना मेन्यू चित्र 19.1 की तरह खुल जाएगा।
4. Adobe के झरना मेन्यू में **Adobe Photoshop 7.0** विकल्प को क्लिक कीजिए। इससे फोटोशॉप प्रारम्भ हो जाएगा और उसकी मुख्य विंडो आपकी स्क्रीन पर खुल जाएगी।

अन्य विंडो आधारित प्रोग्रामों की तरह फोटोशॉप स्वयं कोई नया दस्तावेज प्रारम्भ नहीं करता। उसके लिए आपको **File** मेन्यू में **New...** आदेश देना पड़ता है। इस आदेश के बारे में आगे बताया जाएगा।

फोटोशॉप की मुख्य विंडो
(Main Window of Photoshop)

चित्र 19.2 में फोटोशॉप 7.0 की मुख्य विंडो दिखाई गई है और उसके विभिन्न भागों की ओर नाम से संकेत किया गया है। इस विंडो के मुख्य भागों का परिचय निम्नप्रकार है :

टाइटिल बार (Title Bar) : फोटोशॉप विंडो में सबसे ऊपर टाइटिल बार होता है। इसमें प्रोग्राम का नाम और यदि फोटोशॉप की कोई फाइल खुली हुई हो, तो उसका नाम भी दिखाया जाता है। इस बार के दाएं किनारे पर तीन छोटे बटन बने होते हैं : न्यूनतम, अधिकतम/रिस्टोर तथा बन्द, जिनसे इस विंडो के आकार को नियंत्रित किया जाता है। इन बटनों के उपयोग के बारे में आगे बताया गया है।

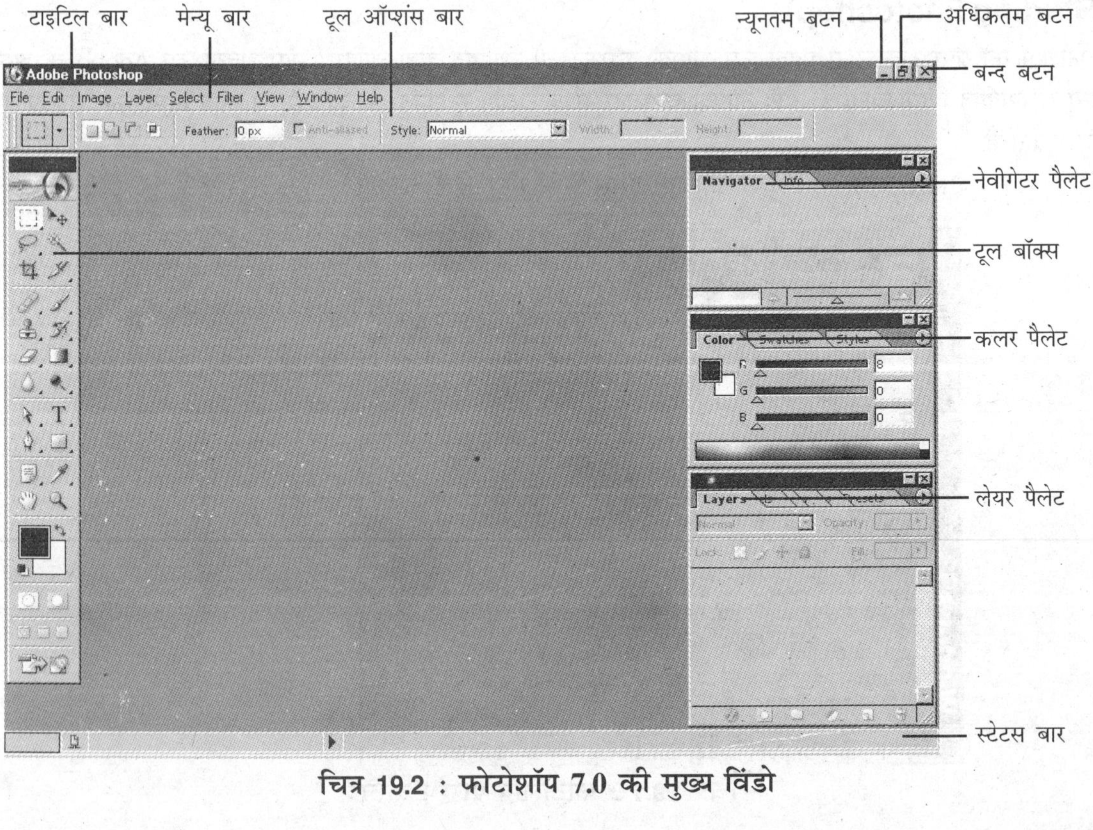

चित्र 19.2 : फोटोशॉप 7.0 की मुख्य विंडो

न्यूनतम बटन (Minimize Button) : टाइटिल बार के दाएं कोने पर बने बटनों में बायीं ओर का बटन न्यूनतम बटन होता है। इस बटन को क्लिक करने पर फोटोशॉप की विंडो टास्क बार पर एक बटन के रूप में बदल जाती है। आप उस टास्क बार बटन को फिर से क्लिक करके उस विंडो को उसके पूर्व रूप में वापस ला सकते हैं।

अधिकतम बटन (Maximize Button) : टाइटिल बार में न्यूनतम बटन के दायीं ओर का अर्थात् तीनों में से बीच का बटन अधिकतम बटन होता है। इस बटन को क्लिक करने से फोटोशॉप की विंडो स्क्रीन पर अधिकतम आकार में आ जाती है और उसके साथ की यह बटन रिस्टोर बटन (Restore Button) के रूप में बदल जाता है, जिस पर दो छोटे वर्ग छपे रहते हैं। रिस्टोर बटन को क्लिक करने पर विंडो अपने पूर्व आकार में आ जाती है।

बन्द बटन (Close Button) : टाइटिल बार में सबसे दायीं ओर का बटन बन्द बटन होता है। इस बटन को क्लिक करने पर फोटोशॉप प्रोग्राम समाप्त करके उसकी विंडो बन्द कर दी जाती है। यह आदेश देते समय यदि कोई फाइल खुली हुई है और उसे सुरक्षित नहीं किया गया है, तो विंडो बन्द करने से पहले एक डायलॉग बॉक्स देकर उस फाइल को सुरक्षित करने के लिए पूछा जाता है।

मेन्यू बार (Menu Bar) : टाइटिल बार से ठीक नीचे मेन्यू बार होता है, जिसमें फोटोशॉप के विभिन्न मेन्युओं के नाम या शीर्षक दिए होते हैं। किसी मेन्यू के नाम को क्लिक करने पर वह मेन्यू नीचे की ओर खुल जाता है, जिसमें अनेक आदेश दिए होते हैं। किसी आदेश को क्लिक करने पर वह आदेश सक्रिय हो जाता है। यदि कोई मेन्यू खुला हुआ है, तो दाएं-बाएं तीर का बटन दबाने पर क्रमशः उससे दायीं ओर का और बायीं ओर का मेन्यू खुल जाता है।

टूल ऑप्शंस बार (Tool Options Bar) : मेन्यू बार से ठीक नीचे टूल ऑप्शंस बार होता है, जिसमें किसी समय चुने हुए अथवा सक्रिय टूल के बारे में विभिन्न विकल्प दिए जाते हैं। आप इन विकल्पों में इच्छानुसार सेटिंग करके उस टूल का अच्छे से अच्छा और अधिकतम उपयोग कर सकते हैं। जैसे ही आप टूल बदलते हैं, इस बार का रूप भी बदल जाता है।

टूलबॉक्स (Toolbox) : यह फोटोशॉप का प्रमुख टूल पैलेट होता है, जिसमें फोटोशॉप में उपलब्ध सभी कार्यों और सुविधाओं के लिए टूल उपलब्ध होते हैं। किसी भी समय इनमें से एक टूल चुना हुआ होता है। टूल बॉक्स के टूलों के बारे में इसी अध्याय में आगे विस्तार से बताया गया है।

पैलेट (Palettes) : फोटोशॉप में आपके कार्य को प्रभावी रूप से करने में सहायता पहुंचाने के लिए कई पैलेट होते हैं। इन्हें **फ्लोटिंग पैलेट (Floating Palettes)** भी कहा जाता है। टूल बॉक्स (Toolbox), नेवीगेटर (Navigator), कलर (Color), स्टाइल्स (Styles), हिस्ट्री (History), लेयर (Layers) और पाथ (Path) कुछ प्रमुख फ्लोटिंग पैलेटों के नाम हैं। इनमें से कुछ पैलेटों को चित्र 19.2 में दिखाया गया है, यद्यपि इस समय ये पैलेट लगभग खाली हैं। इन पैलेटों में से टूलबॉक्स के उपयोग के बारे में इसी अध्याय में आगे विस्तार से बताया गया है और कुछ अन्य पैलेटों के उपयोग के बारे में आगे के अध्यायों में विषयानुसार बताया जाएगा।

मेन्यू
(Menus)

फोटोशॉप में आपकी फाइलों को खोलने और उन पर विभिन्न क्रियाएं करने के लिए अनेक मेन्यू उपलब्ध होते हैं। इन मेन्युओं के नाम निम्नप्रकार हैं :

- फाइल मेन्यू (File Menu)
- एडिट मेन्यू (Edit Menu)

- इमेज मेन्यू (Image Menu)
- लेयर मेन्यू (Layer Menu)
- सलेक्ट मेन्यू (Select Menu)
- फिल्टर मेन्यू (Filter Menu)
- व्यू मेन्यू (View Menu)
- विंडो मेन्यू (Window Menu)
- हेल्प मेन्यू (Help Menu)

इन मेन्युओं के विभिन्न आदेशों के उपयोग के बारे में आप आगे के अध्यायों में विस्तार से पढ़ेंगे। मेन्युओं में कुछ विशेष चिह्न दिखाई पड़ते हैं, जिनके बारे में आगे के अनुच्छेद में बताया गया है।

मेन्युओं का उपयोग (Using Menus)

फोटोशॉप के आदेशों को समूहबद्ध करके मेन्युओं में रखा गया है। प्रत्येक मेन्यू में कुछ विशेष प्रकार के आदेश होते हैं। प्रत्येक मेन्यू का एक नाम या शीर्षक होता है, जो मेन्यू बार में दिखाई देता है। मेन्यू बार में किसी मेन्यू के नाम को क्लिक करने पर वह पुलडाउन मेन्यू नीचे की ओर खुल जाता है। खुले हुए मेन्यू में किसी आदेश को क्लिक करने पर वह आदेश प्रारम्भ हो जाता है। कभी-कभी मेन्यू में कुछ आदेशों के साथ कुछ विशेष चिह्न भी दिए होते हैं, जिनसे उस आदेश का पालन प्रभावित होता है। मेन्युओं में प्राय: पांच प्रकार के आदेश या चिह्न पाए जाते हैं, जो चित्र 19.3 में दिखाई दे रहे हैं। इनके बारे में नीचे बताया गया है :

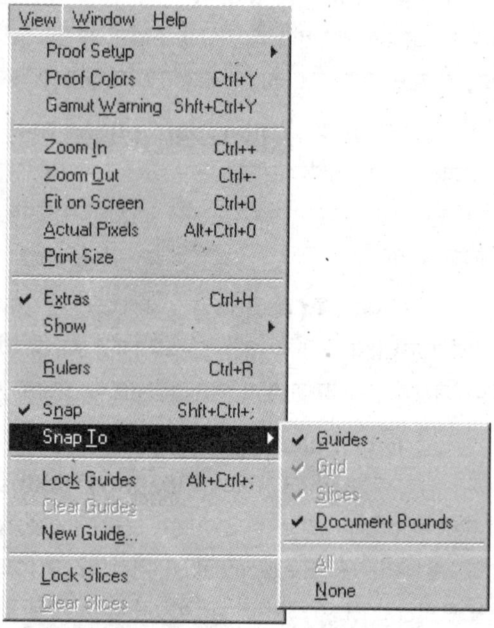

चित्र 19.3 : पुलडाउन मेन्यू और झरना मेन्यू

इलिप्सिस (Ellipsis) : तीन लगातार बिन्दुओं (...) को इलिप्सिस कहा जाता है। जिस आदेश के अन्त में इलिप्सिस होता है, उसे क्लिक करने पर पहले एक डायलॉग बॉक्स खुलता है, जिसमें उस आदेश का पालन करने के लिए आवश्यक कुछ सूचनाएं मांगी जाती हैं। वे सूचनाएं भरकर **OK** बटन क्लिक करने अथवा एण्टर बटन दबाने पर उस आदेश का पालन प्रारम्भ हो जाता है।

तीर (Arrow) : किसी आदेश के सामने दायीं ओर इशारा करते हुए काले तीर के चिह्न का अर्थ है कि उस आदेश पर माउस पॉइंटर लाने या उसे क्लिक करने पर उससे जुड़ा एक नया मेन्यू खुलेगा, जिसे उस मेन्यू का सब-मेन्यू या झरना मेन्यू कहा जाता है। झरना मेन्यू में से कोई आदेश या विकल्प चुनने के लिए माउस पॉइंटर को दायीं ओर उस झरना मेन्यू में ले जाइए और साधारण मेन्यू की तरह क्लिक करके उसे चुन लीजिए।

चेक मार्क (Check Mark) : किसी-किसी आदेश के आगे सही का चिह्न (✓) लगा होता है। इसका अर्थ है कि वह आदेश इस समय ऑन (On) है। ऐसे आदेश को क्लिक करने पर वह ऑफ (Off) हो जाता है और सही का चिह्न

गायब हो जाता है। पुनः क्लिक करने पर वह आदेश ऑन हो जाता है और सही का चिह्न दिखाई पड़ने लगता है। क्लिक करने पर बारी-बारी से ऑन-ऑफ होने वाले ऐसे आदेशों को टॉगिल आदेश (Toggle Command) भी कहा जाता है।

हलके किए हुए आदेश (Dimmed Commands) : किसी मेन्यू में किसी आदेश का हलके रंग में दिखाई पड़ने का अर्थ है कि वर्तमान में वह आदेश उपलब्ध नहीं है। इसका एक कारण यह हो सकता है कि वह आदेश जारी करने के लिए आवश्यक वस्तु का चुनाव आपने नहीं किया है। ऐसे आदेश को चुनने के लिए पहले उचित वस्तु जैसे पाठ्य अथवा चित्र के किसी भाग का चुनाव कर लेना चाहिए, जिस पर वह आदेश लागू किया जाएगा।

कुंजीपटल शॉर्टकट (Keyboard Shortcut) : कई आदेशों के सामने उनका कुंजीपटल का समतुल्य (Equivalent) आदेश दिया जाता है, जैसे चित्र 19.3 में **Rulers** आदेश के सामने **Ctrl+R** दिया हुआ है। इन समतुल्यों को शॉर्टकट आदेश कहा जाता है। कुंजीपटल से शॉर्टकट आदेश देना उस आदेश को मेन्यू में क्लिक करने के बराबर होता है अर्थात् दोनों से समान परिणाम प्राप्त होता है।

सामान्यतया कोई आदेश दे देने के बाद खुला हुआ मेन्यू स्वयं बन्द हो जाता है। यदि आप बिना कोई आदेश दिए मेन्यू बन्द करना चाहते हैं, तो मेन्यू क्षेत्र से बाहर कहीं भी माउस पॉइंटर ले जाकर क्लिक कीजिए।

पैलेट
(Palettes)

आप पढ़ चुके हैं कि फोटोशॉप में आपके कार्य को अच्छी तरह करने में सहायता पहुंचाने के लिए कई पैलेट उपलब्ध होते हैं, जिन्हें फ्लोटिंग पैलेट भी कहते हैं। इनमें से प्रमुख पैलेट निम्नलिखित हैं :

- टूलबॉक्स (Toolbox)
- नेवीगेटर (Navigator)
- कलर (Color)
- स्टाइल्स (Styles)
- हिस्ट्री (History)
- लेयर (Layers)
- पाथ (Paths)

आप आवश्यकता के अनुसार इनमें से किसी भी पैलेट को अपनी स्क्रीन पर खोल और बन्द कर सकते हैं। इसके लिए मेन्यू बार में **Window** मेन्यू को क्लिक कीजिए, जिससे यह मेन्यू चित्र 19.4 की तरह खुल जाएगा। जो पैलेट उस समय खुले होते हैं, उनके नाम के सामने इस मेन्यू में सही का चिह्न (✓) दिखाई देता है और जो पैलेट बन्द होते हैं, उनके नाम के सामने का स्थान खाली होता है। आप उचित आदेश देकर किसी पैलेट को खोल या बन्द कर सकते हैं। वैसे किसी खुले हुए पैलेट को बन्द करने के लिए आप उसके दाएं ऊपरी कोने पर बने **X** बटन को भी क्लिक कर सकते हैं। इन पैलेटों में से टूलबॉक्स के उपयोग के बारे में आगे बताया गया है। शेष के बारे में आगे के अध्यायों में विषय के अनुसार बताया जाएगा।

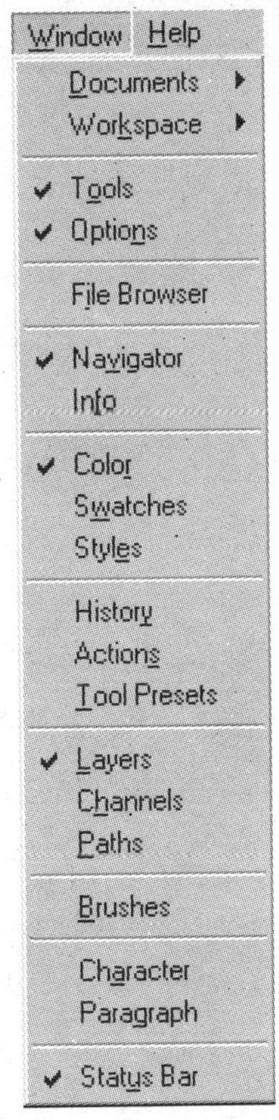

चित्र 19.4 : विंडो मेन्यू

टूलबॉक्स
(Toolbox)

टूलबॉक्स किसी चित्रकार या कलाकार के सामान्य टूलबॉक्स जैसा ही होता है, जिसमें उसके काम करने के लिए सभी आवश्यक औजार या टूल उपलब्ध होते हैं। सामान्यतया टूलबॉक्स फोटोशॉप की विंडो में स्वत: ही दिखाई पड़ता है। यदि यह दिखाई न दे रहा हो, तो **Windows** मेन्यू में **Show Tools** आदेश देकर उसे देखा जा सकता है। टूलबॉक्स में आपके किसी चित्र को तैयार करने तथा प्रोसेस करने के लिए सभी आवश्यक टूल दिए होते हैं।

फोटोशॉप के टूलों को चार प्रमुख समूहों में बांटा जाता है, जो निम्नप्रकार हैं :

- सलेक्शन टूल (Selection Tools)
- पेंटिंग टूल (Painting Tools)
- टाइप, मीज़र तथा ग्रेडिएंट टूल (Type, Measure and Gradient Tools)
- व्यूइंग टूल (Viewing Tools)

चित्र 19.5 में टूलबॉक्स के समूह और टूल दिखाए गए हैं और उनकी ओर नाम से संकेत किया गया है। ध्यान दीजिए कि कई टूलों के आइकॉन के दाएं-निचले किनारे पर एक छोटा सा काला त्रिकोण बना होता है। इसका अर्थ है कि उस टूल से जुड़े हुए कई अन्य टूल भी हैं, जो उसके पॉप-अप मेन्यू से चुने जा सकते हैं। प्रत्येक टूल का अपना

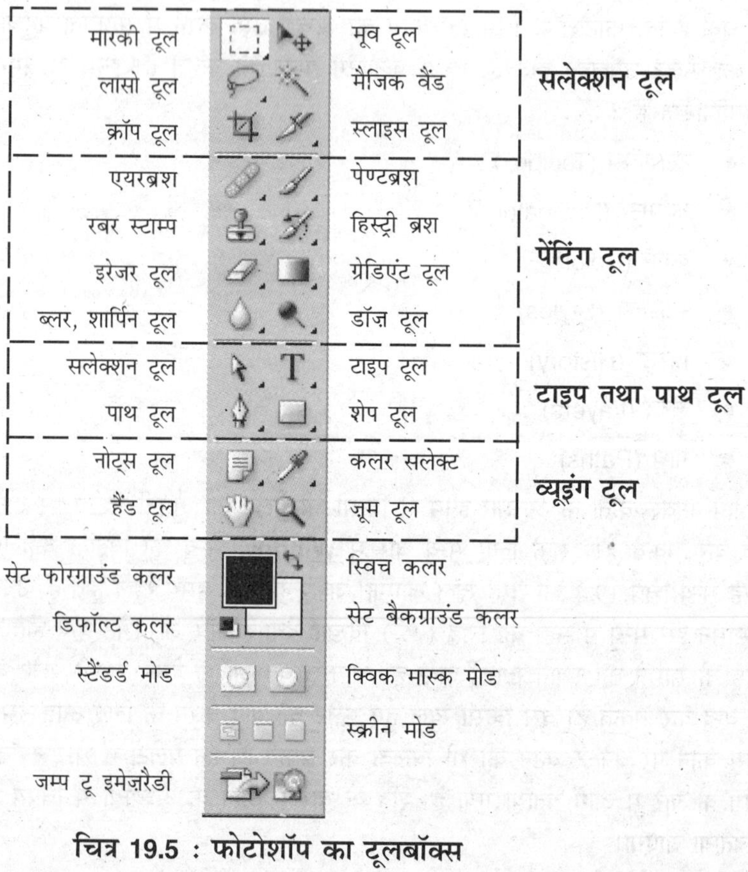

चित्र 19.5 : फोटोशॉप का टूलबॉक्स

विशेष प्रभाव होता है। जब कोई टूल चुना जाता है, तो मेन्यू बार के नीचे टूल ऑप्शंस बार में उस टूल से संबंधित सभी प्रमुख विकल्प उभर आते हैं, जिनकी सहायता से आप उस टूल का अधिकतम तथा बेहतर उपयोग कर सकते हैं।

किसी टूल को चुनने के लिए उस पर माउस पॉइंटर लाकर क्लिक किया जाता है। ऐसा करने से वह टूल उभर आता है, जिससे आपको पता चलता है कि उस समय कौन सा टूल चुना हुआ है। इसके साथ ही माउस पॉइंटर अपना रूप बदल देता है। यदि किसी टूल पर काला त्रिकोण बना हुआ है, तो माउस पॉइंटर को उस पर लाकर माउस बटन को एक क्षण दबाए रखने से उसका पॉप-अप मेन्यू उभर आता है। आप माउस पॉइंटर को उस पॉप-अप मेन्यू में ले जाकर इच्छित टूल को क्लिक करके चुन सकते हैं।

टूलबॉक्स के प्रमुख समूहों के टूलों के उपयोग के बारे में नीचे बताया गया है।

सलेक्शन टूल (Selection Tools) : इस समूह के टूलों का उपयोग किसी चित्र को पूरा अथवा उसके किसी भाग को चुनने में किया जाता है। किसी चित्र का चुना हुआ भाग जगमगाती हुई सीमा से दिखाया जाता है। आप किसी सलेक्शन टूल को क्लिक करके माउस पॉइंटर को चित्र के ऊपर माउस बटन दबाकर खींचते हैं, तो टूल के अनुसार चित्र का निर्धारित आकार का भाग चुन लिया जाता है। इस समूह के मैजिक वैंड टूल से आप रंग के अनुसार चित्र के भाग चुन सकते हैं। इन टूलों के बारे में अध्याय 20 'सलेक्शन टूलों का उपयोग' में विस्तार से बताया गया है।

पेंटिंग टूल (Painting Tools) : इस समूह के टूल चित्र में रंग भरने के लिए उपयोग किए जाते हैं। इसमें कई प्रकार के ब्रश, पेंसिल, इरेजर आदि होते हैं, जिनकी सहायता से आप ठीक उसी प्रकार रंग भर सकते हैं, जिस प्रकार वास्तविक रंगों के साथ किया जाता है। इसके ग्रेडिएंट टूल द्वारा आप बैकग्राउंड को एक या अधिक रंगों की छाया में तैयार कर सकते हैं। इन टूलों के बारे में आप अध्याय 23 'आर्ट टूलों का उपयोग' में पढ़ेंगे।

टाइप तथा पाथ टूल (Type and Path Tools) : इस समूह के टूलों द्वारा आप रेखाचित्र और आकृतियां बना सकते हैं। किसी रेखा को फोटोशॉप में पाथ कहा जाता है। आप किसी पाथ के किसी भी भाग को चुनकर उसे मनचाहे रूप में बदल सकते हैं। पाथ टूलों का उपयोग चुनने और बनाने, दोनों कार्यों में किया जा सकता है। टाइप टूल के उपयोग के बारे में अध्याय 27 'चित्रों में पाठ्य जोड़ना' में विस्तार से बताया गया है।

व्यूइंग टूल (Viewing Tools) : इस समूह में दो मुख्य टूल हैं : जूम टूल और हैंड टूल। जूम टूल के द्वारा आप अपने चित्र को इच्छानुसार छोटा या बड़ा करके देख सकते हैं और हैंड टूल के द्वारा आप चित्र को किसी भी दिशा में सरकाकर उसके छिपे हुए भागों को देख सकते हैं, क्योंकि स्क्रीन का आकार छोटा होने के कारण कभी-कभी वह किसी चित्र को पूरा नहीं दिखा सकती।

टूल बॉक्स में इन प्रमुख टूलों के अतिरिक्त अन्य कई टूल होते हैं। इनके बारे में आगे के अध्यायों में आवश्यकता के अनुसार बताया जाएगा।

टूल शॉर्टकट
(Tool Shortcuts)

ऊपर बताए गए टूलों में से किसी भी टूल को आप टूलबॉक्स में माउस पॉइंटर द्वारा क्लिक करके चुन सकते हैं, लेकिन फोटोशॉप आपको टूल चुनने का एक सरल विकल्प भी देता है। आप केवल एक बटन दबाकर किसी टूल को चुन सकते हैं। इन बटनों को शॉर्टकट आदेश कहा जाता है। यदि किसी टूल का पॉप-अप मेन्यू भी है, तो आप शिफ्ट के साथ वह बटन दबाते हुए इच्छित टूल को चुन सकते हैं।

आगे सभी टूलों का शॉर्टकट दिया गया है :

मारकी टूल	M	मूव टूल	V
लासो टूल	L	मैजिक वैंड	W
क्रॉप टूल	C	स्लाइस	K
हीलिंग ब्रश	J	पेंटब्रश/पेंसिल	B
रबर स्टाम्प	S	हिस्ट्री ब्रश	Y
इरेजर	E	ग्रेडिएंट	G
ब्लर/शार्पिन	R	डॉज़/बर्न	O
पाथ सलेक्शन	A	टाइप टूल	T
पाथ टूल	P	शेप टूल	U
नोटपैड	N	आईड्रॉपर/मीजर टूल	I
हैंड टूल	H	ज़ूम टूल	Z
डिफॉल्ट कलर	D	स्विच कलर	X
स्टैंडर्ड मोड/क्विक मास्क	Q	स्क्रीन मोड	F

फोटोशॉप में बेहतर कार्य करने के लिए इन शॉर्टकटों को याद करना अच्छा रहता है।

टूल ऑप्शंस बार
(Tool Options Bar)

आप पढ़ चुके हैं कि टूल ऑप्शंस बार में किसी समय सक्रिय टूल के बारे में उपलब्ध अधिकांश प्रमुख विकल्प दिये जाते हैं। आप इन विकल्पों में इच्छानुसार सेटिंग करके उस टूल का अधिकतम उपयोग कर सकते हैं। जैसे ही सक्रिय टूल बदलता है, इस बार का भी रूप बदल जाता है।

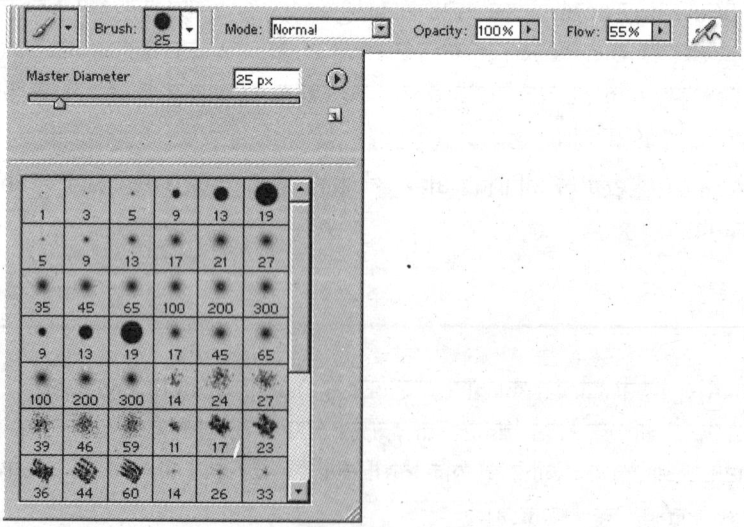

चित्र 19.6 : ब्रश टूल का ऑप्शंस बार

टूल ऑप्शंस बार फोटोशॉप के संस्करण 6 में पहली बार शामिल किया गया था। इससे पहले ये विकल्प अन्य पैलेटों के साथ रखे जाते थे। लेकिन इनकी उपयोगिता को देखते हुए इन्हें बार के रूप में हर समय उपलब्ध कराया गया है। इनमें से किसी भी विकल्प के बॉक्स को खोलकर आप उसमें से उचित विकल्प का चुनाव कर सकते हैं और अपने चित्र पर मनचाहे प्रभाव उत्पन्न कर सकते हैं।

चित्र 19.6 में एक ब्रश टूल का टूल ऑप्शंस बार दिखाया गया है। विभिन्न टूलों के ऑप्शंस बारों के बारे में आप उस टूल के विवरण के साथ ही पढ़ेंगे।

नया चित्र प्रारम्भ करना
(Starting a New Picture)

हम बता चुके हैं कि फोटोशॉप प्रारम्भ करते समय वह अपने आप कोई फाइल नहीं खोलता और न कोई नया पेज खोलता है। यह कार्य आपको आदेश देकर करना पड़ता है। नया खाली चित्र या कैनवास प्रारम्भ करने के लिए **File** मेन्यू में **New...** आदेश दीजिए अथवा कंट्रोल के साथ **N (Ctrl+N)** बटन दबाइए। इससे आपकी स्क्रीन पर चित्र 19.7 की तरह 'New' का डायलॉग बॉक्स खुल जाएगा। फोटोशॉप द्वारा इस नई फाइल का नाम 'Untitled' रखा जाता है। आप इसके **Name** टैक्स्ट बॉक्स में कोई भी दूसरा नाम टाइप कर सकते हैं।

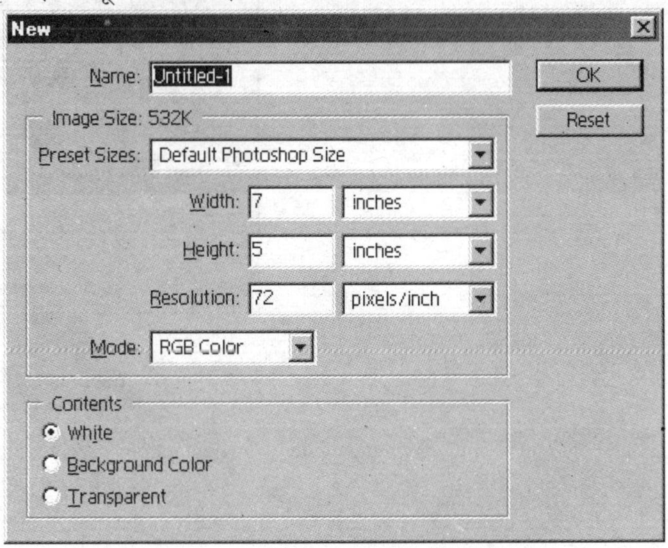

चित्र 19.7 : 'New' का डायलॉग बॉक्स

इसके साथ ही इस डायलॉग बॉक्स में कई अन्य सूचनाएं भी भरी जाती हैं, जैसे इमेज का आकार (Image Size), सघनता (Resolution) आदि। इमेज का आकार आप पिक्सलों, इंचों, सेंटीमीटरों, पॉइंटों आदि इकाइयों में दे सकते हैं। इसके लिए आप **Width** तथा **Height** टैक्स्ट बॉक्सों के सामने की ड्रॉप-डाउन लिस्टों को खोलकर उपलब्ध इकाइयों में से किसी इकाई को चुन सकते हैं। सघनता मोनीटर के लिए प्राय: 72 पिक्सल प्रति इंच चुनी जाती है। यदि आपके पास बहुत अच्छी क्वालिटी का प्रिंटर है, तो आप सघनता 120 डॉट प्रति इंच से लेकर 600 डॉट प्रति इंच तक भी चुन सकते हैं, लेकिन ऐसा करने पर इस इमेज के लिए बहुत मेमोरी की आवश्यकता होगी। आप इस डायलॉग बॉक्स में जो सघनता सेट करते हैं, उसके लिए इमेज का वास्तविक मेमोरी आकार इसी डायलॉग बॉक्स में किलोबाइटों में दिखाया जाता है।

इसी प्रकार इस डायलॉग बॉक्स में **Mode** ड्रॉप-डाउन लिस्ट बॉक्स में हम इमेज के लिए **RGB Color** सेट करते हैं। यह ऐसा रंग संयोजन है, जो आपकी स्क्रीन पर अच्छी तरह दिखाया जा सकता है। अन्य रंग योजनाओं के बारे में आप अध्याय 22 'रंगों पर कार्य' में विस्तार से पढ़ेंगे।

सभी सेटिंग करने के बाद **OK** बटन को क्लिक कीजिए, जिससे आपकी स्क्रीन पर फोटोशॉप की सक्रिय (एक्टिव) विंडो दिखाई जाएगी, जिसमें बीच में एक सफेद खाली स्थान दिखाया जाता है, जिसे कैनवास (Canvas) कहा जाता है। चित्र 19.8 में एक खाली कैनवास दिखाया गया है। आप कैनवास की विंडो की सीमा रेखाओं को बाहर की ओर खींचकर उसका आकार बढ़ा सकते हैं, लेकिन उस कैनवास या इमेज का आकार उतना ही रहता है, यद्यपि कुछ विशेष आदेशों से आप बाद में कभी भी अपनी इमेज का आकार बदल सकते हैं। इसके बारे में आगे बताया जाएगा।

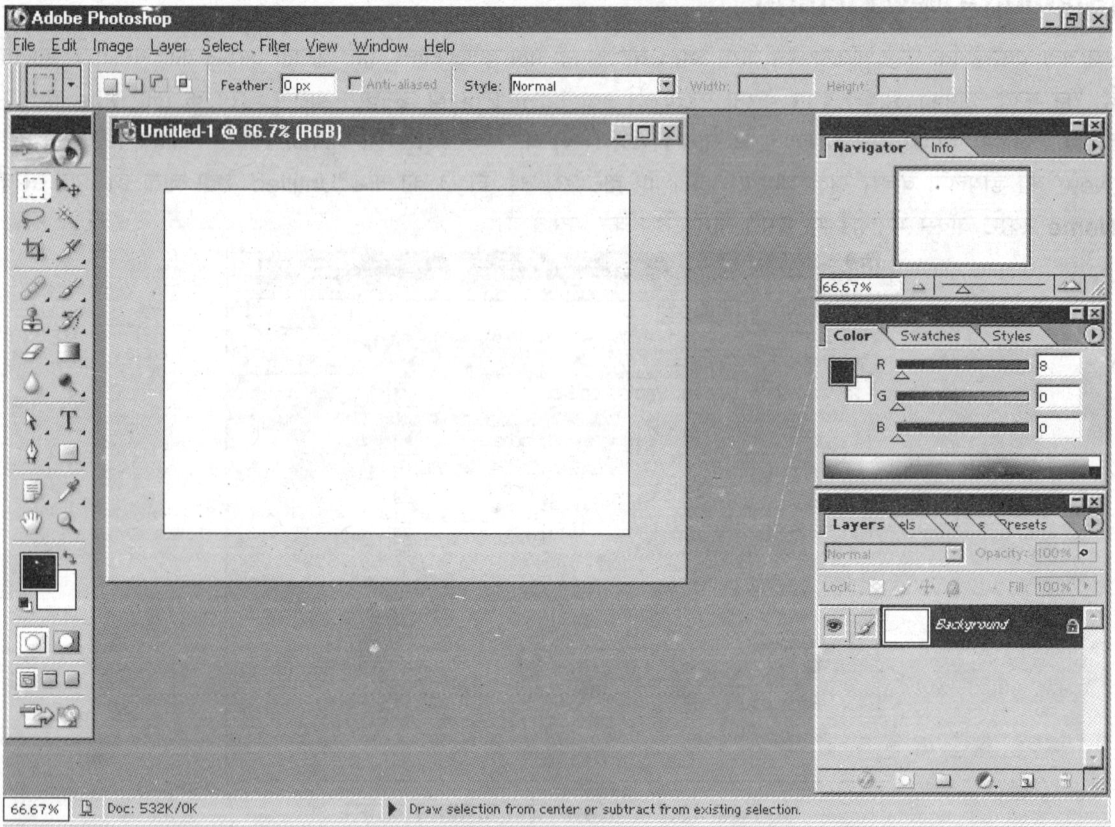

चित्र 19.8 : फोटोशॉप की सक्रिय विंडो में एक खाली कैनवास

आप फोटोशॉप में एक ही समय में कई विंडो खोल सकते हैं, लेकिन उनमें से केवल एक ही विंडो किसी समय सक्रिय होगी। सक्रिय विंडो को हमेशा सबसे ऊपर दिखाया जाता है। इसमें आप चित्र या इमेज बना सकते हैं।

फोटोशॉप में आप केवल नई इमेज फाइलें ही नहीं बना सकते, बल्कि पहले से बनी पुरानी इमेज फाइलों और बाहर से लाई गई विभिन्न प्रकार की फाइलों को भी खोल सकते हैं। इसकी विधियां आगे बताई गई हैं।

फोटोशॉप में फाइलों पर कार्य
(Working on Files in Photoshop)

फोटोशॉप में आप चित्रों को अनेक फाइल फॉर्मेटों में खोल और सुरक्षित कर सकते हैं। चित्रों को अलग-अलग फॉर्मेटों में इसलिए सुरक्षित किया जाता है कि अन्य प्रोग्राम उसका उपयोग कर सकें। आप जानते हैं कि विंडोज वातावरण में फाइलों का फॉर्मेट उसके नाम में तीन अक्षरों वाले विस्तार भाग से पता चलता है। उदाहरण के लिए, किसी एमएस-वर्ड दस्तावेज का विस्तार भाग .doc होता है और बिटमैप फाइलों का विस्तार भाग .bmp होता है।

फोटोशॉप का अपना फाइल फॉर्मेट .psd होता है, जो सभी फोटोशॉप फाइलों का डिफॉल्ट फॉर्मेट है। इन्हें फोटोशॉप दस्तावेज भी कहा जाता है। लेकिन इस दस्तावेज का उपयोग करने में कठिनाई यह है कि अन्य प्रोग्राम इस फॉर्मेट की फाइलों को प्राय: स्वीकार नहीं करते, इसलिए यदि आप फोटोशॉप में बनाए गए किसी दस्तावेज या फाइल को किसी अन्य प्रोग्राम में ले जाना चाहते हैं, तो उसको किसी स्वीकार होने योग्य फाइल फॉर्मेट में सुरक्षित कर लेना चाहिए। इसकी विधि आगे बताई जाएगी।

नीचे कुछ सामान्य फाइल फॉर्मेट दिए गए हैं, जिनमें आप फोटोशॉप में तैयार किए गए चित्रों की फाइलों को सुरक्षित कर सकते हैं। यदि आप अपनी इमेज फाइल को फोटोशॉप के डिफॉल्ट फॉर्मेट में सुरक्षित नहीं कराना चाहते और किसी अन्य फॉर्मेट में सुरक्षित कराना चाहते हैं, तो उस समय आप अपना इच्छित फॉर्मेट बता सकते हैं। अन्य फॉर्मेटों का लाभ यह है कि इन फॉर्मेटों में बनाई गई फाइलें अधिकांश प्रोग्रामों द्वारा स्वीकार कर ली जाती हैं :

- **बिटमैप (.bmp) :** यह विंडोज का मानक चित्र फॉर्मेट है। इसमें प्रत्येक बिन्दु को एक या अधिक बिटों या बाइटों द्वारा दिखाया जाता है। इस फॉर्मेट में फाइलों का आकार अधिकतम होता है।
- **जीआईएफ (.gif) :** इसका पूरा नाम Graphical Interchange Format है। यह वेबसाइटों के लिए बहुत लोकप्रिय फॉर्मेट है। इसमें फाइल का आकार कम हो जाता है, इसलिए इस फॉर्मेट की फाइलों को मोडेम द्वारा भेजने में कम समय लगता है।
- **जेपीईजी (.jpeg) :** इसका पूरा नाम Joint Photographic Experts Group है। यह भी वेबसाइटों के लिए एक लोकप्रिय फॉर्मेट है। इस फॉर्मेट में चित्र फाइलों का आकार बहुत कम हो जाता है। इसलिए ई-मेल के साथ भेजने के लिए यह बहुत उपयुक्त माना जाता है।
- **पीडीएफ (.pdf) :** यह एडोब का Portable Document Format है। इसकी विशेषता यह है कि इसमें बनाए गए दस्तावेजों को कई माध्यमों में पढ़ा जा सकता है।
- **टीआईएफएफ (.tiff) :** इसका पूरा नाम Tagged-Image File Format है। ऐसी फाइलों को विंडोज तथा मैकिन्तोष, दोनों प्रकार की मशीनों पर पढ़ा जा सकता है। यह डेस्कटॉप प्रकाशन के लिए सबसे अधिक पसन्द किया जाने वाला फॉर्मेट है।
- **पिक्ट (.pct) :** इसका पूरा नाम Picture Format है। यह मुख्य रूप से मैकिन्तोष कम्प्यूटरों में उपयोग किया जाने वाला चित्र फॉर्मेट है। इसका उपयोग डेस्कटॉप प्रकाशन में व्यापक रूप से किया जाता है। इस फॉर्मेट में भी फाइलों का आकार अधिकतम होता है।

यहां हमने कुछ मुख्य-मुख्य फाइल फॉर्मेटों का ही परिचय दिया है, जिनमें आप फोटोशॉप की फाइलों को सुरक्षित कर सकते हैं। वास्तव में फोटोशॉप इससे कहीं अधिक फॉर्मेटों को संभाल सकता है।

फाइल खोलना
(Opening a File)

फोटोशॉप में आप एक साथ कितनी भी चित्र फाइलों को खोल सकते हैं, यदि आपके कम्प्यूटर की रैम (RAM) का आकार उन्हें संभालने के लिए पर्याप्त हो। यदि फाइल का फॉर्मेट .psd अर्थात् फोटोशॉप का अपना फॉर्मेट है, तो आप उसके आइकॉन को डबल क्लिक करके ही फाइल को खोल सकते हैं। ऐसा करते ही फोटोशॉप प्रारम्भ हो जाएगा और वह फाइल खुल जाएगी। यदि फाइल का फॉर्मेट कुछ और है, तो उसको फोटोशॉप में खोलने के लिए निम्नप्रकार क्रियाएं कीजिए :

1. **File** मेन्यू में **Open...** आदेश दीजिए अथवा कंट्रोल के साथ **O (Ctrl+O)** बटन दबाइए। इससे आपकी स्क्रीन पर चित्र 19.9 की तरह 'Open' का डायलॉग बॉक्स खुल जाएगा।

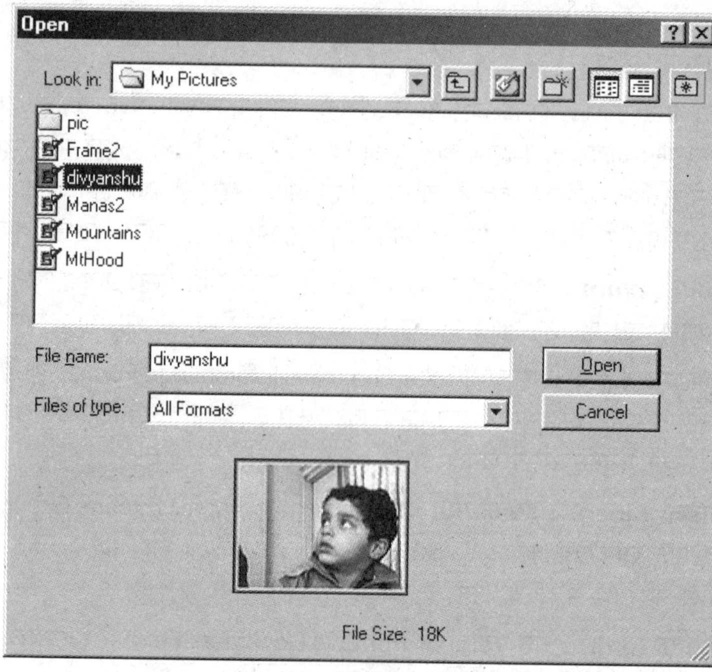

चित्र 19.9 : 'Open' का डायलॉग बॉक्स

2. इसके **Look in** ड्रॉप-डाउन लिस्ट बॉक्स में उस ड्राइव और फोल्डर का नाम चुनिए, जिसमें वह फाइल उपलब्ध है, जिसको आप फोटोशॉप में खोलना चाहते हैं। इससे उस फोल्डर में उपलब्ध ऐसी चित्र फाइलों के नाम बीच के खाली भाग में दिखाई देंगे, जिन्हें आप फोटोशॉप में खोल सकते हैं।
3. बीच के भाग में उस फाइल के नाम को क्लिक करके चुनिए। ऐसा करने पर प्राय: उस चित्र फाइल का प्रिव्यू नीचे के भाग में दिखाई देता है।
4. **Open** बटन को क्लिक कीजिए। इससे वह चित्र फाइल फोटोशॉप में खुल जाएगी।

फाइल को सुरक्षित करना
(Saving a File)

फोटोशॉप में कार्य करते समय यह सलाह दी जाती है कि आपको बीच-बीच में अपना कार्य सुरक्षित करते रहना चाहिए, क्योंकि कम्प्यूटर कई कारणों से अचानक बन्द हो सकता है और ऐसा हो जाने पर आपका बहुत सा समय और परिश्रम बेकार हो सकता है। फोटोशॉप में किसी फाइल को सुरक्षित करने में मात्र 2 सेकेंड का समय लगता है।

किसी फाइल को सुरक्षित करने के लिए **File** मेन्यू में **Save** आदेश दीजिए अथवा कंट्रोल के साथ **S (Ctrl+S)** बटन दबाइए। यदि फाइल का पहले ही कोई नाम रखा जा चुका है, तो इस आदेश से बिना कोई डायलॉग बॉक्स खुले आपकी फाइल सुरक्षित हो जाएगी। यदि फाइल का कोई नाम अभी नहीं रखा गया है, तो यह आदेश देते ही आपकी स्क्रीन पर चित्र 19.10 की तरह 'Save As' का डायलॉग बॉक्स खुल जाएगा।

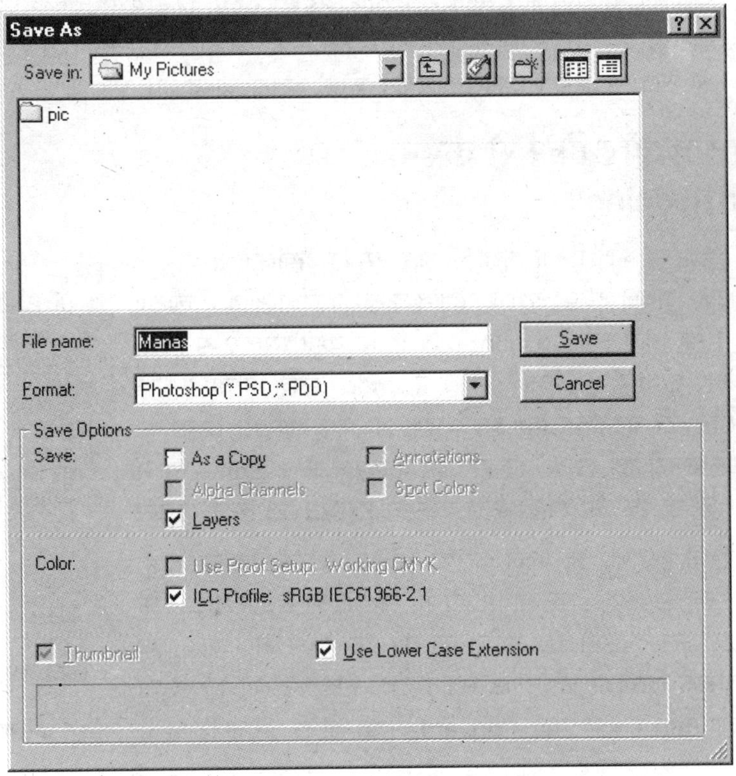

चित्र 19.10 : 'Save As' का डायलॉग बॉक्स

इस डायलॉग बॉक्स के **Save in** ड्रॉप-डाउन लिस्ट बॉक्स में उस ड्राइव और फोल्डर का नाम चुनिए, जिसमें आप उस फाइल को सुरक्षित करना चाहते हैं और **File name** टैक्स्ट बॉक्स में फाइल का कोई नाम भरिए।

सामान्यतया किसी इमेज को फोटोशॉप के अपने डिफॉल्ट फॉर्मेट .psd में सुरक्षित किया जाता है। यदि आप इसके बजाय किसी अन्य फॉर्मेट में फाइल को सुरक्षित करना चाहते हैं, तो **Format** ड्रॉप-डाउन लिस्ट बॉक्स को खोलकर उसमें से उचित फाइल फॉर्मेट का चुनाव कीजिए। इस सुविधा के द्वारा आप अपने कार्य को अनेक फॉर्मेटों में से किसी भी फॉर्मेट में सुरक्षित कर सकते हैं।

Save बटन को क्लिक करते ही वह फाइल बताए गए नाम से बताए गए फॉर्मेट में सुरक्षित कर दी जाएगी।

यदि आप किसी चित्र फाइल को नए नाम से सुरक्षित करना चाहते हैं, तो **File** मेन्यू में **Save As...** आदेश दीजिए अथवा शिफ्ट और कंट्रोल के साथ **S (Shift+Ctrl+S)** बटन दबाइए। इसके उत्तर में भी आपको चित्र 19.9 की तरह ही 'Save As' का डायलॉग बॉक्स दिया जाएगा। इस आदेश से फाइल सुरक्षित करने पर आप नई फाइल में कार्य जारी रख सकेंगे।

यदि आप किसी चित्र की मूल फाइल को वैसा ही बनाए रखकर नए चित्र को उसकी एक नकल के रूप में सुरक्षित करना चाहते हैं, तो ऊपर के डायलॉग बॉक्स में **Save** बटन को क्लिक करने से पहले **As a Copy** चेक बॉक्स को सेट कर दीजिए।

यदि आप **Save As** डायलॉग बॉक्स में **As a Copy** चेक बॉक्स को सेट किए बिना फाइल सुरक्षित करते हैं, तो उसके बाद आप नई फाइल में कार्य जारी रखते हैं, जबकि **As a Copy** के साथ सुरक्षित करने पर केवल उस समय की स्थिति सुरक्षित हो जाती है और कार्य आप मूल फाइल में उस स्थिति से आगे जारी रखते हैं। ऐसा करना तब आवश्यक होता है, जब आप किसी चित्र पर अनेक प्रकार के प्रयोग करके देखना चाहते हों।

कार्य को उलटना और फिर से करना (Undoing and Redoing)

कई बार हम किसी इमेज पर कोई क्रिया करते हैं और उसका अपेक्षित परिणाम न निकलने पर उसे उलटकर अर्थात् उसका प्रभाव समाप्त करके पुरानी स्थिति में लौटना चाहते हैं। फोटोशॉप में यह कार्य अनडू (Undo) आदेश द्वारा बहुत सरलता से किया जा सकता है। इसके लिए **Edit** मेन्यू (चित्र 19.11) में **Undo** आदेश दीजिए अथवा कंट्रोल के साथ **Z (Ctrl+Z)** बटन दबाइए। इस आदेश से आप आखिरी क्रिया को उलट सकते हैं। किसी उलटी हुई क्रिया को फिर से करने के लिए **Edit** मेन्यू में **Redo** आदेश दीजिए अथवा एक बार फिर कंट्रोल के साथ **Z (Ctrl+Z)** बटन दबाइए।

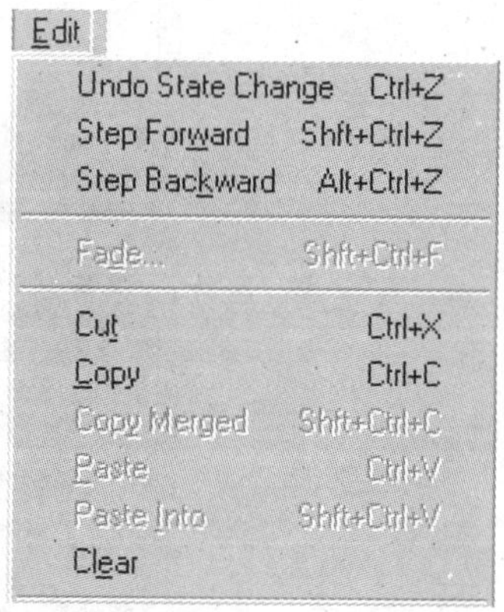

चित्र 19.11 : एडिट मेन्यू

यदि आप आखिरी क्रिया से भी पहले की गई क्रियाओं को उलटना चाहते हैं, तो **Edit** मेन्यू में ही **Step Backward** आदेश दीजिए अथवा अल्ट और कंट्रोल के साथ **Z (Alt+Ctrl+Z)** बटन दबाइए। इस आदेश को बार-बार देकर आप एक-एक करके कितनी भी आखिरी क्रियाओं को उलट सकते हैं। आखिरी उलटी हुई क्रिया को फिर से करने के लिए **Edit** मेन्यू में **Step Forward** आदेश दीजिए अथवा शिफ्ट और कंट्रोल के साथ **Z (Shift+Ctrl+Z)** बटन दबाइए।

फोटोशॉप में आपके द्वारा की गई प्रत्येक क्रिया अर्थात् चित्र में किए गए प्रत्येक परिवर्तन का विवरण हिस्ट्री पैलेट में रखा जाता है। आप इस पैलेट का उपयोग करके एक साथ कितनी भी क्रियाओं को उलटकर चित्र को उन क्रियाओं से पूर्व की स्थिति में ला सकते हैं।

फोटोशॉप 7.0 में यह पैलेट लेयर्स पैलेट की विंडो में होता है। इस पैलेट को देखने के लिए इस विंडो के **History** टैब को क्लिक कीजिए। इससे यह पैलेट चित्र 19.12 की तरह खुल जाएगा। इस पैलेट में स्टोर की गई सभी क्रियाएं अर्थात् स्टेप उसी क्रम में दिखाई देंगे। आप इनमें से जिस क्रिया तक वापस जाना चाहते हैं, उसे क्लिक कीजिए। इससे आपकी इमेज उस स्थिति तक पहुंच जाएगी।

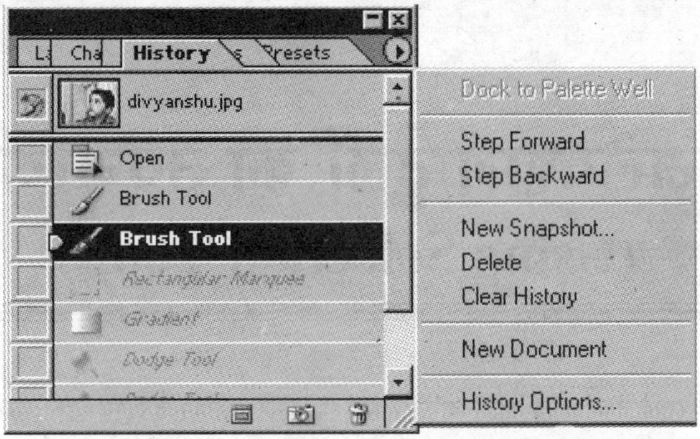

चित्र 19.12 : हिस्ट्री पैलेट और हिस्ट्री मेन्यू

हिस्ट्री पैलेट में स्टोर की जाने वाली क्रियाओं की अधिकतम संख्या निश्चित होती है। आप **Edit** मेन्यू में **Preferences** के झरना मेन्यू में **General...** आदेश देकर अथवा कंट्रोल के साथ **K (Ctrl+K)** बटन दबाकर उससे खुलने वाले **Preferences** के डायलॉग बॉक्स में **History States** टैक्स्ट बॉक्स में यह संख्या सेट कर सकते हैं।

फोटोशॉप से बाहर निकलना
(Exiting Photoshop)

फोटोशॉप पर अपना कार्य समाप्त करने के बाद यदि आप उससे बाहर निकलना चाहते हैं, तो **File** मेन्यू में **Exit** आदेश दीजिए अथवा कंट्रोल के साथ **Q (Ctrl+Q)** बटन दबाइए या उसकी मुख्य विंडो के टूलबार में बने हुए **X** बटन को क्लिक कीजिए। ऐसा करने पर फोटोशॉप प्रोग्राम समाप्त कर दिया जाएगा।

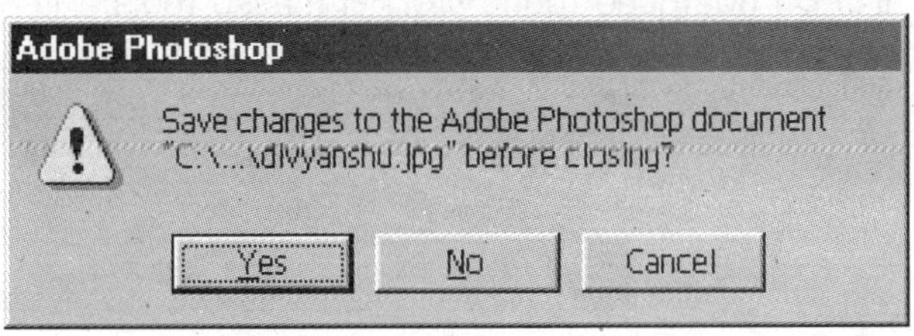

चित्र 19.13 : फोटोशॉप दस्तावेज सुरक्षित करने की चेतावनी का डायलॉग बॉक्स

यदि यह आदेश देते समय कोई दस्तावेज खुला हुआ है और उसमें किए गए परिवर्तन सुरक्षित नहीं किए गए हैं, तो आपको उस इमेज दस्तावेज को सुरक्षित करने का अवसर देने के लिए चित्र 19.13 की तरह चेतावनी का डायलॉग बॉक्स दिया जाएगा। यदि आप दस्तावेज में किए गए परिवर्तनों को सुरक्षित करना चाहते हैं, तो **Yes** बटन को क्लिक कीजिए अन्यथा **No** बटन को क्लिक कीजिए। ऐसा करने पर उचित कार्यवाही करके प्रोग्राम समाप्त कर दिया जाएगा।

20

सलेक्शन टूलों का उपयोग
(Using Selection Tools)

आप जानते हैं कि किसी दस्तावेज में कोई कार्य करते समय या कोई आदेश देने से पहले हमें वह वस्तु, चित्र, पाठ्य या उसका कोई भाग चुनना पड़ता है, जिस पर वह कार्य किया जाएगा या वह आदेश लागू किया जाएगा। फोटोशॉप में कार्य करते समय यह बात कहीं अधिक महत्वपूर्ण है और कोई कार्य करने से पहले चित्र का वह भाग ठीक-ठीक चुनना आवश्यक है, जिस पर आप वह कार्य करना चाहते हैं। गलत चुनाव के कारण कार्य का परिणाम भी गलत होगा। इसलिए फोटोशॉप में चुनाव के लिए अनेक विधियां अथवा टूल उपलब्ध हैं, ताकि आप केवल इच्छित भाग का ही पूरी तरह सही चुनाव कर सकें। इस अध्याय में आप इन्हीं विधियों के बारे में पढ़ेंगे।

चुनावों से संबंधित कार्य करते समय आपको यह बात सदैव ध्यान में रखनी चाहिए कि कोई भी आदेश केवल चुने हुए भाग पर लागू होता है अर्थात् आप कैनवास के केवल चुने हुए भाग को ही सम्पादित कर सकते हैं। वही सक्रिय भाग होता है। यदि आप ऐसा आदेश देना चाहते हैं, जो किसी अन्य भाग पर लागू हो या सम्पूर्ण कैनवास पर लागू हो, तो या तो आपको नया चुनाव कर लेना चाहिए, या फिर चुनाव टूल से किसी खाली स्थान पर क्लिक करके अथवा कंट्रोल के साथ **D (Ctrl+D)** दबाकर चुनाव को रद्द कर देना चाहिए।

पिछले अध्याय में आप फोटोशॉप में उपलब्ध सलेक्शन टूलों के बारे में संक्षेप में पढ़ चुके हैं। इसमें मुख्यत: तीन सलेक्शन टूल उपलब्ध हैं : मार्की टूल (Marquee Tool), लासो टूल (Lasso Tools) और मैजिक वैंड (Magic Wand)।

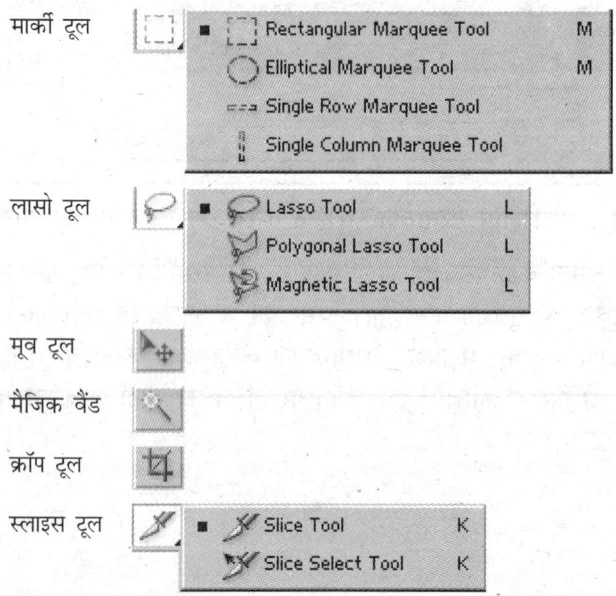

चित्र 20.1 : फोटोशॉप के सलेक्शन टूल और उनके पॉप-अप मेन्यू

इन टूलों की सहायता से आप पूरे चित्र से लेकर एक अकेले पिक्सल तक का चुनाव कर सकते हैं। इनके अतिरिक्त तीन अन्य सलेक्शन टूल उपलब्ध हैं : मूव टूल (Move Tool), क्रॉप टूल (Crop Tool) तथा स्लाइस टूल (Slice Tool)। चित्र 20.1 में सभी सलेक्शन टूल और उनके पॉप-अप मेन्यू दिखाए गए हैं। इनमें से कुछ प्रमुख टूलों के उपयोग के बारे में इसी अध्याय में आगे बताया गया है।

मार्की टूल (Marquee Tools)

ये मुख्यत: दो होते हैं : आयताकार मार्की (Ractangular Marquee) तथा इलिप्टीकल मार्की (Elliptical Marquee), जिसे ओवल मार्की भी कहते हैं। जैसा कि इनके नामों से स्पष्ट है, आप इनकी सहायता से क्रमश: आयताकार और दीर्घवृत्ताकार भाग चुन सकते हैं। किसी समय इनमें से एक टूल ही चुना हो सकता है। दूसरे को चुनने के लिए माउस पॉइंटर को उस टूल पर लाकर माउस बटन को एक क्षण दबाए रखिए, जिससे उसका पॉप-अप मेन्यू खुल जाएगा। आप माउस पॉइंटर को उस पॉप-अप मेन्यू में ले जाकर कोई भी टूल क्लिक करके चुन सकते हैं।

इन टूलों का उपयोग करने की विधि निम्नप्रकार है :

1. टूल बॉक्स में से इच्छित मार्की टूल को चुनिए।
2. माउस पॉइंटर या कर्सर को कैनवास के ऊपर ले जाइए, जहां वह क्रॉस के चिह्न में बदल जाएगा।
3. कैनवास के जिस भाग को आप चुनना चाहते हैं, वहां कर्सर ले जाकर माउस बटन को दबाकर पकड़ लीजिए और उसे दबाए रखकर इच्छित दिशा में खींचिए। इससे चुने जाने वाले भाग की सीमा रेखा टूटी हुई लाइनों से दिखाई देगी।
4. आवश्यक आकार का भाग बन जाने पर माउस बटन को छोड़ दीजिए। इससे वह भाग चुन लिया जाएगा और चींटी जैसी चलती हुई रेखाओं से घिरा दिखाई देगा।

यदि आप माउस बटन को छोड़ते समय शिफ्ट कुंजी को दबा लेते हैं, तो चुना जाने वाला भाग क्रमश: पूर्ण वर्ग (Perfect Square) और वृत्ताकार (Circular) होगा।

आप एक साथ कई भाग भी चुन सकते हैं। इसके लिए आपको पहला चुनाव करने के बाद अगली बार मार्की टूल को क्लिक करने से पहले शिफ्ट कुंजी को दबा लेना चाहिए। इस बीच आप चाहें तो टूल बदल भी सकते हैं। इस प्रकार चुनाव करने पर आप एक साथ कई भागों को चुन सकते हैं। यदि इस तरह चुने हुए भाग एक दूसरे पर आ रहे होंगे, तो फोटोशॉप उन भागों को मिलाकर एक ही भाग चींटी की तरह चलती हुई रेखाओं से घिरा दिखाएगा।

यदि आप किसी चुने हुए भाग के कुछ भाग को चुनाव से निकालना चाहते हैं, तो फोटोशॉप में ऐसा भी किया जा सकता है। इसके लिए आपको एक चुनाव करने के बाद निकाला जाने वाला भाग चुनने के लिए टूल को क्लिक करने से पहले अल्ट कुंजी को क्लिक करना चाहिए। इस प्रकार चुनने और छोड़ने वाले भागों को मिलाकर आप मनचाही आकृति का भाग चुन सकते हैं। चित्र 20.2 में कई भागों से बनी हुई एक आकृति को चुना हुआ दिखाया गया है और उसमें बीच के दो वृत्ताकार भागों को चुनाव से अलग किया गया है।

एक आकृति का भाग चुनने के बाद यदि आप ठीक उसी आकार का दूसरा भाग भी चुनना चाहते हैं, तो आपको दूसरा भाग चुनने से पहले इस टूल के टूल ऑप्शंस बार में **Style** ड्रॉप-डाउन लिस्ट में **Fixed size** विकल्प को सेट कर देना चाहिए।

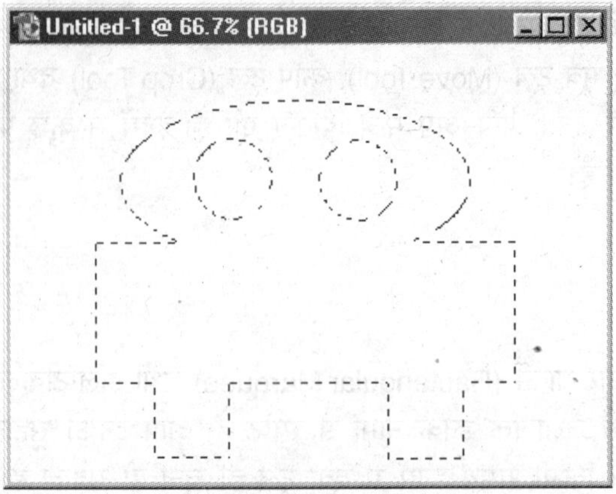

चित्र 20.2 : विशेष आकृतियों को चुनना और चुनाव से निकालना

इस प्रकार चुने हुए विशेष भागों में आप मनचाहा रंग भर सकते हैं, बदलते हुए रंग भर सकते हैं तथा ब्रश द्वार पेण्ट कर सकते हैं। यह करते समय आपको रंग इस आकृति से बाहर फैलने का भी कोई डर नहीं होगा।

लासो टूल (Lasso Tool)

मार्की टूल द्वारा आप कुछ नियमित (Regular) आकृतियों वाले भागों का चुनाव कर सकते हैं, लेकिन कई बार इसर हमारा उद्देश्य पूरा नहीं होता, क्योंकि हमें अनियमित (Irregular) आकार की वस्तुओं को चुनना पड़ता है, जैसे किस फोटो में किसी एक व्यक्ति का चेहरा, गुलदस्ते में से एक फूल या किसी दृश्य में से एक पेड़ ।

इस प्रकार का चुनाव लासो टूल की सहायता से किया जाता है। इसमें आपके हाथ का सधा होना बहुत महत्वपू होता है। इसके साथ ही आपका माउस और माउस पैड इतना साफ होना चाहिए कि वह हाथ की थोड़ी सी भी हलचत को रिकॉर्ड कर सके। लासो टूल का उपयोग करने की विधि निम्नप्रकार है :

1. टूलबॉक्स से लासो टूल का चुनाव कीजिए अथवा **L** दबाइए। इससे कैनवास पर कर्सर का रूप बदलक इस टूल जैसा हो जाएगा।

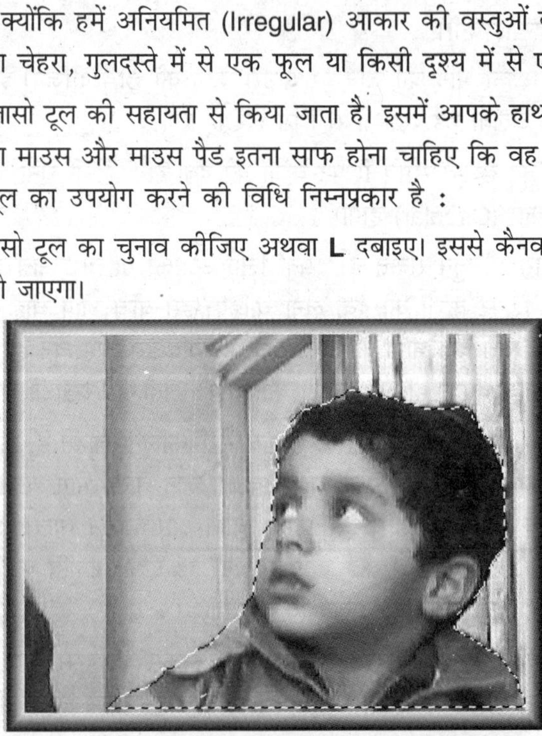

चित्र 20.3 : लासो टूल द्वारा चुनी हुई आकृति

2. जिस वस्तु को आप चुनना चाहते हैं, उसकी किसी सीमा रेखा पर क्लिक कीजिए और माउस बटन दबाए रखकर उसके चारों ओर सीमा रेखा पर कर्सर को ध्यानपूर्वक खींचिए। इससे कर्सर के मार्ग पर ठोस रेखा बनती हुई दिखाई देगी।
3. जब आप पूर्ण चुनाव के निकट हों, तो माउस बटन को छोड़ दीजिए। इससे फोटोशॉप अपने आप उसको पूरा कर देगा और आपके द्वारा चुना हुआ भाग चींटी जैसी चलती हुई रेखाओं द्वारा घिरा हुआ दिखाई देगा।

सम्भव है कि इस प्रकार चुनाव करने पर वह चित्र ठीक-ठीक न आया हो और उसका कोई भाग यहां-वहां छूट गया हो अथवा अतिरिक्त भाग चुन लिया गया हो। ऐसी स्थिति में आप मार्की टूल की तरह ही शिफ्ट कुंजी दबाकर इस टूल द्वारा अतिरिक्त भाग चुन सकते हैं और अल्ट कुंजी दबाकर चुने हुए भाग को निकाल सकते हैं।

चित्र 20.3 में इस टूल द्वारा एक फोटो में से एक बच्चे के चेहरे का चुनाव किया गया है।

बहुभुजीय लासो टूल
(Polygonal Lasso Tool)

साधारण लासो टूल का एक सुधरा हुआ रूप बहुभुजीय लासो टूल है। जैसा कि इसके नाम से स्पष्ट है, इसके द्वारा आप बहुभुजाकार आकृति वाला भाग चुन सकते हैं। इस टूल का उपयोग करना अपेक्षाकृत सरल है, क्योंकि इसमें आप केवल बिन्दुओं को क्लिक करते हैं और फोटोशॉप उन बिन्दुओं को जोड़ने वाली सरल रेखाएं बना देता है। आप इसमें बिन्दुओं को कितने भी पास और कितनी भी दूर लगा सकते हैं।

इस टूल के उपयोग की विधि निम्नप्रकार है :

1. लासो टूल पर माउस पॉइंटर लाकर माउस बटन को दबाकर पकड़ लीजिए। इससे इस टूल का पॉप-अप मेन्यू उभर आएगा।
2. पॉप-अप मेन्यू में बहुभुजीय लासो टूल पर माउस पॉइंटर ले जाकर माउस बटन को छोड़ दीजिए। इससे वह टूल चुन लिया जाएगा और कैनवास पर कर्सर का रूप इस टूल जैसा हो जाएगा।
3. जिस आकृति को आप चुनना चाहते हैं, उसकी सीमा रेखा पर कहीं भी क्लिक कीजिए। इससे कैनवास पर एक बिन्दु बन जाएगा। अब माउस को सरकाइए। आप देखेंगे कि माउस के साथ-साथ एक सरल रेखा चलती हुई दिखाई देती है।

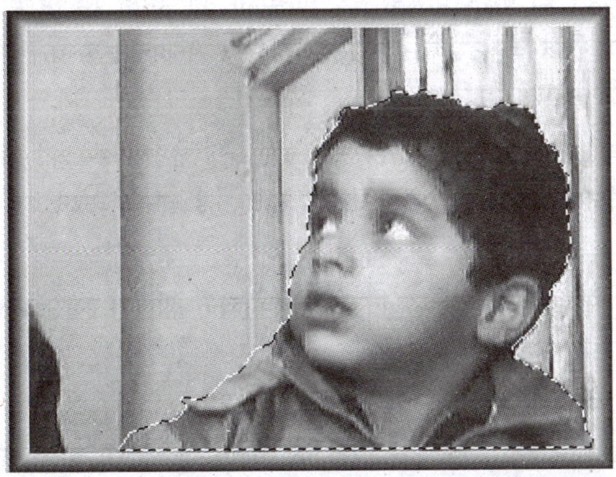

चित्र 20.4 : बहुभुजीय लासो टूल द्वारा चुनी हुई आकृति

4. वस्तु की सीमा पर उस बिन्दु पर क्लिक कीजिए, जहां तक वह रेखा सीमा से पूरी तरह या लगभग मिलती हो। इससे वहां एक रेखा बन जाएगी। इसी प्रकार क्लिक करते हुए वस्तु के चारों ओर रेखाएं बना लीजिए।
5. जब आपका कर्सर प्रारम्भ के बिन्दु के निकट होता है, तो कर्सर में एक छोटा सा वृत्त जुड़ जाता है। इससे पता चलता है कि यहां क्लिक करने से चुनाव पूरा हो जाएगा। वैसे आप कहीं भी डबल क्लिक करके अपना चुनाव पूरा कर सकते हैं।
6. चुनाव पूरा करने के लिए क्लिक कीजिए। इससे वह वस्तु चुन ली जाएगी और वह चींटी जैसी चलती हुई रेखाओं से घिरी दिखाई देगी।

चित्र 20.4 में बहुभुजीय लासो टूल द्वारा एक फोटो में से बच्चे के चित्र को चुना गया है। आप देख सकते हैं कि इस टूल द्वारा किया गया चुनाव चित्र 20.3 में साधारण लासो टूल द्वारा किए गए चुनाव से अधिक स्पष्ट है।

चुम्बकीय लासो टूल
(Magnetic Lasso Tool)

इस टूल का उपयोग बहुभुजीय लासो टूल की तरह ही है। परन्तु यह इसलिए बेहतर है कि इससे सीमा रेखा चुनी जाने वाली वस्तु के किनारों से लगभग या पूरी तरह मिल जाती है। इसलिए बहुत से उपयोगकर्ता इसी लासो टूल का उपयोग सबसे अधिक किया करते हैं।

इस टूल में फोटोशॉप द्वारा रंगों के अन्तर के आधार पर आपके कर्सर के चलने के मार्ग पर निर्धारित न्यूनतम दूरी पर अपने आप बिन्दु रख दिए जाते हैं, जिन्हें सरल रेखाओं से मिलाकर आकृति पूर्ण की जाती है। यदि चुना जाने वाला भाग विशिष्ट रंगों द्वारा स्पष्ट है, तो इस टूल द्वारा उसे कहीं अधिक अच्छी तरह चुना जा सकता है। आप इस टूल के ऑप्शंस बार में रंगों का अन्तर और बिन्दुओं की बारम्बारता सेट कर सकते हैं।

मैजिक वैंड
(Magic Wand)

यह एक भिन्न प्रकार का सलेक्शन टूल है। अभी तक हमने ऐसे टूलों की चर्चा की है, जो किसी चित्र में पिक्सलों को उनकी स्थिति के आधार पर चुनते हैं। परन्तु मैजिक वैंड पिक्सलों को उनके रंग के मान के अनुसार चुनता है। इसकी सहायता से आप किसी वस्तु के चित्र को उसके बैकग्राउंड के चित्र से अलग करके चुन सकते हैं, जैसे आसमान में से कोई पक्षी या तालाब में से कोई मछली आदि।

सामान्यतया मैजिक वैंड द्वारा ऐसी वस्तुओं को चुना जाता है, जो एक रंग की हों। यदि वस्तु कई रंगों की है, तो सही-सही और पूरा चुनने के लिए आपको शिफ्ट कुंजी के साथ कई चुनाव करने पड़ सकते हैं। इस टूल का उपयोग करने की विधि निम्नप्रकार है :

1. टूल बॉक्स में से मैजिक वैंड टूल को क्लिक करके चुन लीजिए। इससे कैनवास में कर्सर का रूप बदलकर मैजिक वैंड जैसा हो जाएगा।
2. कर्सर को इमेज में उस बिन्दु या रंग पर ले जाइए, जिसके रंग के भाग को आप चुनना चाहते हैं और क्लिक कीजिए। आप देखेंगे कि उस बिन्दु के मिलते-जुलते रंग वाला सारा भाग चुन लिया जाता है।
3. अन्य भागों को भी साथ में चुनने के लिए शिफ्ट कुंजी दबाकर इस क्रिया को दोहराइए।

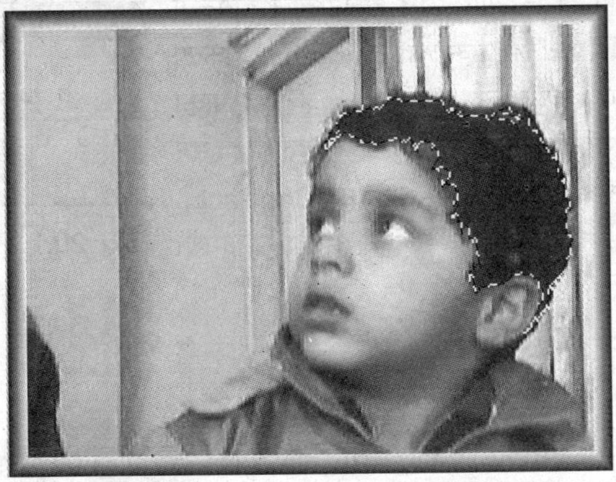

चित्र 20.5 : मैजिक वैंड टूल द्वारा चुना हुआ एक रंग का भाग

चित्र 20.5 में एक बच्चे के चित्र का बालों वाला भाग इस विधि से चुना गया है। इसमें आप देख सकते हैं कि बालों का बहुत सा भाग अभी भी छूट गया है, क्योंकि उसका रंग थोड़ा अलग है। वास्तव में किसी रंग से कितने मिलते-जुलते रंगों वाला भाग चुना जाएगा, यह हमारे द्वारा सेट की गई सहन सीमा (Tolerance Limit) पर निर्भर करता है। ऊपर के चित्र में सहन सीमा 32 सेट की गई है। यदि आप इसे बढ़ा देते हैं, मान लीजिए 40 कर देते हैं, तो चित्र का कहीं ज्यादा बड़ा भाग चुना जाएगा। हालांकि इससे अच्छा यह है कि आप शिफ्ट कुंजी दबाकर इसके आसपास के छूटे हुए भागों को भी चुन लें। सहन सीमा सेट करने के लिए इस टूल के ऑप्शंस बार का उपयोग किया जाता है।

ऊपर के उदाहरण में हमने एक रंग का केवल एक भाग चुना है, अर्थात् ऐसे मिलते-जुलते रंग के ऐसे पिक्सलों को चुना गया है, जो परस्पर पास-पास हैं। उसी रंग के दूर के बिन्दुओं को नहीं चुना गया है। इसका कारण यह है कि हमने इसके टूल ऑप्शंस बार में **Contiguous** चेक बॉक्स को सेट कर दिया है। यदि आप पूरे चित्र के किसी रंग के सभी भागों को चुनना चाहते हैं, तो इस चेक बॉक्स को क्लिक करके रिसेट कर दीजिए।

सलेक्ट मेन्यू
(Select Menu)

ऊपर बताए गए सलेक्शन टूलों के अलावा फोटोशॉप में एक सलेक्ट मेन्यू भी है, जो चित्र 20.6 में दिखाया गया है। इसके पहले चार आदेश सबसे अधिक उपयोगी हैं। **All** आदेश से आप पूरे चित्र को चुन सकते हैं। **Deselect** आदेश से चुनाव को रद्द कर सकते हैं। **Reselect** से आप रद्द किए हुए चुनाव को फिर से चुन सकते हैं। **Inverse** से आप चुने हुए भाग को छोड़कर शेष भाग को चुन सकते हैं।

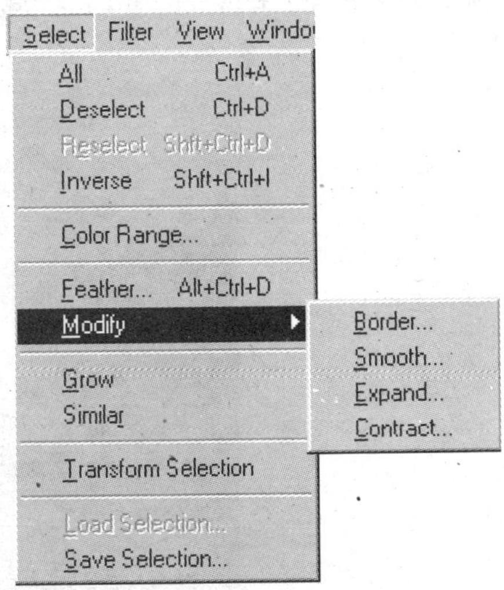

चित्र 20.6 : सलेक्ट मेन्यू

सलेक्शन को सुधारना
(Modifying Selection)

Select मेन्यू का **Modify** सब-मेन्यू, जो चित्र 20.6 में दिखाया गया है, आपको अपने चुनाव को कई प्रकार से सुधारने की सुविधा देता है। इसके **Border...** विकल्प से आप चुनी हुई वस्तु की केवल सीमा रेखा

को चुन सकते हैं। सीमा रेखा की मोटाई आप इससे खुलने वाले डायलॉग बॉक्स (चित्र 20.7) में पिक्सलों में सेट कर सकते हैं। **Smooth...** विकल्प से आप लासो टूल द्वारा किए गए चुनाव को सुधार सकते हैं। यह मार्की रेखा में बने हुए कटावों या बेतरतीब घुमावों को सपाट कर देता है। इसमें भी आप पिक्सलों की संख्या सेट करते हैं। **Expand...** और **Contract...** विकल्पों से आप अपने चुनाव को बताए गए पिक्सलों की संख्या से क्रमशः बढ़ा और घटा सकते हैं।

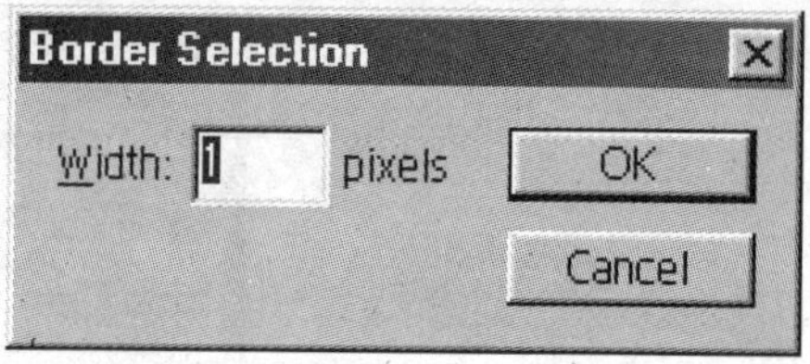

चित्र 20.7 : बॉर्डर की मोटाई सेट करना

फीदर
(Feather)

फोटोशॉप की इस सुविधा के द्वारा आप किसी चित्र या वस्तु का चयन ठोस किनारों के स्थान पर पंख जैसे किनारों के साथ कर सकते हैं। यह उस समय उपयोगी है जब आप किसी वस्तु को एक चित्र से उठाकर दूसरे चित्र पर चिपकाना चाहते हों। पंख की चौड़ाई चित्र 20.8 में दिखाए गए फीदर सलेक्शन के डायलॉग बॉक्स में पिक्सलों में सेट की जाती है।

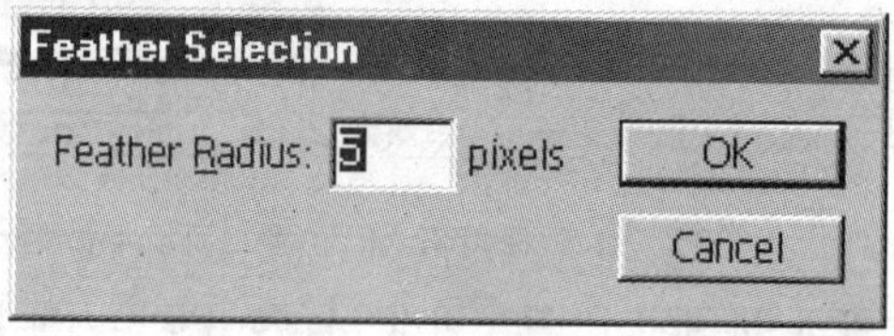

चित्र 20.8 : फीदर सेट करना

बड़े भाग चुनना
(Selecting Large Areas)

कई बार हमें किसी चित्र के बड़े-बड़े भागों को चुनने की आवश्यकता होती है, जैसे किसी प्राकृतिक दृश्य में आकाश, ताकि आप मूल चित्र में कोई परिवर्तन किए बिना ही उसको किसी अन्य रंग में बदल सकें या उसका रंग हलका कर सकें। चित्र 20.9 में एक चित्र दिखाया गया है, जिसमें आकाश को चुना गया है। इसमें आकाश का रंग कई बार बदल रहा है, फिर भी मैजिक वैंड टूल द्वारा सावधानीपूर्वक किए गए क्लिकों से पूरा आकाश चुन लिया गया है। इस प्रकार किसी चित्र का बड़ा भाग चुनने की विधि निम्नप्रकार है :

चित्र 20.9 : किसी चित्र का बड़ा भाग चुनना

1. टूल बॉक्स से मैजिक वैंड टूल को चुन लीजिए।
2. इसके टूल ऑप्शंस बार में **Tolerance** को 45 सेट कर दीजिए। इससे आप आकाश के मिलते-जुलते शेड वाले भागों को चुन सकेंगे।
3. आकाश के किसी भाग पर मैजिक वैंड टूल द्वारा क्लिक कीजिए। इससे उसके आसपास का काफी भाग चुन लिया जाएगा।
4. शिफ्ट कुंजी को दबाकर पकड़ लीजिए और मैजिक वैंड द्वारा आकाश के उन भागों को क्लिक कीजिए, जो अभी तक नहीं चुने गए हैं। ऐसा करते हुए सम्पूर्ण आकाश को चुन लीजिए।
5. **Select** मेन्यू में **Feather...** आदेश दीजिए अथवा शिफ्ट और कंट्रोल के साथ **D (Shift+Ctrl+D)** बटन दबाइए। इससे आपकी स्क्रीन पर चित्र 20.8 की तरह 'Feather Selection' का डायलॉग बॉक्स खुल जाएगा। इस डायलॉग बॉक्स में फीदर की मात्रा 1 या 2 सेट कर दीजिए।
6. अब आप इस चुने हुए आकाश पर कोई भी क्रिया करने के लिए स्वतंत्र हैं। आप चाहें तो इसका रंग बदल सकते हैं, कहीं नकल कर सकते हैं या अन्य क्रियाएं कर सकते हैं, जिनके बारे में आप आगे पढ़ेंगे।

ऊपर की क्रिया करते समय यदि आप चित्र का जरूरत से ज्यादा भाग चुन लेते हैं, तो तुरन्त **Undo** आदेश देकर आप पिछली स्थिति तक लौट सकते हैं।

काटना और नकल करना (Cutting and Copying)

विंडोज आधारित अन्य प्रोग्रामों की तरह ही आप फोटोशॉप में भी चित्रों या उनके भागों को काट (Cut) या नकल (Copy) करके चिपका (Paste कर) सकते हैं। ये आदेश अन्य प्रोग्रामों की तरह **Edit** मेन्यू में पाए जाते हैं। इनके लिए आप क्रमश: **Ctrl+X, Ctrl+C** तथा **Ctrl+V** शॉर्टकट आदेश भी दे सकते हैं, जो अन्य प्रोग्रामों की तरह ही हैं।

इन सुविधाओं का उपयोग करके आप एक चित्र से कोई वस्तु लेकर दूसरे चित्र पर चिपकाकर मनचाहा तीसरा चित्र बना सकते हैं। चित्र 20.10 से हमने एक लड़के का चित्र लेकर चित्र 20.11 की तरह एक प्राकृतिक दृश्य पर

चित्र 20.10 : एक साधारण फोटो

चित्र 20.11 : मूल प्राकृतिक दृश्य

चिपकाया है, जिससे एकदम नया चित्र 20.12 तैयार हो गया है और ऐसा प्रतीत होता है कि वह लड़का उस सुन्दर पहाड़ी स्थान पर खड़ा हुआ प्राकृतिक सौंदर्य का आनन्द ले रहा है।

यह कार्य करने की सरल विधि निम्नप्रकार है :

1. उस चित्र को खोलिए, जिसमें लड़के का फोटो है।
2. ऊपर बताई गई विधियों में से किसी भी उचित विधि से लड़के के चित्र को चुन लीजिए।
3. **Edit** मेन्यू में **Copy** आदेश दीजिए अथवा कंट्रोल के साथ **C (Ctrl+C)** बटन दबाइए। इससे वह चित्र क्लिपबोर्ड में नकल हो जाएगा।
4. अब उस प्राकृतिक दृश्य वाले चित्र को खोलिए, जिस पर लड़के का फोटो चिपकाना है।
5. **Edit** मेन्यू में **Paste** आदेश दीजिए अथवा कंट्रोल के साथ **V (Ctrl+V)** बटन दबाइए। इससे वह चित्र क्लिपबोर्ड से उस चित्र पर पेस्ट कर दिया जाएगा।

चित्र 20.12 : अन्तिम तैयार चित्र

6. टूल बॉक्स में से मूव टूल को क्लिक करके उस फोटो को माउस पॉइंटर द्वारा पकड़कर सरकाइए और चित्र में उचित स्थान पर सेट कीजिए।
7. पीछे बताई जा चुकी विधि से इस चित्र को सुरक्षित कर दीजिए।

क्रॉपिंग
(Cropping)

किसी चित्र के किनारे के भागों को काटने की क्रिया को क्रॉपिंग कहा जाता है। इसे आप एक विशेष प्रकार का चुनाव कह सकते हैं। किसी चित्र में क्रॉपिंग करने की विधि निम्नप्रकार है :

1. टूल बॉक्स से क्रॉप टूल को चुनिए अथवा कुंजीपटल पर **C** दबाइए। इससे कैनवास पर कर्सर का रूप क्रॉप टूल जैसा हो जाएगा।
2. कर्सर को माउस बटन दबाकर खींचते हुए उस भाग को चुनिए, जिसे आप रखना चाहते हैं। चुने हुए भाग के अर्थात् क्रॉपिंग विंडो के सभी कोनों और साइडों पर हैंडिल दिखाई देंगे। चित्र के जो भाग काटे जाते हैं, वे हलके कर दिए जाते हैं, जैसा कि चित्र 20.13 में दिखाया गया है।

चित्र 20.13 : चित्र की क्रॉपिंग करना

चित्र 20.14 : क्रॉप किया हुआ चित्र

3. यदि आप क्रॉपिंग विंडो से संतुष्ट नहीं हैं, तो माउस पॉइंटर द्वारा हैंडिलों को पकड़कर खींचते हुए किनारों को उचित स्थान पर सेट कर दीजिए।
4. क्रॉपिंग विंडो से संतुष्ट होने के बाद उसके अन्दर डबल क्लिक कीजिए, जिससे उस विंडो से बाहर के भाग काट दिए जाएंगे और चित्र 20.14 की तरह क्रॉप किया हुआ चित्र रह जाएगा।

यदि क्रॉपिंग करते हुए चित्र कम या अधिक कट जाता है, तो आपको चिंता करने की आवश्यकता नहीं है, क्योंकि कभी भी आप **Undo** आदेश देकर किसी भी क्रिया को उलट सकते हैं। यदि यह आदेश देने में देर हो गई है, तो भी आप हिस्ट्री पैलेट से पीछे की स्थिति में आ सकते हैं।

क्रॉपिंग करने की एक दूसरी विधि भी है। इसमें आप आयताकार मार्की टूल से चित्र का आवश्यक भाग चुन लेते हैं और **Image** मेन्यू में **Crop** आदेश देकर उसके चारों ओर के भागों को अलग कर देते हैं। यह क्रिया भी ठीक वही काम करती है, जो क्रॉपिंग टूल द्वारा किया जाता है, लेकिन क्रॉप टूल का उपयोग करने से आपको कई अन्य सुविधाएं भी मिलती हैं, जो **Crop** आदेश में उपलब्ध नहीं हैं।

इस अध्याय में हमने विभिन्न प्रकार के चुनावों की जो विधियां बताई हैं, उनका अच्छी तरह अभ्यास कर लेना चाहिए, क्योंकि जैसा कि हम बता चुके हैं, फोटोशॉप के अधिकांश आदेश केवल चुने हुए भागों पर लागू होते हैं। आगे के अध्यायों में आप विभिन्न प्रकार से अपनी इमेज का रूपांतरण करने के बारे में पढ़ेंगे।

21

चित्रों का रूपांतरण
(Transformation of Images)

ऐसा बहुत कम होता है कि किसी चित्र को आप हमेशा वैसा का वैसा ही उपयोग में लाते रहें। सामान्यतया किसी चित्र को एक स्थान से दूसरे स्थान पर नकल करके लगाते समय छोटा-बड़ा करने की आवश्यकता पड़ती है। कई बार टेढ़े चित्रों को सीधा किया जाता है, उन्हें घुमाया भी जाता है और पलटने की आवश्यकता भी पड़ सकती है। इस अध्याय में आप चित्रों के ऊपर ऐसी क्रियाएं करना सीखेंगे।

आकार बदलना
(Resizing)

फोटोशॉप में किसी चित्र अथवा उसके चुने हुए भाग का आकार बदलना बहुत सरल है। इसमें आपके सामने दो विकल्प होते हैं : चित्र का आकार बदलना या कैनवास का आकार बदलना। चित्र का आकार बदलने से चित्र छोटा या बड़ा हो जाता है और कैनवास का आकार बदलने से मूल चित्र तो उतना ही बड़ा रहता है, लेकिन उसके चारों ओर या जिस ओर आप चाहें खाली स्थान बढ़ जाता है। इसकी आवश्यकता आपको तब पड़ती है, जब आप उस चित्र के आस पास अन्य वस्तुएं लगाना चाहते हों। यहां हम इन दोनों ही क्रियाओं के बारे में बता रहे हैं।

चित्र का आकार बदलना
(Resizing the Image)

किसी चित्र का आकार बदलने के लिए **Image** मेन्यू में **Image...** आदेश दीजिए। इससे आपकी स्क्रीन पर चित्र 21.1 की तरह 'Image Size' का डायलॉग बॉक्स खुल जाएगा। इस डायलॉग बॉक्स में चित्र का आकार पिक्सलों में तथा अन्य इकाइयों में दिखाया जाता है। आप इन्हें प्रतिशत में भी देख सकते हैं। इसके लिए संबंधित टैक्स्ट बॉक्सों के ड्रॉप-डाउन लिस्ट बॉक्सों को खोलकर उचित इकाई चुन लेनी चाहिए।

प्रारम्भ में किसी चित्र को आप 100 प्रतिशत आकार में देखते हैं अर्थात् उसके मूल आकार में। इसको छोटा या बड़ा करने का सबसे सरल उपाय यह है कि आप इस चित्र को बड़ा करने के लिए प्रतिशत को 100 से अधिक और छोटा करने के लिए 100 से कम सेट कर दें। इसके साथ ही इस डायलॉग बॉक्स में **Constrain Properties** चेक बॉक्स को सेट रखना चाहिए, ताकि चित्र की लम्बाई-चौड़ाई में मूल अनुपात बना रहे। ऐसा करके **OK** बटन को क्लिक करते ही चित्र का आकार बदल जाएगा। इस विधि से चित्र का आकार बदलते ही आपकी फाइल का आकार भी बदल जाएगा, जो उस चित्र की विंडो में सबसे ऊपर दिखाई देगा।

यदि आप आकार बदलते समय लम्बाई-चौड़ाई के अनुपात को बनाए नहीं रखना चाहते, तो इस डायलॉग बॉक्स में **Constrain Properties** चेक बॉक्स को रिसेट कर दीजिए और लम्बाई तथा चौड़ाई के लिए अलग-अलग आकार अथवा प्रतिशत सेट करके **OK** बटन को क्लिक कीजिए।

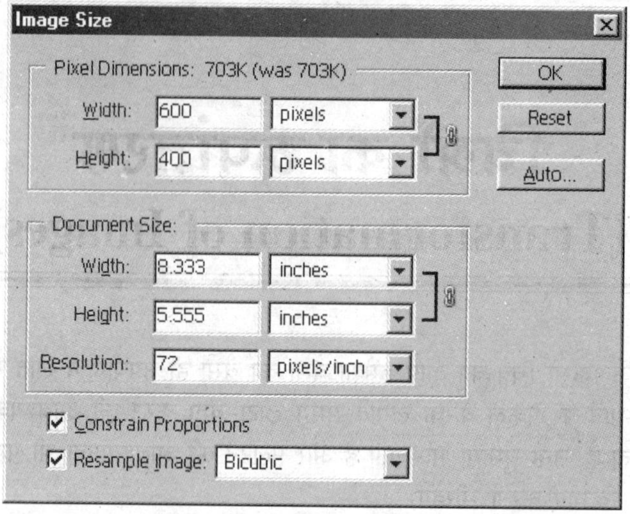

चित्र 21.1 : 'Image Size' का डायलॉग बॉक्स

कैनवास का आकार बदलना (Resizing the Canvas)

किसी कैनवास का आकार बदलने से चित्र का मूल आकार नहीं बदलता, बल्कि आपको चित्र के चारों ओर कार्य करने के लिए अतिरिक्त स्थान मिल जाता है। इस प्रकार चित्र का आकार बढ़ाने पर चुने हुए रंग को बैकग्राउंड के रंग के रूप में उपयोग किया जाता है, इसलिए कैनवास का आकार बढ़ाने का आदेश देने से पहले आपको बैकग्राउंड का उचित रंग चुन लेना चाहिए।

कैनवास का आकार बदलने के लिए **Image** मेन्यू में **Canvas Size...** आदेश दीजिए। इससे आपकी स्क्रीन पर चित्र 21.2 की तरह 'Canvas Size' का डायलॉग बॉक्स खुल जाएगा। इस डायलॉग बॉक्स में ऊपर कैनवास का मूल

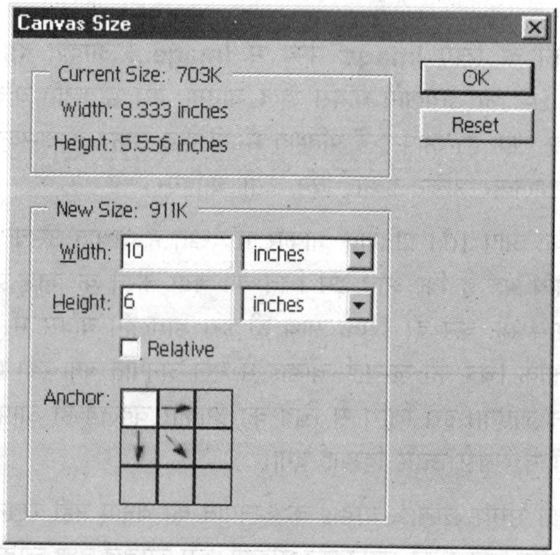

चित्र 21.2 : 'Canvas Size' का डायलॉग बॉक्स

आकार इंचों अथवा अन्य इकाई में दिखाया जाता है। नीचे के भाग में कैनवास का नया आकार भरिए। इसके लिए आप किसी भी इकाई का चुनाव कर सकते हैं।

नया आकार भरने के बाद **Anchor** भाग में आप यह बताते हैं कि कैनवास के नए आकार में मूल चित्र को आप किस स्थान पर लगाना चाहेंगे। यदि आप उसे बीचों-बीच रखना चाहते हैं, तो इस भाग में बीच वाले खाने को क्लिक कीजिए और यदि किसी कोने पर लगाना चाहते हैं, तो उस कोने वाले खाने को क्लिक कीजिए। सभी सेटिंग करके **OK** बटन को क्लिक करते ही कैनवास को उसी आकार में बढ़ा दिया जाता है और फाइल का नया आकार भी दिखा दिया जाता है। चित्र 21.3 में एक चित्र के कैनवास को उसके मूल आकार में तथा बड़ा करके दिखाया गया है। आप देख सकते हैं कि इस क्रिया से मूल चित्र का आकार नहीं बदलता, केवल कैनवास का आकार बढ़ जाता है।

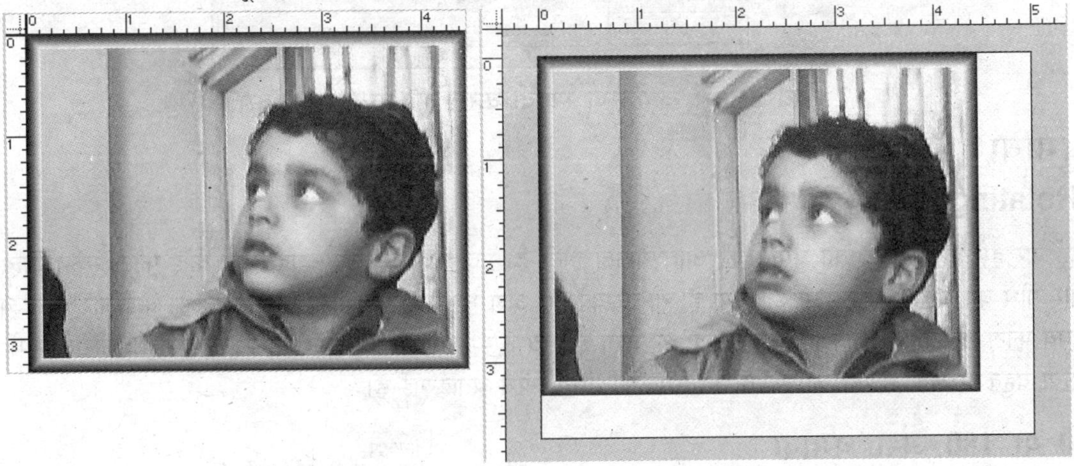

चित्र 21.3 : कैनवास का आकार बढ़ाना

आप इस विधि से कैनवास का आकार छोटा भी कर सकते हैं। इससे चित्र कट जाएगा और क्रॉपिंग का प्रभाव उत्पन्न होगा। लेकिन इसकी राय नहीं दी जा सकती, क्योंकि ऐसा करने से आपके चित्र के महत्वपूर्ण भाग गायब हो सकते हैं और सम्भव है कि आप उन्हें फिर प्राप्त न कर सकें।

चुनाव का आकार बदलना
(Resizing a Selection)

आप किसी चुने हुए भाग या वस्तु का आकार भी बदल सकते हैं। ऐसा करने के लिए सबसे पहले किसी उचित सलेक्शन टूल से उस वस्तु या भाग को चुन लीजिए, जिसका आकार आप बदलना चाहते हैं। चुनाव करने के बाद **Edit** मेन्यू में **Transform** के झरना मेन्यू में **Scale...** आदेश दीजिए। ऐसा करने पर उस चुनाव के चारों ओर क्रॉपिंग विंडो जैसी विंडो बन जाएगी, जिसमें सभी ओर हैंडिल बने होंगे। आप इन हैंडिलों को माउस पॉइंटर द्वारा पकड़कर बाहर या भीतर की ओर खींचकर उसका आकार क्रमशः बढ़ा या घटा सकते हैं, जैसा कि चित्र 21.4 में दिखाया गया है। यदि आप लम्बाई और चौड़ाई का अनुपात बनाए रखना चाहते हैं, तो इस प्रकार खींचते समय शिफ्ट कुंजी को दबाए रखिए।

चित्र 21.4 : चुनाव का आकार बदलना

चुनाव को इच्छित आकार में लाने के बाद यह रूपांतरण स्थायी करने के लिए उसको डबल क्लिक कीजिए अथवा एण्टर कुंजी दबाइए।

यदि आप डबल क्लिक किए बिना किसी अन्य टूल को चुनते हैं, तो आपको चित्र 21.5 की तरह डायलॉग बॉक्स देकर उस परिवर्तन को स्थायी करने के बारे में पूछा जाएगा। परिवर्तन स्थायी करने के लिए आपको **Apply** बटन को क्लिक करना चाहिए।

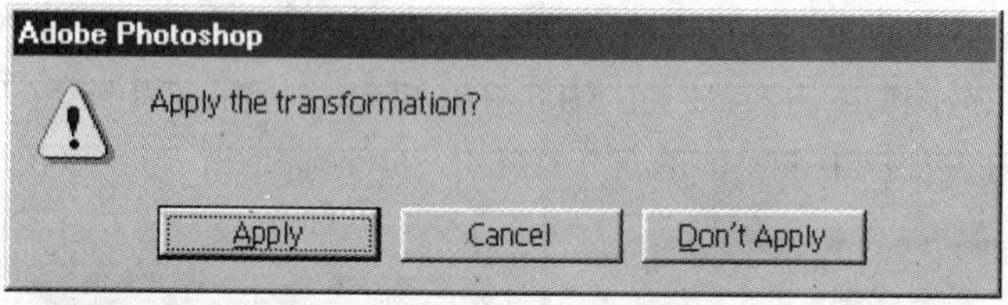

चित्र 21.5 : रूपांतरण स्थायी करने का डायलॉग बॉक्स

घुमाना
(Rotating)

कई बार हमें किसी चित्र को घुमाने की आवश्यकता होती है। उदाहरण के लिए, यदि हमने कोई फोटो स्कैन किया है और सीधे की बजाय पड़ा हुआ आ गया है, तो उसको 90 अंश घुमाकर हम सीधा कर सकते हैं। कई बार स्कैन करते समय फोटो उलटा रख जाने पर वह उलटा आ जाता है। तब उसे 180 अंश घुमाकर सीधा कर देते हैं। फोटोशॉप में यह क्रिया बहुत सरलता से की जा सकती है। इसकी विधियां नीचे बताई गई हैं।

90 या 180 अंश घुमाना
(Rotating 90 or 180 Degrees)

अपने पूरे चित्र अर्थात् कैनवास को 90 अंश अथवा 180 अंश पर घुमाने के लिए **Image** मेन्यू में **Rotate Canvas** विकल्प पर माउस पॉइंटर लाइए। इससे उसका झरना मेन्यू चित्र 21.6 की तरह खुल जाएगा। इस सब-मेन्यू में कई आदेश हैं, जिनका उपयोग और प्रभाव निम्नप्रकार है :

180º: यह आदेश देने पर कैनवास 180 अंश घूम जाता है।

90º CW: यह आदेश देने पर कैनवास घड़ी की सुई की दिशा में 90 अंश घूम जाता है।

90º CCW: यह आदेश देने पर कैनवास घड़ी की सुई की विपरीत दिशा में 90 अंश घूम जाता है।

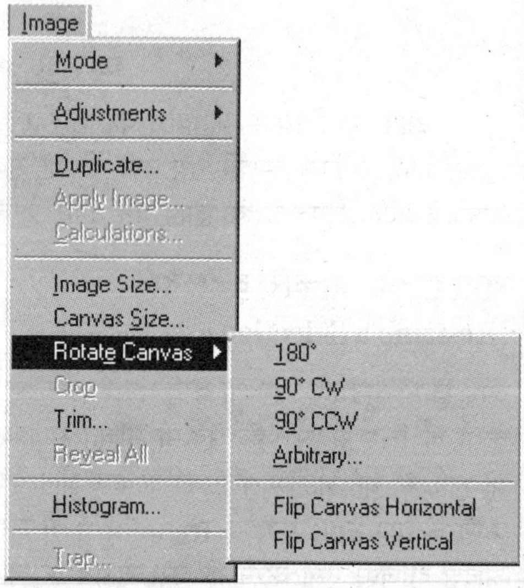

चित्र 21.6 : रोटेट कैनवास का झरना मेन्यू

विविध अंशों पर घुमाना
(Rotating by Degrees)

यदि आप अपने चित्र अर्थात् कैनवास को 90 या 180 अंश के बजाय अन्य अंशों पर घुमाना चाहते हैं, तो **Image** मेन्यू में **Rotate Canvas** विकल्प के झरना मेन्यू में **Arbitrary** आदेश दीजिए। ऐसा करने पर आपकी स्क्रीन पर

चित्र 21.7 की तरह 'Rotate Canvas' का डायलॉग बॉक्स खुल जाएगा। इस डायलॉग बॉक्स के **Angle** टैक्स्ट बॉक्स में वह अंश भरिए, जिस पर आप चित्र को घुमाना चाहते हैं। यदि आप चित्र को घड़ी की सुई की दिशा में घुमाना चाहते हैं, तो **°CW** रेडियो बटन को सेट कीजिए और यदि उसके विपरीत दिशा में घुमाना चाहते हैं, तो **°CCW** रेडियो बटन को सेट कीजिए। अब **OK** बटन को क्लिक करते ही चित्र सेट की हुई दिशा में उस अंश पर घुमा दिया जाएगा। आप इस विधि से चित्र को अंशों के भाग जैसे 12.45 अंश पर भी घुमा सकते हैं।

चित्र 21.7 : 'Rotate Canvas' का डायलॉग बॉक्स

चुने हुए भाग को घुमाना
(Rotating a Selection)

यदि आप पूरे कैनवास की बजाय केवल चित्र के किसी चुने हुए भाग को घुमाना चाहते हैं, तो उस भाग को चुनकर **Edit** मेन्यू में **Transform** विकल्प के झरना मेन्यू में **Rotate** आदेश दीजिए। इससे आपके चुनाव के चारों ओर एक चौकोर घेरा बन जाएगा, जिसमें हैंडिल भी होंगे। आप इनमें से किसी भी कोने के हैंडिल को माउस पॉइंटर से पकड़कर इच्छित दिशा में इच्छित अंश तक घुमा सकते हैं, जैसा कि चित्र 21.8 में दिखाया गया है। आवश्यक मात्रा में घुमा लेने पर या तो एण्टर दबाइए या चित्र को डबल क्लिक कीजिए, जिससे वह भाग या चित्र वहीं स्थिर हो जाएगा।

चित्र 21.8 : चित्र को घुमाना

मुक्त रूपांतरण
(Free Transform)

आप ऊपर बताई गई कोई भी क्रिया करने के लिए **Edit** मेन्यू में **Free Transform** आदेश का भी उपयोग कर सकते हैं। यह आदेश देने पर चुने हुए भाग के चारों ओर चित्र 21.8 की तरह ही हैंडिलों के साथ घेरा बन जाता है। आप इन हैंडिलों को माउस पॉइंटर द्वारा पकड़कर इच्छित दिशा में घुमा सकते हैं, झुका सकते हैं और चित्र को छोटा-बड़ा कर सकते हैं। इन कार्यों में आप टूल ऑप्शंस बार के विभिन्न बॉक्सों की भी सहायता ले सकते हैं।

उलटना
(Flipping)

इसका अर्थ किसी चित्र को इस प्रकार पलटना होता है कि चित्र का दर्पण प्रतिबिम्ब दिखाई पड़े। आप किसी चित्र को क्षैतिज अथवा ऊर्ध्वाधर दो प्रकार से पलट सकते हैं। चित्र 21.9 में एक पाठ्य को ऊपर क्षैतिज तथा नीचे ऊर्ध्वाधर पलटने का प्रभाव दिखाया गया है। यह घुमाने की क्रिया से अलग है, क्योंकि यह क्रिया चित्र का ऊपर-नीचे अथवा दाएं-बाएं का क्रम बदल देती है। यदि पलटी गई वस्तु में कोई पाठ्य है, तो उसकी पठनीयता समाप्त हो जाती है। इसके विपरीत घुमाने

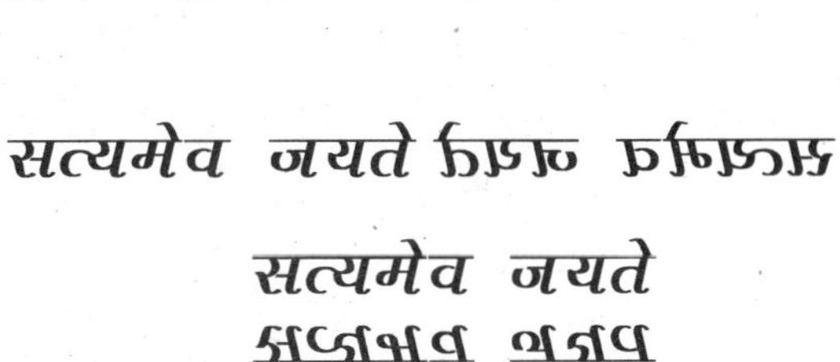

चित्र 21.9 : दो प्रकार से उलटना

से पाठ्य की पठनीयता पर कोई प्रभाव नहीं पड़ता, जैसा कि चित्र 21.10 से स्पष्ट है। इसलिए यदि आपके चित्र में कोई पाठ्य नहीं है, तो आप उसे किसी भी रूप में उलटने-पलटने के लिए स्वतंत्र हैं। लेकिन इस क्रिया में आपको यह ध्यान रखना पड़ता है कि अन्य वस्तुएं जैसे बैकग्राउंड, घड़ी की सुई, सड़क के चिह्न आदि उलटे न हो जाएं।

यदि आप सम्पूर्ण कैनवास को पलटना चाहते हैं, तो **Image** मेन्यू में **Rotate Canvas** विकल्प पर माउस पॉइंटर लाइए। इससे उसका झरना मेन्यू चित्र 21.6 की तरह खुल जाएगा। इस झरना-मेन्यू में कैनवास को पलटने के लिए दो आदेश हैं। यदि आप कैनवास को क्षैतिज रूप में पलटना चाहते हैं, तो इस झरना मेन्यू में **Flip Canvas Horizontal** आदेश दीजिए और यदि ऊर्ध्वाधर रूप में पलटना चाहते हैं, तो **Flip Canvas Vertical** आदेश दीजिए। इससे आपके द्वारा दिए गए आदेश के अनुसार कैनवास को पलट दिया जाएगा।

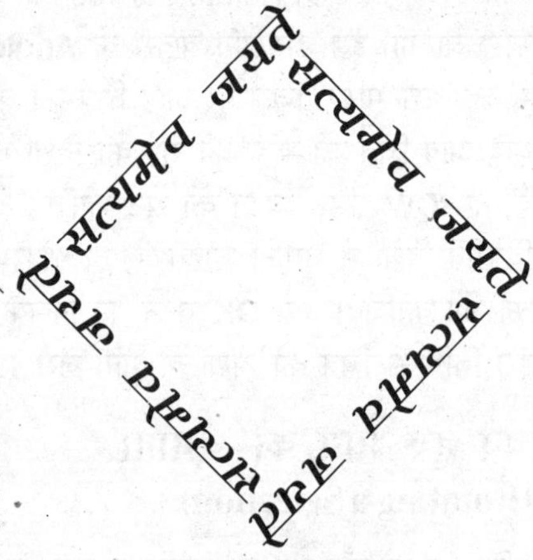

चित्र 21.10 : घुमाना

किसी चुनी हुई वस्तु को घुमाने के लिए **Edit** मेन्यू में **Transform** विकल्प के झरना मेन्यू में **Flip Horizontal** अथवा **Flip Vertical** आदेश दीजिए। इससे वह वस्तु या चित्र आदेश के अनुसार पलट दिया जाएगा।

इन क्रियाओं के अतिरिक्त भी कई क्रियाएं सम्पूर्ण चित्र अथवा उसके किसी चुने हुए भाग पर की जाती हैं। इनका अध्ययन इस पुस्तक के कोर्स से बाहर है। इसके लिए आपको फोटोशॉप की हेल्प सुविधा की सहायता लेनी चाहिए अथवा फोटोशॉप पर केन्द्रित किसी अन्य पुस्तक का अध्ययन करना चाहिए।

22

रंगों पर कार्य
(Working with Colours)

हमारा संसार रंग-बिरंगा है। चारों ओर अनगिनत प्रकार के रंग बिखरे हुए हैं। लेकिन हम में से कुछ लोग ही इन रंगों का पूरा आनन्द ले पाते हैं और अधिकांश लोग रंगों को नज़रअंदाज कर जाते हैं। फोटोशॉप में कार्य करते समय हमें रंगों की विलक्षणता का पूरा अनुभव होता है। इसमें आप किसी भी रंगीन चित्र को अपने मनचाहे रंगों मे परिवर्तित कर सकते हैं और रंगों में सुधार करके चित्र को और अधिक प्रभावी बना सकते हैं। फोटोशॉप की इन विशेषताओं का पूरा लाभ उठाने के लिए हमें रंगों के बारे में कुछ मौलिक ज्ञान होना आवश्यक है।

फोटोशॉप में रंगों का निरूपण दो प्रकार से किया जाता है : कलर मोड तथा कलर मॉडल। कलर मॉडल रंगों को परिभाषित करने की विधियां होती हैं और कलर मोड उन कलर मॉडलों के आधार पर रंगों पर कार्य करने की विधियां हैं। नीचे इन दोनों के बारे में बताया गया है।

कलर मॉडल
(Colour Models)

कोई कलर मॉडल रंगों को परिभाषित करने की विधि होती है। दूसरे शब्दों में कलर मॉडल यह बताते हैं कि कोई रंग कागज पर अथवा आपके कम्प्यूटर की स्क्रीन पर किस प्रकार प्रस्तुत किया जाता है। फोटोशॉप तथा वास्तविक जगत में चार कलर मॉडलों का उपयोग किया जाता है, जो चित्र 22.1 के फोटोशॉप कलर पिकर के डायलॉग बॉक्स में दिखाए

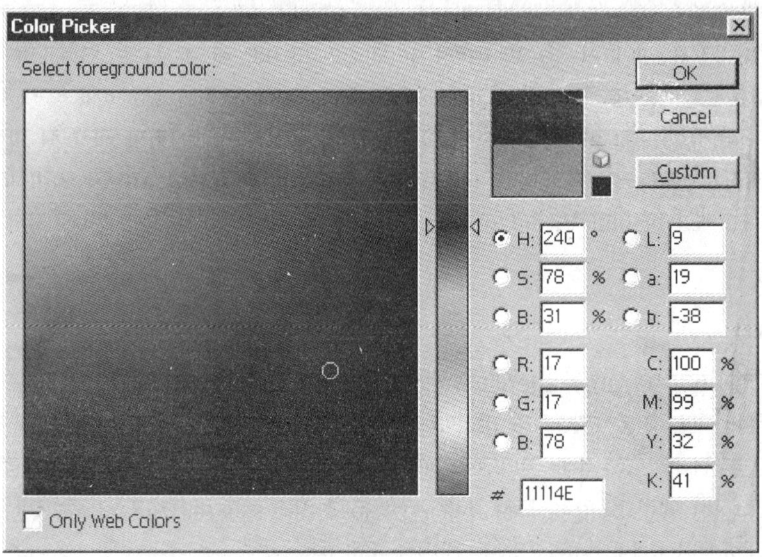

चित्र 22.1 : कलर पिकर का डायलॉग बॉक्स

गए हैं। आप टूलबॉक्स में नीचे के भाग में दिए गए **Set Foreground Color** अथवा **Set Background Color** टूलों को क्लिक करके इस डायलॉग बॉक्स को खोल सकते हैं। इसमें किसी चुने हुए रंग के लिए सभी मॉडलों में कुछ संख्याओं को दिखाया जाता है। ये संख्याएं ही वास्तव में उस रंग को व्यक्त करती हैं।

इसके अतिरिक्त फोटोशॉप में एक कलर पैलेट भी होता है, जो चित्र 22.2 में दिखाया गया है। यदि यह कलर पैलेट खुला न हो, तो **Windows** मेन्यू में **Color** आदेश देकर आप इसे देख सकते हैं। इसके निचले भाग में एक रंगों की पट्टी होती है, जिसमें सभी रंग और काला-सफेद रंग भी दिखाया जाता है। आप इस रंग पट्टी में कहीं भी क्लिक करके मनचाहा रंग चुन सकते हैं। इससे कलर पिकर भी उसी रंग पर सेट हो जाता है।

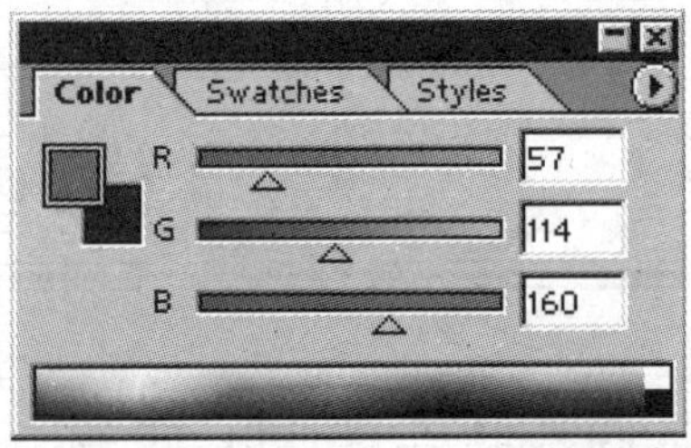

चित्र 22.2 : कलर पैलेट

फोटोशॉप में उपयोग किए जाने वाले कलर मॉडल निम्नलिखित हैं :

- RGB मॉडल
- CMYK मॉडल
- HSB मॉडल
- CIE लैब मॉडल

इनमें से पहले दो मॉडल अधिक महत्वपूर्ण हैं। इनके बारे में आगे विस्तार से बताया गया है। अंतिम दो मॉडलों का अध्ययन इस पुस्तक के कोर्स से बाहर है।

RGB मॉडल
(RGB Model)

RGB मॉडल का पूरा नाम "Red, Green, Blue मॉडल" है। इस मॉडल के अनुसार सभी रंगों को इन तीन रंगों (लाल, हरा और नीला) के मिश्रणों अथवा संयोगों के रूप में दिखाया जाता है। आपके कम्प्यूटर की स्क्रीन इसी मॉडल का उपयोग करती है। इस मॉडल में किसी रंग को दिखाने के लिए इन तीनों रंगों में से प्रत्येक को 0 से 255 तक एक संख्या निर्धारित की जाती है। इन संख्याओं से उस रंग विशेष की तीव्रता का पता चलता है। इन संख्याओं को उस रंग का मान (Value) कहा जाता है। उदाहरण के लिए, शुद्ध लाल रंग के लिए Red का मान 255 तथा अन्य दोनों का मान 0 होता है। अन्य सभी रंगों को इन तीन रंगों के विभिन्न मानों के संयोगों के रूप में व्यक्त किया जाता है। यदि आप तीनों रंगों को बराबर मात्रा में मिलाते हैं अर्थात् उनके मान बराबर रखते हैं, तो तीव्रता के अनुसार विभिन्न छायाओं का काला रंग प्राप्त होता है। शुद्ध श्वेत रंग के लिए तीनों रंगों का मान 255 तथा पूर्णत: काले रंग के लिए इनका मान 0 होता है।

CMYK मॉडल
(CMYK Model)

CMYK मॉडल का पूरा नाम "Cyan, Magenta, Yellow, Black मॉडल" है। इस मॉडल के अनुसार सभी रंगों को इन चार रंगों (नीला, लाल, पीला और काला) के मिश्रणों अथवा संयोगों के रूप में दिखाया जाता है। आपके रंगीन इंकजेट प्रिंटर, उच्च सघनता के लेजर प्रिंटरों तथा व्यापारिक ऑफसेट प्रिंटरों द्वारा वास्तव में इसी कलर मॉडल के अनुसार सभी प्रकार की रंगीन छपाई की जाती है। कुछ उच्च कोटि के इंकजेट प्रिंटर चार के स्थान पर छ: रंगों द्वारा भी छपाई करते हैं, जिनमें हलका नीला और हलका लाल रंग भी शामिल होता है।

कई बार RGB मॉडल में बनाए गए चित्र इंकजेट प्रिंटरों पर सही रंगों में नहीं छप पाते। इसका कारण यह है कि CMYK मॉडल में कई रंगों को सही-सही नहीं दिखाया जा सकता। यदि आपने RGB मॉडल में कोई चित्र तैयार किया है और वह आपके इंकजेट प्रिंटर पर छापने पर सही रंगों में नहीं छप रहा है, तो इसका यही कारण हो सकता है। इस समस्या को दूर करने के लिए आपको अपना चित्र तैयार करके सुरक्षित (Save) करने से ठीक पहले CMYK मॉडल में परिवर्तित कर लेना चाहिए। इसकी विधि आगे बताई जाएगी।

कलर मोड
(Colour Modes)

कलर मोड कलर मॉडलों पर आधारित रंगों का उपयोग करने की विधियां हैं। RGB तथा CMYK मॉडलों के अपने कलर मोड होते हैं। इनके अतिरिक्त श्याम-श्वेत (Black & White) तथा ग्रेस्केल कलर मोड भी होते हैं। प्रत्येक मोड में रंग संबंधी सूचनाओं को स्टोर करने की विधि अलग होती है। इसलिए उनमें चित्र फाइलों का आकार भी भिन्न- भिन्न होता है। इसमें मुख्य बात यह है कि जिस मोड में रंगों की संख्या अधिक होती है, उसमें फाइल का आकार भी बड़ा होता है और जिसमें रंगों की संख्या कम होती है, उसमें फाइल का आकार भी छोटा होता है।

यहां यह बताना आवश्यक है कि आप अधिक रंगों वाले मोड से कम रंगों वाले मोड में जाकर लाभ उठा सकते हैं, लेकिन कम रंगों वाले मोड से अधिक रंगों वाले मोड में जाने पर कोई लाभ नहीं होता, क्योंकि उसमें आवश्यक सूचनाओं का अभाव होता है। आप केवल Undo आदेश अथवा हिस्ट्री पैलेट का उपयोग करके पिछले मोड में लौट सकते हैं। किसी चित्र का कलर मोड बदलने के लिए **Image** मेन्यू में **Mode** के झरना मेन्यू के विभिन्न विकल्पों या आदेशों का उपयोग किया जाता है।

यहां प्रमुख कलर मोडों के बारे में बताया जा रहा है।

ग्रेस्केल मोड
(Grayscale Mode)

इस मोड में श्वेत से श्याम तक ग्रे रंगों के 256 शेड उपलब्ध होते हैं। यह मोड रंगीन चित्रों को एक रंग के प्रिंटर पर छापने के लिए सबसे अच्छा रहता है, जैसे समाचार पत्रों में या किसी विवरण पत्रिका में। चित्र 22.3 में एक फोटो ग्रेस्केल मोड में दिखाया गया है।

चित्र 22.3 : ग्रेस्केल मोड में फोटो

आप किसी भी रंगीन चित्र को ग्रेस्केल मोड में बदल सकते हैं। इस क्रिया में प्रत्येक रंग को उसके निकटतम शेड वाले ग्रे रंग में बदल दिया जाता है। वैसे सभी प्रिंटरों में ऐसी व्यवस्था होती है कि वे रंगीन सूचना को अपने आप ही काली-सफेद सूचना में बदलकर छाप देते हैं। लेकिन ऐसा करने में कई बार चित्र बदरंग हो जाता है, क्योंकि पास-पास के कुछ रंगों का अंतर स्पष्ट नहीं हो पाता। इसलिए सबसे अच्छा यही है कि आप स्वयं अपने चित्र को ग्रेस्केल मोड में बदलकर देख लें कि वह संतोषजनक आएगा या नहीं। इस मोड में रंग कम होने के कारण फाइल का आकार बहुत छोटा हो जाता है।

किसी रंगीन चित्र को ग्रेस्केल मोड में बदलने के लिए **Image** मेन्यू में **Mode** के झरना मेन्यू में **Grayscale...** आदेश दीजिए। ऐसा करने पर सबसे पहले आपको चित्र 22.4 की तरह डायलॉग बॉक्स देकर पुष्टि की जाएगी कि आप रंग संबंधी सूचनाओं को छोड़ देना चाहते हैं। यदि आप इसके उत्तर में **OK** बटन को क्लिक करते हैं तो चित्र ग्रेस्केल मोड में बदल जाता है।

बिटमैप मोड
(Bitmap Mode)

इस मोड में केवल दो रंग होते हैं : काला और सफेद। इसमें काले रंग को 1 बिट से और सफेद रंग को 0 बिट से दिखाया जाता है। इसलिए इस मोड में फाइल का आकार सबसे कम होता है। लेकिन इसमें चित्र अधिक स्पष्ट नहीं आता। चित्र 22.5 में चित्र 22.3 वाले फोटो को बिटमैप मोड में दिखाया गया है। दोनों का अन्तर स्वयं स्पष्ट है। इसलिए इस मोड का प्रयोग तभी करना उचित है, जब आप कोई विशेष प्रभाव डालना चाहते हों।

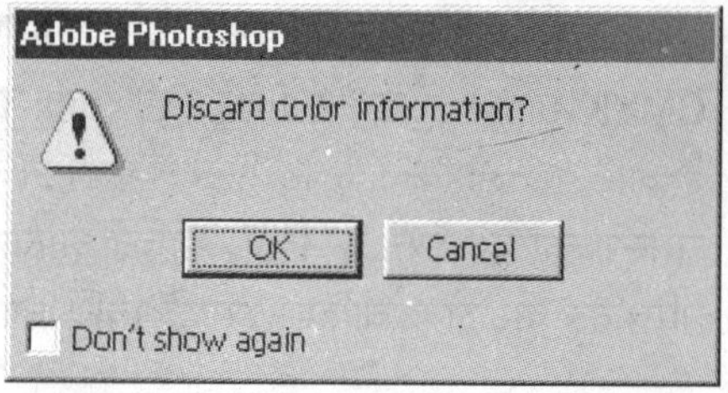

चित्र 22.4 : रंग सम्बंधी सूचनाएं छोड़ने की पुष्टि का डायलॉग बॉक्स

यहां यह बताना आवश्यक है कि आप किसी रंगीन चित्र को सीधे बिटमैप मोड में नहीं बदल सकते। पहले उसे ग्रेस्केल मोड में बदलना पड़ता है। ग्रेस्केल मोड से बिटमैप मोड में बदलने के लिए **Image** मेन्यू में **Mode** के झरना मेन्यू में **Bitmap...** आदेश दीजिए। इससे आपको चित्र 22.6 की तरह 'Bitmap' का डायलॉग बॉक्स दिया जाएगा। इस डायलॉग बॉक्स में आप यह बताते हैं कि आउटपुट की सघनता (Resolution) कितनी होगी। यदि आप अधिक सघनता देते हैं, तो चित्र ज्यादा साफ आता है और यदि कम सघनता देते हैं, तो कम साफ आता है। सघनता देकर **OK** बटन क्लिक करने पर आपके चित्र को बिटमैप में बदल दिया जाएगा।

चित्र 22.5 : बिटमैप मोड में फोटो

RGB मोड
(RGB Mode)

यह मोड RGB मॉडल का अपना मोड है। इस मोड का उपयोग तब किया जाता है, जब आप कम्प्यूटर की स्क्रीन पर दिखाने के लिए किसी प्रस्तुतीकरण (Presentation), वीडियो या वेब पेज के लिए चित्र या फोटो तैयार कर रहे हों, क्योंकि यह स्क्रीन पर दिखाए जाने वाले रंगों के लिए सर्वश्रेष्ठ मोड है। यदि आप केवल वेब पेज के लिए फोटो तैयार कर रहे हैं, तो इसके स्थान पर इंडेक्स्ड कलर मोड भी उपयोग कर सकते हैं, जिसके बारे में आगे बताया गया है।

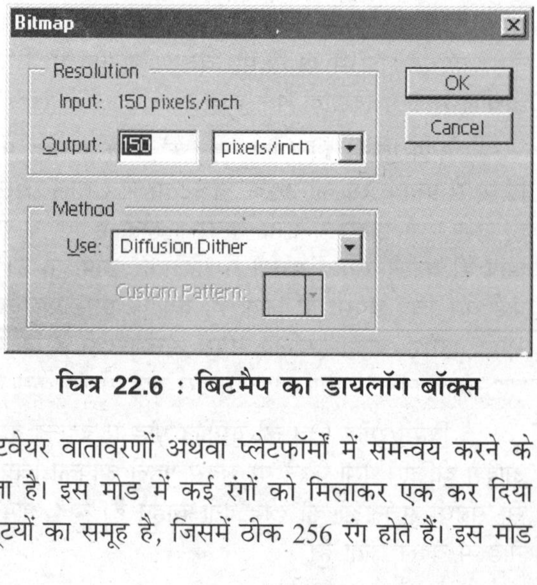

चित्र 22.6 : बिटमैप का डायलॉग बॉक्स

इंडेक्स्ड कलर मोड
(Indexed Colour Mode)

यह कलर मोड वेब पेजों को डिजाइन करने के लिए सर्वश्रेष्ठ माना जाता है। इसका कारण यह है कि विभिन्न सिस्टम सॉफ्टवेयर वातावरणों अथवा प्लेटफॉर्मों में समन्वय करने के कारण वेबपेज निर्माताओं को 256 रंगों तक सीमित रहना पड़ता है। इस मोड में कई रंगों को मिलाकर एक कर दिया जाता है। इंडेक्स्ड कलर असल में एक रंग पट्टी अथवा रंग पट्टियों का समूह है, जिसमें ठीक 256 रंग होते हैं। इस मोड

में कार्य करते समय आपको स्पष्ट पता चलता रहता है कि आपका वेब पेज वास्तव में कैसा दिखाई देगा।

किसी रंगीन चित्र को इंडेक्स्ड कलर मोड में बदलने के लिए **Image** मेन्यू में **Mode** के झरना मेन्यू में **Indexed...** आदेश दीजिए। इससे आपको चित्र 22.7 की तरह 'Indexed Color' का डायलॉग बॉक्स दिया जाएगा। इस डायलॉग बॉक्स में **Palette** ड्रॉप-डाउन लिस्ट बॉक्स में से आप कलर पैलेट का चुनाव कर सकते हैं। सामान्यतया इंडेक्स्ड कलर मोड के लिए **Web** पैलेट का चुनाव किया जाता है। यदि आप किसी वेबसाइट पर देखने के लिए फोटो बना रहे हैं, तो यह सबसे अच्छा विकल्प है, अन्यथा अन्य विकल्पों के साथ सभी रंगों को देखने में समस्या हो सकती है।

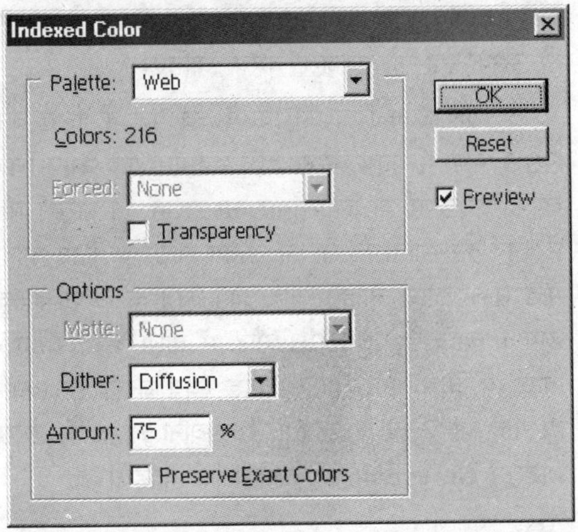

चित्र 22.7 : इंडेक्स्ड कलर का डायलॉग बॉक्स

CMYK मोड
(CMYK Mode)

यह मोड CMYK मॉडल का अपना कलर मोड है। यदि आपका फोटो किसी पुस्तक आदि में छापे जाने के लिए तैयार किया जा रहा है, तो आपको यह मोड चुनना चाहिए। इससे आपका चित्र ठीक उन्हीं रंगों में छपेगा, जिनमें यह दिखाई पड़ रहा है।

कलर मोड का पूरा लाभ लेने के लिए यह आवश्यक है कि आप जिस उद्देश्य से फोटो तैयार कर रहे हैं, उसके लिए सर्वश्रेष्ठ मोड का चुनाव करें। इसकी अच्छी विधि यह हो सकती है कि पहले आप अपने मॉनीटर पर सामान्य RGB मोड में चित्र तैयार करें और उसे सुरक्षित करने से ठीक पहले इच्छित मोड में परिवर्तित कर लें।

विभिन्न आर्ट टूलों का उपयोग करते समय हमें रंगों का चुनाव करने की आवश्यकता होती है। आर्ट टूलों के बारे में आप अगले अध्याय 'आर्ट टूलों का उपयोग' में पढ़ेंगे। आर्ट टूलों के लिए रंग चुनने की कई विधियां हैं, जिनके बारे में अध्याय 24 'डिजिटल पेंटिंग' में बताया गया है।

रंग एडजस्ट करना
(Adjusting Colours)

आप अपने टेलीविजन पर कोई प्रोग्राम देखते समय रिमोट द्वारा उसके चित्रों के रंग को ठीक करते हैं, ताकि चित्र स्पष्ट दिखाई दें और आंखों पर अधिक जोर न डालना पड़े। लगभग यही क्रिया आप फोटोशॉप में अपने चित्रों पर कर सकते हैं। फोटोशॉप में किसी चित्र के रंगों को ठीक करने या उनमें मनचाहा प्रभाव उत्पन्न करने के लिए अनेक टूल या साधन उपलब्ध हैं। ये टूल फोटोशॉप के **Image** मेन्यू के **Adjustment** सब-मेन्यू में उपलब्ध हैं, जो चित्र 22.8 में दिखाया गया है।

रंगों को एडजस्ट करने से पहले आपको यह तय करने की आवश्यकता होती है कि आपके चित्र में कितने रंग हैं और आप उस चित्र का उपयोग किस तरह करेंगे। आप कलर मोडों के बारे में इसी अध्याय में ऊपर पढ़ चुके हैं। अतः आप जानते हैं कि मॉनीटर की स्क्रीन पर दिखाए जाने वाले चित्रों का रंग या मोड **RGB** होता है और प्रिंटर द्वारा छापे जाने

वाले चित्र **CMYK** मोड में होते हैं। इसलिए चित्र के उपयोग के अनुसार ही उसके रंगों को एडजस्ट करना चाहिए।

यदि आप चित्र को किसी वेब पेज के लिए बना रहे हैं, तो **RGB** मोड में कार्य करना उचित होगा। यदि आप चित्र को किसी व्यापारिक छपाई के लिए तैयार कर रहे हैं, तो प्रारम्भ में आप **RGB** में कार्य कर सकते हैं, लेकिन अंतिम सुधार के लिए आपको **CMYK** मोड में आ जाना चाहिए। यदि आप चित्र को अपने इंकजेट प्रिंटर पर छापना चाहते हैं, तो **RGB** मोड में कार्य करते रहिए, क्योंकि इन प्रिंटरों में किसी भी चित्र का मोड स्वयं बदल लेने की क्षमता होती है। यदि आप चित्र को ग्रे रंगों में छपवाना चाहते हैं, तो रंगों की चिंता छोड़कर **Grayscale** में कार्य करना चाहिए।

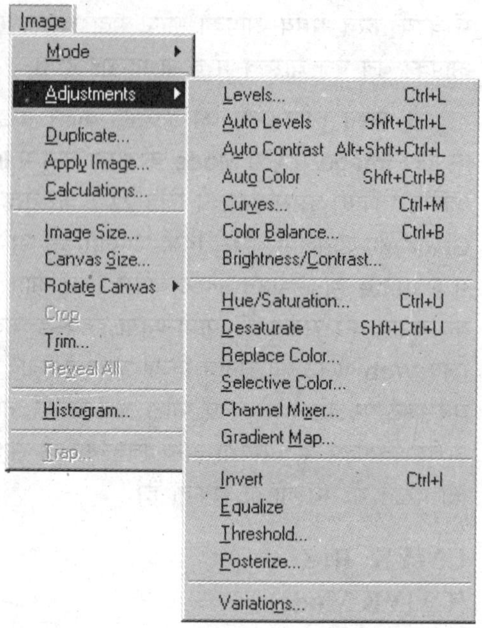

चित्र 22.8 : Image मेन्यू का Adjustment सब-मेन्यू

वेरिएशन के साथ एडजस्ट करना (Adjusting with Variation)

किसी चित्र के रंगों को एडजस्ट करने का सबसे सरल तरीका एडजस्ट से पहले और बाद के चित्रों की आपस में तुलना करना होता है। फोटोशॉप में इस साधन को वेरिएशन कहा जाता है। फोटोशॉप विंडो में किसी चित्र को खोलकर **Image** मेन्यू के **Adjustment** सब-मेन्यू में **Variations...** आदेश देने पर वेरिएशन का डायलॉग बॉक्स खुल जाता है।

इस डायलॉग बॉक्स के ऊपरी भाग में मूल चित्र (Original) और वर्तमान चित्र (Current Pick) दिखाए जाते रहते हैं। प्रारम्भ में दोनों समान होते हैं, क्योंकि कोई सुधार नहीं किया गया होता है। आप मूल चित्र में कितनी मात्रा में परिवर्तन करना चाहते हैं, यह आप स्लाइडर को सरकाकर सेट करते हैं। यदि आप परिवर्तन कम मात्रा में करना चाहते हैं, तो स्लाइडर को बायीं ओर **Fine** की तरफ सरकाना चाहिए और यदि परिवर्तन अधिक मात्रा में करना चाहते हैं, तो स्लाइडर को दायीं ओर **Coarse** की तरफ सरकाना चाहिए। आदर्श स्थिति उसे बीच में रखना होती है।

जब आप किसी रंगीन चित्र के वेरिएशन को सुधारना चाहते हैं, तो आपको अलग-अलग छाया (Shadows), मिडटोन (Midtones) तथा हाईलाइट (Highlights) को सुधारने के विकल्प उपलब्ध होते हैं। वैसे आप इन तीनों को मिलाकर सेचुरेशन (Saturation) को एडजस्ट कर सकते हैं। अत: आप निम्नप्रकार किसी चित्र के रंगों को एडजस्ट कर सकते हैं :

1. फोटोशॉप में किसी चित्र को खोल लीजिए।
2. **Image** मेन्यू के **Adjustments** सब-मेन्यू में **Variations...** आदेश दीजिए। इससे आपकी स्क्रीन पर चित्र 22.9 की तरह Variations का डायलॉग बॉक्स खुल जाएगा।
3. आप जिस तरह का एडजस्टमेंट करना चाहते हैं, उसके अनुसार **Shadows, Midtones, Highlights** तथा **Saturation** में से किसी रेडियो बटन को सेट कीजिए।
4. **Fine/Coarse** स्लाइडर को सरकाकर एडजस्टमेंट की मात्रा के अनुसार उचित स्थान पर सेट कीजिए।

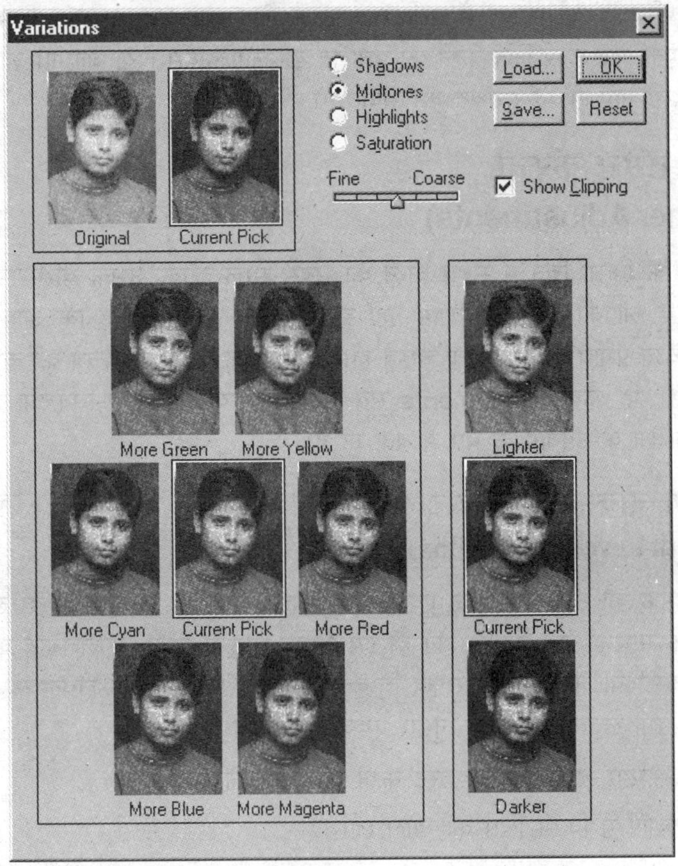

चित्र 22.9 : Variations का डायलॉग बॉक्स

5. दिए हुए थम्बनेलों (Thumbnails) में से उचित को क्लिक करके इच्छित वेरिएशन उत्पन्न कीजिए। इसमें आप निम्नलिखित टिपों के अनुसार अपना इच्छित प्रभाव पैदा कर सकते हैं :
   - रंग जोड़ने के लिए उचित रंग के थम्बनेल को क्लिक कीजिए।
   - किसी रंग को कम करने के लिए रंग चक्र में उसके विपरीत रंग को क्लिक कीजिए। उदाहरण के लिए, पीला रंग कम करने के लिए नीले को क्लिक कीजिए।
   - चमक को सुधारने के लिए **Lighter** या **Darker** थम्बनेल को क्लिक कीजिए।
   - यदि आपको यह पता नहीं है कि क्या करना उचित रहेगा, तो केवल उस थम्बनेल को क्लिक कीजिए, जिसका चित्र आपको सबसे अच्छा लग रहा है।
   - यदि आपको ऐसा लगता है कि आपने कुछ ज्यादा ही परिवर्तन कर दिए हैं, तो मूल चित्र पर लौटने के लिए **Original** थम्बनेल को क्लिक कीजिए।
6. परिवर्तनों को लागू करने और डायलॉग बॉक्स से बाहर आने के लिए **OK** बटन को क्लिक कीजिए।

यदि आप परिवर्तनों को लागू नहीं करना चाहते, तो कभी भी **Cancel** बटन को क्लिक करके उस डायलॉग बॉक्स से बाहर निकल सकते हैं।

किए हुए परिवर्तनों को फाइल में सुरक्षित करने के लिए आप इस डायलॉग बॉक्स में **Save** बटन को क्लिक कीजिए। इससे आपको फाइल सुरक्षित करने का प्रचलित डायलॉग बॉक्स दिया जाएगा। आप इसमें फाइल का कोई अन्य नाम भरकर उसे दूसरे नाम से भी सुरक्षित कर सकते हैं।

अन्य एडजस्टमेंट करना (Making Other Adjustments)

आप देख चुके हैं कि किसी चित्र में सुधार करने का सबसे सरल तरीका उसके वेरिएशन को एडजस्ट करना होता है। लेकिन कई बार यह आपको इच्छित परिणाम नहीं देता। इसलिए हो सकता है कि आप कुछ विशेष पैरामीटरों में ही परिवर्तन करके इच्छित प्रभाव उत्पन्न करना चाहते हों। उदाहरण के लिए आप चित्र की चमक को ही एडजस्ट करने के इच्छुक हो सकते हैं। यह कार्य **Adjustments** सब-मेन्यू के अन्य आदेशों या विकल्पों द्वारा किया जा सकता है। यहां हम कुछ प्रमुख आदेशों के उपयोग के बारे में बता रहे हैं।

लेवल डायलॉग बॉक्स से एडजस्ट करना (Adjusting with Levels Dialog Box)

किसी चित्र की चमक को ठीक करने का एक उपाय लेवलों को ठीक करना होता है। लेवल्स के डायलॉग बॉक्स में एक आयत चित्र के साथ ही कई कंट्रोल होते हैं। इस आयत चित्र में पूर्णतः काले बिन्दु को चित्र के सबसे गहरे लेवल के साथ संबंधित कर दिया जाता है और सफेद बिन्दु को चित्र के सबसे हलके लेवल के साथ संबंधित कर दिया जाता है। इससे बीच के सभी लेवल उन्हीं के अनुसार एडजस्ट हो जाते हैं।

लेवलों के अनुसार चमक को एडजस्ट करने की विधि निम्नप्रकार है :

1. फोटोशॉप में किसी चित्र को खोल लीजिए।
2. **Image** मेन्यू के **Adjustments** सब-मेन्यू में **Levels...** आदेश दीजिए या कंट्रोल के साथ **L (Ctrl+L)** दबाइए। इससे आपकी स्क्रीन पर चित्र 22.10 की तरह Levels का डायलॉग बॉक्स खुल जाएगा।

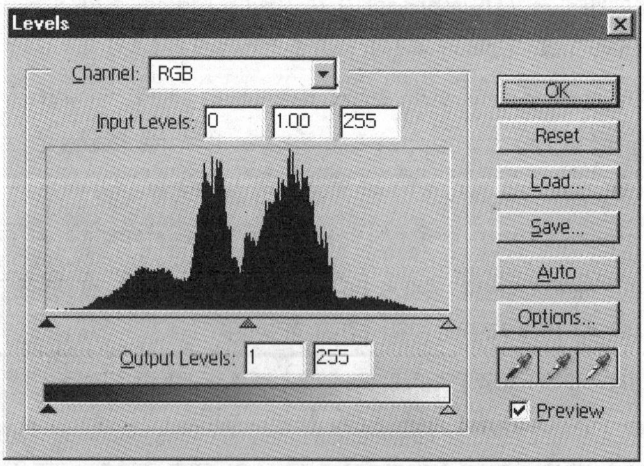

चित्र 22.10 : Levels का डायलॉग बॉक्स

3. इस डायलॉग बॉक्स में **Preview** चेक बॉक्स को सेट कर दीजिए, ताकि आप परिवर्तनों का प्रभाव इमेज विंडो में देख सकें। वैसे आप नेवीगेटर और लेयर पैलेटों में होने वाले परिवर्तनों को भी देख सकते हैं।

4. आयत चित्र के नीचे दिए हुए तीन स्लाइडरों को बाएं या दाएं सरकाकर इच्छित प्रभाव उत्पन्न किया जाता है। इसके लिए निम्नलिखित का पालन कीजिए :
   - चित्र में काला बिंदु सेट करने के लिए **Input Levels** आयत चित्र के बाएं स्लाइडर को सरकाकर उस बिंदु पर सेट कीजिए, जहां गहरी लाइनें घने रूप में प्रारम्भ होती हैं।
   - चित्र में सफेद बिंदु सेट करने के लिए, दाएं स्लाइडर को सरकाकर उस बिंदु पर सेट कीजिए, जहां हलके पिक्सलों की संख्या बढ़ जाती है।
   - अब अपने चित्र की ओर देखते हुए बीच वाले स्लाइडर को सरकाकर उस बिंदु पर सेट कीजिए, जहां चित्र सबसे अधिक अच्छा दिखाई पड़ता है।
5. चित्र का कंट्रास्ट बदलने के लिए **Output Levels** बार के स्लाइडरों का उपयोग कीजिए। इनमें बायां या काला स्लाइडर गहराई बताता है। इसको बीच की ओर सरकाकर सेट करने से चित्र हलका हो जाता है। इसी प्रकार दाएं या सफेद स्लाइडर को बीच की ओर सरकाने से चित्र गहरा हो जाता है।
6. पूरी सेटिंग करने के बाद **OK** बटन को क्लिक कीजिए।

आप इस डायलॉग बॉक्स के आईड्रॉपरों की सहायता से भी लेवलों को एडजस्ट कर सकते हैं। पहले सफेद आईड्रॉपर को चुनिए और चित्र के सबसे हलके बिंदु को क्लिक कीजिए। इसी तरह काली नोंक वाले आईड्रॉपर को चुनकर चित्र के सबसे गहरे बिंदु को क्लिक कीजिए। इसी प्रकार आप बीच के आईड्रॉपर की सहायता से बीच का लेवल भी सेट कर सकते हैं।

आप अपने चित्र के लेवलों को स्वत: ही सेट कराने के लिए फोटोशॉप की ऑटोलेवल सुविधा का लाभ भी उठा सकते हैं। इसके लिए **Image** मेन्यू में **Adjustments** के झरना-मेन्यू में **Auto Levels** आदेश दीजिए या शिफ्ट और कंट्रोल के साथ **L (Shift+Ctrl+L)** दबाइए। इससे आप देखेंगे कि चित्र स्वयं ही पहले से अच्छा लगने लगा है। यदि आप इसके परिणामों से संतुष्ट न हों, तो **Undo** करके ऊपर की तरह मनचाहे लेवल सेट कर सकते हैं।

कर्व डायलॉग बॉक्स से एडजस्ट करना
(Adjusting with Curves Dialog Box)

किसी चित्र की चमक को ठीक करने का एक अन्य उपाय कर्व (या वक्र) को ठीक करना होता है। इसमें कर्व के डायलॉग बॉक्स का उपयोग किया जाता है। इसकी विधि लेवल डायलॉग बॉक्स से मिलती-जुलती है। अन्तर यह है कि इसमें आप केवल तीन बिंदुओं को एडजस्ट करने के स्थान पर आप किसी भी और कितने भी बिंदुओं को एडजस्ट कर सकते हैं।

कर्व के डायलॉग बॉक्स में एक ग्राफ दिया जाता है। इस ग्राफ में क्षैतिज अक्ष इनपुट मानों को और ऊर्ध्वाधर अक्ष आउटपुट मानों को दिखाता है। प्रारम्भ में ग्राफ एक तिरछी रेखा के रूप में होता है, जिसे आप एडजस्ट करते हैं।

कर्व की सहायता से चमक को एडजस्ट करने की विधि निम्नप्रकार है :

1. फोटोशॉप में किसी चित्र को खोल लीजिए।
2. **Image** मेन्यू के **Adjustments** सब-मेन्यू में **Curves...** आदेश दीजिए या कंट्रोल के साथ **M (Ctrl+M)** दबाइए। इससे आपकी स्क्रीन पर चित्र 22.11 की तरह Curves का डायलॉग बॉक्स खुल जाएगा।
3. परिवर्तनों का प्रभाव देखने के लिए **Preview** चेक बॉक्स को सेट कर दीजिए।

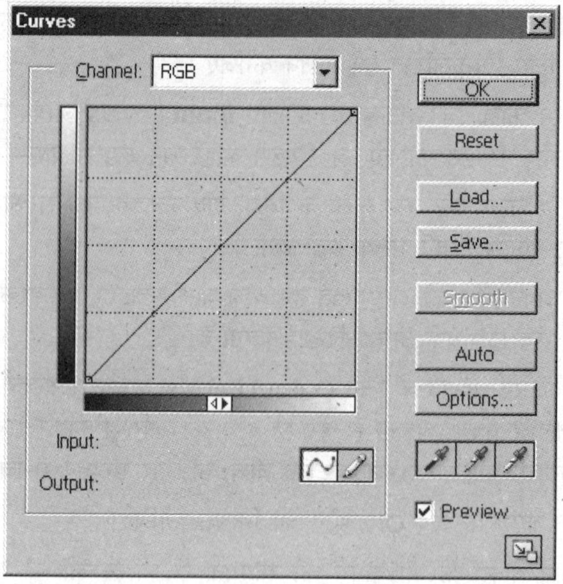

चित्र 22.11 : Curves का डायलॉग बॉक्स

4. इस डायलॉग बॉक्स में दिखाई गई रेखा या वक्र को एडजस्ट करने के लिए इसके किसी बिंदु को माउस पॉइंटर से पकड़कर थोड़ा इधर-उधर करके सेट कीजिए और उसका प्रभाव देखिए। इस तरह आप वक्र को मनचाहा रूप देकर चित्र को एडजस्ट कर सकते हैं।
5. पूरी सेटिंग करने के बाद **OK** बटन को क्लिक कीजिए।

बैलेंस डायलॉग बॉक्स से एडजस्ट करना (Adjusting with Balance Dialog Box)

किसी चित्र को ठीक करने का एक अन्य उपाय रंग बैलेंस को ठीक करना है। रंगों के बैलेंस को समझने के लिए रंग चक्र (Colour Wheel) को समझना आवश्यक है, जो चित्र 22.12 में दिखाया गया है। इस चक्र में प्रत्येक रंग का एक विपरीत रंग है। यदि आप किसी रंग की रेखा पर चलते हुए चक्र के केन्द्र से होकर दूसरी ओर जाएं, तो आप उस रंग के विपरीत रंग पर पहुंच जाएंगे। उदाहरण के लिए, पीले रंग का विपरीत रंग नीला है, लाल रंग का आसमानी (Cyan) है, और हरे का बैंगनी (Magenta) है।

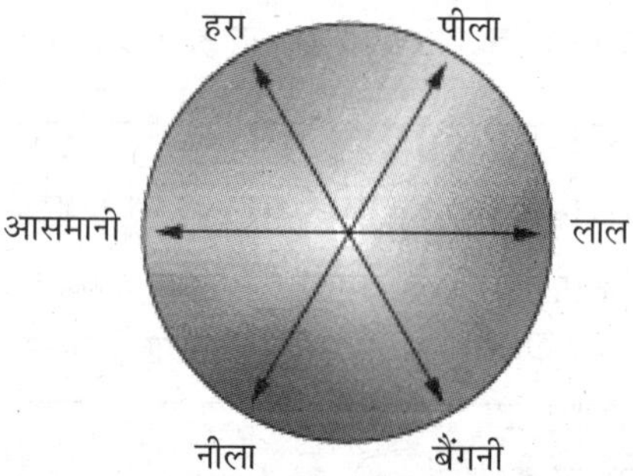

चित्र 22.12 : रंग चक्र

कलर बैलेंस की विंडो में आप किसी रंग को घटाने के लिए उसके विपरीत रंग को बढ़ा देते हैं। उदाहरण के लिए, पीला रंग बढ़ाने के लिए नीला कम कर देते हैं और लाल रंग कम करने के लिए आसमानी बढ़ा देते हैं।

कलर बैलेंस विंडो की सहायता से चित्र को एडजस्ट करने की विधि निम्नप्रकार है :

1. फोटोशॉप में किसी चित्र को खोल लीजिए।
2. **Image** मेन्यू के **Adjustments** सब-मेन्यू में **Color Balance...** आदेश दीजिए या कंट्रोल के साथ **B (Ctrl+B)** दबाइए। इससे आपको चित्र 22.13 की तरह Color Balance का डायलॉग बॉक्स दिया जाएगा।

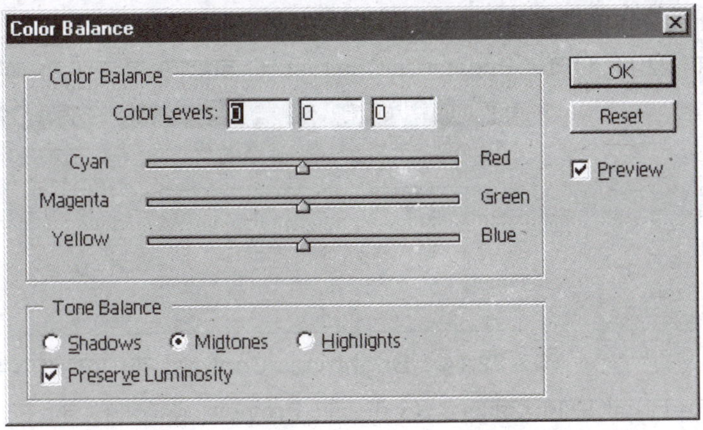

चित्र 22.13 : Color Balance का डायलॉग बॉक्स

3. परिवर्तनों का प्रभाव देखने के लिए **Preview** चेक बॉक्स को सेट कर दीजिए।
4. **Shadows, Midtones** तथा **Highlights** रेडियो बटनों में से किसी एक को चुनिए। सामान्यतया आपको Midtones से कार्य प्रारम्भ करने की सलाह दी जाती है।
5. यदि आप चित्र की चमक उतनी ही बनाए रखना चाहते हैं, तो **Preserve Luminosity** चेक बॉक्स को सेट कर दीजिए, नहीं तो इसे रिसेट कर दीजिए।
6. मुख्य भाग में दिए गए स्लाइडरों को सरकाकर एडजस्ट कीजिए। किसी स्लाइडर को सरकाने पर उसके संबंधित टैक्स्ट बॉक्स में किया हुआ परिवर्तन संख्या के रूप में दिखाई पड़ता है। लाल, हरा या नीला रंग बढ़ाने पर यह संख्या धन चिह्न के साथ दिखाई देती है और इनके विपरीत रंग बढ़ाने पर ऋण चिह्न के साथ दिखाई देती है।
7. इसी विधि से **Shadow** तथा **Highlights** को भी एडजस्ट कीजिए।
8. किए हुए परिवर्तनों को लागू करने के लिए **OK** बटन को क्लिक कीजिए।

यदि कलर बैलेंस बदलने से इच्छित परिणाम प्राप्त नहीं होता, तो आप इसे **Undo** कर सकते हैं।

यदि आप स्वत: ही रंगों को एडजस्ट कराना चाहते हैं, तो **Image** मेन्यू के **Adjustments** सब-मेन्यू में **Auto Color** आदेश दीजिए या शिफ्ट और कंट्रोल के साथ **B (Shift+Ctrl+B)** दबाइए। सामान्यतया इससे अच्छे परिणाम प्राप्त होते हैं, लेकिन यदि आप संतुष्ट न हों, तो इसे भी **Undo** कर सकते हैं।

ब्राइटनेस/कंट्रास्ट डायलॉग बॉक्स से एडजस्ट करना (Adjusting with Brightness/Contrast Dialog Box)

यदि कोई चित्र अधिक गहरा आया है और आप उसकी चमक आदि में साधारण सुधार करना चाहते हैं, तो यह कार्य ब्राइटनेस/कंट्रास्ट विंडो में सरलता से किया जा सकता है। गहरे, मध्य और हलके रंगों में अलग-अलग सुधार करने के स्थान पर आप इस डायलॉग बॉक्स के द्वारा समान सुधार पूरे चित्र में एक साथ कर सकते हैं।

ब्राइटनेस/कंट्रास्ट विंडो की सहायता से चित्र में सुधार करने की विधि निम्नप्रकार है :

1. फोटोशॉप में किसी चित्र को खोल लीजिए।

2. **Image** मेन्यू के **Adjustments** सब-मेन्यू में **Brightness/Color...** आदेश दीजिए। इससे आपको चित्र 22.14 की तरह Brightness/Contrast का डायलॉग बॉक्स दिया जाएगा।

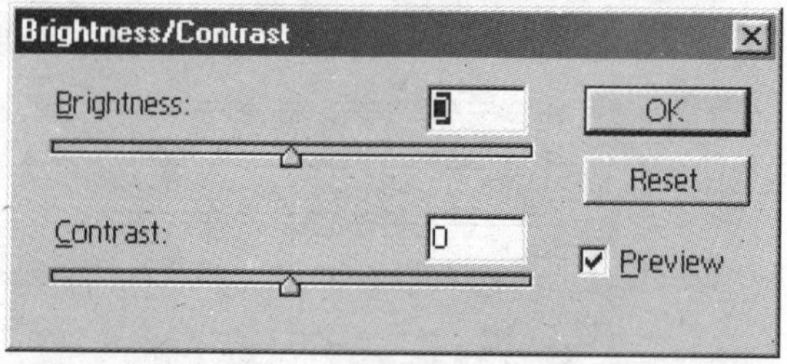

चित्र 22.14 : Brightness/Contrast का डायलॉग बॉक्स

3. परिवर्तनों का प्रभाव तत्काल देखने के लिए **Preview** चेक बॉक्स को सेट कर दीजिए।
4. **Brightness** के स्लाइडर को सरकाकर एडजस्ट कीजिए। इससे उसके साथ के टैक्स्ट बॉक्स में किया हुआ परिवर्तन संख्या के रूप में दिखाई पड़ता है। चमक बढ़ाने पर यह संख्या धन चिह्न के साथ दिखाई देती है और घटाने पर ऋण चिह्न के साथ दिखाई देती है।
5. इसी विधि से **Contrast** को भी एडजस्ट कीजिए।
6. यदि आप चित्र को उसके मूल रूप में लाना चाहते हैं, तो **Reset** बटन को क्लिक कर सकते हैं।
7. किए हुए परिवर्तनों को लागू करने के लिए **OK** बटन को क्लिक कीजिए।

यदि आप स्वत: ही कंट्रास्ट को एडजस्ट कराना चाहते हैं, तो **Image** मेन्यू के **Adjustments** सब-मेन्यू में **Auto Contrast** आदेश दीजिए या अल्ट, शिफ्ट और कंट्रोल के साथ **L (Alt+Shift+Ctrl+L)** दबाइए। सामान्यतया इससे अच्छे परिणाम प्राप्त होते हैं, लेकिन यदि आप संतुष्ट न हों, तो इसे **Undo** कर सकते हैं।

ह्यू/सेचुरेशन डायलॉग बॉक्स से एडजस्ट करना (Adjusting with Hue/Saturation Dialog Box)

यह फोटोशॉप का बहुत शक्तिशाली टूल है। इसके द्वारा आप किसी चित्र के रंगों और उनकी सघनता (intensity) को सुधार सकते हैं और इसके साथ ही उसके प्रकाश को भी सुधार सकते हैं।

ब्राइटनेस/कंट्रास्ट विंडो की सहायता से चित्र में सुधार करने की विधि निम्नप्रकार है :

1. फोटोशॉप में किसी चित्र को खोल लीजिए।
2. **Image** मेन्यू के **Adjustments** सब-मेन्यू में **Hue/Saturation...** आदेश दीजिए या कंट्रोल के साथ **U (Ctrl+U)** बटन दबाइए। इससे आपको चित्र 22.15 की तरह Hue/Saturation का डायलॉग बॉक्स दिया जाएगा।
3. परिवर्तनों का प्रभाव तत्काल देखने के लिए **Preview** चेक बॉक्स को सेट कर दीजिए।
4. इस डायलॉग बॉक्स में तीन स्लाइडर हैं। **Hue** स्लाइडर को सरकाकर आप रंग चक्र के अनुसार किसी रंग को घटा-बढ़ा सकते हैं। स्लाइडर को सरकाने पर उसके साथ के टैक्स्ट बॉक्स में किया हुआ परिवर्तन संख्या के रूप में दिखाई पड़ता है। इसमें सबसे नीचे दी हुई रंग पट्टी की भी सहायता ली जा सकती है। इस पट्टी में लाल रंग बीच में होता है तथा अन्य रंग उसके बाएं या दाएं होते हैं। स्लाइडर को दायीं ओर

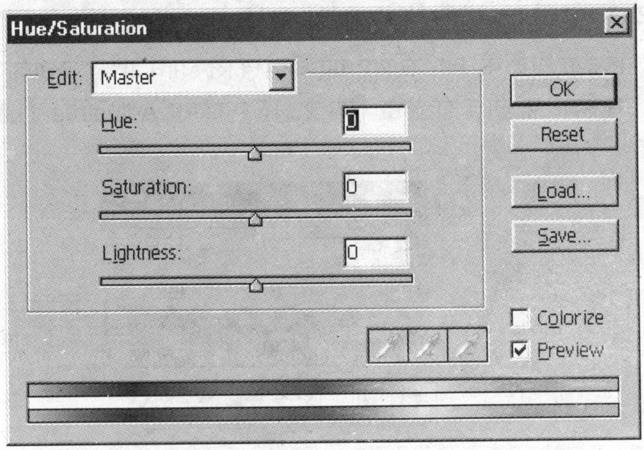

चित्र 22.15 : Hue/Saturation का डायलॉग बॉक्स

सरकाने पर साथ के टैक्स्ट बॉक्स में संख्या धन चिह्न के साथ दिखाई देती है और बायीं ओर सरकाने पर ऋण चिह्न के साथ दिखाई देती है।

5. इसी विधि से **Saturation** तथा **Lightness** को भी एडजस्ट कीजिए।
6. यदि आप चित्र को उसके मूल रूप में लाना चाहते हैं, तो **Reset** बटन को क्लिक कर सकते हैं।
7. किए हुए परिवर्तनों को लागू करने के लिए **OK** बटन को क्लिक कीजिए।

यदि आप किसी रंगीन चित्र को उसी कलर स्कीम में ग्रेस्केल में लाना चाहते हैं, तो **Image** मेन्यू के **Adjustments** सब-मेन्यू में **Desaturate** आदेश दीजिए या शिफ्ट और कंट्रोल के साथ **U (Shift+Ctrl+U)** दबाइए। यह उस समय उपयोगी है, जब आप चित्र की छपाई एक रंग में करना चाहते हों। सामान्यतया इससे अच्छे परिणाम प्राप्त होते हैं, लेकिन यदि आप संतुष्ट न हों, तो इसे **Undo** कर सकते हैं।

एडजस्टमेंट लेयर
(Adjustment Layers)

यहां एक महत्वपूर्ण बात यह है कि रंगों में सुधार आप या तो पूरे चित्र पर या उसके किसी चुने हुए भाग पर लागू कर सकते हैं अथवा चुने हुए भाग को छोड़कर शेष चित्र पर लागू कर सकते हैं। यदि आप कोई सुधार पूरे चित्र पर लागू करते हैं, तो वह कुछ भागों को सुधार सकता है, लेकिन कुछ अन्य भागों को खराब भी कर सकता है। इसलिए कोई क्रिया करने के बाद आपको तुलना करके देखना चाहिए कि उसका सकारात्मक प्रभाव ज्यादा है या नकारात्मक।

फोटोशॉप में किसी सुधार को लागू करने और पसन्द न आने पर रद्द करने का एक सरल उपाय उपलब्ध है, जिसे लेयर कहते हैं। इसके बारे में आप अध्याय 25 'लेयरों का उपयोग' में विस्तार से पढ़ेंगे। यहां इतना ही समझ लेना पर्याप्त है कि लेयर को आप एक पतला पारदर्शी कागज मान सकते हैं, जिसे आप चित्र के ऊपर रखकर उस पर चित्रकारी करते हैं या वस्तुएं लगाते हैं। यदि आप चाहें तो उस लेयर को मूल चित्र में विलय कर सकते हैं और यदि नहीं, तो उसको फेंक सकते हैं और फिर से शुरुआत कर सकते हैं। साधारण लेयरों पर चित्र बनाने के साथ ही फोटोशॉप आपको एडजस्टमेंट लेयरों की सुविधा भी देता है। ये लेयर साधारण लेयरों से इस प्रकार अलग हैं कि इनमें केवल रंगों में किए गए सुधारों को रखा जाता है, पूरे चित्र को नहीं।

कोई एडजस्टमेंट लेयर खोलने की विधि निम्नप्रकार है :

1. लेयर्स पैलेट में नीचे के भाग में दिए गए आधे काले-आधे सफेद वृत्ताकार आइकॉन को क्लिक कीजिए। इससे उस पैलेट के नीचे या ऊपर चित्र 22.16 की तरह Adjustment Layers का पॉप-अप मेन्यू खुल जाएगा।

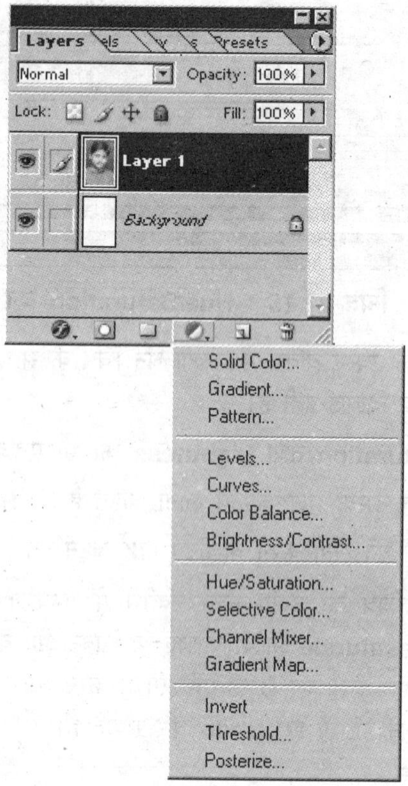

चित्र 22.16 : Adjustment Layers का पॉप-अप मेन्यू

2. इस मेन्यू में उस विशेष प्रकार के एडजस्टमेंट को क्लिक करके चुनिए, जैसा लेयर आप बनाना चाहते हैं। ऐसा करने से उसी का डायलॉग बॉक्स खुल जाएगा।
3. खुले हुए डायलॉग बॉक्स में ऊपर बताई जा चुकी विधियों से एडजस्टमेंट या सुधार कीजिए।
4. उन सुधारों को लेयर पर लागू करने के लिए **OK** बटन को क्लिक कीजिए।

23

आर्ट टूलों का उपयोग
(Using Art Tools)

आप जानते हैं कि फोटोशॉप मुख्यत: इमेज एडीटर प्रोग्राम है अर्थात् इसमें कैमरों द्वारा खींचे गए चित्रों का सम्पादन किया जाता है। लेकिन इसमें अनेक ऐसे टूल भी हैं, जिनकी सहायता से आप बिल्कुल खाली कैनवास से प्रारम्भ करके कलाचित्र तैयार कर सकते हैं, जैसा कि किसी भी ग्राफिक प्रोग्राम में किया जा सकता है। इस अध्याय में आप इन्हीं आर्ट टूलों के बारे में पढ़ेंगे।

फोटोशॉप में निम्नलिखित आर्ट टूल उपलब्ध हैं :

- हीलिंग ब्रश (Healing Brush) तथा पैच (Patch)
- पेंटब्रश (Paintbrush)
- पेंसिल (Pencil)
- रबर स्टाम्प (Rubber Stamp) तथा पैटर्न स्टाम्प (Pattern Stamp)
- हिस्ट्री ब्रश (History Brush) तथा आर्ट हिस्ट्री ब्रश (Art History Brush)
- इरेजर (Eraser), बैकग्राउंड इरेजर (Background Eraser) तथा मैजिक इरेजर (Magic Eraser)
- ग्रेडिएंट (Gradient)
- पेंट बकेट (Paint Bucket)
- ब्लर (Blur), शार्पिन (Sharpen) तथा स्मज (Smudge)
- डॉज (Dodge), बर्न (Burn) तथा स्पंज (Sponge)
- आईड्रॉपर (Eyedropper)

चित्र 23.1 में ये सभी टूल दिखाए गए हैं। प्रत्येक टूल में आप अपनी आवश्यकता के अनुसार मनचाही सेटिंग कर सकते हैं और उनका अधिकतम लाभ उठा सकते हैं। यहां कुछ प्रमुख टूलों के उपयोग के बारे में बताया गया है।

ब्रश पैलेट
(Brushes Palette)

विभिन्न प्रकार के ब्रश टूलों की चर्चा करने से पहले हमें ब्रश पैलेट को जान लेना चाहिए। जब आप किसी ऐसे टूल को चुनते हैं, जो ब्रश आकार का उपयोग करता है, तो उस टूल के ऑप्शंस बार में उसके दाएं छोर पर इस पैलेट के लिए एक टॉगिल बटन उपलब्ध होता है, जिसको क्लिक करने से ब्रश पैलेट चित्र 23.2 की तरह खुल जाता है। इस पैलेट में से आप अपनी पसंद की मोटाई और गुणों वाला ब्रश चुन सकते हैं। यद्यपि प्रत्येक टूल के अपने अलग विकल्प भी होते हैं, लेकिन यह पैलेट लगभग प्रत्येक आर्ट टूल के साथ कार्य करता है।

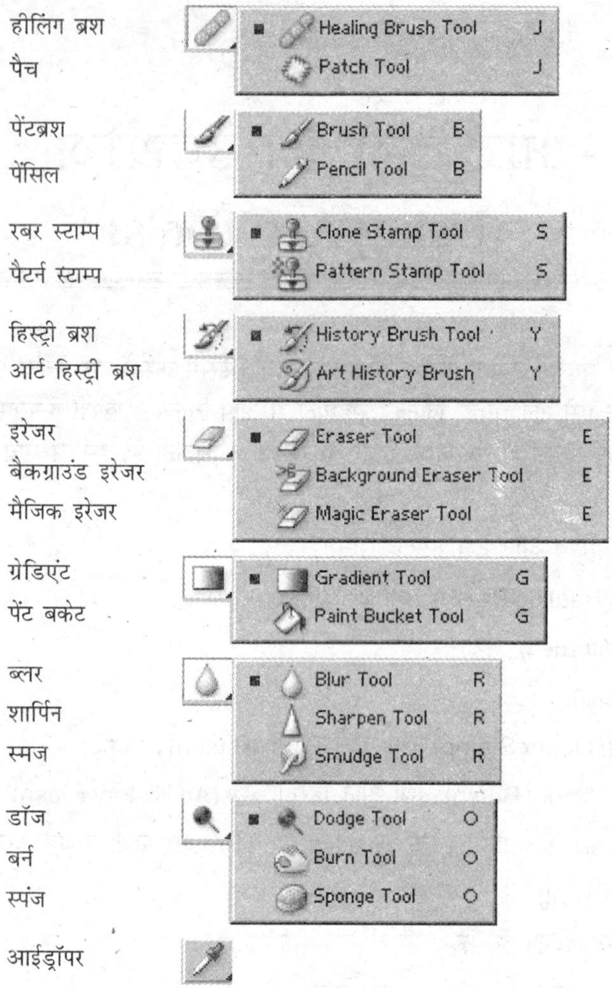

चित्र 23.1 : फोटोशॉप के आर्ट टूल

ब्रश पैलेट में आप दिए हुए आकारों के ब्रश में से कोई भी ब्रश चुन सकते हैं और यदि चाहें तो अपना अलग ब्रश भी बना सकते हैं। जिस ब्रश को आप चुनना चाहते हैं, उसे क्लिक कीजिए। आप किसी चुने हुए ब्रश के गुणों में आवश्यकता के अनुसार परिवर्तन कर सकते हैं या अपना अलग ब्रश भी बना सकते हैं। किसी ब्रश के लिए सामान्यतया निम्नलिखित गुण सेट किए जाते हैं :

- **मोटाई :** किसी ब्रश की मोटाई उसके व्यास (Diameter) से तय की जाती है, जो पिक्सलों में नापा जाता है। पैलेट में ब्रशों के नीचे जो नम्बर पड़े होते हैं, वे पिक्सलों में उस ब्रश का व्यास बताते हैं। कोई ब्रश 2500 पिक्सलों जितना मोटा हो सकता है, जो लगभग 40 इंच के बराबर होता है। आप ब्रश पैलेट में या तो **Diameter** स्लाइड बॉक्स के स्लाइडर को खिसकाकर अथवा उसके टैक्स्ट बॉक्स में पिक्सलों की संख्या टाइप करके ब्रश की मोटाई तय कर सकते हैं।
- **कठोरता :** किसी ब्रश से जो रंग भरा जाएगा या उससे लाइन खींची जाएगी, उसका किनारा कितना ठोस अथवा स्पष्ट होगा, यह उसकी कठोरता (Hardness) से तय किया जाता है, जो प्रतिशत में दी जाती है।

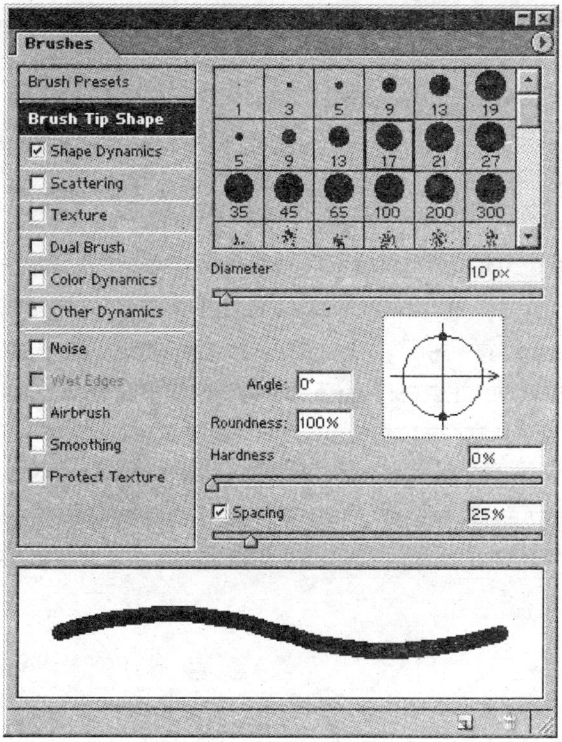

चित्र 23.2 : ब्रश पैलेट

100% कठोरता से रंग का किनारा बिल्कुल साफ आता है और कम कठोरता से उतना ही अस्पष्ट होता है। मोटाई की तरह कठोरता भी आप संबंधित स्लाइडर को सरकाकर या टाइप करके सेट कर सकते हैं।

- **अन्तराल :** किसी ब्रश से जो रंग भरा जाएगा, उसमें रंग की बूंदें कितनी सघन होंगी, यह उस ब्रश के अन्तराल (Spacing) से तय किया जाता है, जो उसकी मोटाई के प्रतिशत में दिया जाता है। 25% अन्तराल से रंग में अच्छी सघनता आती है और अधिक अन्तराल से सघनता कम होती जाती है। यह गुण भी आप संबंधित स्लाइडर को सरकाकर या टाइप करके सेट कर सकते हैं। चित्र 23.3 में विभिन्न अन्तरालों के ब्रशों के प्रभाव का नमूना दिखाया गया है।
- **कोण तथा गोलाई :** आप इन गुणों के द्वारा क्रमशः ब्रश चलाने का कोण और उसकी गोलाई भी सेट कर सकते हैं। इनसे रंग की मोटाई पर प्रभाव पड़ता है। ये गुण भी आप संबंधित बॉक्सों में मान टाइप करके सेट कर सकते हैं।

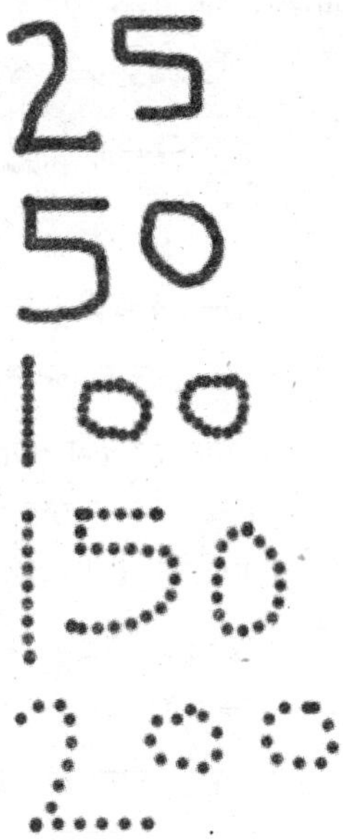

चित्र 23.3 : विभिन्न अन्तरालों के प्रभाव

ब्रशों के लिए इनके अतिरिक्त अन्य कई विकल्प भी सेट किए जाते हैं, जिनके लिए ब्रश पैलेट के डायलॉग बॉक्स में कई चेक बॉक्स दिए गए होते हैं। प्रत्येक चेक बॉक्स को सेट करने का उसका विशेष प्रभाव होता है। उदाहरण के लिए, **Wet Edges** चेक बॉक्स को सेट करने पर रंग पतला हो जाता है, जैसे ब्रश को पानी में डुबा कर गीला कर लिया गया हो। इसी प्रकार अन्य चेक बॉक्सों के प्रभाव आप स्वयं प्रयोग करके देख सकते हैं।

चित्र 23.4 : 'Brush Name' का डायलॉग बॉक्स

आप चाहें तो अपना अलग ब्रश भी बना सकते हैं। इसके लिए सबसे पहले ब्रश पैलेट के डायलॉग बॉक्स में ऊपर बताए गए गुणों को तय करके नए ब्रश के पैरामीटर सेट कर लीजिए। फिर इस डायलॉग बॉक्स में सबसे नीचे की पट्टी में बने हुए **Create new brush** बटन को क्लिक कीजिए, जिससे आपकी स्क्रीन पर चित्र 23.4 की तरह 'Brush Name' का डायलॉग बॉक्स खुल जाएगा। इसके **Name** टैक्स्ट बॉक्स में अपने ब्रश का कोई नाम टाइप करके **OK** बटन को क्लिक कीजिए, जिससे उसी नाम का ब्रश बन जाएगा। यह नया ब्रश ब्रश पैलेट में अन्य ब्रशों के साथ ही सबसे नीचे जोड़ दिया जाता है और आप कभी भी उसे चुन सकते हैं। यदि किसी कारणवश आप इस ब्रश को हटाना चाहते हैं, तो ब्रश पैलेट में उस ब्रश को चुनकर उसके डायलॉग बॉक्स में सबसे नीचे बनी पट्टी में **Delete brush** बटन को क्लिक कीजिए। ऐसा करने पर पहले एक छोटा सा डायलॉग बॉक्स देकर इसकी पुष्टि की जाएगी और उसके बाद उस ब्रश को ब्रश पैलेट से हटा दिया जाएगा।

ब्रश विकल्प
(Brush Options)

ब्रश के आकार के अतिरिक्त ब्रश के व्यवहार के बारे में भी फोटोशॉप में कई विकल्प उपलब्ध होते हैं। ये विकल्प टूल ऑप्शंस बार में दिए जाते हैं। हालांकि ये विकल्प टूल के चुनाव के साथ बदलते रहते हैं, लेकिन कई बातें इनमें समान होती हैं। चित्र 23.5 में ब्रश टूल के लिए टूल ऑप्शंस बार दिखाया गया है, जिसमें कई विकल्प हैं।

चित्र 23.5 : ब्रश टूल ऑप्शंस बार

मोड (Mode) विकल्प से आप रंग भरने की विधि सेट कर सकते हैं। इस ड्रॉप-डाउन लिस्ट में अनेक विकल्प उपलब्ध हैं, जिनका अपना-अपना प्रभाव होता है। सामान्यतया हम ब्रश को 'Normal' मोड में रखते हैं।

अपारदर्शिता (Opacity) से यह तय होता है कि रंग कितना अपारदर्शी होगा। 100% अपारदर्शिता से पीछे का चित्र बिल्कुल छिप जाता है और 0% से रंग पूर्णतया पारदर्शी होता है। इन दोनों मानों के बीच विभिन्न मानों से पारदर्शिता पर आनुपातिक प्रभाव पड़ता है।

प्रवाह (Flow) से यह तय होता है कि ब्रश से रंग के प्रवाह की दर क्या होगी। 100% प्रवाह से रंग पूरी मात्रा में निकलता है और 0% से रंग बिल्कुल नहीं निकलता। इनके बीच के मानों से उसी अनुपात में रंग का प्रवाह होता है।

आप अपनी आवश्यकता के अनुसार किसी ब्रश के विभिन्न गुणों के मान सेट कर सकते हैं। यह आवश्यक नहीं है कि किसी आर्ट टूल में ये सारे गुण होते ही हों। इनमें से कोई गुण नहीं भी हो सकता है। यदि गुण सेट करने के बाद किसी ब्रश को आप सुविधाजनक समझते हैं, तो उसे नए नाम से सुरक्षित कर दीजिए, जिसकी विधि ऊपर बताई जा चुकी है। आगे हम विभिन्न प्रकार के ब्रशों के बारे में बताएंगे।

पेंटब्रश
(Paintbrush)

यह टूल सभी प्रकार के पेंटिंग टूलों का मूल है। जैसा कि इसके नाम से पता चलता है, यह टूल किसी चुने हुए रंग को कैनवास पर फैलाता है। इसे आप किसी चित्रकार के सामान्य ब्रश की तरह समझ सकते हैं, जिसकी नोंक को अपनी आवश्यकता के अनुसार सेट किया जा सकता हो। यह कई मोडों में कार्य करता है। सामान्य (Normal) मोड में इससे स्पष्ट किनारों वाला रंग निकलता है, जिसके प्रवाह की गति को आप नियंत्रित कर सकते हैं। यदि आप किसी स्थान पर माउस बटन को दबाए रखकर इस टूल को देर तक रोकते हैं, तो भी रंग की तीव्रता या गहराई पर कोई प्रभाव नहीं पड़ता। परन्तु यदि आप इसका मोड डिसॉल्व (Dissolve) सेट कर देते हैं, तो यह एयरब्रश (Airbrush) में बदल जाता है। इस स्थिति में यदि आप किसी बिन्दु पर एयरब्रश टूल को अधिक देर तक रोकते हैं, तो रंग अधिक गहरा और घना होता जाता है। इसी प्रकार विभिन्न मोडों में इसका व्यवहार भिन्न-भिन्न होता है।

यदि आप ब्रश टूल के द्वारा कोई सीधी रेखा खींचना चाहते हैं, तो टूल को खींचते समय आपको शिफ्ट कुंजी को दबाए रखना चाहिए। यदि आप दो बिन्दुओं के बीच सीधी रेखा खींचना चाहते हैं, तो पहले एक बिन्दु पर क्लिक कीजिए और फिर दूसरे बिन्दु पर जाकर शिफ्ट के साथ क्लिक कीजिए।

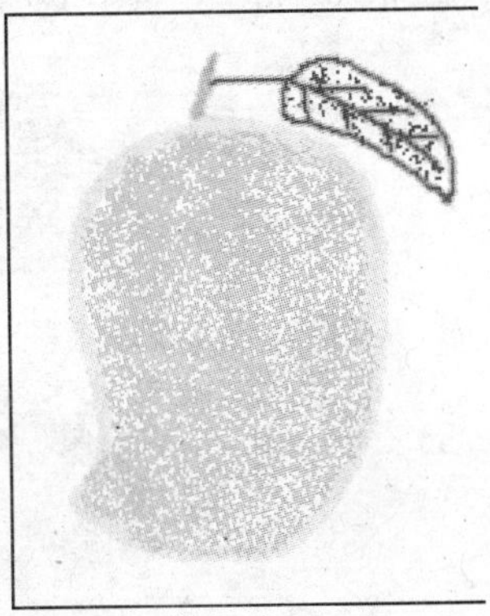

चित्र 23.6 : आम का चित्र

आप इसके विभिन्न आकारों और आकृतियों के साथ विभिन्न दबावों के साथ अनेक प्रकार के प्रभाव उत्पन्न कर सकते हैं। इसके लिए आपको अभ्यास करना चाहिए। चित्र 23.6 में दिखाया गया आम विभिन्न आकारों, प्रकारों और रंगों के ब्रशों का उपयोग करके तैयार किया गया है।

हीलिंग ब्रश
(Healing Brush)

इस ब्रश के द्वारा आप किसी चित्र की छोटी-मोटी कमियों, धब्बों, वस्तुओं आदि को इस प्रकार दूर कर सकते हैं कि वे अपने आसपास के भागों में गायब हो जाएं अथवा किसी चुने हुए रंग और पैटर्न में बदल जाएं। यह फोटोशॉप का एक विलक्षणं टूल है और संस्करण 7.0 में ही पहली बार शामिल किया गया है।

इस ब्रश का उपयोग करने के लिए पहले टूल बॉक्स में इसे क्लिक करके अथवा **J** दबाकर इस ब्रश को चुन लीजिए। इससे इसका टूल ऑप्शंस बार चित्र 23.7 की तरह दिखाई पड़ेगा। इस बार में उचित बटनों तथा बॉक्सों को क्लिक करके ब्रश का आकार, प्रकार तथा मोड चुन लीजिए।

चित्र 23.7 : हीलिंग ब्रश का टूल ऑप्शंस बार

यदि आप चित्र के धब्बों या भागों को किसी नमूने के अनुसार विशेष रंग में बदलना चाहते हैं, तो टूल ऑप्शंस बार में **Sampled** रेडियो बटन को क्लिक करके सेट कीजिए और उसके तुरंत बाद **Alt** के साथ चित्र में उस रंग के बिन्दु पर क्लिक कीजिए, जिसे आप नमूना बनाना चाहते हैं। ऐसा करने पर हटाए जाने वाले भाग उसी रंग में बदले जाएंगे।

यदि आप धब्बों या भागों को उनके आसपास के रंग में मिलाकर गायब कर देना चाहते हैं, तो टूल ऑप्शंस बार में **Pattern** रेडियो बटन को क्लिक करके सेट कीजिए और उसके साथ के ड्रॉप-डाउन लिस्ट बॉक्स के बटन को क्लिक करके उससे खुलने वाली पट्टी में से कोई पैटर्न चुन लीजिए। ऐसा करने पर हटाए गए भाग उस पैटर्न की तरह आसपास के रंग में बदले जाएंगे।

अब ब्रश को चित्र में उस भाग या धब्बे के स्थान पर ले जाकर माउस बटन दबाकर इधर-उधर फिराइए, जिसे आप साफ करना चाहते हैं। आप देखेंगे कि ब्रश को फिराने के स्थान का भाग आपकी सेटिंग के अनुसार साफ हो गया है और उसका रंग बदल गया है।

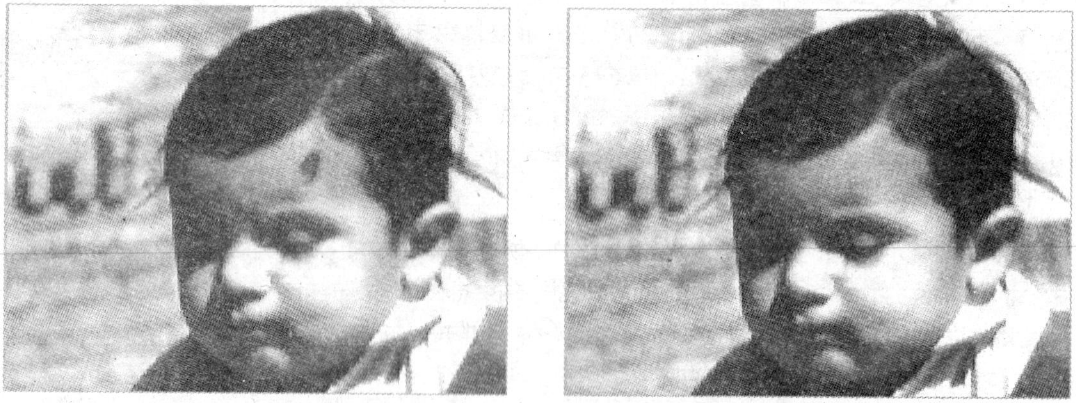

चित्र 23.8 : बायीं ओर मूल फोटो तथा दायीं ओर माथे का धब्बा हटाने के बाद

उदाहरण के लिए हमने चित्र 23.8 में बायीं ओर दिखाए गए फोटो में बच्चे के माथे पर बने हुए धब्बे को हीलिंग ब्रश द्वारा साफ किया है। सफाई के बाद यह दायीं ओर के फोटो की तरह लग रहा है।

इरेजर टूल
(Eraser Tool)

टूलबॉक्स का अगला टूल, जिसका हमें विवशता में सबसे अधिक प्रयोग करना पड़ता है, इरेजर टूल है। इसके द्वारा आप किसी इमेज के किसी भी भाग की किसी भी वस्तु को पूरी तरह साफ करके किसी अन्य चुने हुए रंग में बदल सकते हैं, जो सफेद भी हो सकता है। मजेदार बात यह है कि यदि आप गलती से किसी आवश्यक वस्तु को इस टूल से साफ करके हटा देते हैं, तो तत्काल ही **Undo** आदेश देकर उसे वापस लाया जा सकता है।

इरेजर टूल की सहायता से आप किसी ब्रश की तरह रंग को हलका भी कर सकते हैं, जैसे आप ब्लीचिंग कर रहे हों तथा पिक्सलों की एक अकेली लाइन को भी हटा सकते हैं, जैसे पेंसिल से हटा रहे हों। हालांकि यह एक सामान्य इरेजर की तरह भी काम कर सकता है और वहां की सारी इमेज को हटा सकता है। इरेजर किस प्रकार से व्यवहार करेगा, यह आप उसके ऑप्शंस बार में उचित सेटिंग करके तय कर सकते हैं।

इस टूल का उपयोग करने की विधि बहुत सरल है। सबसे पहले टूलबॉक्स में से इस टूल को क्लिक करके अथवा **E** कुंजी को दबाकर चुनिए। इससे इसका टूल ऑप्शंस बार चित्र 23.9 की तरह खुल जाएगा।

चित्र 23.9 : इरेजर टूल का ऑप्शंस बार

इस बार में **Mode** लिस्ट बॉक्स को खोलकर आप उसका मोड चुन सकते हैं। इसके तीन मान हैं : Brush, Pencil तथा Block । इनमें से **Brush** चुनने पर इरेजर पुरानी सामग्री के रंग की सघनता को एक ब्रश की तरह कम करके उसमें दूसरा रंग भर सकता है, जिसकी सघनता और प्रवाह आप सेट कर सकते हैं। **Pencil** विकल्प भी Brush विकल्प जैसा ही है। अन्तर केवल यह है कि इससे आप एक अकेले पिक्सल जितनी मोटाई की पतली लाइन को भी हटा सकते हैं। **Block** विकल्प से उस स्थान की समस्त सामग्री हटा दी जाती है और उसके स्थान पर बैकग्राउंड का रंग भर दिया जाता है। बैकग्राउंड का रंग चुनने के बारे में आप अगले अध्याय में पढ़ेंगे।

हमने चित्र 23.10 में बायीं ओर के फोटो में से बच्चे के बालों की बाहर निकली हुई लटों तथा पीछे के अस्पष्ट भाग को Brush मोड के इरेजर टूल से हटा दिया है। इस क्रिया के बाद यह फोटो दायीं ओर दिए गए फोटो जैसा लग रहा है। इसमें हमने बैकग्राउंड का रंग सफेद रखा है।

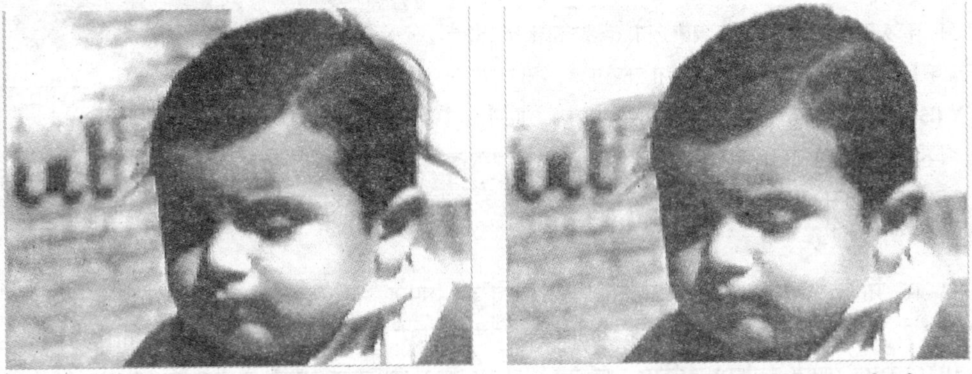

चित्र 23.10 : बायीं ओर मूल फोटो तथा दायीं ओर बाल तथा बैकग्राउंड साफ करने के बाद

बैकग्राउंड तक हटाने के बजाय आप **Erase to History** चेक बॉक्स को सेट करके किसी हिस्ट्री इमेज तक हटा सकते हैं। इसके लिए सबसे पहले इस चेक बॉक्स को सेट करके हिस्ट्री पैलेट में एक स्थिति के बाएं खाली बॉक्स में क्लिक करके हिस्ट्री इमेज को चुन लेना चाहिए। अब आप इरेजर टूल से जिस स्थान की सामग्री हटाएंगे, उस स्थान पर हिस्ट्री इमेज की सामग्री वापस आ जाएगी। इसका अभ्यास कीजिए। हिस्ट्री पैलेट के उपयोग के बारे में आगे विस्तार से बताया गया है।

हिस्ट्री ब्रश
(History Brush)

यह ब्रश आपके लिए उस समय बहुत उपयोगी है, जब आप किसी चित्र में सुधार कर रहे हों और आपको यह सही-सही पता न हो कि कहां और कितना बदलाव करना ठीक रहेगा। यदि चित्र में आपने कोई परिवर्तन किसी ब्रश के द्वारा किया है और उसके कुछ भागों को मूल रूप में वापस लाना चाहते हैं, तो इस टूल के द्वारा आप चित्र के उन भागों को पुनः वापस वहीं रख सकते हैं।

चित्र 23.11 : हिस्ट्री पैलेट

हिस्ट्री ब्रश का उपयोग करने के लिए सबसे पहले हिस्ट्री पैलेट में उस स्थिति के सामने वाले खाली बॉक्स में क्लिक कीजिए, जिस स्थिति के भाग को आप वापस लाना चाहते हैं। ऐसा करने से उस स्थिति के सामने एक ब्रश का चिह्न बन जाएगा, जैसा कि चित्र 23.11 में दिखाया गया है। अब हिस्ट्री ब्रश को क्लिक कीजिए और उसके लिए ब्रश का उचित आकार चुनिए।

अब इस ब्रश को चित्र के उन भागों पर ले जाकर माउस बटन दबाकर खींचिए, जिन भागों को आप चुनी हुई पूर्व स्थिति में लाना चाहते हैं। आप देखेंगे कि उन भागों पर आपके द्वारा की गई किसी भी क्रिया का प्रभाव समाप्त हो जाएगा और वे भाग चुनी हुई पुरानी स्थिति में आ जाएंगे।

चित्र 23.12 में दिखाए गए फोटो में चित्र 23.10 के फोटो में से हटाए गए भाग को हिस्ट्री ब्रश द्वारा वापस लाया गया है।

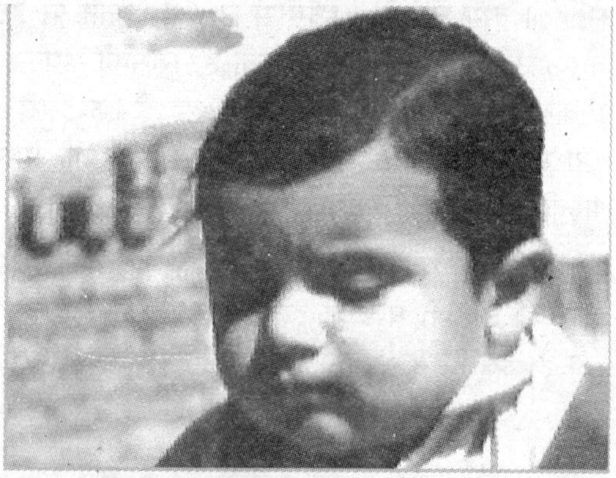

चित्र 23.12 : हिस्ट्री ब्रश द्वारा बचाए गए कुछ भाग के साथ फोटो

आर्ट हिस्ट्री ब्रश
(Art History Brush)

यह ब्रश भी कुछ सीमा तक हिस्ट्री ब्रश की तरह काम करता है और टूलबॉक्स में उसी के स्थान का साझा करता है। आप शिफ्ट के साथ **Y (Shift+Y)** दबाकर हिस्ट्री ब्रश के स्थान पर आर्ट हिस्ट्री ब्रश चुन सकते हैं अथवा टूलबॉक्स में हिस्ट्री ब्रश टूल पर माउस पॉइंटर लाकर माउस बटन दबाकर एक क्षण रोककर खुलने वाले पॉप-अप मेन्यू में से यह टूल चुन सकते हैं।

यह ब्रश भी हिस्ट्री ब्रश की तरह किसी एक स्थिति को अपना आधार बनाता है। लेकिन अन्तर यह है कि पुरानी स्थिति को ठीक उसी रूप में वापस लाने के बजाय यह आपके द्वारा बताई गई क्रियाएं उस स्थिति पर साथ-साथ कर देता है। इससे इसका प्रभाव लगभग हीलिंग ब्रश की तरह हो जाता है। दूसरे शब्दों में, यह हिस्ट्री ब्रश और हीलिंग ब्रश का मिला-जुला रूप है।

इसका टूल ऑप्शंस बार चित्र 23.13 में दिखाया गया है। इसमें **Mode** तथा **Style** ड्रॉप-डाउन लिस्ट बॉक्सों में उचित विकल्प चुनकर आप इस टूल का व्यवहार तय कर सकते हैं। आर्ट हिस्ट्री ब्रश की सहायता से आप कई विलक्षण प्रभाव उत्पन्न कर सकते हैं। इसके लिए आपको इसकी विभिन्न सेटिंगों के प्रभावों का अध्ययन करना होगा और उसका अभ्यास करना पड़ेगा।

चित्र 23.13 : आर्ट हिस्ट्री ब्रश का टूल ऑप्शंस बार

बैकग्राउंड इरेजर तथा मैजिक इरेजर टूल
(Background Eraser and Magic Eraser Tools)

ये दोनों टूल टूलबॉक्स में सामान्य इरेजर टूल से स्थान का साझा करते हैं। बैकग्राउंड इरेजर टूल से आप किसी चित्र के बैकग्राउंड को हटा सकते हैं। इसका प्रभाव यह होता है कि यदि आप उस चित्र को एक लेयर के रूप में किसी अन्य चित्र पर लगाते हैं, तो उतना भाग पारदर्शी हो जाता है। बैकग्राउंड इरेजर टूल द्वारा साफ किए गए स्थान पर कार्पेट का पैटर्न उभर आता है, जैसा कि चित्र 23.14 में दिखाया गया है।

यदि चित्र में बची हुई वस्तु का रंग आपके कार्पेट के रंग से मिलता-जुलता है, तो बैकग्राउंड इरेजर टूल का उपयोग करते समय आपको अधिक सावधान रहना पड़ता है।

मैजिक इरेजर टूल का प्रभाव भी बैकग्राउंड इरेजर टूल जैसा ही है। अन्तर केवल यह है कि इस टूल से क्लिक करने पर उस रंग के आसपास के सभी स्थानों से बैकग्राउंड गायब हो जाता है। यदि आपने इसके ऑप्शंस बार में **Contiguous** चेक बॉक्स को सेट नहीं किया है, तो इससे उस चित्र के मिलते-जुलते रंग वाले सभी भागों से बैकग्राउंड गायब हो जाता है। इसलिए इस टूल का उपयोग केवल तभी करना उचित है, जब चित्र के रंग पूरी तरह स्पष्ट हों। अन्यथा बैकग्राउंड इरेजर टूल का ही उपयोग करना चाहिए। सामान्यतया इन टूलों का उपयोग लेयरों के साथ किया जाता है। लेयरों के बारे में आप अध्याय 25 'लेयरों का उपयोग' में विस्तार से पढ़ेंगे।

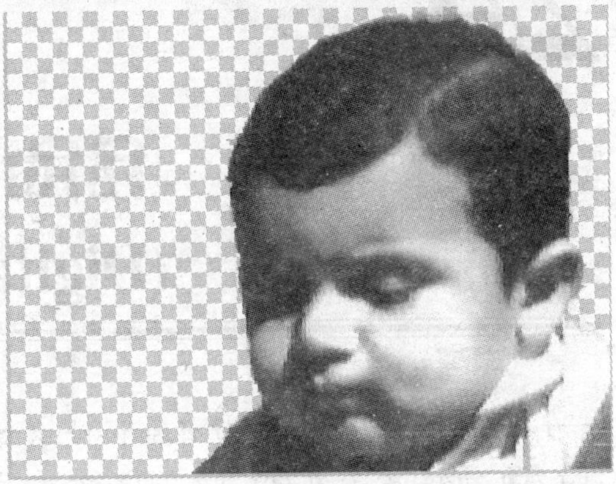

चित्र 23.14 : बैकग्राउंड इरेजर टूल का उपयोग

पेंसिल टूल
(Pencil Tool)

यह टूल कुल मिलाकर एक सामान्य ब्रश टूल की तरह ही काम करता है। अन्तर केवल यह है कि यह केवल स्पष्ट किनारों वाली रेखाएं खींच सकता है। रेखाओं का रंग और चौड़ाई आपके द्वारा चुने जाते हैं। टूलबॉक्स में यह ब्रश टूल के साथ स्थान का साझा करता है। आप केवल **B** कुंजी दबाकर अथवा, यदि ब्रश टूल चुना हुआ है, तो शिफ्ट के साथ **B** कुंजी दबाकर इस टूल को चुन सकते हैं।

इसका टूल ऑप्शंस बार चित्र 23.15 में दिखाया गया है। ब्रश टूल की तरह ही आप इसके लिए मोड तथा अपारदर्शिता (Opacity) चुन सकते हैं। यदि आप **Auto Erase** चेक बॉक्स को सेट कर देते हैं, तो यदि पेंसिल के मार्ग में पहले से ही कोई पेंसिल लाइन है, तो वह उसे स्वत: हटा देता है।

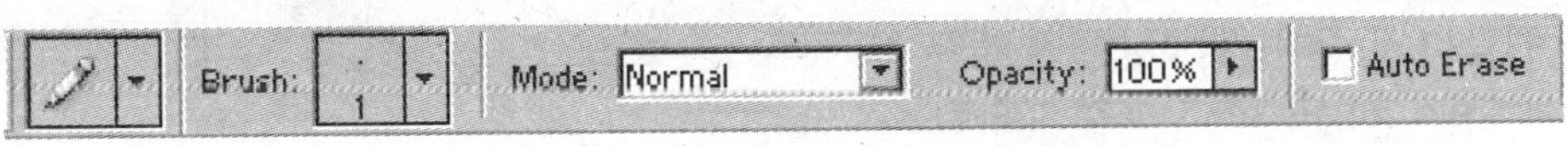

चित्र 23.15 : पेंसिल टूल का ऑप्शंस बार

24

डिजिटल पेंटिंग
(Digital Painting)

कलर मोडों तथा आर्ट टूलों के बारे में जान लेने के बाद वास्तविक कार्य करने के लिए रंगों का चुनाव करने के बारे में जान लेना आवश्यक है। मजेदार बात यह है कि इन रंगों द्वारा पेंटिंग करते समय आपकी उंगलियां खराब नहीं होतीं और सारा कार्य कम्प्यूटर स्क्रीन पर ही हो जाता है। इसीलिए इसे डिजिटल पेंटिंग कहा जाता है।

फोटोशॉप में कार्य करते समय केवल दो रंग प्रभावी अथवा सक्रिय होते हैं – पहला फोरग्राउंड कलर (Foreground Colour) तथा दूसरा बैकग्राउंड कलर (Background Colour)। इनमें से ब्रश आदि आर्ट टूलों का उपयोग करते समय फोरग्राउंड कलर प्रभावी होता है और बैकग्राउंड का रंग तब प्रभावी होता है जब आप इरेजर आदि टूलों का उपयोग करके किसी चित्र का कोई भाग पूर्णतः हटा देते हैं। इसलिए आप बैकग्राउंड के रंग को अपने कैनवास का रंग मान सकते हैं।

रंग का चुनाव करना
(Selecting a Colour)

आपको अपनी आवश्यकता के अनुसार बार-बार फोरग्राउंड अथवा बैकग्राउंड के लिए रंग का चुनाव करना पड़ता है। इसकी सबसे सरल और तेज विधि टूलबॉक्स में रंग नमूनों (Colour Swatch) का उपयोग करना है। इसमें कई आइकॉन होते हैं, जो चित्र 24.1 में दिखाए गए हैं। चित्र में प्रत्येक आइकॉन के आदेश या प्रभाव का भी संकेत किया गया है।

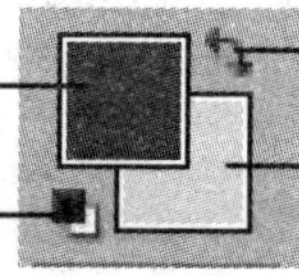

चित्र 24.1 : टूल बॉक्स में कलर आइकॉन

इनमें से एक-दूसरे के ऊपर आ रहे दो बड़े आइकॉन क्रमशः फोरग्राउंड और बैकग्राउंड के रंग सेट करने के लिए हैं। इनमें से किसी को क्लिक करने पर रंग चुनने का डिफॉल्ट डायलॉग बॉक्स खुल जाता है, जो सामान्यतया कलर पिकर का डायलॉग बॉक्स होता है। इस डायलॉग बॉक्स के उपयोग के बारे में आगे बताया गया है।

नीचे बायीं ओर छोटा आइकॉन, जो बड़े दोनों आइकॉनों का समरूप है, डिफॉल्ट कलर चुनने के लिए है। इसे क्लिक करने से काला रंग फोरग्राउंड कलर के रूप में और सफेद रंग बैकग्राउंड के रंग के रूप में सेट हो जाता है।

चौथा आइकॉन, जो ऊपरी दाएं कोने में एक वक्राकार डबल तीर के रूप में है, फोरग्राउंड और बैकग्राउंड के रंगों को आपस में बदल देने के लिए है। उदाहरण के लिए, यदि किसी समय लाल रंग फोरग्राउंड कलर के रूप में और पीला रंग बैकग्राउंड कलर के रूप में चुना हुआ है, तो इस आइकॉन को क्लिक कर देने से पीला रंग फोरग्राउंड के लिए और लाल रंग बैकग्राउंड के लिए सेट हो जाएगा।

फोरग्राउंड और बैकग्राउंड दोनों उपयोगों के लिए उचित रंग चुनने की कई विधियां हैं, जो आगे बताई गई हैं।

कलर पिकर द्वारा
(By Colour Picker)

कलर पिकर डायलॉग बॉक्स का उपयोग करके फोरग्राउंड या बैकग्राउंड का रंग निम्नप्रकार चुना जा सकता है:

1. यदि आप फोरग्राउंड का रंग चुनना चाहते हैं, तो टूलबॉक्स में **'Set Foreground Color'** आइकॉन को क्लिक कीजिए और यदि बैकग्राउंड का रंग चुनना चाहते हैं, तो टूलबॉक्स में **'Set Background Color'** आइकॉन को क्लिक कीजिए। इससे कलर पिकर का डायलॉग बॉक्स चित्र 24.2 की तरह खुल जाएगा।

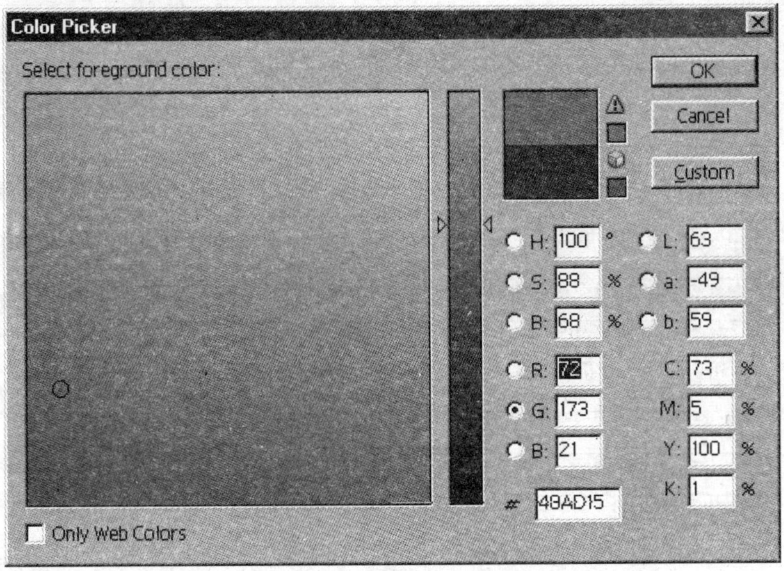

चित्र 24.2 : कलर पिकर का डायलॉग बॉक्स

2. इस डायलॉग बॉक्स में दो रंग की पट्टियां हैं - एक वर्गाकार और दूसरी आयताकार। दोनों पट्टियों में एक सिरे से दूसरे सिरे तक अनेक रंगों के नमूने दिखाए जाते हैं। आप वर्गाकार रंग पट्टी में किसी बिन्दु पर क्लिक करके रंग का चयन करते हैं। यदि इस पट्टी में आपका इच्छित रंग न हो, तो आप आयताकार पट्टी के संकेतक को सरकाकर अथवा उसमें क्लिक करके वर्गाकार पट्टी में रंगों के अन्य नमूनों को देख सकते हैं। आप जो रंग चुनते हैं, वह तीसरे कलर बॉक्स के ऊपरी आधे भाग में दिखाया जाता है। उस बॉक्स के निचले आधे भाग में पहले से सेट रंग दिखाया जाता है।
3. कोई रंग चुनने पर यदि वह रंग CMYK मोड में सही-सही दिखाए जाने योग्य अर्थात् छापे जाने योग्य नहीं है, तो उस तीसरे बॉक्स के बगल में एक चेतावनी का चिह्न दिखाई देता है और यदि वह वेब पेजों पर सही-सही दिखाए जाने योग्य नहीं है, तो उसके बगल में एक अन्य चेतावनी का चिह्न दिखाई देता है।
4. यदि आप केवल वेब पेज पर दिखाने के लिए रंग चुन रहे हैं, तो इस डायलॉग बॉक्स में **Only Web Colors** चेक बॉक्स को सेट कीजिए। इससे रंग पट्टियों में केवल उन्हीं रंगों के नमूने दिखाए जाएंगे, जो वेब पेजों पर सही-सही दिखाए जा सकते हैं।
5. यदि आपको किसी कलर मॉडल में किसी रंग को व्यक्त करने के पैरामीटर ज्ञात हैं, तो आप उस मॉडल के टैक्स्ट बॉक्सों में वे पैरामीटर टाइप करके भर सकते हैं। इससे उनके द्वारा व्यक्त किया जाने वाला रंग

सही–सही चुना जा सकेगा। एक कलर मॉडल में पैरामीटर भरने पर अन्य कलर मॉडलों में उनके समतुल्य पैरामीटर स्वतः ही दिखाए जाते हैं।

5. उचित रंग का चयन करने के बाद **OK** बटन को क्लिक कीजिए, जिससे चुना हुआ रंग फोरग्राउंड या बैकग्राउंड पर लागू हो जाएगा।

कलर पैलेट द्वारा (By Colour Palette)

कलर पैलेट द्वारा भी आप फोरग्राउंड या बैकग्राउंड का रंग चुन सकते हैं। यह पैलेट चित्र 24.3 में दिखाया गया है। इसमें रंग चुनने की विधि निम्नप्रकार है :

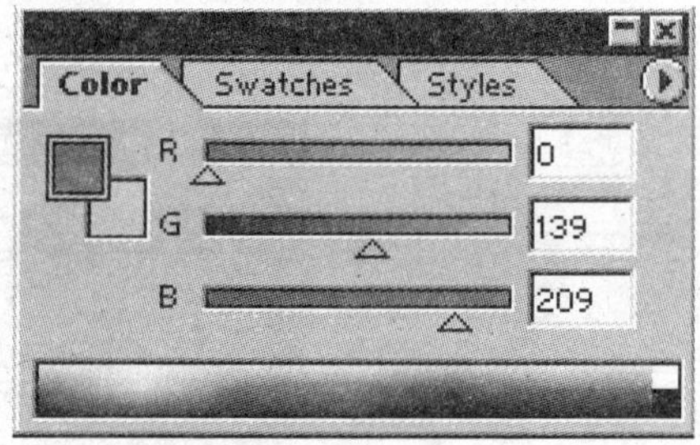

चित्र 24.3 : कलर पैलेट

1. इस पैलेट में बायीं ओर दो आइकॉन बने होते हैं, जो क्रमशः फोरग्राउंड और बैकग्राउंड के रंगों के लिए हैं। आप जिसके लिए रंग चुनना चाहते हैं, उसे क्लिक कीजिए।
2. सबसे नीचे बनी हुई रंग पट्टी में उचित रंग को क्लिक करके चुन लीजिए। इस पट्टी में आने पर माउस पॉइंटर का रूप बदलकर एक आई–ड्रॉपर जैसा हो जाता है। चुना हुआ रंग उसके आइकॉन में दिखाया जाता है और सामान्यतया **RGB** मॉडल में उसके पैरामीटर भी दिखाए जाते हैं।
3. यदि आप चुने हुए रंग से संतुष्ट नहीं हैं, तो रंग के पैरामीटर बदलकर अथवा उनके संबंधित स्लाइडरों को एडजस्ट करके उचित रंग चुन सकते हैं। आपके द्वारा चुना हुआ रंग फोरग्राउंड या बैकग्राउंड पर लागू हो जाता है।
4. यदि कलर पिकर डायलॉग बॉक्स खोलते समय कलर पैलेट भी खुला हुआ है, तो आप रंग के चयन में इस पैलेट का भी उपयोग कर सकते हैं।

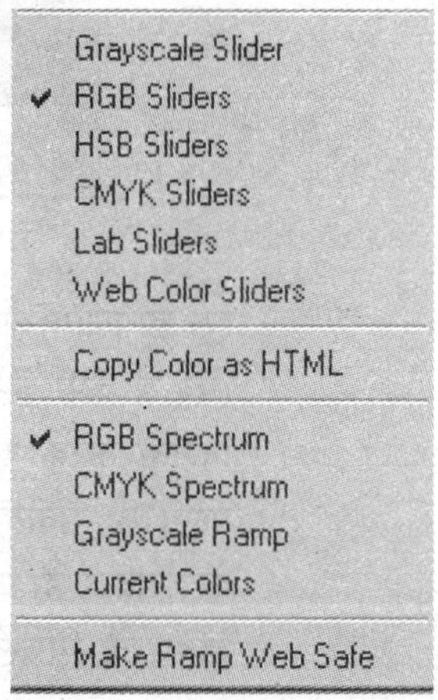

चित्र 24.4 : कलर पैलेट मेन्यू

फोटोशॉप में काम करते हुए कलर पैलेट का उपयोग करने में कलर पिकर डायलॉग बॉक्स की तुलना में कई लाभ हैं। सबसे पहला लाभ तो यह है कि यह विंडो में लगातार खुला रह सकता है, इसलिए आप कभी भी किसी भी ब्रश या टूल के लिए कोई भी रंग क्लिक करके चुन सकते हैं और बदल सकते हैं। दूसरा लाभ यह है कि इसमें रंगों के लिए संख्याओं के साथ–साथ स्लाइडर भी होते हैं, जिन्हें सरकाकर आप मनपसंद रंग सेट कर सकते हैं।

इस पैलेट से जुड़े हुए मेन्यू, जो चित्र 24.4 में दिखाया गया है, में उचित विकल्प सेट करके आप इस पैलेट में दिखाए जाने वाले कलर मॉडल तथा रंग पट्टी का कलर मॉडल भी चुन सकते हैं।

स्वैचेज पैलेट द्वारा (By Swatches Palette)

इस पैलेट द्वारा फोरग्राउंड या बैकग्राउंड के लिए रंग चुनना सबसे सरल है। यह पैलेट चित्र 24.5 में दिखाया गया है। इसमें प्रमुख रंगों को किसी विद्यार्थी के जल रंगों जैसे बॉक्सों में दिखाया जाता है। जिस प्रकार विद्यार्थी किसी रंग की डिब्बी में ब्रश डुबोकर उसे रंग से भर लेता है, उसी प्रकार आप इसमें दिखाए गए रंगों में से किसी को क्लिक करके फोरग्राउंड

का रंग चुन सकते हैं। बैकग्राउंड का रंग चुनने के लिए कंट्रोल के साथ क्लिक करना चाहिए।

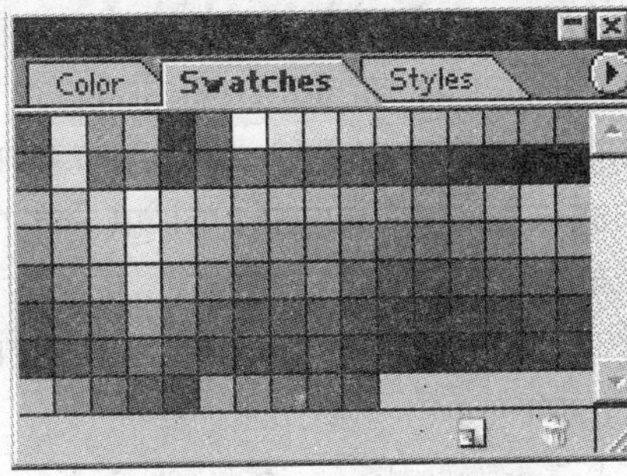

चित्र 24.5 : स्वैचेज पैलेट

आईड्रॉपर टूल द्वारा (By Eyedropper Tool)

आपने देखा होगा कि जब भी आप माउस पॉइंटर को स्वैचेज पैलेट में किसी रंग नमूने या कलर पैलेट में रंग पट्टी पर लाते हैं, तो वह आईड्रॉपर के रूप में बदल जाता है। स्पष्टतः इसका कार्य दिए हुए नमूनों में से रंग चुनना होता है। इसके सक्रिय होने पर जहां भी जब भी आप माउस बटन क्लिक करते हैं, वहां का रंग यह उठा लेता है और उसे सक्रिय रंग अर्थात् फोरग्राउंड का रंग बना देता है। यदि आप कंट्रोल के साथ क्लिक करते हैं, तो उस रंग को यह बैकग्राउंड का रंग बना देता है।

टूलबॉक्स का आईड्रॉपर टूल भी लगभग यही कार्य करता है। अन्तर केवल यही है कि आईड्रॉपर टूल किसी चित्र पर से कोई रंग उठाने के लिए उपयोग किया जाता है। उदाहरण के लिए आप किसी चित्र में से आकाश का रंग चुन सकते हैं और रंग पट्टी में उससे मिलता-जुलता रंग खोजने के झंझट से बच जाते हैं।

टूलबॉक्स में आईड्रॉपर टूल को क्लिक करके अथवा **I** बटन दबाकर आप इसे चुन सकते हैं। इससे माउस पॉइंटर कैनवास पर एक आईड्रॉपर के रूप में बदल जाता है। जब आप कैनवास पर इससे कहीं क्लिक करते हैं, तो उस स्थान का रंग फोरग्राउंड कलर के रूप में सेट हो जाता है और यदि अल्ट के साथ क्लिक करते हैं, तो वह रंग बैकग्राउंड के रंग के रूप में सेट हो जाता है।

रंगों को सरकाना (Moving Paints)

चित्रकार सामान्यतया दो या अधिक रंगों को आपस में मिलाकर अथवा सरकाकर विशेष प्रभाव उत्पन्न करते हैं। फोटोशॉप में कार्य करते समय आप भी इस तरह के प्रभाव उत्पन्न कर सकते हैं, जिनके लिए कई टूल उपलब्ध हैं। यहां हम इन टूलों के बारे में संक्षेप में बता रहे हैं।

स्मज टूल (Smudge Tool)

दो या अधिक रंगों को आपस में मिलाना स्मज करना कहा जाता है। फोटोशॉप में ऐसा करने की कई विधियां हैं। इनमें से स्मज टूल का उपयोग करना सबसे अधिक प्रचलित है। इस टूल के द्वारा आप किसी वस्तु के रंग को बैकग्राउंड में मिला सकते हैं। यह टूल ब्लर टूल के पॉप-अप मेन्यू में होता है और **R** दबाकर चुना जा सकता है।

स्मज टूल का टूल.ऑप्शंस बार चित्र 24.6 में दिखाया गया है। इस टूल का उपयोग करना बहुत सरल है। इसका प्रभाव लगभग ऐसा होता है मानो किसी स्थान के रंग को आप अपनी उंगली से किसी दिशा में सरका या फैला रहे हों। इस साधारण सी क्रिया में विभिन्न विकल्पों को सेट करके आप अनेक प्रकार के प्रभाव उत्पन्न कर सकते हैं। इसके लिए इसके टूल ऑप्शंस बार में उचित सेटिंग की जाती है।

चित्र 24.6 : Smudge Tool का ऑप्शंस बार

फोटोशॉप में स्मज टूल को भी ब्रश ही माना जाता है। इसलिए किसी अन्य ब्रश की तरह इसका भी आकार चुना जा सकता है। इसका प्रमुख पैरामीटर दबाव (Pressure) या शक्ति (Strength) होता है। आप जानते हैं कि आपकी उंगली पर जितना अधिक दबाव होगा, रंग उतने ही अधिक फैलेंगे। इस दबाव को आप प्रतिशत में सेट करते हैं। चित्र 24.7 में विभिन्न दबावों या शक्ति से फैलने वाले रंग का नमूना दिखाया गया है।

इसी प्रकार अन्य विकल्पों को सेट करके आप विभिन्न प्रभाव पैदा कर सकते हैं।

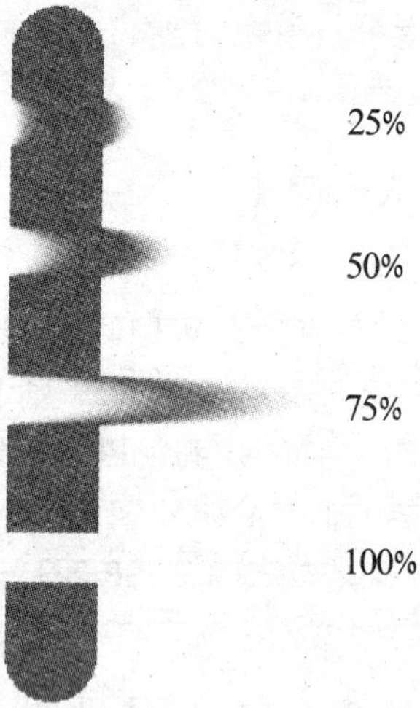

चित्र 24.7 : विभिन्न दबावों पर रंग फैलना

ब्लर टूल
(Blur Tool)

इस टूल के द्वारा आप किसी चित्र के किसी भाग का फोकस हलका या कमजोर कर सकते हैं। इसका उपयोग तब किया जाता है, जब आप चित्र के कुछ विशेष भागों को उभारकर शेष भागों को दबाना चाहते हों, ताकि दर्शक का ध्यान केवल उभारे हुए भाग पर जाए। इस टूल का ऑप्शंस बार भी स्मज टूल जैसा ही होता है, जो चित्र 24.8 में दिखाया गया है। इस बार में विभिन्न प्रकार की सेटिंग करके आप कई प्रकार के प्रभाव पैदा कर सकते हैं।

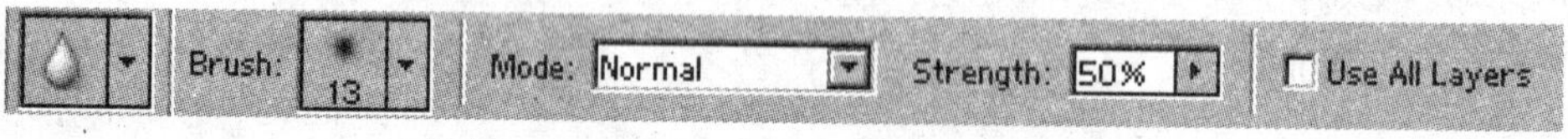

चित्र 24.8 : Blur Tool का ऑप्शंस बार

इस टूल का उपयोग करने में यह सावधानी रखनी पड़ती है कि आप जिस भाग को कमजोर करना चाहते हैं, वह पूरा भाग इस टूल द्वारा सुधारा जाना चाहिए अर्थात् कोई भाग ब्लर टूल से छूटना नहीं चाहिए, अन्यथा चित्र अच्छा नहीं लगेगा। अपनी आवश्यकता के अनुसार आप ब्रश का आकार चुन सकते हैं।

शार्पिन टूल
(Sharpen Tool)

यह टूल ब्लर टूल के ठीक विपरीत काम करता है। ब्लर टूल जहां फोकस को कमजोर करता है, वहीं शार्पिन टूल उसे तेज कर देता है। इसका उपयोग किसी चित्र में किसी वस्तु विशेष को उभारने के लिए होता है, ताकि दर्शक का ध्यान अधिक खींचे। इसका टूल ऑप्शंस बार ब्लर टूल के ऑप्शंस बार जैसा ही होता है और आप अपनी आवश्यकता के अनुसार ब्रश का आकार तथा दबाव चुन सकते हैं।

इस टूल का उपयोग करने में यह सावधानी रखना आवश्यक होता है कि इस टूल का किसी स्थान पर आवश्यकता से अधिक उपयोग पूरे चित्र को नष्ट कर सकता है। इसलिए इसका उपयोग थोड़ा-थोड़ा करके करना अच्छा रहता है। यदि कभी आपको ऐसा लग रहा है कि टूल का उपयोग आवश्यकता से अधिक हो गया है, तो तत्काल **Undo** आदेश देकर उस क्रिया को उलट देना चाहिए।

डॉज तथा बर्न टूल
(Dodge and Burn Tools)

डॉल टूल के द्वारा आप किसी भाग के ऊपर पड़ने वाले प्रकाश को कम कर सकते हैं। ऐसा करने से उस भाग का रंग हलका हो जाता है। बर्न टूल इसका ठीक उलटा कार्य करता है अर्थात् किसी भाग पर पड़ने वाले प्रकाश की तीव्रता बढ़ा देता है, जिससे उसके रंग गहरे हो जाते हैं।

चित्र 24.9 : Dodge और Burn Tool का ऑप्शंस बार

इन दोनों टूलों का टूल ऑप्शंस बार एक जैसा ही होता है, जो चित्र 24.9 में दिखाया गया है। अन्य टूलों की तरह इन दोनों टूलों के ऑप्शंस बार में भी कई विकल्प होते हैं, जिनसे भिन्न-भिन्न प्रकार के प्रभाव उत्पन्न किए जाते हैं।

स्पंज टूल
(Sponge Tool)

इस टूल द्वारा चित्र में किसी भाग के रंग की तीव्रता या तो बढ़ा दी जाती है, जिससे रंग में चमक आ जाती है, या घटा दी जाती है, जिससे रंग धुंधला हो जाता है। इसका टूल ऑप्शंस बार चित्र 24.10 में दिखाया गया है।

चित्र 24.10 : Sponge Tool का ऑप्शंस बार

इसके टूल ऑप्शंस बार की **Mode** ड्रॉप-डाउन लिस्ट में दो विकल्प होते हैं : **Desaturate** तथा **Saturate**, जिनसे रंग की तीव्रता क्रमशः घट और बढ़ जाती है।

इस अध्याय में बताए गए टूल चित्रों में विभिन्न प्रकार के प्रभाव उत्पन्न करने के लिए उपयोग किए जाते हैं। इनका उपयोग बहुत आवश्यक होने पर ही किया जाना चाहिए। इनका अधिक से अधिक अभ्यास करके आप मनचाहे प्रभाव पैदा कर सकते हैं। सामान्यतया इनका उपयोग विज्ञापन तैयार करने में किया जाता है।

25

लेयरों का उपयोग
(Using Layers)

अभी तक आपने जो क्रियाएं करना सीखा है, उनमें हमने यह माना है कि चित्र की केवल एक सतह है, जिस पर आप विभिन्न क्रियाएं कर रहे हैं। इस अध्याय में आप फोटोशॉप की एक अत्यन्त महत्वपूर्ण विशेषता 'लेयर' के बारे में पढ़ेंगे।

कोई लेयर किसी चित्र की एक सतह होती है, जिस पर आप कोई भी सामग्री लगा सकते हैं। एक चित्र में कितने भी लेयर हो सकते हैं और उनमें से प्रत्येक एक-दूसरे से स्वतंत्र होता है। आप एक लेयर पर कार्य करते समय अन्य लेयरों को छिपा सकते हैं। आप लेयरों को एक-दूसरे से लिंक भी कर सकते हैं।

लेयर पैलेट
(Layers Palette)

लेयरों पर अधिकांश क्रियाएं लेयर पैलेट के माध्यम से की जाती हैं, जो चित्र 25.1 में दिखाया गया है। लेयर पैलेट खोलने के लिए **Windows** मेन्यू में **Layers** आदेश देना चाहिए अथवा उसके टैब को क्लिक करना चाहिए। लेयर पैलेट के द्वारा आप लेयर बना सकते हैं, जोड़ सकते हैं, हटा सकते हैं, छिपा सकते हैं तथा दिखा सकते हैं।

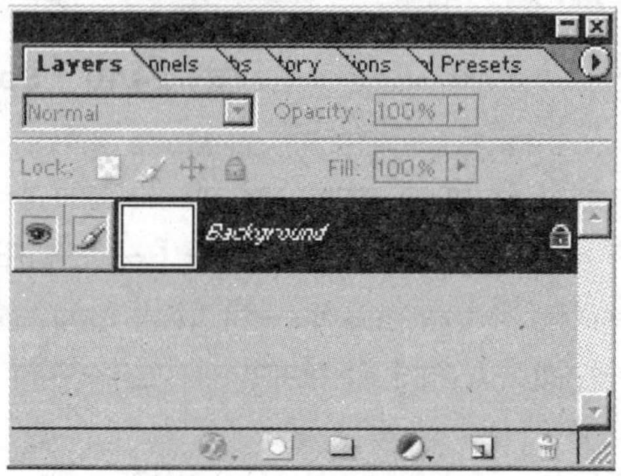

चित्र 25.1 : लेयर पैलेट

इस पैलेट में प्रत्येक लेयर के लिए एक आइकॉन होता है, जिसे थम्बनेल (Thumbnail) कहा जाता है। प्रारम्भ में इसमें एक ही लेयर होता है, जिसे बैकग्राउंड लेयर कहते हैं। लेयर संबंधी विभिन्न क्रियाओं के लिए इस पैलेट के निचले भाग में कुछ बटन बने होते हैं, जिन्हें आदेश बटन कहा जाता है।

लेयर पैलेट के आदेश बटन चित्र 25.2 में दिखाए गए हैं और साथ में उनके उपयोग की ओर संकेत किया गया है। इन आदेशों के स्थान पर आप Layer मेन्यू का भी उपयोग कर सकते हैं, जिसमें अधिक आदेश होते हैं, जिनसे आप और अधिक प्रकार की क्रियाएं कर सकते हैं।

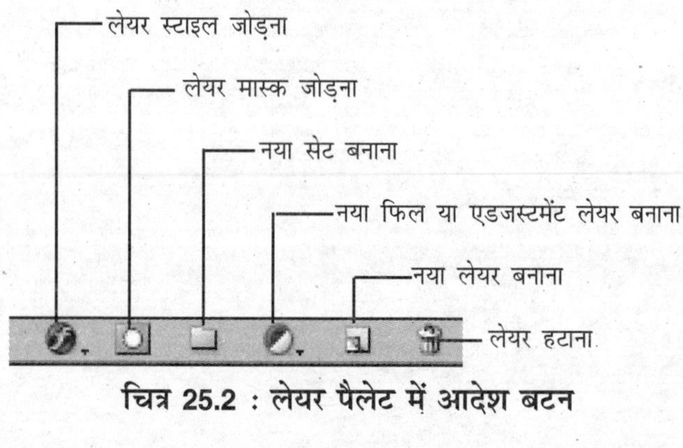

चित्र 25.2 : लेयर पैलेट में आदेश बटन

लेयरों पर क्रियाएं
(Working with Layers)

आप लेयर पैलेट या मेन्यू द्वारा लेयरों पर अनेक प्रकार की क्रियाएं कर सकते हैं। यहां इन क्रियाओं के बारे में संक्षेप में बताया गया है।

नया लेयर बनाना
(Creating New Layer)

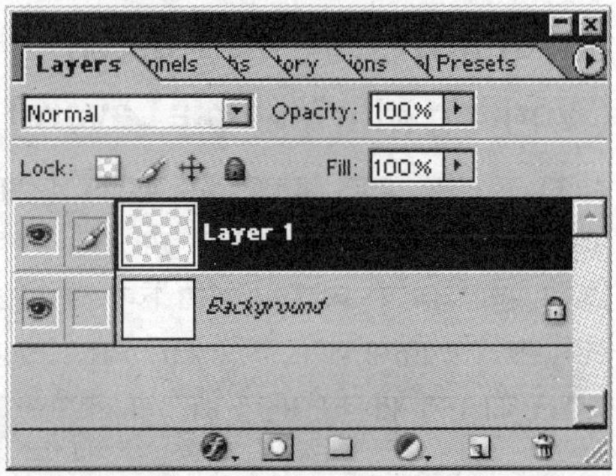

चित्र 25.3 : नया बना हुआ लेयर

नया लेयर बनाने के लिए या तो लेयर पैलेट में **Create a new layer** आदेश बटन को क्लिक कीजिए अथवा **Layer** मेन्यू में **New** के झरना मेन्यू में **Layer** आदेश दीजिए अथवा शिफ्ट और कंट्रोल के साथ **N (Shift+Ctrl+N)** कुंजी दबाइए। आदेश बटन क्लिक करने से **Layer 1** नाम से एक नया लेयर बन जाता है और मेन्यू से या शॉर्टकट आदेश देने पर एक डायलॉग बॉक्स खुलता है, जिसमें **OK** बटन को क्लिक करने पर लेयर बना दिया जाता है। एक नया लेयर बन जाने पर लेयर पैलेट चित्र 25.3 की तरह दिखाई पड़ता है। एक चित्र में आप अधिकतम 999 लेयर बना सकते हैं, लेकिन उनमें से किसी भी समय केवल एक लेयर सक्रिय होता है, जिसका आइकॉन अथवा थम्बनेल लेयर पैलेट में गहरी सीमा रेखा से घिरा दिखाई देता है और उसके बायीं ओर बॉक्स में एक ब्रश का चिह्न दिखाई देता है। आप इस पैलेट में किसी भी लेयर के थम्बनेल या नाम की पट्टी को क्लिक करके उसे सक्रिय लेयर बना सकते हैं। फोटोशॉप में समस्त क्रियाएं केवल सक्रिय लेयर की सामग्री पर ही की जाती हैं।

लेयरों का क्रम बदलना
(Reordering Layers)

नए लेयर हमेशा वर्तमान सक्रिय लेयर के ऊपर बनाये जाते हैं। लेयर पैलेट में लेयर जिस क्रम में दिखाई पड़ते हैं, उसी क्रम में वे एक दूसरे के ऊपर आते हैं। आप चाहें तो इस क्रम को बदल सकते हैं। इसके लिए जिस लेयर को आप ऊपरी क्रम में ले जाना चाहते हैं, उसके थम्बनेल या नाम की पट्टी को माउस पॉइंटर से पकड़कर ऊपर या नीचे खींचिए और उचित क्रम में ले जाकर छोड़ दीजिए। वैसे आप सक्रिय लेयर को **Ctrl+[** शॉर्टकट आदेश द्वारा एक स्तर नीचे और **Ctrl+]** शॉर्टकट आदेश द्वारा एक स्तर ऊपर ले जा सकते हैं।

लेयरों को छिपाना/दिखाना
(Hiding/Showing Layers)

जो लेयर दिखाई पड़ते हैं, उनके थम्बनेल के सबसे बायीं ओर के बॉक्स में एक आंख का चिह्न दिखाई देता है, जैसा कि चित्र 25.3 में दिखाई दे रहा है। यदि आप किसी लेयर को छिपाना चाहते हैं, तो उसके आंख के चिह्न को क्लिक करके हटा दीजिए। अगर आप उसे फिर से दिखाना चाहते हैं, तो उस बॉक्स में फिर से क्लिक करने पर आंख वापस आ जाएगी और लेयर पुन: दिखाई पड़ने लगेगा। इस विधि से आप किसी भी और कितने भी लेयरों को छिपा या दिखा सकते हैं। यदि एक से अधिक लेयर दिखाई देने के लिए सेट किए गए हैं, तो उनमें से प्रत्येक की सामग्री चित्र में दिखाई देगी।

लेयर हटाना
(Deleting Layers)

किसी लेयर को हटाने के लिए उसे सक्रिय करके लेयर पैलेट में **Delete layer** बटन को क्लिक कीजिए अथवा **Layer** मेन्यू में **Delete** के झरना मेन्यू में **Layer** आदेश दीजिए। इससे हटाने की पुष्टि के लिए डायलॉग बॉक्स दिया जाएगा। उसमें **OK** बटन को क्लिक करने पर लेयर को उसकी समस्त सामग्री सहित हटा दिया जाएगा।

अनेक लेयरों पर कार्य करना
(Working with Multiple Layers)

आपने नये लेयर बनाने, उनका क्रम बदलने, छिपाने/दिखाने और उन्हें हटाने के बारे में पढ़ा है, परंतु अभी तक यह नहीं पढ़ा है कि लेयरों की आवश्यकता क्यों होती है। वास्तव में लेयरों का उपयोग अनेक प्रकार से किया जाता है। जब आप किसी एक चित्र पर बाहर से दूसरा चित्र या उसका कोई भाग लाकर पेस्ट करते हैं, तो वास्तव में वह नया चित्र दूसरे लेयर पर पेस्ट किया जाता है। प्रत्येक लेयर पारदर्शी होता है। आप लेयरों को नियंत्रित करके उन दोनों चित्रों की छवि या प्रदर्शन को नियंत्रित कर सकते हैं। यहां लेयरों पर की जाने वाली कुछ अन्य क्रियाओं के बारे में बताया गया है।

अपारदर्शिता
(Opacity)

लेयर पैलेट में सबसे ऊपर **Opacity** स्लाइडर बॉक्स द्वारा सक्रिय लेयर की अपारदर्शिता को नियंत्रित किया जा सकता है। आप इसे 0% से लेकर 100% तक कुछ भी सेट कर सकते हैं। इससे आप यह तय कर सकते हैं कि उस लेयर में बनाए गए चित्र के पीछे के चित्र कितनी तीव्रता के साथ दिखाई देंगे। परन्तु बैकग्राउंड लेयर की अपारदर्शिता को आप नहीं बदल सकते।

लेयरों को लिंक करना
(Linking Layers)

यदि आप किसी ऐसे लेयर, जो सक्रिय नहीं है, के थम्बनेल के पास वाले खाली बॉक्स को क्लिक करते हैं, तो वहां एक जंजीर का टुकड़ा आ जाता है, जैसा कि चित्र 25.4 में दिखाया गया है। इस चिह्न का तात्पर्य है कि वह लेयर सक्रिय लेयर के साथ लिंक हो गया है। अब यदि आप सक्रिय लेयर की सामग्री को कहीं सरकाते हैं, तो लिंक किया हुआ लेयर भी साथ ही सरकता है। आप लिंक चिह्न को फिर से क्लिक करके उसे हटा सकते हैं। आप किसी लेयर के साथ कितने भी अन्य लेयरों को लिंक कर सकते हैं।

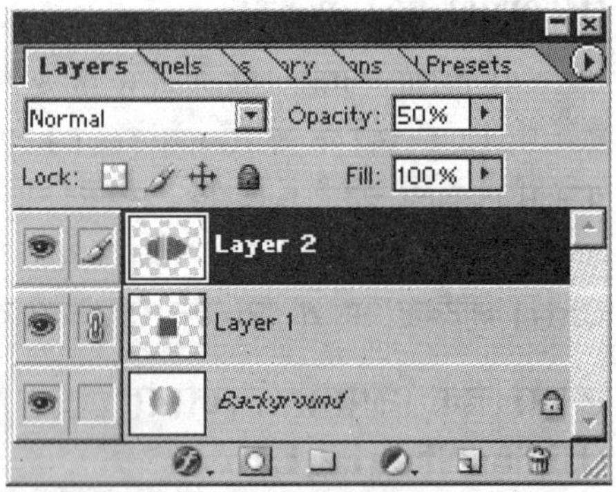

चित्र 25.4 : लिंक किए हुए लेयर

लेयरों का विलय करना
(Merging Layers)

आप जितने अधिक लेयर बनाते हैं और जितने अधिक प्रभाव डालते हैं, आपकी इमेज फाइल उतनी ही अधिक बड़ी हो जाती है। वैसे भी अनेक लेयरों वाली फाइल फोटोशॉप के अलावा और कहीं प्रयोग नहीं की जा सकती। इसलिए यदि

आप इमेज को किसी पुस्तक में छापना चाहते हैं अथवा वेब पेज में डालना चाहते हैं, तो आपको सभी लेयरों को मिलाकर एक सपाट (Flat) चित्र बनाना होगा।

लेयरों की संख्या कम करने के लिए आप लेयरों का विलय कर सकते हैं। इसकी कई विधियां हैं। यदि आप किसी सक्रिय लेयर में उससे लिंक किए हुए सभी लेयरों का विलय करना चाहते हैं, तो **Layer** मेन्यू में **Merge Linked** आदेश दीजिए अथवा कंट्रोल के साथ **E (Ctrl+E)** बटन दबाइए। इससे लिंक किए हुए लेयर सक्रिय लेयर में मिलकर गायब हो जाएंगे। यदि आप किसी सक्रिय लेयर के साथ उससे ठीक नीचे वाले लेयर को मिलाना चाहते हैं, तो भी यही आदेश दिया जाता है। उस समय इस आदेश का नाम **Merge Down** होता है।

यदि आप कुछ चुने हुए लेयरों का ही विलय करना चाहते हैं, तो केवल उन लेयरों को दिखाने के लिए सेट कीजिए, जिनका विलय आप करना चाहते हैं। शेष लेयरों को छिपा लीजिए। अब **Layer** मेन्यू में **Merge Visible** आदेश दीजिए अथवा शिफ्ट और कंट्रोल के साथ **E (Shift+Ctrl+E)** बटन दबाइए। इससे दिखाई पड़ रहे लेयरों का सक्रिय लेयर में विलय होकर केवल वही एक लेयर रह जाएगा।

इन आदेशों का उचित उपयोग करके आप लेयरों की संख्या घटा सकते हैं और अपनी इमेज फाइल का आकार बहुत कम कर सकते हैं।

यदि आप सभी लेयरों को मिलाकर केवल एक फ्लैट फाइल बनाना चाहते हैं, तो पहले उन लेयरों को दिखाने के लिए सेट कीजिए, जिन्हें आप बचाना चाहते हैं। फिर **Layer** मेन्यू में **Flatten Image** आदेश दीजिए। इससे पहले आपको चित्र 25.5 की तरह छिपे लेयर हटाने की चेतावनी का डायलॉग बॉक्स दिया जाएगा। उसमें **OK** बटन को क्लिक करने पर सभी छिपे हुए लेयरों को हटा दिया जाएगा और इसके साथ ही शेष लेयरों की एक सपाट फाइल बना दी जाएगी और उनकी समस्त सामग्री को बैकग्राउंड लेयर में रख दिया जाएगा।

चित्र 25.5 : छिपे लेयर हटाने की चेतावनी का डायलॉग बॉक्स

लेयरों पर यहां बताई गई क्रियाओं के अतिरिक्त अन्य बहुत सी क्रियाएं भी की जाती हैं और उन पर अनेक प्रकार के प्रभाव उत्पन्न किए जा सकते हैं। यहां तक कि आप इनका उपयोग करके एनीमेशन फिल्म भी तैयार कर सकते हैं। इन कार्यों में फोटोशॉप की मास्क और पाथ सुविधाओं का भी उपयोग किया जाता है। इन सबका अध्ययन इस पुस्तक के कोर्स से बाहर है। इसके लिए आपको फोटोशॉप पर केंद्रित किसी अन्य पुस्तक का अध्ययन करना चाहिए तथा फोटोशॉप की हेल्प सुविधा का लाभ उठाना चाहिए।

26

फिल्टरों का उपयोग
(Using Filters)

फिल्टर किसी चित्र का पूरी तरह रूपांतरण करने के आश्चर्यजनक साधन हैं। इनके द्वारा सामान्यतया फोटोग्राफी की अनेक समस्याओं को हल किया जाता है अथवा चित्र पर कई प्रकार के विशेष प्रभाव डाले जाते हैं। इस कार्य में Filter मेन्यू का उपयोग किया जाता है, जो चित्र 26.1 में दिखाया गया है।

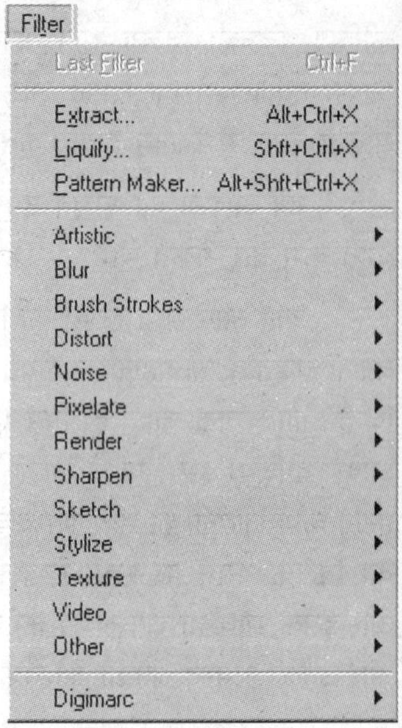

चित्र 26.1 : फिल्टर मेन्यू

इस मेन्यू में सबसे ऊपर तीन आदेश हैं : Extract..., Liquify... तथा Pattern Maker..., जो फोटोशॉप 6 में जोड़े गए हैं। इनके उपयोग के बारे में इस अध्याय में विस्तार से बताया गया है। इनके अतिरिक्त फिल्टर मेन्यू में कई सब-मेन्यू भी हैं। इनमें से कुछ अधिक महत्वपूर्ण फिल्टरों के बारे में भी आप इस अध्याय में पढ़ेंगे। शेष के बारे में जानने के लिए फोटोशॉप की हेल्प सुविधा का लाभ लेना चाहिए।

एक्सट्रैक्ट आदेश
(Extract Command)

इस आदेश से आप किसी चित्र में से किसी सामने दिखाई पड़ रही वस्तु को उसके बैकग्राउंड से अलग कर सकते हैं और किसी लेयर पर बैकग्राउंड को हटा सकते हैं। इस कार्य में आपको अधिक परिश्रम नहीं करना पड़ता।

साधारण मामलों में आप इस आदेश के बदले बैकग्राउंड इरेजर टूल (Background Eraser Tool) का भी उपयोग कर सकते हैं, जिसके बारे में आप अध्याय 23 'आर्ट टूलों का उपयोग' में विस्तार से पढ़ चुके हैं। लेकिन यदि उस वस्तु का किनारा बिल्कुल ही अस्पष्ट और अपरिभाषित हो, तो एक्सट्रैक्ट आदेश आपके लिए बहुत उपयोगी होता है। इसमें सबसे पहले आप उस वस्तु के किनारों को बताने के लिए एक हाईलाइट खींचते हैं, जिससे वस्तु का आन्तरिक भाग परिभाषित हो जाता है। इस भाग को एक्सट्रैक्ट करने से पहले आप प्रिव्यू कर सकते हैं और यदि आवश्यक हो तो उसे सुधार सकते हैं। जब आप उसे एक्सट्रैक्ट कर लेते हैं, तो फोटोशॉप उसके बैकग्राउंड को हटाकर पारदर्शी बना देता है। वस्तु के किनारे बैकग्राउंड से लिये गये रंग के तत्व को छोड़ देते हैं, ताकि आप मनचाहा बैकग्राउंड बना सकें।

इस आदेश का उपयोग निम्नप्रकार किया जाता है :

1. सबसे पहले चित्र को खोल लीजिए और उस लेयर में आइए जिसमें वह वस्तु है, जिस पर आप यह क्रिया करना चाहते हैं। यदि आप बैकग्राउंड लेयर में कार्य कर रहे हैं, तो एक्सट्रैक्शन के बाद वह सामान्य लेयर बन जाता है। मूल चित्र को सुरक्षित रखने के लिए आपको लेयर को डुप्लीकेट कर लेना चाहिए।
2. **Filter** मेन्यू में **Extract...** आदेश दीजिए, जिससे आपकी स्क्रीन पर चित्र 26.2 की तरह Extract का डायलॉग बॉक्स खुल जाएगा।

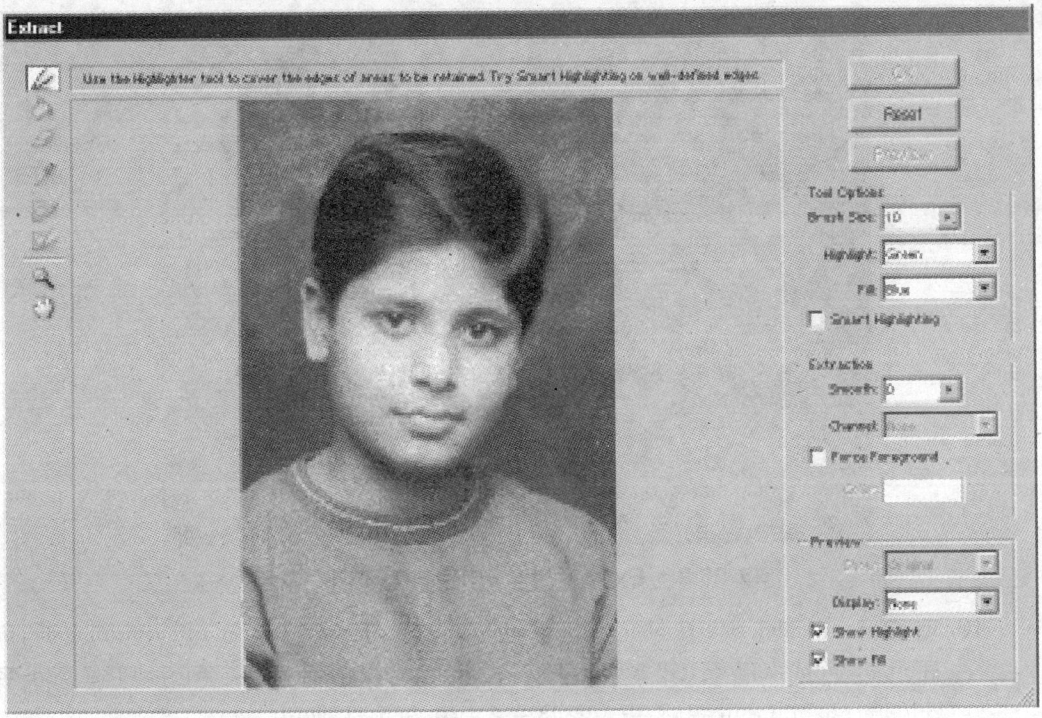

चित्र 26.2 : Extract का डायलॉग बॉक्स

3. इस डायलॉग बॉक्स के **Tool Options** भाग में ब्रश का आकार, हाईलाइट का रंग और फिल का रंग चुनिए। यदि वस्तु का किनारा अच्छी तरह परिभाषित है, तो आप **Smart Highlighting** चेक बॉक्स को सेट कर सकते हैं।
4. चित्र को और अधिक स्पष्ट करने के लिए डायलॉग बॉक्स में बायीं ओर दिए गए टूलों में से जूम टूल को क्लिक करके चुनिए और चित्र पर क्लिक करके उसका आकार बढ़ाइए। ऐसा आप कई बार कर सकते हैं। यदि आकार घटाना हो, तो क्लिक करते समय अल्ट कुंजी को दबाए रखिए।
5. वस्तु के किनारों को हाईलाइट करने के लिए हाईलाइटर टूल को चुनिए और उस वस्तु के किनारों के बाहर बैकग्राउंड को हाईलाइट कीजिए। इसके लिए माउस बटन को दबाकर ब्रश को खींचिए। यह हाईलाइट यदि वस्तु के ऊपर भी आता है, तो चिन्ता की कोई बात नहीं है, क्योंकि एक्सट्रैक्ट करते समय यह उपयोगी होगा।
6. यदि आप किसी भाग से हाईलाइट को हटाना चाहते हैं, तो उसके लिए इरेजर टूल को क्लिक कीजिए और उसको खींचते हुए हाईलाइट को हटाइए।
7. अब फिल टूल को क्लिक करके चुनिए और उस वस्तु को कहीं क्लिक कीजिए। इससे वह वस्तु फिल के रंग मे दिखाई पड़ने लगेगी, जैसा कि चित्र 26.3 के बाएं भाग में दिखाया गया है।
8. ऊपर की क्रियाओं से संतुष्ट होने पर **Preview** बटन को क्लिक कीजिए, जिससे एक्सट्रैक्ट किया जाने वाला भाग बैकग्राउंड से अलग दिखाई देगा, जैसा कि चित्र 26.3 के दाएं भाग में दिखाया गया है।
9. आवश्यक होने पर स्टेप्स 5 से 7 को कई बार दोहराया जा सकता है।

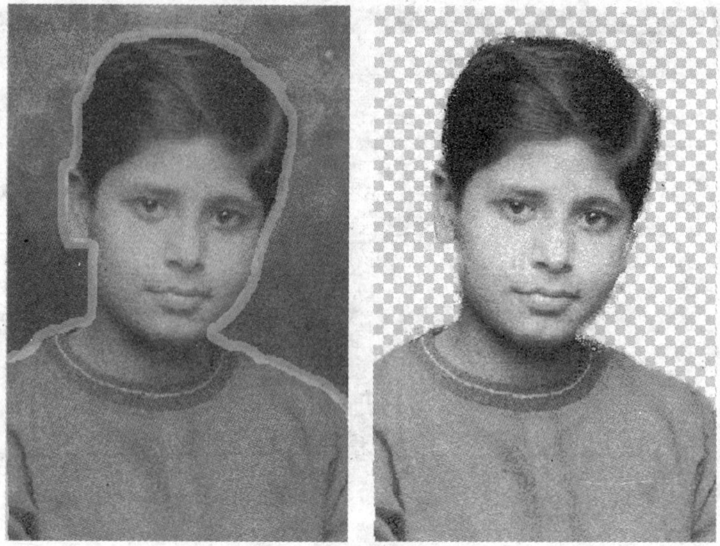

चित्र 26.3 : Extract की सेटिंग और उसका प्रिव्यू

10. एक्सट्रैक्ट होने वाले चित्र में अभी भी कुछ अस्पष्ट स्थान हो सकते हैं और उनमें बैकग्राउंड के चिह्न हो सकते हैं। इनको हटाने के लिए क्लीनअप टूल (Cleanup Tool) को चुनकर ब्रश को माउस बटन दबाकर उन भागों के ऊपर खींचिए। इससे बैकग्राउंड के चिह्न साफ हो जाएंगे।
11. चित्र के अस्पष्ट किनारों को ठीक करने के लिए टचअप टूल (Touchup Tool) को चुनकर ब्रश को माउस बटन दबाकर किनारों के ऊपर खींचिए। इससे किनारे स्पष्ट हो जाएंगे।
12. अन्त में **OK** बटन को क्लिक कीजिए, जिससे अन्तिम एक्सट्रैक्शन लागू हो जाएगा।

लीक्विफाई आदेश
(Liquify Command)

इस आदेश से आप किसी चित्र में किसी वस्तु या उसके किसी भाग का रूप इस प्रकार बिगाड़ सकते हैं कि वह भाग पहचान में न आए। चित्र का शेष भाग अपने मूल रूप में बना रहता है। इस क्रिया का उपयोग प्राय: ऐसे मामलों में किया जाता है, जब हम किसी व्यक्ति का चेहरा विकृत करना चाहते हों, ताकि वह पहचाना न जा सके। इसका उपयोग टी.वी. पर क्विज, वार्ता आदि में किसी व्यक्ति की पहचान छिपाने के लिए विशेष रूप से किया जाता है। इसके डायलॉग बॉक्स में चित्र को बिगाड़ने के लिए अनेक टूल उपलब्ध हैं। जब आप ब्रश को माउस बटन दबाकर खींचते हैं, तो उसके रास्ते में आने वाले भाग पर उसका प्रभाव होता है।

इस आदेश का उपयोग निम्नप्रकार किया जाता है :

1. सबसे पहले चित्र को खोल लीजिए और उस लेयर में आइए जिसमें वह वस्तु है, जिस पर आप यह क्रिया करना चाहते हैं। यदि आप चित्र के किसी भाग पर यह क्रिया करना चाहते हैं, तो उस भाग को चुन लीजिए।
2. **Filter** मेन्यू में **Liquify...** आदेश दीजिए, जिससे आपकी स्क्रीन पर चित्र 26.4 की तरह Liquify का डायलॉग बॉक्स खुल जाएगा।

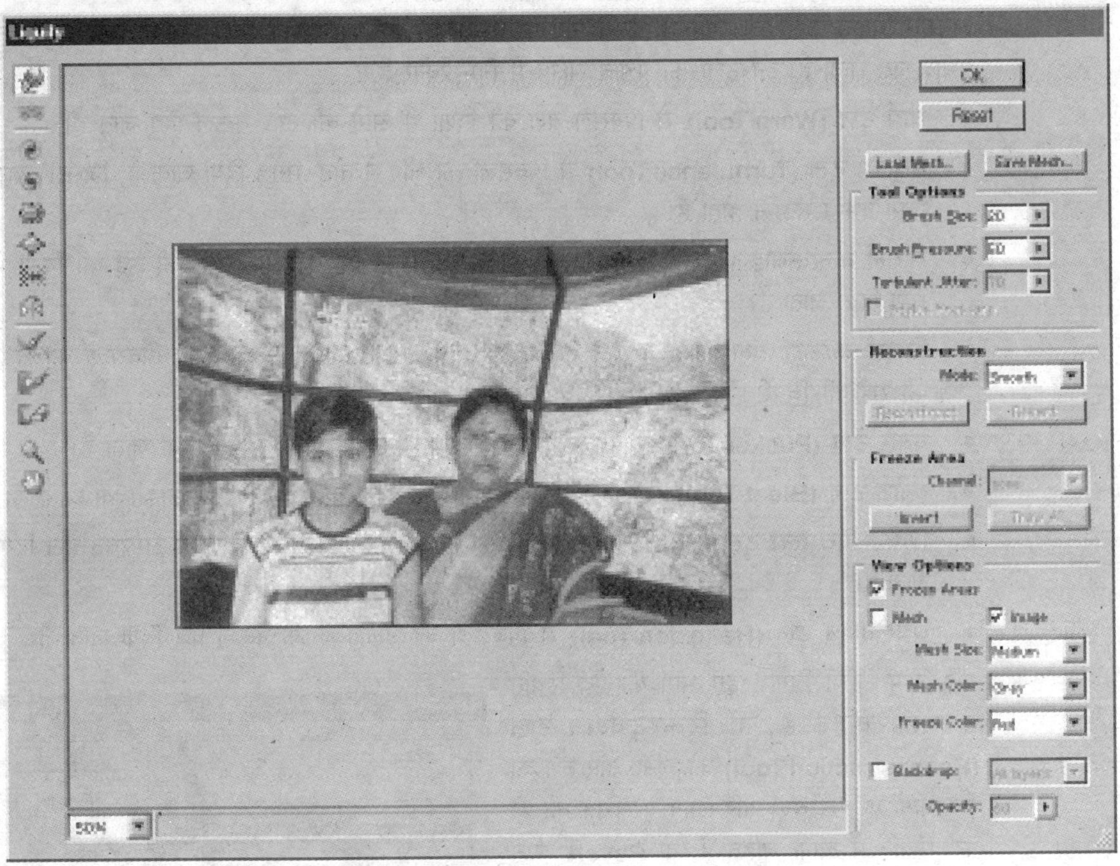

चित्र 26.4 : Liquify का डायलॉग बॉक्स

3. इस डायलॉग बॉक्स के **Tool Options** भाग में ब्रश का आकार और उस पर दबाब की मात्रा चुनिए।
4. चित्र को बड़ा करके स्पष्ट करने के लिए डायलॉग बॉक्स में बायीं ओर दिए गए टूलों में से **जूम टूल (Zoom Tool)** को क्लिक करके चुनिए और चित्र पर क्लिक करके उसका आकार बढ़ाइए। ऐसा आप कई बार कर सकते हैं। यदि आकार घटाना हो, तो क्लिक करते समय अल्ट कुंजी को दबाए रखिए। चित्र के किसी विशेष भाग को सामने लाने के लिए हैंड टूल (Hand Tool) का उपयोग कीजिए।
5. यदि चित्र के किसी भाग को आप बिगाड़ना नहीं चाहते, तो उस भाग को फ्रीज करने के लिए **फ्रीज टूल (Freeze Tool)** को क्लिक करके चुनिए और ब्रश को उस भाग पर खींचिए। इससे फ्रीज किए हुए भाग लाल रंग में दिखाई देंगे।
6. यदि आप किसी फ्रीज किए हुए भाग को फिर से सामान्य करना चाहते हैं, तो **थौ टूल (Thaw Tool)** को क्लिक करके चुनिए और ब्रश को उस फ्रीज किए हुए भाग पर खींचिए। इससे वह भाग सामान्य दिखाई देगा। इन दोनों टूलों का उपयोग करके आप फ्रीज का भाग निश्चित कर सकते हैं।
7. डायलॉग बॉक्स के अधिकांश शेष टूल चित्र का रूप बिगाड़ने के लिए हैं। इनमें से किसी टूल को क्लिक करके चुनिए और माउस बटन दबाकर ब्रश को उस भाग पर खींचिए, जिसका रूप आप बिगाड़ना चाहते हैं। फ्रीज किए हुए भागों को छोड़कर ब्रश के रास्ते में आने वाले भागों का रूप उस टूल के प्रभाव के

अनुसार विकृत कर दिया जाएगा। किसी भाग पर ब्रश को रोकने या ब्रश को बार-बार खींचने से टूल का प्रभाव बढ़ जाता है। इन टूलों का प्रभाव संक्षेप में निम्नप्रकार है :

- **वार्प टूल (Warp Tool)** से पिक्सल ब्रश की दिशा में आगे की ओर धकेल दिए जाते हैं।
- **टर्बुलेंस टूल (Turbulence Tool)** से पिक्सलों को धीरे से तोड़-मरोड़ दिया जाता है, जिससे लहरों जैसा प्रभाव उत्पन्न होता है।
- **ट्विर्ल क्लॉकवाइज टूल (Twirl Clockwise Tool)** से पिक्सलों को घड़ी की सुई की दिशा में घुमा दिया जाता है।
- **ट्विर्ल काउंटर क्लॉकवाइज टूल (Twirl Counter Clockwise Tool)** से पिक्सलों को घड़ी की सुई की विपरीत दिशा में घुमा दिया जाता है।
- **पुकर टूल (Pucker Tool)** से पिक्सलों को ब्रश के केन्द्र की ओर सरका दिया जाता है।
- **ब्लोट टूल (Bloat Tool)** से पिक्सलों को ब्रश के केन्द्र से बाहर की ओर सरका दिया जाता है।
- **शिफ्ट पिक्सल्स टूल (Shift Pixels Tool)** से पिक्सलों को ब्रश की दिशा के लम्बवत् हटा दिया जाता है।
- **रिफ्लेक्शन टूल (Reflexion Tool)** से पिक्सलों को उलटा करके नकल कर दिया जाता है।

8. यदि आप किसी बिगाड़े हुए भाग को पूर्व स्थिति में लाना चाहते हैं, तो **रिकंस्ट्रक्शन टूल (Reconstruction Tool)** को चुनिए और ब्रश को उन भागों पर खींचिए। यदि आप पूरे चित्र को ही पूर्व स्थिति में लाना चाहते हैं, तो **Revert** बटन को क्लिक कीजिए।
9. अन्त में **OK** बटन को क्लिक कीजिए, जिससे लिक्विफाई किया हुआ चित्र लागू हो जाएगा।

आप किसी चित्र या उसके किसी चुने हुए भाग का रूप बिगाड़ने के लिए **Filter** मेन्यू में **Distort, Texture, Pixelate** आदि सब-मेन्युओं के विभिन्न आदेशों का भी उपयोग कर सकते हैं। इनका उपयोग करना बहुत सरल है। इन सब-मेन्युओं में अनेक प्रकार के प्रभाव उपलब्ध हैं। चित्र 26.5 में एक फोटो के चेहरे पर **Pixelate** सब-मेन्यू के **Mosaic** आदेश के डायलॉग बॉक्स से उत्पन्न किया गया प्रभाव दिखाया गया है।

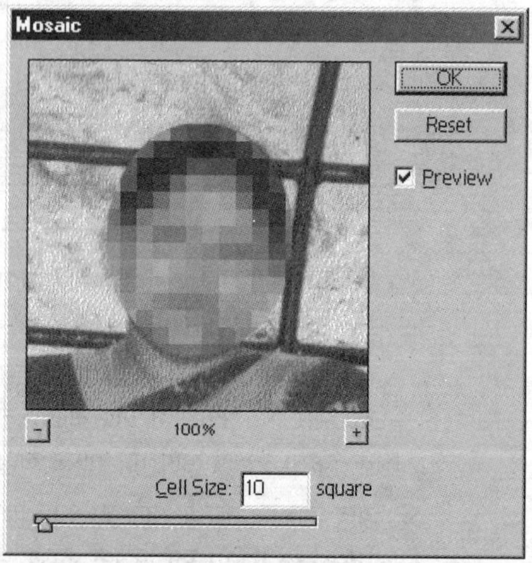

चित्र 26.5 : एक फोटो पर फिल्टर मेन्यू के Pixelate सब-मेन्यू का Mosaic प्रभाव

पैटर्न मेकर आदेश
(Pattern Maker Command)

इस आदेश से आप किसी चित्र के विभिन्न भागों से मनचाही संख्या में सुन्दर पैटर्न बना सकते हैं। ये पैटर्न मूल में दिए गए पिक्सलों पर आधारित होते हैं, इसलिए उनमें अन्तर होते हुए भी नमूने से बहुत कुछ समानता रखते हैं। उदाहरण के

लिए, यदि आप किसी चित्र से घास का भाग चुनकर उससे पैटर्न बनाते हैं, तो वह पैटर्न अलग होते हुए भी घास जैसा लगता है। आप एक ही नमूने से कई पैटर्न बना सकते हैं और उस पैटर्न को फोटोशॉप में आगे के उपयोग के लिए सुरक्षित रख सकते हैं। पैटर्न मेकर नमूने के चित्र के पिक्सलों को फिर से व्यवस्थित करके एक टाइल बनाता है। टाइल का आकार आपकी आवश्यकता के अनुसार कितना भी छोटा या बड़ा हो सकता है। यदि टाइल का आकार लेयर से छोटा होता है, तो टाइल को कई बार दोहराकर लेयर को भर दिया जाता है।

इस आदेश का उपयोग करके पैटर्न निम्नप्रकार बनाये जा सकते हैं :

1. सबसे पहले उस चित्र को खोल लीजिए, जिसके किसी भाग के आधार पर आप पैटर्न बनाना चाहते हैं। यदि आप किसी लेयर पर यह क्रिया करते हैं, तो उस लेयर को टाइलों से भर दिया जाता है। यदि आवश्यक हो तो आप नया लेयर बना सकते हैं। नए लेयर पर पैटर्न बनाने के लिए चित्र के उस आयताकार भाग को चुन लीजिए, जिसके आधार पर आप पैटर्न बनाना चाहते हैं, और **Edit** मेन्यू में **Copy** आदेश देकर उसको क्लिपबोर्ड में नकल कर लीजिए।
2. **Filter** मेन्यू में **Pattern Maker...** आदेश दीजिए, जिससे आपकी स्क्रीन पर चित्र 26.6 की तरह Pattern Maker का डायलॉग बॉक्स खुल जाएगा।
3. क्लिपबोर्ड में नकल किए गए नमूने के अनुसार पैटर्न बनाने के लिए इस डायलॉग बॉक्स में **Use Clipboard as Sample** चेक बॉक्स को सेट कर दीजिए।
4. टाइल का आकार परिभाषित करने के लिए **Width** और **Height** बॉक्सों में पिक्सलों में आकार सेट कीजिए अथवा लेयर के आकार की एक ही टाइल बनाने के लिए **Use Image Size** बटन को क्लिक कीजिए।

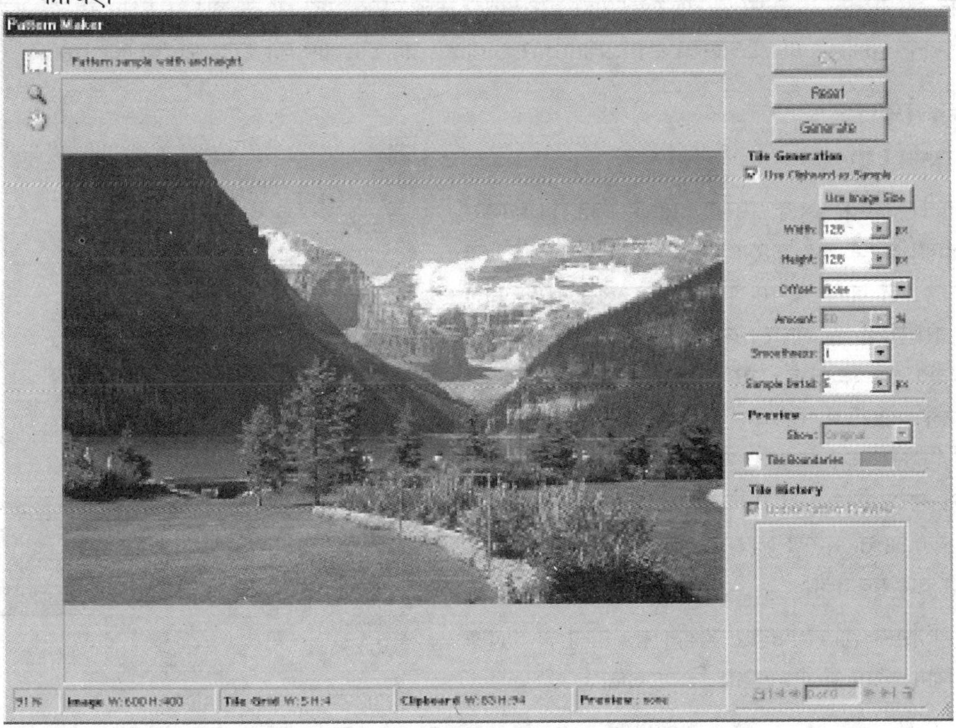

चित्र 26.6 : Pattern Maker का डायलॉग बॉक्स

5. ऑफसेट देने के लिए **Offset** बॉक्स में से **None, Horizontal** और **Vertical** विकल्पों में से किसी एक विकल्प को चुनिए।
6. पैटर्न बनाने के लिए **Generate** बटन को क्लिक कीजिए। इससे नीचे के भाग में टाइल और चित्र में पूरा पैटर्न दिखाया जाएगा।
7. आप चुनाव को सुधारकर या टाइलों का आकार बदलकर और **Generate Again** बटन को क्लिक करके कितने भी प्रकार के पैटर्न तैयार कर सकते हैं।
8. अन्त में **OK** बटन को क्लिक कीजिए। इससे वह पैटर्न आपके लेयर में आ जाएगा। इसे आप किसी नाम से सुरक्षित कर सकते हैं।

आप पैटर्न मेकर डायलॉग बॉक्स के **Tile History** भाग में कई पैटर्न तैयार कर सकते हैं। इस भाग में दिए गए ब्राउज बटनों की सहायता से आप किसी भी पैटर्न पर जा सकते हैं। जो पैटर्न आपको अच्छा लगे, उसे लाकर **OK** बटन क्लिक करने से वही पैटर्न लेयर में आ जाता है।

चित्रों को सुधारने वाले फिल्टर
(Filters That Improve Pictures)

फोटोशॉप में अनेक ऐसे फिल्टर उपलब्ध हैं, जिनकी सहायता से आप अपने चित्र को सुधारकर सुन्दर बना सकते हैं। वास्तव में प्रत्येक फिल्टर फोटोग्राफी की किसी न किसी सामान्य समस्या को हल करने का कार्य करता है अथवा चित्र पर कोई विशेष प्रभाव डालता है। फिल्टरों की संख्या बहुत है और उनमें से प्रत्येक में कई आदेश होते हैं। इन सबका अध्ययन इस पुस्तक के कोर्स से बाहर है। यहां हम केवल कुछ प्रमुख फिल्टरों के बारे में संक्षेप में बता रहे हैं। शेष के बारे में जानने के लिए या तो आपको स्वयं प्रयोग करना चाहिए या फोटोशॉप की हेल्प सुविधा की सहायता लेनी चाहिए।

शार्पिन फिल्टर
(Sharpen Filters)

फोटोग्राफी की एक प्रमुख समस्या होती है चित्र का फोकस में न होना। इसके कई कारण हो सकते हैं, जैसे वस्तु या कैमरे का हिल जाना, कैमरा घटिया होना, लैंस खराब होना आदि। ऐसे चित्रों को सुधारने के लिए आप शार्पिन टूल का भी उपयोग कर सकते हैं, जिसके बारे में आप अध्याय 24 'डिजिटल पेंटिंग' में पढ़ चुके हैं। लेकिन यही कार्य आप शार्पिन फिल्टरों की सहायता से भी कर सकते हैं, जिसमें उपलब्ध आदेश चित्र 26.7 में दिखाए गए हैं। आप इन आदेशों का उपयोग या तो सम्पूर्ण चित्र पर या उसके किसी चुने हुए भाग पर कर सकते हैं।

विभिन्न शार्पिन फिल्टरों अर्थात् सब-मेन्यू के आदेशों का उपयोग संक्षेप में निम्नप्रकार किया जाता है :

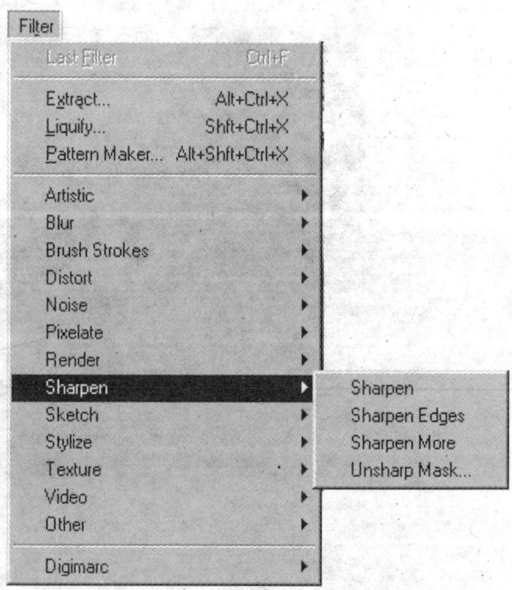

चित्र 26.7 : Filter मेन्यू में Sharpen का सब-मेन्यू

- **Sharpen :** यह फिल्टर किसी चित्र के उन भागों का पता लगाता है, जहां रंग में परिवर्तन अधिक हो रहा हो, जैसे किसी वस्तु के किनारे। जहां भी ऐसा पाया जाता है, वहां यह फिल्टर हलके और गहरे रंग के बीच अन्तर बढ़ा देता है अर्थात् हलके रंग को थोड़ा और हलका कर देता है तथा गहरे रंग को थोड़ा और गहरा कर देता है।
- **Sharpen More :** यह फिल्टर भी Sharpen फिल्टर की तरह कार्य करता है। अन्तर केवल यह है कि इसका प्रभाव अधिक होता है। वास्तव में इस फिल्टर का प्रभाव Sharpen फिल्टर को दो बार लागू करने के बराबर होता है।
- **Sharpen Edges :** यह फिल्टर बहुत उपयोगी फिल्टर है। यह पूरे चित्र को प्रभावित करने के स्थान पर केवल किनारों को प्रभावित करता है। यह चित्र में ऐसे स्थान खोजता है, जो किसी वस्तु के किनारे मालूम पड़ते हों। यह फिल्टर उन किनारों को स्पष्ट या तेज कर देता है।
- **Unsharp Mask... :** इस फिल्टर के द्वारा आप अपने चित्र के धुंधले भागों को स्पष्ट कर सकते हैं। यह ऐसे दो पास-पास के पिक्सलों को ढूंढ़ता है, जिनकी चमक में आपके द्वारा बताया गया अन्तर हो और उन पिक्सलों की चमक का अन्तर बढ़ा देता है। यह आदेश देने पर आपकी स्क्रीन पर चित्र 26.8 की तरह Unsharp Mask का डायलॉग बॉक्स खुलता है। इस डायलॉग बॉक्स में आप विभिन्न मानों की सेटिंग करके देख सकते हैं कि उनका क्या प्रभाव होता है।

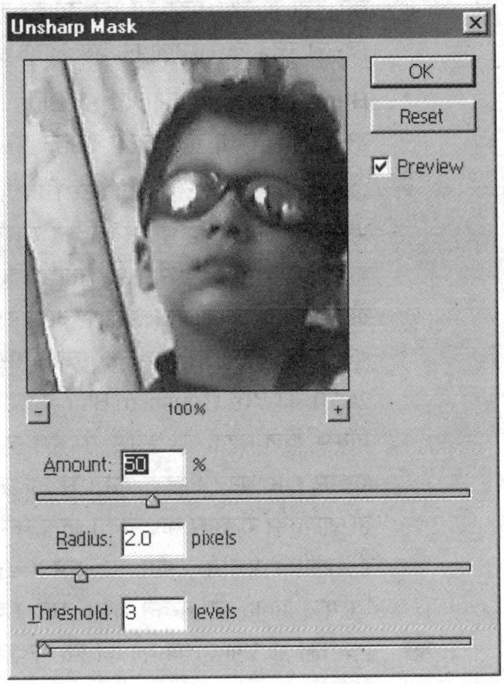

चित्र 26.8 : Unsharp Mask का डायलॉग बॉक्स

यहां यह बताना आवश्यक है कि इन फिल्टरों का उपयोग एक सीमा में ही किया जाना चाहिए, क्योंकि एक ही चित्र पर बार-बार किसी फिल्टर का उपयोग करने से चित्र खराब भी हो सकता है। यद्यपि हर मामले में यदि आप परिणाम से संतुष्ट न हों, तो अपने आदेश को **Undo** कर सकते हैं।

ब्लर फिल्टर
(Blur Filters)

इन फिल्टरों का उपयोग चित्र के उन भागों को हलका करने में किया जाता है, जिनको आप फोकस से बाहर करना चाहते हैं। ऐसे चित्रों के लिए आप ब्लर टूल का भी उपयोग कर सकते हैं, जिसके बारे में आप अध्याय 24 'डिजिटल पेंटिंग' में पढ़ चुके हैं। लेकिन यही कार्य आप ब्लर फिल्टरों की सहायता से भी कर सकते हैं, जिसमें उपलब्ध आदेश चित्र 26.9 में दिखाए गए हैं। आप इन आदेशों का उपयोग या तो सम्पूर्ण चित्र पर या उसके किसी चुने हुए भाग पर कर सकते हैं।

विभिन्न ब्लर फिल्टरों अर्थात् सब-मेन्यू के आदेशों के उपयोग के बारे में संक्षेप में नीचे बताया गया है :

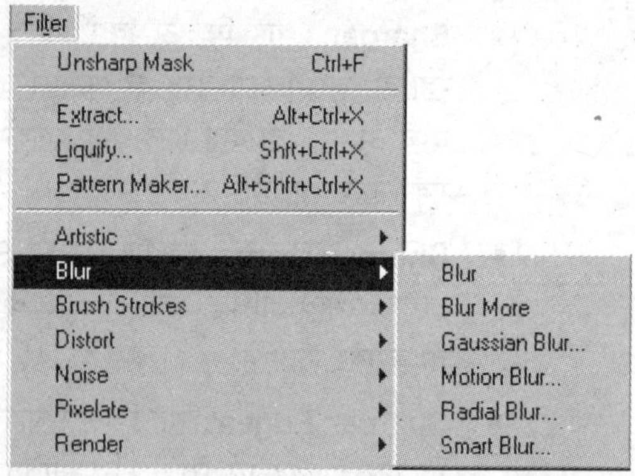

चित्र 26.9 : Filter मेन्यू में Blur का सब-मेन्यू

- **Blur :** यह फिल्टर किसी चित्र के उन भागों का पता लगाता है, जहां रंग में परिवर्तन अधिक हो रहा हो, जैसे किसी वस्तु के किनारे। जहां भी ऐसा पाया जाता है, वहां यह फिल्टर हलके और गहरे रंग के बीच अन्तर घटा देता है अर्थात् हलके रंग को गहरा कर देता है तथा गहरे रंग को हलका कर देता है, जिससे चित्र का धुंधलापन बढ़ जाता है।
- **Blur More :** यह फिल्टर भी Blur फिल्टर की तरह कार्य करता है, लेकिन इसका प्रभाव अधिक होता है।
- **Gaussian Blur :** यह फिल्टर चित्र पर ऐसा प्रभाव डालता है कि पिक्सलों का रंग दो रंगों के बीच के मान पर सेट हो जाता है। इससे न तो चित्र अधिक हलका होता है और न गहरा। यह आदेश देने पर आपकी स्क्रीन पर चित्र 26.10 की तरह Gaussian Blur का डायलॉग बॉक्स खुल जाता है। इसमें रेडियस का मान भरकर **OK** बटन क्लिक करने से आदेश लागू हो जाता है। रेडियस का मान जितना कम होता है, इसका प्रभाव उतना ही कम पड़ता है। विभिन्न मानों को भरकर आप देख सकते हैं कि कौन सा प्रभाव चित्र को अधिक सुन्दर बनाता है।

चित्र 26.10 : Gaussian Blur का डायलॉग बॉक्स

इस सब-मेन्यू के **Radial Blur, Smart Blur** तथा **Motion Blur** फिल्टर भी इसी तरह विभिन्न प्रकार के प्रभाव उत्पन्न करते हैं। इनमें से प्रत्येक के लिए एक डायलॉग बॉक्स खुलता है, जिसमें विभिन्न पैरामीटर सेट किए जाते हैं। इनका अभ्यास आपको स्वयं करना चाहिए।

फिल्टरों के प्रभाव को कम करना (Fading Filters)

यद्यपि अधिकांश फिल्टरों का प्रभाव सीमित होता है और आप उनके डायलॉग बॉक्स में सेटिंग करके मनचाहा प्रभाव उत्पन्न कर सकते हैं। लेकिन कई बार इनका प्रभाव बहुत अधिक हो जाता है और यदि आदेश का कोई डायलॉग बॉक्स न हो, तो आप उनके प्रभाव को नियंत्रित नहीं कर सकते। लेकिन फोटोशॉप में हमें यह सुविधा उपलब्ध है कि यदि हमने कोई फिल्टर लागू किया है और उसका प्रभाव बहुत अधिक हो गया है, तो हम उसके प्रभाव को 1% से लेकर 99% तक कम कर सकते हैं।

इस कार्य के लिए **Fade** आदेश का उपयोग किया जाता है, जिसकी विधि निम्नप्रकार है:

1. किसी चित्र को खोलिए और उस पर कोई फिल्टर लागू कीजिए। यदि आपने कोई भाग चुन रखा है, तो उसे चुना हुआ रहने दीजिए।
2. **Edit** मेन्यू में **Fade Filter...** आदेश दीजिए। इससे आपको चित्र 26.11 की तरह Fade का डायलॉग बॉक्स दिया जाएगा।
3. इस डायलॉग बॉक्स में **Preview** चेक बॉक्स को सेट कर दीजिए, ताकि आप देख सकें कि इसका क्या प्रभाव होता है।

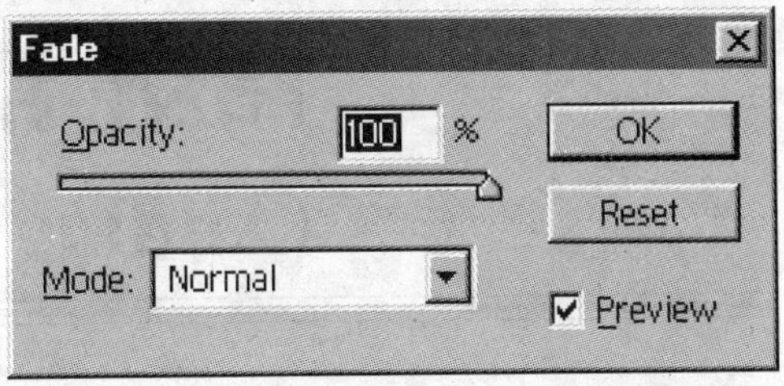

चित्र 26.11 : Fade का डायलॉग बॉक्स

4. फिल्टर का जितना प्रभाव आप रखना चाहते हैं, **Opacity** के स्लाइडर बॉक्स में उतना ही मान प्रतिशत में सेट कीजिए।
5. यदि आप सामान्य के बजाय कोई अन्य प्रभाव डालना चाहते हैं, तो **Mode** ड्रॉप-डाउन लिस्ट में से **Normal** के अलावा कोई ब्लेंडिंग मोड (Blending Mode) चुनिए।
6. अन्त में **OK** बटन को क्लिक कीजिए, जिससे आपके द्वारा की गई सेटिंग लागू हो जाएगी।

आप समझ चुके होंगे कि फोटोशॉप में फिल्टरों के अनगिनत प्रकार के प्रभाव उपलब्ध हैं और आप उनका अच्छे से अच्छा उपयोग करके अपने चित्र को मनचाहा सुन्दर बना सकते हैं। किसी फिल्टर के बारे में विस्तार से जानने के लिए फोटोशॉप की हेल्प सुविधा का लाभ उठाना चाहिए।

27

चित्रों में पाठ्य जोड़ना
(Adding Text to Images)

कहावत है कि एक चित्र हजार शब्दों के बराबर होता है। यह कहावत पूरी तरह सत्य है। लेकिन कई बार हमें किसी न किसी कारण से चित्र में भी शब्द जोड़ने पड़ते हैं, जिनसे चित्र की उपयोगिता बढ़ जाती है। फोटोशॉप मूलत: चित्रों पर क्रियाएं करने के लिए तैयार किया गया है, लेकिन उचित कारण से ही इसमें चित्र में पाठ्य लगाने की सुविधाएं सम्मिलित की गयी हैं। आप इसमें चित्र पर सीधे ही पाठ्य लगा सकते हैं और उसके फॉर्मेट, आकार आदि को नियंत्रित कर सकते हैं। आप पाठ्य क्षैतिज और ऊर्ध्वाधर दोनों प्रकार से लगा सकते हैं। इस अध्याय में आप चित्रों में पाठ्य जोड़ने की विधियों के बारे में पढ़ेंगे।

फोटोशॉप में पाठ्य दो प्रकार का होता है : आउटलाइन (Outline) टाइप और बिटमैप (Bitmap) टाइप। आउटलाइन टाइप पाठ्य, जिसे वेक्टर (Vector) टाइप भी कहा जाता है, गणितीय आकृतियों से बनता है। इस तरह के पाठ्य को आप अपनी आवश्यकता के अनुसार छोटा या बड़ा कर सकते हैं। आकार बदलने से उसकी किनारों की तीव्रता पर कोई प्रभाव नहीं पड़ता। दूसरी ओर बिटमैप टाइप का पाठ्य पिक्सलों या बिन्दुओं से बनता है। इनकी तीव्रता टाइप के आकार और पिक्सलों की सघनता पर निर्भर करती है। यदि आप आकार बढ़ाते हैं या घटाते हैं, तो पाठ्य के किनारे असमान हो जाते हैं। इसलिए हमें जहां तक सम्भव हो वेक्टर टाइप का पाठ्य ही बनाना चाहिए।

परन्तु आप जानते हैं कि चित्र मूलत: पिक्सलों से बनते हैं, इसलिए किसी भी पाठ्य को छापने से पहले उसे बिटमैप टाइप में बदलना आवश्यक होता है। यह बदलाव या तो आप स्वयं कर सकते हैं या छापने का आदेश देते समय फोटोशॉप ऑटोमैटिक रूप से कर देता है।

फोटोशॉप में पाठ्य को एक अलग लेयर पर लगाया जाता है, जिसे टाइप लेयर कहते हैं। इसमें टाइप तीन प्रकार से लगाया जा सकता है। यहां तीनों विधियों के बारे में बताया गया है।

टाइप टूल
(Type Tool)

यह टूल टूलबॉक्स में उपलब्ध है। इस पर **T** अक्षर छपा रहता है। इस टूल के पॉप-अप मेन्यू में चार टाइप टूल हैं। ये सभी टूल चित्र 27.1 में दिखाए गए हैं। इनमें से पहले दो टूल क्रमश: क्षैतिज और ऊर्ध्वाधर पाठ्य लगाने के लिए उपयोग किए जाते हैं। शेष दो टूल उतने महत्वपूर्ण नहीं हैं।

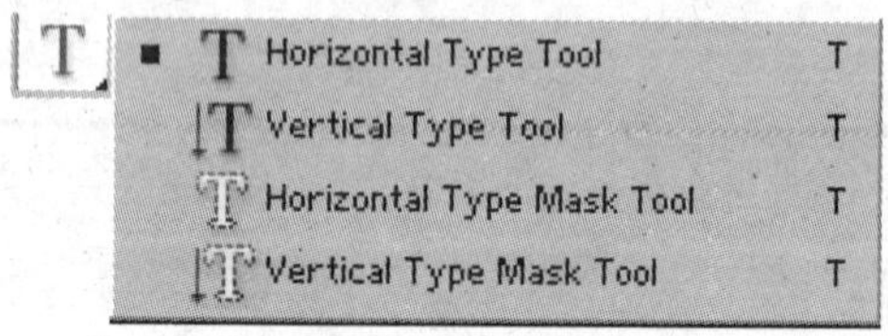

चित्र 27.1 : टाइप टूल

किसी चित्र पर पाठ्य लगाने की विधि निम्नप्रकार है :

1. उस चित्र को खोल लीजिए, जिस पर आप पाठ्य जोड़ना चाहते हैं।

2. टूलबॉक्स में से **Horizontal Type Tool** को चुनिए। इससे मुख्य विंडो में चित्र 27.2 की तरह टाइप टूल का ऑप्शंस बार खुल जाएगा।

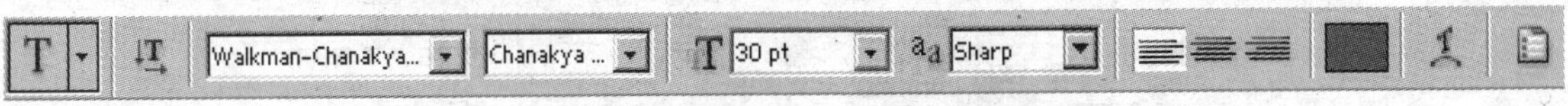

चित्र 27.2 : Type Tool का ऑप्शंस बार

3. इस बार के मुख्य बॉक्सों से आप पाठ्य के लिए क्रमशः फॉण्ट टाइप, फॉण्ट स्टाइल, फॉण्ट आकार, तीव्रता, एलाइनमेंट, रंग आदि चुन लीजिए।

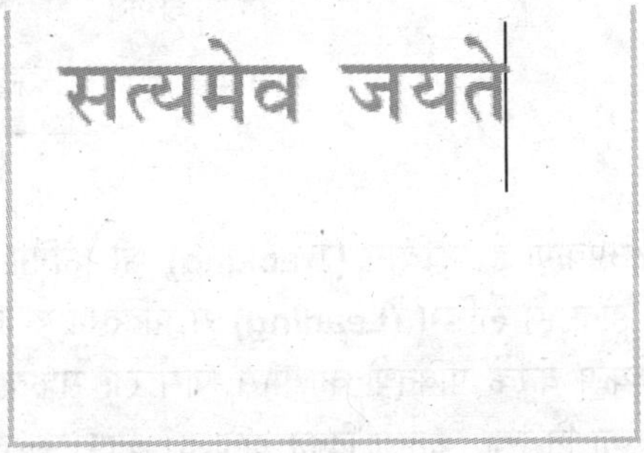

चित्र 27.3 : पाठ्य टाइप करना

4. अब माउस पॉइंटर द्वारा कैनवास पर उस जगह क्लिक कीजिए, जहां आप पाठ्य जोड़ना चाहते हैं। इससे उस स्थान पर एक टिमटिमाती हुई काली खड़ी लाइन बन जाएगी, जिसे कर्सर कहते हैं।
5. अब कोई पाठ्य जैसे अपना नाम या चित्र का शीर्षक या ध्येय वाक्य टाइप कीजिए। आप देखेंगे कि आपके द्वारा टाइप किया हुआ पाठ्य क्षैतिज पंक्ति में दिखाई देगा, जैसा कि चित्र 27.3 में दिखाया गया है।
6. आप चाहें तो माउस बटन दबाकर माउस पॉइंटर को खींचते हुए सक्रिय टाइप लेयर के पाठ्य या उसके किसी भाग को चुन सकते हैं और टूल ऑप्शंस बार में उचित विकल्प चुनकर उसका फॉण्ट, आकार, रंग, एलाइनमेंट आदि बदल सकते हैं।

ऊर्ध्वाधर पाठ्य भी इसी विधि से लगाया जाता है। अंतर केवल यह है कि या तो स्टेप 2 में **Vertical Type Tool** चुना जाता है या फिर क्षैतिज पाठ्य टाइप करके टूल ऑप्शंस बार में **Change the text orientation** बटन को क्लिक करके पाठ्य का ओरिएंटेशन बदल दिया जाता है।

करैक्टर पैलेट
(Character Palette)

इस पैलेट द्वारा आप पाठ्य के फॉण्ट, आकार, स्टाइल, रंग आदि के साथ ही अक्षरों के बीच के स्थान (Letter spacing), बेसलाइन आदि को भी नियंत्रित कर सकते हैं। आप या तो किसी चित्र या पेज पर पाठ्य टाइप करने से पहले ही करैक्टर पैलेट द्वारा उस पाठ्य का फॉर्मेट निश्चित कर सकते हैं या टाइप करने के बाद उस पाठ्य को चुनकर उसके गुण सुधारकर उसे फिर से फॉर्मेट कर सकते हैं।

करैक्टर पैलेट चित्र 27.4 में दिखाया गया है। यदि यह आपकी विंडो में दिखाई न दे रहा हो, तो **Windows** मेन्यू में **Character** आदेश देकर इसे खोल सकते हैं। इस पैलेट के विभिन्न ड्रॉप-डाउन और टैक्स्ट बॉक्सों तथा बटनों द्वारा पाठ्य के विभिन्न गुणों को नियंत्रित किया जाता है। चित्र में विभिन्न बॉक्सों और आइकॉनों के उपयोग की ओर संकेत किया गया है। इनमें से कई विकल्प टूल ऑप्शंस बार में भी उपलब्ध हैं। आप कहीं से भी आवश्यक सेटिंग कर सकते हैं। दोनों का प्रभाव समान होता है और एक में किया गया परिवर्तन दूसरे में दिखाई देता है।

पाठ्य के लिए सेट किए जाने वाले विभिन्न गुणों के बारे में आप पिछले भाग मे विस्तार से पढ़ चुके हैं। संक्षेप में, **कर्निंग (Kerning)** से अक्षरों के जोड़े के बीच का स्थान नियंत्रित होता है। बड़े फॉण्ट आकार के संदर्भ में यह बहुत

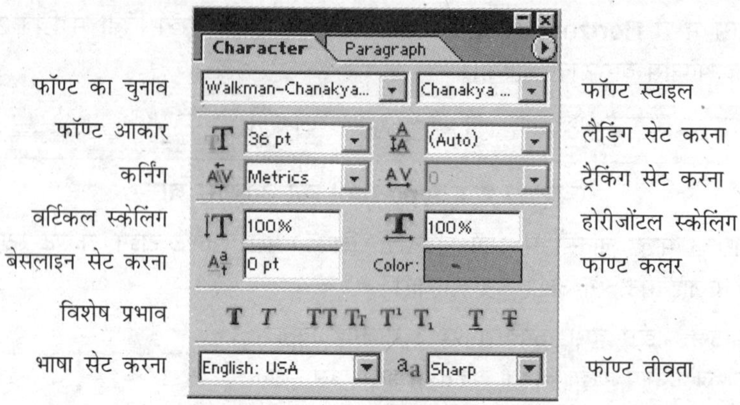

चित्र 27.4 : करैक्टर पैलेट

उपयोगी है। **ट्रैकिंग (Tracking)** भी कर्निंग जैसा ही है। इससे पूरे पाठ्य के सभी अक्षरों के बीच का स्थान नियंत्रित होता है। **लैडिंग (Leading)** से पंक्तियों के बीच का अंतर नियंत्रित होता है। यह सामान्यतया 120% होता है। आप इसे कम करके पंक्तियों को पास-पास ला सकते हैं। **बेसलाइन (Baseline)** एक छिपी हुई लाइन होती है, जिससे पाठ्य का निचला किनारा टिका होता है। आप इस लाइन को ऊपर या नीचे सेट करके क्रमशः **सुपरस्क्रिप्ट (Superscript)** और **सबस्क्रिप्ट (Subscript)** का प्रभाव उत्पन्न कर सकते हैं। इन गुणों के साथ ही आप पैलेट के विशेष प्रभाव वाले आइकॉनों को क्लिक करके बोल्ड, इटैलिक, अंडरलाइन आदि प्रभाव भी चुने हुए पाठ्य पर डाल सकते हैं।

पैराग्राफ पैलेट
(Paragraph Palette)

जैसा कि इसके नाम से स्पष्ट है, आप इस पैलेट द्वारा किसी पैराग्राफ के विभिन्न गुणों को नियंत्रित कर सकते हैं। आप जानते हैं कि फोटोशॉप (तथा अन्य सभी वर्ड प्रोसेसरों और पैकेजों) में लाइन फीड या कैरिज रिटर्न से समाप्त होने वाले प्रत्येक पाठ्य को एक अलग पैराग्राफ माना जाता है। पैराग्राफ पैलेट से आप इनको फॉर्मेट कर सकते हैं। यह पैलेट भी करैक्टर पैलेट की विंडो में रहता है और आप उसके टैब को क्लिक करके अथवा **Windows** मेन्यू में **Paragraph** आदेश देकर उसे खोल सकते हैं।

पैराग्राफ पैलेट चित्र 27.5 में दिखाया गया है और उसके विभिन्न बॉक्सों तथा आइकॉनों के उपयोग की ओर संकेत किया गया है। इस पैलेट में ऊपर की पंक्ति के आइकॉनों द्वारा आप किसी पैराग्राफ की सामग्री को बाएं, बीच में

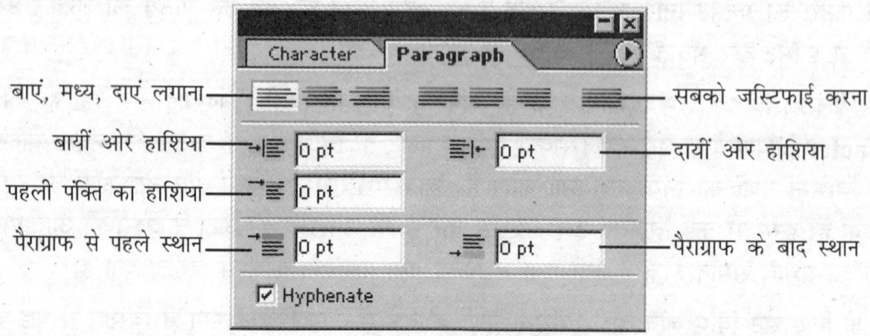

चित्र 27.5 : पैराग्राफ पैलेट

अथवा दाएं एक सीध में लगा सकते हैं और नीचे के आइकॉनों और टैक्स्ट बॉक्सों द्वारा बाएं, दाएं, ऊपर, नीचे के हाशियों को नियंत्रित कर सकते हैं। आप कोई पैराग्राफ चुनकर उस पर ये फॉर्मेट लागू कर सकते हैं।

पाठ्य सेट करना (Setting Text)

किसी चित्र के ऊपर पाठ्य लगाने का सरल तरीका तो वही है, जो ऊपर बताया जा चुका है, अर्थात् टाइप टूल को चुनकर कैनवास पर कहीं क्लिक करके कर्सर लाइए और पाठ्य के लिए फॉण्ट, आकार, रंग, एलाइनमेंट आदि तय करके पाठ्य टाइप करना प्रारम्भ कर दीजिए। इस प्रकार पाठ्य टाइप करने पर कोई दायां-बायां छोर नहीं होता और पाठ्य दायीं ओर या बायीं ओर या दोंनों ओर (जैसी आपकी सेटिंग हो) बढ़ता चला जाता है। कभी-कभी यह बहुत असुविधाजनक होता है।

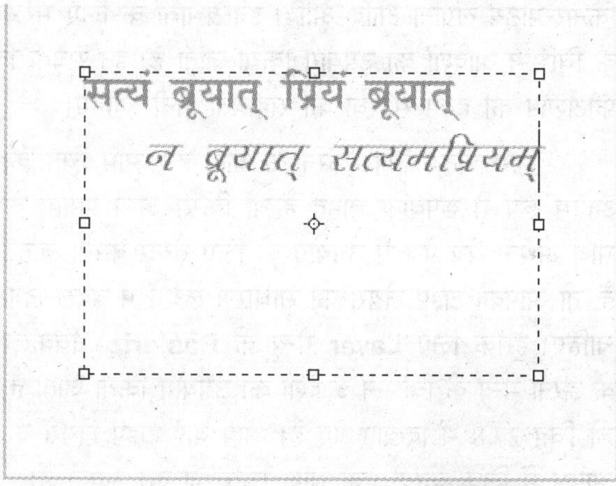

चित्र 27.6 : पाठ्य टाइप करने की दूसरी विधि

यदि आप पाठ्य को अच्छी तरह नियंत्रित करना चाहते हैं, तो पाठ्य टाइप करने की दूसरी विधि यह है कि टाइप टूल के पॉइंटर से कैनवास पर आवश्यक आकार का एक आयताकार बॉक्स खींच लीजिए और पाठ्य उसमें टाइप करना प्रारम्भ कर दीजिए, जैसा कि चित्र 27.6 में दिखाया गया है। इसमें बनाए गए बॉक्स को आप बाद में उसके हैंडिलों को खींचकर उचित आकार में सेट कर सकते हैं। इस विधि से पाठ्य टाइप करने पर प्रत्येक पंक्ति पर आपका आवश्यक कंट्रोल बना रहता है। आप प्रत्येक पंक्ति के लिए मनचाहा फॉण्ट, आकार, रंग आदि सेट कर सकते हैं।

यहां यह बताना आवश्यक है कि पाठ्य टाइप करने पर प्रत्येक नए पाठ्य को लेयर पैलेट में एक अलग टाइप लेयर में दिखाया जाता है। प्रत्येक लेयर में एक या अधिक पैराग्राफ हो सकते हैं। चित्र 27.7 में चार लेयरों का पाठ्य और उनसे संबंधित टाइप लेयर दिखाए गए हैं। एक पैराग्राफ में कितनी भी पंक्तियां हो सकती हैं, परन्तु उसके टाइप लेयर में केवल पहले कुछ शब्द या अक्षर दिखाए जाते हैं। आप एक ही पैराग्राफ के विभिन्न शब्दों या अक्षरों को अलग-अलग

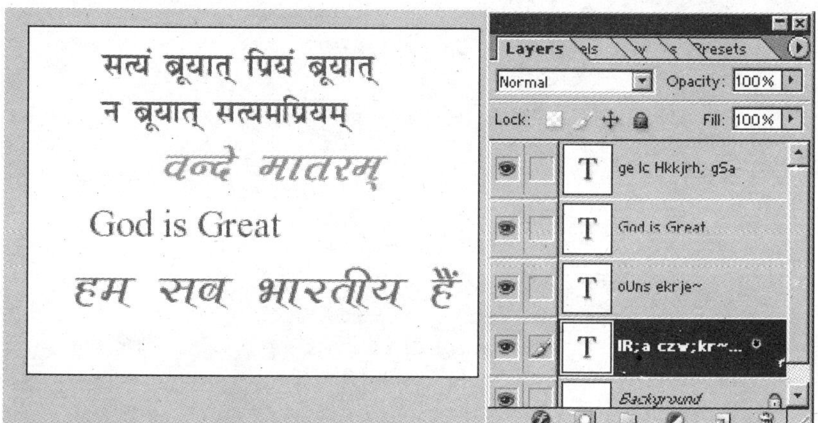

चित्र 27.7 : विभिन्न पैराग्राफों में पाठ्य और उनके टाइप लेयर

फॉण्टों में भी दिखा सकते हैं। किसी लेयर का पाठ्य पूरा टाइप हो जाने के बाद उससे बाहर निकलने के लिए टूल ऑप्शंस बार में सबसे दाएं दिखाई पड़ने वाले सही के चिह्न (✓) को क्लिक करना चाहिए।

पाठ्य को आप केवल विभिन्न रंगों, फॉण्टों और आकारों में ही नहीं बल्कि अनेक प्रकार के विशेष प्रभावों के साथ भी दिखा सकते हैं, जैसे छाया के साथ दिखाना, फिल्टर करना, तानना, दबाना, चमकाना, किसी वक्र रेखा के किनारे पाठ्य लगाना आदि-आदि। इन प्रभावों के लिए मुख्यत: **Layer** मेन्यू के **Layer Style** विकल्प के झरना मेन्यू के विभिन्न आदेशों का उपयोग किया जाता है। इन सबके विस्तार में जाना इस पुस्तक में सम्भव नहीं है। अत: आपको फोटोशॉप की हेल्प सुविधा की सहायता लेनी चाहिए।

सारा पाठ्य तैयार करने के बाद जब आप चित्र को अंतिम रूप से छपवाना चाहते हैं या किसी अन्य प्रोग्राम के साथ अथवा वेब पेज में उपयोग के लिए तैयार करना चाहते हैं, तो आपको टाइप लेयरों को साधारण लेयरों में बदल लेना चाहिए। इसके लिए **Layer** मेन्यू के **Rasterize** विकल्प के झरना मेन्यू के विभिन्न आदेशों का उपयोग किया जाता है, जो चित्र 27.8 में दिखाए गए हैं। आप कई टाइप लेयरों को आपस में लिंक करके एक साथ रैस्टराइज कर सकते हैं।

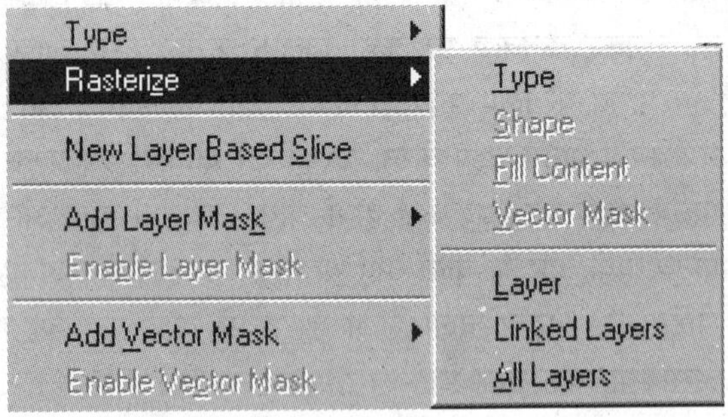

चित्र 27.8 : लेयर मेन्यू में रैस्टराइज का सब-मेन्यू

आप चाहें तो लिंक किए हुए टाइप लेयरों का आपस में विलय भी कर सकते हैं, जिसके लिए **Layer** मेन्यू में **Merge Linked** आदेश दिया जाता है। इसके बारे में आप पिछले अध्याय में पढ़ चुके हैं। इस प्रकार विलय करने पर सभी टाइप लेयरों को समाप्त करके एक साधारण लेयर बना दिया जाता है। इतना ही नहीं आप सभी लेयरों का विलय करके एक सामान्य इमेज फाइल भी बना सकते हैं। इसके लिए **Layer** मेन्यू में **Flatten Image** आदेश दिया जाता है। इस आदेश के बारे में भी पिछले अध्याय में बताया जा चुका है।

अगले अध्याय में आप फोटोशॉप में तैयार की गई इमेजों को अपने प्रिंटर पर छपवाने के बारे में पढ़ेंगे।

28

चित्रों को छापना
(Printing Images)

फोटोशॉप में कोई चित्र तैयार कर लेने के बाद हमारा अगला (और शायद अन्तिम) कार्य उसको अपने कम्प्यूटर से जुड़े हुए प्रिंटर पर छपवाना होता है। विंडो आधारित अन्य प्रोग्रामों में इस कार्य के लिए सामान्यतया एक Print आदेश होता है, जिसे चुनकर अथवा टूल बार में उसके आइकॉन को क्लिक करके यह कार्य कर लिया जाता है। फोटोशॉप में भी ऐसा किया जा सकता है, लेकिन वास्तव में यह कार्य इतना सरल नहीं है।

यदि आप चाहते हैं कि आपको अपने चित्र पर किए गए परिश्रम, रंगों के चुनाव और विभिन्न विशेष प्रभावों की सेटिंग का पूरा-पूरा लाभ मिले, तो चित्र को छापने में जल्दी करने के बजाय आपको उसकी कुछ तैयारी कर लेनी चाहिए। इस तैयारी में पहला चरण प्रिंटर के चुनाव का होता है। यदि आपके पास प्रिंटर का चुनाव करने की स्वतंत्रता नहीं है और आप अपने वर्तमान प्रिंटर पर ही चित्र को छपवा लेना चाहते हैं, तो आप इस विषय को छोड़ सकते हैं।

दूसरा चरण चित्र की सेटिंग में आवश्यक परिवर्तन करने का होता है। यदि आपके पास कोई रंगीन प्रिंटर है और आप अपने चित्र को उस पर छपवाना चाहते हैं, तो चित्र को अपने प्रिंटर के अनुसार कलर मोड में परिवर्तित कर लेना चाहिए, ताकि आपके रंग अधिक से अधिक स्पष्ट छापे जाएं।

अंतिम चरण में उस दस्तावेज को प्रिंटर पर छपवा लिया जाता है।

प्रिंटर का चुनाव
(Selecting a Printer)

वर्तमान में बाजार में प्रिंटरों की एक बड़ी संख्या और विविधता उपलब्ध है। आपके छपे हुए चित्र की गुणवत्ता प्रिंटर की क्षमता पर निर्भर करती है। यहां हम सामान्यतया प्रचलित प्रिंटरों की चर्चा करेंगे।

इंकजेट प्रिंटर
(Inkjet Printers)

ये कम खर्च में अच्छी छपाई करने वाले ऐसे प्रिंटर हैं, जो घरों में भी उपयोग किए जा सकते हैं। इनके द्वारा छापे जाने वाले चित्रों की गुणवत्ता स्वीकार किए जाने की सीमा तक संतोषजनक होती है। हालांकि इंकजेट प्रिंटरों में भी काफी विविधता पाई जाती है। अधिकांश प्रिंटर 4 रंगों में छपाई करते हैं। इनके लिए यदि आप अपने चित्र को CMYK मोड में बदल लें, तो चित्र के रंग अच्छे से अच्छे छापे जा सकते हैं। कुछ दूसरे इंकजेट प्रिंटर 6 रंगों में छपाई करते हैं। स्पष्ट है कि इन प्रिंटरों पर कुछ रंग अधिक अच्छी तरह छापे जाते हैं।

इंकजेट प्रिंटरों के कलर कारट्रिज प्रारम्भ में अधिक मूल्य के होते थे, लेकिन अब वे कम मूल्य में भी उपलब्ध होते हैं और उससे भी काफी कम मूल्य में उनको रिफिल कराया जा सकता है। इसलिए यदि आप कम खर्च में रंगीन छपाई कराना चाहते हैं, तो इंकजेट प्रिंटर आपके लिए सर्वश्रेष्ठ विकल्प है।

लेजर प्रिंटर
(Laser Printers)

ये प्रिंटर पेशेवर छपाई के लिए सर्वश्रेष्ठ समझे जाते हैं, जिसमें छपाई की क्वालिटी अधिक महत्वपूर्ण होती है और थोड़ा अधिक खर्च करने की कोई समस्या नहीं होती। इनकी गति भी अधिक होती है और ये एक मिनट में 12 से 24 पृष्ठ तक छाप देते हैं। अधिकांश लेजर प्रिंटरों का आउटपुट 300 से 600 बिंदु प्रति इंच तक होता है। ऐसे प्रिंटर एक रंग की छपाई के लिए सर्वश्रेष्ठ माने जाते हैं। आजकल 1200 बिंदु प्रति इंच की छपाई करने वाले प्रिंटर भी उपलब्ध हैं, जिनका उपयोग रंगीन छपाई के लिए भी किया जाता है। कलर लेजर प्रिंटर भी 4 रंगों में छपाई करते हैं।

इनके अतिरिक्त थर्मल वैक्स प्रिंटर (Thermal Wax Printers) तथा इमेजसेटर (Imagesetters) भी बड़े पैमाने पर व्यापारिक छपाई करने वाले प्रिंटर होते हैं, जो सैकड़ों-हजारों प्रतियां छापने के लिए सर्वश्रेष्ठ माने जाते हैं।

छपाई की तैयारी
(Preparing to Print)

फोटोशॉप में छपाई से संबंधित तीन डायलॉग बॉक्स होते हैं। पहला पेज सेटअप के लिए है। इस डायलॉग बॉक्स में कागज का आकार, कागज का स्रोत, ओरिएंटेशन आदि सेट किए जाते हैं। इसको खोलने के लिए **File** मेन्यू में **Page Setup...** आदेश दीजिए अथवा शिफ्ट और कंट्रोल के साथ **P (Shift+Ctrl+P)** बटन दबाइए। इस डायलॉग बॉक्स का वास्तविक रूप आपके प्रिंटर पर निर्भर करता है। लेकिन सभी में उक्त विकल्प समान होते हैं। विभिन्न हाशियों का फोटोशॉप में कोई अर्थ नहीं होता, अत: ये सेट नहीं किए जाते।

छपाई प्रारम्भ करने के लिए **File** मेन्यू में **Print with Preview...** आदेश दीजिए अथवा कंट्रोल के साथ **P (Ctrl+P)** बटन दबाइए। इससे आपकी स्क्रीन पर चित्र 28.1 की तरह 'Print' का डायलॉग बॉक्स खुल जाएगा। इस डायलॉग बॉक्स में छपाई के बारे में कई विकल्प सेट किए जाते हैं, जिनके बारे में आगे बताया गया है।

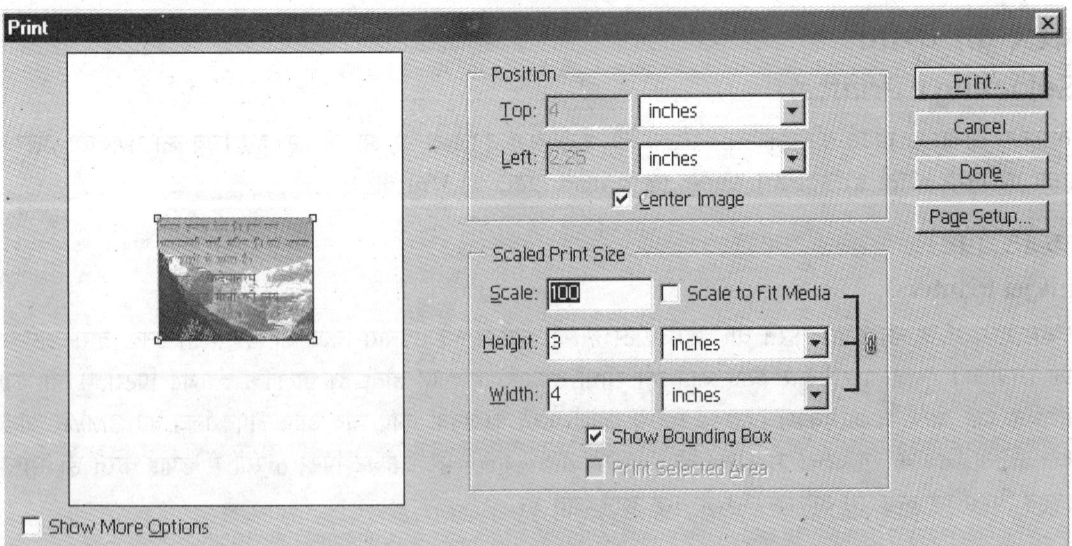

चित्र 28.1 : 'Print Options' का डायलॉग बॉक्स

स्थिति : इस डायलॉग बॉक्स के **Position** भाग में किसी पृष्ठ पर छापे जाने वाले चित्र की स्थिति को नियंत्रित किया जा सकता है। यदि आप **Centre Page** चेक बॉक्स को सेट कर देते हैं, तो चित्र पृष्ठ के बीचों-बीच छापा जाएगा, अन्यथा आप **Top** और **Left** टैक्स्ट बॉक्सों में क्रमशः ऊपर और बाएं छोड़े जाने वाले हाशियों को भरकर पृष्ठ पर चित्र की स्थिति को नियंत्रित कर सकते हैं।

स्केलिंग : यदि आप चित्र को उसके वास्तविक आकार से छोटा या बड़ा करके छपवाना चाहते हैं, तो इस डायलॉग बॉक्स के **Scaled Print Size** भाग में **Scale** टैक्स्ट बॉक्स में प्रतिशत में उसका आकार दे सकते हैं अथवा इंचों या अन्य किसी इकाई में उसकी ऊंचाई और चौड़ाई दे सकते हैं।

सीमा रेखा : यदि आप चित्र के चारों ओर बार्डर भी छपवाना चाहते हैं, तो **Show Bounding Box** चेक बॉक्स को सेट कर दीजिए।

यदि आप इससे भी अधिक विकल्प सेट करना चाहते हैं, तो इस डायलॉग बॉक्स में बायीं ओर बने **Show More Options** चेक बॉक्स को सेट कीजिए। इससे यह डायलॉग बॉक्स चित्र 28.2 की तरह पूरा खुल जाएगा। आप इसमें अन्य विकल्प सेट कर सकते हैं।

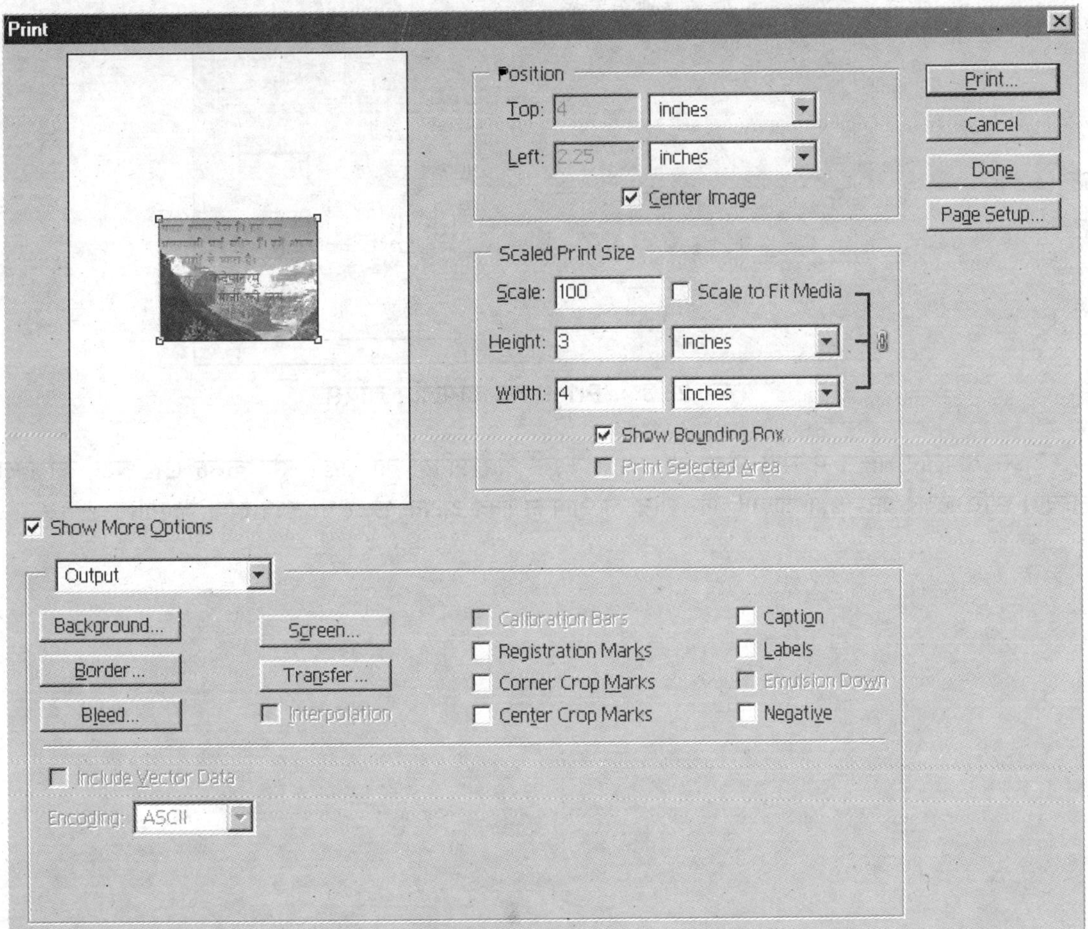

चित्र 28.2 : 'Print Options' का विस्तृत डायलॉग बॉक्स

आपके द्वारा जो सेटिंग की जाती है, उसके अनुसार छापे जाने वाले पृष्ठ का नमूना इस डायलॉग बॉक्स के ऊपरी बाएं भाग में दिखाया जाता है। आप **OK** बटन को क्लिक करके सभी सेटिंग सुरक्षित करके इस डायलॉग बॉक्स से बाहर निकल सकते हैं या **Print...** बटन को क्लिक करके छपाई प्रारम्भ कर सकते हैं।

छपवाना
(Printing)

सेटिंग से संतुष्ट होने पर या तो Print Options के डायलॉग बॉक्स में **Print...** बटन को क्लिक कीजिए या **File** मेन्यू में **Print...** आदेश दीजिए। इससे आपकी स्क्रीन पर चित्र 28.3 की तरह 'Print' का डायलॉग बॉक्स खुल जाएगा।

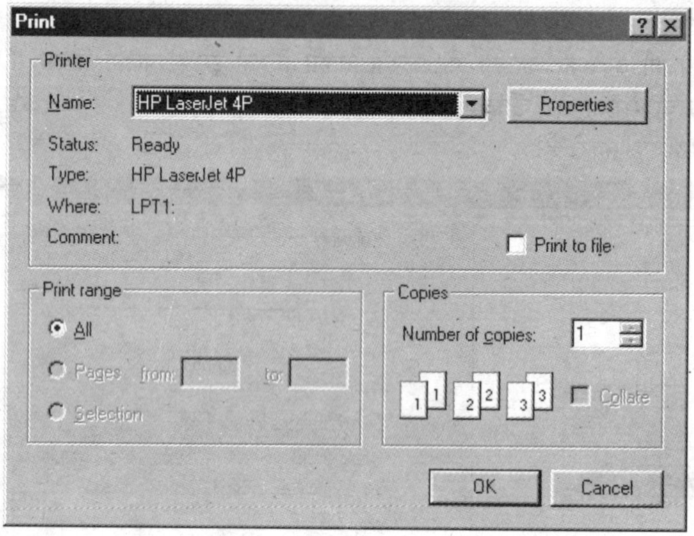

चित्र 28.3 : 'Print' का डायलॉग बॉक्स

इस डायलॉग बॉक्स में सही प्रिंटर का चुनाव करके और प्रतियों की संख्या सेट करके **OK** बटन को क्लिक कीजिए। इससे छपाई प्रारम्भ हो जाएगी और शीघ्र ही आपका चित्र आपके प्रिंटर पर छाप दिया जाएगा।

29

कोरलड्रॉ का परिचय
(Introduction to CorelDRAW)

कोरलड्रॉ एक वेक्टर आधारित ड्रॉइंग प्रोग्राम है, जिसके द्वारा आप साधारण रेखाचित्रों से लेकर पेशेवर कलाचित्र तक तैयार कर सकते हैं। कोरलड्रॉ में ऐसे बहुत से टूल और प्रभाव उपलब्ध हैं, जिनकी सहायता से आप उच्च कोटि के ग्राफिक्स तैयार कर सकते हैं। कोरलड्रॉ एक बहुत ही लोकप्रिय पैकेज है और आपको यह जानकर आश्चर्य होगा कि समाचार पत्रों और पत्रिकाओं में छपने वाले विज्ञापनों में से अधिकांश कोरलड्रॉ में ही तैयार किए जाते हैं। इसके कई संस्करण प्रचलन में हैं। उनमें से संस्करण 5 बहुत अधिक समय तक प्रचलन में रहा है। हालांकि इसका नवीनतम संस्करण 10 है, लेकिन वर्तमान में संस्करण 8 सबसे अधिक प्रचलित है। इस भाग में हम कोरलड्रॉ 8 को ही अपनी चर्चा का आधार बनाएंगे और उसी के अनुसार सभी डायलॉग बॉक्स और चित्र देंगे। इस संस्करण पर कार्य करना सीख लेने के बाद आपके लिए अन्य संस्करणों पर कार्य करना सरल हो जाता है।

कोरलड्रॉ पर कार्य प्रारम्भ करने से पूर्व इसके सिद्धान्तों को समझ लेना अच्छा रहेगा। कम्प्यूटर आधारित ग्राफिक्स प्रोग्रामों में चित्र दो प्रकार के होते हैं : बिटमैप आधारित और वेक्टर आधारित। बिटमैप चित्र बिन्दुओं अर्थात् पिक्सलों पर आधारित होते हैं। प्रत्येक पिक्सल स्वतंत्र होता है और उसे आप मनचाहे रंग में दिखा सकते हैं। इस प्रकार रंग-बिरंगे बिन्दुओं से बनने वाले सभी चित्र फोटो जैसे लगते हैं। फोटो आधारित सभी पैकेजों जैसे फोटोशॉप, फोटोपेण्ट, पेण्टब्रश आदि द्वारा इसी प्रकार के चित्र बनाए जाते हैं।

दूसरी ओर वेक्टर आधारित चित्र ज्यामितीय आकृतियों द्वारा परिभाषित होते हैं। इसमें चित्रों को आप ऐसे बिन्दुओं के समूह के रूप में समझ सकते हैं, जिसमें बिन्दुओं को विशेष रेखाओं द्वारा जोड़ा जाता है। ऐसी प्रत्येक रेखा को एक स्वतंत्र वस्तु (Object) माना जाता है और उसके अपने गुण होते हैं, जैसे रंग, आकार, किनारा, मोटाई, आकृति, स्थिति आदि। किसी चित्र के सभी या चुने हुए भागों को आप अपनी आवश्यकता के अनुसार कितना भी छोटा या बड़ा कर सकते हैं। इस प्रकार चित्र को छोटा-बड़ा करने से उसकी गुणवत्ता या स्पष्टता पर कोई प्रभाव नहीं पड़ता। इस भाग में आप कोरलड्रॉ द्वारा ऐसे ही चित्र बनाना सीखेंगे।

कोरलड्रॉ प्रारम्भ करना
(Starting CorelDRAW)

कोरलड्रॉ पर कार्य करने के लिए उसे आपके कम्प्यूटर में स्थापित होना चाहिए। सामान्यतया कोरलड्रॉ को **Programs** मेन्यू के **CorelDRAW 8** के झरना मेन्यू में स्थापित किया जाता है। स्थापित होने के बाद आप अन्य प्रोग्रामों की तरह ही इसे प्रारम्भ कर सकते हैं। यदि डेस्कटॉप पर उसका शॉर्टकट बना हुआ है, तो आप उस शॉर्टकट को डबल क्लिक करके भी कोरलड्रॉ प्रारम्भ कर सकते हैं। मेन्यू से उसे निम्नप्रकार प्रारम्भ किया जा सकता है :

1. **Start** बटन को क्लिक कीजिए। इससे स्टार्ट मेन्यू खुल जाएगा।
2. स्टार्ट मेन्यू में **Programs** विकल्प पर माउस पॉइंटर लाइए। इससे उसका झरना मेन्यू खुल जाएगा।

3. Programs के झरना मेन्यू में **CorelDRAW 8** विकल्प पर माउस पॉइंटर लाइए। इससे उसका झरना मेन्यू चित्र 29.1 की तरह खुल जाएगा।

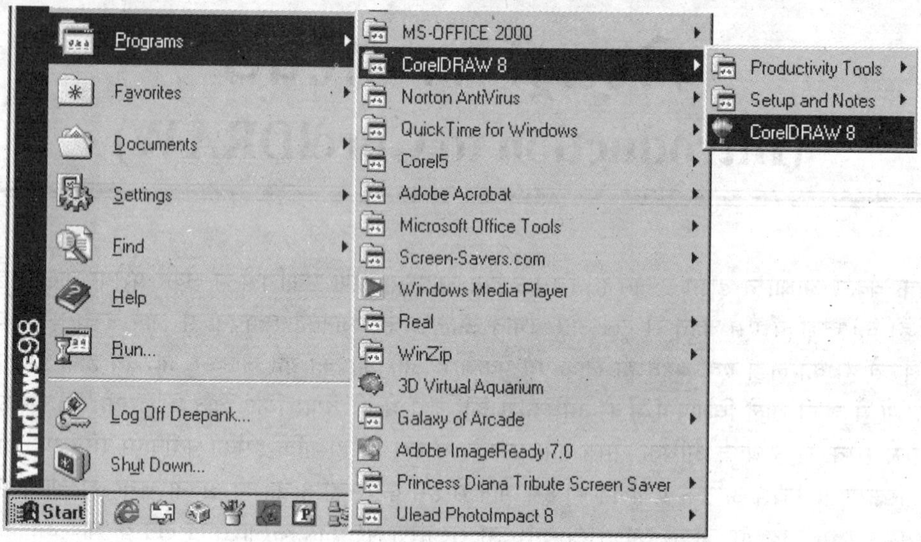

चित्र 29.1 : कोरलड्रॉ प्रारम्भ करना

4. CorelDRAW 8 के झरना मेन्यू में **CorelDRAW 8** विकल्प को क्लिक कीजिए, इससे कोरलड्रॉ प्रारम्भ हो जाएगा और उसकी मुख्य विंडो आपकी स्क्रीन पर खुल जाएगी।

यदि आपने अपने कम्प्यूटर में पहली बार कोरलड्रॉ प्रारम्भ किया है, तो सबसे पहले उसकी **Welcome** विंडो आपकी स्क्रीन पर खुलती है। आप उसके **X** बटन को क्लिक करके उससे बाहर निकल सकते हैं। यदि आप इस विंडो को हर बार खुलने से रोकना चाहते हैं, तो विंडो बन्द करने से पहले **Show this window...** चेक बॉक्स को क्लिक करके रिसेट कर दीजिए।

विंडोज आधारित अन्य अधिकांश प्रोग्रामों की तरह कोरलड्रॉ भी प्रारम्भ होते ही एक खाली दस्तावेज आपकी स्क्रीन पर खोल देता है। आप चाहें तो इस पर कार्य जारी रख सकते हैं या अपनी कोई अन्य फाइल खोल सकते हैं, जिसकी विधि आगे बताई जाएगी।

कोरलड्रॉ की मुख्य विंडो (Main Window of CorelDRAW)

कोरलड्रॉ पर अच्छी तरह कार्य करने के लिए उसकी मुख्य विंडो के विभिन्न भागों और तत्वों को समझ लेना आवश्यक है। चित्र 29.2 में कोरलड्रॉ 8 की मुख्य विंडो दिखाई गई है और उसके विभिन्न भागों की ओर नाम से संकेत किया गया है। इस विंडो के मुख्य भागों का परिचय निम्नप्रकार है :

टाइटिल बार (Title Bar) : कोरलड्रॉ विंडो में सबसे ऊपर टाइटिल बार होता है। इसमें प्रोग्राम का नाम और यदि कोरलड्रॉ की कोई फाइल खुली हुई हो, तो उसका नाम भी दिखाया जाता है। इस बार के दाएं किनारे पर तीन छोटे बटन बने होते हैं : न्यूनतम, अधिकतम/रिस्टोर तथा बन्द, जिनसे इस विंडो के आकार को नियंत्रित किया जाता है। इन बटनों के उपयोग के बारे में आगे बताया गया है।

न्यूनतम बटन (Minimize Button) : टाइटिल बार के दाएं कोने पर बने बटनों में बायीं ओर का बटन न्यूनतम

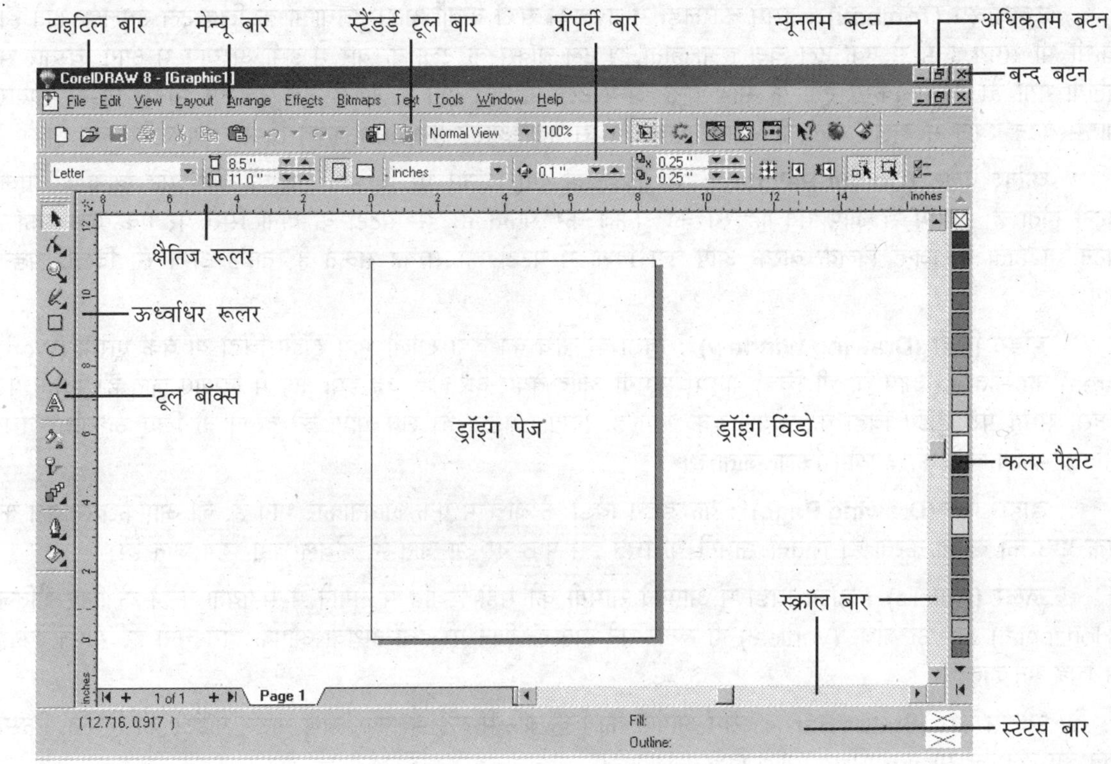

चित्र 29.2 : कोरलड्रॉ की मुख्य विंडो

बटन होता है, इस बटन को क्लिक करने पर कोरलड्रॉ की विंडो टास्क बार पर एक बटन के रूप में बदल जाती है। आप उस टास्क बार बटन को फिर से क्लिक करके उस विंडो को उसके पूर्व रूप में वापस ला सकते हैं।

अधिकतम बटन (Maximize Button) : टाइटिल बार में न्यूनतम बटन के दायीं ओर का अर्थात् तीनों में से बीच का बटन अधिकतम बटन होता है। इस बटन को क्लिक करने से कोरलड्रॉ की विंडो स्क्रीन पर अधिकतम आकार में आ जाती है और उसके साथ ही यह बटन रिस्टोर बटन (Restore Button) के रूप में बदल जाता है, जिस पर दो छोटे वर्ग छपे रहते हैं। रिस्टोर बटन को क्लिक करने पर विंडो अपने पूर्व आकार में आ जाती है।

बन्द बटन (Close Button) : टाइटिल बार में सबसे दायीं ओर का बटन बन्द बटन होता है। इस बटन को क्लिक करने पर कोरलड्रॉ प्रोग्राम समाप्त करके उसकी विंडो बन्द कर दी जाती है। यह आदेश देते समय यदि कोई फाइल खुली हुई है और उसे सुरक्षित नहीं किया गया है, तो विंडो बन्द करने से पहले एक डायलॉग बॉक्स देकर उस फाइल को सुरक्षित करने के लिए पूछा जाता है।

मेन्यू बार (Menu Bar) : टाइटिल बार से ठीक नीचे मेन्यू बार होता है, जिसमें कोरलड्रॉ के विभिन्न मेन्युओं के नाम या शीर्षक दिए होते हैं। किसी मेन्यू के नाम को क्लिक करने पर वह मेन्यू नीचे की ओर खुल जाता है, जिसमें अनेक आदेश दिए होते हैं। किसी आदेश को क्लिक करने पर वह आदेश सक्रिय हो जाता है।

स्टैंडर्ड टूल बार (Standard Tool Bar) : मेन्यू बार से ठीक नीचे स्टैंडर्ड टूल बार होता है, जिसमें कुछ प्रमुख कार्यों के लिए टूल बटन दिए जाते हैं। किसी टूल को क्लिक करने पर उससे जुड़ा आदेश प्रारम्भ हो जाता है।

प्रॉपर्टी बार (Property Bar) : यह भी एक टूल बार जैसा ही है। इसमें आपको वस्तुओं के अधिकांश बदले जाने वाले गुणों को सेट करने के लिए टूल बटन उपलब्ध होते हैं, ताकि वे कार्य आप केवल एक माउस क्लिक से अथवा एक संख्या टाइप करके कर सकें।

टूलबॉक्स (Toolbox) : इसमें कोरलड्रॉ में उपलब्ध सभी कार्यों और सुविधाओं के लिए टूल उपलब्ध होते हैं। किसी भी समय इनमें से एक टूल चुना हुआ होता है। टूल बॉक्स के टूलों के बारे में इसी अध्याय में आगे विस्तार से बताया गया है। किसी-किसी टूल के साथ कुछ अन्य टूल भी जुड़े होते हैं, जिन्हें उस टूल पर माउस पॉइंटर लाकर माउस बटन दबाने से खुलने वाले पॉप-अप टूलबार, जिसे फ्लाईआउट (Flyout) कहते हैं, से चुना जा सकता है।

कलर पैलेट (Colour Palette) : यह विंडो के दाएं किनारे पर विभिन्न रंगों के छोटे-छोटे खानों की एक पट्टी होती है, जिसमें से आप मनचाहे रंग का चुनाव कर सकते हैं। इस पट्टी के दोनों सिरों पर एक-एक स्क्रॉल बटन भी होता है, जिन्हें क्लिक करके आप उस दिशा में पट्टी को सरका सकते हैं, ताकि अन्य रंग दिखाई पड़ने लगें।

ड्रॉइंग विंडो (Drawing Window) : विंडो के बीच का बड़ा खाली भाग ड्रॉइंग विंडो या वर्क एरिया (Work Area) कहलाता है। आप जो भी चित्र, पाठ्य, सामग्री आदि तैयार करते हैं, वह इसी क्षेत्र में दिखाए जाते हैं। स्क्रीन पर किसी समय पूरी ड्रॉइंग विंडो का केवल एक भाग ही दिखाई पड़ता है। शेष भागों को देखने के लिए ऊर्ध्वाधर तथा क्षैतिज स्क्रॉल बारों का उपयोग किया जाता है।

ड्रॉइंग पेज (Drawing Page) : यह ड्रॉइंग विंडो के बीच में एक आयताकार भाग है, जो आपके दस्तावेज के एक पृष्ठ को व्यक्त करता है। जितनी सामग्री या चित्र इस पृष्ठ पर आ जाते हैं, केवल वही छापे जाते हैं।

रूलर (Rulers) : ड्रॉइंग विंडो में आपकी सामग्री को सही स्थिति में लगाने में सहायता करने के लिए क्षैतिज (Horizontal) और ऊर्ध्वाधर (Vertical) दो रूलर बने होते हैं, जिन पर इंचों अथवा आपके द्वारा चुनी हुई मापन इकाई में चिह्न बने होते हैं।

स्टेटस बार (Status Bar) : इसमें आपके कार्य के बारे में कई सूचनाएं, जैसे माउस पॉइंटर की स्थिति, किसी चुने हुए टूल का संक्षिप्त परिचय आदि दिखाए जाते हैं।

मेन्यू
(Menus)

कोरलड्रॉ में आपके दस्तावेजों को खोलने और उन पर विभिन्न क्रियाएं करने के लिए अनेक मेन्यू दिए जाते हैं, जिनमें से प्रत्येक में अनेक आदेश उपलब्ध होते हैं। इन मेन्युओं के नाम निम्नप्रकार हैं :

- फाइल मेन्यू (File Menu)
- एडिट मेन्यू (Edit Menu)
- व्यू मेन्यू (View Menu)
- लेआउट मेन्यू (Layout Menu)
- अरेंज मेन्यू (Arrange Menu)
- इफैक्ट्स मेन्यू (Effects Menu)
- बिटमैप मेन्यू (Bitmap Menu)
- टैक्स्ट मेन्यू (Text Menu)
- टूल्स मेन्यू (Tools Menu)
- विंडोज़ मेन्यू (Windows Menu)
- हेल्प मेन्यू (Help Menu)

आगे के पृष्ठों और अध्यायों में आप इन मेन्युओं के आदेशों के उपयोग के बारे में पढ़ेंगे।

टूलबॉक्स
(Toolbox)

कोरलड्रॉ का टूलबॉक्स किसी चित्रकार के सामान्य टूलबॉक्स जैसा ही होता है, जिसमें उसके काम के लिए सभी आवश्यक टूल या औजार उपलब्ध होते हैं। सामान्यतया टूलबॉक्स कोरलड्रॉ की विंडो में बाएं किनारे पर स्वत: ही दिखाई पड़ता

रहता है। यदि यह दिखाई न दे रहा हो, तो **View** मेन्यू में **Toolbars...** आदेश दीजिए और उससे खुलने वाले डायलॉग बॉक्स में **Toolbox** चेक बॉक्स को सेट करके **OK** बटन को क्लिक कीजिए।

कोरलड्रॉ के टूलबॉक्स के सभी टूल चित्र 29.3 में दिखाए गए हैं। इन टूलों का उपयोग निम्नप्रकार किया जाता है :

चित्र 29.3 : टूलबॉक्स के टूल

पिक टूल (Pick Tool) : इस टूल से आप वस्तुओं को चुन सकते हैं।

शेप टूल (Shape Tool) : इस टूल से आप वस्तुओं की आकृति को सम्पादित कर सकते हैं।

जूम टूल (Zoom Tool) : इस टूल से आप चित्र को छोटा या बड़ा करके देख सकते हैं।

फ्रीहैंड टूल (Freehand Tool) : इस टूल से आप रेखाएं और वक्र खींच सकते हैं।

रैक्टेंगिल टूल (Rectangle Tool) : इस टूल से आप आयत और वर्ग बना सकते हैं।

इलिप्स टूल (Ellipse Tool) : इस टूल से आप दीर्घवृत्त और वृत्त बना सकते हैं।

पॉलीगॉन टूल (Polygon Tool) : इस टूल से आप बहुभुज और तारे बना सकते हैं।

टैक्स्ट टूल (Text Tool) : इस टूल से आप चित्र पर साधारण या कलात्मक शब्द जोड़ सकते हैं।

इंटरएक्टिव फिल टूल (Interactive Fill Tool) : इस टूल से आप वस्तुओं में विभिन्न प्रकार से रंग भर सकते हैं।

इंटरएक्टिव ट्रांसपैरेंसी टूल (Interactive Transparency Tool) : इस टूल से आप वस्तुओं पर विभिन्न प्रकार की पारदर्शियां लागू कर सकते हैं।

इंटरएक्टिव ब्लैंड टूल (Interactive Blend Tool) : इस टूल से आप दो वस्तुओं को मिला सकते हैं।

आउटलाइन टूल (Outline Tool) : इस टूल से आप वस्तुओं की बाहरी सीमारेखा अथवा आउटलाइन बना सकते हैं।

फिल टूल (Fill Tool) : इस टूल से आप वस्तुओं में विभिन्न प्रकार के रंग या पैटर्न भर सकते हैं।

आप टूलबॉक्स में दिखाई पड़ रहे किसी भी टूल को माउस पॉइंटर से क्लिक करके चुन सकते हैं। जब भी आप किसी टूल पर माउस पॉइंटर (या कर्सर) लाते हैं, उसका नाम एक छोटे बॉक्स में उभर आता है और उस टूल का कार्य या उपयोग संक्षेप में स्टेटस बार में दिखाया जाता है। टूलबॉक्स में कोई न कोई एक टूल हर समय चुना हुआ होता है, जो अन्य टूलों से कुछ दबा हुआ दिखाई देता है। कोई चुना हुआ टूल तब तक चुना रहता है, जब तक कि आप कोई दूसरा टूल नहीं चुन लेते। यदि कोई अन्य टूल चुना हुआ है, तो कंट्रोल के साथ स्पेसबार दबाकर आप पिक टूल को चुन सकते हैं। इसी प्रकार यदि पिक टूल चुना हुआ है, तो कंट्रोल के साथ स्पेसबार दबाकर आप पिछले टूल को चुन सकते हैं।

टूलबॉक्स में जिन टूलों के निचले दाएं कोने पर एक काला त्रिकोण दिखाई दे रहा है, उनका फ्लाईआउट टूलबार भी होता है, जिसमें कई अन्य मिलते-जुलते टूल उपलब्ध रहते हैं। किसी टूल के फ्लाईआउट टूलबार से कोई टूल चुनने की विधि निम्नप्रकार है :

1. कर्सर को उस टूल पर ले जाइए और माउस बटन को दबाकर पकड़िए अथवा उस टूल के काले त्रिकोण को क्लिक कीजिए। इससे उस टूल का फ्लाईआउट टूलबार खुल जाएगा, जैसा कि चित्र 29.4 में शेप टूल का फ्लाईआउट दिखाया गया है।
2. माउस बटन को छोड़कर कर्सर को फ्लाईआउट टूलबार में इच्छित टूल पर ले जाइए और क्लिक करके उसे चुन लीजिए। इसके साथ ही वह टूल टूलबॉक्स में पिछले टूल की जगह ले लेगा।

फ्लाईआउट से चुना गया कोई टूल टूलबॉक्स में तब तक बना रहता है, जब तक आप उस टूल के फ्लाईआउट में से कोई दूसरा टूल नहीं चुन लेते।

ऊपर बताए गए टूलों तथा उनके फ्लाईआउट टूलबार के टूलों के उपयोगों के बारे में आप आगे के अध्यायों में विस्तार से पढ़ेंगे।

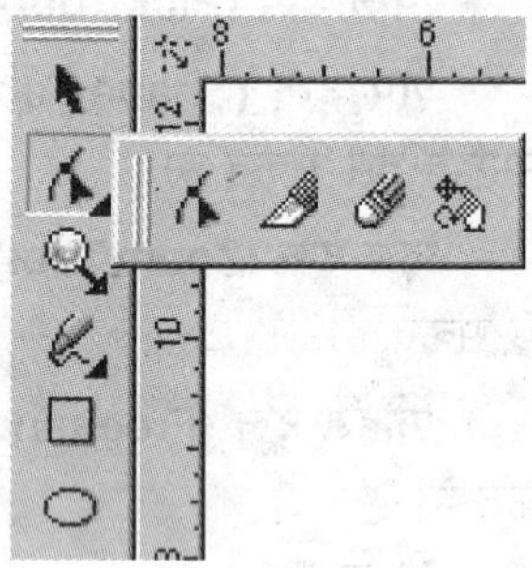

चित्र 29.4 : फ्लाईआउट टूलबार

नई ड्रॉइंग फाइल बनाना
(Creating a New Drawing File)

जब आप कोरलड्रॉ प्रोग्राम प्रारम्भ करते हैं, तो सामान्यतया एक खाली ड्रॉइंग विंडो आपकी स्क्रीन पर स्वतः ही खोल दी जाती है। इसमें आप मनचाही ड्रॉइंग बना सकते हैं। वैसे आप कभी भी **File** मेन्यू में **New...** आदेश देकर अथवा कंट्रोल के साथ **N (Ctrl+N)** बटन दबाकर नई ड्रॉइंग फाइल खोल सकते हैं। फाइल का नाम प्रारम्भ में **Graphic1** रखा जाता है, जिसे आप बाद में ड्रॉइंग को सुरक्षित करते समय बदलकर कोई अन्य नाम रख सकते हैं।

ड्रॉइंग फाइल को खोलना
(Opening a Drawing File)

पहले से बनी हुई किसी ड्रॉइंग फाइल को खोलने की विधि निम्नप्रकार है :

1. **File** मेन्यू में **Open...** आदेश दीजिए अथवा कंट्रोल के साथ **O (Ctrl+O)** बटन दबाइए। इससे आपकी स्क्रीन पर चित्र 29.5 की तरह 'Open Drawing' का डायलॉग बॉक्स खुल जाएगा।
2. **Look in** ड्रॉप-डाउन लिस्ट बॉक्स में से उस ड्राइव और फोल्डर का नाम चुनिए, जिसमें वह फाइल है। इससे उस फोल्डर में उपलब्ध कोरलड्रॉ की ड्रॉइंग फाइलों के नाम दिखाए जाएंगे।
3. आप इनमें से जिस फाइल को खोलना चाहते हैं, उसके नाम को क्लिक करके चुनिए। यदि आपने **Preview** चेक बॉक्स को सेट किया हुआ है, तो उस फाइल की ड्रॉइंग उसके पास के बॉक्स में दिखाई जाएगी। इससे आप निश्चित कर सकते हैं कि आपने खोलने के लिए सही फाइल चुनी है। डायलॉग बॉक्स में चुनी हुई फाइल के बारे में कुछ अन्य सूचनाएं भी दिखाई जाती हैं।
4. **Open** बटन को क्लिक कीजिए। इससे वह ड्रॉइंग फाइल खोल दी जाएगी।

कोरलड्रॉ में एक साथ कई फाइलें खुली हो सकती हैं, लेकिन उनमें से केवल एक फाइल ही किसी समय सक्रिय होगी। सारी क्रियाएं केवल सक्रिय फाइल में की जाती हैं। यदि आपने एक से अधिक फाइलें खोल रखी हैं, तो आप **Windows** मेन्यू में सबसे नीचे के भाग में से किसी अन्य फाइल का नाम चुनकर उसे सक्रिय बना सकते हैं।

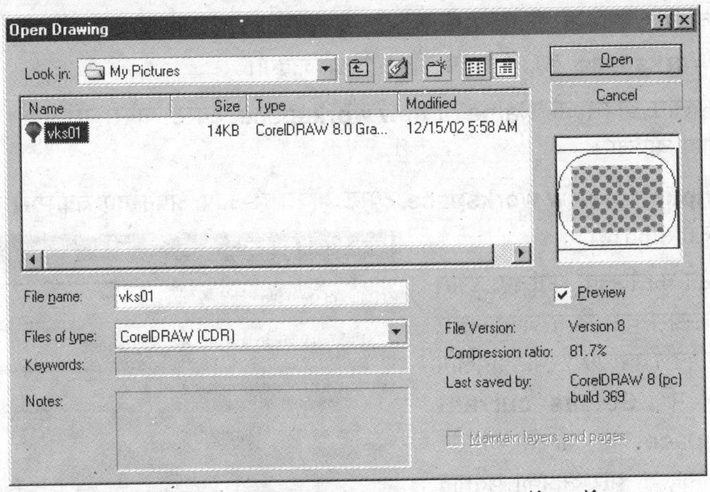

चित्र 29.5 : 'Open Drawing' का डायलॉग बॉक्स

कई वर्कस्पेसों का उपयोग करना
(Using Multiple Workspaces)

सामान्यतया प्रत्येक खुली हुई ड्रॉइंग के लिए एक ही वर्कस्पेस होता है, जिसे डिफॉल्ट वर्कस्पेस कहा जाता है। लेकिन यदि आप चाहें तो विशेष उपयोगों के लिए कई वर्कस्पेस बना सकते हैं और आवश्यकता होने पर उनका उपयोग कर सकते हैं। इतना ही नहीं यदि आपको किसी वर्कस्पेस की आवश्यकता नहीं रही है, तो आप उसे हटा भी सकते हैं।

वर्कस्पेसों पर क्रियाएं करने की विधि निम्नप्रकार है :

1. **Tools** मेन्यू में **Options...** आदेश दीजिए अथवा कंट्रोल के साथ **J (Ctrl+J)** बटन दबाइए। इससे आपकी स्क्रीन पर Options का डायलॉग बॉक्स खुल जाएगा। यदि आवश्यक हो, तो इसकी बायीं ओर की पट्टी में **Workspace** टैब को क्लिक कीजिए, जिससे इसकी टैबशीट चित्र 29.6 की तरह दिखाई देगी।

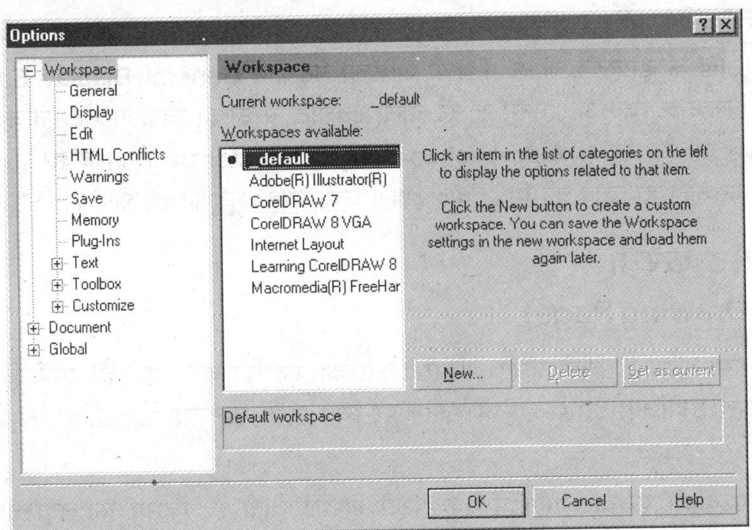

चित्र 29.6 : Options के डायलॉग बॉक्स में Workspace की टैबशीट

2. नया वर्कस्पेस बनाने के लिए इसमें **New...** बटन को क्लिक कीजिए। इससे आपको चित्र 29.7 की तरह **New Workspace** का डायलॉग बॉक्स दिया जाएगा।
3. इस डायलॉग बॉक्स के **Name of new workspace** टैक्स्ट बॉक्स में अपने नए वर्कस्पेस का कोई नाम टाइप कीजिए।
4. **Description of new workspace** टैक्स्ट बॉक्स में आप अपने नए वर्कस्पेस का परिचय या विवरण टाइप कर सकते हैं।
5. **OK** बटन को क्लिक कीजिए। इससे नया वर्कस्पेस बना दिया जाएगा और यदि आपने चित्र 29.7 के डायलॉग बॉक्स में **Set as current workspace** चेक बॉक्स को सेट किया होगा, तो वह आपका वर्तमान वर्कस्पेस बन जाएगा।

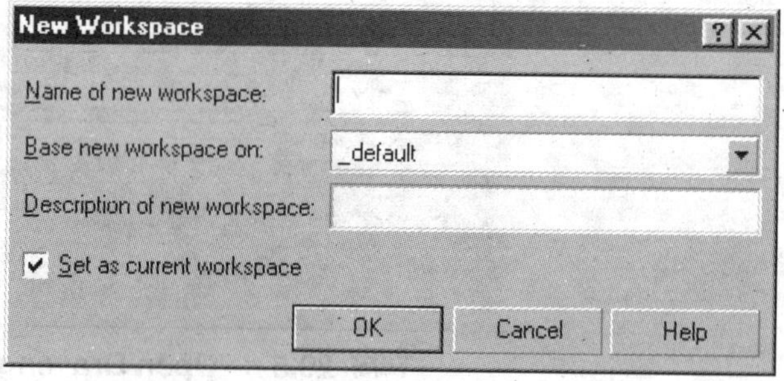

चित्र 29.7 : New Workspace का डायलॉग बॉक्स

वर्कस्पेसों पर क्रियाएं
(Working with Workspaces)

आप कोरलड्रॉ में बनाए गए वर्कस्पेसों पर कई प्रकार की क्रियाएं और सेटिंग कर सकते हैं। इनके बारे में यहां संक्षेप में बताया जा रहा है :

- **वर्कस्पेस का चुनाव करना** : किसी वर्कस्पेस को अपना वर्तमान वर्कस्पेस बनाने के लिए चित्र 29.6 के डायलॉग बॉक्स में **Workspaces available** भाग में किसी वर्कस्पेस को चुनिए और **Set as current** बटन को क्लिक कीजिए।
- **वर्कस्पेस को हटाना** : किसी वर्कस्पेस को हटाने के लिए चित्र 29.6 के डायलॉग बॉक्स में **Workspaces available** भाग में उस वर्कस्पेस को चुनिए और **Delete** बटन को क्लिक कीजिए।
- **वर्कस्पेस की प्रॉपर्टी बदलना** : किसी वर्तमान वर्कस्पेस की प्रॉपर्टियां बदलने या सेट करने के लिए Options के डायलॉग बॉक्स में बायीं ओर की पट्टी में **General, Display, Edit, Save** आदि टैबों को क्लिक कीजिए और उनसे खुलने वाली टैबशीटों में उचित विकल्प सेट कीजिए। उदाहरण के लिए, **Save** की टैबशीट में **Auto-backup every ... minutes** के स्पिन बॉक्स में कोई समय मिनटों में भर कर आप हर उतने की मिनट बाद अपना कार्य स्वतः सुरक्षित हो जाने का विकल्प सेट कर सकते हैं।

ड्रॉइंग पेज सेट करना
(Setting the Drawing Page)

कोरलड्रॉ में आप किसी ड्रॉइंग के लिए उचित आकार-प्रकार का पेज सेट कर सकते हैं। इसके लिए **Layout** मेन्यू में **Page Setup...** आदेश दीजिए। इससे आपकी स्क्रीन पर चित्र 29.8 की तरह 'Options' का डायलॉग बॉक्स खुल जाएगा।

इस डायलॉग बॉक्स के बाएं भाग में एक पट्टी दिखाई जाती है, जिसमें कोरलड्रॉ तथा ड्रॉइंग फाइल के सेटअप से संबंधित बहुत से तत्वों के नाम दिखाए जाते हैं और दाएं भाग में उस तत्व से संबंधित पैरामीटर सेट

करने के लिए बॉक्स दिखाए जाते हैं। चित्र 29.8 में **Page** टैब के **Size** से संबंधित पैरामीटर दिखाए गए हैं। आप ड्रॉइंग पेज से संबंधित कोई भी पैरामीटर बदल सकते हैं या उसका सही मान सेट कर सकते हैं। ड्रॉइंग पेज से संबंधित पैरामीटर अन्य पैकेजों जैसे पेजमेकर, फोटोशॉप जैसे ही होते हैं और उसी तरह आप उनके मान सेट कर सकते हैं और बदल सकते हैं। **OK** बटन क्लिक करने से आपके द्वारा की गई सेटिंग सुरक्षित हो जाती है।

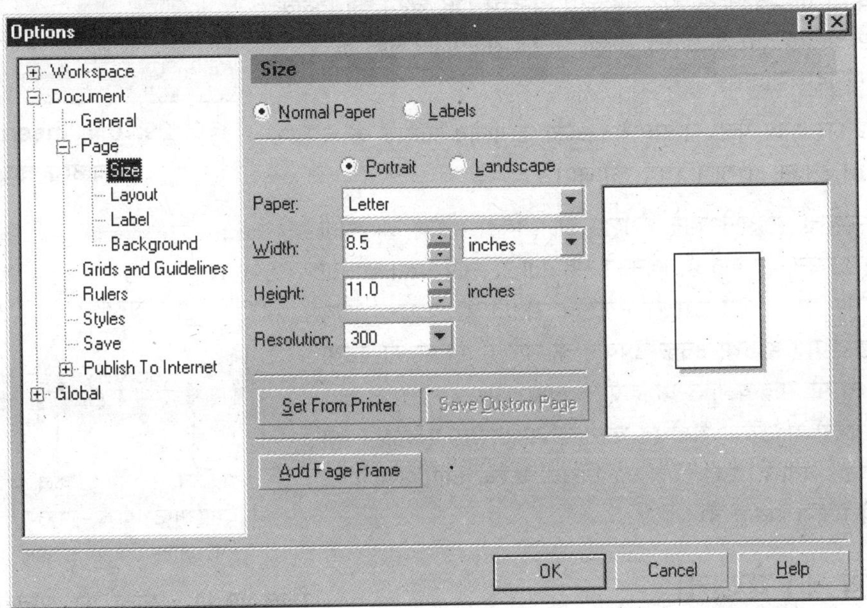

चित्र 29.8 : Options के डायलॉग बॉक्स की Page Size टैबशीट

यहां यह जान लेना आवश्यक है कि एक कोरलड्रॉ फाइल में कई ड्रॉइंग पेज हो सकते हैं और उनमें आप अलग-अलग प्रकार के चित्र या वस्तुएं बना सकते हैं, लेकिन सभी पृष्ठ समान आकार और प्रकार के होंगे।

पृष्ठों पर क्रियाएं
(Working with Pages)

कोरलड्रॉ में आप अपनी आवश्यकता के अनुसार एक फाइल में कितने भी पृष्ठ लगा सकते हैं। उनमें से किसी समय केवल एक ही पृष्ठ सक्रिय होता है। सामान्यतया पेजों के नाम **Page 1, Page 2,...** आदि रखे जाते हैं और उनके आइकॉन पेजमेकर की तरह ड्रॉइंग विंडो के निचले भाग में दिखाए जाते हैं। आप किसी भी पेज के आइकॉन को क्लिक करके उसे सक्रिय पेज बना सकते हैं।

नए पृष्ठ जोड़ने, अनावश्यक पेजों को हटाने, पेजों के नाम बदलने आदि क्रियाओं के लिए लेआउट मेन्यू के विभिन्न आदेशों का उपयोग किया जाता है। यह मेन्यू चित्र 29.9 में दिखाया गया है। इनमें से कोई आदेश देने पर उससे संबंधित डायलॉग बॉक्स खुल जाता है, जिसमें आप उचित पैरामीटर भर कर अथवा उचित विकल्प सेट करके **OK** बटन को क्लिक करके वह कार्य कर सकते हैं।

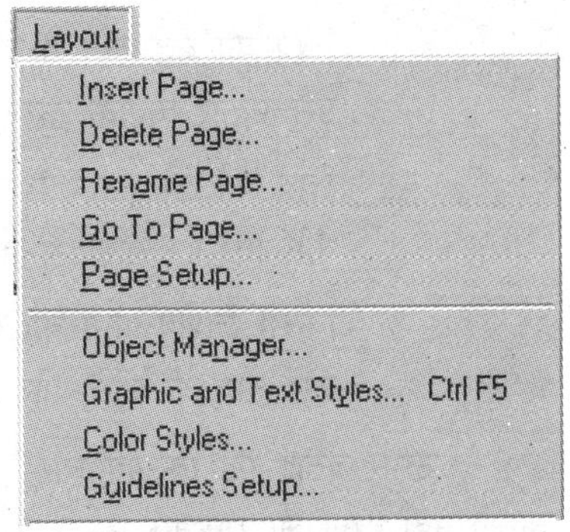

चित्र 29.9 : लेआउट मेन्यू

उदाहरण के लिए, नए पेज जोड़ने के लिए **Layout** मेन्यू में **Insert Page...** आदेश दीजिए। इससे आपकी स्क्रीन पर चित्र 29.10 की तरह 'Insert Page' का डायलॉग बॉक्स खुल जाएगा।

इस डायलॉग बॉक्स में **Insert** के स्पिन बॉक्स में पृष्ठों की संख्या भरिए या सेट कीजिए, जितने नए पृष्ठ आप जोड़ना चाहते हैं। अब **Page** के स्पिन बॉक्स में उस पृष्ठ की पृष्ठ संख्या दीजिए, जिससे पहले या बाद में आप ये पृष्ठ जोड़ना चाहते हैं। इसके साथ ही **Before** और **After** रेडियो बटनों में से किसी एक बटन को सेट कीजिए। अन्त में **OK** बटन को क्लिक कीजिए। इससे आपके द्वारा बताई गई संख्या में पेज बताए गए पृष्ठ के पहले या बाद में लगा दिए जाएंगे।

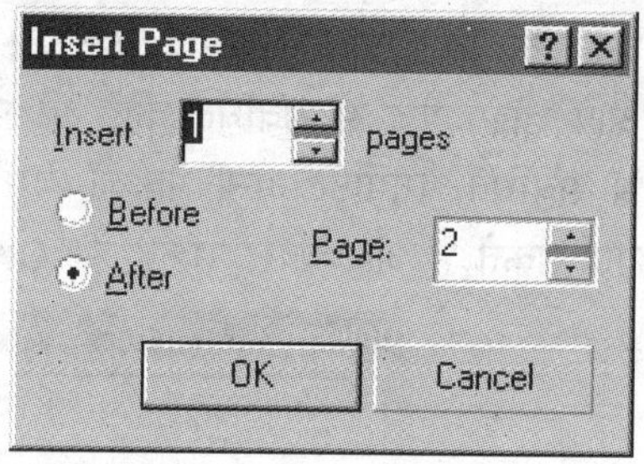

चित्र 29.10 : 'Insert Page' का डायलॉग बॉक्स

इसी प्रकार आप पेजों से संबंधित अन्य डायलॉग बॉक्सों के बारे में समझ सकते हैं। इनका अभ्यास स्वयं कीजिए।

विभिन्न पेजों पर आने-जाने के लिए ड्रॉइंग विंडो में पेज आइकॉनों के पास ही कुछ बटन बने होते हैं, जिनकी सहायता से आप बहुत शीघ्रता से किसी भी पृष्ठ पर जाकर उसे सक्रिय बना सकते हैं। ये बटन चित्र 29.11 में दिखाए गए हैं तथा उनके उपयोग के बारे में भी संकेत किया गया है। यदि किसी सक्रिय पृष्ठ के दाएं या बाएं कोई अन्य पृष्ठ नहीं होता, तो इन बटनों में उसके संबंधित बटन के स्थान पर एक धन का चिह्न (+) दिखाई देता है। उस चिह्न को क्लिक करके आप उस दिशा में एक नया पेज बना सकते हैं।

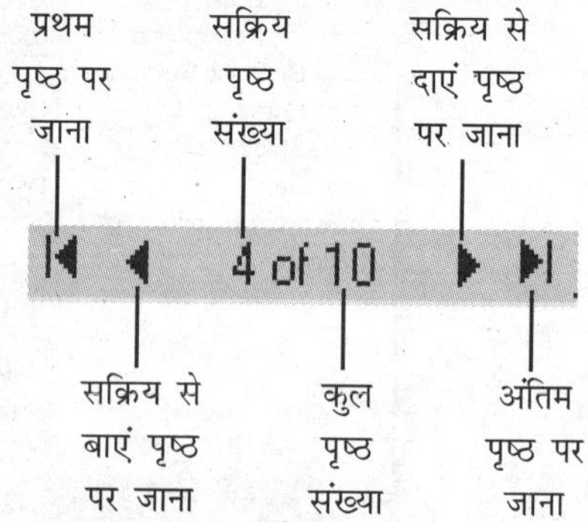

चित्र 29.11 : पृष्ठों पर आने-जाने के बटन

अपने कार्य को देखना (Viewing Your Work)

कोरलड्रॉ में आप अपनी ड्रॉइंग को छोटा या बड़ा करके मनचाहे आकार में देख सकते हैं, ताकि यदि कोई कमी रह गई हो, तो उसे दूर किया जा सके। इसके लिए जूम टूल के फ्लाईआउट में कई आदेश उपलब्ध हैं, जिनका उपयोग करके आप चित्र को छोटे या बड़े रूप में देख सकते हैं। इस प्रकार चित्र को छोटा या बड़ा करने से उसके वास्तविक आकार पर कोई प्रभाव नहीं पड़ता, केवल वैसा दिखाई देता है।

इसके लिए सबसे पहले टूलबॉक्स में जूम टूल को क्लिक कीजिए, जिससे वह टूल चुन लिया जाएगा और ड्रॉइंग विंडो में माउस पॉइंटर एक आतिशी शीशे जैसे चिह्न में बदल जाएगा। जूम टूल चुना होने पर आप निम्नलिखित में से कोई क्रिया कर सकते हैं :

1. चित्र को बड़े रूप में देखने के लिए माउस पॉइंटर से ड्राइंग एरिया में कहीं भी क्लिक कीजिए। हर बार इस प्रकार क्लिक करने से उसका आकार बड़ा हो जाता है।
2. चित्र को छोटे रूप में देखने के लिए माउस पॉइंटर से ड्राइंग एरिया में कहीं भी शिफ्ट दबाकर क्लिक कीजिए। हर बार इस प्रकार क्लिक करने से उसका आकार छोटा हो जाता है।
3. किसी विशेष भाग को बड़ा करके देखने के लिए माउस बटन को दबाकर माउस पॉइंटर को खींचते हुए उस भाग के चारों ओर एक आयताकार घेरा बनाइए।

ऊपर बताई गई क्रियाएं बार-बार भी की जा सकती हैं, लेकिन चित्र को एक सीमा से अधिक छोटा या बड़ा करके नहीं देखा जा सकता।

कार्यों को उलटना और फिर से करना
(Undoing and Redoing Actions)

कई बार हमें अपने किए हुए कार्य को उलटने और फिर से करने की आवश्यकता होती है। कोरलड्रॉ आपको इस बात की पूरी स्वतंत्रता देती है कि आप अपनी ड्रॉइंग के साथ विभिन्न प्रकार के प्रयोग कर सकें अर्थात् कोई क्रिया करके देख सकें और उसका आशानुसार परिणाम न होने पर उसे उलट सकें। यदि आपने कोई ऐसी क्रिया की है, जिसका परिणाम अच्छा नहीं है, तो आप तत्काल **Undo** आदेश देकर उससे ठीक पूर्व की स्थिति तक लौट सकते हैं। आप एक से अधिक क्रियाओं को भी एक साथ उलट सकते हैं। इतना ही नहीं, यदि आप किसी उलटी हुई क्रिया को फिर से करना चाहते हैं, तो **Redo** आदेश देकर वैसा कर सकते हैं और आप एक से अधिक उलटी हुई क्रियाओं को भी एक साथ फिर से कर सकते हैं। इनकी विधियां आगे बताई गई हैं।

क्रियाओं को उलटना
(Undoing Actions)

यदि आप केवल अंतिम क्रिया को उलटना चाहते हैं, तो या तो स्टैंडर्ड टूलबार में **Undo** बटन को क्लिक कीजिए या **Edit** मेन्यू में **Undo...** आदेश दीजिए अथवा कंट्रोल के साथ **Z (Ctrl+Z)** बटन दबाइए। इससे अंतिम क्रिया को उलट दिया जाएगा और आपकी ड्रॉइंग उस क्रिया से ठीक पहले की स्थिति में आ जाएगी।

यदि आप एक से अधिक अंतिम क्रियाओं को उलटना चाहते हैं, तो स्टैंडर्ड टूलबार में **Undo** बटन के तीर को क्लिक कीजिए, इससे उलटी जा सकने वाली क्रियाओं की लिस्ट चित्र 29.12 की तरह खुल जाएगी। इस सूची में किए हुए कार्यों के नाम दिखाए जाते हैं, जिनमें अंतिम कार्य का नाम सबसे ऊपर होता है। आप इनमें से जितनी क्रियाओं को उलटना चाहते हैं, माउस बटन दबाकर कर्सर को खींचते हुए उन्हें चुन लीजिए अथवा जिस क्रिया तक उलटना चाहते हैं, उसे क्लिक कीजिए। चुनी हुई क्रियाओं की संख्या नीचे दिखाई जाती है। माउस बटन छोड़ते ही उन क्रियाओं को उलट दिया जाएगा।

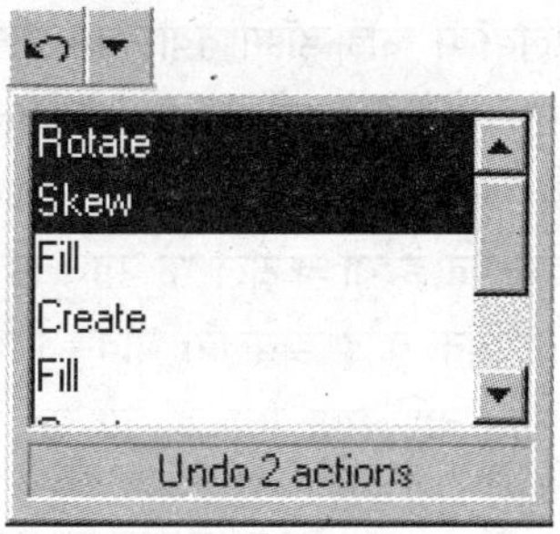

चित्र 29.12 : क्रियाओं को उलटना

क्रियाओं को फिर से करना
(Redoing Actions)

यदि आप केवल अंतिम उलटी हुई क्रिया को फिर से करना चाहते हैं, तो या तो स्टैंडर्ड टूलबार में **Redo** बटन को क्लिक कीजिए या **Edit** मेन्यू में **Redo...** आदेश दीजिए अथवा कंट्रोल और शिफ्ट के साथ **Z (Ctrl+Shift+Z)** बटन दबाइए। इससे अंतिम उलटी हुई क्रिया को फिर से कर दिया जाएगा और आपकी ड्रॉइंग उस क्रिया से ठीक बाद की स्थिति में आ जाएगी।

यदि आप एक से अधिक उलटी हुई क्रियाओं को फिर से करना चाहते हैं, तो स्टैंडर्ड टूलबार में **Redo** बटन के तीर को क्लिक कीजिए, इससे फिर से की जा सकने वाली क्रियाओं की लिस्ट चित्र 29.13 की तरह खुल जाएगी। इस सूची में उलटे हुए कार्यों के नाम दिखाए जाते हैं, जिनमें सबसे बाद में उलटे हुए कार्य का नाम सबसे ऊपर होता है। आप इनमें से जितनी क्रियाओं को फिर से करना चाहते हैं, माउस बटन दबाकर कर्सर को खींचते हुए उन्हें चुन लीजिए अथवा जिस क्रिया तक करना चाहते

चित्र 29.13 : क्रियाओं को फिर से करना

हैं, उसे क्लिक कीजिए। चुनी हुई क्रियाओं की संख्या नीचे दिखाई जाती है। माउस बटन छोड़ते ही उन क्रियाओं को फिर से कर दिया जाएगा।

कार्य को दोहराना
(Repeating an Action)

कई बार हम चाहते हैं कि एक वस्तु पर किया हुआ कोई कार्य दूसरी वस्तु पर ठीक उसी तरह हो जाए और हमें हर बार वह आदेश न देना पड़े। कोरलड्रॉ में यह सुविधा **Repeat** आदेश के रूप में उपलब्ध है। आप इस आदेश की सहायता से कई प्रकार के आदेशों को दोहरा सकते हैं, जैसे **Fill**, **Outline**, **Move**, **Scale**, **Skew**, **Nudge**, **Rotate**, **Duplicate**, गुणों की नकल करना आदि। इस आदेश का उपयोग करने की सामान्य विधि अग्रप्रकार है :

1. **Pick** टूल द्वारा कोई वस्तु चुनिए और उस पर कोई क्रिया कीजिए।
2. **Pick** टूल द्वारा कोई अन्य वस्तु चुनिए।
3. **Edit** मेन्यू में **Repeat** आदेश दीजिए अथवा कंट्रोल के साथ **R (Ctrl+R)** बटन दबाइए। इससे वह क्रिया दूसरी वस्तु के ऊपर भी कर दी जाएगी।

ड्रॉइंग फाइल को सुरक्षित करना
(Saving the Drawing File)

कोरलड्रॉ में कोई ड्रॉइंग तैयार कर लेने के बाद आप उसे सुरक्षित कर सकते हैं। आप किसी ड्रॉइंग को पूर्ण रूप में अथवा उसके चुने हुए भागों को भी सुरक्षित कर सकते हैं। इतना ही नहीं आप उस ड्रॉइंग फाइल को नए नाम से तथा किसी अन्य फॉर्मेट में भी सुरक्षित कर सकते हैं। किसी ड्रॉइंग को सुरक्षित करने के लिए सामान्यतया हम **File** मेन्यू में **Save** आदेश देते हैं या कंट्रोल के साथ **S (Ctrl+S)** बटन दबाते हैं। यदि ड्रॉइंग फाइल का पहले से कोई नाम रखा जा चुका है, तो बिना कोई डायलॉग बॉक्स दिए ड्रॉइंग में किए गए परिवर्तन उसी फाइल में सुरक्षित कर दिए जाते हैं। यदि फाइल का नाम नहीं रखा गया है, तो यह आदेश देने पर चित्र 29.14 की तरह 'Save Drawing' का डायलॉग बॉक्स दिया जाएगा।

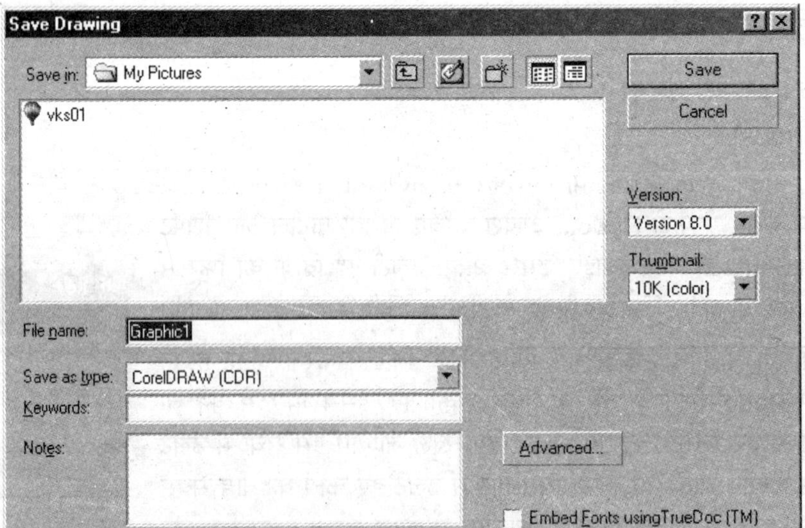

चित्र 29.14 : 'Save Drawing' का डायलॉग बॉक्स

इस डायलॉग बॉक्स के **Save in** लिस्ट बॉक्स में उस फोल्डर का नाम भरिए या चुनिए, जिसमें आप ड्रॉइंग को सुरक्षित करना चाहते हैं और **File name** टैक्स्ट बॉक्स में फाइल का कोई नाम दीजिए। इसके बाद **Save** बटन को क्लिक करते ही आपकी ड्रॉइंग बताए गए फोल्डर में बताए गए नाम से सुरक्षित कर दी जाएगी।

यदि फाइल का पहले से कोई नाम रखा जा चुका है, परन्तु आप उसकी ड्रॉइंग में कोई सुधार करके उसको नए नाम से सुरक्षित करना चाहते हैं, तो **File** मेन्यू में **Save As...** आदेश दीजिए। इससे भी आपकी स्क्रीन पर चित्र 29.14 की तरह ही 'Save Drawing' का डायलॉग बॉक्स दिया जाएगा।

फाइल को बन्द करना
(Closing a File)

यहां यह बताना आवश्यक है कि फाइल को सुरक्षित कर देने से ही वह फाइल बन्द नहीं होती, बल्कि आप उस पर कार्य करते रह सकते हैं। यदि आप फाइल को बन्द करना चाहते हैं, तो **File** मेन्यू में **Close** आदेश दीजिए अथवा **Windows** मेन्यू में **Close** आदेश दीजिए। इससे उस ड्रॉइंग फाइल की विंडो बन्द हो जाएगी, हालांकि इससे कोरलड्रॉ प्रोग्राम समाप्त नहीं होगा।

यदि किसी फाइल या उसकी विंडो को बन्द करते समय ड्रॉइंग फाइल में किए गए परिवर्तनों को सुरक्षित नहीं किया गया है, तो बन्द करने से पहले आपको एक छोटा सा डायलॉग बॉक्स देकर उन्हें सुरक्षित करने के लिए पूछा जाएगा। उसमें **Yes** बटन क्लिक करने पर परिवर्तनों को सुरक्षित करके फाइल को बन्द कर दिया जाएगा और **No** बटन क्लिक करने पर परिवर्तनों को सुरक्षित किए बिना फाइल को बन्द कर दिया जाएगा।

आप **Windows** मेन्यू में **Close All** आदेश देकर सभी खुली हुई विंडो को बन्द कर सकते हैं। इनमें से जो ड्रॉइंग सुरक्षित नहीं की गई होगी, उसे सुरक्षित करने के लिए पूछा जाएगा।

कोरलड्रॉ से बाहर निकलना
(Exiting CorelDRAW)

कोरलड्रॉ से बाहर निकलने के लिए **File** मेन्यू में **Exit** आदेश दीजिए। इससे सभी खुली हुई विंडो को बन्द करके कोरलड्रॉ प्रोग्राम को समाप्त कर दिया जाएगा। यदि यह आदेश देते समय किसी खुली हुई विंडो की ड्रॉइंग में किए गए परिवर्तनों को सुरक्षित नहीं किया गया है, तो कोरलड्रॉ प्रोग्राम बन्द करने से पहले डायलॉग बॉक्स देकर उन्हें सुरक्षित करने के बारे में पूछा जाएगा। आपके उत्तर के अनुसार कार्यवाही करके ही प्रोग्राम को समाप्त किया जाएगा।

30

वस्तुएं बनाना
(Drawing Objects)

कोरलड्रॉ का परिचय प्राप्त करने के बाद आप उस पर कार्य प्रारम्भ करने के लिए तैयार हैं। इस अध्याय में हम कोरलड्रॉ में सामान्य ड्रॉइंग बनाना सिखाएंगे, जिसके बाद आप सामान्य चित्र से लेकर न्यूजलैटर, पैम्फलेट, बिजनेस कार्ड, विज्ञापन तथा लेबल आदि बनाने में भी समर्थ हो जाएंगे।

मौलिक वस्तुएं बनाना
(Drawing Basic Objects)

कोरलड्रॉ में मौलिक ज्यामितीय आकृतियां जैसे आयत, वृत्त, दीर्घवृत्त, बहुभुज, सितारे, ग्रिड, स्पाइरल आदि बनाने के लिए कई टूल उपलब्ध हैं। इनमें से किसी भी टूल को चुनकर माउस पॉइंटर को माउस बटन दबाकर खींचते हुए आप आवश्यक आकार की आकृति या वस्तु बना सकते हैं। स्टेटस बार में उस वस्तु का आकार दिखाया जाता है। आप बाद में उसे इच्छानुसार छोटा या बड़ा कर सकते हैं। यहां इन टूलों के उपयोग के बारे में बताया गया है।

आयत या वर्ग बनाना
(Drawing Rectangle or Square)

रैक्टेंगिल टूल द्वारा आप आयत तथा वर्ग बना सकते हैं। इसकी विधि निम्नप्रकार है :

1. टूलबॉक्स में रैक्टेंगिल टूल को क्लिक कीजिए। इससे ड्रॉइंग विंडो में कर्सर का रूप बदलकर एक धन चिह्न जैसा हो जाएगा, जिसमें एक छोटा आयत जुड़ा होगा।
2. कर्सर को उस स्थान पर ले जाइए, जहां आप आयत बनाना चाहते हैं।
3. माउस बटन दबाकर कर्सर को तिरछा खींचिए। इससे आयत बनता हुआ दिखाई देगा। आवश्यक आकार का आयत बन जाने पर माउस बटन को छोड़ दीजिए। इससे आयत स्थिर हो जाएगा और इसके साथ ही उसके चारों ओर काले चौकोर हैंडिल बने हुए दिखाई देंगे, जैसा कि चित्र 30.1 में दिखाया गया है।

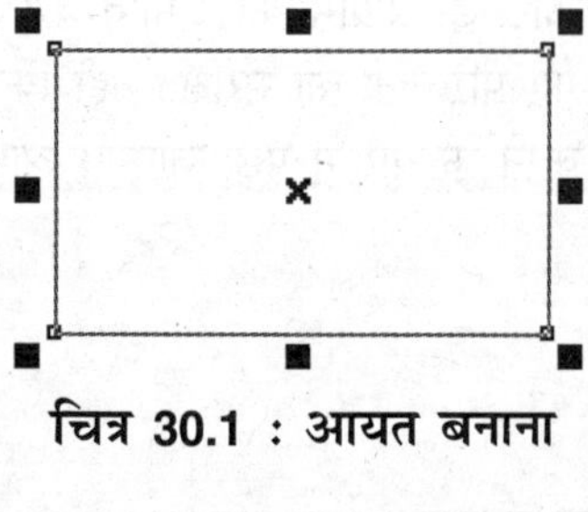

चित्र 30.1 : आयत बनाना

वर्ग बनाने के लिए ऊपर की क्रिया के स्टेप 3 में कर्सर को खींचते समय कंट्रोल कुंजी को दबाए रखिए।

दीर्घवृत्त या वृत्त बनाना
(Drawing Ellipse or Circle)

इलिप्स टूल द्वारा आप दीर्घवृत्त तथा वृत्त बना सकते हैं। इसकी विधि अग्रप्रकार है :

1. टूलबॉक्स में इलिप्स टूल को क्लिक कीजिए। इससे ड्रॉइंग विंडो में कर्सर का रूप बदलकर एक धन चिह्न जैसा हो जाएगा, जिसमें एक छोटा दीर्घवृत्त जुड़ा होगा।
2. कर्सर को उस स्थान पर ले जाइए, जहां आप दीर्घवृत्त बनाना चाहते हैं।
3. माउस बटन दबाकर कर्सर को तिरछा खींचिए। इससे दीर्घवृत्त बनता हुआ दिखाई देगा। आवश्यक आकार का दीर्घवृत्त बन जाने पर माउस बटन को छोड़ दीजिए। इससे दीर्घवृत्त स्थिर हो जाएगा और इसके साथ ही उसके चारों ओर काले चौकोर हैंडिल बने हुए दिखाई देंगे, जैसा कि चित्र 30.2 में दिखाया गया है।

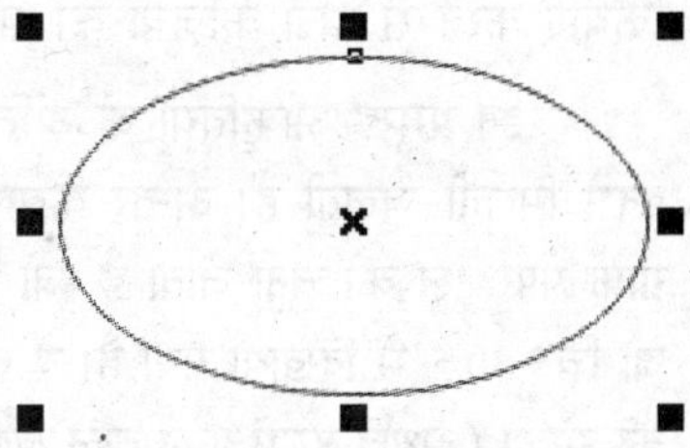

चित्र 30.2 : दीर्घवृत्त बनाना

वृत्त अर्थात् पूर्णवृत्त बनाने के लिए ऊपर की क्रिया के स्टेप 3 में कर्सर को खींचते समय कंट्रोल कुंजी को दबाए रखिए।

बहुभुज या सितारा बनाना (Drawing Polygon or Star)

पॉलीगॉन टूल द्वारा आप बहुभुज तथा सितारे बना सकते हैं। किसी बहुभुज में आपकी आवश्यकता के अनुसार 3 से 500 तक भुजाएं हो सकती हैं। इसी प्रकार किसी सितारे में 3 से 500 तक बिन्दु हो सकते हैं। इन्हें बनाने की विधि निम्नप्रकार है :

1. टूलबॉक्स में पॉलीगॉन टूल को क्लिक कीजिए। इससे ड्रॉइंग विंडो में कर्सर का रूप बदलकर एक धन चिह्न जैसा हो जाएगा, जिसमें एक छोटा बहुभुज जुड़ा होगा।
2. कर्सर को उस स्थान पर ले जाइए, जहां आप बहुभुज बनाना चाहते हैं।
3. माउस बटन दबाकर कर्सर को तिरछा खींचिए। इससे बहुभुज बनता हुआ दिखाई देगा। आवश्यक आकार का बहुभुज बन जाने पर माउस बटन को छोड़ दीजिए। इससे बहुभुज स्थिर हो जाएगा और इसके साथ ही उसके चारों ओर काले चौकोर हैंडिल बने हुए दिखाई देंगे, जैसा कि चित्र 30.3 में दिखाया गया है।

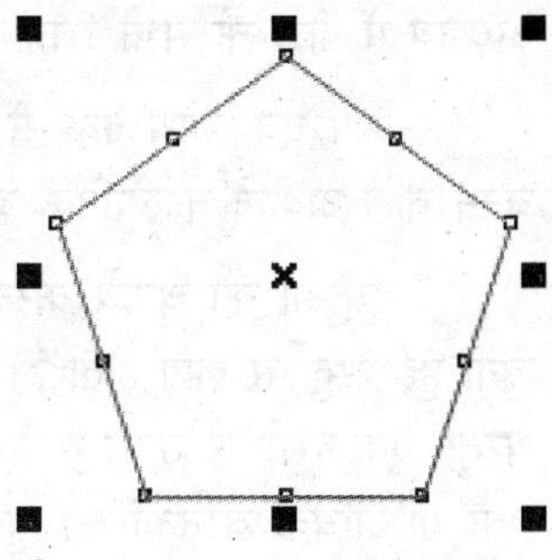

चित्र 30.3 : बहुभुज बनाना

4. इस प्रकार बनाए गए बहुभुज में प्रारम्भ में 5 भुजाएं होती हैं। यदि आप भुजाओं की संख्या बदलना चाहते हैं, तो प्रॉपर्टी बार में **Number of Points on Polygon** स्पिन बॉक्स में भुजाओं की आवश्यक संख्या सेट कीजिए या संख्या टाइप करके एण्टर दबाइए। इससे बहुभुज में उतनी ही भुजाएं बन जाएंगी।

सितारा बनाने के लिए ऊपर की क्रिया करने के बाद प्रॉपर्टी बार में **Polygon/Star** बटन को क्लिक कीजिए। इससे बहुभुज सितारे में बदल जाएगा और चित्र 30.4 की तरह लगेगा।

यदि आप समान भुजाओं वाला या सममित (Symmetrical) बहुभुज अथवा सितारा बनाना चाहते हैं, तो ऊपर की क्रिया के स्टेप 3 में कर्सर को खींचते समय कंट्रोल कुंजी को दबाए रखिए।

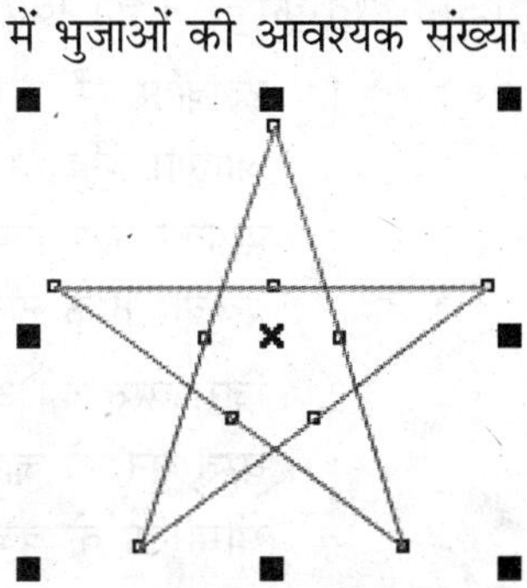

चित्र 30.4 : सितारा बनाना

ऊपर बताई गई सभी विधियों में यदि आप कर्सर को खींचते समय शिफ्ट कुंजी को दबा लेते हैं, तो संबंधित आकृतियां कर्सर के प्रारम्भ बिन्दु के चारों ओर बनती हैं। कंट्रोल तथा शिफ्ट दोनों कुंजियों को एक साथ दबाकर ये क्रियाएं करने से दोनों कुंजियों का सम्मिलित प्रभाव होता है।

इन प्रमुख आकृतियों के अतिरिक्त आप स्पाइरल तथा ग्रिड (ग्राफ पेपर) भी बना सकते हैं। इनकी विधियां भी इनसे मिलती-जुलती हैं। अन्तर केवल यह है कि इनके लिए क्रमशः स्पाइरल टूल तथा ग्राफ पेपर टूल को चुना जाता है, जो पॉलीगॉन टूल के फ्लाईआउट टूलबार में उपलब्ध हैं, जो चित्र 30.5 में दिखाया गया है। ये वस्तुएं बनाते समय आप ग्राफ में कॉलमों और पंक्तियों की संख्या (अर्थात् उसमें बनने वाले खानों की संख्या) तथा स्पाइरल में घुमावों (Revolutions) की संख्या इन टूलों के प्रॉपर्टी बार में निर्धारित कर सकते हैं।

चित्र 30.5 : पॉलीगॉन टूल का फ्लाईआउट टूलबार

वस्तुएं चुनना
(Selecting Objects)

आपके द्वारा बनाई गई किसी भी वस्तु को यदि आप सरकाना चाहते हैं या उन्हें नया रूप देना चाहते हैं, तो सबसे पहले उसको चुनना पड़ता है। इस प्रकार चुनी हुई किसी भी वस्तु के चारों ओर एक काल्पनिक बॉक्स बनाते हुए आठ काले चौकोर हैंडिल दिखाई देते हैं, जिनमें से चार उस बॉक्स के कोनों पर और शेष चार उसकी भुजाओं के मध्यबिंदुओं पर होते हैं। इसके साथ ही उस काल्पनिक बॉक्स के बीचों-बीच एक **x** का चिह्न भी दिखाई पड़ता है, जैसा कि इस अध्याय में पीछे के सभी चित्रों में दिखाया गया है।

आप एक साथ एक से अधिक वस्तुएं भी चुन सकते हैं। इस स्थिति में उन सभी चुनी हुई वस्तुओं को घेरकर बनने वाले अकेले काल्पनिक बॉक्स के चारों ओर उसी प्रकार 8 हैंडिल तथा बीच में **x** का चिह्न दिखाई देगा।

वस्तुओं का चुनाव करना बहुत महत्वपूर्ण होता है, क्योंकि हम जो आदेश देते हैं या क्रिया करते हैं, वह केवल चुनी हुई वस्तु पर लागू होता है। इसलिए किसी भी कार्य के लिए सही वस्तु का चुनाव करना आवश्यक है। कई बार कई वस्तुएं एक दूसरे के ऊपर लगी हुई होती हैं। इस स्थिति में सही वस्तु का चुनाव बहुत सावधानी से करना पड़ता है। यहां एक या अधिक वस्तुओं को चुनने की विधि बताई गई है।

एक वस्तु को चुनना
(Selecting An Object)

किसी वस्तु को चुनने की विधि निम्नप्रकार है :

1. टूलबॉक्स में से पिक टूल को चुनिए। इससे ड्रॉइंग विंडो में कर्सर एक काले तिरछे तीर के रूप में बदल जाएगा। यदि आपने पहले से टैक्स्ट टूल के अलावा कोई अन्य टूल चुना हुआ है, तो केवल स्पेसबार दबाकर आप पिक टूल को चुन सकते हैं और यदि टैक्स्ट टूल चुना हुआ है, तो कंट्रोल के साथ स्पेसबार दबाकर पिक टूल को चुन सकते हैं।
2. जिस वस्तु को आप चुनना चाहते हैं, उसकी किसी सीमारेखा (Outline) पर क्लिक कीजिए। इससे वह वस्तु चुन ली जाएगी और उसके चारों ओर हैंडिल दिखाई देंगे। यदि उस वस्तु में रंग भरा हुआ है, तो आप सीमारेखा के बजाय उसमें भरे हुए रंग पर क्लिक कर सकते हैं। इससे भी वस्तु चुन ली जाएगी।

एक से अधिक वस्तुओं को चुनना
(Selecting More Than One Objects)

एक से अधिक वस्तुओं को चुनने की दो विधियां हैं, जो आगे बताई गई हैं :

पहली विधि :

1. ऊपर बताई गई विधि से एक वस्तु को चुनिए।
2. शिफ्ट बटन को दबाकर अन्य वस्तुओं को क्रमशः क्लिक करके चुनिए। इस प्रकार सभी इच्छित वस्तुओं को चुन लीजिए।

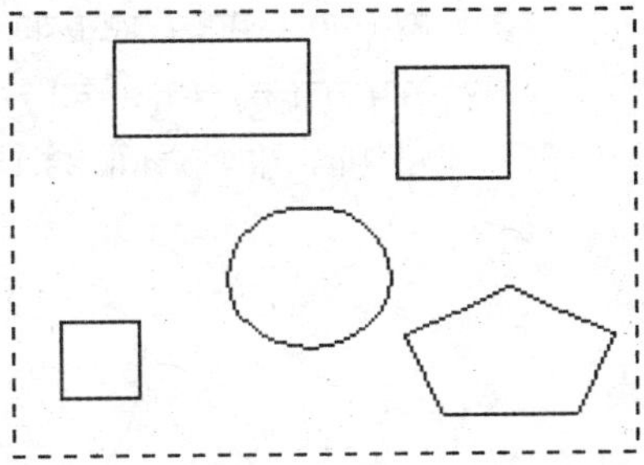

चित्र 30.6 : वस्तुओं को एक साथ चुनना

दूसरी विधि :

1. पिक टूल को क्लिक कीजिए।
2. कर्सर को माउस बटन दबाकर खींचते हुए उन वस्तुओं के चारों ओर एक आयताकार घेरा बनाइए, जिनको आप चुनना चाहते हैं, जैसा कि चित्र 30.6 में दिखाया गया है।
3. माउस बटन को छोड़ दीजिए। इससे उस घेरे के अन्दर पूरी तरह आ जाने वाली सभी वस्तुओं को चुन लिया जाएगा।

दूसरी विधि में यदि आप घेरे के अन्दर जरा भी आने वाली वस्तुओं को भी चुन लेना चाहते हैं, तो कर्सर खींचकर बॉक्स बनाने की क्रिया करते और माउस बटन छोड़ते समय अल्ट (Alt) कुंजी को दबा लीजिए।

जब आप एक से अधिक वस्तुओं को चुनते हैं, तो प्रत्येक चुनी हुई वस्तु की आउटलाइन पर एक छोटा सा खाली वर्ग दिखाई देता है, जिससे आपको पता चलता है कि यह वस्तु चुनी हुई है।

सभी वस्तुओं को चुनना
(Selecting All Objects)

यदि आप किसी पेज सहित ड्रॉइंग विंडो में दिखाई पड़ने वाली सभी वस्तुओं को चुनना चाहते हैं, तो **Edit** मेन्यू में **Select All** के झरना मेन्यू में **Objects** आदेश दीजिए।

चुनाव से निकालना
(Deselecting An Object)

यदि आपने कई वस्तुएं चुनी हुई हैं और आप उनमें से किसी एक वस्तु को चुनाव से हटा देना चाहते हैं, तो पिक टूल से शिफ्ट के साथ उस वस्तु की आउटलाइन या फिल को क्लिक कीजिए।

यदि आपने एक या अधिक वस्तु चुन रखी है और आप उस चुनाव को पूरी तरह रद्द करना चाहते हैं, तो पिक टूल से किसी खाली स्थान पर क्लिक कीजिए अथवा एस्केप (Esc) कुंजी दबाइए।

वस्तुओं को सरकाना
(Moving Objects)

कई बार हमें किसी बनाई हुई वस्तु या आकृति को उसके स्थान से इधर-उधर सरकाना या ले जाना पड़ता है। ऐसा आप कई प्रकार से कर सकते हैं। इसकी विधियां आगे बताई गई हैं :

पहली विधि :

1. पीछे बताई गई विधियों से उस वस्तु या वस्तुओं को चुन लीजिए, जिन्हें आप सरकाना चाहते हैं।
2. कर्सर को चुनाव के मध्य बिन्दु **x** पर ले जाइए। वहां कर्सर एक चार सिरों वाले तीर में बदल जाएगा।
3. उसी जगह माउस बटन को दबाकर पकड़ लीजिए और कर्सर को उस दिशा में खींचिए, जिस दिशा में आप चुनी हुई वस्तुओं को ले जाना चाहते हैं। इस प्रकार खींचते हुए सभी चुनी हुई वस्तुओं की आउटलाइन भी साथ-साथ चलती हुई दिखाई देगी, जैसा कि चित्र 30.7 में दिखाया गया है।

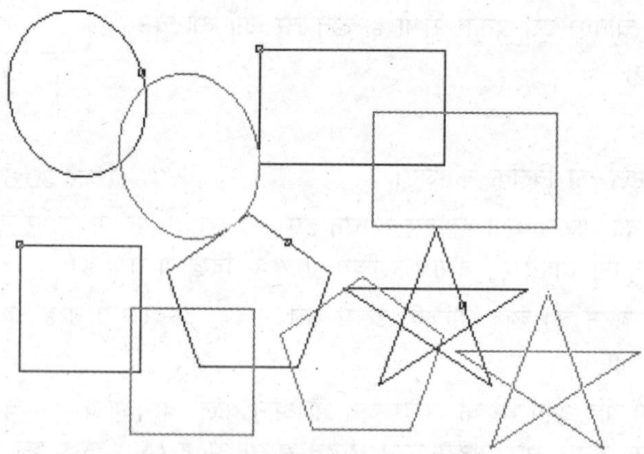

चित्र 30.7 : वस्तुओं को सरकाना

4. वस्तुओं को इच्छित स्थान पर ले जाकर माउस बटन को छोड़ दीजिए। इससे सभी सरकाई गई वस्तुएं नए स्थान पर स्थिर हो जाएंगी।

दूसरी विधि :

1. ऊपर बताई गई विधियों से उस वस्तु या वस्तुओं को चुन लीजिए, जिन्हें आप सरकाना चाहते हैं।
2. जिस दिशा में आप चुनी हुई वस्तुओं को सरकाना चाहते हैं, उस दिशा के तीर का बटन दबाइए। आप देखेंगे कि सभी वस्तुएं उसी दिशा में थोड़ा सरक गई हैं। बार-बार तीर के बटनों को दबाते हुए आप वस्तु को इच्छित स्थान पर ले जा सकते हैं।
3. यदि आप वस्तुओं को अधिक तेजी से सरकाना चाहते हैं, तो तीर का बटन दबाते समय शिफ्ट कुंजी को दबाए रखिए।

चुनी हुई वस्तुओं को तीर के बटनों द्वारा सरकाने की मात्रा या दूरी **Nudge** पैरामीटर द्वारा और शिफ्ट के साथ तीर के बटनों द्वारा सरकाने की मात्रा **Super nudge** पैरामीटर द्वारा निश्चित की जाती है। आप **Tools** मेन्यू में **Options...** विकल्प को क्लिक करके खुलने वाले डायलॉग बॉक्स के **Edit** टैब में ये पैरामीटर इंचों में या अपनी पसन्द की मापन इकाई में सेट कर सकते हैं।

मौलिक वस्तुओं की आकृति बदलना (Shaping Basic Objects)

कोई वस्तु या आकृति बना लेने के बाद आप कई प्रकार से टूलों और बटनों का उपयोग करके उसका रूप बदल सकते हैं। उदाहरण के लिए, किसी आयत या वर्ग के कोनों को गोल करने के लिए आप शेप टूल (Shape tool) का उपयोग करते हैं। यहां कुछ मौलिक वस्तुओं की आकृति बदलना बताया गया है।

किसी आयत के कोनों को गोल करना (Rounding Corners of A Rectangle)

कई बार हम किसी आयत या वर्ग के कोनों को गोलाकार रूप देना चाहते हैं। यह कार्य निम्नप्रकार किया जा सकता है :

1. शेप टूल को क्लिक करके चुनिए। इससे ड्रॉइंग विंडो में कर्सर एक मोटे तिरछे तीर जैसा हो जाएगा।
2. इस टूल द्वारा उस आयत (या वर्ग) को क्लिक कीजिए, जिसके कोनों को आप गोल करना चाहते हैं। इससे उस आयत के चारों कोनों पर एक-एक खाली नोड बन जाएगा।
3. किसी नोड को कर्सर द्वारा पकड़कर माउस बटन दबाए रखकर आउटलाइन के साथ-साथ खींचिए। ऐसा करते हुए आप देखेंगे कि उसके चारों नोड दो-दो नोडों में टूट गए हैं और कोने गोलाकार होने लगे हैं, जैसा कि चित्र 30.8 में दिखाया गया है।

चित्र 30.8 : आयत के कोनों को गोल करना

4. इच्छित मात्रा में कोने गोल हो जाने पर माउस बटन को छोड़ दीजिए। इससे आयत (या वर्ग) उसी रूप में स्थिर हो जाएगा।

यह कार्य आप उस आयत (या वर्ग) के प्रॉपर्टी बार में **Rectangle Corner Roundness** प्रॉपर्टी के स्लाइडर को सरकाकर अथवा उसके साथ के टैक्स्ट बॉक्स में प्रतिशत में गोलाई का मान भरकर भी कर सकते हैं।

किसी दीर्घवृत्त को चाप या पाई में बदलना (Changing an Ellipse to an Arc or Pie)

कई बार हम किसी दीर्घवृत्त या वृत्त को एक चाप या पाई जैसी आकृति में बदलना चाहते हैं। यह कार्य निम्नप्रकार किया जा सकता है :

1. शेप टूल को क्लिक करके चुनिए। इससे ड्रॉइंग विंडो में कर्सर का रूप एक मोटे तिरछे तीर जैसा हो जाएगा।
2. इस टूल द्वारा उस दीर्घवृत्त (या वृत्त) को क्लिक कीजिए, जिसको आप चाप या पाई में बदलना चाहते हैं। इससे उस दीर्घवृत्त की परिधि के ऊपरी सिरे पर एक खाली नोड बन जाएगा।

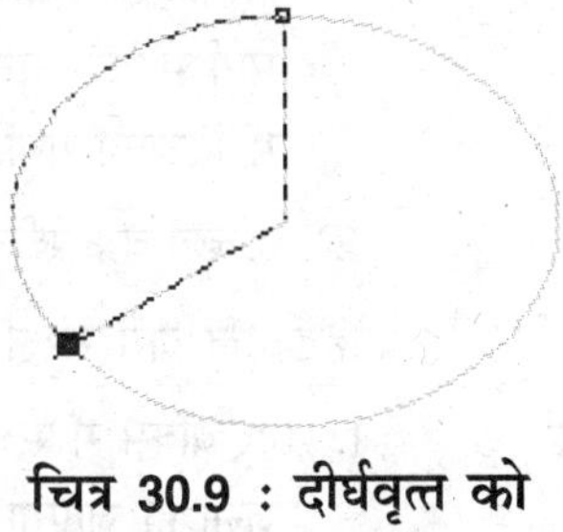

चित्र 30.9 : दीर्घवृत्त को चाप या पाई में बदलना

3. उस नोड को कर्सर द्वारा पकड़कर माउस बटन दबाए रखकर उस दीर्घवृत्त की आउटलाइन के साथ-साथ खींचिए। यदि आप चाप बनाना चाहते हैं, तो कर्सर को परिधि से बाहर रखिए और यदि पाई बनाना चाहते

हैं, तो कर्सर को परिधि के भीतर रखिए। ऐसा करते हुए आप देखेंगे कि उसका नोड दो नोडों में टूट गया है और दीर्घवृत्त (या वृत्त) चाप या पाई का रूप लेने लगा है, जैसा कि चित्र 30.9 में दिखाया गया है।

4. इच्छित आकार का चाप या पाई बन जाने पर माउस बटन को छोड़ दीजिए। इससे दीर्घवृत्त (या वृत्त) उसी रूप में स्थिर हो जाएगा।

यह कार्य आप उस दीर्घवृत्त (या वृत्त) के प्रॉपर्टी बार में **Starting and Ending Angles** के स्पिन बॉक्सों में अंशों में प्रारम्भिक तथा अन्तिम कोणों के मान भरकर तथा **Arc** या **Pie** बटन को क्लिक करके भी कर सकते हैं।

इसी प्रकार आप शेप टूल द्वारा अन्य प्रकार की आकृतियों के विभिन्न नोडों को सरकाकर अथवा उनके प्रॉपर्टी बार में विभिन्न विकल्पों में उचित सेटिंग करके उन्हें मनचाहा रूप दे सकते हैं।

रेखाएं तथा वक्र खींचना
(Drawing Lines and Curves)

ऊपर बताई गई मौलिक आकृतियों के अतिरिक्त आप रेखाएं और वक्र भी खींच सकते हैं, जिनके लिए कोरलड्रॉ में फ्रीहैंड (Freehand) तथा बेज़ियर (Bezier) टूल उपलब्ध हैं। फ्रीहैंड टूल द्वारा आप कर्सर को किसी पेंसिल की तरह खींचकर रेखाएं तथा वक्र बना सकते हैं और बेज़ियर टूल द्वारा आप नोड रखकर और उनके बीच वक्र रेखाओं को ठीक करके मनचाही रेखाएं तथा वक्र बना सकते हैं।

यहां इन दोनों टूलों के उपयोग द्वारा रेखाएं तथा वक्र खींचने के बारे में बताया गया है।

फ्रीहैंड टूल द्वारा रेखाएं तथा वक्र खींचना
(Drawing Lines and Curves By Freehand Tool)

फ्रीहैंड टूल द्वारा कोई वक्र बनाने की विधि निम्नप्रकार है :

1. टूलबॉक्स में से फ्रीहैंड टूल को चुन लीजिए। इससे ड्रॉइंग एरिया में कर्सर का रूप बदलकर एक धन चिह्न जैसा हो जाएगा, जिसमें एक वक्र रेखा का चिह्न जुड़ा होगा।
2. कर्सर को उस स्थान पर ले जाइए, जहां से आप वक्र को प्रारम्भ करना चाहते हैं।
3. माउस बटन को दबाकर पकड़ लीजिए और कर्सर को सरकाइए। ऐसा करते हुए आप देखेंगे कि कर्सर के मार्ग में वक्र बनता जा रहा है, जैसा कि चित्र 30.10 में दिखाया गया है।

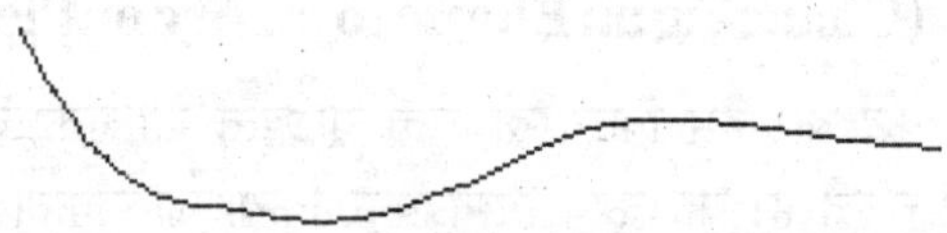

चित्र 30.10 : फ्रीहैंड टूल द्वारा वक्र बनाना

4. इच्छित वक्र खींच लेने पर माउस बटन को छोड़ दीजिए।

फ्रीहैंड टूल द्वारा सरल रेखा बनाने की विधि निम्नप्रकार है :

1. टूलबॉक्स में से फ्रीहैंड टूल को चुन लीजिए। इससे ड्रॉइंग एरिया में कर्सर का रूप बदलकर एक धन चिह्न जैसा हो जाएगा, जिसमें एक वक्र रेखा का चिह्न जुड़ा होगा।
2. कर्सर से उस स्थान पर क्लिक कीजिए, जहां से आप सरल रेखा प्रारम्भ करना चाहते हैं।
3. कर्सर को उस स्थान पर ले जाइए, जहां पर आप सरल रेखा को समाप्त करना चाहते हैं। ऐसा करते हुए आप देखेंगे कि कर्सर और प्रारम्भिक बिन्दु के बीच में एक सरल रेखा बनकर कर्सर के साथ-साथ चल

रही है, जैसा कि चित्र 30.11 में दिखाया गया है।

4. उचित आकार और कोण की सरल रेखा बन जाने पर माउस बटन को क्लिक कीजिए। इससे सरल रेखा वहीं स्थिर हो जाएगी।

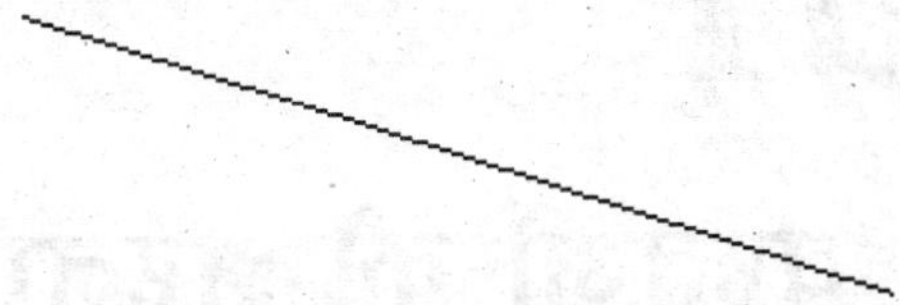

चित्र 30.11 : फ्रीहैंड टूल द्वारा सरल रेखा बनाना

आप फ्रीहैंड टूल का उपयोग करके एक बन्द आकृति भी बना सकते हैं। इसके लिए या तो वक्र खींचते हुए प्रारम्भ के बिन्दु पर समाप्त कीजिए या सरल रेखाएं खींचते हुए बहुभुज बना लीजिए। बहुभुज के लिए आपको अंतिम बिन्दु प्रथम बिन्दु पर लाना होगा और शेष सभी बिन्दुओं पर डबल क्लिक करना होगा।

बेज़ियर टूल द्वारा रेखाएं तथा वक्र खींचना (Drawing Lines and Curves by Bezier Tool)

बेज़ियर टूल द्वारा कोई वक्र बनाने की विधि निम्नप्रकार है :

1. टूलबॉक्स में से बेज़ियर टूल को चुन लीजिए। इससे ड्रॉइंग एरिया में कर्सर का रूप बदलकर एक धन चिह्न जैसा हो जाएगा, जिसमें एक नोड वाली वक्र रेखा का चिह्न जुड़ा होगा।
2. कर्सर को उस स्थान पर क्लिक कीजिए, जहां से आप वक्र को प्रारम्भ करना चाहते हैं और कंट्रोल बिन्दु को उस दिशा में खींचिए जिसमें आप वक्र को झुकाना चाहते हैं।
3. वहां क्लिक कीजिए, जहां आप दूसरा नोड बनाना चाहते हैं और उसके कंट्रोल बिन्दु को भी उधर खींचिए जिधर खींचने पर सही वक्र बने।
4. स्टेप 3 की क्रिया को इच्छानुसार कितनी भी बार दोहराइए।
5. जब आप वक्र पूरा करना चाहते हों, स्पेसबार को दबाइए।

बेज़ियर टूल द्वारा सरल रेखा तथा बहुभुज बनाने की विधि निम्नप्रकार है :

1. टूलबॉक्स में से बेज़ियर टूल को चुन लीजिए। इससे ड्रॉइंग एरिया में कर्सर का रूप बदलकर एक धन चिह्न जैसा हो जाएगा, जिसमें एक नोड वाली वक्र रेखा का चिह्न जुड़ा होगा।
2. कर्सर से उस स्थान पर क्लिक कीजिए, जहां से आप सरल रेखा प्रारम्भ करना चाहते हैं।
3. कर्सर से उस स्थान पर क्लिक कीजिए, जहां आप सरल रेखा समाप्त करना चाहते हैं।
4. स्टेप 3 की क्रिया को इच्छानुसार कितनी भी बार दोहराइए।
5. जब आप सरल रेखाएं खींचना बन्द करना चाहते हों, तो स्पेसबार को दबाइए।

इन दोनों टूलों द्वारा आप मनचाहे वक्र, सरल रेखा या बहुभुज बना सकते हैं।

31

वस्तुओं को भरना और आउटलाइन बनाना
(Filling and Outlining Objects)

जब आप किसी ड्रॉइंग या चित्र में कोई वस्तु जोड़ते हैं, तो कोरलड्रॉ उसकी कुछ डिफॉल्ट आउटलाइन प्रॉपर्टी और कुछ डिफॉल्ट फिल प्रॉपर्टी या दोनों सेट कर देता है। आउटलाइन वस्तु को सभी ओर से घेरने वाली रेखा को कहते हैं और फिल उस वस्तु के भीतर भरे जाने वाले रंग या पैटर्न को कहा जाता है। आप आउटलाइन और फिल के फ्लाईआउट टूलबारों के टूलों का उपयोग करके इनकी प्रॉपर्टियों को बदल सकते हैं।

कोरलड्रॉ में आप सभी वस्तुओं पर फिल और आउटलाइन लागू कर सकते हैं। पाठ्य वस्तुएं भी बन्द वस्तुएं होती हैं, इसलिए आप उन पर भी फिल और आउटलाइन लागू कर सकते हैं। सामान्यतया पाठ्य वस्तुओं को भरा तो जाता है, लेकिन उनमें आउटलाइन नहीं होती। आप ऐसे पाठ्यों पर फॉण्ट, आकार, स्टाइल, रंग आदि प्रॉपर्टियों के साथ अन्य प्रॉपर्टियों को भी सेट कर सकते हैं। इस अध्याय में आप इन क्रियाओं को करने की विधियां सीखेंगे।

वस्तुओं को भरना
(Filling Objects)

आप किसी वस्तु का रूप उसमें कोई रंग या पैटर्न भरकर बदल सकते हैं। यदि आप किसी वस्तु में कुछ नहीं भरते, तो वह पारदर्शी रहता है। कोरलड्रॉ में रंग भरने के अनेक विकल्प हैं, जैसे यूनीफॉर्म फिल, फाउंटेन फिल, पैटर्न फिल आदि। इन कार्यों को करने में फिल टूल के फ्लाईआउट टूलबार के विभिन्न टूलों का उपयोग किया जाता है, जो चित्र 31.1 में दिखाए गए हैं। यहां हम किसी वस्तु में रंग भरने की प्रमुख विधियों के बारे में बताएंगे।

चित्र 31.1 : फिल टूल का फ्लाईआउट टूलबार

सामान्य रंग भरना
(Filling Uniform Colours)

इसमें आप किसी वस्तु में कोई चुना हुआ रंग भर सकते हैं। यह रंग आप कलर पैलेट, कलर मॉडल, कलर मिक्सचर आदि से चुन सकते हैं। इसकी विधियों के बारे में आगे बताया गया है।

कलर पैलेट द्वारा रंग भरना

1. जिस वस्तु में आप रंग भरना चाहते हैं, उसे पिक टूल द्वारा चुन लीजिए।
2. मुख्य विंडो में दिखाई दे रहे कलर पैलेट में से उस रंग को क्लिक करके चुनिए, जिसे आप उस वस्तु में भरना चाहते हैं।

यदि आप कोई रंग नहीं भरना चाहते या भरे हुए रंग को हटाना चाहते हैं, तो आपको कलर पैलेट में सबसे ऊपर दिए गए **None** विकल्प को क्लिक करना चाहिए।

यूनीफॉर्म फिल डायलॉग बॉक्स द्वारा रंग भरना

1. जिस वस्तु में आप रंग भरना चाहते हैं, उसे पिक टूल द्वारा चुन लीजिए।
2. टूल बॉक्स में **Fill tool** के फ्लाईआउट टूलबार से **Fill Color Dialog** बटन को क्लिक कीजिए। इससे आपकी स्क्रीन पर चित्र 31.2 की तरह 'Uniform Fill' का डायलॉग बॉक्स खुल जाएगा।

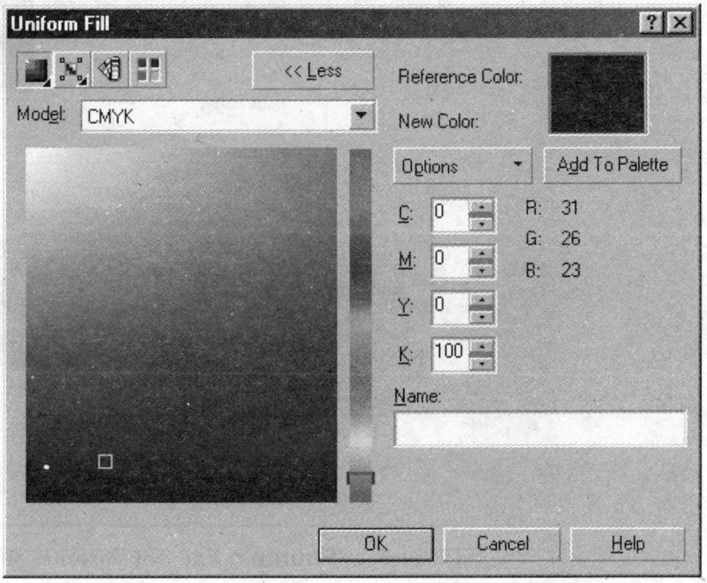

चित्र 31.2 : 'Uniform Fill' का डायलॉग बॉक्स

3. इस डायलॉग बॉक्स में रंगों की दो पट्टियां दिखाई जाती हैं। कलर बार (पतली पट्टी) में सभी रंग दिखाए जाते हैं। आप जो रंग भरना चाहते हैं, इस बार में से उससे मिलते-जुलते किसी रंग को क्लिक कीजिए या उसके स्लाइडर को सरकाइए। इससे दूसरी रंग पट्टी में उससे मिलते-जुलते कई रंग दिखाए जाते हैं।
4. विजुअल सलेक्टर बॉक्स (चौड़ी रंग पट्टी) में से किसी मनपसंद रंग को क्लिक करके चुनिए। वह रंग 'New Color' बॉक्स में दिखाया जाएगा।
5. यदि आप इस रंग से संतुष्ट हैं, तो **OK** बटन को क्लिक कीजिए। इससे चुना हुआ रंग चुनी हुई वस्तु में भर दिया जाएगा।

यदि आप कोई रंग नहीं भरना चाहते या भरे हुए रंग को हटाना चाहते हैं, तो आपको **Fill tool** के फ्लाईआउट बार से **No Fill** बटन को क्लिक करना चाहिए।

फाउंटेन फिल का उपयोग
(Using Fountain Fill)

किसी फाउंटेन फिल में किन्हीं दो या अधिक रंगों को इस प्रकार भरा जाता है कि रंग धीरे-धीरे बदलते हुए दिखाई पड़ते हैं। रंग का बदलना या तो आप रेखीय (Linear), रेडियल (Radial), कोनियल (Conial), या वर्गीय (Square) सेट कर

सकते हैं, जिनका अपना-अपना विशेष प्रभाव होता है। फाउंटेन फिल की विधि निम्नप्रकार है :

1. जिस वस्तु में आप रंग भरना चाहते हैं, उसे पिक टूल द्वारा चुन लीजिए।
2. टूल बॉक्स में **Fill tool** के फ्लाईआउट टूलबार से **Fountain Fill Dialog** बटन को क्लिक कीजिए। इससे आपकी स्क्रीन पर चित्र 31.3 की तरह 'Fountain Fill' का डायलॉग बॉक्स खुल जाएगा।

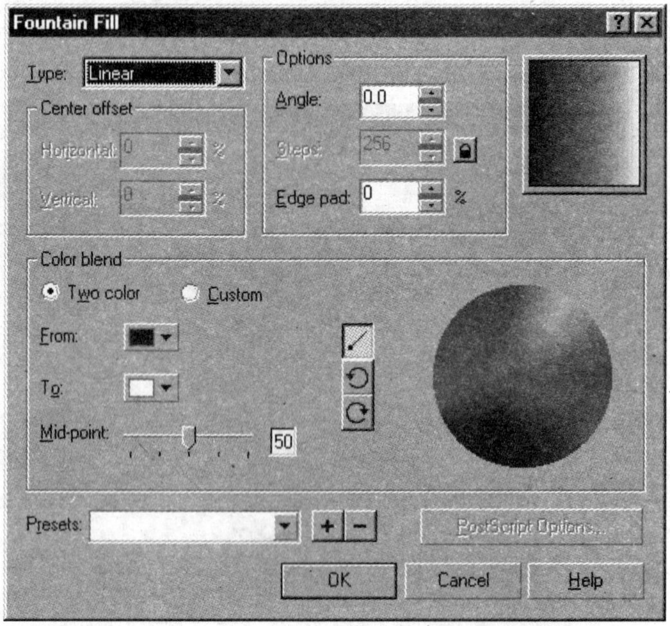

चित्र 31.3 : 'Fountain Fill' का डायलॉग बॉक्स

3. इस डायलॉग बॉक्स में **Color Blend** भाग में **Two color** रेडियो बटन को सेट कीजिए।
4. **Type** ड्रॉप-डाउन लिस्ट बॉक्स में से किसी उचित फाउंटेन फिल विधि का चुनाव कीजिए।
5. **From** बॉक्स के तीर के बटन को क्लिक करके कलर पिकर का कलर पैलेट खोलिए और उसमें से किसी रंग को क्लिक करके पहला रंग चुनिए।
6. **To** बॉक्स के तीर के बटन को क्लिक करके कलर पिकर का कलर पैलेट खोलिए और उसमें से किसी रंग को क्लिक करके दूसरा रंग चुनिए।
7. **Options** भाग में **Angle** के स्पिन बॉक्स में कोण का मान भरकर आप फाउंटेन फिल की दिशा बदल सकते हैं, जो सामान्यतया अर्थात् शून्य कोण पर बाएं से दाएं होता है।
8. **Midpoint** स्लाइडर को सरकाकर दोनों रंगों के बीच का मध्य बिन्दु सेट कीजिए। आप जो भी सेटिंग करते हैं, उसका नमूना इसी डायलॉग बॉक्स में 'Preview' विंडो में दिखाया जाता रहता है।
9. इस डायलॉग बॉक्स की **Presets** ड्रॉप-डाउन लिस्ट में सैकड़ों प्रकार से पहले से परिभाषित फाउंटेन फिल उपलब्ध हैं। आप चाहें तो इस लिस्ट को खोलकर अपनी मनपसन्द फिल स्टाइल का चुनाव कर सकते हैं।
10. अन्त में **OK** बटन को क्लिक कीजिए, जिससे आपके द्वारा सेट किया हुआ फाउंटेन फिल चुनी हुई वस्तु पर लागू हो जाएगा।

पैटर्न फिल का उपयोग
(Using Pattern Fill)

कोरलड्रॉ में आप अपनी वस्तुओं में दो-रंगी, बहु-रंगी या बिटमैप से बने हुए पैटर्न भी भर सकते हैं। इसके लिए फिल कलर टूल के पैटर्न फिल डायलॉग बॉक्स का उपयोग किया जाता है। इसकी विधि नीचे बताई गई है :

1. जिस वस्तु में आप रंग भरना चाहते हैं, उसे पिक टूल द्वारा चुन लीजिए।
2. टूल बॉक्स में **Fill tool** के फ्लाईआउट टूलबार से **Pattern Fill Dialog** बटन को क्लिक कीजिए। इससे आपकी स्क्रीन पर चित्र 31.4 की तरह 'Pattern Fill' का डायलॉग बॉक्स खुल जाएगा।
3. इस डायलॉग बॉक्स में **2-color** रेडियो बटन को सेट कीजिए।
4. **Pattern Picker** बॉक्स के ड्रॉप-डाउन बटन को क्लिक करके पैटर्न पैलेट को खोलिए और उसमें से किसी उचित पैटर्न का चुनाव कीजिए।
5. **Front** बॉक्स के तीर के बटन को क्लिक करके कलर पिकर का कलर पैलेट खोलिए और उसमें से किसी रंग को क्लिक करके फोरग्राउंड का रंग चुनिए।
6. **Back** बॉक्स के तीर के बटन को क्लिक करके कलर पिकर का कलर पैलेट खोलिए और उसमें से किसी रंग को क्लिक करके बैकग्राउंड का रंग चुनिए।

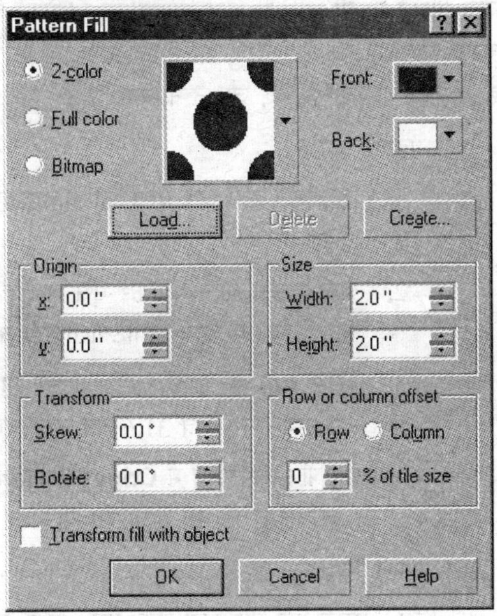

चित्र 31.4 : 'Pattern Fill' का डायलॉग बॉक्स

7. **Size** भाग में **Width** तथा **Height** के स्पिन बॉक्सों में क्रमशः चौड़ाई और ऊंचाई सेट करके आप किसी पैटर्न का आकार छोटा या बड़ा कर सकते हैं।
8. अन्त में **OK** बटन को क्लिक कीजिए, जिससे आपके द्वारा सेट किया हुआ पैटर्न फिल चुनी हुई वस्तु पर लागू हो जाएगा।

इस विधि में स्टेप 3 में **Full Color** और **Bitmap** रेडियो बटनों को सेट करके आप क्रमशः बहुरंगी पैटर्न तथा बिटमैप पैटर्न लागू कर सकते हैं।

इंटरएक्टिव फिल टूल का उपयोग
(Using Interactive Fill Tool)

ऊपर बताए गए तथा अन्य कई प्रकार के फिल आप केवल इंटरएक्टिव फिल टूल का उपयोग करके भी लागू कर सकते हैं। इस टूल को चुनने पर चित्र 31.5 की तरह उसका प्रॉपर्टी बार खुल जाता है।

चित्र 31.5 : 'Interactive Fill Tool' का प्रॉपर्टी बार

इस प्रॉपर्टी बार के विभिन्न कंट्रोल बॉक्सों और विकल्पों में उचित सेटिंग करके आप मनचाहा फिल प्राप्त कर सकते हैं। इसका अभ्यास स्वयं कीजिए।

किसी वस्तु की फिल प्रॉपर्टियों को नकल करना (Copying Fill Properties of an Object)

यदि आपने किसी वस्तु में कोई विशेष रंग या पैटर्न भरा है और आप उस फिल को किसी अन्य वस्तु या वस्तुओं में भी भरना चाहते हैं, तो उस वस्तु की फिल प्रॉपर्टियों को नकल करके और दूसरी वस्तु पर लागू करके आप ऐसा कर सकते हैं। इसकी दो विधियां हैं, जो निम्नप्रकार हैं :

पहली विधि :

1. पिक टूल द्वारा उस वस्तु को चुनिए, जिसकी प्रॉपर्टियां आप नकल करना चाहते हैं।
2. दायां माउस बटन दबाकर उस वस्तु को खींचकर उस वस्तु के ऊपर ले जाइए, जिसमें आप प्रॉपर्टियां नकल करना चाहते हैं।
3. दूसरी वस्तु के ठीक ऊपर जाकर माउस बटन को छोड़ दीजिए। इससे उस स्थान पर चित्र 31.6 की तरह एक पॉप-अप मेन्यू उभर आएगा।
4. इस पॉप-अप मेन्यू में **Copy Fill Here** आदेश को क्लिक कीजिए। इससे पहली वस्तु में भरा हुआ रंग या पैटर्न दूसरी वस्तु में भी भर जाएगा।

चित्र 31.6 : पॉप-अप मेन्यू

दूसरी विधि :

1. पिक टूल द्वारा उस वस्तु को चुनिए, जिस पर किसी अन्य वस्तु की प्रॉपर्टियां आप लागू करना चाहते हैं।
2. **Edit** मेन्यू में **Copy Properties From...** आदेश दीजिए अथवा कंट्रोल और शिफ्ट के साथ **A (Ctrl+Shift+A)** बटन दबाइए। इससे आपकी स्क्रीन पर चित्र 31.7 की तरह 'Copy Properties' का डायलॉग बॉक्स खुल जाएगा।

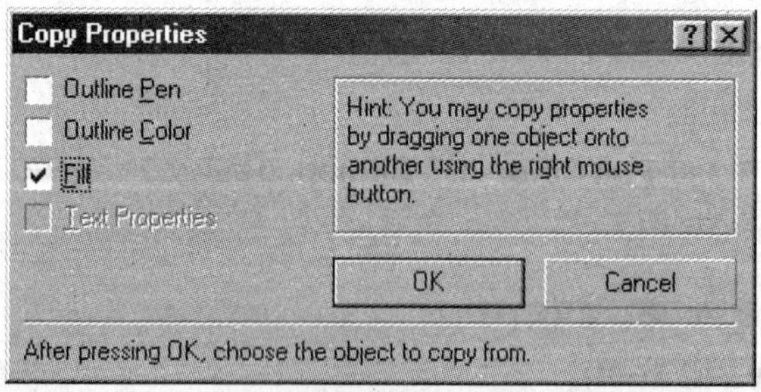

चित्र 31.7 : 'Copy Properties' का डायलॉग बॉक्स

3. इस डायलॉग बॉक्स में **Fill** चेक बॉक्स को क्लिक करके सेट कीजिए।
4. **OK** बटन को क्लिक कीजिए। इससे कर्सर एक बड़े काले तीर में बदल जाएगा।
5. कर्सर से उस वस्तु को क्लिक कीजिए, जिसकी प्रॉपर्टियां आप नकल करना चाहते हैं। आप देखेंगे कि उस वस्तु की प्रॉपर्टियां पहले से चुनी हुई वस्तु पर लागू हो गई हैं।

ऊपर बताई गई विधियों से आप फिल प्रॉपर्टियों को ही नहीं अन्य प्रॉपर्टियों को भी एक वस्तु से नकल करके दूसरी वस्तु या वस्तुओं पर लागू कर सकते हैं। किसी वस्तु की प्रॉपर्टियों को दूसरी वस्तु पर नकल करने से हमारा बहुत सा समय और परिश्रम बच जाता है।

वस्तुओं की आउटलाइन बनाना
(Outlining Objects)

किसी वस्तु के चारों ओर के क्षेत्र या घेरे को आउटलाइन कहते हैं। जब आप कोई वस्तु बनाते हैं, तो कोरलड्रॉ उसके लिए एक डिफॉल्ट आउटलाइन बना देता है, जो काले रंग से भरी हुई पतली सी रेखा होती है। आप चाहें तो इस आउटलाइन का रंग, मोटाई और स्टाइल निर्धारित कर सकते हैं या बदल सकते हैं। जिन रेखाओं और वस्तुओं के किनारे खुले होते हैं, उनके किनारों को आप गोल, चौकोर, तीर जैसे तथा अन्य कई प्रकार के बना सकते हैं। बन्द आउटलाइनों वाली वस्तुओं के किनारे नहीं होते, लेकिन आप उनके कोनों को गोल, चौकोर, नोंकदार या कटे हुए बना सकते हैं।

आउटलाइनों पर की जाने वाली क्रियाओं में आउटलाइन टूल के फ्लाईआउट टूलबार का उपयोग किया जाता है, जो चित्र 31.8 में दिखाया गया है। यहां हम आउटलाइनों पर की जाने वाली प्रमुख क्रियाओं की विधियों के बारे में बताएंगे।

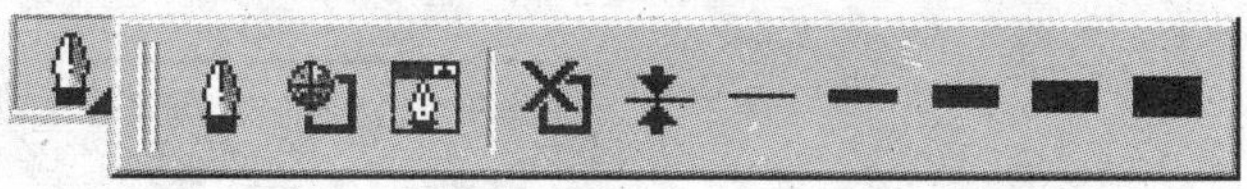

चित्र 31.8 : आउटलाइन टूल का फ्लाईआउट टूलबार

आउटलाइन का रंग सेट करना
(Setting Outline Colour)

पहली विधि :

1. पिक टूल द्वारा उस वस्तु को चुन लीजिए, जिसकी आउटलाइन का रंग आप सेट करना चाहते हैं।
2. कलर पैलेट में अपनी पसन्द के रंग को दायां-क्लिक कीजिए।

आप कलर पैलेट से किसी रंग को खींचते हुए किसी वस्तु पर ला सकते हैं। माउस पॉइंटर के बदलते हुए रूप से आपको पता चलता है कि यदि इस समय माउस बटन छोड़ दें, तो वह रंग कहां लागू होगा।

दूसरी विधि :

1. पिक टूल द्वारा उस वस्तु को चुन लीजिए।
2. आउटलाइन टूल के फ्लाईआउट टूलबार में **Outline Color Dialog** टूल को क्लिक कीजिए। इससे आपको चित्र 31.9 की तरह 'Outline Color' का डायलॉग बॉक्स दिया जाएगा।
3. इसमें **Model** ड्रॉप-डाउन लिस्ट बॉक्स में से कलर मॉडल का चुनाव कीजिए।
4. कलर बार तथा कलर पट्टी में से अपने मनपसंद रंग का चुनाव कीजिए।
5. अन्त में **OK** बटन को क्लिक कीजिए।

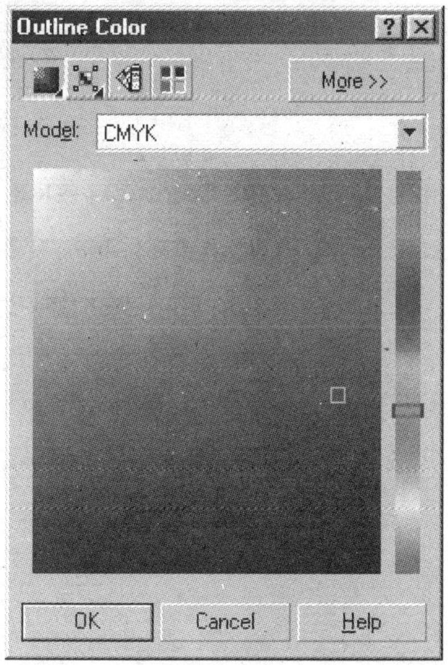

चित्र 31.9 : Outline Color का डायलॉग बॉक्स

आउटलाइन का रंग आप आउटलाइन पेन डायलॉग बॉक्स में भी सेट कर सकते हैं। इसके बारे में आगे बताया गया है।

आउटलाइन की मोटाई, स्टाइल, रंग आदि सेट करना
(Setting Width, Style, Color etc. of Outline)

1. पिक टूल द्वारा उस वस्तु को चुन लीजिए, जिसकी आउटलाइन आप सेट करना चाहते हैं।
2. आउटलाइन टूल के फ्लाईआउट टूलबार में **Outline Pen Dialog** टूल को क्लिक कीजिए। इससे आपको चित्र 31.10 की तरह 'Outline Pen' का डायलॉग बॉक्स दिया जाएगा।

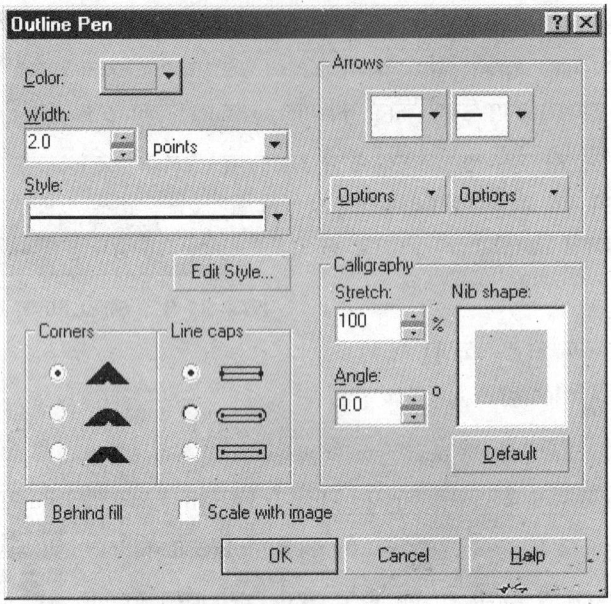

चित्र 31.10 : Outline Pen का डायलॉग बॉक्स

3. इसमें **Color** ड्रॉप-डाउन रंग पैलेट में से मनपसन्द रंग का चुनाव कीजिए।
4. **Width** स्पिन बॉक्स में आउटलाइन की मोटाई सेट कीजिए।
5. **Style** ड्रॉप-डाउन लिस्ट बॉक्स में से आउटलाइन की स्टाइल का चुनाव कीजिए।
6. अन्त में **OK** बटन को क्लिक कीजिए, जिससे आपके द्वारा सेट की हुई आउटलाइन चुनी हुई वस्तु पर लागू हो जाएगी।

आप इस डायलॉग बॉक्स के **Corners, Line caps** आदि भागों में अन्य प्रकार की सेटिंग भी कर सकते हैं। आउटलाइनों पर की जाने वाली अन्य क्रियाओं का अभ्यास स्वयं कीजिए।

32

वस्तुएं संगठित करना
(Organising Objects)

कोरलड्रॉ में बनाई गई वस्तुओं को व्यवस्थित करके मनचाहे ढंग से लगाने की बहुत अच्छी सुविधाएं उपलब्ध हैं, जिनकी सहायता से आप उन पर अनेक प्रकार की क्रियाएं करके अच्छे से अच्छा परिणाम प्राप्त कर सकते हैं और अपना बहुत सा समय बचा सकते हैं। इस अध्याय में आप इन क्रियाओं के बारे में पढ़ेंगे।

वस्तुएं व्यवस्थित करना
(Arranging Objects)

सबसे पहले तो आप क्लिपबोर्ड का उपयोग करके वस्तुओं को व्यवस्थित कर सकते हैं। क्लिपबोर्ड एक अस्थायी भंडारण स्थान है, जहां कोई वस्तु कुछ समय के लिए रखी जाती है। आप इसका उपयोग करके किसी भी वस्तु या सामग्री को एक स्थान से दूसरे स्थान पर ले जा सकते हैं, नकल कर सकते हैं या हटा सकते हैं। इसके लिए सभी प्रोग्रामों में प्रचलित **Cut, Copy** और **Paste** आदेशों का उपयोग किया जाता है। इनके अतिरिक्त कई नई क्रियाएं भी कोरलड्रॉ में उपलब्ध हैं। इन क्रियाओं के बारे में नीचे बताया गया है।

किसी वस्तु को नकल करना
(Copying an Object)

किसी वस्तु को क्लिपबोर्ड में नकल करने के लिए निम्नप्रकार क्रियाएं कीजिए :

1. पिक टूल द्वारा उस वस्तु को चुनिए, जिसे आप क्लिपबोर्ड में नकल करना चाहते हैं।
2. **Edit** मेन्यू में **Copy** आदेश दीजिए अथवा कंट्रोल के साथ **C (Ctrl+C)** बटन दबाइए।

क्लिपबोर्ड में नकल की हुई वस्तु वहां तब तक बनी रहती है, जब तक आप कोई अन्य वस्तु वहां नकल नहीं कर देते। क्लिपबोर्ड में रखी हुई वस्तु को आप कहीं भी और कितनी भी बार पेस्ट कर सकते हैं। इस क्रिया के बारे में आगे बताया जाएगा।

किसी वस्तु को कट करना
(Cutting an Object)

किसी वस्तु को उसके मूल स्थान से हटाकर क्लिपबोर्ड में नकल करने के लिए निम्नप्रकार क्रियाएं कीजिए :

1. पिक टूल द्वारा उस वस्तु को चुनिए, जिसे आप हटाकर क्लिपबोर्ड में नकल करना चाहते हैं।
2. **Edit** मेन्यू में **Cut** आदेश दीजिए अथवा कंट्रोल के साथ **X (Ctrl+X)** बटन दबाइए।

इस प्रकार हटाई गई वस्तु क्लिपबोर्ड में रख दी जाती है। यदि आप उसे पुनः प्राप्त करना चाहते हैं, तो पेस्ट आदेश का उपयोग करना चाहिए।

किसी वस्तु को पेस्ट करना
(Pasting an Object)

किसी वस्तु को क्लिपबोर्ड से ड्राइंग विंडो में नकल करने के लिए निम्नप्रकार क्रिया कीजिए :

1. **Edit** मेन्यू में **Paste** आदेश दीजिए अथवा कंट्रोल के साथ **V (Ctrl+V)** बटन दबाइए।

यदि क्लिपबोर्ड में वस्तु कोरलड्रॉ से कॉपी या कट करके रखी गई थी, तो वह ठीक उसी लोकेशन में पेस्ट की जाएगी, जहां वह पहले थी। क्लिपबोर्ड में रखी हुई वस्तु को आप कितनी भी बार पेस्ट कर सकते हैं। पेस्ट करने के बाद भी वह क्लिपबोर्ड में बनी रहती है।

किसी वस्तु को डुप्लीकेट करना
(Duplicating an Object)

किसी वस्तु की तत्काल दूसरी नकल बनाने के लिए निम्नप्रकार क्रियाएं कीजिए :

1. पिक टूल द्वारा उस वस्तु को चुनिए, जिसकी नकल आप बनाना चाहते हैं।
2. **Edit** मेन्यू में **Duplicate** आदेश दीजिए अथवा कंट्रोल के साथ **D (Ctrl+D)** बटन दबाइए। इससे उस वस्तु की दूसरी प्रति उसी के ऊपर थोड़ा हटकर बना दी जाएगी।

इस वस्तु को माउस पॉइंटर द्वारा सरकाकर आप उचित स्थान पर लगा सकते हैं।

किसी वस्तु को हटाना
(Deleting an Object)

किसी वस्तु को हटाने के लिए निम्नप्रकार क्रियाएं कीजिए :

1. पिक टूल द्वारा उस वस्तु को चुनिए, जिसको आप हटाना चाहते हैं।
2. **Edit** मेन्यू में **Delete** आदेश दीजिए अथवा कीबोर्ड पर **Delete** बटन दबाइए। इससे वह वस्तु ड्रॉइंग विंडो से हटा दी जाएगी।

Cut आदेश द्वारा हटाने और **Delete** आदेश द्वारा हटाने में अन्तर यह है कि **Cut** आदेश से वस्तु वहां से हटाकर क्लिपबोर्ड में नकल कर दी जाती है, जिसे आप पेस्ट आदेश से वापस ला सकते हैं। लेकिन **Delete** द्वारा हटाने पर ऐसा नहीं किया जा सकता। उसे केवल **Undo** आदेश द्वारा वापस लाया जा सकता है।

वस्तुओं का क्रम बदलना
(Changing Order of Objects)

कोरलड्रॉ में कोई ड्रॉइंग तैयार करते समय कई बार वस्तुएं एक के ऊपर एक आ जाती हैं। ऐसा करना तब आवश्यक होता है, जब हम कई वस्तुओं से बनी ड्रॉइंग तैयार कर रहे हों। इसमें वस्तुओं का ऊपर-नीचे आने का क्रम (Stacking Order) महत्वपूर्ण होता है, क्योंकि नीचे आने वाली वस्तु का कम या अधिक भाग ऊपर आने वाली वस्तु से छिप जाता है और उससे विशेष प्रभाव उत्पन्न होता है। कई बार हमें आवश्यक परिणाम प्राप्त करने के लिए कुछ वस्तुओं को ऊपर से नीचे या नीचे से ऊपर ले जाना पड़ता है। कोरलड्रॉ में यह कार्य सरलता से किया जा सकता है। इसकी विधि अग्रप्रकार है :

1. वस्तुओं के ढेर में से पिक टूल द्वारा उस वस्तु को चुन लीजिए, जिसका क्रम आप बदलना चाहते हैं।
2. **Arrange** मेन्यू में **Order** विकल्प पर माउस पॉइंटर लाइए। इससे उसका झरना मेन्यू चित्र 32.1 की तरह खुल जाएगा।

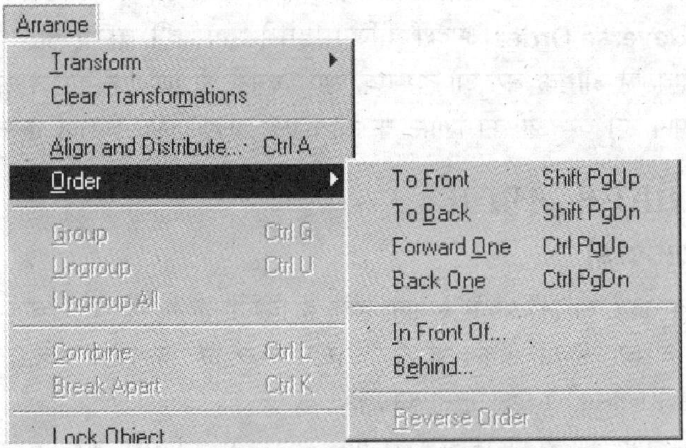

चित्र 32.1 : 'Order' का झरना मेन्यू

3. इस झरना मेन्यू में कई विकल्प हैं, जिनका प्रभाव निम्नप्रकार होता है :
   - **To Front :** इससे चुनी हुई वस्तु सभी वस्तुओं के ऊपर आ जाती है।
   - **To Back :** इससे चुनी हुई वस्तु सभी वस्तुओं के नीचे चली जाती है।
   - **To Forward One :** इससे चुनी हुई वस्तु एक क्रम ऊपर आ जाती है।
   - **To Back One :** इससे चुनी हुई वस्तु एक क्रम नीचे चली जाती है।
   - **In Front Of... :** इससे चुनी हुई वस्तु किसी अन्य वस्तु के ऊपर आ जाती है।
   - **Behind... :** इससे चुनी हुई वस्तु किसी अन्य वस्तु के नीचे चली जाती है।
4. इस झरना मेन्यू में अपनी आवश्यकता के अनुसार किसी विकल्प को क्लिक कीजिए। यदि आपने **In Front Of...** या **Behind...** विकल्प चुना है, तो कर्सर बड़े तीर में बदल जाएगा। उससे उस दूसरी वस्तु को क्लिक कीजिए, जिसके ऊपर या नीचे आप पहले से चुनी वस्तु को लगाना चाहते हैं। इससे वस्तु आपके विकल्प के अनुसार उसी क्रम में लगा दी जाएगी।

यहां बताए गए **To Front** और **To Back** विकल्पों के लिए प्रॉपर्टी बार में भी बटन उपलब्ध हैं, जिनका उपयोग करके आप समय बचा सकते हैं।

यह कार्य आप की-बोर्ड की सहायता से भी कर सकते हैं। इसकी विधि निम्नप्रकार है :

1. पिक टूल द्वारा उस वस्तु (या वस्तुओं) को चुन लीजिए, जिसका क्रम आप बदलना चाहते हैं।
2. यदि आप चुनी हुई वस्तु को एक स्तर ऊपर लाना चाहते हैं, तो कंट्रोल कुंजी के साथ **Page Up** बटन दबाइए और यदि एक स्तर नीचे ले जाना चाहते हैं, तो कंट्रोल के साथ **Page Down** बटन दबाइए।
3. यदि आप चुनी हुई वस्तु को सबसे ऊपर लाना चाहते हैं, तो शिफ्ट कुंजी के साथ **Page Up** बटन दबाइए और यदि सबसे नीचे ले जाना चाहते हैं, तो शिफ्ट के साथ **Page Down** बटन दबाइए।

सभी चुनी हुई वस्तुओं का क्रम उलटना
(Reversing Stacking Order of All Selected Objects)

यदि आप सभी चुनी हुई वस्तुओं का क्रम उलट देना चाहते हैं, तो उन वस्तुओं को चुनकर **Arrange** मेन्यू में **Order** के झरना मेन्यू में **Reverse Order** आदेश दीजिए। इससे ऊपर की वस्तुएं नीचे और नीचे की वस्तुएं उसी क्रम में ऊपर आ जाएंगी। एक से अधिक वस्तुओं को एक साथ चुनने की विधियां पिछले अध्याय में बताई जा चुकी हैं। इसके लिए सामान्यतया आप उन वस्तुओं को शिफ्ट के साथ एक-एक करके क्लिक करते हैं।

वस्तुओं को सीध में लगाना
(Aligning Objects)

कई बार हमें कुछ वस्तुओं को इस प्रकार लगाना होता है कि उनके ऊपरी या निचले किनारे अथवा बाएं या दाएं किनारे एक ही सीध में हों अथवा उनकी क्षैतिज या ऊर्ध्वाधर मध्य रेखाएं एक सीध में हों। यह कार्य कोरलड्रॉ में बहुत सरलता से किया जा सकता है। इसकी विधि निम्नप्रकार है :

1. पहले बताई जा चुकी विधियों से पिक टूल द्वारा उन सभी वस्तुओं को चुन लीजिए, जिनको आप एक सीध में लगाना चाहते हैं।
2. **Arrange** मेन्यू में **Align and Distribute...** आदेश दीजिए अथवा कंट्रोल के साथ **A (Ctrl+A)** बटन दबाइए। इससे आपकी स्क्रीन पर 'Align and Distribute' का डायलॉग बॉक्स खुल जाएगा।
3. इस डायलॉग बॉक्स के **Align** टैब को क्लिक कीजिए, जिससे यह टैबशीट चित्र 32.2 की तरह दिखाई देगी।

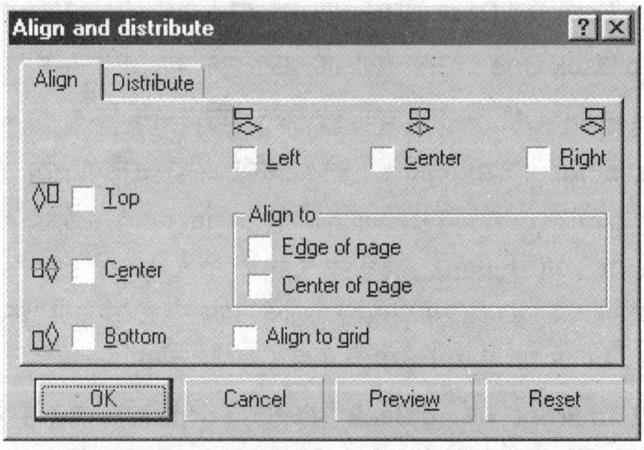

चित्र 32.2 : 'Align and Distribute' के डायलॉग बॉक्स की Align टैबशीट

4. इस टैबशीट में वस्तुओं को क्षैतिज तरह से एक सीध में लगाने के लिए तीन विकल्प हैं, जिनका प्रभाव निम्नप्रकार होता है :
   - **Top :** इससे चुनी हुई वस्तुओं के ऊपरी किनारों को एक सीध में लगाया जाता है।
   - **Center :** इससे चुनी हुई वस्तुओं की क्षैतिज मध्य रेखाओं को एक सीध में लगाया जाता है।
   - **Bottom :** इससे चुनी हुई वस्तुओं के निचले किनारों को एक सीध में लगाया जाता है।

   यदि आप क्षैतिज तरह से वस्तुओं को सीध में लगाना चाहते हैं, तो इनमें से किसी भी एक चेक बॉक्स को क्लिक करके सेट कीजिए अन्यथा सबको खाली छोड़ दीजिए।

5. इसी प्रकार इस टैबशीट में वस्तुओं को ऊर्ध्वाधर तरह से एक सीध में लगाने के लिए तीन विकल्प हैं, जिनका प्रभाव निम्नप्रकार होता है :
   - **Left :** इससे चुनी हुई वस्तुओं के बाएं किनारों को एक सीध में लगाया जाता है।
   - **Center :** इससे चुनी हुई वस्तुओं की ऊर्ध्वाधर मध्य रेखाओं को एक सीध में लगाया जाता है।
   - **Right:** इससे चुनी हुई वस्तुओं के दाएं किनारों को एक सीध में लगाया जाता है।

   यदि आप ऊर्ध्वाधर तरह से वस्तुओं को सीध में लगाना चाहते हैं, तो इनमें से किसी भी एक चेक बॉक्स को क्लिक करके सेट कीजिए अन्यथा सबको खाली छोड़ दीजिए। आप क्षैतिज और ऊर्ध्वाधर दोनों तरह से भी सीध में लगा सकते हैं।
6. वस्तुओं को पेज पर कहां लगाया जाएगा, इसके लिए भी इसमें तीन विकल्प उपलब्ध हैं, जिनका प्रभाव निम्नप्रकार होता है :
   - **Edge of page :** इससे वस्तुओं को पेज के किनारों से सटाकर लगाया जाता है।
   - **Center of page :** इससे वस्तुओं को पेज के बीचों बीच लगाया जाता है।
   - **Align to grid :** इससे वस्तुओं को उनकी निकटतम ग्रिडलाइन से सटाकर लगाया जाता है।

   यदि आप इनमें से किसी विकल्प का उपयोग करना चाहते हैं, तो उसके चेक बॉक्स को क्लिक करके सेट कीजिए अन्यथा सबको खाली छोड़ दीजिए।
7. यदि आप वस्तुओं को समान दूरी पर भी लगाना चाहते हैं, तो इस डायलॉग बॉक्स की **Distribute** टैबशीट को खोलकर उसमे आगे बताई गई विधि से उचित विकल्प सेट कीजिए।
8. अन्त में **OK** बटन को क्लिक कीजिए, जिससे चुनी हुई वस्तुओं को आपके द्वारा सेट किए गए विकल्प के अनुसार एक सीध में लगा दिया जाएगा।

वस्तुओं को एक सीध में लगाने के लिए आप उन्हें चुनकर प्रॉपर्टी बार में दिए गए **Align...** बटन को क्लिक करके भी इस डायलॉग बॉक्स को खोल सकते हैं।

वस्तुओं को बराबर दूरी पर लगाना
(Distributing Objects)

कई बार हमें कुछ वस्तुओं को इस प्रकार लगाना होता है कि उनके ऊपरी या निचले किनारे अथवा बाएं या दाएं किनारे बराबर दूरी पर हों अथवा उनकी क्षैतिज या ऊर्ध्वाधर मध्य रेखाएं बराबर दूरी पर हों। यह कार्य भी कोरलड्रॉ में बहुत सरलता से किया जा सकता है। इसकी विधि निम्नप्रकार है :

1. पहले बताई जा चुकी विधियों से पिक टूल द्वारा उन सभी वस्तुओं को चुन लीजिए, जिनको आप बराबर दूरी पर लगाना चाहते हैं।
2. **Arrange** मेन्यू में **Align and Distribute...** आदेश दीजिए अथवा कंट्रोल के साथ **A (Ctrl+A)** बटन दबाइए। इससे आपकी स्क्रीन पर 'Align and Distribute' का डायलॉग बॉक्स खुल जाएगा।
3. इस डायलॉग बॉक्स के **Distribute** टैब को क्लिक कीजिए, जिससे यह टैबशीट चित्र 32.3 की तरह दिखाई देगी।

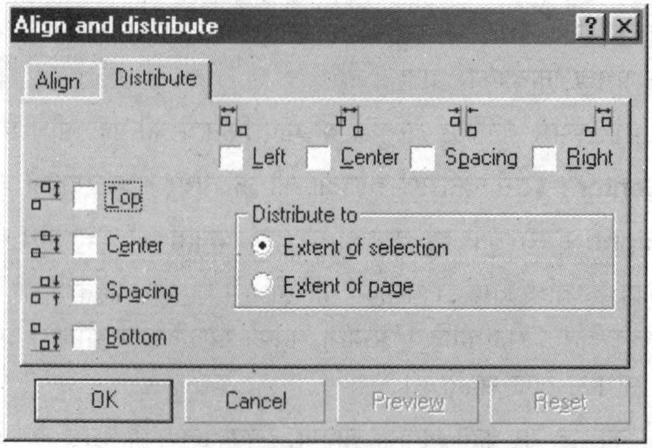

चित्र 32.3 : 'Align and Distribute' के डायलॉग बॉक्स की Distribute टैबशीट

4. इस टैबशीट में वस्तुओं को बराबर क्षैतिज दूरी पर लगाने के लिए चार विकल्प हैं, जिनका प्रभाव निम्नप्रकार होता है :

   - **Left :** इससे चुनी हुई वस्तुओं के बाएं किनारों को बराबर दूरी पर लगाया जाता है।
   - **Center :** इससे चुनी हुई वस्तुओं की ऊर्ध्वाधर मध्य रेखाओं को बराबर दूरी पर लगाया जाता है।
   - **Spacing :** इससे चुनी हुई वस्तुओं को बराबर दूरी पर लगाया जाता है।
   - **Right :** इससे चुनी हुई वस्तुओं के दाएं किनारों को बराबर दूरी पर लगाया जाता है।

   यदि आप वस्तुओं को बराबर क्षैतिज दूरी पर लगाना चाहते हैं, तो इनमें से किसी विकल्प के चेक बॉक्स को क्लिक करके सेट कीजिए, अन्यथा सबको खाली छोड़ दीजिए।

5. इसी प्रकार इस टैबशीट में वस्तुओं को बराबर ऊर्ध्वाधर दूरी पर लगाने के लिए चार विकल्प हैं, जिनका प्रभाव निम्नप्रकार होता है :

   - **Top :** इससे चुनी हुई वस्तुओं के ऊपरी किनारों को बराबर दूरी पर लगाया जाता है।
   - **Center :** इससे चुनी हुई वस्तुओं की क्षैतिज मध्य रेखाओं को बराबर दूरी पर लगाया जाता है।
   - **Spacing :** इससे चुनी हुई वस्तुओं को बराबर दूरी पर लगाया जाता है।
   - **Bottom :** इससे चुनी हुई वस्तुओं के निचले किनारों को बराबर दूरी पर लगाया जाता है।

   यदि आप वस्तुओं को बराबर ऊर्ध्वाधर दूरी पर लगाना चाहते हैं, तो इनमें से किसी विकल्प के चेक बॉक्स को क्लिक करके सेट कीजिए, अन्यथा सबको खाली छोड़ दीजिए। आप बराबर क्षैतिज और ऊर्ध्वाधर दूरी वाले दोनों विकल्पों को एक साथ भी सेट कर सकते हैं।

6. वस्तुओं को कितने क्षेत्र में लगाया जाएगा, इसके लिए दो विकल्प उपलब्ध होते हैं, जिनमें से आपको एक विकल्प चुनना आवश्यक है। इन विकल्पों का प्रभाव निम्नप्रकार है :

   - **Extent of selection:** इससे चुनी हुई वस्तुओं को उनके वर्तमान क्षेत्र में ही बराबर दूरी पर लगाया जाता है।
   - **Extent of page :** इससे चुनी हुई वस्तुओं को पेज की पूरी चौड़ाई या लंबाई में बिखराकर बराबर दूरी पर लगाया जाता है।

7. यदि आप वस्तुओं को एक सीध में भी लगाना चाहते हैं, तो इस डायलॉग बॉक्स की **Align** टैबशीट को खोलकर उसमें पीछे बताई जा चुकी विधि से उचित विकल्प सेट कीजिए।
8. अन्त में **OK** बटन को क्लिक कीजिए, जिससे चुनी हुई वस्तुओं को आपके द्वारा सेट किए गए विकल्प के अनुसार बराबर दूरी पर लगा दिया जाएगा।

वस्तुओं को बराबर दूरी पर लगाने के लिए आप उन्हें चुनकर प्रॉपर्टी बार में दिए गए **Align...** बटन को क्लिक करके भी इस डायलॉग बॉक्स को खोल सकते हैं।

Align और **Distribute** दोनों टैबशीटों का एक साथ उपयोग करते समय यह ध्यान में रखना आवश्यक है कि क्षैतिज और ऊर्ध्वाधर दोनों के विकल्पों में केवल अंतिम बार सेट किया गया विकल्प ही लागू होता है।

वस्तुओं के समूह बनाना और तोड़ना (Grouping and Ungrouping Objects)

दो या अधिक वस्तुओं का समूह बनाकर आप उन्हें आपस में इस प्रकार बांध सकते हैं कि आप उन पर कोई क्रिया एक साथ कर सकें। यह विशेष तौर पर तब उपयोगी होता है, जब उन वस्तुओं का आपसी संबंध और स्थिति महत्वपूर्ण हो। उदाहरण के लिए, यदि आपने कई वस्तुओं को मिलाकर एक लोगो बनाया है, तो उन सबका समूह बनाना आवश्यक होता है, ताकि लोगो को छोटा या बड़ा करने पर सभी तत्व समान रूप से प्रभावित हों।

इसी प्रकार आप किसी समूह की वस्तुओं को अलग-अलग करने के लिए उस समूह को तोड़ भी सकते हैं।

सामान्यतया आप किसी समूह को एक साथ ही चुनते हैं, लेकिन आवश्यकता पड़ने पर उनमें से किसी एक वस्तु को अलग से भी चुन सकते हैं। यहां इन क्रियाओं के बारे में बताया गया है।

समूह बनाना (Grouping)

1. पहले बताई जा चुकी विधियों से पिक टूल द्वारा उन सभी वस्तुओं को चुन लीजिए, जिनका आप एक समूह बनाना चाहते हैं।
2. **Arrange** मेन्यू में **Group** आदेश दीजिए अथवा कंट्रोल के साथ **G (Ctrl+G)** बटन दबाइए। इससे उनका एक समूह बना दिया जाएगा।

समूह तोड़ना (Ungrouping)

1. पिक टूल द्वारा उस समूह को चुन लीजिए, जिसको आप तोड़ना चाहते हैं।
2. **Arrange** मेन्यू में **Ungroup** आदेश दीजिए अथवा कंट्रोल के साथ **U (Ctrl+U)** बटन दबाइए। इससे उस समूह को तोड़ दिया जाएगा।

आप समूहों का समूह भी बना सकते हैं अर्थात् दो या अधिक समूहों को चुनकर **Group** आदेश द्वारा उनका एक बड़ा समूह बना सकते हैं। ऐसे समूह में छोटे समूह अपना अस्तित्व बनाए रखते हैं। जब कभी आप उस बड़े समूह को तोड़ते हैं, तो छोटे समूह मूल रूप में आ जाते हैं। यदि आप किसी बड़े समूह को तोड़ते समय उसमें शामिल सभी छोटे समूहों को भी तोड़ना चाहते हैं, तो आपको **Arrange** मेन्यू में **Ungroup All** आदेश देना चाहिए।

वस्तुओं को जोड़ना और तोड़ना
(Combining and Breaking apart Objects)

कोरलड्रॉ में आप कई रेखाओं, वक्रों और आकृतियों को मिलाकर एक अकेली वस्तु बना सकते हैं, जिसके फिल और आउटलाइन गुण एक ही हों। यदि मूल वस्तुएं एक दूसरे के ऊपर आती हैं, तो उतने क्षेत्र को नई वस्तु में से हटा दिया जाता है, जिससे बीच का स्थान खाली हो जाता है, ताकि आप देख सकें कि उनके नीचे क्या है। यदि वस्तुएं एक दूसरे के ऊपर नहीं आ रही हैं, तो भी उन्हें मिलाकर एक अकेली वस्तु बनायी जा सकती है।

जब आप आयतों, दीर्घवृत्तों, बहुभुजों, सितारों, स्पाइरलों, ग्राफों या पाठ्य को मिलाकर (जोड़कर) एक करते हैं, तो कोरलड्रॉ पहले उन्हें वक्रों में बदल लेता है, फिर एक अकेला वक्र बना देता है। पाठ्य को भी दूसरे पाठ्य से मिला दिया जाता है, लेकिन उसे वक्र में नहीं बदला जाता, बल्कि एक बड़े ब्लॉक वाले पाठ्य में बदल दिया जाता है। वैसे आप चाहें तो उस पाठ्य को वक्र में बदल सकते हैं और कलात्मक रूप दे सकते हैं। इसके बारे में आप अध्याय 34 'पाठ्य पर कार्य' में विस्तार से पढ़ेंगे। याद रखें कि आप पैराग्राफ पाठ्य को वक्र में नहीं बदल सकते।

आप किसी संयुक्त वस्तु, जैसे क्लिप आर्ट, को अलग-अलग अवयवों में तोड़ सकते हैं। इसके बाद आप उन अवयवों को स्वतंत्र वस्तु के रूप में फॉर्मेट कर सकते हैं।

यहां कई वस्तुओं को जोड़कर एक संयुक्त वस्तु बनाने और संयुक्त वस्तुओं को तोड़कर अलग-अलग करने की विधियां बताई गई हैं :

वस्तुओं को जोड़ना
(Combining Objects)

1. पिक टूल द्वारा उन वस्तुओं को चुन लीजिए, जिन्हें आप मिलाकर संयुक्त वस्तु बनाना चाहते हैं।
2. **Arrange** मेन्यू में **Combine** आदेश दीजिए या कंट्रोल के साथ **L (Ctrl+L)** बटन दबाइए या प्रापर्टी बार में **Combine** बटन को क्लिक कीजिए।

वस्तुओं को तोड़ना
(Breaking apart Objects)

1. पिक टूल द्वारा उस संयुक्त वस्तु को चुन लीजिए, जिसे आप तोड़कर अलग-अलग करना चाहते हैं।
2. **Arrange** मेन्यू में **Break Apart** आदेश दीजिए या कंट्रोल के साथ **K (Ctrl+K)** बटन दबाइए या प्रॉपर्टी बार में **Break Apart** बटन को क्लिक कीजिए।

वस्तुओं को लॉक और अनलॉक करना
(Locking and Unlocking Objects)

कोरलड्रॉ में आप किसी वस्तु को उसके वर्तमान स्थान पर लॉक कर सकते हैं, जिससे वह वस्तु किसी दुर्घटनावश न तो अपने स्थान से हटाई जा सकती है, न आकार बदला जा सकता है और न अन्य प्रकार से रूपांतरित किया जा सकता है। आप अकेली वस्तु या कई वस्तुओं और वस्तुओं के समूह को भी लॉक कर सकते हैं। यदि आप किसी लॉक की हुई वस्तु को सुधारना चाहते हैं, तो पहले उसे अनलॉक कर लेना चाहिए।

जब किसी वस्तु को लॉक किया जाता है, तो उसको पिक टूल द्वारा चुनने पर उसके चारों ओर के हैंडिल एक ताले के रूप में दिखाई देते हैं, जैसा कि चित्र 32.4 में दिखाया गया है। इन हैंडिलों से पता चल जाता है कि यह वस्तु लॉक की हुई है।

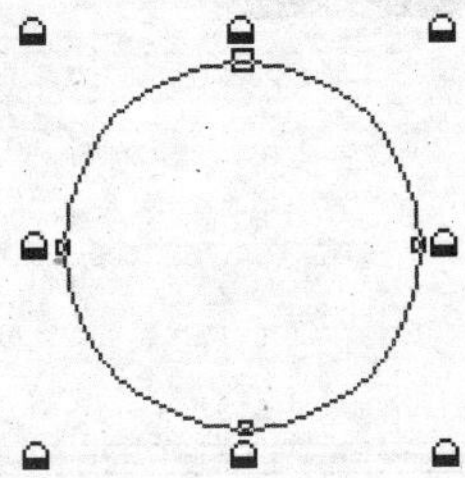

चित्र 32.4 : लॉक की हुई एक वस्तु

यहां वस्तुओं को लॉक और अनलॉक करने की विधियां बताई गई हैं :

वस्तुओं को लॉक करना
(Locking Objects)

1. पिक टूल द्वारा उस वस्तु या वस्तुओं को चुन लीजिए, जिन्हें आप लॉक करना चाहते हैं।
2. **Arrange** मेन्यू में **Lock Object** आदेश दीजिए।

वस्तुओं को अनलॉक करना
(Unlocking Objects)

1. पिक टूल द्वारा उस लॉक की हुई वस्तु या वस्तुओं को चुन लीजिए, जिन्हें आप अनलॉक करना चाहते हैं।
2. **Arrange** मेन्यू में **Unlock Object** आदेश दीजिए।

सभी वस्तुओं को अनलॉक करना
(Unlocking All Objects)

1. **Arrange** मेन्यू में **Unlock All Objects** आदेश दीजिए। इससे सभी वस्तुएं अनलॉक हो जाएंगी।

33

वस्तुओं का रूपांतरण
(Transforming Objects)

कोई ड्रॉइंग तैयार करते समय हम जो मौलिक वस्तुएं बनाते हैं, उनमें समय-समय पर अपनी आवश्यकता के अनुसार कई परिवर्तन करना आवश्यक होता है। ऐसे परिवर्तनों को कोरलड्रॉ में सामूहिक रूप से रूपांतरण कहा जाता है। इस क्रिया में आप किसी वस्तु की मूल आकृति को बनाए रखकर निम्नलिखित गुणों में परिवर्तन कर सकते हैं :

- **स्थिति (Position)** : आप वस्तु को ड्रॉइंग विंडो की सीमा में किसी भी स्थान पर लगा सकते हैं।
- **आकार (Size)** : आप वस्तु को किसी भी मापन इकाई में किसी भी आकार का बना सकते हैं।
- **स्केल (Scale)** : आप वस्तु का आकार दिए हुए प्रतिशत में घटा या बढ़ा सकते हैं।
- **तानना (Stretch)** : आप वस्तु को क्षैतिज या ऊर्ध्वाधर इस प्रकार तान सकते हैं कि उसकी लंबाई और चौड़ाई का अनुपात बदल जाए।
- **घुमाना (Rotate)** : आप वस्तु को घड़ी की सुई की अथवा उसकी विपरीत दिशा में किसी भी दिए गए अंश पर घुमा सकते हैं।
- **झुकाना (Skew)** : आप वस्तु को उसके आधार या किसी बिन्दु के सापेक्ष किसी ओर झुका सकते हैं।
- **प्रतिबिम्ब (Mirror)** : आप वस्तु का क्षैतिज, ऊर्ध्वाधर या विकर्ण दर्पण प्रतिबिम्ब बना सकते हैं।

इस अध्याय में आप इनमें से कुछ प्रमुख क्रियाओं को करने की विधियां सीखेंगे।

रूपांतरण के टूल
(Transformation Tools)

कोरलड्रॉ में किसी वस्तु का रूपांतरण करने की कई विधियां हैं, लेकिन इनको आप दो श्रेणियों में बांट सकते हैं। पहली श्रेणी की विधियों में माउस की सहायता से रूपांतरण किया जाता है, जिसमें आप होने वाले रूपांतरण को अंतिम रूप लेने से पहले ही देख सकते हैं। दूसरी श्रेणी की विधियों में आप जो रूपांतरण करना चाहते हैं, उसमें आप परिवर्तन के लिए सही-सही मान या पैरामीटर संख्याओं के रूप में देते हैं, जिससे ठीक उतना ही रूपांतरण कर दिया जाता है। माउस का उपयोग करते समय आप शिफ्ट और कंट्रोल कुंजियों को दबाए रखकर रूपांतरण को नियंत्रित कर सकते हैं। यहां हम सभी विधियों के बारे में संक्षेप में बता रहे हैं, इनके बारे में विस्तार से आगे बताया जाएगा।

प्रॉपर्टी बार द्वारा रूपांतरण
(Transformation using Property Bar)

1. पिक टूल से उस वस्तु को चुन लीजिए, जिसका रूपांतरण आप करना चाहते हैं। ऐसा करते ही उस वस्तु का प्रॉपर्टी बार खुल जाएगा। चित्र 33.1 में किसी दीर्घवृत्त का प्रॉपर्टी बार दिखाई दे रहा है।

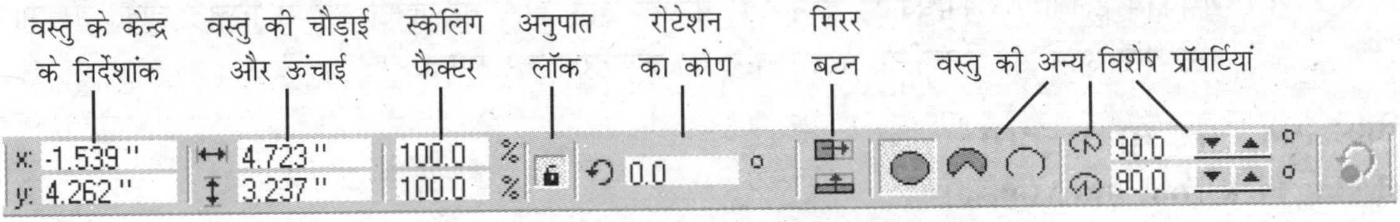

चित्र 33.1 : किसी दीर्घवृत्त का प्रॉपर्टी बार

2. प्रॉपर्टी बार चुनी हुई वस्तु के अनुसार भिन्न-भिन्न होता है, लेकिन उसके कुछ भाग समान होते हैं। चित्र में समान प्रॉपर्टियों की ओर संकेत किया गया है। आप इनमें उचित मान भरकर उन प्रॉपर्टियों को नियंत्रित कर सकते हैं और वस्तु का रूपांतरण कर सकते हैं। उदाहरण के लिए आप वस्तु के केन्द्र के निर्देशांक भरकर उसकी स्थिति बदल सकते हैं। ऐसा ही अन्य प्रॉपर्टियों के बारे में समझा जा सकता है।

फ्री ट्रांसफॉर्म टूल द्वारा
(Using Free Transform Tool)

1. टूल बॉक्स में शेप टूल के फ्लाईआउट मेन्यू से **Free Transform Tool** को चुनिए। इससे प्रॉपर्टी बार में चित्र 33.2 की तरह रूपांतरण के निम्नलिखित टूल बटन दिखाई देंगे :
   - फ्री रोटेशन टूल (Free RotationTool)
   - फ्री एंगल रिफ्लेक्शन टूल (Free Angle Reflection Tool)
   - फ्री स्केल टूल (Free Scale Tool)
   - फ्री स्क्यू टूल (Free Skew Tool)

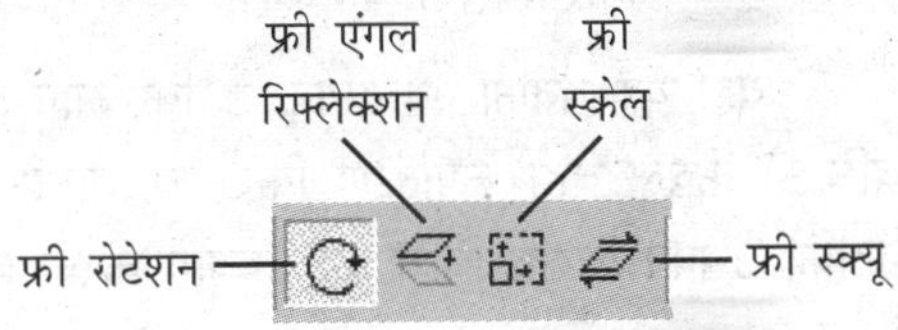

चित्र 33.2 : प्रॉपर्टी बार में फ्री ट्रांसफॉर्म टूल

2. इनमें से किसी भी एक टूल को क्लिक करके चुन लीजिए।
3. कर्सर से उस वस्तु को क्लिक कीजिए, जिसे आप रूपांतरित करना चाहते हैं।
4. उस रूपांतरण की विधि का पालन कीजिए।

ट्रांसफॉर्म टूलबार द्वारा
(Using Transform Toolbar)

1. पिक टूल से उस वस्तु को चुन लीजिए, जिसका रूपांतरण आप करना चाहते हैं।
2. यदि ट्रांसफॉर्म टूलबार दिखाई न दे रहा हो, तो **View** मेन्यू में **Toolbars...** विकल्प को क्लिक कीजिए, जिससे 'Options' का डायलॉग बॉक्स खुल जाएगा। इस डायलॉग बॉक्स में **Customize** की टैबशीट में **Transform** चेक बॉक्स को सेट कीजिए, जिससे यह टूलबार चित्र 33.3 की तरह आपकी स्क्रीन पर दिखाई देने लगेगा। **OK** बटन को क्लिक करके 'Options' के डायलॉग बॉक्स को बन्द कर दीजिए।

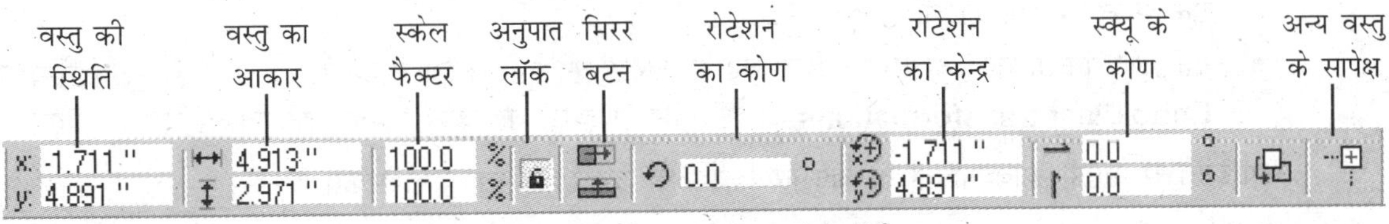

चित्र 33.3 : किसी वस्तु का ट्रांसफॉर्म टूलबार

3. ट्रांसफॉर्म टूलबार के अधिकांश बटन और कंट्रोल चित्र 33.1 के प्रॉपर्टी बार से मिलते-जुलते हैं। आप उसी तरह इनमें सही पैरामीटर भरकर वस्तु का रूपांतरण कर सकते हैं।

पिक टूल और माउस द्वारा
(Using Pick Tool and Mouse)

1. पिक टूल से उस वस्तु को चुन लीजिए, जिसका रूपांतरण आप करना चाहते हैं।
2. पिक टूल से चुनी हुई वस्तु को फिर से क्लिक कीजिए, जिससे उसके हैंडिलों और केन्द्र का रूप बदलकर चित्र 33.4 जैसा हो जाएगा।
3. इस स्थिति में माउस पॉइंटर को इसके विभिन्न हैंडिलों पर ले जाने पर उसका रूप बदल जाता है। इन हैंडिलों को माउस पॉइंटर द्वारा पकड़कर खींचने से उस वस्तु को कई प्रकार से रूपांतरित किया जा सकता है। इनके बारे में आगे विस्तार से बताया जाएगा।
4. वस्तु को सामान्य चुनाव की स्थिति में लाने के लिए एक बार फिर क्लिक कीजिए।

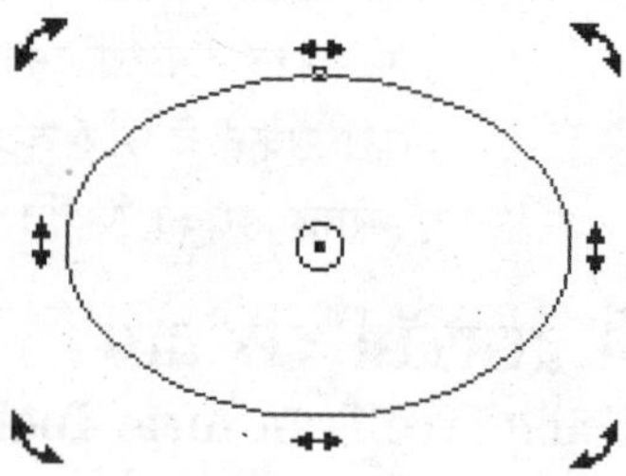

चित्र 33.4 : पिक टूल और माउस द्वारा वस्तु का रूपांतरण करना

यहां यह बताना आवश्यक है कि आप इन सभी विधियों से सभी प्रकार के रूपांतरण नहीं कर सकते। किसी विधि से केवल वही रूपांतरण किए जा सकते हैं, जो उस विधि में उपलब्ध हैं। अन्य प्रकार के रूपांतरण के लिए आपको उसकी विशेष विधि का उपयोग करना पड़ता है, जिसके बारे में हम आगे बताएंगे।

रूपांतरणों को पलटना
(Undoing Transformations)

जब आप किसी ड्रॉइंग पर कार्य करते हैं, तो कोरलड्रॉ उस पर की गई सभी क्रियाओं और आदेशों का हिसाब रखता है। यदि आप कभी कोई गलती करते हैं, तो तत्काल उस क्रिया को रद्द करके रूपांतरण का प्रभाव समाप्त कर सकते हैं। इसके लिए मुख्यत: **Undo** आदेश का उपयोग किया जाता है, जिसके बारे में आप अध्याय 29 'कोरलड्रॉ का परिचय' में पढ़ चुके हैं। इस आदेश से आप अंतिम क्रियाओं को उलट सकते हैं। लेकिन यदि आपने रूपांतरण कई क्रियाओं पहले किया है और केवल उसी को पलटना चाहते हैं, तो उसके लिए भी कोरलड्रॉ में विशेष सुविधाएं उपलब्ध हैं। इन सुविधाओं को संक्षेप में नीचे बताया गया है :

- यदि आप रूपांतरण करते-करते माउस बटन को छोड़ने से पहले ही अपना विचार बदल देते हैं, तो उस रूपांतरण को रद्द करने के लिए **Esc** बटन दबाइए।
- यदि आप किसी वस्तु के ऊपर किए गए रूपांतरणों को समाप्त करना चाहते हैं, तो **Pick** टूल द्वारा उस वस्तु को चुनकर **Arrange** मेन्यू में **Clear transformations** आदेश दीजिए। इससे वह वस्तु अपने मूल स्वरूप में आ जाएगी।
- यदि आप किसी वस्तु के समाप्त किए गए रूपांतरणों को पुन: करना चाहते हैं, तो तुरन्त ही **Edit** मेन्यू में **Undo Clear transformations** आदेश दीजिए। इससे वह वस्तु अपने पुराने स्वरूप में आ जाएगी।

आप इनमें से अपनी आवश्यकता के अनुसार किसी भी उपाय का सहारा ले सकते हैं।

आगे हम विभिन्न प्रकार के रूपांतरणों के बारे में बताएंगे।

वस्तुओं को सरकाना
(Moving Objects)

किसी वस्तु को सरकाने का सबसे सरल और तेज उपाय माउस पॉइंटर से उसको पकड़कर खींचना होता है। आप किसी वस्तु को माउस पॉइंटर से पकड़कर खींचते हुए ड्राइंग विंडो में कहीं भी इच्छित स्थान पर ले जा सकते हैं। यदि आप उसे और अधिक शुद्धता से स्थापित करना चाहते हैं, तो प्रॉपर्टी बार या ट्रांसफॉर्म टूलबार में संबंधित बॉक्सों में उसके केन्द्र के X और Y निर्देशांक (Co-ordinates) भर कर वैसा कर सकते हैं। आप की तीर वाली कुंजियों की सहायता से भी किसी वस्तु को इच्छित दिशा में सरका सकते हैं। यहां इन विधियों के बारे में बताया गया है :

पहली विधि :

1. पिक टूल द्वारा वस्तु को चुन लीजिए। इससे उसके केन्द्र पर एक **x** का चिह्न दिखाई देगा।
2. कर्सर को **x** चिह्न पर लाइए। इससे वह चार सिरों वाले तीर में बदल जाएगा।
3. माउस बटन को दबाकर पकड़ लीजिए और कर्सर को इच्छित दिशा में सरकाइए। इससे वस्तु भी साथ-साथ सरकती हुई दिखाई देगी।
4. वस्तु को इच्छित स्थान पर ले जाकर माउस बटन को छोड़ दीजिए। इससे वस्तु वहीं स्थिर हो जाएगी।

दूसरी विधि :

1. पिक टूल द्वारा वस्तु को चुन लीजिए।
2. जिस दिशा में आप वस्तु को सरकाना चाहते हैं, उस दिशा के तीर के बटन को दबाइए। इससे वह वस्तु उसी दिशा में .01 इंच सरक जाएगी। वस्तु को और तेजी से सरकाने के लिए तीर का बटन दबाते समय शिफ्ट कुंजी को दबाए रखिए। इससे वस्तु तीर की दिशा में .1 इंच सरक जाएगी।
3. इस प्रकार बार-बार तीर के बटन दबाकर आप वस्तु को इच्छित स्थान तक ले जा सकते हैं।

तीसरी विधि :

1. पिक टूल द्वारा वस्तु को चुन लीजिए।
2. प्रॉपर्टी बार या ट्रांसफॉर्म टूलबार में **Object(s) Position** टैक्स्ट बॉक्सों में वस्तु के केन्द्र के नए निर्देशांक टाइप कीजिए और एण्टर दबाइए। इससे वस्तु उस स्थान पर इस प्रकार पहुंच जाएगी कि वस्तु का केन्द्र उसी बिन्दु पर आए।

आप अपनी आवश्यकता के अनुसार इनमें से एक से अधिक विधियों का भी उपयोग कर सकते हैं।

वस्तु का आकार बदलना
(Resizing an Object)

कोरलड्रॉ में आप माउस की सहायता से किसी वस्तु का आकार अपनी आवश्यकता के अनुसार शीघ्रता से सेट कर सकते हैं। अधिक शुद्धता के लिए आप प्रॉपर्टी बार अथवा ट्रांसफॉर्म टूलबार में संबंधित बॉक्सों में उसकी चौड़ाई और ऊंचाई इंचों में भर कर उसका आकार सेट कर सकते हैं। ये विधियां अग्रप्रकार हैं :

पहली विधि :

1. पिक टूल द्वारा वस्तु को चुन लीजिए। इससे उसके चारों ओर हैंडिल बन जाएंगे।

2. कर्सर को किसी हैंडिल पर लाइए। इससे वह दो सिरों वाले तीर में बदल जाएगा।
3. उसी समय माउस बटन को दबाकर पकड़ लीजिए और हैंडिल को वस्तु का आकार बढ़ाने के लिए केन्द्र से बाहर की ओर तथा आकार घटाने के लिए केन्द्र की ओर खींचिए। इससे वस्तु की सीमारेखा बढ़ती या घटती हुई दिखाई देगी।
4. वस्तु का आकार सही हो जाने पर माउस बटन को छोड़ दीजिए।

इस विधि में वस्तु के किनारे वाले किसी हैंडिल को खींचने पर केवल चौड़ाई या केवल ऊंचाई बदलती है और कोने वाले किसी हैंडिल को खींचने पर दोनों एक साथ बदलती हैं। यदि आप आकार को केन्द्र के दोनों या चारों ओर समान मात्रा में बढ़ाना चाहते हैं, तो खींचते समय शिफ्ट कुंजी को दबाए रखिए।

दूसरी विधि :

1. पिक टूल द्वारा वस्तु को चुन लीजिए।
2. प्रॉपर्टी बार या ट्रांसफॉर्म टूलबार में **Object(s) Size** टैक्स्ट बॉक्सों में वस्तु की चौड़ाई और लम्बाई के नए मान टाइप कीजिए और एण्टर दबाइए। इससे वस्तु का आकार उन मानों के अनुसार हो जाएगा।

वस्तु को स्केल करना
(Scaling an Object)

जब आप किसी वस्तु को स्केल करते हैं, तो उसका मूल आकार नहीं बदलता, केवल उसका दिखाई पड़ने वाला आकार बदल जाता है। नया आकार उसके वास्तविक आकार के प्रतिशत में दिया जाता है। आप माउस की सहायता से किसी वस्तु का स्केल अपनी आवश्यकता के अनुसार शीघ्रता से सेट कर सकते हैं। इस प्रकार स्केल करते समय आप चौड़ाई और ऊंचाई का अनुपात बनाए रख सकते हैं अथवा दोनों को स्वतंत्र रूप से भी बदल सकते हैं। अधिक शुद्धता के लिए आप प्रॉपर्टी बार अथवा ट्रांसफॉर्म टूलबार में संबंधित बॉक्सों में उसका स्केल प्रतिशत में भर कर भी उसका आकार बदल सकते हैं। यहां इन विधियों के बारे में बताया गया है :

पहली विधि :

1. पिक टूल द्वारा वस्तु को चुन लीजिए। इससे उसके चारों ओर हैंडिल बन जाएंगे।
2. कर्सर को किसी हैंडिल पर लाइए। इससे वह दो सिरों वाले तीर में बदल जाएगा।
3. उसी समय कंट्रोल कुंजी और माउस बटन दोनों को दबाकर पकड़ लीजिए और हैंडिल को केन्द्र से बाहर की ओर खींचिए। जब स्केल 100% के अन्तरों पर पहुंचेगा, तो वस्तु की नई सीमारेखा दिखाई देगी।
4. वस्तु का आवश्यक स्केल हो जाने पर माउस बटन को छोड़ दीजिए।

इस विधि से आप वस्तु का स्केल 100% के अन्तर पर अर्थात् मूल आकार का दोगुना, तिगुना, चौगुना आदि सेट कर सकते हैं। यदि आप केवल चौड़ाई या केवल ऊंचाई को स्केल करना चाहते हैं, तो किसी किनारे वाले हैंडिल को खींचिए और यदि दोनों एक साथ स्केल करना चाहते हैं तो किसी कोने वाले किसी हैंडिल को खींचिए।

दूसरी विधि :

1. पिक टूल द्वारा वस्तु को चुन लीजिए।
2. यदि आप वस्तु की चौड़ाई और ऊंचाई के अनुपात को बनाए नहीं रखना चाहते, तो प्रॉपर्टी बार या ट्रांसफॉर्म टूलबार में **Nonproportional Sizing** बटन को क्लिक करके सक्रिय कर दीजिए।

2. प्रॉपर्टी बार या ट्रांसफॉर्म टूलबार में **Scale Factor** टैक्स्ट बॉक्सों में वस्तु की चौड़ाई और लम्बाई के नए स्केल टाइप कीजिए और एण्टर दबाइए। इससे वस्तु का स्केल उन मानों के अनुसार हो जाएगा।

दूसरी विधि से आप वस्तु का स्केल किसी भी प्रतिशत में सेट कर सकते हैं।

वस्तु को घुमाना
(Rotating an Object)

कोरलड्रॉ में आप किसी भी वस्तु को इच्छित दिशा में किसी भी कोण पर घुमा सकते हैं। अन्य रूपांतरणों की तरह इसमें भी आप माउस का उपयोग करके इस क्रिया को सरलता से कर सकते हैं अथवा अधिक शुद्धता के लिए आप प्रॉपर्टी बार अथवा ट्रांसफॉर्म टूलबार में संबंधित बॉक्सों में उसका घूमने का कोण भर कर भी उसको आवश्यक मात्रा में घुमा सकते हैं। आगे इन विधियों के बारे में बताया गया है :

पहली विधि :

1. पिक टूल द्वारा वस्तु को चुन लीजिए। इससे उसके चारों ओर हैंडिल बन जाएंगे।
2. वस्तु के केन्द्र को क्लिक कीजिए, इससे उसके हैंडिलों के स्थान पर चित्र 33.4 की तरह दो सिरों वाले तीर बन जाएंगे और केन्द्र पर छोटा सा वृत्त दिखाई देगा।
3. कर्सर को किसी कोने वाले हैंडिल पर लाइए। इससे वह दो सिरों वाले वृत्ताकार तीर में बदल जाएगा।
4. उसी समय माउस बटन को दबाकर पकड़ लीजिए और हैंडिल को उस दिशा में गोलाई में खींचिए, जिस दिशा में आप उसे घुमाना चाहते हैं। ऐसा करते हुए वस्तु की सीमारेखा उसके केन्द्र के सापेक्ष घूमती हुई दिखाई देगी, जैसा कि चित्र 33.5 में दिखाया गया है।
5. वस्तु का आवश्यक घुमाव हो जाने पर माउस बटन को छोड़ दीजिए। इससे वस्तु वहीं स्थिर हो जाएगी।
6. यदि आप वस्तु को 15° के अन्तरों पर घुमाना चाहते हैं, तो खींचने की क्रिया करते समय कंट्रोल कुंजी को दबाए रखिए।

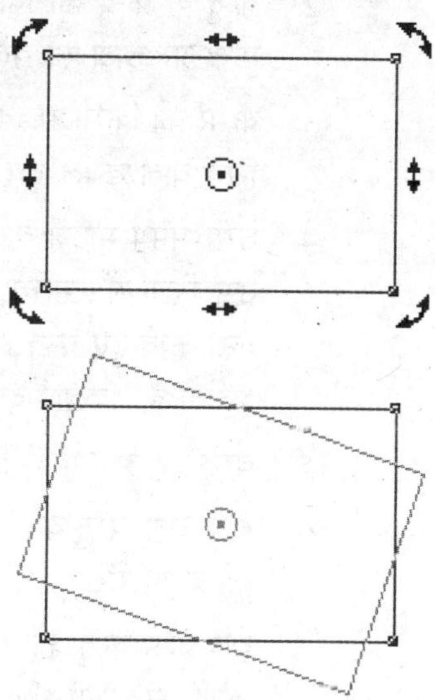

चित्र 33.5 : वस्तु को घुमाना

दूसरी विधि :

1. पिक टूल द्वारा वस्तु को चुन लीजिए।
2. प्रॉपर्टी बार या ट्रांसफॉर्म टूलबार में **Angle of Rotation** टैक्स्ट बॉक्स में वस्तु के घूमने का कोण टाइप कीजिए और एण्टर दबाइए। इससे वह वस्तु अपने केन्द्र के सापेक्ष उसी कोण पर घूम जाएगी।

इस विधि में घूमने का कोण घड़ी की सुई की विपरीत दिशा में 0° से 360° तक होता है। यदि आप वस्तु को घड़ी की सुई की दिशा में घुमाना चाहते हैं, तो या तो कोण का मान ऋण चिह्न लगाकर दीजिए या फिर उसको घड़ी की सुई की विपरीत दिशा के अनुसार दीजिए। उदाहरण के लिए, –15 तथा 345 दोनों अंशों पर वस्तु के घूमने का प्रभाव समान होता है।

सामान्यतया वस्तु को उसके केन्द्र के सापेक्ष घुमाया जाता है। यदि आप किसी अन्य बिन्दु के सापेक्ष घुमाना चाहते हैं, तो आप ट्रांसफॉर्म टूलबार में **Center of Rotation Position** टैक्स्ट बॉक्सों में घूमने के केन्द्र के निर्देशांक भरकर उस बिन्दु को निर्धारित कर सकते हैं। आप माउस पॉइंटर से भी उस वस्तु के केन्द्र को पकड़कर इच्छित स्थान पर ले जाकर छोड़ सकते हैं। ऐसा करने पर वस्तु को उसके केन्द्र के बजाय उसी बिन्दु के सापेक्ष घुमाया जाएगा।

वस्तु को झुकाना
(Skewing an Object)

कोरलड्रॉ में आप किसी भी वस्तु को उसकी किसी भी किनारे के सापेक्ष दोनों दिशाओं में किसी भी मात्रा में झुका सकते हैं। अन्य रूपांतरणों की तरह इसमें भी आप माउस का उपयोग करके इस क्रिया को सरलता से कर सकते हैं अथवा अधिक शुद्धता के लिए आप ट्रांसफॉर्म टूलबार में संबंधित बॉक्सों में उसका झुकने का कोण भर कर भी उसको आवश्यक मात्रा में झुका सकते हैं। यहां इन विधियों के बारे में बताया गया है :

पहली विधि :

1. पिक टूल द्वारा वस्तु को चुन लीजिए। इससे उसके चारों ओर हैंडिल बन जाएंगे।
2. वस्तु के केन्द्र को क्लिक कीजिए, इससे उसके हैंडिलों के स्थान पर दो सिरों वाले तीर बन जाएंगे और केन्द्र पर छोटा सा वृत्त दिखाई देगा।
3. कर्सर को किसी साइड वाले हैंडिल पर लाइए। इससे वह दो विपरीत सिरों वाले डबल तीर में बदल जाएगा।
4. उसी समय माउस बटन को दबाकर पकड़ लीजिए और हैंडिल को उस दिशा में खींचिए, जिस दिशा में आप उसे झुकाना चाहते हैं। ऐसा करते हुए वस्तु उस हैंडिल के सामने वाली सीमारेखा के सापेक्ष झुकती हुई दिखाई देगी, जैसा कि चित्र 33.6 में दिखाया गया है।

चित्र 33.6 : वस्तु को झुकाना

5. वस्तु का आवश्यक झुकाव हो जाने पर माउस बटन को छोड़ दीजिए। इससे वस्तु वहीं स्थिर हो जाएगी।
6. यदि आप वस्तु को 15° के अन्तरों पर झुकाना चाहते हैं, तो खींचने की क्रिया करते समय कंट्रोल कुंजी को दबाए रखिए।
7. यदि आप वस्तु को उसके केन्द्र के सापेक्ष झुकाना चाहते हैं, तो खींचने की क्रिया करते समय अल्ट **(Alt)** कुंजी को दबाए रखिए।

दूसरी विधि :

1. पिक टूल द्वारा वस्तु को चुन लीजिए।
2. ट्रांसफॉर्म टूलबार में **Skew Angle** टैक्स्ट बॉक्सों में से एक या दोनों में वस्तु के झुकने का कोण टाइप कीजिए और एण्टर दबाइए। इससे वह वस्तु अपने केन्द्र के सापेक्ष उसी कोण पर एक ओर झुक जाएगी।

इस विधि में झुकने का कोण घड़ी की सुई की विपरीत दिशा में 0° से 75° तक तथा सुई की दिशा में 0° से –75° तक होता है।

वस्तु का दर्पण प्रतिबिम्ब बनाना
(Mirroring an Object)

कोरलड्रॉ में आप किसी वस्तु का क्षैतिज या ऊर्ध्वाधर दर्पण प्रतिबिम्ब सरलता से बना सकते हैं। अन्य रूपांतरणों की तरह यह कार्य भी आप माउस की सहायता से अथवा ट्रांसफॉर्म टूलबार में केवल एक बटन को क्लिक करके कर सकते हैं। इसकी विधियां नीचे बताई गई हैं:

पहली विधि :

1. पिक टूल द्वारा उस वस्तु को चुन लीजिए। इससे उसके चारों ओर हैंडिल बन जाएंगे।
2. कंट्रोल कुंजी को दबाकर पकड़ लीजिए और क्षैतिज दर्पण प्रतिबिम्ब बनाने के लिए माउस पॉइंटर से दाएं अथवा बाएं किनारे के हैंडिल को पकड़कर विपरीत हैंडिल की ओर खींचिए। जब वह हैंडिल सामने की सीमारेखा तक पहुंचता है, तो उस वस्तु का क्षैतिज दर्पण प्रतिबिम्ब हलके रंग में दिखाई पड़ता है, जैसा कि चित्र 33.7 में दिखाया गया है। उसी समय माउस बटन को छोड़ देने से प्रतिबिम्ब स्थिर हो जाता है।

चित्र 33.7 : दर्पण प्रतिबिम्ब बनाना

ऊर्ध्वाधर दर्पण प्रतिबिम्ब बनाने के लिए यह क्रिया ऊपर या नीचे के हैंडिल के साथ की जाती है। यदि आप विकर्ण के सापेक्ष दर्पण प्रतिबिम्ब बनाना चाहते हैं, तो यह क्रिया किसी कोने के हैंडिल के साथ कीजिए और उसे सामने वाले कोने तक खींचिए। प्रत्येक स्थिति में कंट्रोल कुंजी को दबाए रखना चाहिए, अन्यथा प्रतिबिम्ब वास्तविक आकार से छोटा या बड़ा हो सकता है। चित्र 33.8 में एक चित्र के सभी संभव दर्पण प्रतिबिम्ब दिखाए गए हैं। इनकी आपस में तुलना करके आप देख सकते हैं कि ऊर्ध्वाधर प्रतिबिम्ब वास्तव में क्षैतिज प्रतिबिम्ब को 180° घुमाने पर प्राप्त होता है और विकर्ण प्रतिबिम्ब मूल चित्र को 180° घुमाने पर प्राप्त होता है।

दूसरी विधि :

1. पिक टूल द्वारा वस्तु को चुन लीजिए।
2. क्षैतिज दर्पण प्रतिबिम्ब बनाने के लिए प्रॉपर्टी बार या ट्रांसफॉर्म टूलबार में **Mirror Buttons** बटनों में से ऊपर के बटन को क्लिक कीजिए और ऊर्ध्वाधर दर्पण प्रतिबिम्ब बनाने के लिए नीचे के बटन को क्लिक कीजिए। इससे वह वस्तु उसी प्रकार के प्रतिबिम्ब में बदल जाएगी।

यदि आप विकर्ण प्रतिबिम्ब बनाना चाहते हैं, तो दोनों बटनों को बारी-बारी से एक-एक बार क्लिक कीजिए।

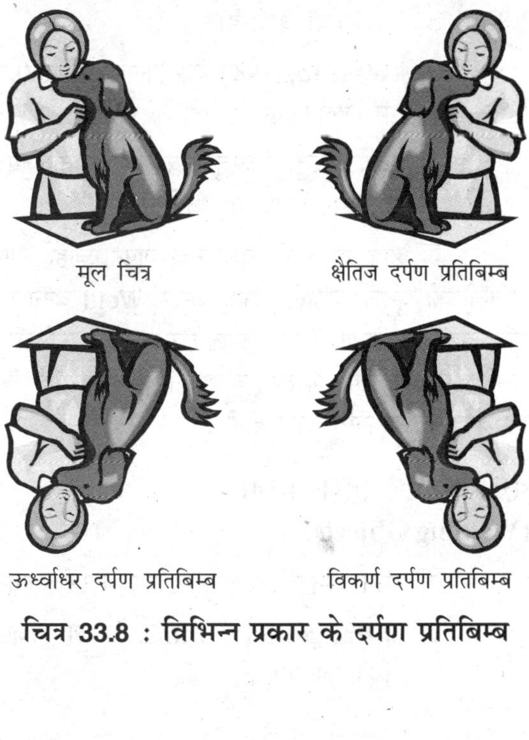

चित्र 33.8 : विभिन्न प्रकार के दर्पण प्रतिबिम्ब

वस्तुओं को वेल्ड, ट्रिम और इंटरसेक्ट करना
(Welding, Trimming and Intersecting Objects)

आप नियमित आकृतियों को वेल्ड, ट्रिम या इंटरसेक्ट करके पूरी तरह अनियमित आकृतियां बना सकते हैं। ये कार्य आप या तो शेपिंग डॉकर से या प्रॉपर्टी बार से कर सकते हैं। आप एक बार में एक या अधिक चुनी हुई वस्तुओं पर ये क्रियाएं कर सकते हैं। सामान्यतया कोरलड्रॉ में बनाई गई किसी भी वस्तु पर ये क्रियाएं की जा सकती हैं, लेकिन पैराग्राफ पाठ्य, बिटमैप आदि पर ये क्रियाएं नहीं की जा सकतीं।

इन क्रियाओं को करने की विधियां निम्नप्रकार हैं :

वस्तुओं को वेल्ड करना
(Welding Objects)

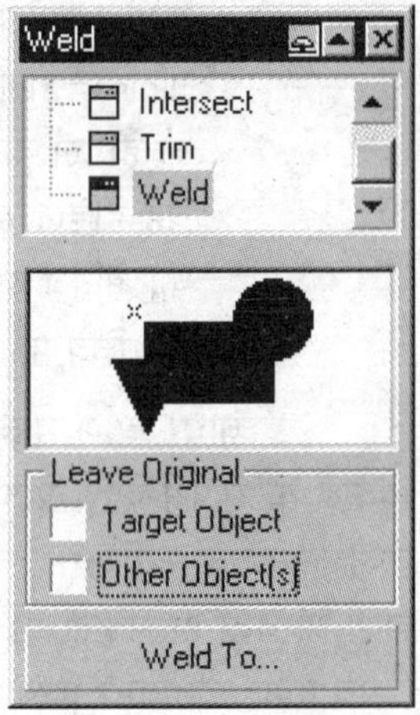

चित्र 33.9 : Weld का डायलॉग बॉक्स

1. उन वस्तुओं को चुन लीजिए, जिन्हें आप वेल्ड करना चाहते हैं।
2. **Arrange** मेन्यू में **Weld...** आदेश दीजिए। इससे आपको चित्र 33.9 की तरह Weld का डायलॉग बॉक्स दिया जाएगा।
3. इसके **Leave Original** भाग में दिए गए चेक बॉक्सों में से उचित बॉक्सों को सेट कीजिए। इनका निम्नलिखित प्रभाव होता है :
   - **Target Objects** को सेट करने पर टार्गेट वस्तु की मूल प्रति सुरक्षित रखी जाती है।
   - **Other Objects** को सेट करने पर सभी वस्तुओं की मूल प्रति सुरक्षित रखी जाती है।
4. **Weld To...** बटन को क्लिक कीजिए। इससे माउस पॉइंटर एक बड़े तीर में बदल जाएगा।
5. टार्गेट वस्तु या वस्तुओं को क्लिक कीजिए। वेल्ड की हुई वस्तुओं पर टार्गेट वस्तु के फिल और आउटलाइन एट्रीब्यूट लागू किए जाते हैं।

यदि आप कोई टार्गेट वस्तु नहीं मानना चाहते और वस्तुओं की मूल प्रतियां भी सुरक्षित नहीं रखना चाहते, तो उन वस्तुओं को चुनकर केवल प्रॉपर्टी बार में **Weld** बटन को क्लिक करने से ही उन वस्तुओं को वेल्ड कर दिया जाता है। यदि आप इस क्रिया में घेरा बनाकर एक साथ कई वस्तुओं को चुनते हैं, तो वेल्ड की गई वस्तु पर सबसे नीचे आने वाली वस्तु की प्रॉपर्टियां लागू की जाती हैं और यदि एक-एक करके क्लिक करते हुए चुनते हैं, तो सबसे बाद में चुनी हुई वस्तु की प्रॉपर्टियां लागू होती हैं।

वस्तुओं को ट्रिम करना
(Welding Objects)

1. उन वस्तुओं को चुन लीजिए, जिन्हें आप वेल्ड करना चाहते हैं।
2. **Arrange** मेन्यू में **Trim...** आदेश दीजिए। इससे आपको चित्र 33.10 की तरह Trim का डायलॉग बॉक्स दिया जाएगा।

3. इसके **Leave Original** भाग में उचित चेक बॉक्सों को सेट कीजिए। इनका निम्नलिखित प्रभाव होता है :
   - **Target Objects** को सेट करने पर टार्गेट वस्तु की मूल प्रति सुरक्षित रखी जाती है।
   - **Other Objects** को सेट करने पर सभी वस्तुओं की मूल प्रति सुरक्षित रखी जाती है।
4. **Trim...** बटन को क्लिक कीजिए। इससे माउस पॉइंटर एक बड़े तीर में बदल जाएगा।
5. टार्गेट वस्तु को क्लिक कीजिए। इससे वह वस्तु ट्रिम कर दी जाएगी।

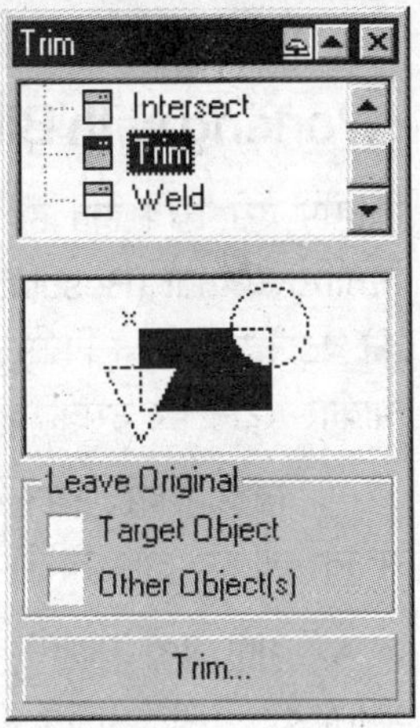

चित्र 33.10 : Trim का डायलॉग बॉक्स

यदि आप वस्तुओं की मूल प्रतियां भी सुरक्षित नहीं रखना चाहते, तो उन वस्तुओं को चुनकर केवल प्रॉपर्टी बार में **Trim** बटन को क्लिक करने से ही उन वस्तुओं को ट्रिम कर दिया जाता है। यदि आप इस क्रिया में घेरा बनाकर एक साथ कई वस्तुओं को चुनते हैं, तो सबसे नीचे आने वाली वस्तु को ट्रिम किया जाता है और यदि एक-एक करके क्लिक करते हुए चुनते हैं, तो सबसे बाद में चुनी हुई वस्तु को ट्रिम किया जाता है।

वस्तुओं को इंटरसेक्ट करना (Intersecting Objects)

1. उस वस्तु को चुन लीजिए, जिसे आप इंटरसेक्ट करना चाहते हैं।
2. **Arrange** मेन्यू में **Intersect...** आदेश दीजिए। इससे आपको चित्र 33.11 की तरह Intersect का डायलॉग बॉक्स दिया जाएगा।
3. इसके **Leave Original** भाग में उचित बॉक्सों को सेट कीजिए। इनका निम्नलिखित प्रभाव होता है :
   - **Target Objects** को सेट करने पर टार्गेट वस्तु की मूल प्रति सुरक्षित रखी जाती है।
   - **Other Objects** को सेट करने पर सभी वस्तुओं की मूल प्रति सुरक्षित रखी जाती है।
4. **Intersect With...** बटन को क्लिक कीजिए। इससे माउस पॉइंटर एक बड़े तीर में बदल जाएगा।
5. उस वस्तु या वस्तुओं को क्लिक कीजिए, जिसके साथ आप पहले चुनी हुई वस्तु को इंटरसेक्ट करना चाहते हैं।

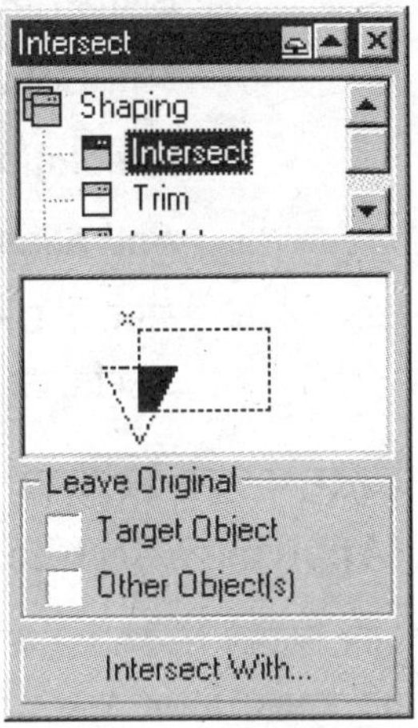

चित्र 33.11 : Intersect का डायलॉग बॉक्स

दूसरी विधि में, उन वस्तुओं को चुनकर केवल प्रॉपर्टी बार में **Intersect** बटन को क्लिक करने से ही उन वस्तुओं को इंटरसेक्ट कर दिया जाता है और उनका इंटरसेक्शन एक अलग वस्तु बन जाती है। इसमें मूल वस्तुएं सुरक्षित बनी रहती हैं। यदि आप इस क्रिया में घेरा बनाकर एक साथ कई वस्तुओं को चुनते हैं, तो इंटरसेक्शन पर सबसे नीचे आने वाली वस्तु की और एक-एक करके चुनने पर सबसे बाद में चुनी हुई वस्तु की प्रॉपर्टियां लागू होती हैं।

बिटमैपों पर कार्य
(Working with Bitmaps)

बिटमैप ऐसे चित्र होते हैं, जो बिन्दुओं से बने होते हैं, जिन्हें पिक्सल (Pixels) भी कहा जाता है। बिटमैपों की एक निर्धारित सघनता (Resolution) होती है, इससे उन्हें उनके मूल आकार में छापने पर सबसे अच्छे दिखाई देते हैं। बिटमैप को बढ़ाने पर उसके पिक्सलों की संख्या को उसी अनुपात में बढ़ा दिया जाता है, जिससे चित्र बिगड़ जाता है। इसी प्रकार आकार घटाने पर उसके कुछ पिक्सलों को हटा दिया जाता है, जिससे चित्र सिकुड़ जाता है।

बिटमैप व्यवस्थित पिक्सलों का समूह होने के कारण आप उसके अलग-अलग अवयवों पर कोई कार्य नहीं कर सकते। लेकिन आप बिटमैप के चित्र को चारों ओर से कतर सकते हैं।

आप एक साधारण वेक्टर ग्राफिक को बिटमैप में रूपांतरित कर सकते हैं और उनके ऊपर अनेक प्रकार के प्रभाव उत्पन्न कर सकते हैं। इसकी विधियां नीचे बताई गई हैं :

वेक्टर वस्तु को बिटमैप में बदलना
(Converting a Vector Object into Bitmap)

1. उस वस्तु को चुन लीजिए, जिसे आप बिटमैप में बदलना चाहते हैं।
2. **Bitmaps** मेन्यू में **Convert to Bitmap...** आदेश दीजिए। इससे आपको चित्र 33.12 की तरह Convert to Bitmap का डायलॉग बॉक्स दिया जाएगा।
3. इसमें **Color** भाग में उचित चेकबॉक्सों को सेट कीजिए।
4. **Resolution** ड्रॉप-डाउन लिस्ट बॉक्स में सघनता चुनिए।
5. **Anti-Aliasing** भाग में उचित रेडियो बटन को सेट कीजिए।
6. अन्त में **OK** बटन को क्लिक कीजिए, जिससे चुनी हुई आकृति को बिटमैप में बदल दिया जाएगा।

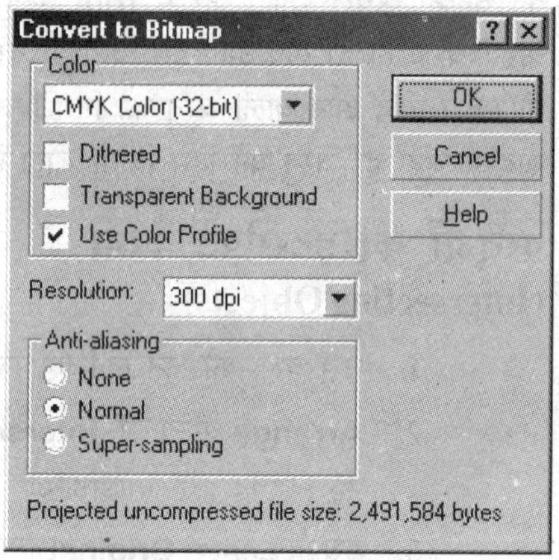

चित्र 33.12 : Convert to Bitmap का डायलॉग बॉक्स

बिटमैप पर विभिन्न प्रभाव डालना
(Applying Effects to Bitmap)

आप बिटमैप वस्तुओं पर अनेक प्रकार के प्रभाव भी उत्पन्न कर सकते हैं। इसमें **Bitmaps** मेन्यू के विभिन्न सब-मेन्युओं का उपयोग किया जाता है। इनके उपयोग का अभ्यास स्वयं कीजिए।

34

पाठ्य पर कार्य
(Working with Text)

कोरलड्रॉ में टैक्स्ट टूल की सहायता से आप चित्रों में वर्ड प्रोसेसिंग की कुछ विशेषताओं का उपयोग कर सकते हैं। आप पाठ्य का पैराग्राफ बना सकते हैं और उसे साधारण पाठ्य की तरह फॉर्मेट कर सकते हैं। इतना ही नहीं आप पाठ्य को कलात्मक रूप में बदल सकते हैं। ऐसा करना तब अधिक प्रभावी होता है, जब आप कुछ ही शब्द अपनी ड्रॉइंग में जोड़ना चाहते हों। ऐसे पाठ्य पर आप अधिक प्रकार के विशेष प्रभाव उत्पन्न कर सकते हैं। यदि पाठ्य की मात्रा अधिक हो, तो साधारण पैराग्राफ बनाकर उसमें आवश्यक फॉर्मेट लागू कर सकते हैं।

अपने चित्र दस्तावेज अर्थात् ड्रॉइंग पर पाठ्य जोड़ने के बाद आप उसे साधारण रेखाचित्र में बदल सकते हैं और उस रेखाचित्र के विभिन्न नोडों या हैंडिलों को मनचाहे स्थान पर सेट करके पाठ्य को मनचाहा कलात्मक रूप दे सकते हैं। कोरलड्रॉ में आप सामान्य पाठ्य को चुनकर उसे सम्पादित कर सकते हैं, लेकिन रेखाचित्र में बदले जा चुके पाठ्य का सम्पादन नहीं किया जा सकता।

इस अध्याय में आप ड्रॉइंग में पाठ्य जोड़ने और उस पर विभिन्न प्रकार के फॉर्मेट का उपयोग करने तथा विशेष प्रभाव डालने के बारे में पढ़ेंगे।

पाठ्य जोड़ना
(Adding Text)

कोरलड्रॉ में आप टैक्स्ट टूल की सहायता से पैराग्राफ तथा कलात्मक दोनों प्रकार के टैक्स्ट जोड़ सकते हैं। यदि आप टैक्स्ट टूल को चुनकर ड्रॉइंग विंडो में कहीं क्लिक करके पाठ्य टाइप करना शुरू कर देते हैं, तो कलात्मक पाठ्य तैयार होता है और यदि पहले पैराग्राफ फ्रेम बनाकर उसके अन्दर पाठ्य टाइप करते हैं, तो पैराग्राफ पाठ्य तैयार होता है। इस प्रकार किसी पैराग्राफ टैक्स्ट फ्रेम को आप ऐसे बॉक्स या डिब्बे के रूप में समझ सकते हैं, जिसमें पाठ्य रखा जाता है। यहां दोनों प्रकार के पाठ्य जोड़ने की विधियां बताई गई हैं।

पैराग्राफ पाठ्य जोड़ना
(Adding Paragraph Text)

यह कार्य पहले एक टैक्स्ट फ्रेम बनाकर किया जाता है। इसके लिए निम्नलिखित क्रियाएं कीजिए :

1. टूलबॉक्स में से टैक्स्ट टूल को चुन लीजिए। इससे ड्रॉइंग विंडो में कर्सर एक बड़े धन चिह्न के रूप में बदल जाएगा और उसके साथ एक **A** जुड़ जाएगी।
2. ड्रॉइंग विंडो में कहीं क्लिक कीजिए और माउस बटन दबाकर कर्सर को खींचते हुए एक आयताकार घेरा बनाइए। पर्याप्त आकार का फ्रेम बन जाने पर माउस बटन को छोड़ दीजिए। इससे फ्रेम स्थिर हो जाएगा, जैसा कि चित्र 34.1 में दिखाया गया है। इसके साथ ही फ्रेम में टैक्स्ट कर्सर दिखाई पड़ेगा।

3. प्रॉपर्टी बार में पाठ्य के लिए उचित फॉण्ट तथा आकार का चुनाव कीजिए।
4. पाठ्य टाइप कीजिए।

आप पाठ्य के लिए फॉण्ट, आकार, एलाइनमेंट आदि प्रॉपर्टियों की सेटिंग अर्थात् पाठ्य की फॉर्मेटिंग बाद में भी कर सकते हैं।

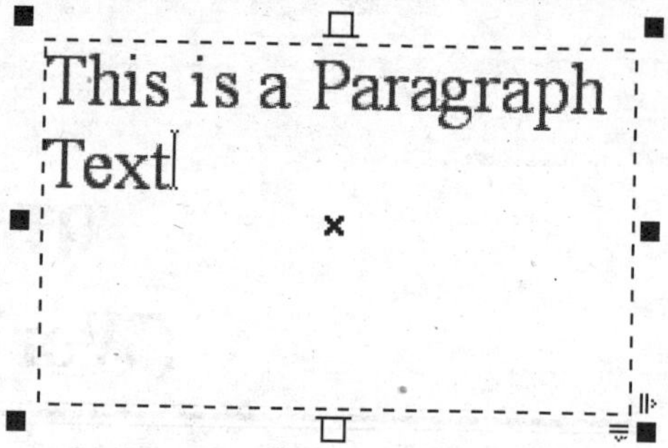

चित्र 34.1 : पैराग्राफ पाठ्य लगाना

कलात्मक पाठ्य जोड़ना
(Adding Artistic Text)

यह कार्य आप ड्रॉइंग विंडो में पाठ्य की छोटी-छोटी पंक्तियां बनाकर कर सकते हैं। इसके लिए निम्नलिखित क्रियाएं कीजिए :

1. टूलबॉक्स में से टैक्स्ट टूल को चुन लीजिए। इससे ड्रॉइंग विंडो में कर्सर एक बड़े धन चिह्न के रूप में बदल जाएगा और उसके साथ एक **A** जुड़ जाएगी।
2. कर्सर से ड्रॉइंग विंडो में कहीं क्लिक कीजिए और पाठ्य टाइप करना प्रारम्भ कर दीजिए, जैसा कि चित्र 34.2 में दिखाया गया है।

चित्र 34.2 : कलात्मक पाठ्य लगाना

प्रतीक एवं विशेष चिह्न जोड़ना
(Adding Symbols and Special Characters)

आप अपने पाठ्य में कुछ विशेष प्रतीकों और चिह्नों को जोड़कर उसका महत्व बढ़ा सकते हैं। इनको आप किसी साधारण पाठ्य के रूप में या किसी चित्र के रूप में भी जोड़ सकते हैं। इसकी विधियां निम्नप्रकार हैं :

पाठ्य के रूप में विशेष चिह्न डालना
(Inserting Special Character as a Text)

1. टैक्स्ट टूल को चुन लीजिए।
2. धसान बिन्दु या कर्सर को पाठ्य में उस जगह ले जाइए जहां आप विशेष चिह्न डालना चाहते हैं।
3. **View** मेन्यू में **Dockers** के झरना मेन्यू में **Symbols...** आदेश दीजिए या कंट्रोल के साथ फंक्शन कुंजी 11 **(Ctrl+F11)** दबाइए। इससे कोरलड्रॉ की विंडो में चित्र 34.3 की तरह Symbols का डायलॉग बॉक्स खुल जाएगा।
4. सबसे ऊपर फॉण्ट की ड्रॉप-डाउन लिस्ट बॉक्स में से उस फॉण्ट को चुनिए, जिसमें आपका इच्छित चिह्न उपलब्ध है।
5. यदि आप चिह्न का आकार बदलना चाहते हैं तो **Size** के बॉक्स में उसका आकार सेट कीजिए।
6. लिस्ट बॉक्स में से अपने इच्छित चिह्न को डबल क्लिक कीजिए। इससे वह चिह्न पाठ्य में जुड़ जाएगा।

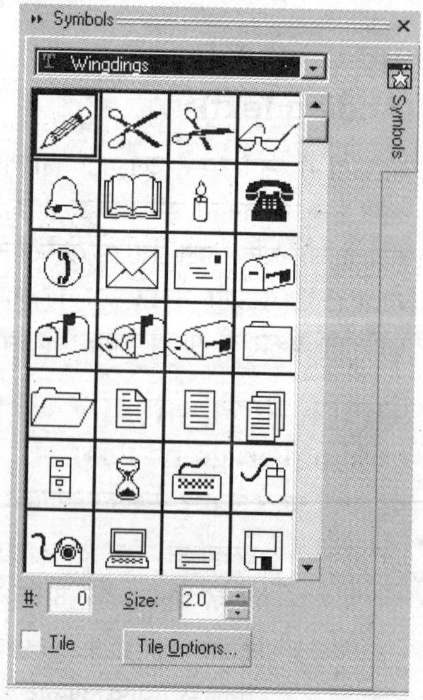

चित्र 34.3 : विशेष चिह्न लगाना

चित्र के रूप में विशेष चिह्न डालना
(Inserting Special Character as a Graphic)

1. **View** मेन्यू में **Dockers** के झरना मेन्यू में **Symbols...** आदेश दीजिए या कंट्रोल के साथ फंक्शन कुंजी 11 **(Ctrl+F11)** दबाइए। इससे चित्र 34.3 की तरह Symbols का डायलॉग बॉक्स खुल जाएगा।
2. सबसे ऊपर फॉण्ट की ड्रॉप-डाउन लिस्ट बॉक्स में से उस फॉण्ट को चुनिए, जिसमें आपका इच्छित चिह्न उपलब्ध है।
3. यदि आप चिह्न का आकार बदलना चाहते हैं तो **Size** के बॉक्स में उसका आकार सेट कीजिए।
4. लिस्ट बॉक्स में से अपने इच्छित चिह्न को माउस पॉइंटर से पकड़ कर बाहर खींचिए और ड्रॉइंग पेज पर लाकर छोड़ दीजिए। इससे वह चिह्न एक चित्र के रूप में वहां जुड़ जाएगा।

इस प्रकार चित्र के रूप में लगाए गए किसी चिह्न का आकार आप एक साधारण वस्तु की तरह बदल सकते हैं और उसे मनचाहे स्थान पर लगा सकते हैं।

पाठ्य पर क्रियाएं करना
(Working with Text)

ड्रॉइंग में कोई पाठ्य जोड़ लेने के बाद आप उस पर अनेक प्रकार की क्रियाएं कर सकते हैं। इनमें से मुख्य क्रियाओं के बारे में यहां बताया गया है।

पाठ्य को चुनना
(Selecting Text)

पाठ्य पर कई क्रियाएं करने से पहले उसे चुनना पड़ता है। आप टैक्स्ट टूल की सहायता से पैराग्राफ और कलात्मक दोनों प्रकार के पाठ्य को चुन सकते हैं। इसकी विधि निम्नप्रकार है :

1. टैक्स्ट टूल से पाठ्य में कहीं पर क्लिक कीजिए, इससे कर्सर वहां पहुंच जाएगा। आवश्यक होने पर दाएं-बाएं तीर के बटनों का उपयोग करके कर्सर को सही स्थान पर ले जाइए।
2. माउस बटन दबाकर कर्सर को खींचते हुए आवश्यक पाठ्य चुन लीजिए।

यदि आप पूरे पाठ्य का फॉण्ट, आकार आदि बदलना चाहते हैं, तो पिक टूल से उस टैक्स्ट वस्तु को क्लिक करके भी सम्पूर्ण पाठ्य चुन सकते हैं। शिफ्ट दबाकर खींचते हुए आप एक से अधिक पाठ्य भी चुन सकते हैं।

पाठ्य को सम्पादित करना
(Editing Text)

आप किसी पाठ्य को या तो सीधे ड्रॉइंग विंडो में या **Edit Text** के डायलॉग बॉक्स में सम्पादित कर सकते हैं। ड्रॉइंग विंडो में सम्पादित करने के लिए ऊपर बताई गई विधि से टैक्स्ट टूल द्वारा पाठ्य में कर्सर ले जाइए और मनचाहा परिवर्तन कर लीजिए। आप पाठ्य को चुनकर **Cut, Copy** और **Paste** आदेशों या उनकी शॉर्टकट कुंजियों का उपयोग करके भी पाठ्य को सम्पादित कर सकते हैं।

Edit Text डायलॉग बॉक्स में पाठ्य को सम्पादित करने की विधि अग्रप्रकार है :

1. टैक्स्ट टूल द्वारा ऊपर बताई गई विधि से पाठ्य को चुन लीजिए।
2. **Text** मेन्यू में **Edit Text...** आदेश दीजिए अथवा प्रॉपर्टी बार में **Edit Text** बटन को क्लिक कीजिए, जिससे आपकी स्क्रीन पर चित्र 34.4 की तरह 'Edit Text' का डायलॉग बॉक्स खुल जाएगा।
3. इस डायलॉग बॉक्स में पाठ्य को मनचाहे ढंग से सम्पादित कर लीजिए।

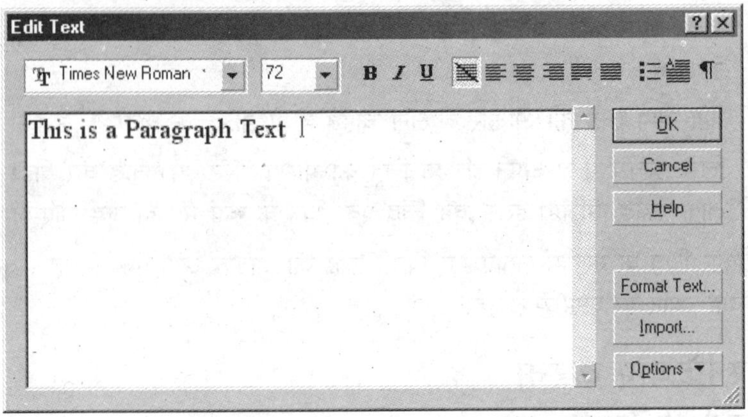

चित्र 34.4 : 'Edit Text' का डायलॉग बॉक्स

4. इस डायलॉग बाक्स से बाहर निकलने के लिए **OK** बटन को क्लिक कीजिए।

पाठ्य को फॉर्मेट करना (Formatting Text)

जब आप टैक्स्ट टूल द्वारा किसी पाठ्य को चुनते हैं, तो प्रॉपर्टी बार में उसके फॉण्ट, आकार, एलाइनमेंट, विशेष प्रभाव आदि को बदलने या लागू करने के लिए आवश्यक कंट्रोल बॉक्स या बटन दिखाए जाते हैं। आप चुने हुए पाठ्य को इन कंट्रोलों की सहायता से फॉर्मेट कर सकते हैं। अन्य प्रकार के विशेष प्रभाव डालने के लिए आप **Format Text** डायलॉग बॉक्स का उपयोग कर सकते हैं, जिसकी विधि निम्नप्रकार है :

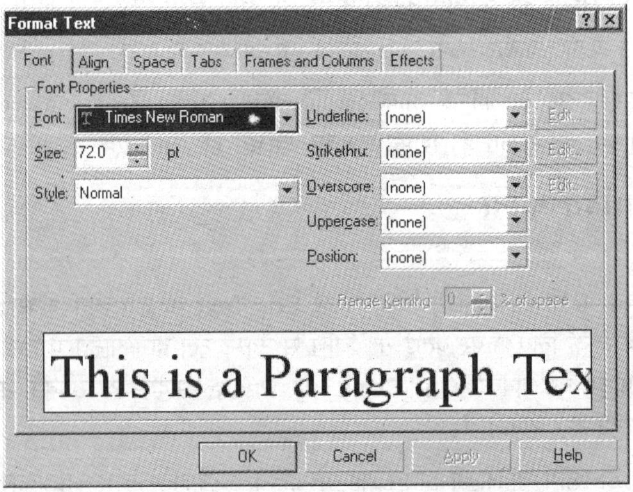

चित्र 34.5 : 'Format Text' का डायलॉग बॉक्स

1. टैक्स्ट टूल द्वारा ऊपर बताई गई विधि से पाठ्य को चुन लीजिए।
2. **Text** मेन्यू में **Format Text...** आदेश दीजिए अथवा प्रॉपर्टी बार में **Format Text** बटन को क्लिक कीजिए, जिससे आपकी स्क्रीन पर चित्र 34.5 की तरह 'Format Text' का डायलॉग बॉक्स खुल जाएगा।
3. इस डायलॉग बॉक्स में कई टैबशीट हैं, जिनमें आप पाठ्य को फॉर्मेट करने के लिए दिए गए अनेक पैरामीटरों तथा कंट्रोलों में मनचाही सेटिंग कर सकते हैं।
4. इस डायलॉग बाक्स से बाहर निकलने के लिए **OK** बटन को क्लिक कीजिए।

ध्यान रहे कि यदि आप कलात्मक पाठ्य को फॉर्मेट कर रहे हैं, तो इस डायलॉग बॉक्स में केवल पहले तीन टैबशीट दिखाई देते हैं।

कलात्मक पाठ्य को पैराग्राफ पाठ्य में बदलना (Converting Artistic Text to Paragraph Text)

कलात्मक पाठ्य को पैराग्राफ पाठ्य में बदलने की विधि निम्नप्रकार है :

1. पिक टूल द्वारा कलात्मक पाठ्य को क्लिक करके चुन लीजिए। इससे उसके चारों ओर हैंडिल बन जाएंगे।
2. **Text** मेन्यू में **Convert To Paragraph Text** आदेश दीजिए अथवा प्रॉपर्टी बार में **Convert Text** बटन को क्लिक कीजिए।

पैराग्राफ पाठ्य को कलात्मक पाठ्य में बदलना (Converting Paragraph Text to Artistic Text)

पैराग्राफ पाठ्य को कलात्मक पाठ्य में बदलने की विधि निम्नप्रकार है :

1. पिक टूल द्वारा पैराग्राफ पाठ्य को क्लिक करके चुन लीजिए। इससे उसके चारों ओर हैंडिल बन जाएंगे।
2. **Text** मेन्यू में **Convert To Artistic Text** आदेश दीजिए अथवा प्रॉपर्टी बार में **Convert Text** बटन को क्लिक कीजिए।

आप ऐसे पैराग्राफ टैक्स्ट को कलात्मक टैक्स्ट में नहीं बदल सकते, जिसका पाठ्य उसके फ्रेम में पूरा न आया हो अथवा दूसरे फ्रेम से लिंक किया हुआ हो।

कलात्मक पाठ्य को वक्रों में बदलना (Converting Artistic Text to Curves)

कलात्मक पाठ्य को वक्र रेखाओं में बदलने की विधि निम्नप्रकार है :

1. पिक टूल द्वारा कलात्मक पाठ्य को क्लिक करके चुन लीजिए। इससे उसके चारों ओर हैंडिल बन जाएंगे।
2. **Arrange** मेन्यू में **Convert To Curves** आदेश दीजिए या कंट्रोल के साथ **Q (Ctrl+Q)** बटन दबाइए अथवा प्रॉपर्टी बार में **Convert To Curves** बटन को क्लिक कीजिए। इससे उस पाठ्य को साधारण वस्तुओं में बदल दिया जाएगा और सभी अक्षरों के प्रत्येक कोने पर एक-एक नोड दिखाई देगा, जैसा कि चित्र 34.6 में दिखाया गया है।

चित्र 34.6 : पाठ्य को वक्र में बदलना

किसी पाठ्य को वक्रों में बदल लेने पर उसको ऊपर बताई गई विधियों से फॉर्मेट करना सम्भव नहीं होता, क्योंकि वह पाठ्य नहीं रहता, बल्कि साधारण वस्तु बन जाता है। आप उसके साथ किसी चित्र की तरह कोई भी क्रिया कर सकते हैं और अक्षरों के नोडों को इधर-उधर सरकाकर उनकी आकृति बदल सकते हैं। इसके लिए शेप टूल का उपयोग किया जाता है, जिसके बारे में आप अध्याय 30 'वस्तुएं बनाना' में पढ़ चुके हैं। चित्र 34.7 में ऊपर के पाठ्य-चित्र के अक्षरों को शेप टूल द्वारा नया रूप देकर दिखाया गया है। इसी प्रकार आप किसी पाठ्य को मनचाहा रूप-रंग दे सकते हैं।

चित्र 34.7 : पाठ्य को मनचाहा रूप देना

किसी पथ पर पाठ्य लगाना
(Fitting Text to a Path)

आप किसी कलात्मक पाठ्य को किसी खुली वस्तु, जैसे कोई रेखा, वक्र आदि या किसी बन्द वस्तु, जैसे आयत, दीर्घवृत्त आदि के साथ-साथ लगा सकते हैं। इसकी विधि निम्नप्रकार है :

1. पिक टूल द्वारा पथ को चुनिए।
2. **Text** मेन्यू में **Fit Text to Path** आदेश दीजिए, इससे चुने हुए पथ के पास कर्सर आ जाएगा।
3. पाठ्य के लिए उचित फॉण्ट, आकार, एलाइनमेंट आदि चुनिए।
4. पाठ्य टाइप कीजिए। आप देखेंगे कि टाइप किया हुआ पाठ्य उस पथ के साथ-साथ सेट किया जा रहा है, जैसा कि चित्र 34.8 में दिखाया गया है।

आप इस प्रकार लगाए गए पाठ्य को ऊपर बताई जा चुकी विधि से **Edit Text** डायलॉग बॉक्स में सम्पादित भी कर सकते हैं तथा **Format Text** डायलॉग बॉक्स में फॉर्मेट कर सकते हैं। इस प्रकार के पाठ्य को पिक टूल द्वारा चुनने से उसके प्रॉपर्टी बार में कई नए कंट्रोल दिखाई देते हैं, जिनकी सहायता से आप पाठ्य को पथ के सापेक्ष कई प्रकार से सेट कर सकते हैं। आप पथ को पाठ्य से अलग भी कर सकते हैं। इन क्रियाओं का अभ्यास स्वयं कीजिए।

चित्र 34.8 : पथ पर पाठ्य लगाना

35

विशेष प्रभाव डालना
(Creating Special Effects)

कोरलड्रॉ में वस्तुओं पर विशेष प्रभाव डालकर आप उनका स्वरूप बदल सकते हैं। आप वस्तुओं का स्वरूप विकृत कर सकते हैं, उनमें नए तत्व जोड़ सकते हैं और वस्तुओं के बीच का संबंध भी बदल सकते हैं। प्रभाव डालने की अधिकांश क्रियाएं दो प्रकार से की जा सकती हैं, संबंधित इंटरएक्टिव टूल द्वारा और मेन्यू द्वारा। यहां सभी विधियों के बारे में विस्तार से बताया गया है। इसमें उपयोग किए जाने वाले आदेश **Effects** मेन्यू में तथा टूल टूलबॉक्स या इंटरएक्टिव टूलों के फ्लाईआउट टूलबार में उपलब्ध हैं, जो क्रमशः चित्र 35.1 तथा 35.2 में दिखाए गए हैं। इस अध्याय में आप विभिन्न प्रकार के महत्वपूर्ण प्रभावों के बारे में विस्तार से पढ़ेंगे।

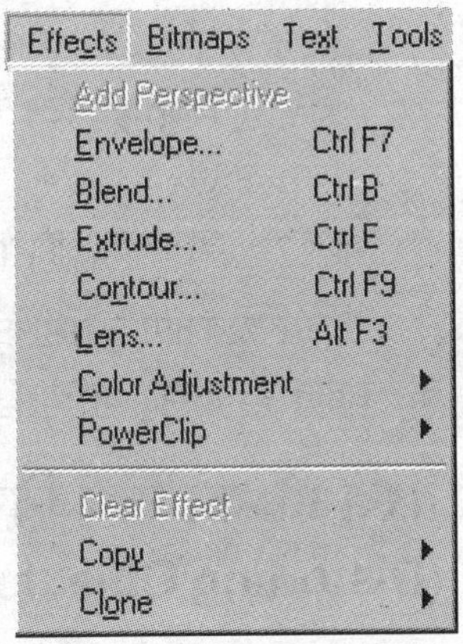

चित्र 35.1 : Effects मेन्यू

वस्तुओं को मिलाना
(Blending Objects)

जब आप दो वस्तुओं को मिलाते हैं, तो उनके बीच में वस्तुओं की एक ऐसी शृंखला बनाते हैं, जिससे वस्तुओं के रंग, रूप और आकार में परिवर्तन होता हुआ दिखाई देता है। आप ब्लेंड कई प्रकार से कर सकते हैं, जैसे सीधी रेखा में ब्लेंड, मिश्रित ब्लेंड आदि। जब आप ब्लेंड तैयार करते हैं, तो बीच की वस्तुओं के लिए सेटिंग करते हैं, जैसे आप चरणों की संख्या (Number of steps), बीच की वस्तुओं के बीच दूरी (Distance between intermediate objects) आदि। आप ब्लेंडों पर कई अन्य क्रियाएं भी कर सकते हैं। यहां इन क्रियाओं की विधियां बताई गई हैं :

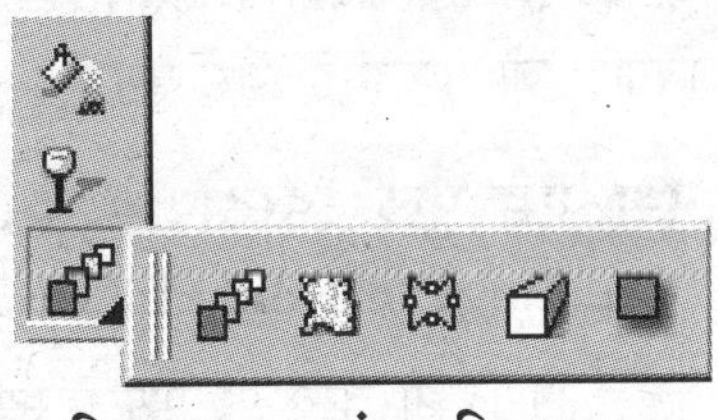

चित्र 35.2 : इंटरएक्टिव टूल

पहली विधि :

1. इंटरएक्टिव टूलों के फ्लाईआउट टूलबार में से **इंटरएक्टिव ब्लेंड टूल (Interactive Blend Tool)** को चुनिए।
2. एक वस्तु पर माउस बटन दबाकर खींचते हुए दूसरी वस्तु पर ले जाकर छोड़ दीजिए। इससे दोनों वस्तुओं के बीच एक सरल रेखा का ब्लेंड बन जाएगा, जैसा कि चित्र 35.3 में दिखाया गया है।

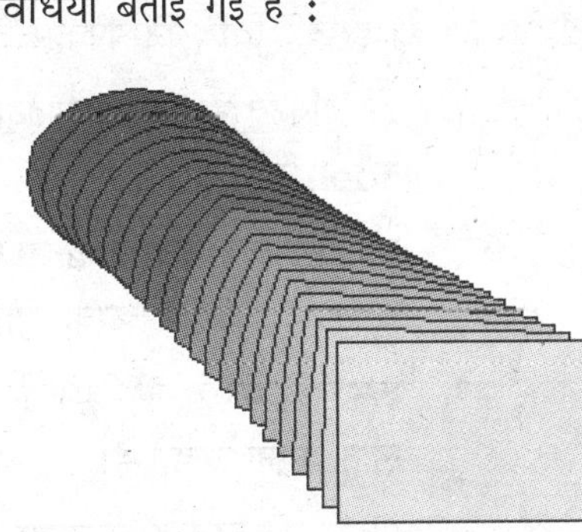

चित्र 35.3 : दो वस्तुओं को ब्लेंड

दूसरी विधि :

1. पिक टूल से उन दोनों वस्तुओं को एक साथ चुन लीजिए, जिन्हें आप ब्लेंड करना चाहते हैं।

2. **Effects** मेन्यू में **Blend...** आदेश दीजिए, जिससे आपको चित्र 35.4 की तरह 'Blend' का डायलॉग बॉक्स दिया जाएगा।
3. इस डायलॉग बॉक्स में **Number of steps** रेडियो बटन को सेट करके उसके नीचे के स्पिन बॉक्स में स्टेपों की संख्या सेट कीजिए।
4. यदि आप ब्लेंड को घुमाना चाहते हैं, तो **Rotate** के स्पिन बॉक्स में कोण टाइप या सेट कीजिए।
5. अन्त में **Apply** बटन को क्लिक कीजिए, जिससे ब्लेंड उन वस्तुओं के बीच बन जाएगा।
6. यदि आप ब्लेंड से संतुष्ट नहीं हैं, तो इच्छित पैरामीटर बदलकर फिर से **Apply** बटन को क्लिक कीजिए। ऐसा आप कितनी भी बार कर सकते हैं।
7. डायलॉग बॉक्स को बंद करने के लिए **X** बटन को क्लिक कीजिए।

इस डायलॉग बॉक्स की विभिन्न टैबशीटों में आप विभिन्न प्रकार से प्रभाव उत्पन्न कर सकते हैं। इनका अभ्यास स्वयं कीजिए।

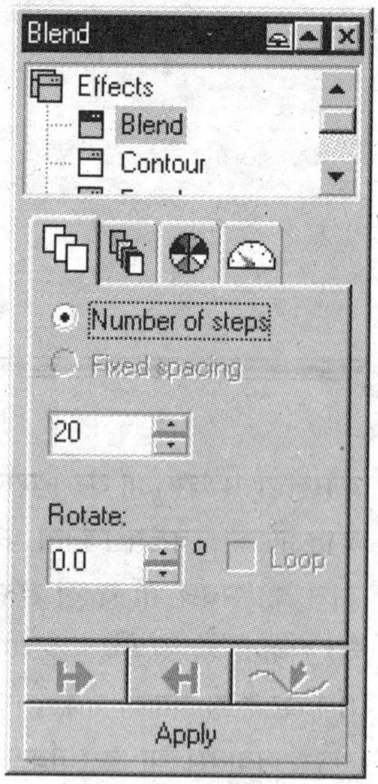

चित्र 35.4 : Blend का डायलॉग बॉक्स

वस्तुओं का रूप बिगाड़ना
(Distorting Objects)

आप कोरलड्रॉ में बनाई गई किसी भी वस्तु को मनचाहे रूप में तोड़-मरोड़ सकते हैं और उसके नोडों को कहीं भी खींच या दबाकर रख सकते हैं। इसमें इंटरएक्टिव डिस्टोर्शन टूल का उपयोग किया जाता है। वस्तुओं का रूप कई प्रकार से बिगाड़ा जा सकता है, जैसे पुश एंड पुल, ज़िपर तथा ट्विस्टर। यहां हम इन क्रियाओं के बारे में बता रहे हैं।

पुश एंड पुल डिस्टोर्शन करना
(Creating Push and Pull Distortion)

जब आप किसी वस्तु पर पुश डिस्टोर्शन लागू करते हैं, तो उसके नोडों को उसके केन्द्र की तरफ धकेला जाता है, जिससे नई आकृति बन जाती है। इसी प्रकार जब आप पुल डिस्टोर्शन लागू करते हैं, तो उसके नोडों को केन्द्र से दूर हटाया जाता है। इसकी विधि निम्नप्रकार है :

1. इंटरएक्टिव टूलों के फ्लाईआउट टूलबार में से **इंटरएक्टिव डिस्टोर्शन टूल (Interactive Distortion Tool)** को चुनिए।
2. प्रॉपर्टी बार में **Push and Pull Distortion** बटन को क्लिक करके सक्रिय कीजिए।
3. उस वस्तु को चुनिए जिस पर आप यह डिस्टोर्शन लागू करना चाहते हैं।
4. पॉइंटर को वस्तु के केन्द्र पर लाकर माउस बटन को दबाकर पकड़ लीजिए और पुश करने के लिए उसे बायीं ओर तथा पुल करने के लिए दायीं ओर खींचिए। इससे नई आकृति बन जाएगी।

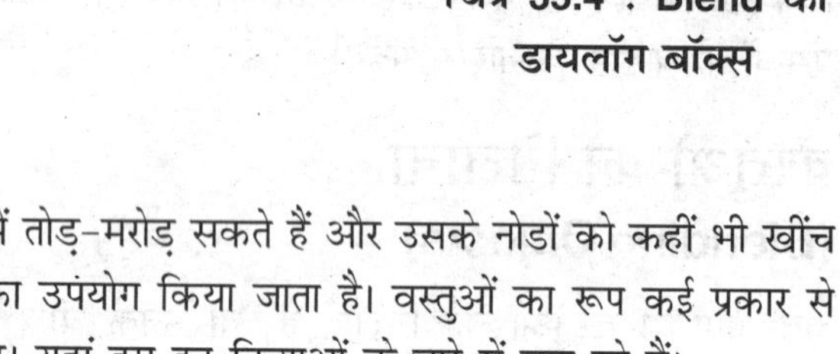

चित्र 35.5 : दीर्घवृत्त से बनाई गई आकृतियां

चित्र 35.5 में एक दीर्घवृत्त को क्रमशः पुश और पुल डिस्टोर्शन लागू करके दो भिन्न आकृतियां बनाई गई हैं। यदि आप किसी डिस्टोर्ट की हुई वस्तु को उसके मूल रूप में लाना चाहते हैं, तो पिक टूल द्वारा उस वस्तु को चुनकर **Effects** मेन्यू में **Clear Distortion** आदेश दीजिए।

ज़िपर डिस्टोर्शन करना
(Creating Zipper Distortion)

जब आप किसी वस्तु पर ज़िपर डिस्टोर्शन लागू करते हैं, तो उसकी बाहरी सीमा रेखा (आउटलाइन) के ऊपर और नीचे नोडों की शृंखला बना दी जाती है, जिससे एक तारे जैसी आकृति बन जाती है। इसकी विधि निम्नप्रकार है :

1. इंटरएक्टिव टूलों के फ्लाईआउट टूलबार में से **इंटरएक्टिव डिस्टोर्शन टूल (Interactive Distortion Tool)** को चुनिए।
2. प्रॉपर्टी बार में **Zipper Distortion** बटन को क्लिक करके सक्रिय कीजिए।
3. उस वस्तु को चुनिए जिस पर आप यह डिस्टोर्शन लागू करना चाहते हैं।
4. माउस पॉइंटर से उस वस्तु के केन्द्र के पास क्लिक करके माउस बटन को दबाकर पकड़ लीजिए और उसे किसी ओर खींचिए। माउस बटन छोड़ने पर तारे जैसी नई आकृति बन जाएगी।

आप प्रॉपर्टी बार में **Zipper Distortion Frequency** स्पिन बॉक्स में उचित संख्या सेट करके आकृति में बिदुओं की संख्या बदल सकते हैं। चित्र 35.6 में एक दीर्घवृत्त से क्रमशः 5 और 20 फ्रीक्वेंसी वाली आकृतियां बनाई गई हैं।

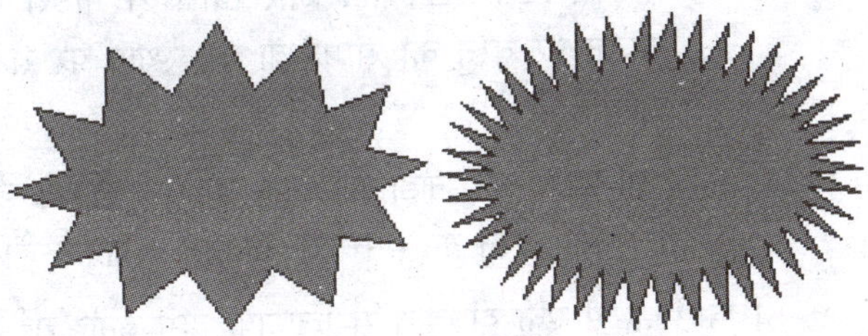

चित्र 35.6 : ज़िपर डिस्टोर्शन द्वारा बनाई गई आकृतियां

ट्विस्टर डिस्टोर्शन करना
(Creating Twister Distortion)

जब आप किसी वस्तु पर ट्विस्टर डिस्टोर्शन लागू करते हैं, तो उस वस्तु के नोडों को उसके अपने ही चारों ओर घुमा दिया जाता है, जिससे एक नई आकृति बन जाती है। इसकी विधि निम्नप्रकार है :

1. इंटरएक्टिव टूलों के फ्लाईआउट टूलबार में से **इंटरएक्टिव डिस्टोर्शन टूल (Interactive Distortion Tool)** को चुनिए।
2. प्रॉपर्टी बार में **Twister Distortion** बटन को क्लिक करके सक्रिय कीजिए।
3. उस वस्तु को चुनिए जिस पर आप यह डिस्टोर्शन लागू करना चाहते हैं।
4. माउस पॉइंटर से उस वस्तु के केन्द्र को क्लिक करके माउस बटन को दबाकर पकड़ लीजिए और उसे किसी ओर खींचिए। माउस बटन छोड़ने पर तारे जैसी नई आकृति बन जाएगी।

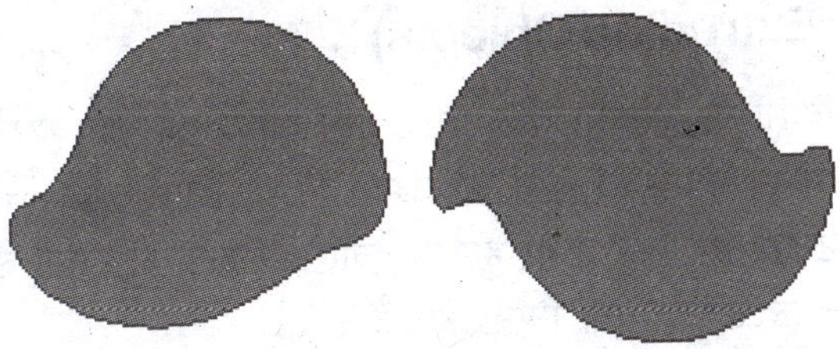

चित्र 35.7 : ट्विस्टर डिस्टोर्शन द्वारा बनाई गई आकृतियां

चित्र 35.7 में एक दीर्घवृत्त से ट्विस्टर डिस्टोर्शन द्वारा बनाई गई दो भिन्न आकृतियां दिखाई गई हैं।

लिफाफों पर कार्य करना
(Working with Envelopes)

लिफाफे किसी वस्तु को मनचाहा रूप देने के शक्तिशाली साधन हैं। जब आप किसी वस्तु पर लिफाफा लागू करते हैं, तो उसके चारों ओर एक टूटी हुई लाल रेखा बन जाती है, जिस पर कई नोड भी बने होते हैं। इसी को लिफाफा या एनविलप (Envelope) कहते हैं। आप इसके नोडों को किसी भी दिशा में खींचकर वस्तु को मनचाहा रूप दे सकते हैं। वस्तु के संबंधित नोड स्वतः ही उनके अनुसार अपना स्थान तय कर लेते हैं। इसकी विधि निम्नप्रकार है :

1. इंटरएक्टिव टूलों के फ्लाईआउट टूलबार में से **इंटरएक्टिव एनविलप टूल (Interactive Envelope Tool)** को चुनिए।
2. उस वस्तु को चुनिए जिस पर आप लिफाफा लागू करना चाहते हैं। इससे उसके चारों ओर एक लिफाफा दिखाई देगा।
3. प्रॉपर्टी बार में **Straight Line, Single Arc, Double Arc** तथा **Unconstrained** मोड बटनों में से किसी एक को क्लिक करके सक्रिय कीजिए।
4. लिफाफे के किसी नोड या रेखा-खंड को माउस पॉइंटर द्वारा पकड़कर मनचाही ओर खींचिए। माउस बटन छोड़ने पर वस्तु की सीमारेखा नये स्थान पर सेट हो जाएगी।
5. इसी प्रकार अन्य नोडों और रेखा-खंडों को खींचते-छोड़ते हुए आप वस्तु को मनचाही आकृति दे सकते हैं।

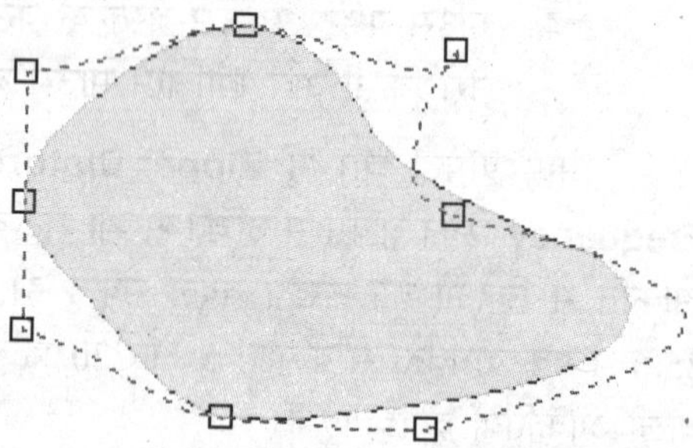

चित्र 35.8 : लिफाफे द्वारा बनाई गई आकृति

चित्र 35.8 में एक दीर्घवृत्त से लिफाफे द्वारा बनाई गई एक विचित्र आकृति दिखाई गई हैं।

आप प्रॉपर्टी बार में **Add Preset** ड्रॉप-डाउन लिस्ट बॉक्स को खोलकर उसमें से पहले से सेट किए हुए लिफाफों में से किसी को चुनकर विशेष प्रकार की आकृतियां बना सकते हैं।

वस्तुओं को उभारना
(Extruding Objects)

किसी दो-आयामी वस्तु पर उभारने का प्रभाव लागू करने से उसमें गहराई का आभास होता है अर्थात् वह त्रि-आयामी मालूम पड़ती है। वस्तु को उभार देने के लिए उसके बिन्दुओं को दी हुई गहराई तक प्रोजेक्ट किया जाता है और फिर उनको मिलाकर उभारे हुए या दबाए हुए तल की रचना की जाती है। इससे वस्तु त्रिआयामी दिखाई पड़ती है। उभार लागू करने की विधियां निम्नप्रकार हैं :

पहली विधि :

1. इंटरएक्टिव टूलों के फ्लाईआउट टूलबार में से **इंटरएक्टिव एक्सट्रूड टूल (Interactive Extrude Tool)** को चुनिए।
2. प्रॉपर्टी बार में **Extrusion Type** लिस्ट बॉक्स को खोलकर उसमें से उभार का प्रकार चुनिए।

3. प्रॉपर्टी बार में **Depth** स्पिन बॉक्स में उभार की गहराई सेट कीजिए।
4. उस वस्तु को चुनिए जिस पर आप उभार लागू करना चाहते हैं। इससे कर्सर का रूप बदल जाएगा।
5. वस्तु को माउस पॉइंटर द्वारा पकड़कर किसी दिशा में खींचिए। इससे उभार बनता हुआ दिखाई देगा। माउस बटन छोड़ने पर वस्तु त्रि-आयामी रूप में आ जाएगी, जैसा कि चित्र 35.9 में दिखाया गया है।

चित्र 35.9 : वस्तु को उभारना

6. प्रारम्भ में उभार या गहराई का रंग भी वस्तु के रंग जैसा होगा। यदि आप उसको अलग रंग में रंगना चाहते हैं, तो पिक टूल द्वारा उभार को क्लिक कीजिए। इससे वस्तु अपने उभार सहित चुन ली जाएगी और एक्सट्रूशन का प्रॉपर्टी बार सक्रिय हो जाएगा। इस प्रॉपर्टी बार में विभिन्न बटनों को क्लिक करके आप वस्तु को मनचाहा रूप-रंग दे सकते हैं।

दूसरी विधि :

1. पिक टूल से उस वस्तु या वस्तुओं को चुन लीजिए, जिन्हें आप उभारना चाहते हैं।
2. **Effects** मेन्यू में **Extrude...** आदेश दीजिए, जिससे आपको चित्र 35.10 की तरह 'Extrude' का डायलॉग बॉक्स दिया जाएगा।
3. इस डायलॉग बॉक्स में कई टैबशीट हैं, जिनमें उभार के लिए विभिन्न प्रकार की सेटिंग की जाती है। आप इन टैबशीटों को खोलते हुए विभिन्न बॉक्सों में मनपसन्द सेटिंग कीजिए।
4. अन्त में **Apply** बटन को क्लिक कीजिए, जिससे सेटिंग उन वस्तुओं पर लागू हो जाएगी।
5. डायलॉग बॉक्स को बंद करने के लिए **X** बटन को क्लिक कीजिए।

चित्र 35.10 : Extrude का डायलॉग बॉक्स

छायाओं पर कार्य करना (Working with Drop Shadows)

छायाओं का उपयोग करके आप वस्तुओं में गहराई का आभास कराते हैं। आप कोरलड्रॉ में बनाई गई किसी भी वस्तु जैसे आकृति, चित्र, पाठ्य आदि पर छाया लागू कर सकते हैं, लेकिन यदि उस वस्तु पर पहले से कोई प्रभाव लागू है, जैसे ब्लेंड, उभार आदि, तो उन पर आप छाया लागू नहीं कर सकते।

किसी वस्तु पर छाया लागू करने की विधि निम्नप्रकार है :

1. इंटरएक्टिव टूलों के फ्लाईआउट टूलबार में से **इंटरएक्टिव ड्रॉप शैडो टूल (Interactive Drop Shadow Tool)** को चुनिए।
2. उस वस्तु को चुनिए जिस पर आप छाया लागू करना चाहते हैं। इससे उस वस्तु पर नोड दिखाई देंगे।
3. वस्तु को माउस पॉइंटर द्वारा पकड़कर उस दिशा में खींचिए, जिस दिशा में आप छाया बनाना चाहते हैं। इससे छाया बनती हुई दिखाई देगी। माउस बटन छोड़ने पर वस्तु की छाया दिखाई पड़ने लगेगी, जैसा कि

चित्र 35.11 में दिखाया गया है। इसके साथ ही इस टूल का प्रॉपर्टी बार सक्रिय हो जाएगा।

4. प्रारम्भ में छाया का रंग काला होगा। यदि आप उसको अलग रंग में रंगना चाहते हैं अथवा अन्य प्रकार से फॉर्मेट करना चाहते हैं, तो प्रॉपर्टी बार में विभिन्न कंट्रोलों जैसे **Offset, Feathering, Opacity, Direction** तथा **Color** आदि में उचित पैरामीटर सेट करके आप छाया को मनचाहा रूप दे सकते हैं।

चित्र 35.11 : वस्तु की छाया बनाना

किसी वस्तु से उसकी छाया को हटाने के लिए उसकी छाया को चुनकर **Effects** मेन्यू में **Clear Drop Shadow** आदेश दीजिए।

आप किसी वस्तु की छाया को उस वस्तु से अलग भी कर सकते हैं। इसके लिए **Arrange** मेन्यू में **Separate** आदेश दीजिए। अब आप दोनों पर कोई भी क्रिया अलग-अलग कर सकते हैं और चाहें तो केवल वस्तु को हटा भी सकते हैं।

पारदर्शियों पर कार्य करना
(Working with Transparencies)

किसी वस्तु को पारदर्शी बनाने का तात्पर्य है कि उसके नीचे या पीछे आने वाली सामग्री का दिखाई पड़ना। जब आप किसी वस्तु पर पारदर्शी लागू करते हैं, तो ऐसा मालूम पड़ता है, जैसे आप उसमें रंग भर रहे हों। लेकिन पारदर्शी वास्तव में एक हलके रंग का मुखौटा होती है, जिसे आप वस्तु के वर्तमान रंगों पर लागू करते हैं। वस्तु के रंग पारदर्शी के भीतर से दिखाई पड़ते हैं। आप पारदर्शी बनाने में फाउंटेन फिल, यूनीफॉर्म फिल, पैटर्न फिल आदि का उपयोग कर सकते हैं। इतना ही नहीं आप पारदर्शिता की मात्रा भी बदल सकते हैं।

किसी वस्तु को पारदर्शी बनाने की विधि निम्नप्रकार है :

1. टूलबॉक्स से **इंटरएक्टिव ट्रांसपैरेंसी टूल (Interactive Transparency Tool)** को चुनिए।
2. उस वस्तु को चुनिए जिस पर आप पारदर्शी लागू करना चाहते हैं। इससे उस वस्तु पर नोड दिखाई देंगे।
3. प्रॉपर्टी बार में **Transparency Type** लिस्ट को खोलकर उसमें से मनपसन्द ट्रांसपैरेंसी चुनिए। मान लीजिए आपने **Uniform** या **Fountain** चुना है।
4. अब प्रॉपर्टी बार में अपने चुने हुए प्रकार की पारदर्शी के लिए उचित विकल्प चुनिए। फाउंटेन ट्रांसपैरेंसी के लिए आप **Linear, Radial, Conocal** और **Square** में से एक विकल्प चुन सकते हैं।
5. वस्तु को वहां क्लिक कीजिए जहां से आप पारदर्शी प्रारम्भ करना चाहते हैं और माउस बटन को दबाए रखकर माउस पॉइंटर को उस स्थान तक खींचिए, जहां आप पारदर्शी समाप्त करना चाहते हैं। माउस बटन छोड़ने पर वस्तु की पारदर्शी बनी हुई दिखाई पड़ने लगेगी, जैसा कि चित्र 35.12 में दिखाया गया है। इस चित्र में बायीं ओर मूल चित्र है और

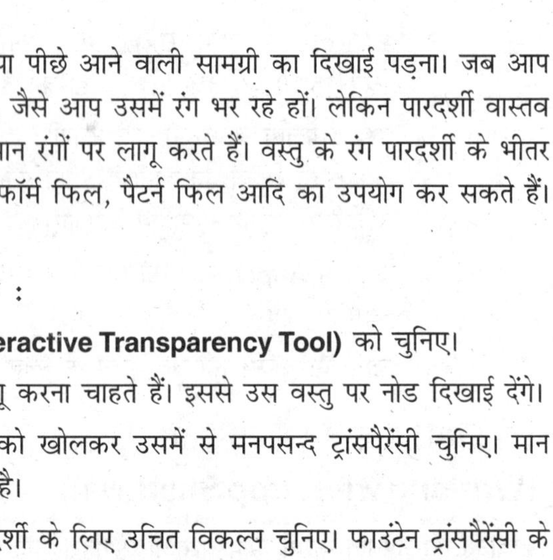

चित्र 35.12 : किसी चित्र पर पारदर्शी लागू करना

दायीं ओर पारदर्शी लागू करने के बाद का चित्र है। इन दोनों के पीछे एक समान रंगीन दीर्घवृत्त लगाकर दिखाया गया है कि वस्तु में पारदर्शी गुण उत्पन्न हो गया है।

यदि आप किसी वस्तु पर से पारदर्शी हटाना चाहते हैं, तो इंटरएक्टिव ट्रांसपैरेंसी टूल द्वारा उस वस्तु को चुनकर प्रॉपर्टी बार में **Remove** बटन को क्लिक कीजिए।

वस्तुओं के कंटूर बनाना
(Contouring Objects)

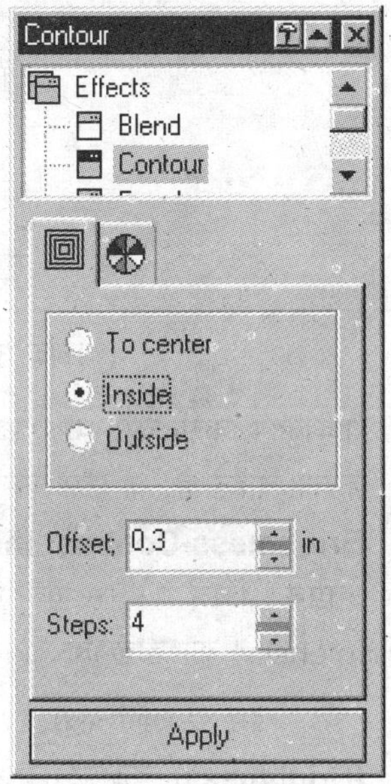

चित्र 35.13 : Contour का डायलॉग बॉक्स

किसी वस्तु की सीमारेखा के सहारे समान चौड़ाई की पट्टियों को कंटूर (Contour) कहा जाता है। ये पट्टियां संकेन्द्रीय होती हैं और सीढ़ियों की एक श्रृंखला की तरह दिखाई देती हैं। कंटूर वस्तु की सीमारेखा के अन्दर या उससे बाहर भी हो सकती हैं। आप कोरलड्रॉ में बनाई गई किसी भी वस्तु के कंटूर बना सकते हैं। यहां तक कि आप कलात्मक रूप से लिखे गए पाठ्य (Text) के लिए भी कंटूर बना सकते हैं।

किसी वस्तु के कंटूर बनाने की विधि निम्नप्रकार है :

1. पिक टूल से उस वस्तु या वस्तुओं को चुन लीजिए, जिनके कंटूर आप बनाना चाहते हैं।
2. **Effects** मेन्यू में **Contour...** आदेश दीजिए, जिससे आपको चित्र 35.13 की तरह 'Contour' का डायलॉग बॉक्स दिया जाएगा।
3. इस डायलॉग बॉक्स में दो टैबशीट हैं, जिनमें पहली टैबशीट में कंटूरों का मोटाई, संख्या आदि की सेटिंग की जाती है और दूसरी टैबशीट में रंग चुने जाते हैं। आप इन दोनों टैबशीटों को खोलते हुए मनपसन्द सेटिंग कीजिए।
4. अन्त में **Apply** बटन को क्लिक कीजिए, जिससे सेटिंग चुनी हुई वस्तुओं पर लागू हो जाएगी।
5. डायलॉग बॉक्स को बंद करने के लिए **X** बटन को क्लिक कीजिए।

चित्र 35.14 : वस्तु में कंटूर बनाना

चित्र 35.14 में एक आयत पर भीतरी कंटूर बने हुए दिखाए गए हैं। इसमें एक ही रंग के कंटूर विभिन्न गहराइयों के साथ बनाए गए हैं, जिससे किसी तालाब की सीढ़ियों जैसा प्रभाव उत्पन्न हो रहा है। आप चाहें तो इन पट्टियों को अलग-अलग रंगों में भी बना सकते हैं। इसके लिए आपको 'Contour' के डायलॉग बॉक्स की कलर टैबशीट में उचित विकल्प चुनना होगा।

रंग ठीक करना
(Adjusting Colours)

कोरलड्रॉ में आप किसी वस्तु के रंग भी कई प्रकार से सुधारकर ठीक करते हैं। इसमें हम **Effects** मेन्यू में **Color Adjustment** झरना मेन्यू के विभिन्न आदेशों का उपयोग करते हैं, जो चित्र 35.15 में दिखाए गए हैं। उदाहरण के लिए,

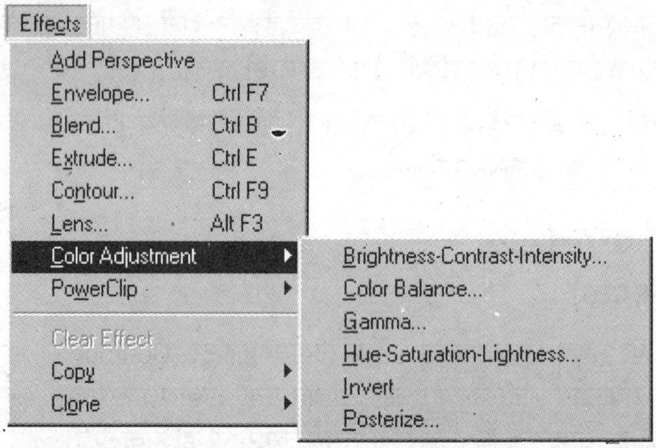

चित्र 35.15 : Effects मेन्यू में Color Adjustment का झरना मेन्यू

यदि आप किसी वस्तु के रंगों की चमक, तीव्रता आदि को ठीक करना चाहते हैं, तो उस वस्तु को चुनकर इस झरना मेन्यू में **Brightness-Contrast-Intensity...** आदेश दीजिए, जिससे आपको चित्र 35.16 की तरह 'Brightness-Contrast-Intensity' का डायलॉग बॉक्स दिया जाएगा।

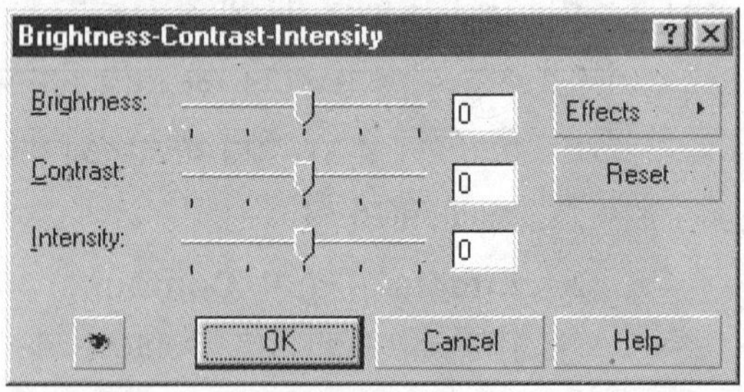

चित्र 35.16 : Brightness-Contrast-Intensity का डायलॉग बॉक्स

इस डायलॉग बॉक्स में तीन स्लाइडर हैं, तो क्रमशः चमक **(Brightness)**, कांट्रेस्ट **(Contrast)** तथा तीव्रता **(Intensity)** को नियंत्रित करने के लिए हैं। प्रारम्भ में सभी स्लाइडरों को शून्य पर सेट किया जाता है, जिसका अर्थ है कि ये पैरामीटर सामान्य हैं। यदि आप किसी पैरामीटर को कम करना चाहते हैं, तो उसके स्लाइडर को बायीं ओर सरकाइए, जिससे संबंधित टैक्स्ट बॉक्स में संख्या ऋणात्मक होगी, और यदि किसी पैरामीटर को अधिक करना चाहते हैं, तो उसके स्लाइडर को दायीं ओर सरकाइए, जिससे संबंधित टैक्स्ट बॉक्स में संख्या बिना चिह्न के अर्थात् धनात्मक होगी। यदि आप अपनी सेटिंग का प्रभाव चुनी हुई वस्तु पर उसी समय देखना चाहते हैं, तो इस डायलॉग बॉक्स में **Preview** पुश बटन, जिस पर आंख का चित्र छपा है, को क्लिक करके सेट कर दीजिए। संतुष्ट होने पर **OK** बटन को क्लिक कीजिए, जिससे आपकी सेटिंग लागू हो जाएगी।

इसी प्रकार आप चित्र 35.15 के झरना मेन्यू के अन्य आदेशों के डायलॉग बॉक्सों का उपयोग करके रंगों को कई प्रकार से एडजस्ट कर सकते हैं। इनका अभ्यास स्वयं कीजिए।

पावरक्लिप पर कार्य करना
(Working with PowerClip)

जब आप वस्तुओं की पावरक्लिप बनाते हैं, तो एक वस्तु को किसी अन्य वस्तु या वस्तुओं के समूह में अन्दर रखते हैं। इससे पहली वस्तु सामग्री (Contents) बन जाती है और दूसरी वस्तु या समूह उसे रखने वाला डिब्बा (Container) बन जाता है। आप कोरलड्रॉ में बनाई गई किसी भी वस्तु जैसे आकृति, रेखा, वक्र, कलात्मक पाठ्य या उनके समूह को डिब्बा बना सकते हैं। सामग्री वस्तु या तो कोरलड्रॉ में बनाई गई कोई वस्तु हो सकती है या अन्य प्रोग्रामों से तैयार की गई और कोरलड्रॉ में आयात (Import) की गई वस्तु हो सकती है।

जब आप पावरक्लिप बनाते हैं, तो उसके डिब्बे को एक विंडो की तरह समझ सकते हैं। जिस प्रकार किसी विंडो में कोई सामग्री केवल उसकी सीमा में दिखाई देती है, उसी प्रकार किसी पावरक्लिप में सामग्री भी उतनी ही दिखाई देगी, जितनी वह अपने डिब्बे की सीमा में आती है। यदि सामग्री वस्तु का आकार उसके डिब्बे की सीमा से बाहर निकलता है, तो कोरलड्रॉ उसके अतिरिक्त भाग को स्वतः ही कतर देता है। आप किसी पावरक्लिप को अन्य पावरक्लिप बनाते समय सामग्री के रूप में भी उपयोग कर सकते हैं, जिससे नेस्टेड पावरक्लिप तैयार हो जाती है।

पावरक्लिप बनाने की विधि निम्नप्रकार है :

1. पिक टूल से उस वस्तु को चुन लीजिए, जिसको आप पावरक्लिप की सामग्री बनाना चाहते हैं।
2. **Effects** मेन्यू में **PowerClip** के झरना मेन्यू में **Place Inside Container...** आदेश दीजिए, जिससे माउस पॉइंटर एक मोटे क्षैतिज तीर में बदल जाएगा।

चित्र 35.17 : पावरक्लिप बनाना

3. इस माउस पॉइंटर से उस वस्तु को क्लिक कीजिए, जिसे आप पावरक्लिप का डिब्बा बनाना चाहते हैं। ऐसा करते ही सामग्री की वस्तु उस डिब्बे के अन्दर आ जाएगी और पावरक्लिप बन जाएगा।

चित्र 35.17 में हमने एक चित्र को एक दीर्घवृत्त के अन्दर रखकर पावरक्लिप बनाया है। ध्यान दीजिए कि इस पावरक्लिप में सामग्री का केवल वही भाग दिखाई दे रहा है, जो उसके डिब्बे में आ सकता है।

यदि आप किसी पावरक्लिप की सामग्री को उसके डिब्बे से अलग करना चाहते हैं, तो पिक टूल द्वारा उस पावरक्लिप को चुनकर **Effects** मेन्यू में **PowerClip** के झरना मेन्यू में **Extract Contents** आदेश दीजिए।

यदि आप पावरक्लिप की सामग्री को सम्पादित करना या सुधारना चाहते हैं, तो उस पावरक्लिप को चुनकर **Effects** मेन्यू में **PowerClip** के झरना मेन्यू में **Edit Contents** आदेश दीजिए। इससे सामग्री वस्तु चुन ली जाएगी। अब आप उस पर कोई भी क्रिया कर सकते हैं, जैसे उसे सरका सकते हैं या उसका आकार बदल सकते हैं। सम्पादन समाप्त करने के लिए **Effects** मेन्यू में **PowerClip** के झरना मेन्यू में **Finish Editing This Level** आदेश दीजिए। इससे पावरक्लिप पुनः बन जाएगी और उसमें सम्पादित की हुई सामग्री ही दिखाई देगी।

36

छापना
(Printing)

कोरलड्रॉ में बनाई गई ड्रॉइंग को आप अपने कम्प्यूटर से जुड़े हुए किसी भी प्रिंटर पर छाप सकते हैं। इसके लिए आप छापने से पहले कागज का आकार, उस पर ड्रॉइंग की स्थिति, पृष्ठों का क्रम और पृष्ठ का ओरिएंटेशन आदि भी सेट कर सकते हैं। इतना ही नहीं यदि आपके पास कलर प्रिंटर है, तो आप उस पर रंगीन छपाई भी कर सकते हैं और किसी एक रंग को चुनकर भी छाप सकते हैं। इस अध्याय में आप इन क्रियाओं के बारे में पढ़ेंगे।

छपाई सेट करना
(Setting up Printing)

छपाई के लिए सबसे पहला कार्य अपने प्रिंटर को इस कार्य के लिए सेट करना होता है। इसके लिए आपको अपने कागज के आकार का सही-सही ज्ञान होना चाहिए। यदि कागज चित्र के आकार से छोटा है, तो आप उसे टुकड़ों (Tiles) में भी छाप सकते हैं और उन टुकडों को बाद में जोड़कर पूरा चित्र बना सकते हैं।

छपाई सेट करने और छापने के लिए **File** मेन्यू में **Print...** आदेश दीजिए अथवा कंट्रोल के साथ **P (Ctrl+P)** बटन दबाइए। इससे आपकी स्क्रीन पर चित्र 36.1 की तरह 'Print' का डायलॉग बॉक्स खुल जाएगा।

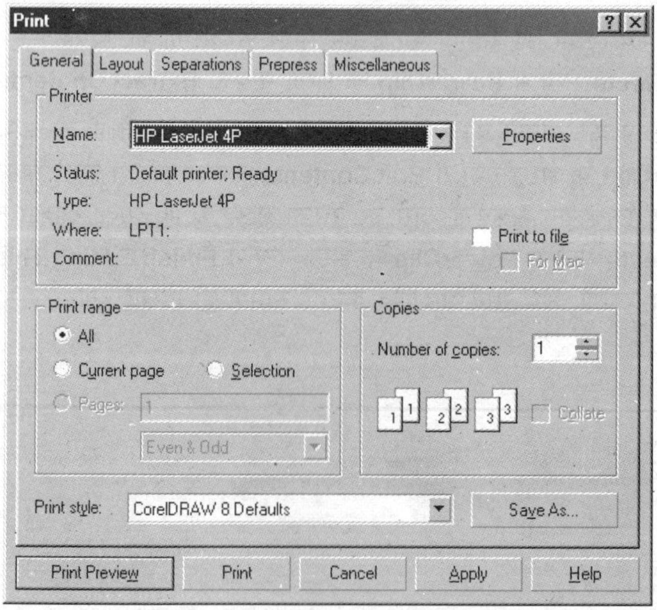

चित्र 36.1 : 'Print' डायलॉग बॉक्स की 'General' टैबशीट

इस डायलॉग बॉक्स में कई टैबशीट हैं, जिनमें विभिन्न प्रकार की सेटिंग की जाती है। **General** टैबशीट में आप प्रिंटर तथा छापने के पृष्ठों का चुनाव और प्रतियों की संख्या सेट कर सकते हैं। यह टैबशीट अन्य विंडोज आधारित प्रोग्रामों के **Print** डायलॉग बॉक्सों से मिलती-जुलती है। यदि आप कुछ वस्तुओं को ही छापना चाहते हैं, तो उन्हें चुनकर इस टैबशीट में **Selection** रेडियो बटन को सेट कीजिए।

सामग्री को छपाई के पेज पर विशेष स्थान पर सेट करने अथवा बड़े चित्र को टुकड़ों **(Tiles)** के रूप में छापने के लिए **Layout** टैबशीट में सेटिंग की जाती है, जो चित्र 36.2 में दिखाई गई है।

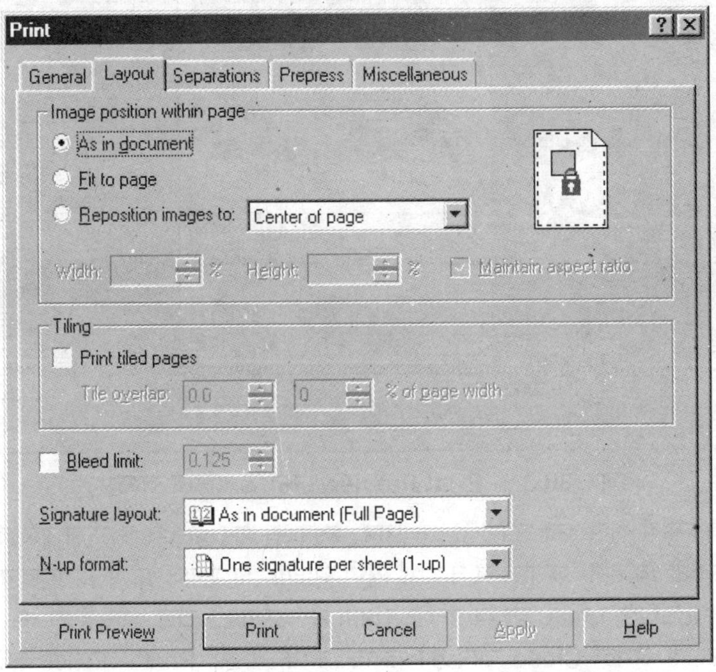

चित्र 36.2 : 'Print' डायलॉग बॉक्स की 'Layout' टैबशीट

इस डायलॉग बॉक्स में आप **Reposition images to:** रेडियो बटन को सेट करके और उसके सामने के ड्रॉप-डाउन लिस्ट बॉक्स में से उचित विकल्प चुनकर चित्र का स्थान निश्चित कर सकते हैं। इसी प्रकार **Print tiled pages** चेक बॉक्स को सेट करके और उसके साथ के स्पिन बॉक्सों में ओवरलैप की मात्रा इंचों या प्रतिशत में देकर बड़े चित्र को टुकड़ों में छापना सुनिश्चित कर सकते हैं।

इसी प्रकार आप इस डायलॉग बॉक्स की **Separations** टैबशीट में विभिन्न रंगों को अलग-अलग छापने की, **Prepress** टैबशीट में फिल्म छापने की और **Miscellaneous** टैबशीट में अन्य प्रकार की सेटिंग कर सकते हैं।

छपाई से पहले देखना
(Previewing Before Printing)

यदि आप यह देखना चाहते हैं कि चित्र छापने पर कैसा लगेगा, तो 'Print' के डायलॉग बॉक्स में **Print Preview** बटन को क्लिक कीजिए, इससे आपकी स्क्रीन पर चित्र 36.3 की तरह 'Print Preview' का डायलॉग बॉक्स खुल जाएगा। यह डायलॉग बॉक्स आप **File** मेन्यू में **Print Preview...** आदेश देकर भी प्राप्त कर सकते हैं।

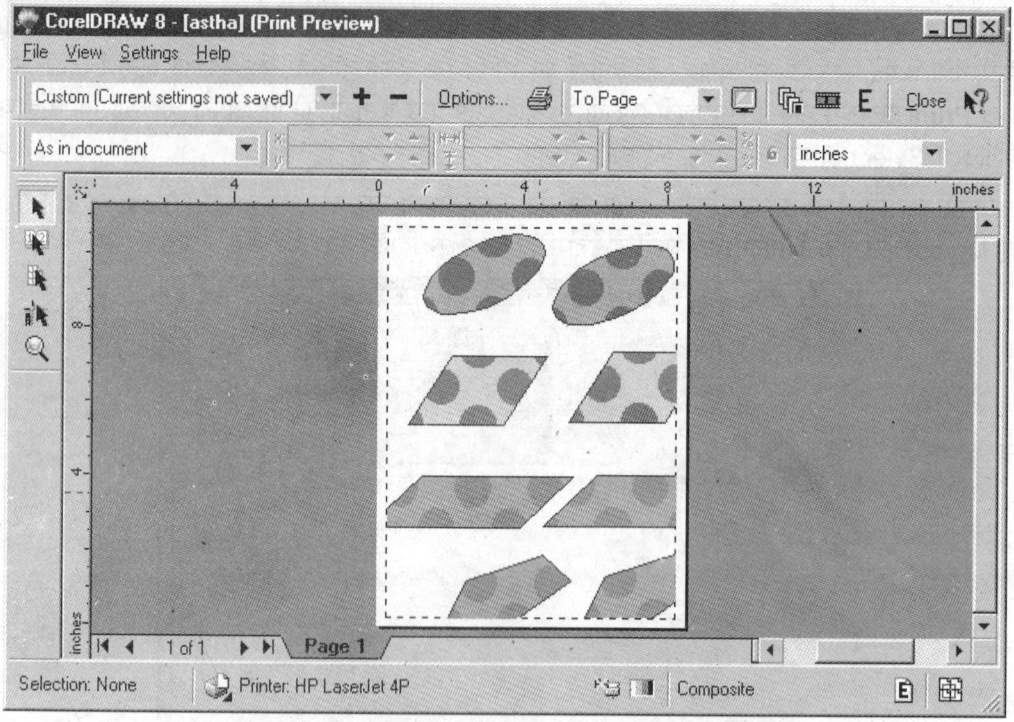

चित्र 36.3 : 'Print Preview' का डायलॉग बॉक्स

इस डायलॉग बॉक्स में आप देख सकते हैं कि चित्र छापने के बाद वास्तव में कैसा दिखाई पड़ेगा। आपके द्वारा 'Print' डायलॉग बॉक्स की विभिन्न टैबशीटों में की गई सभी सेटिंगों का प्रभाव भी इसमें दिखाया जाता है। यदि आप इससे संतुष्ट न हों, तो इस डायलॉग बॉक्स के विभिन्न टूल बारों में दिए गए कंट्रोलों और बटनों का उपयोग करके इच्छित प्रभाव उत्पन्न कर सकते हैं अथवा **Close** बटन को क्लिक करके वापस 'Print' डायलॉग बॉक्स में लौटकर अपनी सेटिंग में आवश्यक सुधार कर सकते हैं।

छापना
(Printing)

पूरी तरह संतुष्ट होने और प्रिंटर में कागज आदि लगा लेने के बाद 'Print' डायलॉग बॉक्स में **Print** बटन को क्लिक कीजिए, जिससे छपाई प्रारम्भ हो जाएगी और शीघ्र ही आपके कार्य का परिणाम आपके हाथों में होगा।

37

बुकलेट तैयार करना
(Preparing A Booklet)

पिछले भागों में आप पेजमेकर, फोटोशॉप और कोरलड्रॉ में कार्य करने के बारे में विस्तार से पढ़ चुके हैं। इस अंतिम भाग में हम इन सभी पैकेजों में उपलब्ध सुविधाओं का उपयोग करके चार पृष्ठों की एक छोटी सी बुकलेट बनाने का अभ्यास करेंगे। आप जानते हैं कि डीटीपी का मुख्य कार्य पेजमेकर में किया जाता है और उसकी आवश्यकता के अनुसार अन्य पैकेजों में चित्र आदि सामग्री तैयार की जा सकती है। इस अभ्यास में हम भी इसी परम्परा का पालन करेंगे और क्रमानुसार सभी कार्य सम्पन्न करेंगे।

पेज सेट करना
(Setting Pages)

कोई भी प्रकाशन बनाने में सबसे पहला कार्य पेज सेट करना होता है। हम अपनी बुकलेट के लिए इस पुस्तक के पेज के आकार अर्थात् 6x8¼ इंच का ही पेज सेट करेंगे। इसके लिए पेजमेकर प्रारम्भ करके **File** मेन्यू में **Document Setup...** आदेश दीजिए अथवा शिफ्ट और कंट्रोल के साथ **P (Shift+ Ctrl+P)** बटन दबाइए। इससे आपकी स्क्रीन पर चित्र 37.1 की तरह 'Document Setup' का डायलॉग बॉक्स खुल जाएगा। इस डायलॉग बॉक्स में चित्र के अनुसार ही मार्जिन तथा अन्य पैरामीटर सेट कीजिए। **OK** बटन को क्लिक करते ही उसी आकार के चार पेज सेट कर दिए जाएंगे।

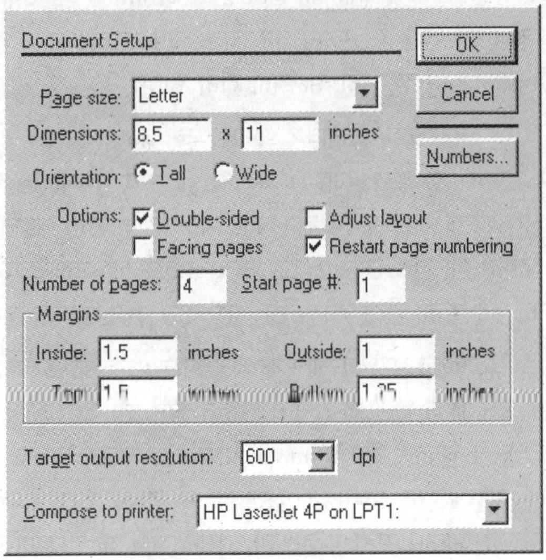

चित्र 37.1 : पेज सेट करना

शीर्षक बनाना
(Creating Title)

अब हमें अपनी बुकलेट के लिए एक शीर्षक या नाम तैयार करना है। हमने बुकलेट का नाम 'वसुधैव कुटुम्बकम्' रखा है। बुकलेट के शीर्षक में हमने एक लोगो भी बनाया है। इसको निम्न चरणों में तैयार किया जा सकता है :

ग्लोब तैयार करना
(Preparing Globe)

इसके लिए ग्लोब का एक चित्र लेकर किसी स्कैनर से स्कैन करके उसकी बिटमैप फाइल बना लीजिए। अब फोटोशॉप प्रारम्भ कीजिए और उस ग्लोब वाले चित्र को उसमें खोल लीजिए। हमें क्योंकि ग्लोब का वृत्ताकार चित्र चाहिए, इसलिए टूलबॉक्स में मार्की टूल के पॉप-अप मेन्यू में से इलिप्टीकल मार्की टूल को चुन लीजिए और इस टूल की सहायता से

शिफ्ट कुंजी दबाए रखते हुए ग्लोब को पूरे वृत्त के आकार में चुन लीजिए। यदि ग्लोब का चुनाव सही न हुआ हो, तो फिर से चुनिए अथवा तीर के चिह्न वाली कुंजियों का उपयोग करके मार्की को सही स्थान पर ले जाइए, ताकि पूरा और केवल ग्लोब ही मार्की के अन्दर आए।

अब हम इस ग्लोब को पेजमेकर में अपने प्रकाशन में ले जाना चाहते हैं, इसलिए ग्लोब को चुनने के बाद **Edit** मेन्यू में **Copy** आदेश दीजिए अथवा कंट्रोल के साथ **C (Ctrl+C)** बटन दबाइए। इससे वह ग्लोब क्लिपबोर्ड में नकल हो जाएगा।

अब वापस पेजमेकर में जाइए और अपनी बुकलेट को खोल लीजिए, यदि वह पहले से खुली न हो। वहां जाकर सलेक्शन टूल को चुनकर **Edit** मेन्यू में **Paste** आदेश दीजिए अथवा कंट्रोल के साथ **V (Ctrl+V)** बटन दबाइए। इससे वह ग्लोब क्लिपबोर्ड से पेजमेकर दस्तावेज में नकल हो जाएगा।

लोगो बनाना
(Making Logo)

हमने अपनी बुकलेट के लिए एक ऐसा लोगो तैयार किया है, जिसमें एक वृत्त के बाहर परिधि के सहारे ऊपर दोनों ओर फैली हुई एक श्लोक की यह पंक्ति अंकित है – 'उदार चरितानाम् तु वसुधैव कुटुम्बकम्' और उस वृत्त के भीतर एक ग्लोब का चिह्न है। ग्लोब का चित्र आप फोटोशॉप में तैयार कर ही चुके हैं। वृत्त पर अंकित यह पंक्ति बनाने के लिए आपको कोरलड्रॉ की सहायता लेनी होगी।

कोरलड्रॉ में जाकर इलिप्स टूल को चुनकर कंट्रोल कुंजी को दबाए रखकर कर्सर को खींचते हुए उचित आकार का एक पूर्ण वृत्त बनाइए। अब **Text** मेन्यू में **Fit Text To Path** आदेश दीजिए। इससे कर्सर उस वृत्त के ठीक ऊपर आ जाएगा और पाठ्य लेने को तैयार हो जाएगा। यहां आप प्रॉपर्टी बार में हिन्दी का कोई फॉण्ट चुनकर उसका उचित आकार भी चुन लीजिए और ऊपर बताई गई श्लोक की पंक्ति को टाइप कर लीजिए। आप देखेंगे कि इस प्रकार टाइप की हुई पंक्ति वृत्त की परिधि पर चारों ओर फैलती जा रही है।

पंक्ति पूर्ण हो जाने के बाद सम्भव है कि उसका निचला भाग वृत्त की परिधि के अन्दर जा रहा हो। ऐसी स्थिति में उसे पिक टूल द्वारा वृत्त सहित चुन लीजिए और प्रॉपर्टी बार में **Vertical Placement** लिस्ट बॉक्स से उचित विकल्प चुनकर उस पंक्ति को परिधि के बाहर सेट कीजिए। अब **Edit** मेन्यू में **Copy** आदेश देकर उसे क्लिपबोर्ड में ले जाइए। फिर पेजमेकर दस्तावेज में जाकर उस पंक्ति को क्लिपबोर्ड से अपनी बुकलेट में नकल कर लीजिए। यदि उसका आकार सही न हो, तो उसके कोने के हैंडिलों को खींचते हुए सही आकार में सेट कर दीजिए।

अब इसमें ग्लोब के चित्र को वृत्त के बीच इस प्रकार सेट करिए कि वृत्त पूरा भर जाए, अर्थात् चित्र और वृत्त की परिधि एक साथ मिल जाएं। यदि आवश्यक हो तो चित्र का आकार उसके हैंडिलों को खींचकर सही कर लीजिए। अब आपका लोगो तैयार हो गया है। हमने अपनी बुकलेट में इस लोगो के लिए **Walkman-Chanakya** फॉण्ट और 20 पॉइंट आकार का उपयोग किया है।

शीर्षक पंक्ति बनाना
(Preparing Title Line)

इसी प्रकार बुकलेट के नाम 'वसुधैव कुटुम्बकम्' की पंक्ति किसी अच्छे फॉण्ट में उचित आकार में बना लीजिए। हमने इसके लिए **Arjun** फॉण्ट के 100 पॉइंट आकार का उपयोग किया है और उसे बोल्ड भी कर दिया है। आप चाहें तो इसे कोरलड्रॉ में बनाकर उस पर विभिन्न प्रकार के प्रभाव भी डाल सकते हैं।

बुकलेट के शीर्षक में दो पंक्तियां और हैं, जिन्हें आप अलग स्टोरियों के रूप में अपनी पसंद के फॉण्ट और आकार में सेट कर सकते हैं। इन तीनों पंक्तियों को इस प्रकार सेट कीजिए कि उनके मध्य बिन्दु एक सीध में हों।

सामग्री तैयार करना
(Preparing the Matter)

इसके बाद मुख्य कार्य रह जाता है सामग्री तैयार करना। इसके लिए आप मनचाही सामग्री जैसे लेख, कहानियां, कविताएं, शेर, मुक्तक, सूक्तियां आदि एकत्र कर लीजिए। इन्हें किसी वर्ड प्रोसेसर में उचित फॉण्ट में टाइप कर लीजिए और उसके प्रूफ की गलतियां आदि भी ठीक कर लीजिए। ऐसा करने के बाद उस सामग्री को **Copy** और **Paste** आदेशों की सहायता से अपने पेजमेकर दस्तावेज में ले आइए। आप चाहें तो उस सामग्री को सीधे पेजमेकर में भी टाइप कर सकते हैं, जो अधिक सुविधाजनक होगा।

अब आपका कार्य है उस सामग्री को बुकलेट के विभिन्न पृष्ठों पर सेट करना। सुविधा के लिए हमने प्रत्येक पृष्ठ पर तीन कॉलम बनाए हैं, जैसा कि समाचार पत्रों और पत्रिकाओं में किया जाता है। कॉलम बनाने के लिए प्रत्येक पेज को बारी-बारी से चुनकर **Layout** मेन्यू में **Column Guides...** आदेश दीजिए और उससे खुलने वाले डायलॉग बॉक्स में चित्र 37.2 की तरह तीन कॉलम सेट कीजिए और उनके बीच की दूरी 0.15 इंच सेट कीजिए। **OK** बटन को क्लिक करते ही उस पृष्ठ पर तीन कॉलम बन जाएंगे। इसी प्रकार प्रत्येक पृष्ठ पर 3 कॉलम बना लीजिए। कॉलम केवल सामग्री लगाने की सुविधा के लिए बनाए जाते हैं। आप चाहें तो इनको उपेक्षित करते हुए कहीं भी कोई भी सामग्री लगा सकते हैं। इन कॉलमों में अपनी इच्छा के अनुसार सामग्री लगा लीजिए। प्रत्येक पृष्ठ के प्रत्येक कॉलम को बारी-बारी से भरिए। एक कॉलम भर जाने पर उसकी शेष सामग्री अगले कॉलम या पृष्ठ पर ले जाइए।

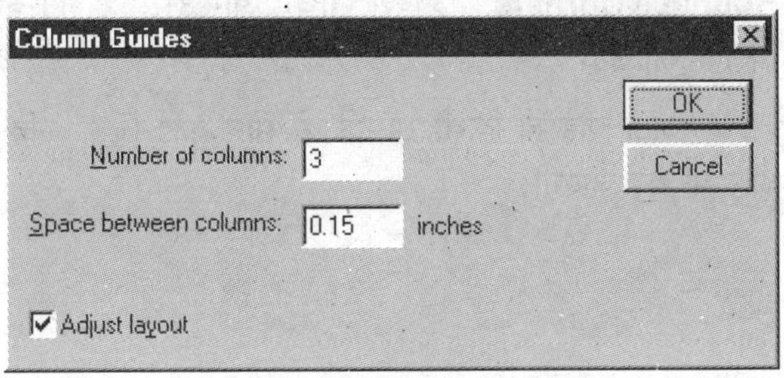

चित्र 37.2 : तीन कॉलम बनाना

अगला कार्य उन सामग्रियों पर शीर्षक लगाना होता है। सामान्यतया शीर्षक का फॉण्ट आकार सामग्री के फॉण्ट आकार से बड़ा रखा जाता है और उसे बोल्ड भी किया जाता है। आप चाहें तो शीर्षक के लिए अलग फॉण्ट भी चुन सकते हैं। यदि कोई सामग्री केवल एक कॉलम में है, तो शीर्षक भी सामान्यतया एक कॉलम में होना चाहिए। यदि सामग्री दो या अधिक कॉलम में है, तो आप शीर्षक की लम्बाई और स्थान की उपलब्धता के आधार पर शीर्षक एक या अधिक कॉलमों में लगा सकते हैं। इसी प्रकार लेखक या रचयिता का नाम आप या तो शीर्ष के पास ही या सामग्री के बीच में कहीं लगा सकते हैं। यदि आप सामग्री के बीच में लेखक का नाम सेट करते हैं, तो उसको किसी बॉक्स या रेखाओं से घेर कर उनका समूह बना लेना चाहिए और उन पर टैक्स्ट लपेटने (Text Wrap) का उचित विकल्प सेट कर देना चाहिए, जिसके बारे में आप भाग 2 में पढ़ चुके हैं। सामान्यतया शीर्षक और लेखक आदि के नाम अलग स्टोरियों में बनाए जाते हैं, ताकि आप उन्हें मनचाहे स्थान पर लगा सकें।

आप चाहें तो किसी पाठ्य को उलटे रंग में भी सेट कर सकते हैं, जैसा कि हमने अपनी बुकलेट के पृष्ठ दो पर 'प्रवचन' शब्द को किया है। इसकी विधि यह है कि पहले रैक्टेंगुलर फ्रेम टूल को चुनकर एक फ्रेम बनाइए और **Colours** पैलेट में से उसका रंग काला सेट कर दीजिए। अब टैक्स्ट टूल को चुनिए और कर्सर को उस फ्रेम में क्लिक करके ले जाइए। अब कोई पाठ्य टाइप करने से पहले उचित फॉण्ट, आकार और **Reverse** मोड चुनिए, जिससे पाठ्य काले बैकग्राउंड पर सफेद रंग में आएगा।

सामग्री को सजाना
(Decorating the Matter)

आप अपने प्रकाशन में लगाई गई सामग्री को कई प्रकार से सजा सकते हैं, जैसे उसे बोल्ड, इटैलिक करके अथवा उसके चारों ओर घेरा बनाकर। यदि आप किसी पाठ्य के चारों ओर कोई घेरा बनाना चाहते हैं, तो उचित टूल चुनकर उचित आकार का घेरा बना लीजिए। अब पाठ्य और उस घेरे को एक साथ चुनकर **Element** मेन्यू में **Align Objects...** आदेश देकर और उससे खुलने वाले डायलॉग बॉक्स में उचित विकल्प सेट करके पाठ्य को घेरे के भीतर सेट कर दीजिए, जैसा कि हमने कई पाठ्यों के साथ किया है। अब कंट्रोल के साथ **G** दबाकर उस पाठ्य और घेरे का एक समूह बना दीजिए, ताकि एक को सरकाने पर दूसरा भी साथ ही रहे।

यदि आप किसी घेरे की सीमा रेखा की मोटाई बदलना चाहते हैं, तो उस घेरे को चुनकर **Element** मेन्यू में **Stroke** के झरना मेन्यू में से उचित विकल्प चुन लीजिए, जिससे घेरे की सीमा रेखा उसी के अनुसार हो जाएगी। इसी प्रकार यदि आप किसी आयताकार घेरे के कोनों को गोल करना चाहते हैं, तो उसे घेरे को चुनकर **Element** मेन्यू में **Rounded Corners...** आदेश दीजिए और उससे खुलने वाले डायलॉग बॉक्स में उचित गोलाई चुनकर **OK** बटन को क्लिक कीजिए।

आप चाहें तो किसी सामग्री के साथ कोई चित्र आदि भी जोड़ सकते हैं, जिससे आपके प्रकाशन की उपयोगिता और भी बढ़ जाएगी।